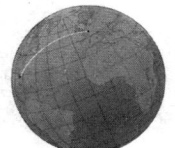

YAO SHI DIAN CANG BAN

耀世典藏版

丛书主编 刘光达

学生科普百科

刘光达◎主编

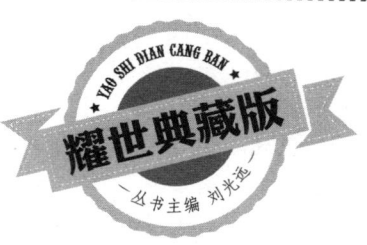

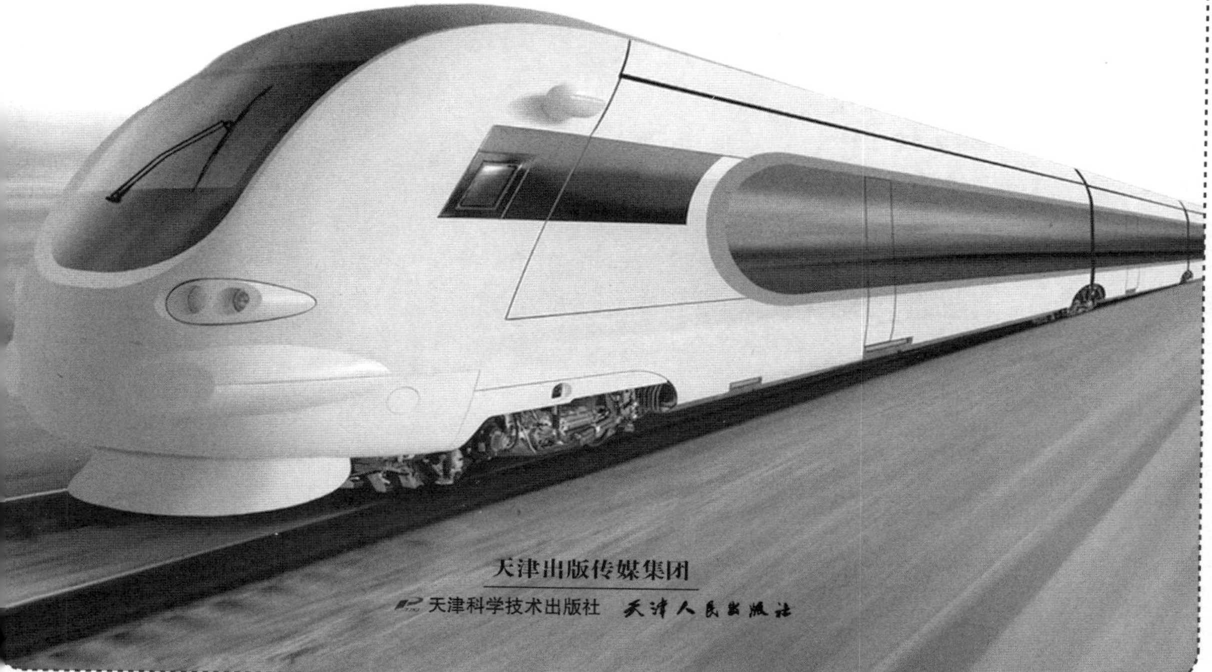

天津出版传媒集团

天津科学技术出版社 天津人民出版社

图书在版编目（CIP）数据

学生科普百科：耀世典藏版 / 刘光达主编. -- 天津：天津科学技术出版社：天津人民出版社, 2015.2
（2022.1重印）
（悦读坊 / 刘光远主编）
ISBN 978-7-5308-9597-9

Ⅰ.①学… Ⅱ.①刘… Ⅲ.①科学知识—青少年读物 Ⅳ.①Z228.2

中国版本图书馆CIP数据核字(2015)第037915号

责任编辑：房　芳
责任印制：兰　毅

天津出版传媒集团　出版
天津科学技术出版社
天津人民出版社

天津市西康路35号　邮编：300051
电话：（022）23332435（编辑室）
网址：www.tjkjcbs.com.cn
新华书店经销
三河市同力彩印有限公司

开本 787×1092　1/16　印张 27.5　字数 600 000
2022年1月第1版第2次印刷
定价：89.00元

preface
前言

遥远的星空正发生着什么？宇宙的尺度用什么测量？星系是如何形成的？地球最初的外壳是怎样的？沧海桑田，经历着什么样的变化？厄尔尼诺到底是怎么回事？动植物有哪些秘密习惯和武器？计算机又怎样改变我们的生活？……"科学是第一生产力"，科学是人类生存和发展智慧的产物，可以给世界带来了翻天覆地的变化。中学生了解了科学体系的概貌，形成与之相匹配的知识结构，才能够与时俱进地进行知识更新，才能透彻理解和轻松应对有关科学的各种问题。

如今，是一个科学大爆炸的时代，科学处在不断的变化、发展和更新之中，呈几何倍数增长，为了让中学生及普通科普爱好者对现代科学有更准确、系统的了解，我们出版了这套《学生科普百科》。

本书是献给渴望探索世界的青少年读者的科普百科全书，将为其奉上一场知识的盛宴。全书以"权威、全面、前沿"为编撰宗旨，摒弃了刻板教条的方式，对中学知识进行了全面的概括和梳理，涵盖了中学期间应当掌握的知识内容，兼具知识性和实用性。同时，作者紧跟科技发展潮流，选取最新的科学概念和数据，增加了大量最新的科学信息，展示了一个科学的世界，讲述了人类在科学发展中的成就以及最新的科学发现。

本书内容全面，涉猎广泛，自成体系。书中介绍了8个学科的内容，涵盖宇宙、地球、生态、动植物、物质和能量、化学、计算机、进化与遗传；近200节，系统介绍每个学科的相

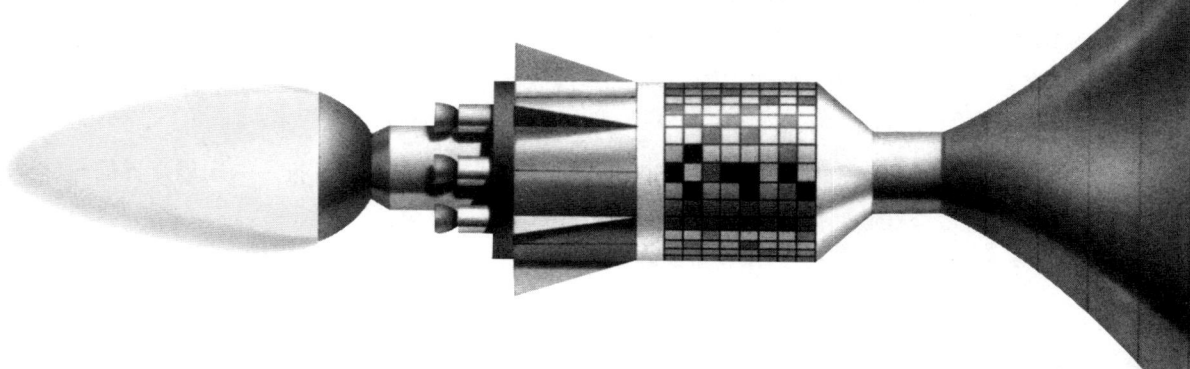

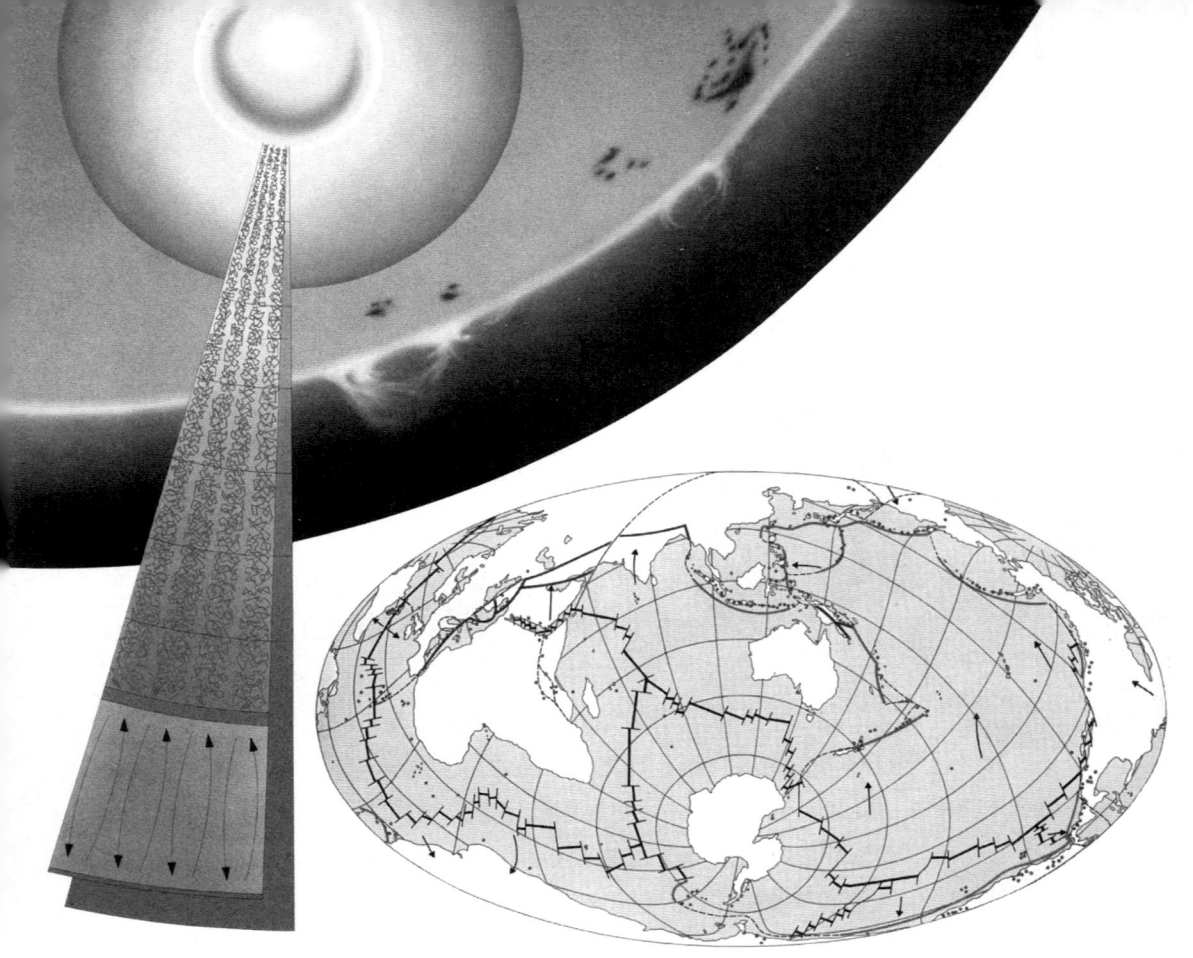

关内容，形成了一个完整的知识体系。通过本书，读者可以打开科学殿堂的大门，从而提高科学素养，提升自己的社会竞争力。

本书图片精美，有形有色。全书选配了 800 余幅图片，或是实物照片、现场照片，或是手绘插图，也有大量原理示意图和结构清晰、解释详尽的分解图等，涵盖面广、表现形式丰富的图片与简洁、准确的文字交相呼应，共同打造了一座彩色科学展览馆。通过这个有形有色的展览馆，读者可以更加形象、直观地理解各学科知识。

这是一本简单而不枯燥，全面而不艰涩的科普读物，绝对会给你一种趣味纷呈的感觉。本书既适合阅读，也具有研究参考价值，还方便读者快速、便捷地查询特定信息。通过本书，读者不仅可以认识奇妙的宇宙、美丽的地球家园，还能深入动物世界或计算机学等领域，去了解人类最先进的研究成果。

让阅读成为生活习惯，科学成为思维态度，希望本书能为读者打开一扇扇奇异的科学之门，引导读者享受知识、走进科学的世界。

目录

第一篇 宇宙的诞生
❶规则的宇宙 ……………… 11
遥望星空 ……………… 12
狭义相对论 ……………… 14
不相容和测不准 ……………… 16
弦、超弦和膜 ……………… 18
广义相对论 ……………… 20
❷宇宙大爆炸 ……………… 21
宇宙的尺度 ……………… 22
大爆炸 ……………… 24
宇宙膨胀 ……………… 26
宇宙的婴儿期 ……………… 28
混沌之初 ……………… 30
❸星系和类星体 ……………… 31
星系是怎样形成的 ……………… 32
星系有几种 ……………… 34
走进星系内部 ……………… 36
璀璨银河 ……………… 38
相互作用中的星系 ……………… 40
❹各种各样的恒星 ……………… 41
恒星和星系 ……………… 42
太 阳 ……………… 44

巨星和矮星 ……………… 46
双星和多元恒星 ……………… 48
变 星 ……………… 50
❺宇宙的命运 ……………… 51
开放、平坦还是闭合 ……………… 52
预见未来 ……………… 54
生命、精神和宇宙 ……………… 56

第二篇 地球家园
❶太阳家族 ……………… 61
太阳系生成 ……………… 62
太 阳 ……………… 64
地球和月球 ……………… 66
卫 星 ……………… 68
小行星 ……………… 70
彗 星 ……………… 72
❷地球动态 ……………… 73
最初的外壳 ……………… 74
火 山 ……………… 76
地 震 ……………… 78
大 气 ……………… 80
海 洋 ……………… 82
早期大陆 ……………… 84
冰 川 ……………… 86
❸地质拼图 ……………… 89
活动带和稳定带 ……………… 90
游移的大陆 ……………… 92
海 底 ……………… 94
裂 谷 ……………… 96
❹变化的世界 ……………… 97
沧海桑田 ……………… 98
河 流 ……………… 100
海 洋 ……………… 102
沙 漠 ……………… 104
冰 川 ……………… 106

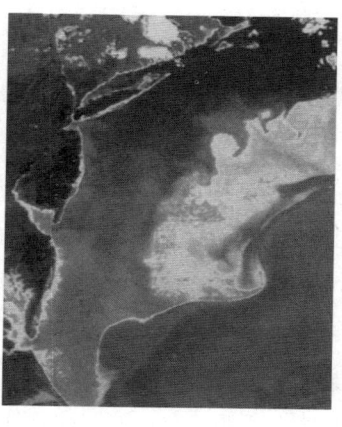

❺起点与终点 ……………… 107
地球上的生命 ……………… 108
盖亚假说 ……………… 110
自然灾害 ……………… 112
来自小行星的威胁 ……………… 114
人类离开地球 ……………… 116

第三篇 生态环境
❶有生命的行星 ……………… 121
大气的演变 ……………… 122
全球气候 ……………… 124
厄尔尼诺现象 ……………… 126
季节变化 ……………… 128
地球上的生物群系 ……………… 130
海陆结合处 ……………… 132
❷食物链和食物网 ……………… 133
消费者 ……………… 134
金字塔与网 ……………… 136
生态系统 ……………… 138
❸自然环境 ……………… 139
水 ……………… 140
气 候 ……………… 142
土 壤 ……………… 144
适应与进化 ……………… 146

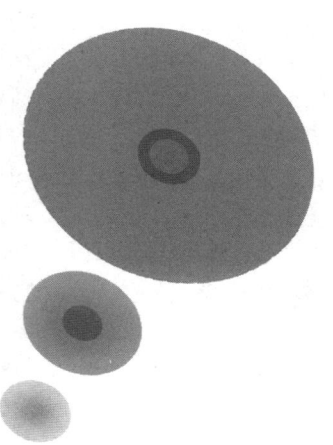

气候变化的影响 148
❹ 生物种群 149
生物寿命 150
种群变化曲线 152
控制种群 154
定殖策略 156
人口控制 158
❺ 环境警报 159
大气污染 160
水污染 162
消失的森林 164
濒临灭绝 166
保护与恢复 168

第四篇 动植物王国
❶ 物种的多样性 173
单细胞生物 174
软体动物 176
节肢动物 178
脊椎动物 180
开花植物 182
无花植物 184
❷ 生命过程 185
生命的基本构建 186
植物寄生虫和食虫植物 188
植物体内的运输 190
叶与根 192
动物食物供给 194
动物循环系统 196
调节热量和水分 198

❸ 动物运动 199
肌肉 200
行走、奔跑和跳跃 202
爬行和攀援 204
空中飞行 206
水中游泳 208
❹ 生长与繁殖 209
交配 210
繁殖 212
生长 214
植物生长 216
被子植物 218
从合子到种子 220

第五篇 物质和能量
❶ 物质的属性 225
气体和水蒸气 226
气压 228
液态 230
固态 232
❷ 力和能量 233
运动中的物体 234
重力 236
机械能 238
热能 240
测量和应用热量 242
❸ 电和磁 243
磁铁和磁场 244
电和其他能量 246
电子学和半导体 248

家用电子设备 250
❹ 声能 253
发声 254
声速 256
超声 258
次声 260
录音 262
❺ 光和光谱 265
光的产生 266
反射和折射 268
散射和折射 270
激光 272

第六篇 化学应用
❶ 原子和分子 277
元素 278
混合物和化合物 280
化学键 282
化学键的结构 284
❷ 化学反应 285
化学名称和化学式 286
吸热和放热 288
光化学 290
电化学 292
化学工业 294
肥皂和洗涤剂 296
❸ 有机化学 297
烃链 298
碳—氢化合物 300
芳香化合物 302
杂环化合物 304

烃的制造 306
❹ **生命化学** 307
核心原料 308
生命化学 310
食品化学 312
农业化学品 316
医疗药品 318
药物检测 320
❺ **化学分析** 321
法医化学 322
容　量 324
重　量 326
色　谱 328
光　谱 330

第七篇 计算机

❶ **计数和度量** 335
数字系统 336
测量我们的世界 338
模拟记录和数字记录 340
计算机设备 342
什么是计算机 344
❷ **芯片和硬件** 345
中央处理器 346
总线通道 348
内　存 350
存储设备 352
计算机外围设备 354
与他人通信 356

软件应用 357
文字处理 358
电子表格 360
数据库 362
图　形 364
❸ **日常使用的计算机** 365
生活中的计算机 366
办公室里的计算机 368
在工厂 370
人体内的计算机 372
趋势预测 374
数据保护 376
❹ **计算机科学的未来** 377
虚拟现实 378
远程呈现 380
纳米技术 382
人工智能 384
非电子计算机 386

第八篇 进化与遗传

❶ **生命的结构** 391
活细胞 392
细胞核内部 394
制造信息 396
传递信息 398
细菌和病毒 400
❷ **为生命编码** 401
蛋白质及核酸 402
遗传代码 404
基因开闭 406

生命的局限 408
❸ **遗传模式** 409
有性生殖 410
性别决定 412
无性生殖 414
孟德尔的突破 416
等级模式 418
❹ **进化和变异** 419
生物进化 420
遗传漂变 422
变异和生存 424
生存策略 426
相关还是适应 428
❺ **人类遗传学** 429
基因中的疾病 430
新疾病的进化 432
临床及法医遗传学 434
免疫系统 436

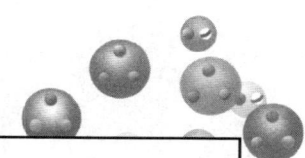

第一篇
宇宙的诞生

THE BIRTH OF THE UNIVERSE

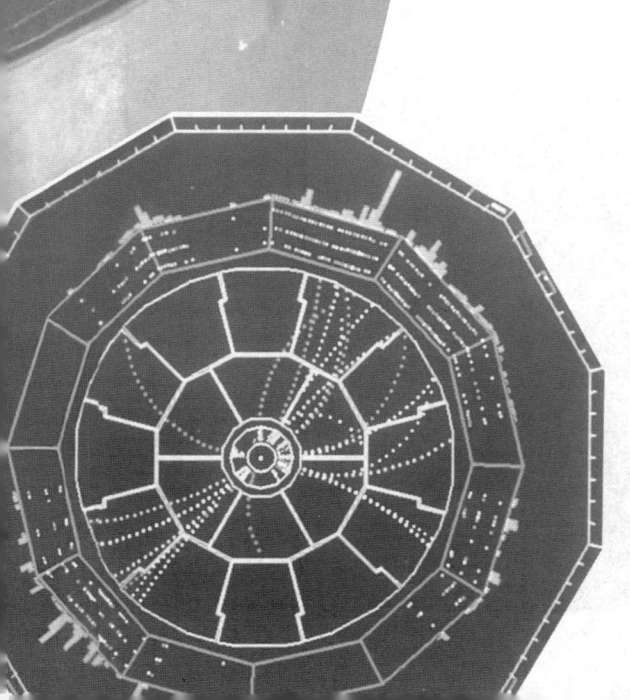

1 规则的宇宙
A UNIVERSE OF RULES

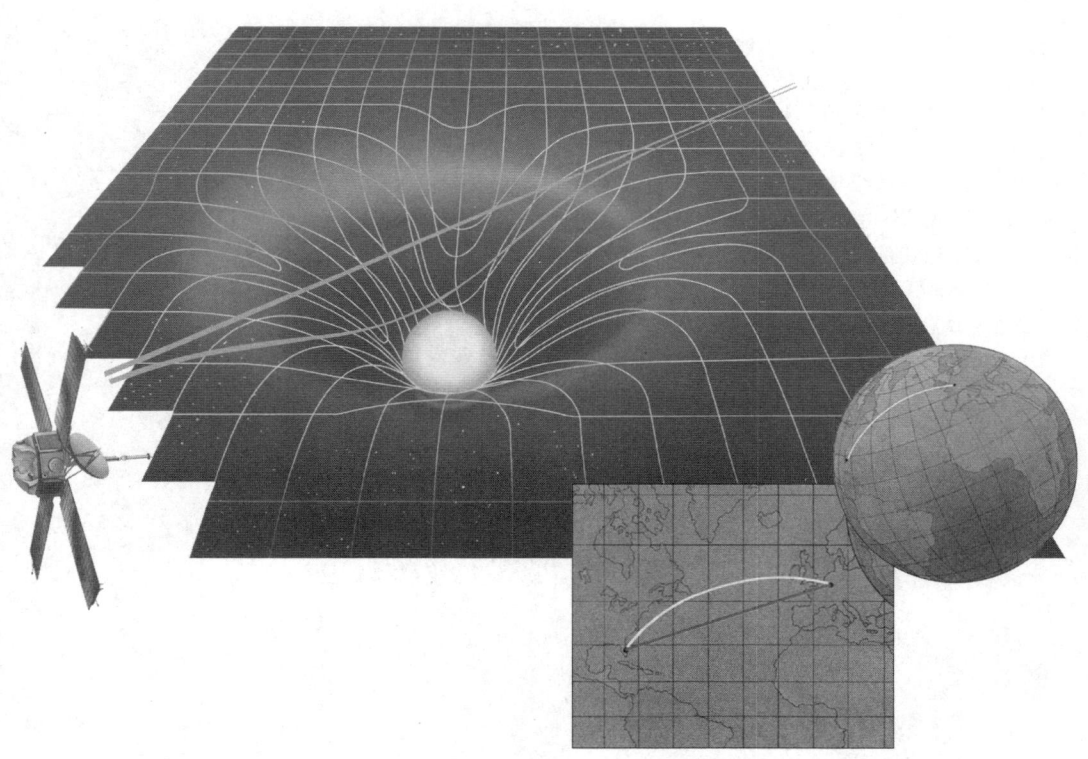

　　从最小的粒子到最大的星系，宇宙中的一切无不遵循物理定律所描述的规则。将这些定律写成公式传统上是物理学家的工作，而将天体绘制成图表并归类的工作是由天文学家完成的。出于这些物理定律在整个宇宙中都应适用的认识，新型的科学家——天体物理学家出现了。天体物理学家运用天文学家的观测结果和物理学家提出的规则，根据在地面的实验室中验证过的物理学定律来解释宇宙中的物体和现象。

　　除了被认为是弥散于整个宇宙中的神秘暗物质外，其他所有可见的物质都是由五种稳定的基本粒子——电子、质子、中子、中微子和光子——组成。也可能存在名为引力子的第六种基本粒子。前三种粒子组成了宇宙中全部的可见物质，另外两种粒子以及假想的引力子携带着由前三种粒子相互作用产生的能量。这些相互作用是由自然力所引起的。总共存在有四种基本力——强核力、弱核力、电磁力和引力。宇宙中任何物体间的相互作用都可以用这四种力来解释。

遥望星空

眼睛是人们最熟悉的用来观察电磁波谱的工具。和人眼聚焦光线、探测并将图像送往大脑进行处理的方式一样，现代望远镜被用以将图像的光线聚焦并完成计算机对其处理之前的准备工作。一些光学望远镜像眼睛一样使用透镜收集并聚焦来自夜空的光线，但大部分大型天文望远镜使用反射镜将光线聚焦。使用大型望远镜是因为它们能够比小型望远镜汇聚更多的光线，使天文学家看清更加模糊的物体。世界上最大的单体望远镜是位于夏威夷莫纳克亚山

牛顿式　　施密特式

规则的宇宙

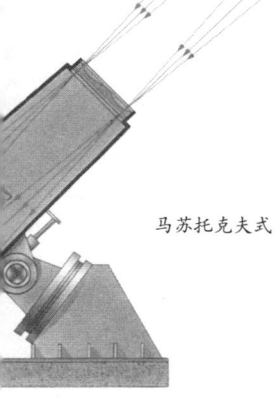

马苏托克夫式

←简单的反射式望远镜通过使用多种形状、大小和结构反射电磁射线聚焦光线,如牛顿式望远镜,通过一个抛物面形状的曲面主镜聚焦光线,光线被平坦的副镜折射出镜筒,到达可以被观测到的一侧。

另一种使用透镜和反射镜的设计是施密特式望远镜。收集到的光线会被聚焦到镜筒中一个难以到达的位置。为了克服这一困难,这种望远镜被设计成类似于将胶片放置于焦点位置的相机的结构。光线成的像聚焦于一个曲面上,而胶片也相应被弯曲,从而保证整个图像的对焦。

马苏托克夫式望远镜设计更为优良,它通过镜片系统纠正图像的误差。它的主镜是一个球面镜;副镜是球面修正透镜上的镀银区域。尽管这些望远镜能够获得更好的图像,但由于在它们边缘安装大型透镜的难度较高,因此并不实际。这种设计的最大望远镜直径只有1米。

←与望远镜同样重要的是它的底座以及安放它的穹顶。底座为望远镜提供了一个稳定的基础,使得它不发生晃动。穹顶为望远镜提供了全天候的保护。天体在天空中通过赤经和赤纬的坐标系统定位。赤经数值给出了望远镜围绕地平线需要转动多远距离的测量标准,而赤纬表示了它应指向多高的位置。望远镜同样需要一个驱动系统——一个用以抵消地球旋转影响的发动机。

←大型望远镜很难建造:使大型镜片准确成型非常困难,镜片会由于过于沉重发生弯曲。为了克服这些,凯克望远镜采用了一种先进的系统,其中镜片被分为36块六角形,它们通过计算机控制机制排列,被准确地放置。这使得凯克望远镜能够支撑一个直径10米的主镜,并且成为世界上最大的望远镜。第二台MMT(多镜片望远镜)目前正在建造中。

的凯克望远镜,它有着10米大的光圈。事实上,凯克望远镜包括双子望远镜——凯克I和凯克II。世界上最大的望远镜——超大望远镜(VLT)位于智利加罗帕拉拿,是一架欧洲设备,它有着四台8米望远镜,能够协同工作。

为了充分利用这些望远镜所有优势,它们被安放在海拔很高的偏远地区。它们必须距离城市光源很远,并且尽量位于所需穿越的大气层厚度较小的地区,以减少对来自天体的光线的干扰。位于太空中的望远镜完全离开了地球的大气层,能够提供最清晰的图像。

使用透镜的望远镜称为折射式望远镜,使用反射镜的叫做反射式望远镜。反射镜被用于大型望远镜上是因为光线能够在镜筒中被"折叠",这意味着它们不需要像折射望远镜那么长。牛顿式设计使用一个弯曲的主镜和一个平坦的副镜将光线聚集,卡塞格伦式望远镜通过使用两个曲面镜对它进行了改进。

尽管性能好的望远镜能够在正对天体时给出高质量图像,但大多数望远镜还是不能对天体非直线传来的光线成功聚焦,例如位于同一视场中的两个天体,这就是所谓的离轴像差。还有色度光行差和球面光行差等类型。色度光行差是由透镜无法将不同波长(颜色)的光汇聚到同一个焦点而产生的。这要通过使用两种或者多种玻璃的复合透镜纠正。球面光行差对反射镜和透镜都有影响,是由于打磨它们曲面的难度造成的。不存在光行差的反射望远镜可以通过透镜和反射镜的组合构成,它们被称为镜面反射。

从地球上看,恒星好像在天空中穿过,这种"天体视动"是由地球的旋转产生的。如果用一台望远镜对着天空,并拍下看到的图像,图像将会是模糊的,因为恒星在夜空中穿过。因此望远镜的底座也必须移动来抵消旋转的影响,保持望远镜正对着所关注的目标。最简单的是地平式装置,但它需要计算机以跟踪天体,因为这两个轴必须被同时立即移动。另一种更好的设计是所谓的赤道式装置。它们的轴向与赤道和地球旋转轴对齐,只需要一个发动机来驱动望远镜,绕极轴旋转来跟踪物体。

其他一些用于天文学的仪器有光度计——被用来测量具有不同波的天体亮度,还有分光计——将光分成可用于研究的光谱。

13

狭义相对论

狭义相对论由阿尔伯特·爱因斯坦在 1905 年提出。他在这一理论中给出了对宇宙可观测特性的最详尽的数学描述。由于物理定律宇宙普适性，忽略观测者是处于静止还是运动，宇宙的这些特性对任何观测者来说都是一样的。狭义相对论给出了这么一种解释——尽管它只适用于观测者的运动是恒定的。如果观测者的速度变化（例如受到引力影响），那么必然有一个外力作用于他，这一状况在爱因斯坦 1915 年的广义相对论中被解释。

狭义相对论有着两个指导原则。第一条被称为"相对性原则"，指出运动不是绝对的，只能是相对于其他事物。例如，如果坐在以 100 千米/小时的速度向西行驶的车上的特技演员攀爬以完全相同速度飞行的飞机上的梯子，飞机相对他就是静止的。

但是，对于站在地面上的观测者来说，车辆和梯子上的人确实是以 100 千米/小时的速度向西运动的。但是如果相同的事件从太阳上或者太阳系中的不受地球引力影响的一点上看，车辆的运动将叠加上地球的自转和它环绕太阳的运动。

前一个观测者相对于地球来测量汽车的运动；后者则相对于太阳观测。但即便是太阳也并不是静止的：如果观测者能够抛开它的引力影响，并且再次测量汽车的运动，那么汽车、梯子、飞机、地球和太阳的运动将是相对于我们星系的星系核的。近几年，科学家证实了银河系本身也正在宇宙中运动，因此根据狭义相对论，宇宙中不存在能够用以观测的绝对静止点。

相对性原则也指出：不存在能够给出某人在空间中的绝对运动的实验。攀爬移动中的汽车和飞机间的梯子的难度将和它们静止的时候一样。只有外部事件比如气流能够让车上的人、飞机或是梯子确定车是在运动还是静止的。类似的，在地球上不能感受到地球的转动，这只能通过外部事件（太阳在天空中明显的运动）作为参照被观测到。

第二条前提性假设是：当所有的其他运动都是相对于一个观测点时，光的速度是绝对的并且恒定的。19 世纪 90 年代的实验表明：光速不论实验在测量时具有多快的移动速度，始终保持不变。爱因斯坦声称他在推导狭义相对论时并没有意料到这一结论。

爱因斯坦发现两个相对运动中的观测者会得到关于长度、时间、速度、质量、动量和能量的不同观测结果，这些不同随着速度的增加而增大。

这两个原则的另两个重要推论由爱因斯坦得出。第一条是没有任何物体能以超越光速的速度穿过空间，因为在那样的速度下，它的质量将变为无穷大。第二条是质量是能量的体现。当太空飞船接近光速，它的质量增加，用以加速的能量转化为它的质量。这一质量和能量的关系式在爱因斯坦的著名等式：$E=mc^2$（能量等于质量乘以光速的平方）中体现。

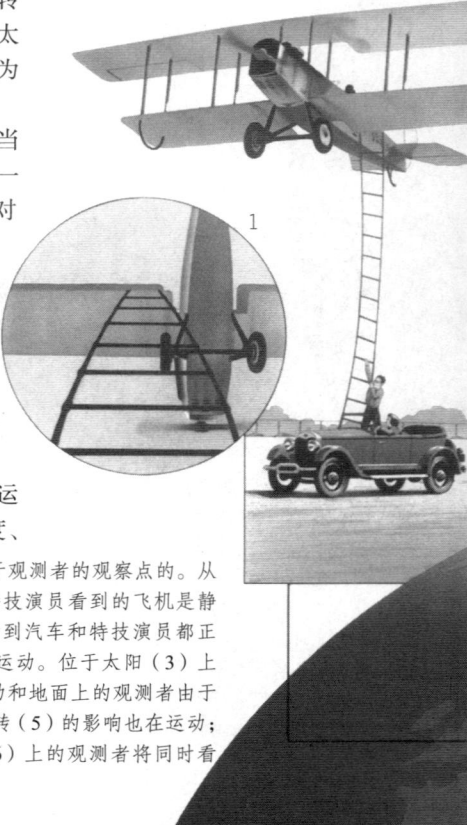

→相对性原则指出：运动是相对于观测者的观察点的。从运动的汽车中爬上飞机（1）的特技演员看到的飞机是静止的，而地面上的观测者（2）看到汽车和特技演员都正在相对地球以固定的速度和方向运动。位于太阳（3）上的假设的观测者将看到汽车的运动和地面上的观测者由于受到地球（4）自转和环绕太阳旋转（5）的影响也在运动；而位于银河系中心的一颗恒星（6）上的观测者将同时看到太阳环绕星系的运动。

规则的宇宙

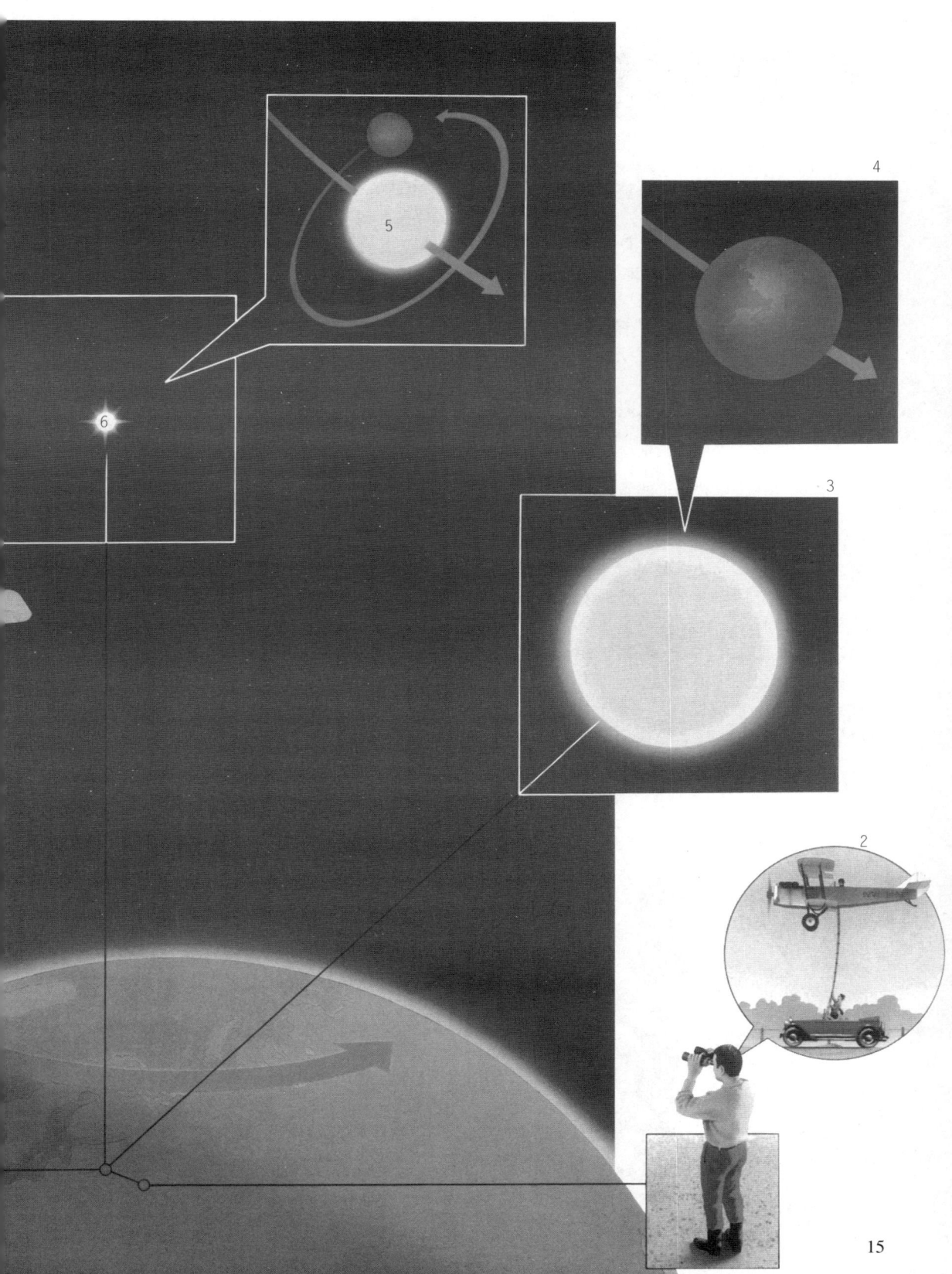

不相容和测不准

原子周围的电子更倾向以量子态存在而不是存在于轨道上，这是因为每个电子都拥有其独一无二的量子态，由它的能量、角动量和自旋等特性所定义。电子根据所含的能量聚集成群，被称为电子壳。在这些电子壳中，电子按照它们的角动量又分组为子壳。最后，电子也具有自旋，这指示了电子的磁场的方向。

不存在围绕任意原子的具有相同量子态的两个电子，使它们具有相同的量子态就像是两个物体尝试占据桌面的同一个物理空间一样。例如，如果环绕某个原子核的两个电子有着相同的能量和角动量，那么它们的自旋肯定不同，这样它们这种不处于相同的量子态上。

这种电子在特定状态上的不相容性就是泡利不相容原理（以奥地利裔瑞士物理学家沃尔夫冈·泡利［1900～1958］的名字命名）。因为电子被限制在特定的量子态中，这就给原子的结构下了明确的定义。这一结构决定了原子的行为方式。总之，这导致了宇宙中大部分的物理现象的产生。

不相容原理给出了电子环绕原子核的确定规则，但另一个原理建立了它们位置和动量的不确定性。测不准原理是基于波粒二象性的：粒子占据

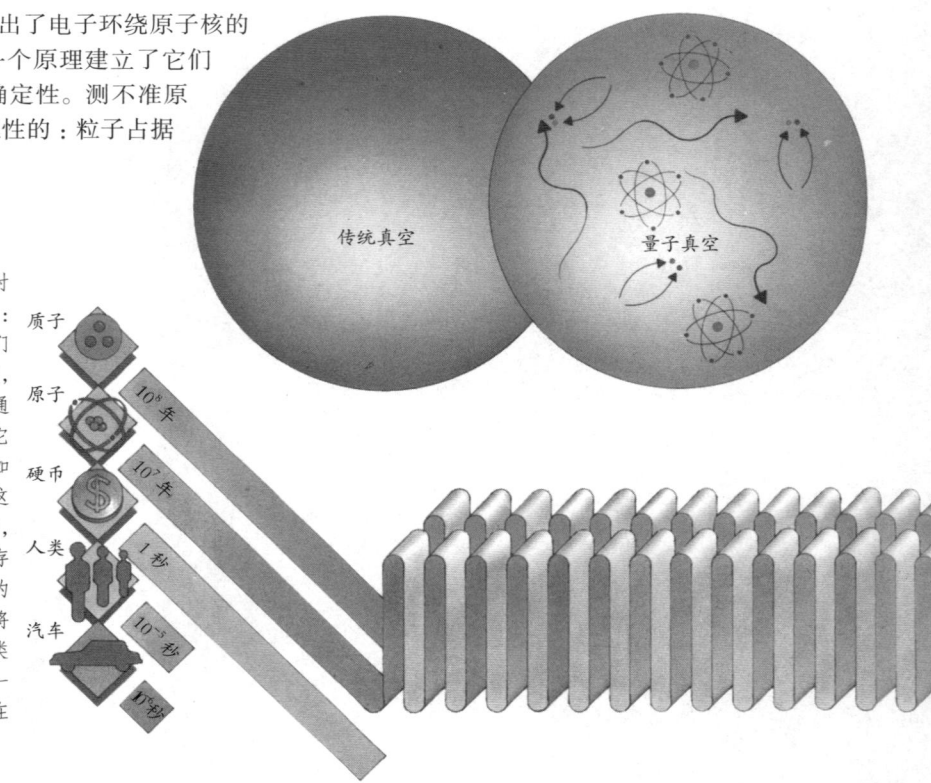

→虚粒子能够存在的时间取决于它们的质量：它们的质量越大，它们的存在时间也就越短，因为它们的寿命是通过普朗克常量除以它们的质量得到的。如果具有硬币质量的这类事物能够存在 1 秒，那么氦原子就能够存在 1000 万年。单个的质子在这一条件下，将会存在 1 亿年。人类只能存在十万分之一秒，而汽车只能存在百万分之一秒。

了空间中一个确定的位置，而波通常被认为是被拉伸的物体蜿蜒穿过空间。通过简单的数学计算，德国物理学家沃纳·海森堡（1901～1976）说明定位波的一个部分——波包是可能的，它将被看作是一种粒子：光子。另一个例子是德布罗意对于电子的表述。但是定位只是在一定的精度上的，同时确切知道一个波包或者一个粒子的位置和它的运动方向是不可能的。粒子的位置被测量得越准，它运动的细节能够被知道的也就越少。粒子因此仍显得有些神秘。

测不准原理是位于最小尺度上的宇宙的基础特征。时间和能量的量同样与测不准原理相关。将能量具体化为质量的粒子能够存在一定的时间，由能量的量的乘积得出的生命周期不超过普朗克常数。这就是测不准原理解释虚粒子如何短暂存在的问题的方面。

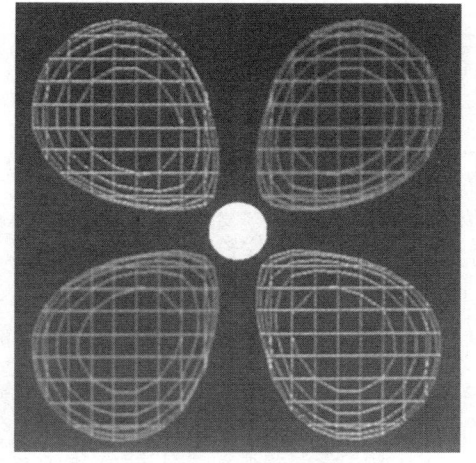

←电子在原子周围的位置由量子数量化。每个电子壳包括了具有相同能量的原子。这些壳能被分为子壳，是按照电子轨道的角动量将电子分组。电子的方向取决于它所处的最初的壳和子壳。轨道图画出了具有相同子壳的电子可能出现的区域。

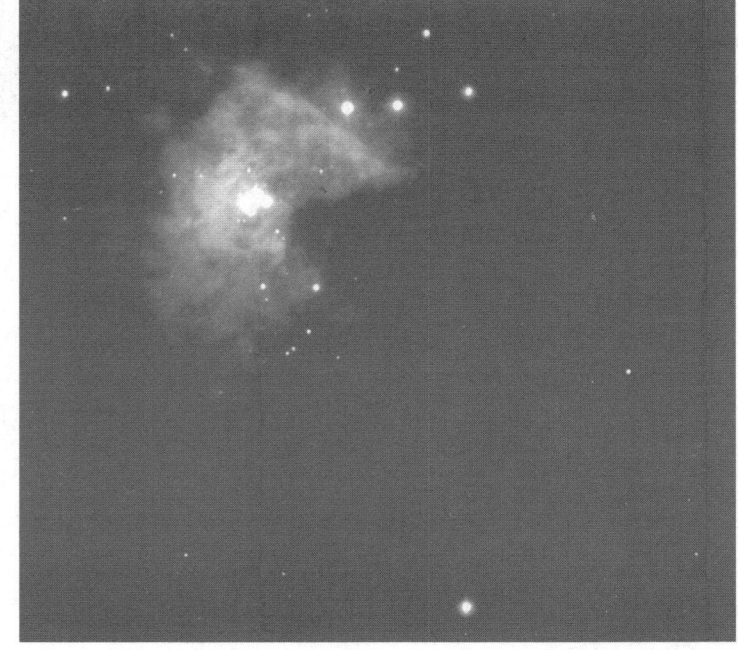

↓在这幅猎户星座中恒星生成区域 M42 的图片中，红光来自于氧原子，它的两个外层电子因为中心恒星发出的强烈紫外辐射而剥离。这些原子产生的单一的光的波长称为禁线，因为除非是在太空环境中，否则电子无法达到这一轨道状态。这类环境在实验室中很难重现，在很长的时间内，天文学家一直在思考这些光是如何产生的。

←测不准原理对于我们关于真空的感知有着有趣的联系。阴极射线管（如电视机或计算机中的）在它关闭的时候内部是真空的。根据左边的传统视图，真空将是简单意义上的空的空间。实际上这是不可能的，这里面始终会存在少量的原子。在量子视图中，海森堡测不准原理的结果就是一些虚粒子会短暂地存在于真空中，但我们不能直接测量到它们。

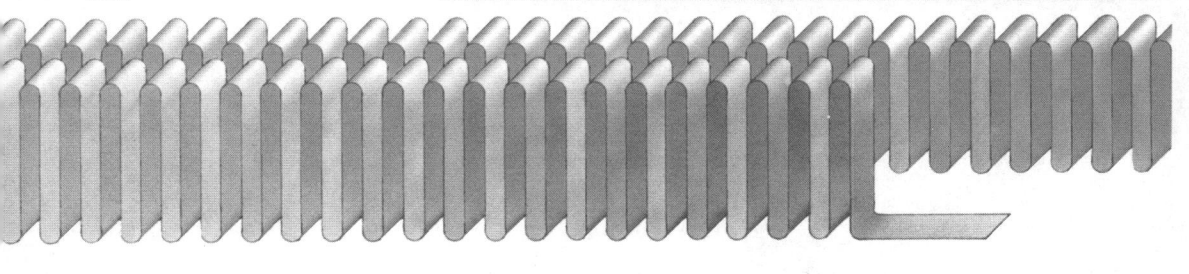

□学生科普百科

弦、超弦和膜

在粒子物理的标准模型中，粒子都被视为一种点状物体，它们在空间中自由移动，被它们相互间的作用力所指引，这些力通过四种基本力——引力、电磁作用、强核力和弱核力——产生。粒子相互作用的众多方式都能由名为"载荷"的特性所解释，并与每个粒子在空间中的速度和位置有关。电荷是其中最为人熟知的一种，它决定了粒子通过电磁力相互作用的方式。质量也是一种载荷，它支配着粒子间基于引力的相互作用。其他的载荷还包括了强核力的颜色载荷和粒子的自旋。

标准模型在运用量子物理的概念解释电磁力、强核力和弱核力上都十分的成功，也就是说"真实"粒子之间的力都是由虚粒子携带的。但是，引力却不能用这种标准模型和量子理论来解释，因此物理学家一直在寻找其他的解释，其中之一就是弦理论。

在弦理论中，粒子被弦所取代。它们要么是闭环的，要么是开环的，就像一缕头发一样。弦以不同的方式振动，不同的振动模式产生了宇宙中所有不同的粒子。因此每种粒子都是对同一种潜在对象的不同表达——一个弦。在大部分情况下，这些振动都发生在我们所能知到的三维之上的维度。事实上，弦理论是建立在10维或者是11维的空间上的。这些额外的维度被想象成空间的环，

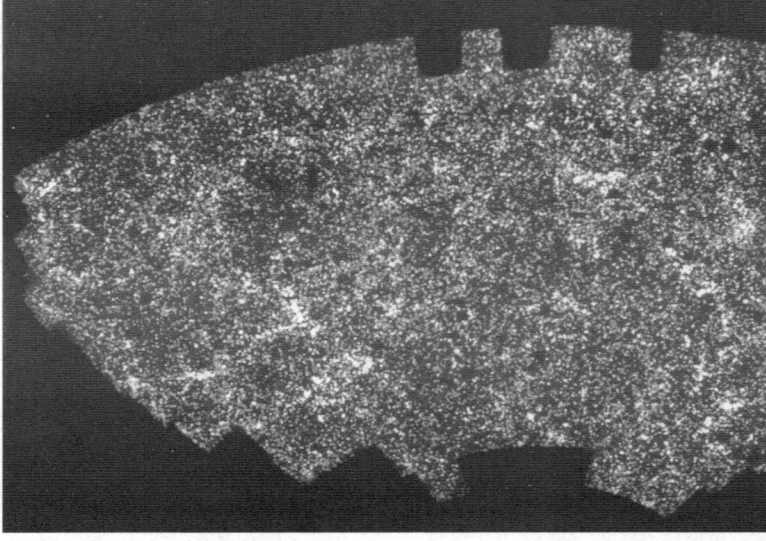

↑这幅图显示了位于南天极附近的200万个星系。红色的星系比蓝色星系远。粒子物理将极小（如电子）与极大（如宇宙本身）联系起来，而这种差异只有科学家理解大爆炸的最初阶段粒子之间是如何相互作用之时才能完全解释清楚。

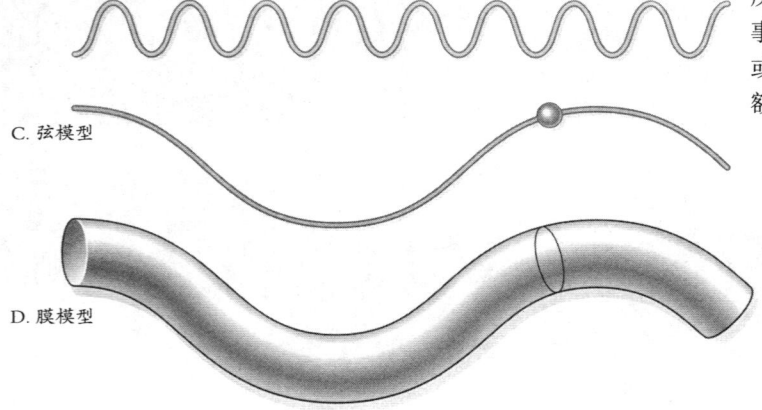

A. 经典模型
B. 量子模型
C. 弦模型
D. 膜模型

←根据粒子物理的"经典"模型，所有基础粒子都是点状物体（A）。但是根据波粒二象性，粒子能够表现为波状（B）。在弦理论中，一条振动的"弦"（C）取代了粒子。在M理论中，额外的维度使得弦变成圆柱状的结构，称为膜（D）。

规则的宇宙□

←物理学家使用加速器来研究亚原子粒子。在弗吉尼亚杰弗逊实验室中的的粒子加速器（如图上人为加上颜色的部分所示）中，电子在品红色的建筑物（左中）里产生，然后用绕着黄色轨道的磁铁加速。五圈之后，电子离开轨道，进入三个绿色实验场地之一。一些轨道通过蓝色的"计数"屋。超弦理论和超对称理论要求存在一种比所有已知的基本粒子大得多的超粒子。为了产生它们，粒子加速器需要有更高的能量。但至今仍然没有确切地生成过一种超粒子。

↓物理学家所注视的屏幕显示了一个质子和一个反质子（白色线）在一个粒子加速器中的碰撞。释放出来的能量导致新粒子的大批呈现，它们有自己独有的彩色轨迹。

它们像互为相连的带子一样结合在一起，并且它们极小。它们据说是被压密的，这就是为什么即便它们支撑了我们周围的整个宇宙的外貌，而我们仍然不能察觉到原因。

在最初的构想中，弦只适用于玻色子——一种携带力的粒子。应用另外一种被称为超对称的理论，弦变成了超弦，并且能够用来解释费密子（拥有半自旋的物质粒子）——例如电子和夸克。这就出现了一个问题，三种不同的超弦理论很快被提了出来，同时也产生了另外两种混合理论，它们被合称为杂化弦。

这一直是个重大的困惑——直到科学家认识到所有的单弦理论能够被置于一个更大的理论框架中。这就是 M 理论，意即母理论。五种自成体系的弦理论就像是 M 理论海洋上的小岛。理论物理学家正致力于研究 M 理论的可能性，因为为了建立一种合理的弦理论，引力也必须被包含进来，所以所有四种基本力都一下子被包括到一个理论中，而不再经由一个中间的大统一理论阶段。

一个形容 11 维空间的独特的弦理论引起了广泛的关注：第 11 个维度被想象成一个被压密的环，它能够将弦转变为一个开放的圆柱体，就像吸管一样。这些物体被称为膜，以突出它们与弦的区别。

M 理论和膜理论最令人激动的方面是：在小尺度上，它们重现了量子论的效应，在最大尺度上，它们也满足广义相对论。尽管在这种理论最终成型前仍有很多工作需要做，但看起来物理学家最终将找到一种所谓的关于所有事物的理论。

广义相对论

20世纪早期由阿尔伯特·爱因斯坦推导出来的狭义相对论描述了观测者和系统相对彼此处在统一的恒定运动中。爱因斯坦想要将这一工作扩展到系统变化其速度的情况中去——比如某些物体正在加速时。通过将相对性扩展到加速参照系中,爱因斯坦系统地阐述了关于引力的一种新理论,到目前为止,它被证明是最为正确的。

广义相对论的基石是等价性定理。这一定理提出势阱——具有引力场的物体的周围区域——中的状况可以通过一个加速中的参照系得到再现。有一个力——比如引力——作用于其上的参照系可以通过恰当的加速度的应用而抵消。因此,这意味着力和加速度等价。

运用广义相对论的定律,空间的三个为人所熟知的维度——上和下、左和右以及内和外——可以与向前的一维——时间相连。它们可以被看作是四维的时空连续体,连续体中两个物体间的最短距离是测地线。尽管测地线通常都是直的,但时空连续体可能是弯曲的,因此测地线的真实形状也是弯曲的。这种弯曲发生在大质量物体——例如恒星、行星以及在更大尺度上的星系——扭曲了时空连续体并成为势阱时。电磁辐射中的光子在时空连续体中沿直线传播,但当它们靠近势阱时,它们在三维空间中转化为曲线。这导致的一个结果就是名为引力透镜的现象,它使得遥远的一个天体(如类星体)分解成了两个或者更多的图像,这是由一个介入中的星系的引力场造成的。

广义相对论不再将引力作为一种力来解释其效应,这可以通过对行驶在道路转弯处的汽车来解释:乘客被离心力推向一侧。但这仅仅是一种表观力,乘客的身体实际尝试继续沿直线运动,但与正向新方向运行的汽车的侧面接触。引力可以被看作是一种类似于离心力的表观力。

弯曲的时空连续体中直线路径的概念可以通过地球表面上的两个人形象化;他们都站在赤道上,但位于不同的经度,没有人会怀疑如果他们走在平行的路径上,那么他们不会相交。但如果他们持续向北沿直线走到北极点,他们会越来越接近。如果他们以相同的速度前进,那么他们将在北极点相遇。这看起来像是一种引力将他们拉到了一起,但他们所做的只是沿着弯曲表面——地球——上的直线路径行走。引力可以用这种方式来理解,但因为人类是三维的存在,所以我们不能感知宇宙在第四维上的弯曲。这种弯曲的效应就是被称为引力的力。

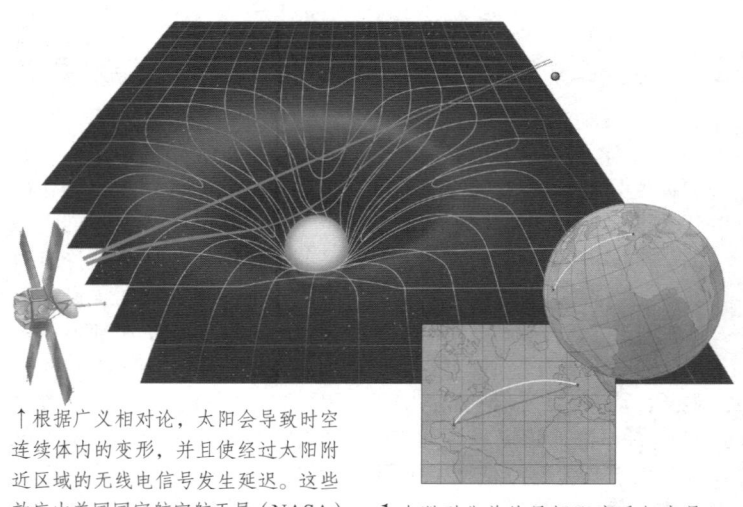

↑根据广义相对论,太阳会导致时空连续体内的变形,并且使经过太阳附近区域的无线电信号发生延迟。这些效应由美国国家航空航天局(NASA)于20世纪70年代中期发射向火星的"海盗号"空间探测器测试过。当火星位于太阳的远端时,无线电信号的传输时间比所需的时间多了100毫秒。多出的时间等价于无线电波多传播了30千米,这被解释为无线电波进入再穿出太阳的势阱造成的。

↗欧洲到北美的最短距离看起来是地球表面的二维地图上的一条直线。然而地球是三维的,所以两点间的实际路线是一条曲线。这类似于物体和辐射在时空连续体中穿越的状况。尽管它们看起来是沿着空间中的直线传播,但实际上它们正在四维空间里沿曲线运动。

2 宇宙大爆炸
THE BIG BANG

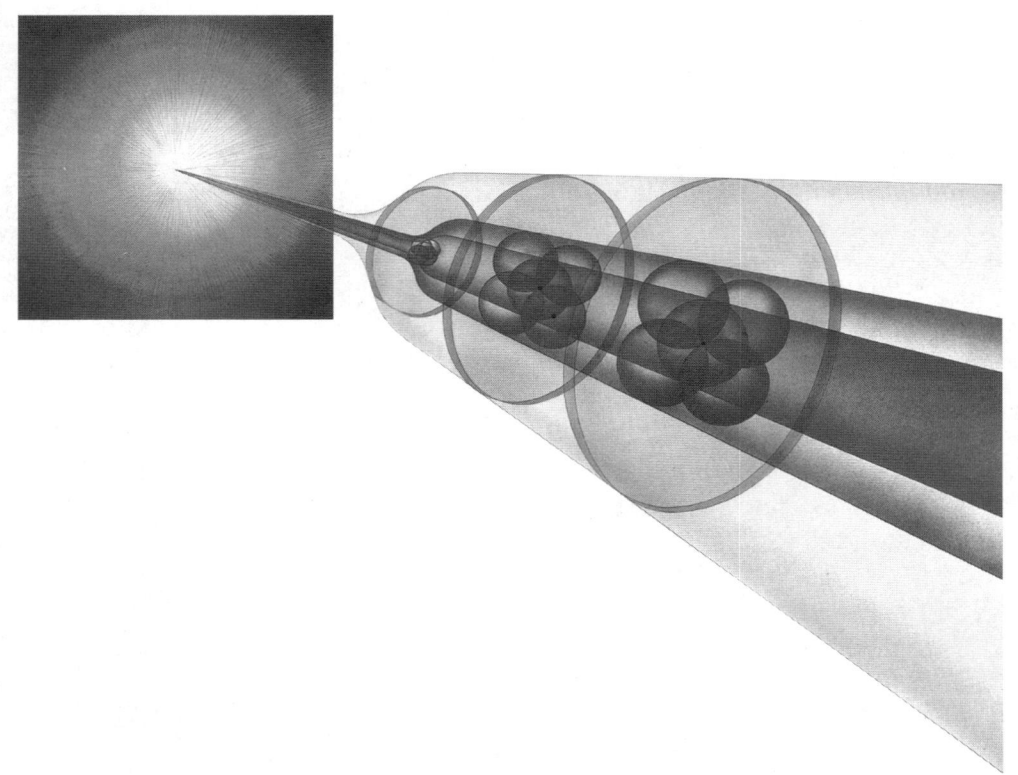

　　宇宙正在膨胀这个事实于20世纪20年代由美国天文学家埃德温·哈勃发现。在研究由遥远星系发出的光里所含的特定元素的谱线特征时，哈勃发现每条线都向光谱末端——更长波长的红端移动，这说明这些光波被拉伸了。

　　这可能意味着所有星系都正在离我们远去。实际上这些星系并不移动，而是时空连续体本身在膨胀——尽管膨胀的效应可能会在局部地区内被引力所抵消。空间在地球上、太阳系内部乃至整个银河系内部都没有膨胀，但星系组之间的空间确实在膨胀着。星系被分开就像蛋糕中的葡萄干在生面团发酵膨胀时分离开来一样。

　　随着宇宙的膨胀，从这些星系发出的光波被拉伸了，使它们向光谱的红端移动。距离最远的星系，光谱移动得也最多。这种现象被称为红移。

　　据此推测，宇宙曾经比现在小得多。这种逻辑引出了大爆炸理论，宇宙以及其内部的所有事物——空间、时间、物质、能量，甚至所有的物理定律和自然基本力——诞生的初始事件。

宇宙的尺度

天体物理学包含了宇宙中应有的所有可想象的尺度。其中的一些尺度与我们最为熟知的那些（从微米到数千千米）的尺度看起来大不相同。在这一极限范围之外，就更需要使用我们的想象力。宇宙在这些不同的尺度上看起来有很大的不同，但是物理定律对它们都适用。

在现代科学所能达到的最小尺度——约 10^{-16} 米——上，物质由名为夸克的基础粒子构成。它们三个一组，形成基本粒子——质子和中子。原子的大部分质量都集中在它的原子核内，原子核直径为 10^{-13} 米。事实上原子的所有体积都由电子占据，它们存在于原子核周围，位于通常被称为电子云的区域中。电子云的直径大约是原子核的 1000 倍，或者说 10^{-10} 米。

在人类的尺度上缺乏亚原子尺度上的量子现象以及大尺度上的相对性效应。我们能够透过放大镜观察并且未意识到量子相互作用导致光子从物体上反射，到达我们的眼睛，让我们能够在更大尺度上看到一个较小的物体。在更大的尺度上，我们以十、百乃至千米为单位测量，这些或许能够很方便地以指数表达出来：地球的直径是 10^7 米，地球和太阳之间的距离是 1.49 亿千米，或者说是一个天文单位（AU）。同样作为太阳系中的一部分的水星——距离太阳最近的行星——到地球的平均距离为 0.39AU；地球到达最遥远的冥王星（现已被降级）的平均距离为 39.44AU。

当千米数或是天文单位数超出了人类所能理解的范围，天文学家就以光年为单位测量。1 光年相当于 95 万亿千米（或 63 240AU）。太阳系的外部区域被称为奥特星云，可能延伸了到半人马座比邻星——距离我们最近的恒星——4.3 光年之外的距离的 1/4。以 10 千米/秒行进的火箭将需要 10 万年才能到达这颗"邻近"的恒星

太阳系存在于银河系——一个包含了超过 1000 亿颗恒星、直径延伸了 8 万光年到 10 万光年的巨大系统——中的一条旋臂上，太阳距离银河系中心大约 2.8 万光年。夜空中每颗可见的恒星都位于银河系中。

银河系是名为本星系群的星系团中的一部分，其半径大约为 250 万光年。它在本星系群中的最近邻居位于 16 万光年以外。位于 230 万光年以外的仙女座星系是在良好条件下通过裸眼能够观察到的最远的天体。本星系群属于本超星系团，本超星系团半径为 5000 万光年。

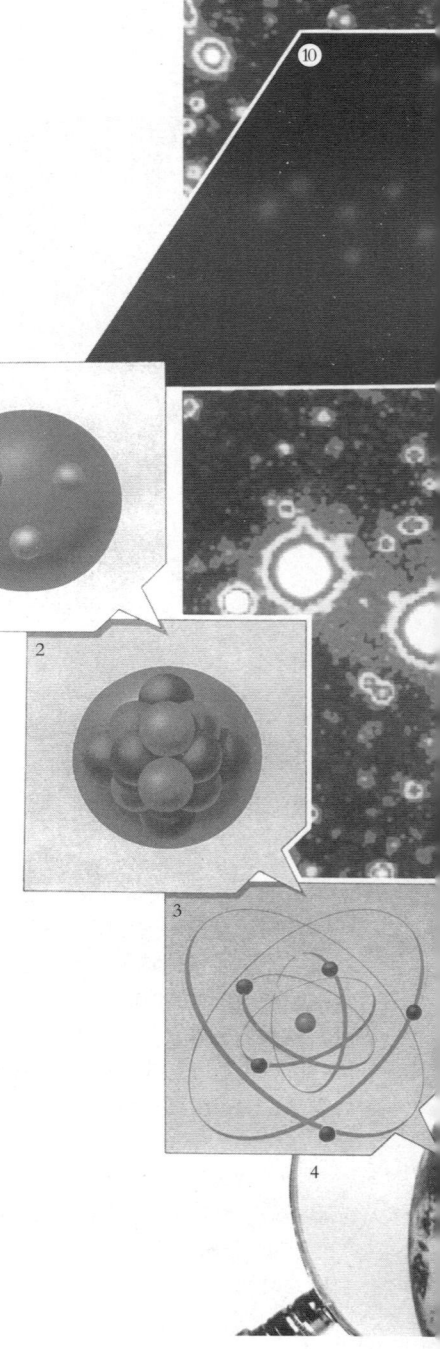

宇宙大爆炸□

↓可见的宇宙是由其年龄定义的：宇宙大约有150亿岁，而我们也不可能看到超过150亿光年以外的物体。在这一限度内能够探测到极大量的星系，一些天文学家相信在我们永远不能达到的地方存在着相同数量的星系。

↖宇宙的尺度是以米表示的。在亚原子尺度上，夸克（1）直径为10^{-16}米；原子核（2）直径为10^{-13}米；原子（3）直径为10^{-10}米。人类的尺度（4）介于1到10米之间；地球（5）直径为10^7米；太阳系（6）直径为10^{13}米；而距离地球最近的恒星（7）直径为10^{17}米。银河系（8）的尺度为10^{21}米，它是尺度为10^{23}米的本星系群（9）中的一部分。本超星系团（10）尺度为10^{24}米，而可观测的宇宙（11）超出了10^{26}米的范围。

大爆炸

天文学家们相信，宇宙及其内部的物质和空间，都是在大爆炸以及大爆炸后极短的一瞬这个关键过程中产生的——那时的温度要远高于现在的宇宙。

↓当前的宇宙平均温度为3K（可由当前的宇宙背景辐射探测出来），但是最初要热得多。普朗克时间的末期，宇宙的温度为10^{32}K。能量由光子所携带，但是早期的宇宙十分致密，以至于光子在被再次吸收之前不能传播很远的距离——温度从那时开始逐步下降。

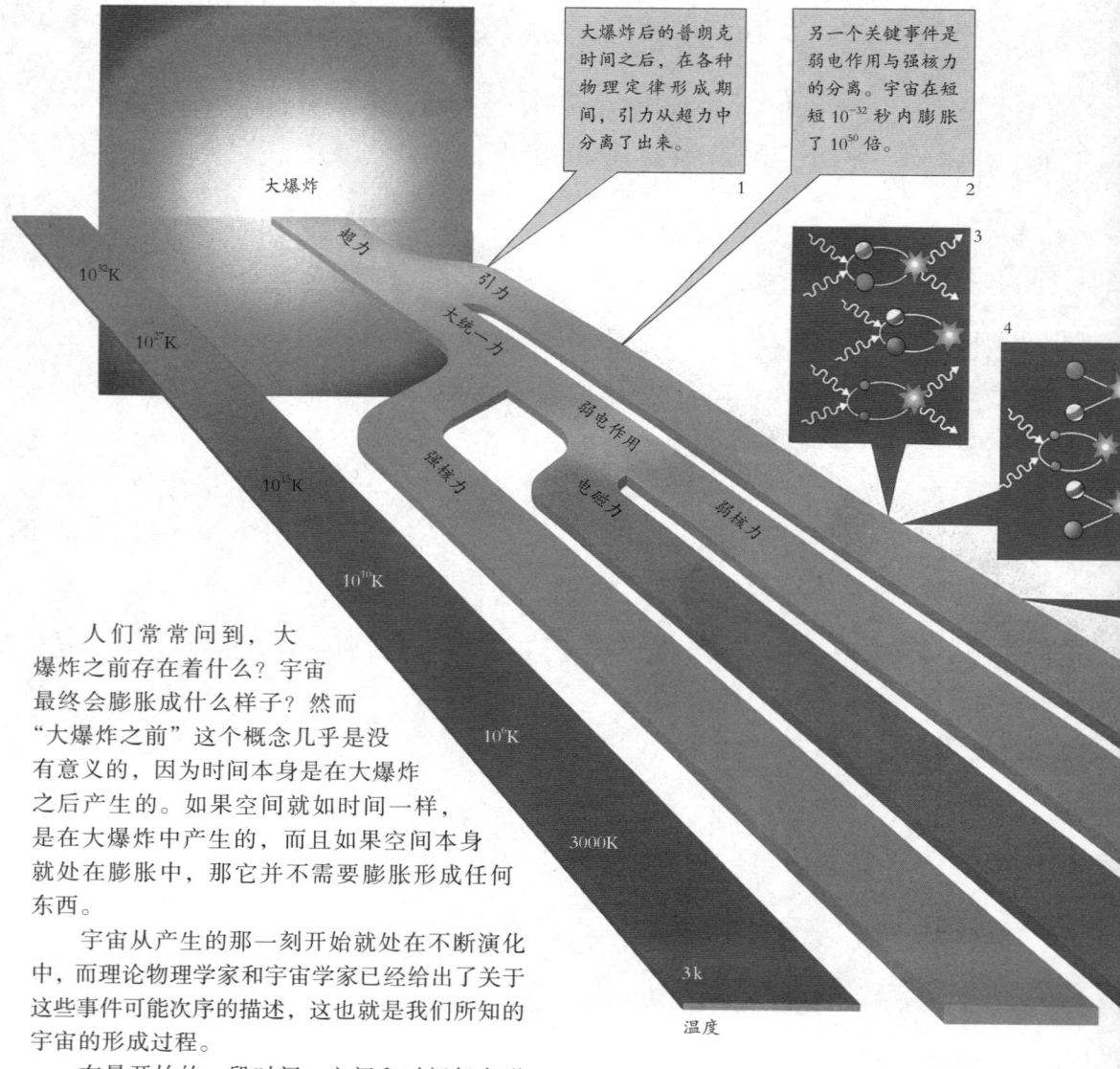

大爆炸后的普朗克时间之后，在各种物理定律形成期间，引力从超力中分离了出来。 1

另一个关键事件是弱电作用与强核力的分离。宇宙在短短10^{-32}秒内膨胀了10^{50}倍。 2

人们常常问到，大爆炸之前存在着什么？宇宙最终会膨胀成什么样子？然而"大爆炸之前"这个概念几乎是没有意义的，因为时间本身是在大爆炸之后产生的。如果空间就如时间一样，是在大爆炸中产生的，而且如果空间本身就处在膨胀中，那它并不需要膨胀形成任何东西。

宇宙从产生的那一刻开始就处在不断演化中，而理论物理学家和宇宙学家已经给出了关于这些事件可能次序的描述，这也就是我们所知的宇宙的形成过程。

在最开始的一段时间，空间和时间仍在形成中，自然力组成了一种单一的、原始的超力。

这就是我们所说的普朗克时间，它的细节可能永远无法被解释，因为物理定律仍在定义中。

到了第 10^{-35} 秒时，空间已经膨胀到足以使温度降到 $10^{27}K$ 的程度，由具有极端能量的光子携带。引力已经成为了一种分离的力，大统一理论（GUT）力这时分离为强核力和弱电作用，伴随着夸克、轻子以及它们的反物质的迅速产生。这个过程在宇宙恢复它原先的膨胀速率前，经历了一个短暂却十分剧烈的膨胀阶段（持续了 10^{-32} 秒）。

在第 10^{-12} 秒时，弱电作用分裂成电磁力和弱核力，于是所有的四种自然力现在都被分离和区分开来。宇宙里的粒子及其反粒子处在了稳定地形成与湮灭的状态，轻子分离成了中微子与电子。夸克依然独立存在，因为宇宙当时的温度阻碍了它们结合形成更重的粒子。

到第 10^{-6} 秒时，夸克两个或三个一组结合了起来，形成了介子和重子（包括质子和中子）——因为在那个时刻夸克无法独立存在。它们的反粒子也发生了同样的情况，并且在那以后与物质发生湮灭，但是极少数的残余（每10亿个里有1个粒子）被遗留了下来，继续形成现今宇宙中的所有物质。在这个过程中也产生了大量的光子。

到第 1 秒结束时，温度已经降到了 $10^{10}K$；5 秒以后，中微子与反中微子不再与其他形式的物质发生相互作用。宇宙到达第 10 秒后，质子与中子开始结合形成氦核。

在第 1 到第 5 分钟之间，强核力发挥主导作用，使中子和质子结合在一起形成氦核，并阻止中子衰变为质子和电子。宇宙中的氢和氦的比例就是这个时候确定下来的。这时的能级依旧很高，使得原子完全离子化，并且以原子核的形式存在于电子的海洋。

大爆炸后大约 30 万年后，温度下降到了足够低的程度——约为 3 000K，从而电磁力使得电子被原子核所捕获。随着空间不再由自由电子的海洋所充斥，光子终于可以第一次在不与物质相互作用的情况下行进很长的距离——宇宙变得透明起来。在这个被称作是物质与能量去耦的时期，宇宙背景辐射被释放了出来。随着包含在宇宙中的物质上的辐射压的移除，原子开始受到引力的控制并集结形成巨大云团，宇宙的大尺度结构开始演化。

在宇宙背景微波辐射被释放到 150 亿年后的今天之间，宇宙膨胀了 1 000 倍，而物质聚积并且浓缩形成了星系、恒星（包括我们的太阳）和行星。随着这些情况的发生，宇宙的温度继续下降。

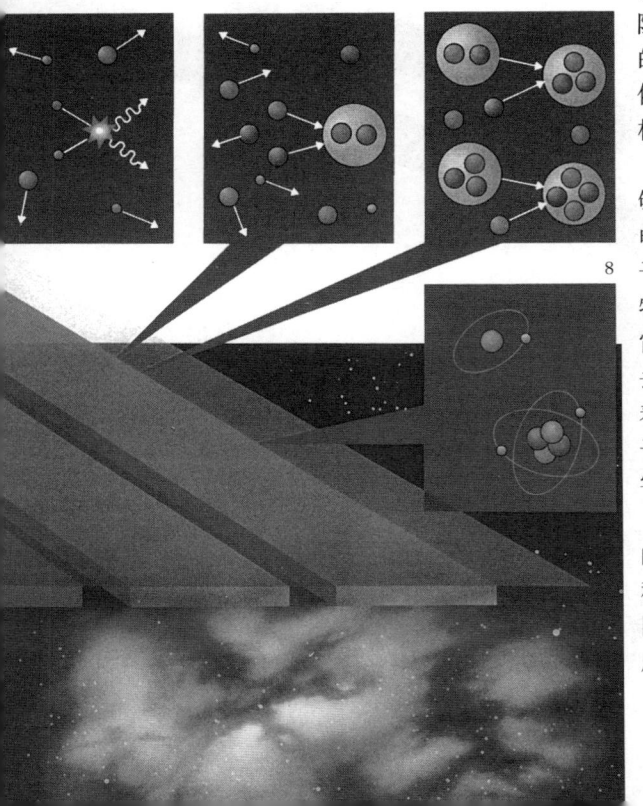

↓ 在 10^{-43} 秒之前，早期的宇宙（1）是无法描述的，但到达 10^{-35} 秒后，两种自然力分离开来，并且最轻的粒子——夸克与轻子产生了（2）。到 10^{-12} 秒时（3），所有的粒子都处于一种稳定地产生与湮灭的状态中；直到 10^{-6} 秒（4），夸克开始结合在一起形成中子与质子，尽管几乎所有的这些粒子同样也在与它们的反粒子的碰撞中湮灭了，剩余的粒子形成了今天我们在宇宙中能够发现的物质（5）。很长时间以后，到大爆炸后 15 秒时，这些质子与中子结合在一起形成氘核（6），并且在几分钟后，氦核（两个质子与两个中子）产生了（7）。30 万年以后，随着电子被原子核捕获（8），原子开始形成，而四种自然力中最弱的引力开始使宇宙成形，导致物质开始聚形成云团并进而形成星系与恒星。

质子
反质子
中子
反中子
正电子
电子
光子

□ 学生科普百科

宇宙膨胀

今天我们所见到的能被观测的宇宙起源于一个比原子还要小的区域空间。大爆炸事件被广泛认为是创造了宇宙的事件，它发生在 100 到 150 亿年以前，导致其产生的原因仍然是未知的，但天体物理学家已经整理出了一套关于大爆炸后的异常详尽的知识体系——开始于大爆炸后极短的时间。此时传统的物理定律被认为已经产生了。

在极早期的宇宙中，四种自然力——引力、电磁力、强核力和弱核力——被合并成单一的超力。物质与能量并非今天这样明显分离。即使是空间也因为这个时候宇宙所占据的小得难以置信的体积而持续被打破和折叠。随着时间的推移，宇宙不断膨胀，而在它膨胀时，超力分成了引力与大统一力。

关键的下一步发生在宇宙的第 10^{-35} 秒时。此时，宇宙已经膨胀并且冷却到足够使大统一力进一步分离成强核力和弱电作用。伴随这一分离的是夸克与轻子的突然产生，这个过程与大气中的水蒸气在周围空气的温度充分低的时候凝结成云是一样的道理。正如水蒸气凝结成水释放热能一样，物质粒子的自发形成导致了宇宙内的变化，这产生了巨大的压力，使得宇宙以一个极大的加速度速率膨胀——比光速还快。这一过程就是暴涨，它将宇宙扩大了 10^{50} 的指数，而这一切仅仅发生在 10^{-32} 秒之内。尽管如爱因斯坦所说，没有东西在空间中运动速度能够超过光速，但是这一限制并不适用于空间本身，所以在暴涨的过程中并没有违背任何物理定律。

暴涨理论并未被证明，并且人们还提出了许多其他的想法。最近的一个是由普林斯顿大学的保罗·斯坦哈特和英格兰剑桥大学的尼尔·图洛克提出的循环宇宙理论。它以 M 理论为基础，指出我们的宇宙只是在更高维度上连接起来的多个宇宙中的一个。这可以被想象作两张二维的纸被分开放置在一个三维的房间里，这两个宇宙毫不相关，除非它们发生偶然的碰撞，此时它们产生出类似于大爆炸的状况。这一理论被称为火宇宙模型，名称来自于希腊斯多葛学派哲学家，他们相信"大火"——宇宙将周期性地被火毁灭的想法。

其他天文学家则相信，在未来几年里，空间探测器对于充斥整个宇宙的微波背景辐射的更深入观测将证实暴涨的发生。

↑ 被观测到的所有视界距离为 150 亿光年的空间区域都发出相同的温度的辐射。为什么它们温度相同并且发射出相同类型的辐射？在暴涨（1）前，空间被紧密压缩，因而所有区域都是相邻着的，因此存在着热平衡的状态。在宇宙以超过光速的速度短暂地"暴涨"（2）之后，类星体和星系等物体形成，它们都有自己的视界，由大爆炸后光所传播的距离决定。因此 A 和 B 就都位于对方的视界之外。在现代的宇宙（3）里，仍然存在着相同的几何关系——尽管宇宙额外的年龄意味着视界的扩张。在（2）和（3）阶段中，类星体 A 和 B 并不互相接触，因而不可能知道对方的存在，然而我们知道它们都存在是因为它们都会待在我们的视界里。

↓在地球上,地平线是我们所能看到的最远点,这是因为我们世界的弯曲。在宇宙中,我们的视界就是我们所能看到的最远点,受到宇宙的年龄以及光的有限速度的限制。如果宇宙是150亿岁的话,那么我们的视界就是150亿光年。任何距离大于150亿光年的两个物体不能知道对方的存在,因为它们所发出的光线没有足够的时间到达对方。宇宙暴涨前,我们的视界以光速扩展。当暴涨发生时,宇宙的半径只有10^{-35}光秒。随着大统一力的分裂,宇宙内部的空间按指数函数膨胀。因此,宇宙变得比所能看到的部分要大得多。原来相接触的区域随着空间的膨胀被分离开来,而分离速度是光速的许多倍。

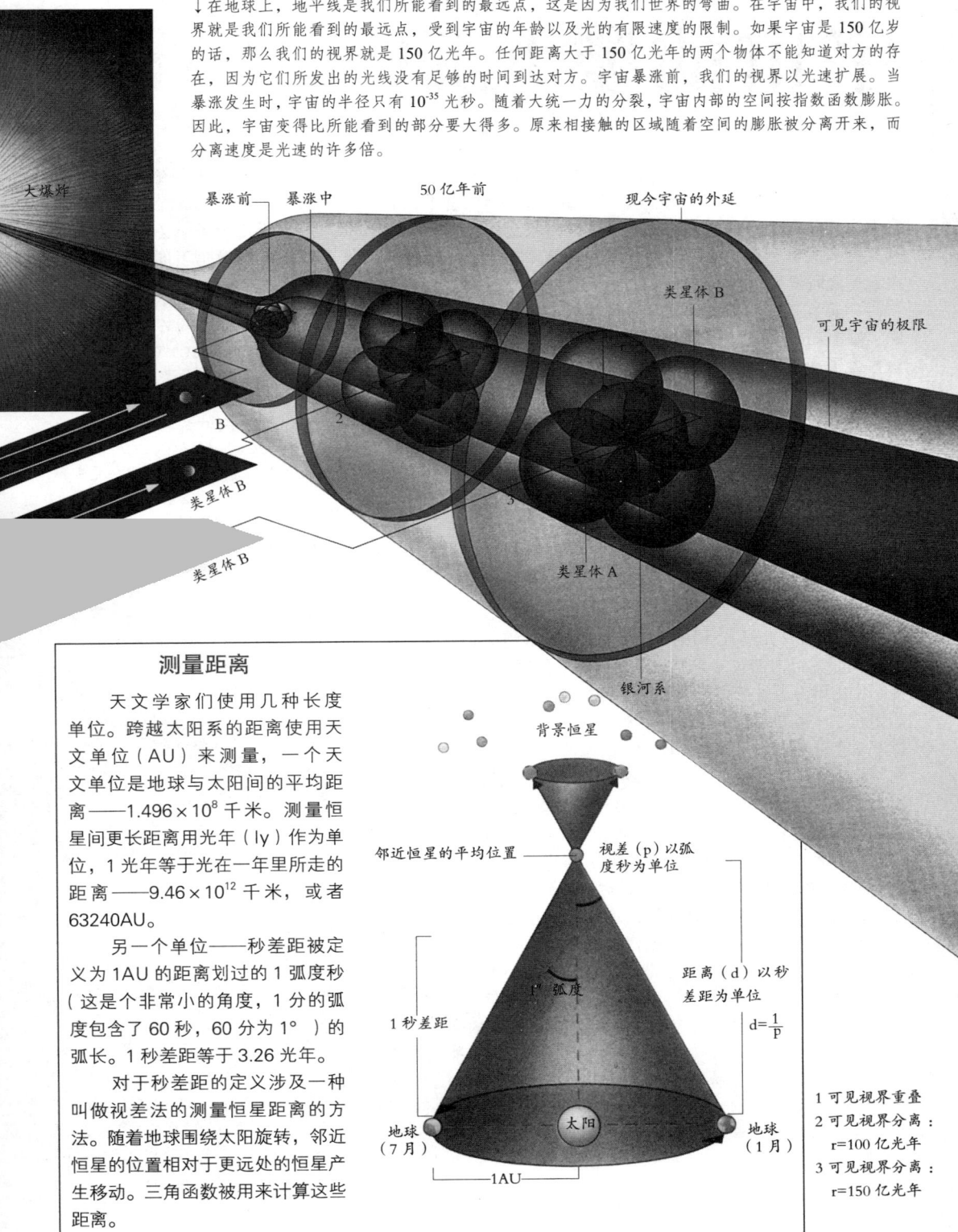

测量距离

天文学家们使用几种长度单位。跨越太阳系的距离使用天文单位(AU)来测量,一个天文单位是地球与太阳间的平均距离——1.496×10^8千米。测量恒星间更长距离用光年(ly)作为单位,1光年等于光在一年里所走的距离——9.46×10^{12}千米,或者63240AU。

另一个单位——秒差距被定义为1AU的距离划过的1弧度秒(这是个非常小的角度,1分的弧度包含了60秒,60分为1°)的弧长。1秒差距等于3.26光年。

对于秒差距的定义涉及一种叫做视差法的测量恒星距离的方法。随着地球围绕太阳旋转,邻近恒星的位置相对于更远处的恒星产生移动。三角函数被用来计算这些距离。

宇宙的婴儿期

宇宙在第 10^{-12} 秒时，弱电作用分解为电磁力与弱核力。在此之前，所有轻子——电子、中微子等不由夸克组成的基本粒子——行为方式相同。但是现在，随着这两种力（支配轻子的反应）的相互分离，电子和中微子独立开来。电磁相互作用开始在所有带电粒子之间发生，光子开始大量地生成。

宇宙在这一阶段的组成部分都处于稳定地产生并相撞的状态中。物质粒子与它们的反粒子碰撞，随即湮灭并产生一对高能光子。这些光子很快地又衰变回粒子-反粒子对，于是碰撞-湮灭的过程又重新开始。

这种物质与能量间的循环转换是可能发生的，因为这时的宇宙十分致密且灼热：大爆炸后不到一百万分之一秒内，温度高于 10 万亿 K。在这种环境下，夸克可以作为独立粒子而存在，因为它们与其他夸克之间建立的任何连接不久就会被碰撞所破坏。

当宇宙年龄到达 1 微秒时，情况又变了：这时，它已经充分地膨胀与冷却，以至于像以前一样在那么大范围内自发产生新物质不再可能。此时，粒子与它们的反粒子相碰撞所产生的光子不再重新转变成物质。

随着宇宙的冷却，强核力把夸克拉在一起组成质子与中子。其中的大部分粒子都在与它们相对的反物质的碰撞中湮灭了。然而，由于宇宙中有着虽然小但仍可测量的趋势，并且创造出反物质更多的物质，一些基本粒子残留了下来。每 10 亿对粒子-反粒子对中，就有 1 个粒子在没有相对的反物质的条件下产生。这些残余的物质粒子就构成了我们今天所发现的每一个原子核。

到那时为止，中微子和反中微子就一直处于一个恒定地与宇宙其他物质相碰撞的状态中。随着宇宙到达诞生后第 1 秒，它们都停止了与其他粒子的反应。这个过程称为中微子的去耦，可能是大爆炸后最早的可探测事件之一：如果有足够多的强力中微子探测器的话，就能以中微子流背景的形式被探测到，使得天文学家们可以研究宇宙在其第 1 秒时候的状态。

更早的唯一可能被探测到的事件是引力子的去耦，这被认为发生在大爆炸后的第 10^{-12} 秒。然而，引力子的去耦比中微子去耦更为不确定：与中微子不同，人们至今仍然没有证明引力子的存在。

→宇宙中的所有物质（包括图中所示开放星团 NGC3293 中的恒星）都是由没有伴随的相应反物质生成的物质粒子所组成。光子占据了宇宙内物质粒子中的大多数，其比例为 10^9：1。宇宙中最早的恒星是仅由氢与氦组成的。更重的元素还没能合成，因为这些过程只能在大质量恒星的中心进行。只有当第一代的恒星到达了它们生命的尽头时，它们才能在宇宙中留下比氦更重的元素。星系被认为在大爆炸后大约 10 亿年开始形成，对于这些物体的探测是现代天文学的一个重心。

→在非常早期的宇宙中，空间的密度很高，以至于光子经常碰撞。这导致它们自发地转变成为物质粒子以及相对的反物质。粒子的精确类型取决于光子的结合能。物质与反物质也会相碰撞，它们互相湮灭，并且再次产生一对光子。这个过程就是对生，它在现代宇宙中适当的条件下仍在发生。物质粒子在没有相对的反物质的条件下产生的情况每 10 亿次里面有 1 次。这就通过粒子"种下"了宇宙，因为它们没有使它们重新变回带能量的光子相应的反物质。

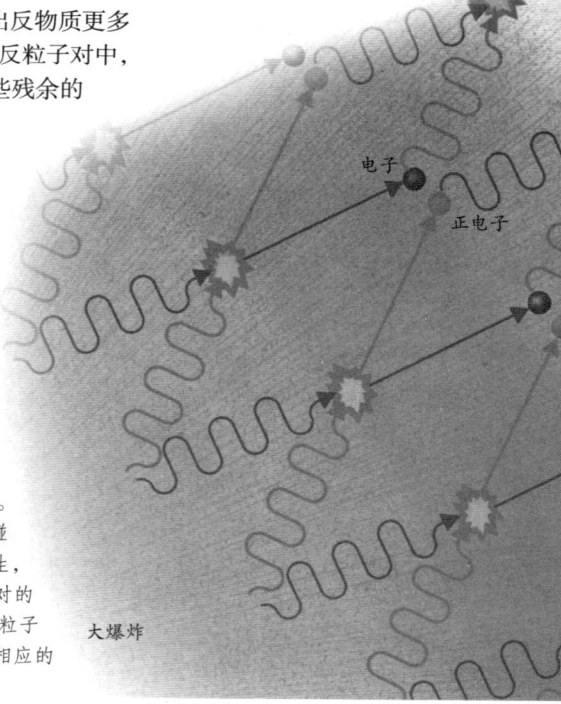

电子
光子
电子
正电子
大爆炸

宇宙大爆炸

混沌之初

随着宇宙的膨胀，大爆炸后几秒，宇宙的温度一直持续下降。当宇宙到达第15秒时，温度已经降到足以阻止电子—正电子对的自发形成。同样地，中子和质子，以及它们相应的反物质，相互碰撞湮灭并留下少量的物质剩余，而电子和正电子也一样。再一次，产生物质的微小偏向使得每10亿电子-正电子湮灭时，就有一个电子留存下来，这意味着对应于一个物质粒子就有几十亿个光子同时存在。

尽管这时的宇宙仍被光子与中微子所支配，但是原子的组成成分（质子、中子和电子）的条件已经具备。宇宙中基本粒子的总比例已经确定，它们处于一种恒定的碰撞状态中。

当宇宙年龄到达1分钟时，条件变得适宜中子与质子通过核聚变结合成为原子核（核合成）。这一过程是可能的，因为当时发生的碰撞——尤其是发生在重子（中子与质子）间的碰撞——已经因为宇宙的冷却以及粒子不再以那么高的速度运动而变得没那么激烈了，这就使得强核力能够在粒子接触时发生作用。

经过了大约4分钟的核合成之后，宇宙充分地膨胀，其温度也相应地降低，以停止这一进程。宇宙这时包含了氢原子核（单个质子）以及它的同位素——氘（一个质子和一个中子）和氚（一个质子加三个中子），以及氦（两个质子和两个中子）与它的同位素氦-3（两个质子一个中子）。

因为中子要保持稳定必须有其他重子的存在，那些在原子核之外的中子就衰变成一个氢原子核（单个质子）、一个电子和一个中微子。

这时的宇宙仍然处于非常高能的状态，以使电磁力将电子束缚在原子核边上。任何被原子核捕获的电子很快就在与光子的碰撞中又获得了足够多的能量，从而再度逃离原子核。宇宙在这种恒定的离子化状态中度过了好几十万年。

在宇宙年龄大约30万到50万岁间，宇宙中发生的一个最重要的变化——所谓的物质和能量的去耦。随着宇宙的膨胀，温度降低，光子要把电子从原子核边撞离变得更加困难了。随着电子被原子核所吸引，光子变得能够在宇宙中长距离传播而不与其他粒子碰撞。从某种意义上看，宇宙对其中的光子来说变得透明了。

这个过程中发出的辐射到今天仍可以探测到，这就是宇宙微波背景辐射，这些辐射由于宇宙的膨胀发生了巨大的红移。这一现象在整个天空中十分一致，以3K的温度为表征。

物质与能量的去耦是宇宙中可观测到的最早的事件。1965年宇宙背景辐射的发现，为大爆炸理论提供了第一个决定性的证据。

20世纪80年代末，通过COBE卫星对于这个辐射微小变动——小于万分之———的观测提供了更多更重要的证据。证据显示，这个时候的宇宙并不是均匀的，有的区域比较热但比较稀薄，有些区域相对比较冷，但比较致密。

从COBE开始，就有了大量的球载实验，诸如MAXIMA（国际毫米波各向异性实验成像阵列）实验与回飞棒（河外星系毫米波射电和地球物理国际气球观测）实验，它们对于宇宙微波背景辐射的细节进行了详细地观测。其他的地面微波望远镜则以不同的波长观测天空。它们一起为研究单个星系团的形成提供了非常重要的线索。NASA发射了一个COBE的后续探测器，被称为微波各向异性探测器（MAP），并刚开始以极高的灵敏度和精确度对整个天空进行测绘。欧洲航天局（ESA）已启动普朗克计划，这是在更高精度下测绘微波背景的另一项任务。

一旦物质间的碰撞以及辐射停止，远远小于其他力的引力就能把原子拉到一起，这就意味着宇宙大尺度上的结构开始了演化进程。尽管天文学家还不能完全解释这个过程中的细节，但很可能就是因为原子云聚集，才形成了我们所看到的宇宙的不同星系，并且最终云团内部进一步崩塌，形成在其核内发生核聚变的恒星。

3 星系和类星体
GALAXIES & QUASARS

  星系在大爆炸后的 10 亿年中出现，它们来自于因为自身的引力发生崩塌的巨大物质云。随着它们的成形，它们所累生的物质也开始崩塌。在这持续的碎片化过程中，较小的物质团形成了恒星。于是星系在它们内部恒星形成的同时形成了。

  星系是大量恒星以及其他较暗物质的集合。一些星系只包含了老年恒星；有的星系中则存在不断生成新恒星的区域。星系可能包含数百万颗恒星，也有着多种形状。

  太阳属于银河系，银河系里的恒星分布在一个平坦的螺旋盘状结构中。在没有仪器辅助下我们肉眼所能看到的每颗星星都属于银河系。只有三个星系（除了银河系外）能通过裸眼看到，其中两个——大、小麦哲伦星云，是银河系的卫星星系。第三个可见星系看上去就像一颗暗淡的恒星，但实际是一个邻近的螺旋状星系,被称为仙女座星系。天文学家通过望远镜观测的大多数星系都位于极遥远的地方，它们看上去就像模糊的旋涡状光斑，其中的恒星并不能被单独辨认出来。

星系是怎样形成的

大爆炸后大约30万年，物质与能量去耦以后，在宇宙微波背景辐射释放的过程中，引力成为宇宙中的支配力，并把物质云团拉到一起。这一崩塌被认为是"无尺度"过程，其中大小物质云团都受到同样的影响。最小的区域最早结束崩塌，因为它们所包含的被聚集到一起的物质较少。事实上，那些最大的物质集合——超星系团，至今仍可以被观测到处于崩塌过程中。

去耦以后的时期被称为宇宙历史中的黑暗时期，这个名字的由来是因为这个时期宇宙中不存在恒星。但是随着初生星系的形成，恒星自然地形成并发光。

对这一过程的计算机仿真模拟说明：小块的不规则星系最先形成，它们相互碰撞或者从周边环境中逐渐累积更多的物质。在发生碰撞的状况中，星系组成中的恒星将会被甩到随机方向的轨道上去，从而产生一个椭圆星系。而那些逐渐累积物质的星系将会发展成为美丽的螺旋星系。然而，任何时候，如果一个螺旋星系与另一个类似大小的星系相撞，它脆弱的螺旋臂将被毁坏，从而形成一个椭圆星系。

哈勃天文望远镜的观测表明：大多数星系都在宇宙初始的几十亿年中形成，并且从那时起，星系改变不大。现在，大量证据还表明：大多数星系

↑两个星系在慢速碰撞中的画面被捕捉到，这一过程将会持续数百万年的时间才能完成。这种碰撞现在十分稀有，但被认为在早期的宇宙中星系还很小的时候很常见。

→宇宙的黑暗时期在第一代恒星开始发光时结束。在大爆炸后大约十亿年，还不存在着可辨认的星系，只有大团的极热和明亮的蓝色恒星。这是一幅画家对于可能围绕着这些超能恒星的粉红色氢气泡印象的图画。

星系和类星体

↑星系的成长过程在今天的宇宙中仍在继续。在这幅哈勃天文望远镜拍摄的图像里，NGC 2207星系（左）与IC2163（右）星系正在相互靠近形成合并。大约4000万年前，IC2163与这个更大的星系撞开，现在正被拉回。

←天文学家们使用计算机对现在宇宙中的星系分布的形成建模。单个的星系聚集在一起，红色代表最老的星系，蓝色代表最年轻的。为了准确地重现这些星系的状况，天文学家必须假设宇宙中的很大一部分是由暗物质组成的。

中心都存在着一个超大质量的黑洞。目前的一个研究的中心就是关于黑洞是什么时候形成的。超大质量黑洞不像超新星爆炸中形成的黑洞，它并非极端致密且只有几千米宽，它们大约和我们的太阳系一样大，密度和水差不多。然而，在它们吞噬恒星时，会释放出大量的能量，这造成了它们所在星系中心的剧烈活动，使星系成为活动星系。

深入观测星系形成期对全世界的天文研究小组来说都是一个很大的挑战，因为他们所探测的天体所发出的光线需要数百万年才能到达地球。目前，望远镜还不能很好地完成这项任务，但一系列的新型空间望远镜正在设计建造中，以观测到更多黑暗时期的信息。名为赫歇尔的一架空间望远镜已于2009年发射，而NASA/ESA合作的下一代空间望远镜（NGST）将会是一台直径达6米的仪器，它们对于红外波长都更加敏感，这使得它们能追溯回宇宙的黑暗时期，以看到最早的恒星和星系。

33

□学生科普百科

星系有几种

→星系是宇宙中最大的单个物体，平均跨度大约为 10 万光年。M83 是一个位于长蛇座中的螺旋星系，它有两条明显的旋臂和一条相对较暗的旋臂。M83 位于离我们银河大约 2700 万光年的地方，其直径大约为 3 万光年。

已发现的星系外形和大小各异，但是大部分能够按照它们的外观分为两个主要的类别——几乎所有的星系在外观上是椭圆的或螺旋的。

分类一般是按照形状进行的，运用一种叫"音叉"图的方式，它在 20 世纪 20 年代由美国天文学家埃德温·哈勃最早设计出来。椭圆星系是巨大的恒星集合，其形状范围包括了从完美的球形到雪茄状的扁平椭圆形。已知宇宙中的最大星系是巨大的椭圆星系，它们处在致密星系团的中心，据估计包含着数千亿颗恒星。

看起来这些星系都是依靠吸收周围离得太近并被它们的巨大引力场所捕获的小星系而变得如此之大的。另一方面，椭圆矮星系是已知的一些最小的恒星系统，只拥有大约 100 万颗恒星。一般认为存在着大量的这类星系，但因为它们小且暗，因此很难被探测到。椭圆星系中的所有恒星都是很老的，并且目前也没有新的恒星在其中形成。

螺旋星系是美丽的天体，就像风车一样，它表现出当前存在并且持续下去的恒星形成的迹象。它们包含了由老年恒星组成的中央凸起部位——核，围绕着持续形成新恒星的物质的盘。恒星在盘状物质中形成的地方发出强烈的光芒，并且环绕着核形成螺旋形的图样。这些螺旋的"臂"随着产生新恒星的盘状物质的被压缩区域逐渐环绕星系旋转。

螺旋星系有很多种类，通常根据它旋臂缠绕的紧密程度以及核的大小来区分。大约所有目前被辨识出来的螺旋星系中的一半都有着附加的可区分特征，这就是从星系核中释放出来并延伸到星系盘中的一个由恒星构成的直的棒状结构，一般的旋臂将会从这些棒状结构的末端开始缠绕。这种星系被称为棒旋星系。与螺旋星系一样，它们也可以根据旋臂缠绕的紧密程度和核的大小进一步分为不同的类型。棒状结构的产生看起来与螺旋转动的恒星引力的相互作用有关。

透镜星系构成了一种中间状态的星系类型，介于椭圆星系与螺旋星系之间，它们有着核凸以及恒星构成的薄盘状结构，但是没有螺旋臂。有时候透镜星系也有棒状结构。

没有明显的结构或者核的星系被称为不规则星系。I 型不规则星系显示了旋臂曾以某种方式分布的迹象；II 型不规则星系则纯粹是一团混乱的恒星。有证据证明，这种类型的很小的星系比如矮星系，可能是因为更大的星系间碰撞时抛出的物质落入星系间空间而形成的。与螺旋星系一样，不规则星系正处在恒星形成的过程中。

1

2

↑哈勃音叉图展示了几种不同类型的星系。总共有 7 种类型的椭圆星系（1～3），取决于它们的扁平程度；螺旋星系（4～6）和棒旋星系（7～9）通常都如右侧图表现的那样。螺旋星系进一步分成三种类型，取决于核的大小以及旋臂围绕的紧密程度。透镜星系一般介于螺旋星系与椭圆星系之间。不符合这些分类的星系被称为不规则星系。

↑星系曾被天文学家认为是椭圆形并且随着旋转逐渐变得扁平的。人们相信星系在这之后产生了旋臂，进而形成螺旋和棒旋星系。但是，现在人们知道事实并非这样。换言之，哈勃音叉图上的不同类型的星系并非一个演化序列。星系的哈勃分类永远不会改变，除非星系发生极剧烈的变化，例如与其他星系相撞。事实上，椭圆星系是在螺旋星系相撞并合并后产生的。

□学生科普百科

走进星系内部

螺旋星系的可见区域曾一度被认为代表了它的整个系统。天文学家现在相信：形成恒星的物质仅仅是包含在星系中所有物质的极小部分，其余的质量以灰暗物体的形式存在，它们太暗，以至于我们无法从观测星系时看到，或者甚至这些我们无法探测到的物质形式就是暗物质。

在从地球无法看到的昏暗物质中，螺旋星系盘中含有大量不发光的尘埃与气体云。有时候尘埃线能被看到是因为它们挡住从旋臂上发出的光，从而使我们能看到它们的轮廓。星系盘中同样包含着许多的更暗、更老的恒星，因为它们的光芒被旋臂上年轻明亮的恒星掩盖，所以无法被看到。恒星围绕螺旋星系的旋转为我们提供了许多关于星系中包含的比可见部分更多物质的重要线索。恒星移动得很快，以阻止星系飞离天文学家们相信的围绕着螺旋星系的巨大、隐藏着的球状物质晕。

从可见的证据上来，星系的质量与太阳系一样，似乎集中在它的核内。这也许意味着，随着星系的旋转，离核心较远的恒星要比距离较近的恒星移动得慢。但是，实际观测并不支持这点。相反，星系的质量更像是存在于它的可见区域之外，包含在巨大的球状物质晕中。

晕中的物质被认为包括了好几种不同的物体，例如星系盘中逃逸出来的灰暗恒星；失败的恒星，它们被称为矮褐星；恒星崩塌、死亡之后的遗迹形成了包括中子星、黑洞在内的物体。气体云可能也存在于星系晕中。除了灰暗物体之外，星系晕也包含了名为球状星团的发光体。

球状星团类似于椭圆星系，它们是被相互间的引力束缚在一起的恒星的球形集合物。在球状星团中没有恒星产生，它们环绕着自己的母星系，并且界定出一个球状区域，这被认为代表着星系晕边界。

球状星团包含了非常老的恒星——大部分被认为是在100亿年前形成的。然而一些恒星甚至更老，有着估计和宇宙一样的年龄。最大的球状星团包含了几百万颗恒星。典型的螺旋星系有大约150个球状星团，而椭圆星系可能包含上千个。一般认为气体云团崩塌形成星系时，孤立区域会各自崩塌并形成球状星团。

许多天文学家相信，在星系晕之外，还存在着一个甚至更大的球形区域，这被称为冕。星系冕可能有星系晕的4倍大的直径，可能包含了奇特的暗物质粒子，它们的行为特征与五种稳定的基本粒子大不相同。受到技术的限制，甚至使用目前最先进的设备也探测不到这些粒子，然而它们的存在却可以通过它们对星系中发光物质的引力作用推测出来。一些天文学家提出，星系冕可能占据了多达星系总物质质量90%的比例。

↑ M13是一个与银河系相关的球状星团。这类星团存在于星系周围的晕中，并且环绕其母星系核的轨道运行。在螺旋星系中，这些轨道使得星团穿过星系盘区域。然而这里的恒星密度很低，因此球状星团完好无损地出现在星系盘的另一侧。

星系和类星体

←草帽星系（M104）位于处女座中，是一个侧视的螺旋星系（左）。横穿星系中部的暗条是由尘埃构成的。成熟的计算机图像处理使得昏暗的星系晕变得可见（右）。星系的一张"底片"被叠加了上去，以揭示它的位置。

↓螺旋星系的可见部分是一个大得多的结构中的一部分。照片中是一个典型的侧视的螺旋星系；盘状结构被晕包围，球状星团显著存在于晕中。此外，晕中被认为还包含了灰暗恒星、死亡恒星如白矮星和中子星甚至黑洞。

在螺旋星系的晕的外部，一些天文学家相信存在着一个更大的包含物质的球形区域，这被称为星系冕，根据目前的理论，它包含了大量的暗物质。目前没有人探测到这种物质，但它的存在能够通过星团中星系的运动推测出来。冕内暗物质可以解释星系在旋转中的奇怪表现。

球状星团帮助一位美国天文学家——哈罗·沙普利在1920年作出了对于银河系的第一次准确测量。观测整个星系是十分困难的，星系平面上的星际尘埃限制了我们的视野。球状星团（位于黄线的末端）位于平面上侧或下侧尘埃较少的地方。沙普利假设星团系统的中心与星系中心重合，并利用星系到达这些星团的距离估计了银河系的大小。

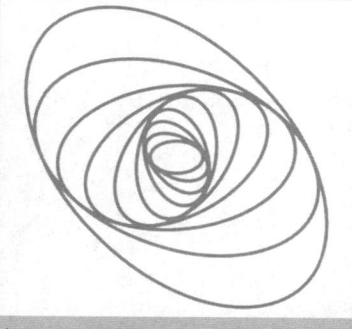

↑螺旋星系结构是怎么形成的？或者，为什么我们在地球上看见的是一个螺旋？如果在星系盘中，恒星的轨道旋进椭圆，且每条轨道与相邻轨道之间都存在一个很小的角度，那么旋臂就在这些看起来"成串"的椭圆中形成。

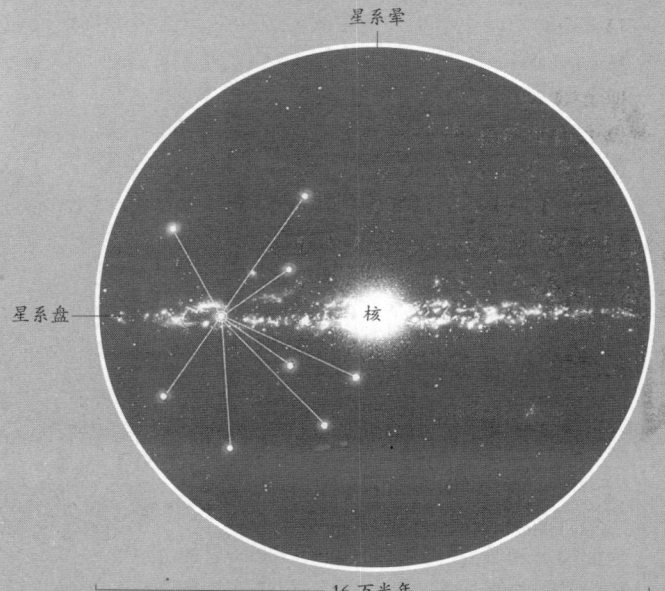

星系冕
星系晕
星系盘
核

16万光年

□学生科普百科

璀璨银河

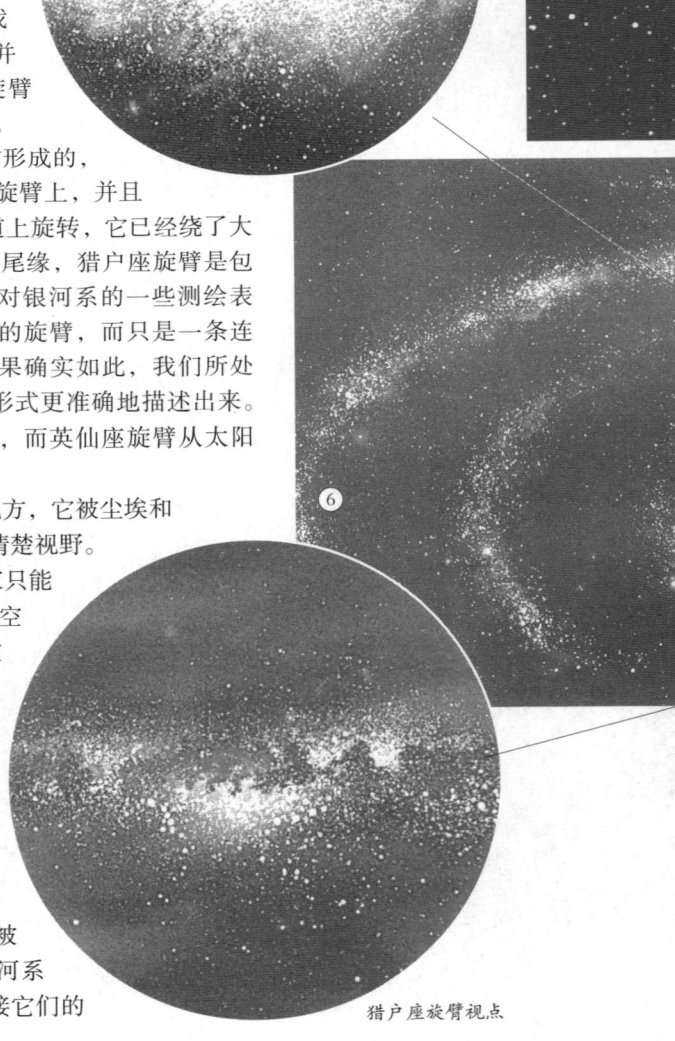

→银河系中心位于射手座的方向上（如这里所示）。高密度的可见恒星说明了它们排列得十分紧密。我们自己方向上对中心区域的视点被地球与星系中心之间星系盘上的大量尘埃所阻挡。但是，在不同于可见光的波长上，银河系的中心能被揭示出来。

中心视点

传统上，当人们认为的银河是横跨夜空的那条模糊光带。意大利天文学家伽利略（1564～1642）是第一个使用望远镜观察银河的人，他发现银河是由无数的昏暗恒星组成的。在之后的三个世纪中，天文学家认识到这条昏暗的光带是我们所看到的自己所在的星系。它之所以与其他星系看起来很不相同，是因为我们是从银河的内部观察它。

银河系是一个螺旋星系，因此相对扁平并呈盘状。如果我们观看盘面，我们可以看到比侧视时更多的恒星。太阳并不位于银河系的中心，而是处在一条旋臂上。银河系的中心位于射手座的方向上。

尽管银河系是在100亿到150亿年前形成的，但太阳只是在大约45亿年前诞生于一条旋臂上，并且从那时起开始在围绕银河系的中心的轨道上旋转，它已经绕了大约21圈，并且现在正处于猎户座旋臂的尾缘，猎户座旋臂是包含了猎户座中大部分恒星的一条旋臂。对银河系的一些测绘表明，猎户座可能实际上并不是一条完整的旋臂，而只是一条连接射手座旋臂和英仙座旋臂的分支。如果确实如此，我们所处的位置就能以位于猎户座桥或分支中的形式更准确地描述出来。射手座旋臂位于我们与银河系中心之间，而英仙座旋臂从太阳的外侧绕过。

银河系中心本身是一个相当神秘的地方，它被尘埃和气体云包裹，阻碍了对其内容进行观察的清楚视野。可见光无法穿过这些云团，因此天文学家只能依靠对电磁辐射在其他波长上的观测。天空中最强烈的一个无线电辐射源来自一个被称为射手座A*的天体，它位于银河系中心，是一种被称为黑洞的奇异天体。进一步的证据来自于银河系中心发射出来的一束反物质辐射的发现，它暗示着强烈的高能量进程。

毫无疑问，银河系是一个平均大小的螺旋星系，但它究竟属于哪种类型的螺旋星系还在争议中。多年以来，它被认为是一个标准的螺旋星系，但是在银河系旋臂与核心之间几乎必然存在着一条连接它们的

猎户座旋臂视点

星系和类星体

短棒状结构,所以银河系应当是一个棒旋星系。银河系外形的另一个有趣的特点是:它的恒星盘不是平坦的而是弯曲的。

与许多大型星系一样,银河系有很多环绕其旋转的小星系。麦哲伦星云是两个不规则的卫星星系,另外还存在着许多更小的受银河系引力影响而被捕获的矮星系。在它的巨大影响之外,银河系是名为本星系群的星系组合中其他星系的引力边界。本星系群包含了 21 个已知的成员,其中三个是螺旋星系(银河系、仙女座星系和 M33 星系),其余的星系都是椭圆星系,包括了巨大的椭圆星系梅菲 I 星系和矮星系。

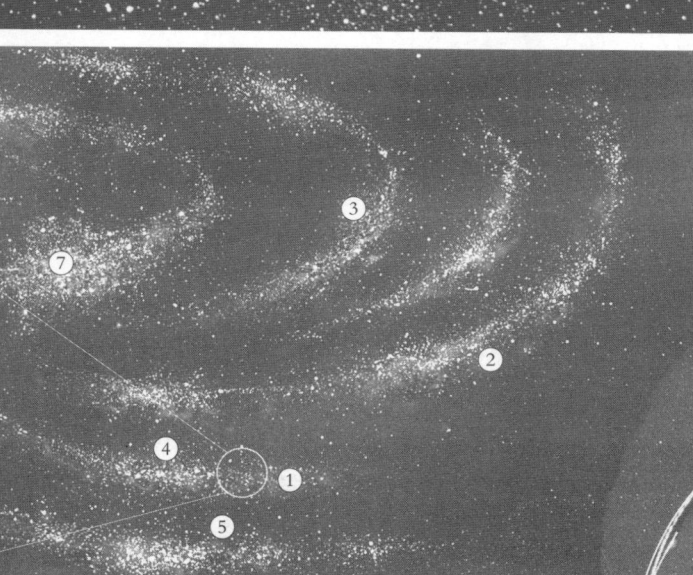

←在这张银河系风格化视角的照片中,展示了银河系的一些主要特征,说明为什么地球上不同的视角使得银河看起来外观不同。不管我们用何种方式去看,视野中旋臂始终是重叠的。当我们朝星系中心看时,银河看起来最稠密。其他的视角穿过了不同数量的恒星——有的多,有的少。

1. 太阳
2. 射手座旋臂
3. 半人马座旋臂
4. 猎户座旋臂
5. 英仙座旋臂
6. 天鹅座旋臂
7. 星系中心

→像这样的长曝光照片显示了恒星的密度是如何变大的,而银河系的薄盘是如何扩展成被称为星系的椭圆状凸起的。这张图也展示了几条星系盘中的尘埃线。通过对这张照片的仔细分析,说明球状星团是围绕星系核区域中密度最大的天体。

相互作用中的星系

星系始终处在运动中（它们之间以及与相邻天体间的引力作用导致），所以有时可能每上亿年一次，星系团中的星系运行到极近的距离上，从而发生剧烈的相互作用。如果两个星系具有相近的质量，相互作用的结果与一个星系比另一个大很多的情况将很不一样。星系的接近程度同样也影响到最终的结果。一些星系擦肩而过，在距离很远的地方影响到对方，而另一些相互碰撞并发生合并。

如果两个具有相近质量的螺旋星系相向运动，随着它们逐渐接近，它们会开始搅扰对方内部。它们将对方的恒星从原有的轨道上拉开，慢慢地，两个星系会失去它们的螺旋形状。一些恒星从星系中被拉出，在星系间的空间中形成很长的"尾巴"；其他的恒星开始减速并向两个星系的共同质心落去。如果两个星系距离足够近，它们会合并成一个星系。当星系以这种方式相撞时，它们所包含的恒星实际上并不互相接触：恒星间的空间非常大，以至于甚至在星系合并中发生碰撞的概率也很小。

如果两个相撞的星系大小差别较大，其中的一个会受到很大影响，而另一个基本不变。如果一个小的致密星系与一个大的螺旋星系相遇，螺旋星系相对不受影响，而小的致密星系将会发生极大的变化。但是，如果致密星系穿过了螺旋星系，它会使螺旋星系形成环状，就像是池塘中的水波一样。

星系间相互作用的影响对星系中的气体云来说是很不相同的。作用于气体云上的新引力常常会引发崩塌，从而导致极大量的恒星形成——一种被称为星暴的现象。一个很典型的例子就是M82星系，它受到了邻近大的M81螺旋星系引力的影响，尽管较小的星系发生明显的形变，而在它的中心附近也发生了剧烈的恒星生成过程。

当星系合并时，它们中的尘埃和气体被剥除，形成了新恒星。因此合并后的系统不能产生新的恒星。恒星的运动同样也受到了影响，因而它们不可能处在盘状星系所需的有序状态。恒星轨道的随机性使得星系变为椭球状，它们具体是球形还是椭球形取决于轨道的随机性。如果轨道的倾角是完全随机的，星系系统将是球形的；如果轨道的倾角存在偏向，星系将是蛋形的。

↓这一序列是由计算机模拟的星系上亿年间相撞过程的方式的模型。随着星系的相互靠近，它们彼此开始受到对方引力场的影响而扭曲。它们进入互相环绕的轨道并逐渐接近。在"螺旋"进入彼此的过程中，恒星构成的长带被向后抛出。

→对仙女座椭圆星系的近距离观察显示了在星系下沿是哪种东西看起来是双核（通常不能被看见）。这可能是被处女座椭圆星系在10亿年前吸收的小星系的遗迹。

4 各种各样的恒星
KINDS OF STARS

　　恒星提供了使星系变得可见的几乎所有的光。恒星是一个巨大的球形气体聚集体，包含了大量的在其核心发生核聚变的物质。在聚变过程中，较轻的原子合并形成较重的原子，释放出大量能量。大部分的恒星都依赖于氢形成氦的过程。氢生成氦的聚变的发生是因为外部物质的重量为氢核接近到能够发生核聚变的程度提供了足够的压力。并不是所有的恒星都以这种方式产生能量。如果一颗恒星无法积累足够的物质开始这种反应，它就被称为褐矮星。恒星也可以是完成其核能产生阶段后的热残余，例如白矮星和中子星。

　　恒星的大小和亮度非常不同，抬头看看夜空中就知道有多少不同亮度的恒星。其中在夜空中的一些亮度变化是由于单个恒星到达我们距离的差异造成的。天空中最亮的恒星通常按照一定的图样来辨识，这被称为星座。尽管这些最亮的恒星有其俗称，天文学家们仍按照它们所在的星座缀以对应每颗恒星的希腊字母标示它们，后缀从 α 开始，对应星座中最亮的恒星。

□学生科普百科

恒星和星系

各种各样的恒星与螺旋星系（例如太阳所在的银河系）中的各种不同区域相关。螺旋星系有着凸起的核以及由恒星构成的扁平圆盘。存在于螺旋星系球核中的大量恒星主要是老年恒星，它们被称为II族恒星，是在星系年轻时形成的。这些恒星上缺少比氦更重的化学元素（金属），这些元素只能在早期的大质量恒星的爆炸中产生。凸起的核中的恒星轨道由于星系的自转被拉平。在彩色照片中，螺旋星系的核区呈现出黄色，这也是恒星成熟的标志。

年轻和年老的恒星都存在于星系盘中，这一盘状结构的最主要特征就是旋臂。盘中包含着非常年轻的大质量恒星，其中的一些不到100万岁并且具有很高的亮度，因此它们的亮度盖过盘中的其他恒星。这些年轻恒星的温度很高，以至于发出强烈的明亮蓝光，在彩色照片上清晰可见。它们与其他的一些较轻恒星如太阳一起，被称为I族恒星。与年老并且缺少金属的II族恒星不同，它们包含有金属，当更老的恒星爆炸时，它们增加了星际间介质的含量。

星系盘中的恒星在环绕星系中心的轨道上运行。标示出旋臂的蓝色巨大恒星在旋臂的前沿生成。在这里，星际介质被压缩到足以发生崩塌形成新恒星的程度。大质量恒星生命周期很短，在几百万年后它们以超新星的形式爆炸。这发生在旋臂的后缘，这些恒星甚至没能完成环绕所在星系一周。

太阳等较暗的小质量恒星（它们由于被大质量恒星的光盖过，并不容易被看到）在数十亿年间稳定地发光并且环绕星系核数次。在这一过程中，它们不断地进出旋臂，并不受旋臂中发生的过程的影响。随着恒星的生成过程绕整个星系运动，悬臂看起来发生了转动。这一旋转与恒星的单个轨道实际上是不相关的。

在星系的晕中同样存在着恒星。除了存在球状星团中年老且缺少金属的II族恒星，还存在着游荡于这一区域属于主星系的单个恒星。这些恒星周期性地穿过星系盘，被称为高速恒星，这是由于它们在相对于星系盘面呈大角度的方向上速度较快——尽管它们并不比周围的恒星移动得更快。具有垂直高速特征的邻近太阳的恒星只是邻近太阳系的短期访客，它们很快就会回到银晕中。在那里，它们将继续沿着轨道运行，直至来自星系核的引力再次使它们穿越星系盘进入星晕的另一半球。

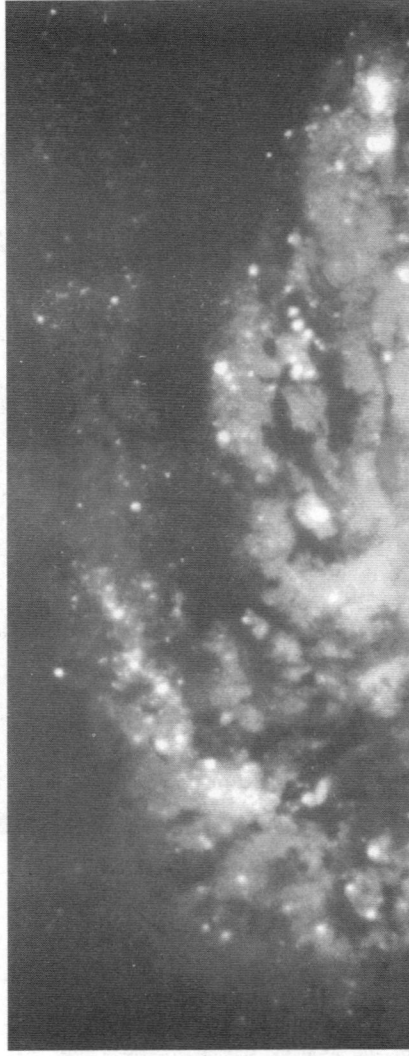

10万年前

↓位于后发星座的 M100 是一个典型的螺旋星系。哈勃空间望远镜拍摄的这一照片显示了由年老且缺乏金属的黄色 II 族恒星构成的星系核；由年轻的灼热且富含金属的 I 族恒星构成的明亮蓝色旋臂。

↓恒星的位置被距离所掩盖，因此其变化需要经过很长的时间才能被发现。在 10 万年前观察北斗七星的观测者看到的是左下方的图样，与现在我们看到的位于上方的图样以及在下方 10 万年后的图样相似但不相同。我们观测恒星时将它们看作是在同一距离上，但它们却是位于宇宙中不同的距离上。

现在

200
180
160
140
120
100
80
60
40

到达地球的光年

1. 北斗五
2. 北斗二
3. 北斗六
4. 北斗四
5. 北斗三
6. 北斗一
7. 北斗七

10 万年后

太 阳

地球和其他七颗行星环绕着一颗恒星——太阳旋转。太阳是一颗普通的恒星,但与夜空的恒星很不相同,这是因为它离我们十分近——距地球 1.496 亿千米。太阳有着地球 100 倍以上的直径,以及将近 30 万倍的质量。

不同于岩状的地球,太阳由 73% 的氢和 25% 的氦构成,剩余的 2% 为更重的元素。太阳是一颗 I 族恒星,位于星系的旋臂中。

太阳是一颗典型的恒星,它发光的时间刚超过了 45 亿年,正处于"中年"时期,并且将再持续 45 亿年。它有一个内核(直径 40 万千米),在其内部发生着由氢转为氦的核聚变,并且伴随着大量的能量以热量、光和中微子的形式释放出来。与宇宙中的其他恒星相比,太阳的大小和亮度都不突出。

由于是气体组成的,太阳没有固体表面。地球上的观测者看到的太阳的可见表面实际上是存在使可见光波长电磁辐射发射出来的气体层。通过在其他波长上——例如 X 射线、紫外线等——观察太阳,使得我们能够看到位于可见表面(被称为光球层)之上和之下的太阳"表面"——这取决于观测到的波长。光球层低温上部和色球层下部气体区域中的原子和离子造成了太阳光谱中显示在太阳光线上的原子吸收暗线。这些区域构成了太阳大气层的最底层,其上部是更为稀薄的日冕。

光球层中有着很多有趣的特征,其中的大部分是由四种基本自然作用力之一的电磁力影响着的。光球层上的低温区域被称为太阳黑子,它们是在磁场线穿过光球层并且降低其周围气体的温度时产生的。其他由磁场造成的现象有耀斑和日珥。当磁场所含的能量突然被释放时,在太阳黑子之上就会产生耀斑。这使得亚原子粒子以较接近光速的速度被抛出,并且自发地释放出所有形式的电磁辐射。日珥发生在磁场将气体送到色球层中,再沿磁场线使其垂下时,有时间隔相对较长的时间发生一次,其他时候每分钟都会发生。

光球层本身就是动态的,巨大的对流气泡像在煮沸的牛奶中一样不断升起和落下,从而"表面"也随之持续波动。光球层的温度大约为 6 000 K。

除了电磁辐射之外,太阳也一阵阵地释放出亚原子粒子,这就是所谓的太阳风。粒子沿着磁场线被加速抛入宇宙中,如果这些粒子与行星的磁场相遇,它们将被捕获。当发生在进入地球磁场中的粒子上时就被称为极光。太阳风也造成彗星彗尾的产生。

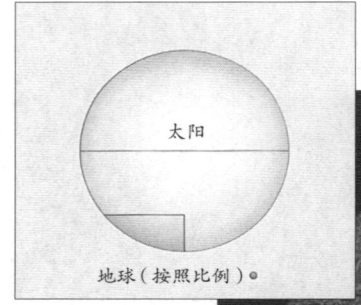

→太阳的表面活动大多在地球上都能够轻易看到。太阳黑子是光球层上的低温区域,在对比之下显得较暗。日珥是沿磁场线悬浮在光球层上的超热气体环。耀斑是恒星将大量能量和亚原子粒子释放到宇宙中的剧烈爆发现象。

→太阳的直径接近地球直径的 110 倍,包含了太阳系中的大部分质量。这对应于图中较大闭合面积中(左下)的小扇形区域。太阳的可见边缘(或"表面")被称为光球层,与中心相比温度较低——约 6000K,中心温度为 1500 万 K,外层大气(日冕)的温度为 200 万 K。

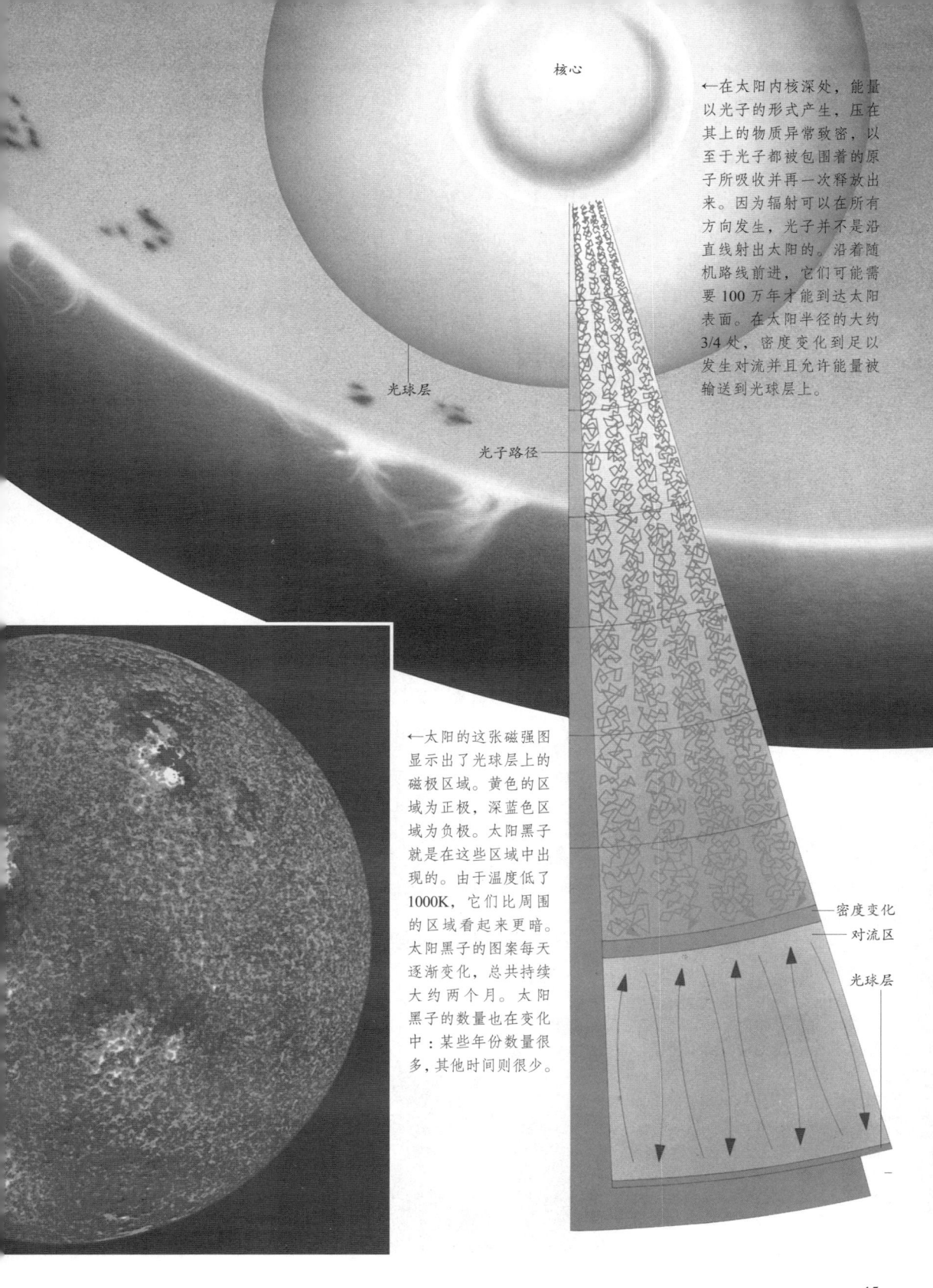

核心

←在太阳内核深处，能量以光子的形式产生，压在其上的物质异常致密，以至于光子都被包围着的原子所吸收并再一次释放出来。因为辐射可以在所有方向发生，光子并不是沿直线射出太阳的。沿着随机路线前进，它们可能需要100万年才能到达太阳表面。在太阳半径的大约3/4处，密度变化到足以发生对流并且允许能量被输送到光球层上。

光球层

光子路径

←太阳的这张磁强图显示出了光球层上的磁极区域。黄色的区域为正极，深蓝色区域为负极。太阳黑子就是在这些区域中出现的。由于温度低了1000K，它们比周围的区域看起来更暗。太阳黑子的图案每天逐渐变化，总共持续大约两个月。太阳黑子的数量也在变化中：某些年份数量很多，其他时间则很少。

密度变化
对流区
光球层

巨星和矮星

恒星不能够仅仅按照光谱分类去归类。尽管温度是一个区别恒星的捷径，但它并没有给出关于恒星大小的任何信息：氢燃料恒星的大小可以从太阳半径的约1/10到太阳半径的100倍。随着恒星年龄的增长，一些恒星的半径增加到太阳半径的1000倍；恒星的质量从太阳的0.08倍直到100倍。但恒星具有太阳10倍以上质量的情况比较少见。

两颗具有不同大小的相同温度恒星有着不同的亮度，这在它们的光谱中难以发现。为了区分这些差异，采用了一个五亮度等级的系统：I组恒星为超巨星；II组为亮巨星；III组为巨星；IV组为亚巨星；以及V组的"主序"恒星。主序分类包括了后光谱类型（G、K、M）矮星，它们以氢为燃料，例如太阳是被归为G2类的一颗黄矮星。分类为K或M的所有主序恒星都是红矮星。白矮星是恒星的遗迹，不包括在这一体系中。

"主序"这一名称来自于天文学家用以记录已知恒星特征而设计出的单张图表的时候。这幅图表名为赫罗图，它将恒星按照亮度和温度的关系显示于其上。

太阳位于赫罗图上太阳亮度与太阳光球层温度——5800K的交会点上。如果将其他恒星也画在这张图上，可以明显看到大部分恒星位于一条从右下角低亮度的红矮星向上通过太阳的位置，再到达左上角高亮度的蓝色恒星位置的S形带上。这就是主序，在这里恒星度过其生命周期中的大部分时间。主序对应稳定的氢燃料"中年"时期。

随着恒星年龄增加，它逐渐从主序离开，这是因为它的亮度是由它核心部分氢到氦的核聚变释放的能量所产生的，当氢的燃烧停止而氦开始燃烧时，恒星所释放能量的量发生变化，这一内部的变化导致了恒星外部也随之变化，恒星因此改变了它的亮度和温度——亮度增加而温度下降，因此它将移动到赫罗图的右上部分，这一部分主要为红巨星。处于生命最后时期的老年恒星占据了这一区域。

在所有的核反应停止后，大多数恒星结束于图的左下角部分，在这里包含了白矮星和恒星遗迹。

↓夜空中的每颗恒星都被绘在了赫罗图上。赫罗图是由艾纳希·赫芝普隆和亨利·诺里斯·罗素在19世纪20年代分别独立设计出的显示恒星亮度和光谱分类的关系图。大部分恒星——稳定的"中年"天体，如天狼星——位于图中从左上到右下的一条S形曲线上，这一集合被称为主序。最大的恒星位于图中的右上角；最小的恒星位于图中底部。红矮星仍是主序的一部分。白矮星是小质量恒星在生命最后时期崩塌留下的致密核。

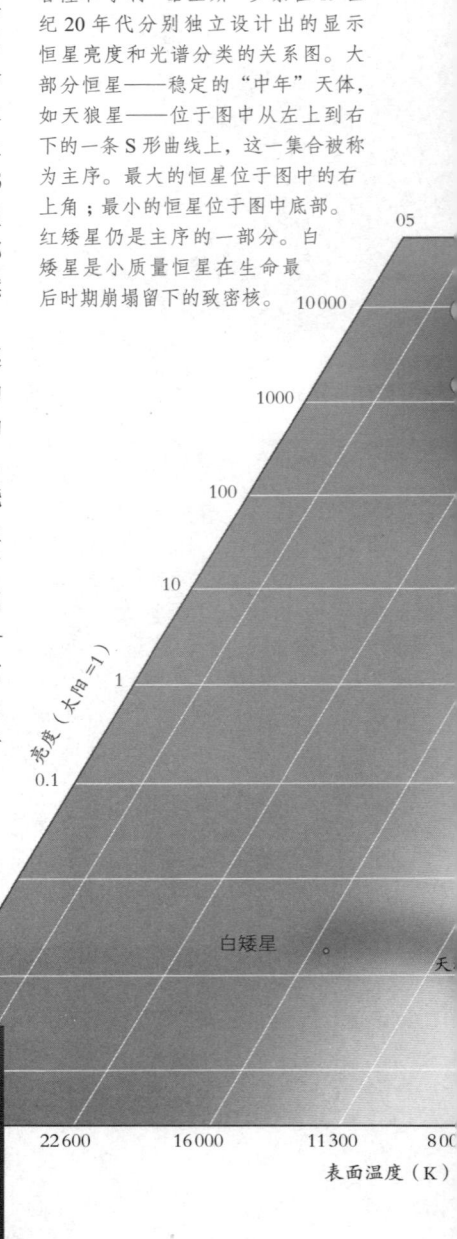

→天狼星——夜空中最亮的恒星——是一颗位于大犬座的明亮白色恒星，距离地球8.7光年，是距离我们第六近的恒星系统。仔细的观测表明它实际上是具有一颗白矮星伴星的双星，其质量比为2.5∶1。天狼星具有A类光谱，其亮度是太阳的26倍。

各种各样的恒星

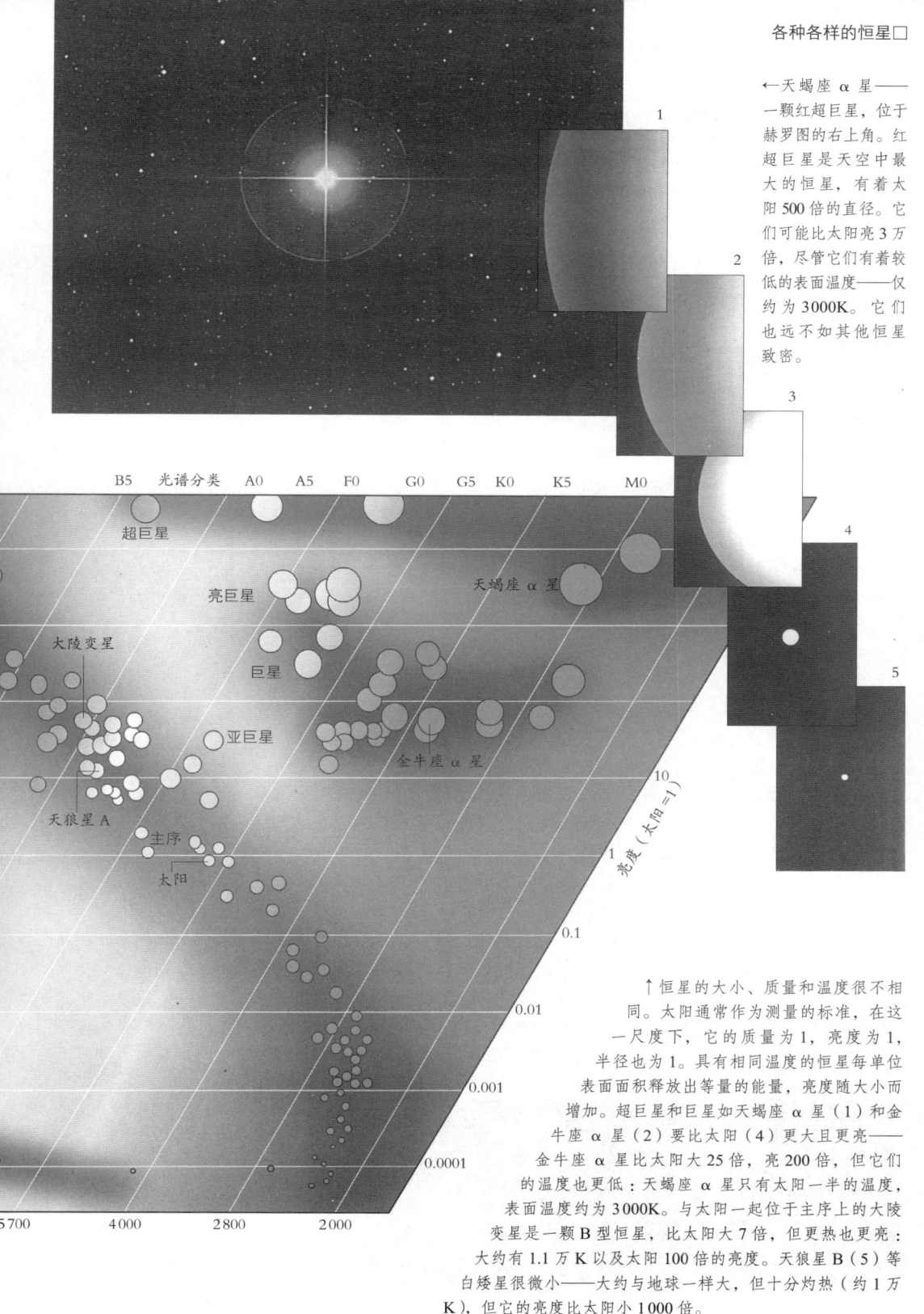

←天蝎座 α 星——一颗红超巨星,位于赫罗图的右上角。红超巨星是天空中最大的恒星,有着太阳500倍的直径。它们可能比太阳亮3万倍,尽管它们有着较低的表面温度——仅约为3 000K。它们也远不如其他恒星致密。

↑恒星的大小、质量和温度很不相同。太阳通常作为测量的标准,在这一尺度下,它的质量为1,亮度为1,半径也为1。具有相同温度的恒星每单位表面面积释放出等量的能量,亮度随大小而增加。超巨星和巨星如天蝎座 α 星(1)和金牛座 α 星(2)要比太阳(4)更大且更亮——金牛座 α 星比太阳大25倍,亮200倍,但它们的温度也更低:天蝎座 α 星只有太阳一半的温度,表面温度约为3 000K。与太阳一起位于主序上的大陵变星是一颗B型恒星,比太阳大7倍,但更热也更亮:大约有1.1万K以及太阳100倍的亮度。天狼星B(5)等白矮星很微小——大约与地球一样大,但十分灼热(约1万K),但它的亮度比太阳小1 000倍。

双星和多元恒星

大多数恒星都不是独立存在的，它们有伴星并互相环绕运行。我们偶尔能够通过一架望远镜看到两颗伴星，在这一情况下恒星被称为目视双星。然而不是所有看起来很接近的恒星都是真正的双星，一些恒星互不相关并且相距很远，但由于它们位于从地球出发的同一方向上，使得它们看起来在空中相距很近。真正的双星是由引力作用束缚在一起的两颗恒星，它们可能开始时是两颗原恒星，也可以是由一颗原恒星分裂开形成的。

双星中两颗恒星互相环绕的时间是高度变化的，它取决于许多因素，例如两颗恒星的质量、它们质量的比例、它们之间的距离以及它们所处的演化阶段。一些恒星环绕另一颗恒星仅需几天而另一些甚至需要几个世纪。

很多的双星不能作为目视双星被看到，这可能是由于该恒星系统距离过于遥远而无法区分两颗恒星，也可能是它相对较近但两颗成员恒星间的距离又太近。有时其中一颗恒星十分昏暗，从而另一颗恒星盖过了它的光芒。

双星系统中的恒星相互环绕它们共同的质心旋转——每个恒星都不是静止的。如果这一振荡运动能够结合恒星的背景被探测出来，就表明更小更灰暗的伴星正绕着更大更明亮的伴星旋转。这样的恒星对被称为天文双星。

发现双星的另一种方法是研究它们的光谱，光谱吸收线可能暗示了具有不同光谱分类的两颗恒星的存在。即使它们是同样的类型，它们的运动也会导致谱线的波长变化。这是因为移动中的物体发出的辐射波长将被拉伸或压缩，这取决于物体是否正在靠近或是远离，这一现象被称为多普勒效应。恒星朝着不同方向运动，导致了谱线不同程度地改变了它们的波长。于是，在单次的沿轨道环绕过程中，就产生了谱线两次分离后合并的现象。

如果伴星过于昏暗，它的光谱将被较亮的恒星所覆盖。但这样的光谱中同样存在多普勒频移，从而伴星的存在能由此显示出来，这样的系统被称为光谱双星。

双星系统为天文学家测量恒星重量提供了机会。为了达到这一目的，恒星间的距离以及它们互相环绕一周所需的时间必须

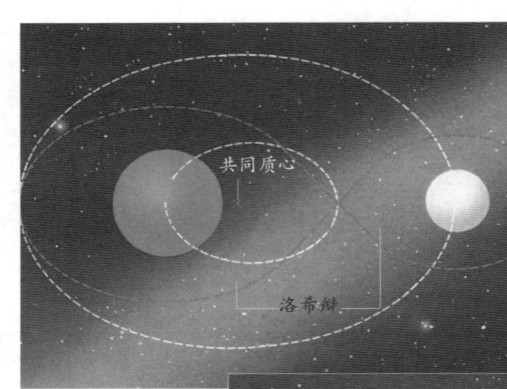

共同质心

洛希瓣

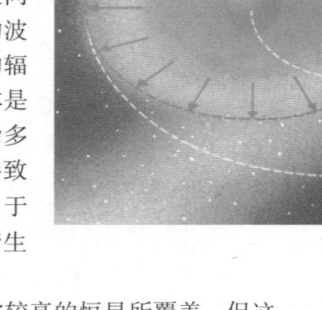

开阳

天鹅座 β 星

仙女座 γ 星

←这三幅双星的照片列出了三种不同的双星系统。在这些恒星中，相距最远的为34弧度秒，发生在天鹅座 β 恒星系统中，距离地球410光年。距离最近的系统是仙女座 γ 星，其两星距离仅为10弧度秒。不同的颜色表示不同的质量或是恒星演化周期中的不同时期。开阳，或者说大熊座 ζ 星，是一个三星系统。

被测量出来。通过简单的数学计算，能够得到两颗恒星的总质量，于是就能作出对其中哪颗恒星具有大部分质量的估计。如果两颗恒星完全相同，那么就能够简单地将得出的数字分半。

三星系统与四星乃至更多恒星组成的系统也是已知的。多星系统中的恒星越多，这样的系统也就越少。已知恒星中超过一半的恒星是存在于双星系统或者是六星系统中的。

← 在它们生命中的大部分时间，双星只影响对方的轨道。在第一阶段中，两颗恒星环绕它们共同的质心旋转。恒星各自的引力场边界被称为洛希瓣。在两个瓣相交的点它们的引力相互抵消。

↑ 双星系统中，当两颗恒星的排列使得它们在地球上看来发生相互交食时，就是食双星。这导致系统发出的光的变化：当一颗恒星在另一颗恒星一旁时，双星最为明亮；亮度的最大落差发生在较亮恒星被较暗恒星遮挡时——即便较亮的恒星也是较大的一颗。两颗恒星的运动通常和分光镜分析能被分辨出来。最出名的食双星是大陵变星或者说是英仙座 β，它的星等以不到三天为周期，在 2.2 到 3.7 之间变化。

← 在双星生命周期的第二阶段，质量较大的恒星变为红巨星并且填满它的洛希瓣。从这颗星上喷出的物质经过一阵恒星风，通过较小恒星的引力场，被捕获并向其表面螺旋下降。这一过程使得较小恒星的质量增加。

↓ 在第四阶段中，伴星（曾经的较小恒星）最终变为红巨星。像是它之前的伴星一样，这颗恒星比原来扩大了很多倍。它同样填满了自身的洛希瓣，并且开始将质量传回第一颗恒星，下一步发生什么取决于第一颗恒星最终变化成什么：如果传送的物质落到白矮星上，将会产生新星；如果物质落向中子星，将会产生 X 射线暴。

↑ 在第三阶段中，红巨星完成了它的演化进程，使它变为一颗白矮星或者是中子星。那颗仍然位于主序上的曾经的较小恒星继续演化，但演化的速率不再像以前那么快。

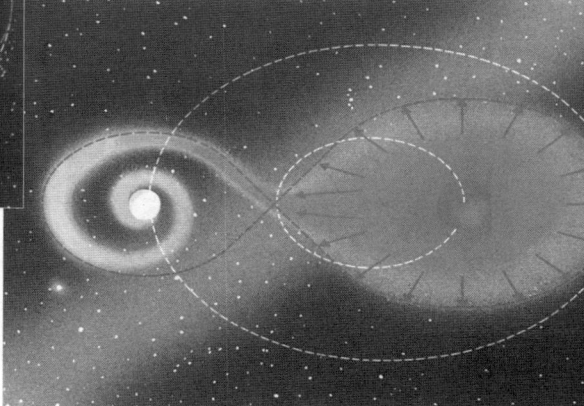

变 星

如果双星系统的轨道平面侧向地球，两颗恒星将会周期性地发生交食，其中一颗恒星挡住伴星发出的光线。这使得系统的亮度发生变化，变化取决于两颗被涉及恒星的相对亮度：它们之间发生全食还是偏食；它们是否处于质量转移过程中并产生高温的亮点。亮度变化的图形被称为光变曲线，它在不同条件下有着不同的形状。

一些个体的恒星本身亮度也发生变化，这表明发生在这一变星的内部进程。变星总共有两大类——脉动变星和爆发变星。脉动变星固定周期性地改变亮度，伴随着恒星"表面"的脉动——实际上是恒星的扩张和收缩。造父变星是以固定方式脉动的黄巨星，它们十分明亮且易于辨认，通常被用于确认邻近星系的距离。造父变星有两种类型，II 型造父变星——处女座 W 型恒星——比 I 型更暗。红巨星也倾向于发生变化，就被称为米拉型变星。米拉型变星在 80 到 1000 天的周期内能够变化 1 万指数。其他的红巨星在数年长的时间尺度上温和且稳定地变化。

爆发变星包括了被称为焰星的昏暗红矮星，它们是低温且昏暗的，并且首先由于不可预测的亮度增加与其他的变星不同。事实上，在爆发变星上所发生的可能与太阳耀斑一样，但由于它比太阳昏暗很多，耀斑就看起来变得很猛烈了。

新星是亮度突然增加到原先亮度几千倍的恒星，它们被认为是物质正从较大恒星转移到白矮星伴星的双星系统。转移的物质引发了快速的核聚变过程，从而恒星急剧变亮。随着物质的再次累积，再一次出现新星成为可能。如果聚集到足够的物质，白矮星将被核爆炸摧毁，释放出更多的能量。于是系统在 I 型超新星爆炸中被彻底摧毁——这一爆炸威力极大，使得它在爆炸的几天中达到了星系亮度。II 型超新星没有这么亮，它发生于大质量恒星到达生命终结并自身分裂时。

大多数多变的恒星活动是由恒星年龄增加这一事实造成的。但在成为主序恒星之前，年轻恒星经历了一个不可预测的剧烈变化时期，这是由于其核心内刚刚发生的核聚变需要一定时间稳定下来。当这发生在与太阳具有相近质量的恒星中时，就被称为经典金牛座 T 型星阶段。

1. 双星系统
2. 较大恒星成为红巨星
3. 红巨星死亡并成为白矮星
4. 较小恒星成为红巨星
5. 物质向白矮星转移
6. 物质压缩
7. 核聚变开始
8. 新星

↑新星被认为是发生在其中一颗恒星变成白矮星的双星系统中的。开始时两颗恒星都位于主序上，但其中一颗比另一颗具有更大的质量，大的恒星演化得更快并且变成红巨星。它变得足够大并且充满了自身的洛希瓣，洛希瓣中的所有物质都是由该恒星的引力所支配。越过这一限制的物质从较大恒星转移到较小恒星上。在下一阶段，较大恒星死亡并在其位置上留下一颗白矮星。

5 宇宙的命运
THE FATE OF THE UNIVERSE

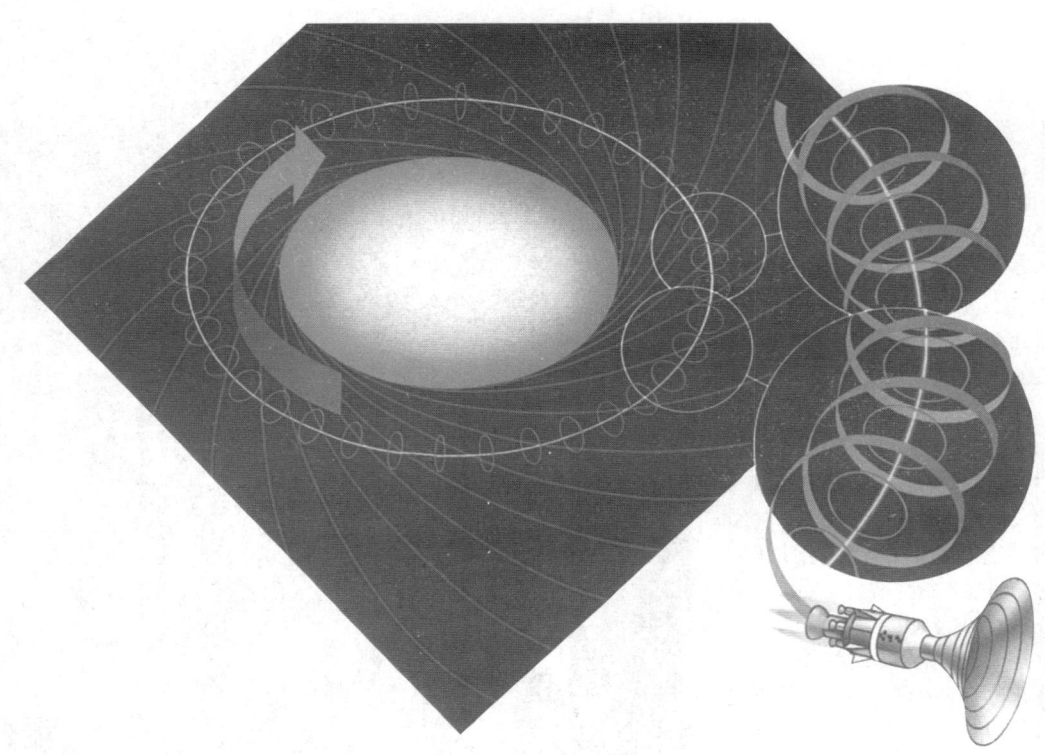

　　宇宙中每一个已知的物体都是由质子、中子和电子组成。我们看到的事物都是可见的是因为它发出或反射电磁辐射的光子。是否存在着其他形式的我们无法探测到的物质呢？

　　天文学家现在怀疑其他形式的物质不仅存在，而且远远超过正常的重量，这就是所谓的重子的物质。对星系团的研究指出：这类星系团中所有物质的总量与明亮物质总量的比例超过 10︰1。这意味着宇宙的 90% 是以还未发现的物质形态存在的，这些不可见的物质被称为暗物质。暗物质有两种可能的存在形式——热和冷——的观点已被接受。热暗物质可能是由中微子等极轻的以光速运行的并且几乎不与重子物质发生作用的粒子组成。冷暗物质由有时被称为弱作用重粒子（WIMPS）的假设粒子构成。另一种理论认为，暗物质是普通的重子物质，但存在于不发光的褐矮星和黑洞等天体中，它们可能存在于星系晕中并且组成了名为晕族大质量致密天体（MACHOS）的实体。

开放、平坦还是闭合

宇宙中含有多少质量的问题与宇宙的最终命运有着直接的关联。宇宙正在膨胀的事实已经被知道很久了；但它是否将会停止膨胀，如果不是的话，是否会一直加速下去？这些问题的答案取决于宇宙中包含多大质量和能量，也就是它总共有多大的引力。从最大的尺度上来说，宇宙的曲率由它内部物质的平均密度决定——这也就是一定体积空间中的平均质量。终止宇宙膨胀所需的平均密度（被称为临界密度）仅为每立方米几个氢原子。宇宙平均密度与临界密度的比值为 Ω，Ω 小于 1 的宇宙将永远存在并且膨胀下去，被称为"开放宇宙"，它的时空连续体有着天文学家称为的负曲率；膨胀能够在引力的作用下终止的宇宙为"闭合宇宙"，它的时空连续体有着正曲率；第三种存在可能的被称为"平坦宇宙"，这发生在物质恰好足以终止膨胀，但只能在无限长的时间以后达到这一状态。目前的估计指出宇宙的平均密度远小于临界密度，但也存在着大量的暗能量。这使得宇宙的膨胀加速，由此宇宙将永远存在。

←闭合宇宙的几何形状如这里的半球和变形的阿尔伯特·爱因斯坦的图片所示（他本人并不相信宇宙是处于膨胀中的）。在球面上，平行线相交。如果爱因斯坦的标准图像被投影到球面上，再重新绘制到平面（就如我们在球面上看到的那样）上，脸部的四周将被拉伸，而中心被压缩。这支持了关于闭合宇宙中遥远星系将比邻近星系看起来密度更低的见解。

↓尽管天文学家有着计算恒星乃至星系中物质的量的可靠方法，但要计算整个宇宙中所有物质的重量并不那么容易。天文学家转而关注于我们看到的遥远星系在宇宙上的曲率效应。如果空间在引力下是正曲率的，我们认为平行线将会最终相交，因此我们看到遥远的星系的密度将下降。事实上对于深空的研究（如这张照片所示）说明星系的分布或多或少是调和的，这表明空间有着平均的几何结构。对非常遥远星系密度的研究同样支持了这一结论：如果宇宙是闭合的，我们可以认为遥远星系的密度下降。

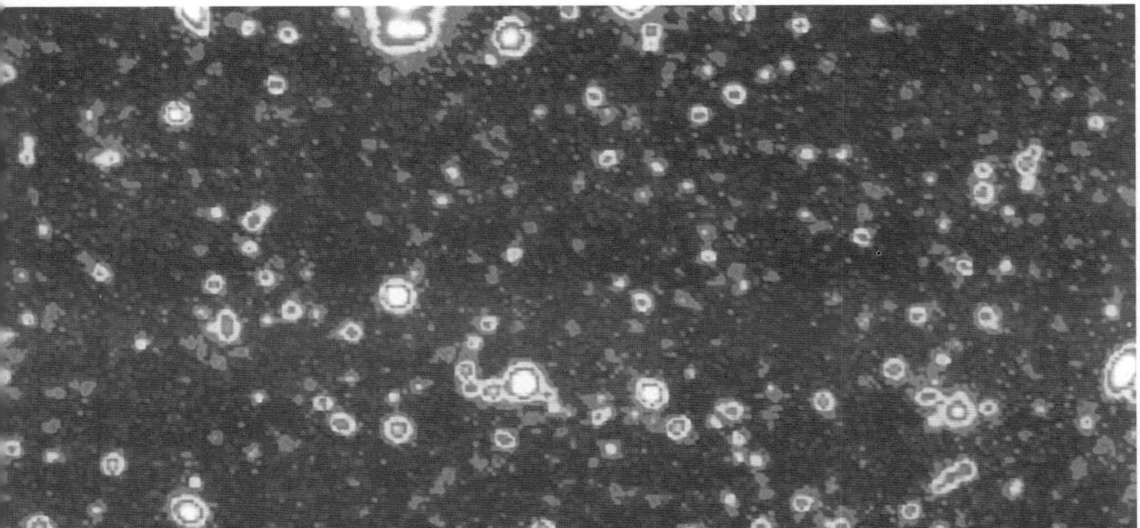

↑在平坦宇宙中，平行线将永远平行，物质，比如宇宙中的星系的平均分布将呈现在我们面前，就如它的本来面目。这一假设状态通过爱因斯坦的图像得到了证明：在平坦的几何结构下，不发生任何扭曲。这一几何状态被直到现在为止对于深空的研究结果所证实。现在，天文学家相信：宇宙的膨胀并不再减速，而是在加速中。

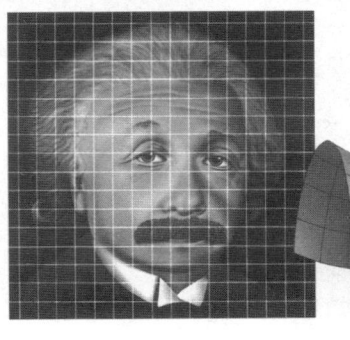

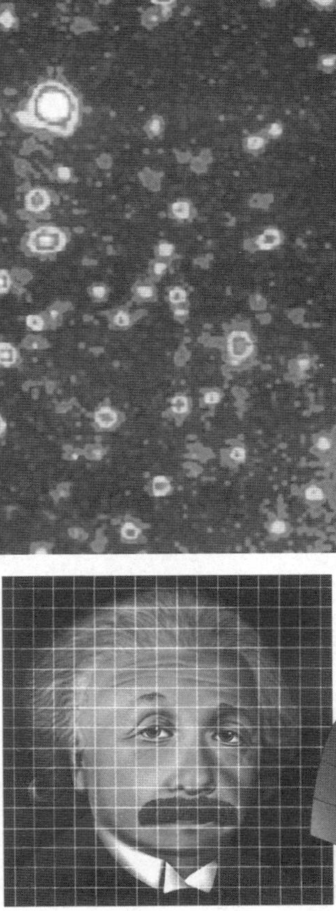

↓在开放宇宙的情形下，空间有着双曲面的形状，像马鞍一样。在这样的几何结构下，平行线最终背离。如果这种形状下图像被投影到平坦表面上，我们能够看到与球面上相反的扭曲：图像的中心被拉伸，外围被压缩。这意味着遥远星系将看起来比邻近星系更致密。

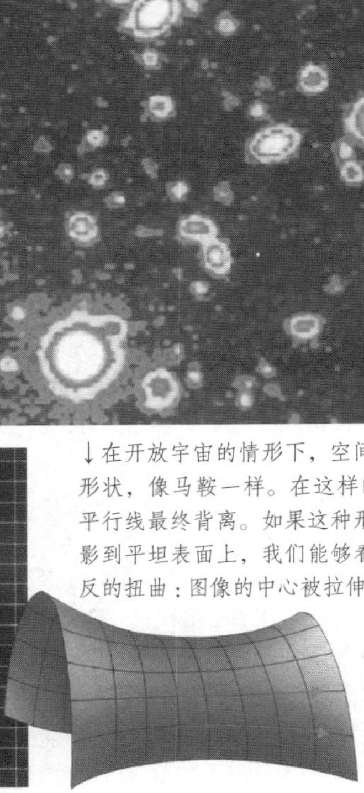

□学生科普百科

预见未来

如果宇宙是"平坦的"、"开放的"或者是正在加速的,它将存在无限长的时间,但这并不意味着行星、恒星和星系也将永远存在。宇宙受到物理定律支配,这些定律之一——热力学第二定律指出:热从高温物体向低温物体流动。因此当两个物体具有相同温度时,热的流动停止;热也不可能从低温物体流向高温物体。宇宙中发生的每个化学过程都遵从这个指导性原则。因此,恒星和星系缓慢地将热流失到周围的宇宙中,然后死亡。

在这发生之前,星系中越来越多的恒星将会互相靠近,这将会导致其他恒星投向星系的中心区域时一颗恒星被抛出星系。星系中心的物质将变得越来越紧密,并且最终具有星系质量的黑洞将形成。相同的过程将在星系团中重复,因为一些星系将被抛出,而另一些星系将落向中心区域。于是宇宙中将充满具有与星系团相同质量的黑洞。

这些黑洞中所含的物质将被再处理,并通过霍金辐射过程返回宇宙,这是一对虚粒子恰好在黑洞的视界上产生的过程:其中一个粒子逃逸出去,而另一个落下,抵消黑洞的一部分质量,这看起来像是逃逸的粒子来自黑洞本身,而黑洞逐渐"蒸发"到宇宙中。黑洞越小,它蒸发得也就越快,这一蒸发可以作为热量被测量到。随着粒子的逃逸和黑洞质量的减小,它的温度上升,上升的温度使得更多的粒子逃逸出来,进一步地减少了质量并且提高了温度。最终,在最后几秒,黑洞在能量等同于百万吨级氢弹爆炸的剧烈爆发中释放出剩余的所有质量。通过这一过程——恒星融入黑洞中然后再蒸发,在足够长的时间后,宇宙中的所有物质将达到热平衡。当这一状况发生时,将不再有恒星、行星或星系,只有着由亚原子粒子构成的稀薄"海洋"。所有的粒子将会有相同的温度,并且不会发生任何反应。如果化学反应不再在宇宙中发生,也就不再有判断时间流逝的参照,宇宙将死亡,这一概念称为热寂。

如果宇宙是"闭合的",那么膨胀将最终减慢并停止,然后它将开始崩塌。星系团和单独的星系将合并到一起,宇宙微波背景辐射将增加它的温度,最终空间将变得异常灼热从而恒星蒸发。宇宙将回到与大爆炸期间十分相似的状态。但宇宙不再膨胀,而是开始收缩并向大坍缩的方向转变。

一些人提出大坍缩与大爆炸前的状态非常符合,从而宇宙

→开放宇宙不具有足够的物质以产生足以终止空间膨胀的引力,于是开放宇宙将永远膨胀下去。尽管膨胀将受到其包含的物质的引力的影响而减慢,但这一过程不可能停止甚至倒转。宇宙在内部的所有物质都达到相同的温度时将发生"热寂",达到这一状态的时间量级大约为 10^{12} 年。在 10^{30} 年时,在所有的死亡星系残余都成为超星系黑洞后,质子开始衰变成为电子和正电子,所有的物质也都将发生相同的变化。

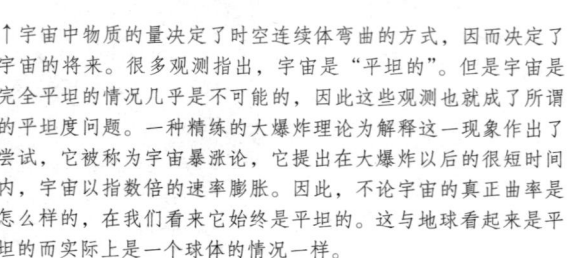

1

↑宇宙中物质的量决定了时空连续体弯曲的方式,因而决定了宇宙的将来。很多观测指出,宇宙是"平坦的"。但是宇宙是完全平坦的情况几乎是不可能的,因此这些观测也就成了所谓的平坦度问题。一种精练的大爆炸理论为解释这一现象作出了尝试,它被称为宇宙暴涨论,它提出在大爆炸以后的很短时间内,宇宙以指数倍的速率膨胀。因此,不论宇宙的真正曲率是怎么样的,在我们看来它始终是平坦的。这与地球看起来是平坦的而实际上是一个球体的情况一样。

将再生：但新生的宇宙可能与我们所在的很不相同，因为物理定律可能在宇宙膨胀的最初时刻整个被混在一起。

1. 大爆炸
2. 星系开始形成
3. 星系开始分离
4. 星系随着恒星死亡而萎缩
5. 星系持续分离
6. 星系间最大的分离
7. 星系开始聚集到一起
8. 星系开始合并
9. 大坍缩

↑平坦宇宙是开放宇宙和闭合宇宙之间的分界线。在平坦宇宙中，宇宙的膨胀将在无限量的时间后停止，除非宇宙中充满了暗能量，在这一情况下，膨胀将永远加速下去。平坦宇宙将受制于质子的衰变和热寂，就和开放宇宙一样。

↑"闭合的"宇宙是其内部包含的物质产生的引力足以终止宇宙的膨胀并将它重新拉到一起的宇宙。随着星系的相互靠近，宇宙温度再次上升，直到不可避免地变成一个火球——大坍缩，这类似于但又不同于大爆炸的逆过程。有些可能的闭合宇宙能够存在很长时间，从而开放宇宙中的所有过程，例如质子的衰变和热寂等都能在它整体崩塌回去之后仍然发生。

生命、精神和宇宙

尽管天文学家在了解发生在宇宙中的某些过程上有着一定的成就,但他们了解得越多,就表明有越多的问题出现。这些问题是关于自然界本质的,科学并不能独立地给出答案。人类是不是宇宙中唯一的智慧生命?宇宙和人类是偶然形成的还是作为某些宠大设计的一部分?

现代天文学家常常被问到的一个问题是:宇宙有很多可能的存在方式,但为什么宇宙是现在这样的?在大爆炸的最初一点时间内,物理定律和宇宙常量处于变迁中,它们也只是在以后才固定为现在人们所熟悉的形态和数值。这些物理定律(如光速等常数)描述了宇宙是如何运行的。如果宇宙有着不同的电子电荷常数,恒星可能变得不能燃烧氢;如果在大爆炸的第1秒中,物质超出反物质的比例不同,可能就不再有物质,或者不再有这么多的物质将在很久以前就发生崩塌。

即使这种常数上的差异也可能让宇宙出现,甚至允许各种生命的演化,生命存在的形式可能会有极大的不同。如果在量子尺度上支配相互作用的普朗克常数比目前的值大得多的话,甚至与人一样大的物体都能够表现出波粒二象性,并且能够像电子衍射穿过狭缝一样"衍射"穿过门缝。

哲学家可能会问:为什么宇宙如此适应我们这样形态的生命产生,这仅仅是偶然,还是宇宙为人类能够在其内部发展铺平了道路?这些问题在名为人择宇宙原理的具有高度争议的理论中被提到。它提出宇宙之所以存在是因为如果宇宙不存在,我们就不能够在这里观察它。它的一个变体理论将它更推进了一步:宇宙的存在是为了给人类提供生存的场所。很多支持这一理论的人提出人类在某种程度上是特殊的,并且指向生命在它们所存在的地球上寻找相应小生境的坚韧方式。这表明只要有最微小的可能,生命就会出现,这一观念适用于整体的宇宙。有的人则认为宇宙可能并不是独一无二的,在大爆炸之前可能存在着更早的宇宙,甚至我们所知的物理定律也是之前的多次循环的演化过程的一个结果。

随着时间的流逝,宇宙演化出越来越复杂的结构。在最简单的一层是基本粒子或夸克——在大爆炸后最早产生的事物。最为复杂的就是智慧生命,以及它们的概念性架构(可能包括了科学本身,以及艺术和文明)。这些复杂的事物离不开中间层面结构的出现,从简单的原子、星系和恒星、较重元素、分子、蛋白质、简单生命形式到更加系统的生命形式。一些人认为智慧生命的产生因此也与原子和分子的产生一样自然。这因此可能就是智慧生命有目地改造宇宙的形态以作为永久的居所。通过这种方式,智慧生命能够给自己全部的时间用以探索和理解。即便我们的文明衰落,未来的文明将会找到足够的时间探索和理解这种终极目标——如果它在确实存在。

1. 夸克
2. 核子
3. 原子
4. 简单分子
5. 大分子
6. 简单生物
7. 社会化生物

↑玛丽亚·居里(1867~1934年)是亚原子物理学的先驱。

←伽利略·伽利莱是最早的经典物理学家之一。

宇宙的命运

← 在普朗克时间内，唯一可能的结构是夸克。随着时间的流逝，质子和中子形成，之后是电子，它们共同形成了原子。它们之间产生结合力从而形成简单分子。随着更为复杂分子的合成，有机含碳分子等更大分子形成，这些分子随后形成了活的细胞，进而产生更为复杂的社会化生命，如蜜蜂等。在这一进程发展的顶峰，是人类等有知觉的创造性生物，例如作曲家莫扎特。

↓ 沃尔夫冈·阿玛迪乌斯·莫扎特是富有创造性的天才。

第二篇
地球家园

HOME PLANET

1 太阳家族
THE SUN'S FAMILY

　　太阳的光辉照耀着行星,行星则在近圆形的轨道上绕太阳运行。行星不能通过核反应产生光,它们只能通过反射太阳光而发亮。

　　太阳系共有四颗石质内行星,分别是水星、金星、地球和火星;再往外是四颗更大的行星,其中两颗——木星和土星主要是由气体组成,另两颗天王星和海王星——主要由冰组成。

　　石质小行星大部分处于火星和木星之间的轨道上,太阳系形成初期,这类小天体与行星的坚硬表面碰撞,从而在行星上留下了众多的陨石坑和巨大盆地。太阳家族还包括冰质彗星,它们来自太阳系最遥远的地方,轨道呈抛物线形。很多彗星会靠近地球,偶尔还会在夜空中形成壮观的景象。流星是偏离轨道靠近地球的小星体。

　　上述行星很多有石质或冰质卫星,或还有环轨道系统。地球的卫星——月球是最大的天然卫星之一,它非常美丽,并于1969年成为人类宇航员第一个造访的地外天体。

太阳系生成

早在太阳诞生以前,宇宙中一代代的恒星就已经历了生与死。死亡恒星的残留物是组成新恒星的重要物质,它们漂浮在太空中巨大的尘埃和气体云内。

大约46亿年前,银河系中一个这种巨大分子云中的某个区域因为受到自身重力作用而开始塌陷,它中心核的物质开始缓慢旋转,随后又在尘埃和气体的覆盖下塌陷。该云团就是太阳星云,这是地球所在的太阳系的胚胎。

在其后的1亿年间,太阳星云的中心质量,逐渐增大,并最终成为一颗原恒星,但在这一阶段,氢聚变为氦的反应尚未发生。原恒星开始快速自旋,这使云团变得扁平,成为一个慢速旋转圆盘。

圆盘继续扩大,这一阶段,其质量占到了整个太阳质量的4%(今天,它只占太阳质量的0.1%)。最后,该圆盘逐渐演化成拥有行星和卫星的太阳系家族。

在星云的中心、靠近新生原太阳的地方,在不断增长的云团粒子碰撞影响下,温度开始上升。

云团最初是冰冷的,温度大约是50K,因此只有氦和氢能以气态形式存在,星云中的其他物质不是尘埃就是冰。随着中心附近温度的升高,中心附近的挥发性物质开始气化,而星云外围地区仍旧是一片寒冷。

星云内部温度分布——原太阳附近为2000K左右、外围温度则只有50K——影响了星云内部分子的分布。像金属和硅酸盐矿物之类最致密的物质在1500K左右的温度下会浓缩,并受原太阳重力牵引,聚集到星云的内区域,吸积形成太阳系中较小的石质内行星。而相对较轻的冰和气体,例如水、二氧化碳、甲烷和氨,以及氢和氦,则被推向外部区域,星云内区域元素如氢和氦逐渐耗尽,迫使其进入更冷的区域,

在那里它们开始浓缩成大的气态外行星。与此同时，原太阳内的温度和压强形成，其核的温度最终达到了1000万℃～1500万℃，导致氢聚变为氦。太阳开始发光并释放巨大的能量，它的内部也开始产生强烈的对流，并且以"恒星风"的形式稳步地散失质量。上述状况在经典金牛座T型星阶段快速发生，在该阶段——从太阳10万岁开始持续将近1000万年的一个阶段，和太阳质量相当的恒星一年中会消耗自身总质量的百万分之一。

这种强大的粒子风会将多余气体吹离太阳系，同时能将太阳附近的原行星上的挥发性物质驱走。

←哈勃太空望远镜观测到的剑鱼座30星云中正在形成恒星的区域，该区域是巨大尘埃气体云团的一部分。

→在太阳中心的聚变过程中，氢核（质子）聚变为氘（1个质子，1个中子）。氘和氢碰撞形成氦-3（2个质子，1个中子），然后再形成氦-4。聚变的同时会放射高能伽马射线。

↑拥有地球和太阳的太阳系起源于一团由星际尘埃和气体组成的冷云。1. 当云团开始收缩时，它中心区域的塌陷比边缘快。核开始变暖，云团开始旋转。2. 经过了几十万年的收缩，云团开始变得扁平，旋转速度也越来越快了。一个灼热的"原太阳"——它发出的辐射是现在太阳的好几倍——在中心区域诞生了。3. 这个旋转的尘埃气体圆盘收缩形成一个吸积盘。物质继续向内坠落到原恒星上——由于原恒星强磁场，沿着它的旋转轴激烈地喷射物质。4. 太阳以主序星的身份开始它的生命，它的能源来自于核内的聚变反应（氢转变为氦）。强大的恒星风开始出现，并将太阳周围的很多物质吹走。5. 行星最终在原恒星周围的残留物质云团中浓缩而成。

太 阳

太阳系如果没有太阳，就不会有生命。太阳的直径为139.2万千米，超过地球的109倍，它是一颗较稳定的恒星，闪着黄色的光。太阳核的温度高达1500万K，这样的环境足以将电子从原子核中剥离，并使氢聚变为氦。在地球上看到的太阳"表面"是太阳大气的外层，即光球，其温度在6000K左右。

通过特定的滤光器观察或将太阳圆盘的影像投射在一块白板上，人们就会发现太阳表面的亮度是不均匀的，这就是太阳耀斑。太阳表面亮度的不同反映了外层中的对流所引起的温度的差异。这可能暗示了氢经历的变化：从太阳内部的完全离子化到太阳表面的中性化。在太阳的可见表面上方约500千米处，大气压强急速下降，温度也至少下降到2000K，来自光球的绝大多数辐射都能够透过这里的气体，但和该层原子辐射波长相等的辐射则会被吸收。复杂的太阳光谱就在这里开始产生。对太阳光谱的分析使天文学家能够测算太阳的化学元素的含量。

太阳中温度较低的地区，也就是通常所说的"反变层"，位于色球层的底部、光球层之上，有几千千米厚。色球只有在日全食前后极短的时间内才能为人眼所见，由于氢的散发，它呈现出微红色。用特殊仪器对该外部区域进行的研究显示，有喷流状钉子似的网从色球处升上来，这些网状物就是日珥。壮观的日珥冲向日冕区，如果它们受到太阳磁力线的包围，就会形成复杂的弓形和环形结构。色球向上延伸到日冕层，而日冕则形成融入行星际空间的太阳风。

由于受到从光球喷向色球的冲击波的激荡，日冕处于持续运动状态，它扩张进入空间，形成"太阳风"——高速运动的电子、质子、氦核与其他离子的混合物，可以穿过整个太阳系甚至传得更远。太阳风以每秒约500千米的速度接近地球，能与地球磁场产生很强的相互作用。到达地球的X射线和紫外辐射将地球大气的上层离子化，从而形成了地球大气的电离层。

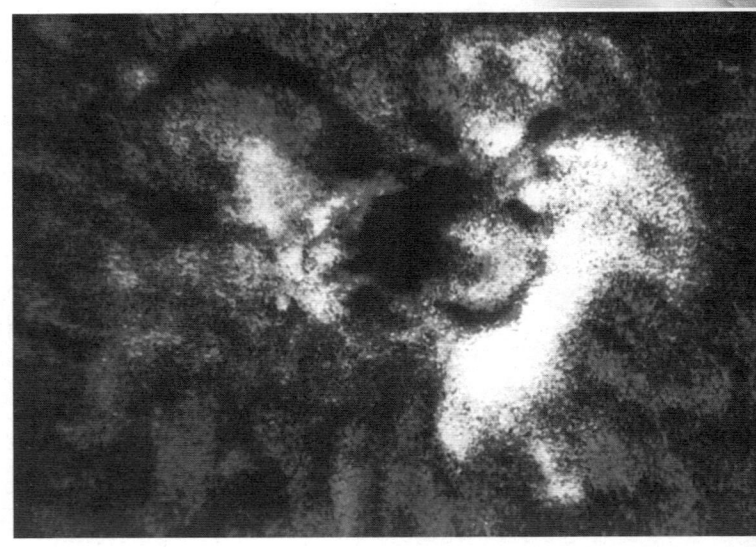

↑太阳表面的黑子区域在伪色光学照片上显示为黑色。太阳黑子的温度比周围的光球要低2000K。通常它们的存在周期比较短，并且往往在横跨太阳赤道60°宽的带状区域成群出现。黑子的产生与强磁场有关，图中，强磁场为太阳黑子上方光球中白色区域。太阳黑子的出现有周期性，大约每隔11年爆发一次。

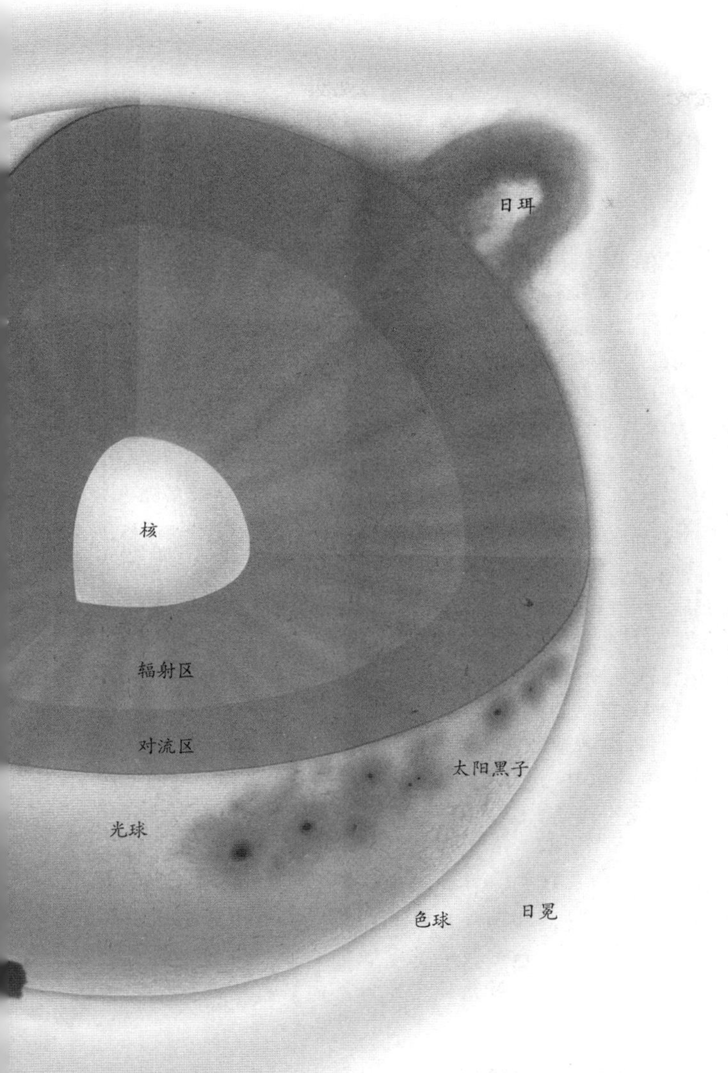

太阳家族

←太阳致密、灼热的核从中心点一直向外延伸达17.5万千米。核的外面是辐射层,再外面是对流层,对流层主要将内部物质输送到表面。我们可见的那层即色球层,只有400千米厚。色球层上面是光球层——非常稀薄,它产生太阳光谱中的吸收谱线。在光球层外面是非常稀薄的日冕,它于无形中融入太空。

↑日珥的火焰状"舌头"从太阳外层伸入太空。日珥是致密的气体云团,它的形成与联系太阳黑子群的磁场有关。日珥的气体与其周围的太阳物质相比温度低但密度高。如果太阳磁场突然被扭曲,气体云团就会被吹进太空。柔和的日珥有时会悬浮在日冕中达数月之久甚至更长时间,而短暂、激烈的日珥则可能闪耀着冲到太空中10万千米远的地方。

←日全食发生时,月球经过太阳的正前方,挡住了太阳光,这为人们提供了观察日冕的难得机会。这幅日食照片摄于1970年3月7日,其效果非常好,图片中边缘的色彩圈就是日冕。尽管日冕的温度很高(200万K)并且很大(向太空延伸有好几个太阳半径那么远),但是它相对人的视力而言还是太暗,所以不用特殊仪器是没办法看到的。图中右侧的白光是光球发出的,这时候日食也快要结束了。

地球和月球

尽管月球的直径只有地球直径的1/4多,但已经是一颗很大的卫星了。地球和月球有时被看作双行星系统,围绕着地球内部深处的某一点共同转动。月球对地球具有强大的引力,这使得地球上的海洋每天产生两次潮汐。

月球轨道距地球的平均距离为38.4392万千米,它的自转周期和绕地公转周期都是一个月,因此,月球总是以同一面对着地球,也就是说,在地球上永远看不到月球的另一面。月球的月相取决于地球、月球和太阳之间不同时期的角度变化。当地球的影子投射到月球上时,就会出现月食。

月球的平均密度要比地球平均密度小很多。众所周知,地球的平均密度比较高是由于其核含有重物质,可以推测,月球不同于地球是因为它没有一个巨大的致密核。

月球的表面布满了陨石坑,这表示月面很古老。月球上陨石坑最多的地区叫做高地,反照率比较高,位于相对较暗的月海更高处。

高地的高反射率是由于它上面覆盖着浅色钙长石的缘故,浅色钙长石富含钙和铝,是月球古老月壳的主要组成部分。

高地的岩石样本显示,它们已有45亿年的历史——比地球地壳中所有已知岩石的年龄都要大。与类型相似的地球岩石不同,所有月岩中都不含挥发性元素。

这些古老的岩石在很长一段时间内遭受着小行星体的强烈撞击,直到40亿年前撞击才逐渐停止。高地岩石有很多是陨击岩,它们是由被撞碎的月球外壳岩石或越过月球表面的喷出物形成的。

月海比较年轻,表面也较平坦,它是由火山玄武岩组成的。火山玄武岩来自月球内部,以熔岩的形式在月球表面流动,最后填充在诸如月海低地之类的大型撞击盆地中。这些岩石大约形成于39亿年前到30亿年前之间,这表明至少在那个时段,月球内部是异常灼热的。大多数月海低地都处于月球向着地球的这一面上,因此月球向着地球这面的外壳比背向地球那面的外壳要薄。

曾经有一段时间,月球源于地球的说法颇为流行,人们认为月球是从地球太平洋喷出去的。不过,现在该观点的影响力已经大大减弱。

现代科学研究认为,在地核形成后不久,曾有一个巨大的天体擦过地球。这次碰撞释放的能量将巨大物质云抛入了绕地球的轨道中,随后,这些物质逐渐收缩形成了月球。由于较致密的物质在到达轨道前就落回了地球,所以月球实际上是由密度相对较小的物质组成的。

→ 月球每27.3天完成一次绕地球运行,然而由于在该周期内地球本身也在绕太阳公转,所以一次满月的周期需要29.5天。月球轨道与黄道的交角只有5°,这意味着当地球的影子落在月球上时,会产生月食;或月球遮住太阳时,会产生日食,但这些现象并不会经常发生。

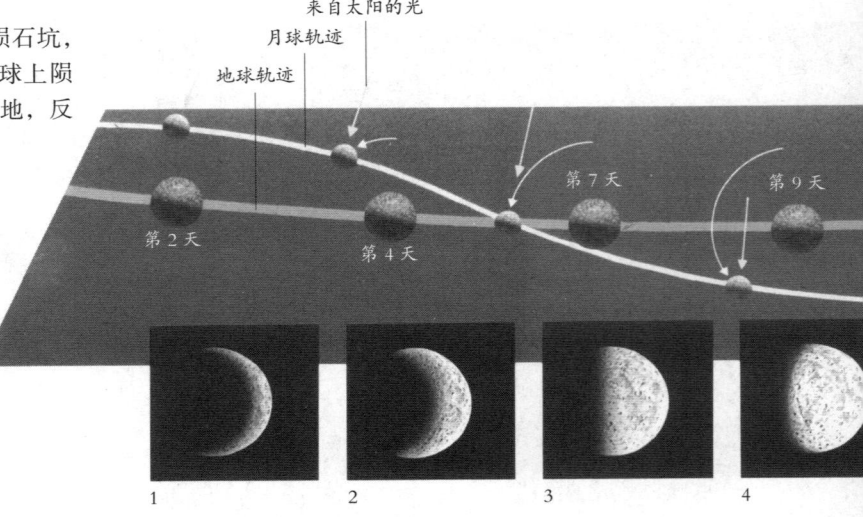

↑该图为地质学家兼航天员杰克·施密特于1972年在月球高地地区探察的一块巨大漂石。图中看不到登月舱登陆的地点。被带回地球的月岩样本揭示了月球大部分的地质史,而太空船上的热流检测器也显示月球内部某些区域是炽热的。月球外泄的能量是地球的一半,它们是由月球深处的放射性同位素衰变产生的。

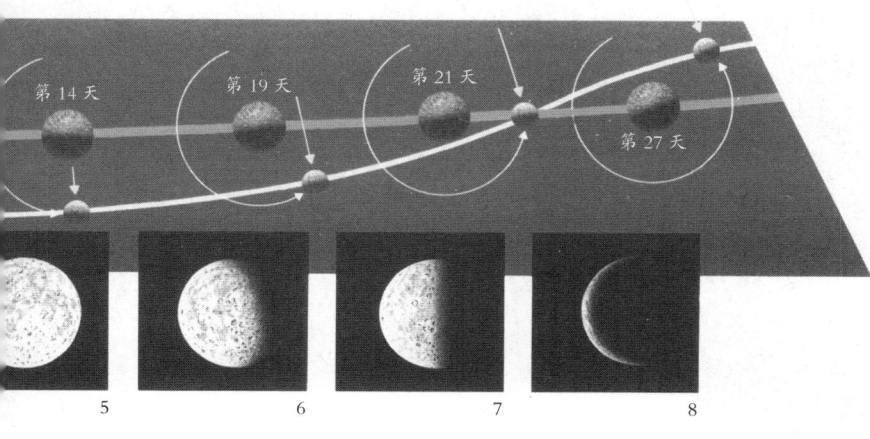

←当月球的明亮面背着地球时,就是新月。当明亮的那面慢慢转向地球时就出现了如图1月牙。月牙会逐渐转变为图2的样子。图3是当月球的明亮面有一半对着地球时的上弦月。图4是光亮部大于半圆时看到的月亮,图5是明亮面正对地球时的满月。接下来顺序就刚好相反,经过图6光亮部大于半圆的月亮到图7的下弦月,然后再到图8的新月。

卫 星

太阳系外围的四个气态巨行星——木星、土星、天王星和海王星都有很多卫星。20世纪70年代和80年代发射的两艘"旅行者号"宇宙飞船让天文学家第一次看到了这些卫星。到了20世纪90年代末和21世纪初期,"伽利略号"空间探测器对木星及其周围环境进行了探测,展示了其卫星的细节特征并搜集了大量相关信息。

很多太阳系外围卫星都含有大量冰及岩石物质,本身就是一个大星球,例如,木卫三是太阳系中最大的卫星,事实上它比水星还要大,它甚至有自己的磁场。

木星的另一卫星——木卫一,是太阳系中火山活动最活跃的星球——尽管地球上有600多个活火山而木卫一上只有100个左右,但木卫一上火山喷发的热量是地球上所有火山喷发热量的两倍。这种壮观景象发生在一个体积只有地球1/3的星球上,不得不令人惊叹。木卫一每年喷出的熔岩数量是地球每年喷出熔岩数量的100倍。

正是火山喷出的熔岩给了木卫一绚丽的色彩,这些色彩大多是由硫磺形成的。熔岩温度最高的地方往往是最暗的地方。从火山口喷出的熔岩是红色的,它慢慢变为黄色。地球的火山熔岩中没有发现如此高浓度的硫磺,然而在非洲南部的一种叫做科马提岩的岩石有非常古老、固化的熔岩,和木卫一上的熔岩成分非常相似。

木星强大的引力场导致了木卫一上强烈的火山活动。这也在木卫一上引起了巨大的"潮汐",挤压卫星并使其内部升温,最后,热量通过火山活动被释放出来。

木星另一颗大卫星——木卫二是整个太阳系中最有趣的

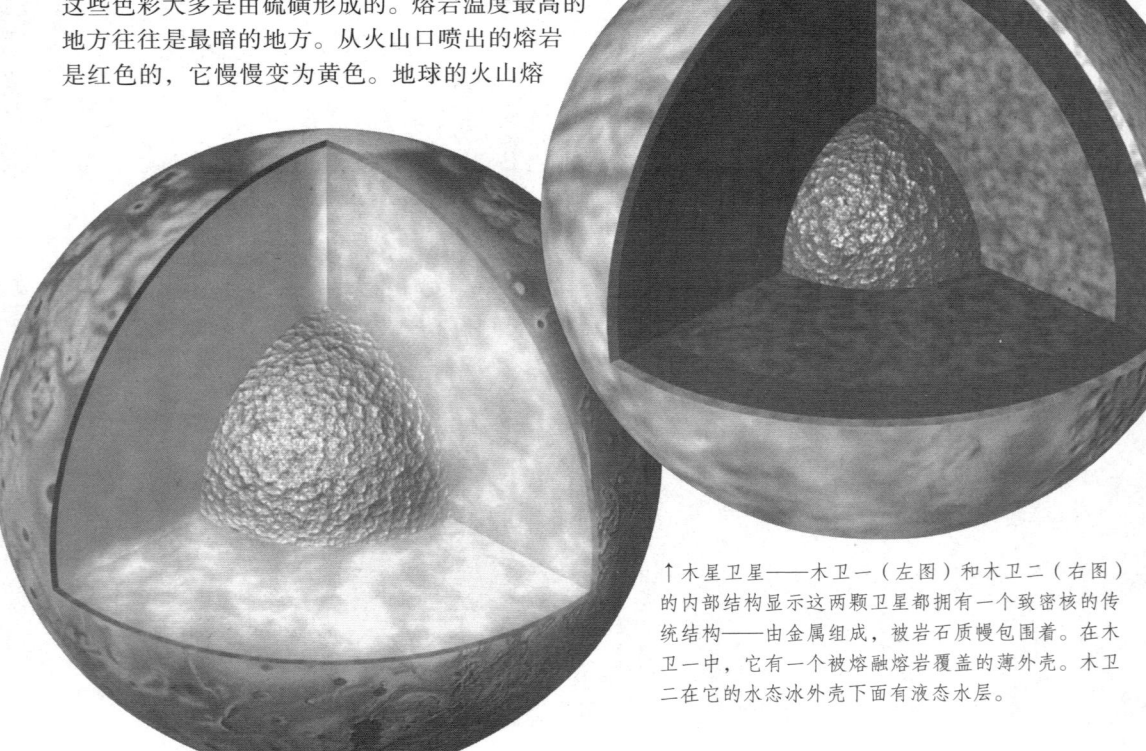

↑木星卫星——木卫一(左图)和木卫二(右图)的内部结构显示这两颗卫星都拥有一个致密核的传统结构——由金属组成,被岩石质慢包围着。在木卫一中,它有一个被熔融熔岩覆盖的薄外壳。木卫二在它的水态冰外壳下面有液态水层。

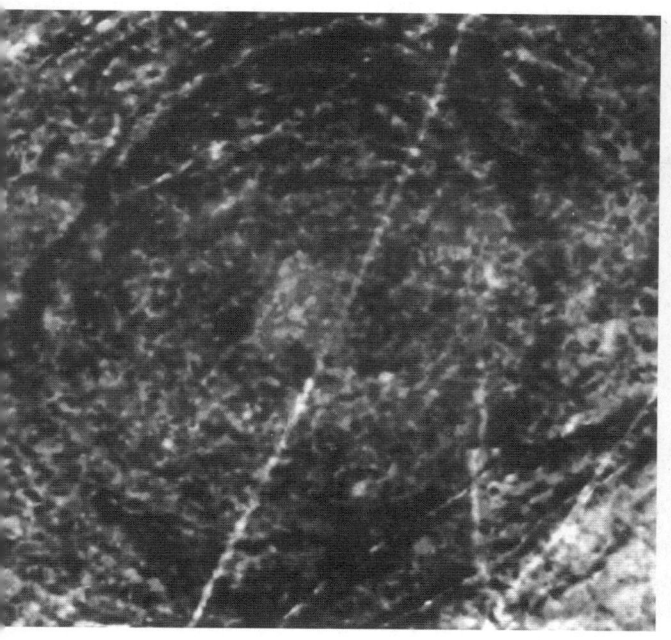

↑美国太空总署发射的"伽利略号"空间探测器已经对木卫二进行了广泛研究。这幅图显示的是木卫二表面仅发现的几个陨坑中的一个,该陨坑直径达 140 千米。在木卫二上,陨坑不会长久存在,因为当它们移动到地下水的上面时,冰层就会覆盖它们。

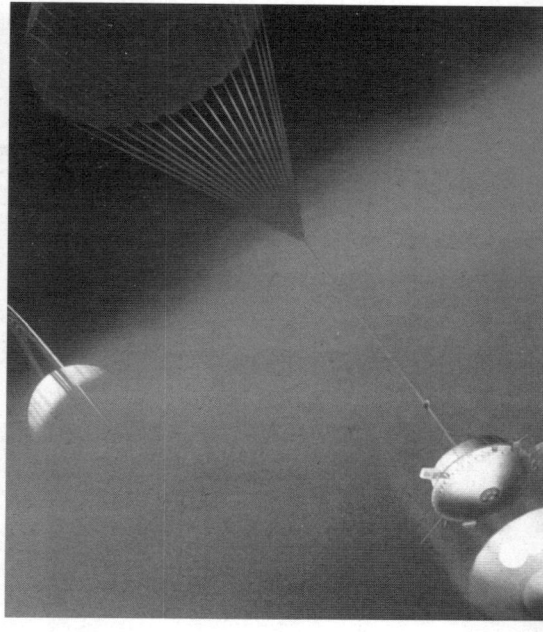

↑2004 年,欧洲航天局制造的"惠更斯号"空间探测器正进入土星最大的卫星——土卫六布满云层的天空。该探测器将采集土卫六上丰富的有机化学物质样本。它还有漂浮功能,以防出现意外情况,因为有人曾预测土卫六表面是由液态甲烷组成的海洋。

地方之一,这里的潮汐力比木卫一的要小,在它厚的冰层外壳下面还有一个全球性的海洋。它的冰层厚度大概在 1 ~ 10 千米之间,而底下海洋的深度则被认为有 100 千米。如果科学家的推测是正确的,木卫二上的水比地球上的还要多。现在,很多人都很好奇木卫二的海洋里是否存在简单的微生物。空间工程师正在设计空间探测器试图解答这一疑问。木星最亮卫星中的第四颗也是最外面的那颗大卫星——木卫四可能有一个亚表面盐水海洋。

美国太空总署(NASA)与欧洲航天局(ESA)联合发射的空间探测器"卡西尼-惠更斯号"于 2004 年进入绕土星运行的轨道。在该合作任务中,欧洲航天局(ESA)制造了"惠更斯号"探测器,该探测器计划登陆土星的卫星——土卫六。作为太阳系的第二大卫星,已知土卫六拥有稠密的大气,通过望远镜科学家已对其大气成分进行了分析,结果表明它的大气成分和生命出现前的 40 亿年前地球可能存在的大气总体上有些相似。在"惠更斯号"探测器飘向土卫六的过程中,它将采集土卫六大气中的化学元素样本,为我们提供了有关早期地球状况的线索。

天王星和海王星的卫星一般都比较小,且含有多种岩石与冰的混合物。现在还没有对它们进行进一步探索的计划。

木星的卫星

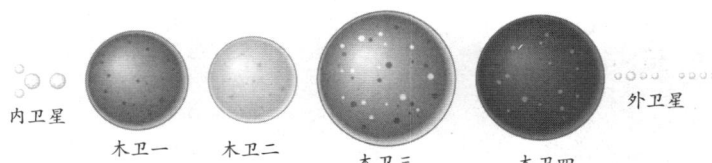

内卫星　　木卫一　　木卫二　　木卫三　　木卫四　　外卫星

↑围绕木星运转的卫星系统是太阳系中最广阔的,它大致可以分为三个部分:第一部分是较小的内卫星,它们都是正圆形轨道转。第二部分是大卫星,它们是由伽利略发现的;第三部分是外卫星,这些卫星很有可能是被俘获的小行星以及其他天体残骸,因为它们的轨道通常是椭圆形的,并且它们绕木星运转的方向和其他卫星刚好相反。

小行星

八大行星以及太阳系中的无数小天体都围绕太阳运转。这些天体中的小行星形成了一个引人注目的群体，它们中的绝大多数都位于火星和木星之间，围绕着太阳运转，另外有一部分的轨道和地球轨道相交。科学家估计，直径超过1000米的小行星至少有100万颗。

小行星与通过吸积形成行星的星云物体在本质上很相似，但在某些小行星粘在一起形成更大天体之前，它们受到太阳和其他行星的引力影响而被置于倾斜的长轨道上，所以它们最终没有能够成为大行星。

木星强大的引力肯定会抑制现存的小行星带中一颗主要行星的成长。它的引力影响会使一些物质飞向木星（发生碰撞形成陨坑），另一些物质则完全脱离太阳系。那些拥有和地球相交轨道的小颗粒就叫做流星。

↓小行星加斯普拉于1991年被"伽利略号"宇宙飞船拍摄到。它有19千米长，11千米宽，并在主小行星带的内部边缘绕太阳运转。它的岩石质表面布满了陨坑。

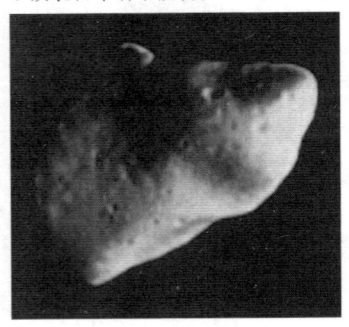

→狮子座流星雨的定时曝光照片。每年十一月份地球运转到与流星轨道相交的地方，就会发生狮子座流星雨现象。在流星雨顶峰时期，每小时有6万颗流星进入地球大气。

通过望远镜，人们可以看到很多小行星的亮度会发生变化，这很大程度上是由于它们的不规则形状造成的，也有部分是由各侧面的反射率不一样造成的。小行星型是C型（或碳质类），这些星体比煤还暗，主要位于小行星带的外围区域；位于小行星带中间区域的主要是S型星体，富含硅，其反照率处于中间水平；而M型金属(性)星体的反照率一般，M型小行星很可能是更大的不同母体行星解体了的富含金属的内核。

流星体的数量甚至比小行星还多，而且它们的化学成分也相似。当它们受到地球引力的影响而坠入地球大气层时，摩擦力的作用会使它们的温度升高，然后人们就能看到一个火球或流星。大多数这类星体会在大气层中解体，但有些大的碎片有可能坠落到地球表面成为陨星，给行星科学家提供了早期太阳系珍贵的地质化学资料。

按照传统，流星体被分为石质、铁质或石-铁混合质三类（区别于小行星群的分类法），但一种更有意义的分法是将其分为"差别"类和"无差别"类。"无差别"类中主要是球粒状陨石，它们包含和太阳大气成分相似的化学元素。"差别"类流星体经历了化学变化，并被认为是更原始的行星物质熔融与分离的产物。一些较年轻的星体，如SNC族陨星，和火星表

面的物质很相似，也许它们就是在某次撞击中从火星表面脱落的。

球粒状陨石是由高温富铝物、挥发性物质和被叫做"陨星粒养体"的特殊球状颗粒组成的，"陨星粒养体"是原始熔岩熔融的产物。这些成分证实了在行星吸积时期，组成太阳星云的那些物质很好地混合在一起。

通过拍摄到的许多流星体的精确照片，能计算出它们的轨道。科学家发现，这些流星体的轨道与那些和地球轨道相交的小行星例如阿波罗和伊卡鲁斯的轨道非常相似。据推测，这些流星体曾属于小行星主带，但在强大而不稳定的木星引力影响下，它们最终脱离小行星带变成了流星体。

→大多数小行星位于火星与木星之间的行星带上，并且绕太阳运转。特洛伊小行星群的运行轨道和木星轨道是一致的，其中一组位于木星前方60°处，还有一组位于木星后方60°处。另一些小行星如希达尔戈的偏心轨道与太阳系平面的倾角角度很大。

太阳家族

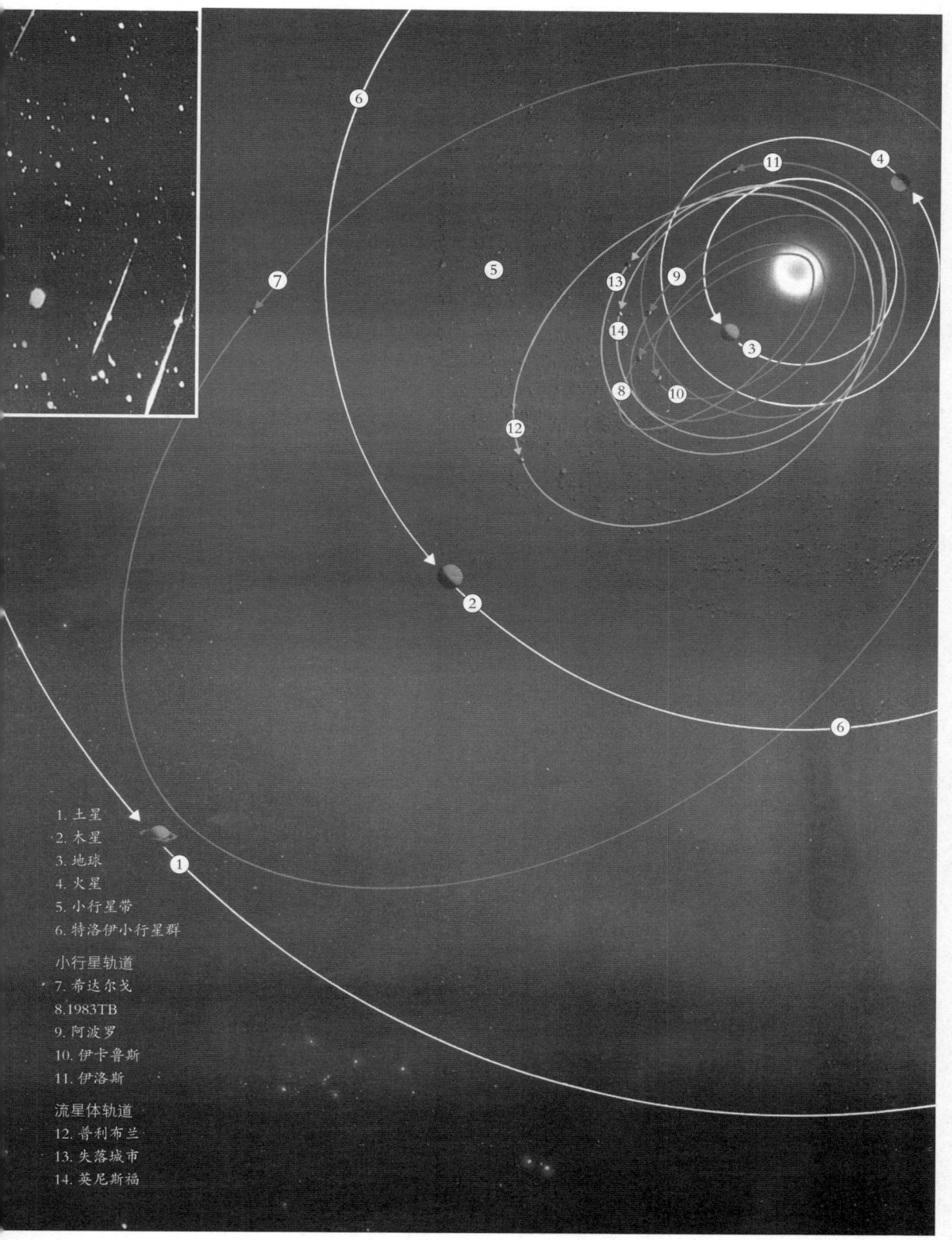

1. 土星
2. 木星
3. 地球
4. 火星
5. 小行星带
6. 特洛伊小行星群

小行星轨道
7. 希达尔戈
8. 1983TB
9. 阿波罗
10. 伊卡鲁斯
11. 伊洛斯

流星体轨道
12. 普利布兰
13. 失落城市
14. 英尼斯福

彗星

彗星是太阳系中最小同时也是最古老的天体之一。彗星的起源和太阳系本身密切相关，因为它们似乎是由原始的太阳星云物质直接压缩而成的。尽管传统上认为它们的出现是厄运的预兆，但对彗星周期性出现的预言是早期天文学家的重大成就之一。如今，彗星的回归已被科学家看作收集太阳系早期历史信息的特殊机遇。

↓彗核由冰块和细小的固态颗粒组成，其直径一般不超过几千米。包围着彗核的是明亮的彗发，彗发是由于彗核靠近太阳发生蒸发形成的。彗星有一条或是两条尾巴，一条是由尘埃和气体组成的，另外那条（离子尾）是由离子化物质组成的。

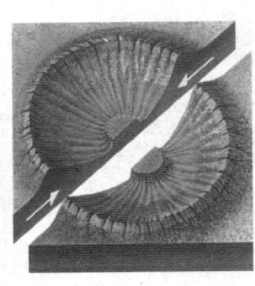

↑像彗星一般大小的天体撞上岩石质行星（如地球）的话，碰撞所产生的冲击力会在行星表面形成巨大的坑，并将表面岩石蒸发。外壳内产生的冲击波会迫使陨坑中心的岩石向上隆起。这样的效果在20千米宽的戈斯峭壁陨石坑中可以看到。戈斯峭壁陨石坑位于澳大利亚沙漠中，是1.3亿年前一颗彗星撞击的结果。

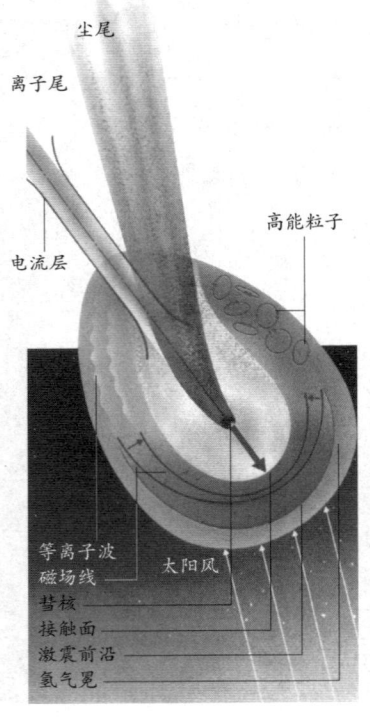

彗星的质量很小，这意味着它们在形成之后几乎没经历什么化学变化，它们因此被认为是吸积形成外行星的原始太阳星云物质的残余物。

彗星由冰和尘埃组成，被形象地称为"脏雪球"。它们早期可能受到了重力影响并产生摄动，最后被抛入一个由无数彗星组成的绕太阳系运转的巨大云团内。这个云团就是奥特星云，它位于太阳到最近一颗恒星距离的1/3处。其中一些彗星的运行周期很短，轨道呈高度椭圆状，这些轨道将它们引进太阳系内部，但其轨道平面不一定和行星轨道平面重合。

当一颗彗星接近太阳时，它的冰核会部分蒸发，产生漫射的明亮彗发或尘埃和气体云，并受太阳风作用产生长达几十亿千米、背离太阳的离子化气态粒子尾——彗尾，从地球上看到的彗尾很亮。被彗核"落下"的第二条较短的由尘埃粒子组成的尾巴也在太空中聚积。

1986年哈雷彗星回归太阳系时，科学家向该彗星中心区发送了5个航天探测器——特别是"乔托号"，这使得他们掌握了哈雷彗星的大量信息：哈雷彗星的彗核呈不规则形状，长16千米，宽8千米，表面布满了坑，并且是翻动着的。哈雷慧星的表面非常暗，这也许是因为靠近太阳时，它内部的冰融化并在慧核表面形成厚厚的含碳物质残渣。据观测，有大量气体从彗核中喷射出来，有时候这些喷射物质甚至达到了每秒10吨。

借助分光镜进行的研究表明，彗核是由各种像氢、氮、碳和钠之类的挥发性物质分子组成的，它同时还含有一氧化碳。当这样一颗彗星接近太阳时，镁、铁、镍、硅等元素也能被探测到——大概是在太阳照射升温过程中释放的尘埃微粒中。

彗核其实是由含碳物质和含水的硅化物组成的，混合在由冰冻甲烷、冰冻氨、冰冻二氧化碳及冰冻水组成的雪泥中。

2 地球动态
DYNAMIC PLANETS

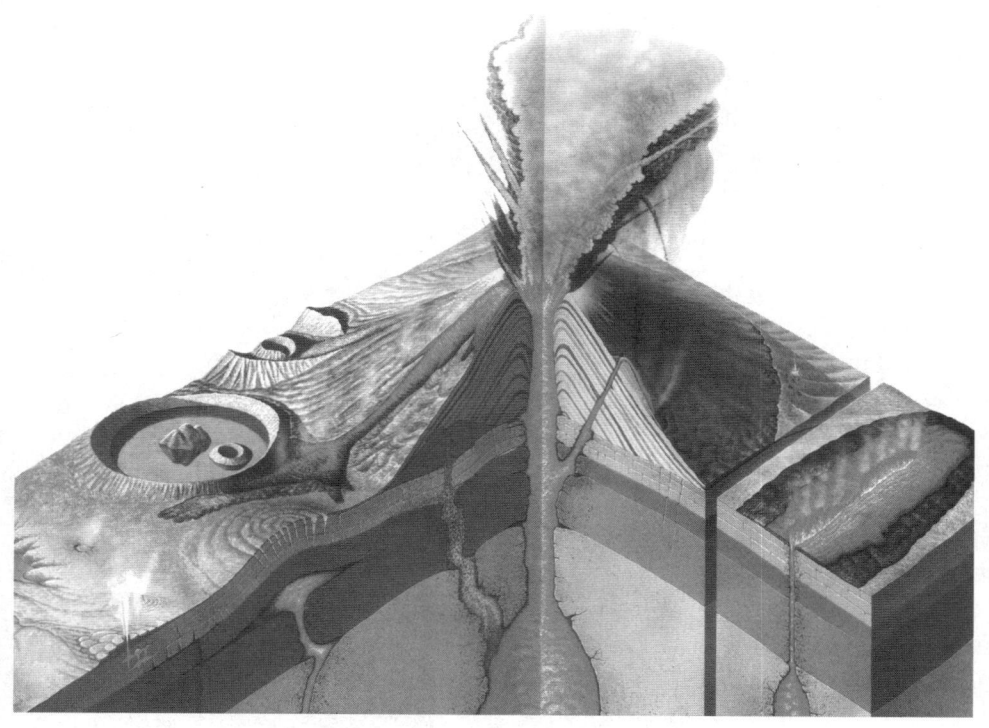

  地球是一个真正动态的星球，活跃的火山作用、构造作用和大气现象就是证据。自转周期很短、质量很大的气体和冰质外行星也有活跃的大气循环和足够产生磁场的核运动。一些行星尽管在太阳系历史的早期曾经活跃过，但现在已经归于死寂。其他一些行星只经历了较小的地质和大气运动。

  内行星运动强度的差异与它们的质量和与太阳距离的不同有关。质量小的行星积聚的吸积能量很有限，而散失能量的速度却比较快。像月球之类较小的天体，在地质时期开始的几十亿年间都是处于"冰冻"状态的。水星离太阳很近，它的大气全都被太阳引力剥去了。

  很多更重的星球，如金星、地球和火星，在形成之初通过吸积以及长周期放射性同位素衰变获得了更多的能量。所以，它们可以长久地保持相对高的地质和大气活跃状态，在金星和地球上，这些活跃的运动一直延续到今天。火星上的地质活动主要由风、冰河作用和大气作用引起。

□ 学生科普百科

最初的外壳

在相对较早的时期，所有内行星发展出由硅酸盐岩石组成的固态外壳。这些固态外壳是由行星幔层下的物质被挤压形成的玄武岩火山岩组成的。地球的原始外壳曾经回归过地幔很长时间。推测地壳原始外貌的线索来自地球最近的邻居——月球，因为它的表面还保存着大部分古老的特征（月球的地质运动在20亿年前就终止了）。

月球古老的高地外壳是由一种叫做斜长岩的火成岩组成的，斜长岩主要由硅酸铝斜长石物质组成，这种岩石富含熔点很高的亲石元素。这一厚的外壳似乎是约44亿年前由一个富含铝、钙和硅的岩浆"海洋"结晶而成的。它经受着陨星和小行星的频繁轰击，这类轰击一直持续到40亿年前才停止，并在月球表面留下了巨大的撞击盆地和无数的陨坑。它们大小各异，从只有几米宽的微型陨坑到直径达几百千米的环状构造都有。陨坑比受到撞击时瞬间形成的穴要小一些，因为撞击过后的减压过程改变了该穴。

撞击过程不仅产生了陨坑和盆地，而且还制造了大量被抛入空中的碎片物质。这些物质最终形成了外壳基部顶上的复杂而广阔连绵的交错层。这些相当碎小的表层物质形成了所谓的风化层。在地球上，该风化层变成了土壤。

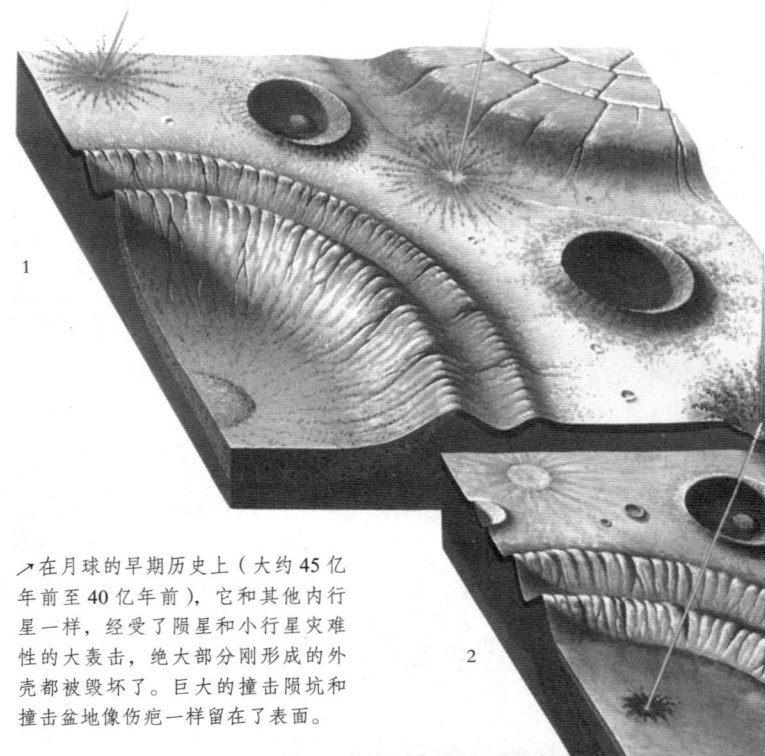

↗ 在月球的早期历史上（大约45亿年前至40亿年前），它和其他内行星一样，经受了陨星和小行星灾难性的大轰击，绝大部分刚形成的外壳都被毁坏了。巨大的撞击陨坑和撞击盆地像伤疤一样留在了表面。

→ 从一个夏威夷火山喷出的快速流动熔岩在空气中冷却并凝固，形成了黏稠的股状熔岩，叫做绳状熔岩。这类液态熔岩的频繁喷出使行星外壳变厚——这种喷发至今还在地球上不断发生，不过生于水下地壳裂缝处而不是地表上。

地球早期外壳的成分和月球外壳的成分是不同的，地壳可能含有更丰富的铁和镁，而高温硅酸盐的含量相对低些。地壳是由持续流出的高温液态岩浆构成的，这类岩浆一般与火山有关。在流出物刚结晶时，地壳很薄，岩浆很容易就能穿透脆弱的地皮。随着时间的推移，地壳表层逐渐叠加起来，岩浆就不容易突破地皮了，爆发就集中在了地壳比较薄弱的地区。

尽管有早期地球大气的遮蔽，地球地壳还是和月球表面一样，遭受着各种天体的频繁撞击。像月球一样，地球表面的岩石被击碎，并包含形成于高压下的硅酸盐矿物，如柯石英。随后，由于板块构造运动，早期地壳进行"再循环"，能移动洋底及大陆，将地壳表层向下推，使新物质被向上推，这个过程在今天的地球上还在继续。由于物质被再循环，因此岩石圈的大小一直保持恒定，它没有膨胀也没有收缩。

其他内行星的原始外壳也和地球差不多，但和地球不同的是，它们的外壳上都保留着大量的撞击痕迹。在水星、金星和火星上，最古老的陨坑地区已经被年轻的火山平原（坑间平原）部分湮没了，这说明在主要陨坑形成阶段结束后，广泛的火山活动仍然在持续进行。金星外壳上的小撞击陨坑数量远比水星和月球表面的陨石坑要少，这是因为金星浓密的大气具有屏障作用，进入大气的较小陨星都会在其中燃烧殆尽。

地球和金星的外壳从来没有厚到足以阻止岩浆从内部抵达地表的程度。然而，较小的行星最终能够达到一点，使它们的外壳厚到足以阻止进一步的火山喷发现象。到了那个时候，受内部运动影响而产生的地表变化也会停止。月球和水星就被认为处于这种地质死亡阶段。

↓大约39亿年前至30亿年前，来自月球熔化核的岩浆通过火山活动上升到月球表面，将很多盆地淹没并形成了黑暗的静海平原——也就是一片熔岩的"海洋"，其边缘地区形成了月球山脉。静海地层在该阶段诞生了，该过程也近似地反映了地球岩石层的形成过程。在静海地层中发现的物质和地球洋底的玄武岩很相似。

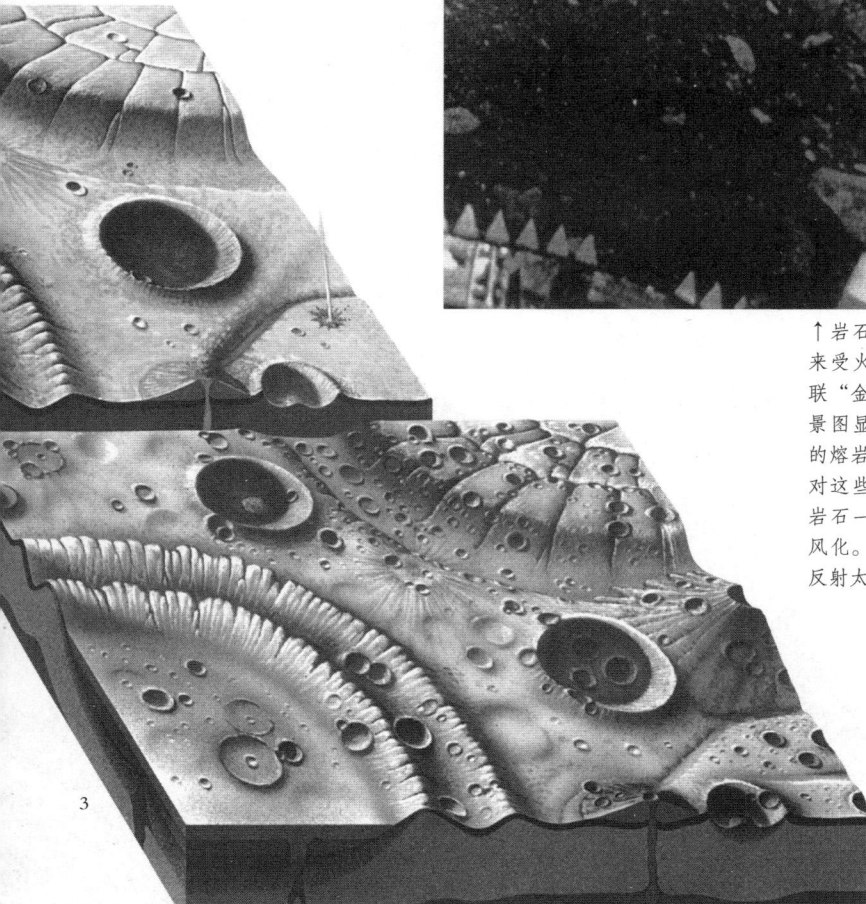

↑岩石质内行星早期的坑洼外壳后来受火山作用而再整形。这幅前苏联"金星13号"拍摄的金星表面全景图显示了和板形绳状熔岩（破裂的熔岩外壳）类似的板层破裂平面。对这些岩石的分析表明它们和地球岩石一样经历过分层（压条法）和风化。图片呈现橘黄色是由于金星反射太阳光造成的。

←在较少火山活动和撞击运动过渡期之后，月球表面在过去的10亿年中变化很小。由于岩石圈太厚而地幔的对流又很有限，月球的板块构造运动已经停止了。

3

火 山

火山地区主要集中在构造板块（巨大块移动的地壳）的边界地带。在板块分裂地带，譬如在洋中央，岩浆和气体会从海床岩石的裂缝中逃逸出来并形成新的玄武岩海底地壳。在亚海洋脊露出海平面的区域，火山可以制造新的岛屿。

海洋玄武岩的硅含量比较低，这意味着它很容易液化并流失。另一种性状很不同的岩浆发现于一板块沉入另一板块下面的两构造板块碰撞区域，比如太平洋的西部海岸沿线。在这一地区，岩浆一般都富含硅酸和气体，并具有黏性，它释放的方式一般伴以剧烈的爆炸，正如圣海伦火山（美国境内）和皮纳图博火山（菲律宾境内）发生的一样。这些火山呈传统的锥形，它们是由熔岩和火山碎屑岩——由火山喷口喷出的颗粒组成——组成的。危险的地下气体混合物、熔岩和火山碎屑可能顺着火山侧面泻下，掩埋或窒息途中所遇到的任何东西。这些炽热火山云是致命的，就像在火山爆发后（特别是在热带地区）受风暴和暴雨引发形成的火山泥流一样。

地球上一些体积大但最不危险的火山一般位于所谓的热点处，热点是比平均地幔物质更灼热的上升"地柱"。这些巨大的盾状熔岩火山拥有平缓的坡面，在夏威夷群岛上，这类火山上升到海床以上10千米处，直径甚至超过100千米。火星和金星上的一些盾状熔岩火山比地球上的要大10倍以上。

盾状构造的形成与流体玄武岩岩浆有关，这些岩浆的流动速度很快、流量也很大。在火星上，单个的岩浆流可以达到300千米长、50千米宽，岩浆能以每秒高达100万立方米的速度被喷出。在地球上，由于板块运动，单个盾状火山可以在它底下的地柱移走之前持续生长200万年。在火星和金星上，热点会使同一个火山持续生长几亿年，并使它达到巨大的尺寸。地球板块边缘典型的火山和地震活动剧烈的狭窄带状区域在其他行星上是没有的。

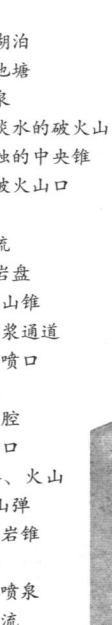

1. 硫磺湖泊
2. 泥浆池塘
3. 间歇泉
4. 注满淡水的破火山口
5. 受侵蚀的中央锥
6. 塌陷破火山口
7. 岩盘
8. 熔岩流
9. 雪松岩盘
10. 死火山锥
11. 死岩浆通道
12. 中央喷口
13. 岩浆
14. 岩浆腔
15. 侧喷口
16. 灰烬、火山渣和火山弹
17. 小熔岩锥
18. 岩墙
19. 熔岩喷泉
20. 熔岩流

↓火山锥是由被岩床、岩墙和岩塞切割的熔岩火山碎屑物质层叠构造而成的。喷发通过中央喷口和侧喷口进行。火山爆发会形成一个凹陷的坑，它最终会变成一个注满水的湖泊或是一个直径超过1000米的破火山口。

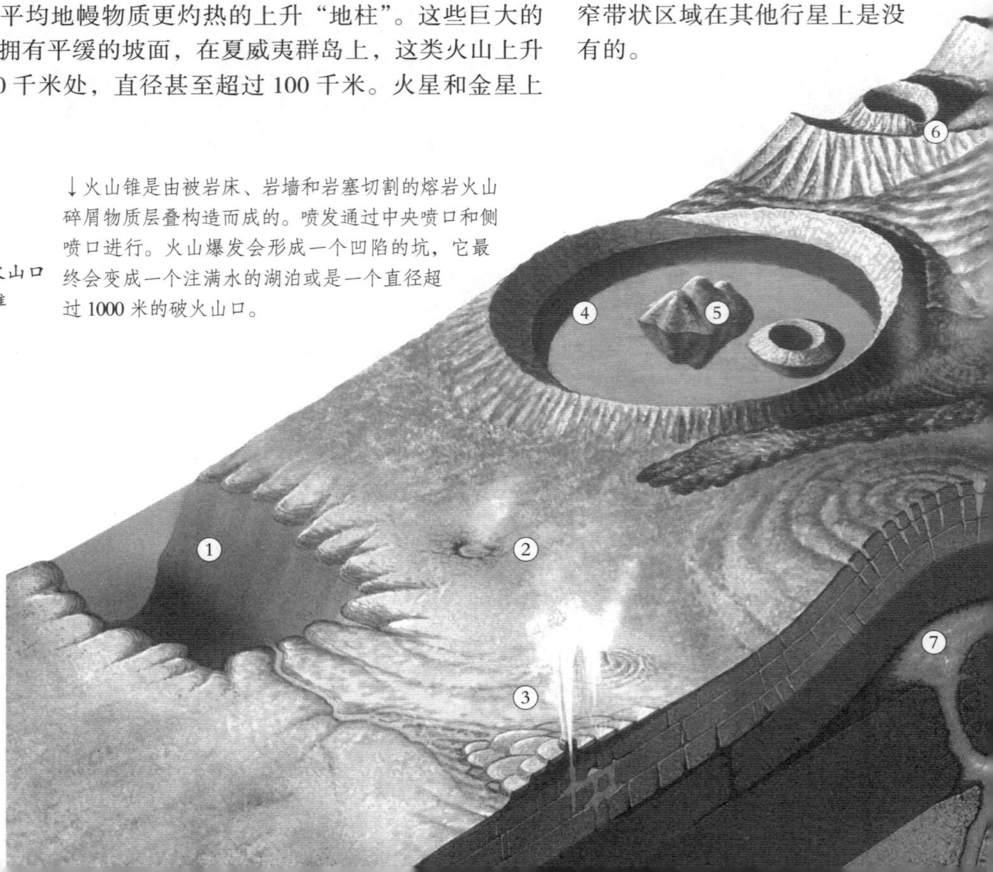

地球动态

→在木星卫星木卫一的左上方有一个火山闪耀着黄绿色的光。木卫一的表面有不间断的火山活动。

↓火山喷发的另一种主要类型是裂缝喷发。在裂缝喷发中，熔岩从构造活动造成的地壳裂口中喷涌而出。当熔岩到达地表时，它总是大量地喷涌出来，而不像火山中央喷口中的熔岩和其他物质那样爆发性地往外喷射，这种喷涌流叫做玄武岩洪流。如果岩浆没有到达地表，它们就会形成岩墙。小的裂沟也有可能沿着火山锥的侧面形成，这样的话，岩浆除了从中央锥口处喷射外还能从这些侧面裂缝中喷涌而出。

地震

动态的行星以其内部运动为标志,在地表上则表现为火山运动、板块构造运动及地震。这些运动在其他方面意义重大:地震波在地球内部的传播使地质学家能够探测地球难以接近的区域。通过这种探测,地质学家能推断出地球有层状结构。其他内行星的结构也是如此。人类也已经对月球和火星进行了简单的地震研究。

每当上升的岩浆替代地壳的岩石或脆弱的岩石解体时,超声波或地震现象就会产生,它们在地球内部的传播速度与传播介质的密度成比例。这些震动能够被一种叫做地震仪的精密仪器记录下来,目前,全球各地已经设置了一系列的地震仪用来记录发生的地震。

并不是所有的地震波都是一样的。P波(初波或压力波)是压缩类型的波,它在固体、液体、气体中以"推—拉"的形式运动。这类波影响到的每个分子扰动都会使原子偏移约10^{-3}米远。相反,S波(横波)为切变运动,它的传播速度是P波传播速度的60%,它只能在固体中传播。

当地震发生时,地震波就从震源处发射出来,处于震源正上方的地表点叫做震中。地震的强度以里氏震级来衡量,最大为9级。地震观测站是根据P波和S波到达该站的不同时间来确定震中位置的。要确定震中位置至少需要三个地震

接收到P波和S波　　　接收到P波

←地震波在地球内部传播,可用地震检波器探测。地震波并不以直线传播,它随着地球内部地层的变化而发生折射。没有任何波到达的地表的区域就形成了一个"阴影区"。

震源　　阴影区

←随着深度的增加,地震波的传播速度也会加快。在某深处,地震波速度的突然变化会形成地震不连续,这成了划分地球内部主要地层的界线。

↑P波(初波或压力波)以"推—拉"的形式运动,并置换固体和液体中的原子。P波的传播速度比S波快,能首先达到地震观测站。

↑S波(次波或切变波)是与传播方向正交的剪切变形而产生的。S波的传播速度是P波传播速度的60%。

↑P波和S波(表面波)都能达到地球的表面并沿着地表继续传播。和地震不一样的是,核爆炸不能产生表面波。

观测站的记录数据。

通过研究地震波在地球内部穿越时的反射和折射，科学家就可以推测地球的内部结构。只要将 P 波和 S 波的速度按深度的不同标示出来，人们就可以清晰地看到在深度为 100 千米左右的地方它们的传播速度开始下降，这主要是软流圈的作用。在 100 千米～700 千米深之间，地震波的传播速度又逐渐上升，但是偶尔会有几处它们的速度又急剧"起伏"，这表明由于岩石化学成分和构造状态的差异而产生了地震不连续。在 700 千米以下直到 2 885 千米之间，传播速度再次平稳上升，最终 S 波消失，而 P 波的传播速度也大幅下降。P 波在偏离震源 103°～143°内创造了一个阴影区，这标志着地核外核与地幔的边界，该边界有时候被称为古登堡不连续界面，因为它是在 1909 年由德裔美国地质学家本诺·古登堡发现的。S 波的表面表明外核是液态的。

莫霍洛维奇不连续面（简称莫霍界面）的位置在 P 波速度突然变化的区域，它一般位于海洋地壳以下 7 千米处和大陆表面以下 40～70 千米处。它是地壳和地幔的分界面，该分界面的岩石类型有一个变化。莫霍界面以下的岩石类型主要是橄榄岩，而在该界面以上，海洋地壳主要是玄武岩，大陆地壳岩石的成分则和花岗岩类似。在地幔内部 400 千米和 670 千米深处还有两个地震不连续界面。这两个界面是由于压强增大引起的相变带来的，相变会对那里的矿物的结构造成重大影响。地核本身被认为与铁质陨星的成分是一样的。

20 世纪 70 年代放置在月球的阿波罗地震仪对月震的研究显示：月球朝向地球这面的外壳厚度有 60 千米左右，但是背着地球那面的外壳厚度却可能达到 120 千米。月球的上幔层是固态的，但下幔层可能是部分熔融的。月球小而富含铁的固态核被认为位于约 1 500 千米的深处。

←P 波和 S 波从震源向四面八方辐射。这些波穿过不同密度的物质时会折射。由于受地核影响，P 波的传播方向发生了偏斜，所以在某些点上它不能到达地表，从而形成"阴影区"。

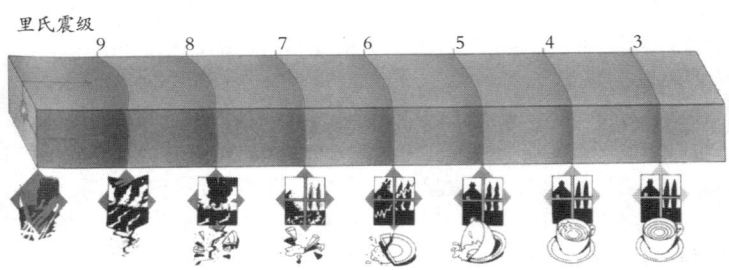

←里氏震级通过测量表面波的频率和振幅来表示地震的强度。等级分为 0～10 级，是对数级的：等级增加 1 代表强度增加 10 倍，因此里氏 5 级地震的强度是里氏 3 级的 100 倍。量级超过 7 级的地震是强震。

□学生科普百科

大气

包覆着行星的气体形成了该行星的大气。最早的地球大气是由从地球内部逃逸出来的气体和彗星带来的气体组成的，按含量从多到少，这些气体分别是甲烷、水、氨和硫化氢。水分子在太阳能的作用下分解为氢（向太空逃逸）和氧（它们与甲烷作用，形成二氧化碳）。二氧化碳与硅酸盐发生反应形成碳酸盐，并从空气中析出。如果这种大气中的碳不被固定住（可能是被地球海洋中的水固定住了），那么大气的演化可能会呈现出完全不同的状态。大约35亿年前，细菌开始在地球上进化，它们开始通过光合作用吸收二氧化碳中的能量，并释放出副产品——自由氧。

在现代地球大气中，氮含量是最多的，约占了全部大气的80%，余下的20%主要是氧。尽管水蒸气、二氧化碳和臭氧的含量相对很少，却至关重要，因为它们能够吸收红外线辐射并进而影响大气和地表的温度。

行星大气成分的变化可以导致平均温度的升高或降低，从而使其气候发生变化。今天人类的活动与自然大气的变化关系密切，它改变了大气平衡并使地球温度升高。

云层对维持太阳辐射（进入地球）和热辐射（逃离地球）水平之间的微妙平衡起着相当重要的作用。无论何时，地球表面约有一半都被云层覆盖着。相反，金星表面则全部被云层覆盖着，外流的长波辐射不能穿透该云层，因此金星表面就因无法控制的"温室效应"影响而不断升温。火星大气就比较稀薄而且云层覆盖范围也很小。在这种条件下，外流的辐射就很容易逃逸，因此火星表面的温度很低。

地球大气主要可以分为四层，这是因太阳热量分布不均引起的温度和气压的变化导致的。靠近地表的三层温度最高：最靠近地表的是对流层，可见光辐射和红外线辐射会在该层被吸收；地表以上50千米处是同温层，在这一层，臭氧会吸收紫外辐射；第三层位于几百千米的高空处，叫做电离层，在这里光电离作用会吸收紫外辐射。

地球上的云层系统和天气系统是大气和海洋相互作用的结果。风会将这些系统移动很大的距离，有时形式甚至相当剧烈。绝大多数的天气现象发生于对流层（从地表以上至11千米的高空）。对流层和同温层之间的分界面叫做对流层顶。

由于火星上没有海洋，因此它的稀薄大气层的运动相对于地球而言就简单多了。火星大气成分的90%是二氧化碳，但火星极地冰盖和亚表面岩石中却含有相当可观的水。由于没有臭氧层，紫外辐射分解了火星大气中的水蒸气和二氧化碳。

金星大气实际上全部是二氧化碳，且其表面的压强是地球表面

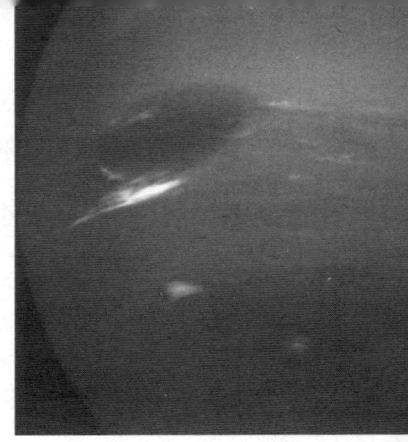

↑"旅行者号"于1989年拍摄的海王星及其云层的图片。图中非常显眼的是大暗斑和几处变动很快的白云团。云团顶部的风速可达650千米/小时。海王星的大气中含有氢和甲烷，并有一层冰晶雾气。

→金星大气几乎全部由二氧化碳组成。其主要的云层位于距表面45千米～60千米处的高空。和金星一样，地球上密度最大、最低的大气层（对流层）受地表的红外线辐射而升温，然而，氮和氧占了全部地球大气的97%。火星拥有稀薄的二氧化碳大气层，在低层还有水蒸气云团。木星浩瀚大气层的主要成分是氢和氦，还有少量的甲烷。土星的大气成分和结构与木星大气相似，但它的氦含量要更高一些。

压强的90倍。尽管金星大气上层的云循环很活跃，但是下层有可能是相当平静的。金星上可能曾有过一个海洋，但温室效应使大量的水（也许相当于地球海洋水分的1/3）被蒸发了。水星可能从来就没有过大气和海洋，它的表面气压非常低，几乎接近真空。

外行星的大气大多是由氢化合物组成的，它们的自转速度很快。外行星赤道和两极之间相对较小的温差说明了它们的热传递过程和地球上的是不同的。和其他巨行星不同，木星有一个内部热量源，它并不依靠相当弱的太阳辐射来为其提供热量。

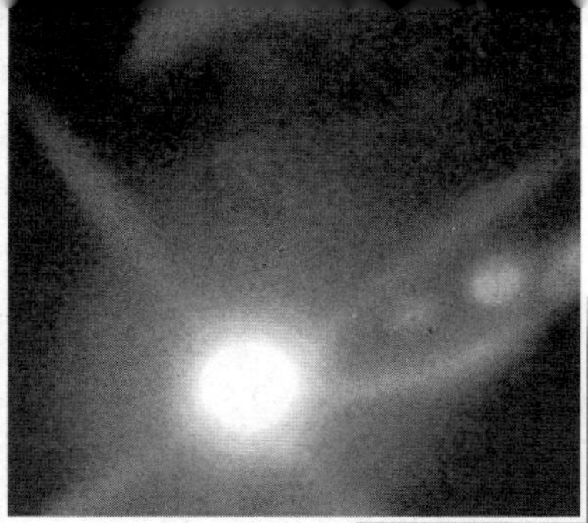

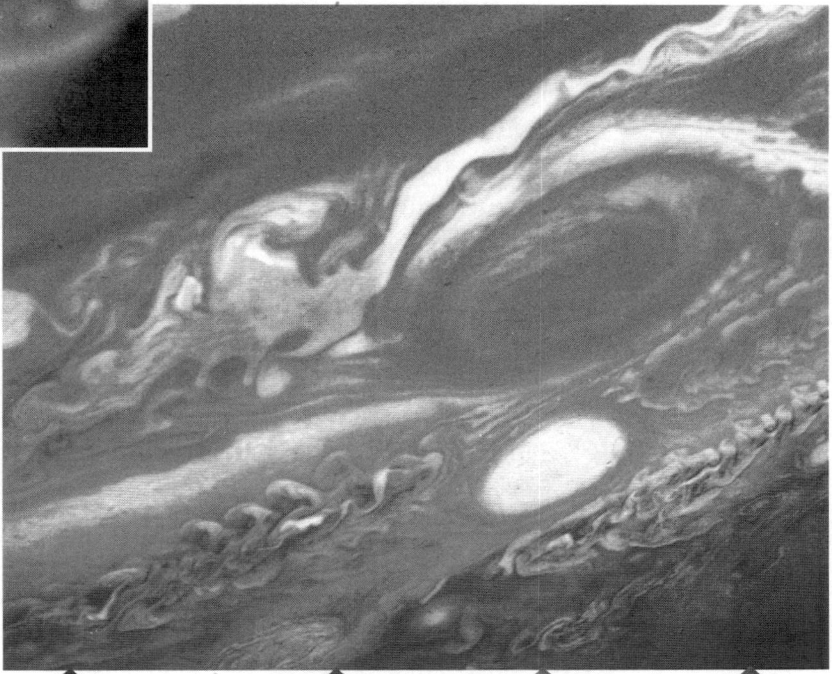

地球动态

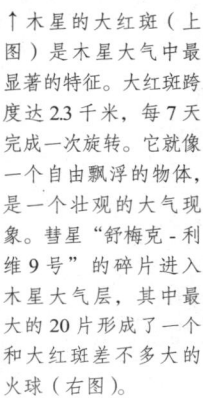

↑木星的大红斑（上图）是木星大气中最显著的特征。大红斑跨度达 2.3 千米，每 7 天完成一次旋转。它就像一个自由飘浮的物体，是一个壮观的大气现象。彗星"舒梅克 - 利维 9 号"的碎片进入木星大气层，其中最大的 20 片形成了一个和大红斑差不多大的火球（右图）。

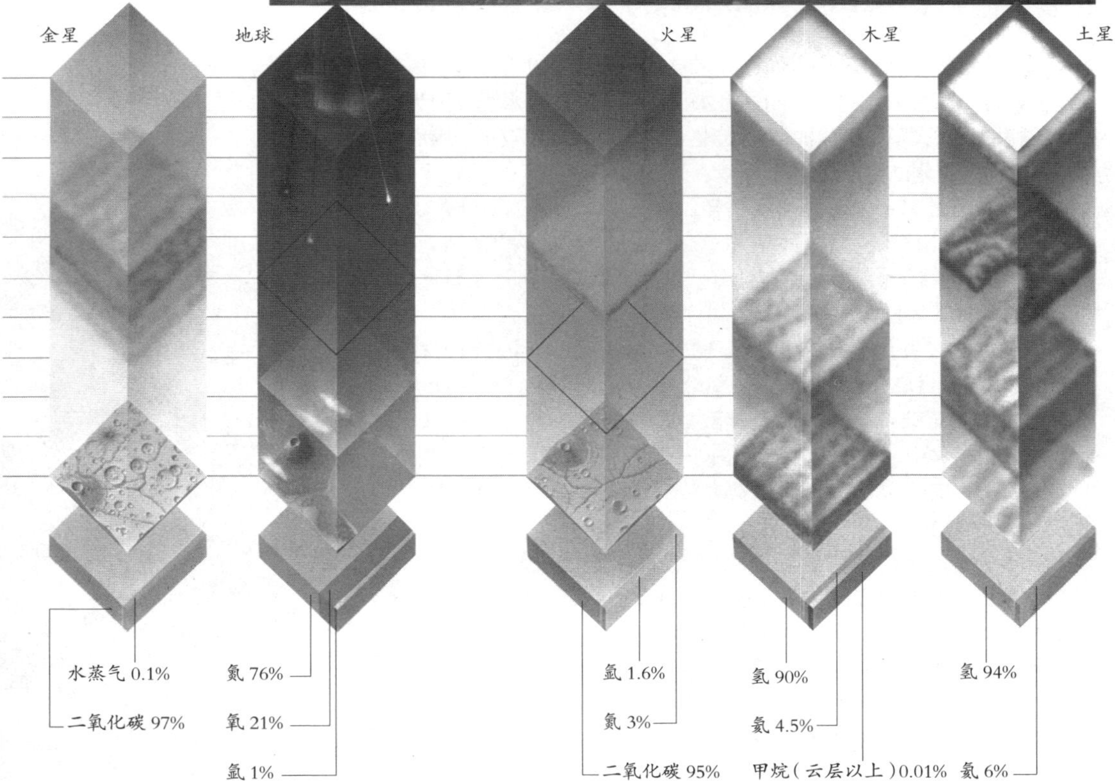

金星　　地球　　　　　火星　　木星　　土星

水蒸气 0.1%　　氮 76%　　　　　氮 1.6%　　氢 90%　　氢 94%
二氧化碳 97%　氧 21%　　　　　氮 3%　　　氦 4.5%　　氦 6%
　　　　　　　氩 1%　　二氧化碳 95%　甲烷（云层以上）0.01%

□学生科普百科

海 洋

地球上的海洋和大陆在地质上存在着很大的差异,海洋位于低处并充满了水,这种特征是构造板块运动引起的。海底有呈线形绵延的海底山脊和深海沟,它们被深海平原隔开。海洋地壳形成于背离型板块边缘地区,最终消弥在会聚区。板块"再循环"很快,因此能够确保现代海床中海洋地壳的年龄不超过2亿岁。

海洋地壳的平均密度大约是3.1克/厘米^3,它被沉积物覆盖着。上部2.5千米厚的地壳是由玄武岩组成的;更粗糙的辉长岩层位于玄武岩之下,厚度达5千米。再往下是密度更大的岩石薄层,然后就是地幔了。

海底沉积岩的年龄超过35亿岁,这证明海洋至少也和最初的大陆一样古老,那时,地球外表面一定已经存在注满了水的盆地,这些水最初来自火山释放的气体和水蒸气。今天,海洋的覆盖面积占了地球表面面积的2/3,而在过去,因为早期大陆很小,所以它的覆盖面积所占比例应该更大。

海水中包含了一系列的化学元素,主要有氯化物、硫酸盐、钠和镁,其次则是钙和钾。海水的盐度(3.3%~3.8%)在广大的海域中几乎是不变的,只有在靠近冰盖的地方才有所不同。海水代表的是不同稀释度的标准溶液,它的盐分来自风化的大陆岩石,这些风化的岩石由河流带入海洋。早期的海水可能比今天的海水淡,因为古代(特别是在太阳系形成的最初10亿年间)的大陆比较小,因而供应给海洋的盐分也相对较少。

↑地球的河流从陆地流向海洋,不断供给海洋水分。海洋总是在大陆架的边缘之外。大陆架边缘的海水很深也很冷,而海岸边的水很浅也很温暖。

海洋盐分的另一来源是热液喷泉,这是潜水研究船"阿尔文号"新近在海底山脊处发现的。在这些地区,水穿过新形成的地壳,带走水中铁、锰、锂和钡中的所有盐分。这些地区甚至还是大量硅、钙以及二氧化碳的发源地。

海洋中的二氧化碳是海水和大气交换的结果,如果在空气中增加二氧化碳,那么将近一半的二氧化碳将被海洋吸收。一旦进入海水,二氧化碳就会和碳酸及碳酸盐离子保持平衡。在深约5千米以上的海水中,碳酸盐都会趋向于沉淀,而在该深度以下则不会。这使得有机体能利用碳酸盐在浅海形成它们的甲壳,而不必担心碳酸盐的耗竭。

海水的密度由盐度和温度决定,密度的不同则导致了大洋环流。通常,海水的温度越低,密度就越高,但在4℃时密度是最大的。从海面到100~200米深的地方,海水被太阳加热并被风和浪搅动着,在这个深度(温跃层)以下,温度通常会急剧下降2℃~4℃。现代地球大洋环流模式主要是南极冰川的交替融化和冻结使得南大洋的温度和盐分产生差异造成的。

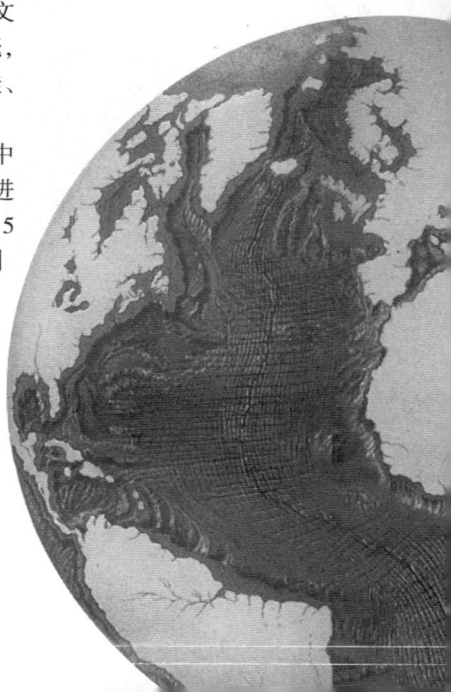

地球动态

↑在海水下面有地球上最壮观的自然构造。玄武岩组成的巨大山脉（脊）——高达4000米，宽达4000千米，长达4万千米——将海洋分为几大区域。其中两条最重要的脊是大西洋中脊和东太平洋上升脊。在海床上，海沟沿着大陆的边缘平行延伸几百千米长，其深度一般不超过7000米。太平洋中的海沟特别深——最深点在海平面以下11033米处。

↓围绕地球运行的人造卫星和其他科学调查已经揭示了海水的全球环流运动。这条全球传输带就像是地球巨大的中央加热系统。

□学生科普百科

早期大陆

今天的地球大陆覆盖了地球表面30%左右。大陆岩石的密度比海床岩石的密度低，它们"浮"在较重的地幔岩石上。大陆地壳的厚度为20千米到90千米不等，包含主要山系的地壳最厚。经测算，最古老的大陆山丘的年龄是39亿岁。大陆区域的结构远比年轻的海洋地质构造复杂。大陆中心区域最古老，越往边缘地带就越年轻。

克拉通稳定地块，也就是地盾，存在于绝大多数大陆的中心区域，它们由受花岗岩侵入变形的变质岩组成。克拉通稳定地块是古老山脉的遗留物，它们被稳定台地包围，在该处有一层厚厚的水平沉积岩在克拉通地块岩石上堆积起来。邻近该稳定台地的区域是年轻的构造带（或叫造山带）——两大大陆板块碰撞形成的线形压缩褶皱山脉，它也可以指大陆板块和海洋板块碰撞形成的山脉，如南美的安第斯山脉。

大陆的发展并不是一蹴而就的，它可以分为几个阶段：约10%的大陆地壳形成于距今38亿~35亿年前的太古代；60%形成于29亿年~26亿年前；还有30%则是在元古代晚期（19亿年~17亿年前和11.9亿年~9亿年前）和显生宙时期（始于大约5.9亿年前）的大型造陆运动阶段中形成的。

没有人能确定最早的大陆地壳是怎么形成的。地质化学研究表明部分熔融的海洋地壳制造了一个"原始地壳"，它与周围的海洋物质不同。在地幔内部的强劲对流运动和陨星撞击的作用下，"原始地壳"进行了不断的再造。这一过程中产生的早期大陆非常小。

对大陆发展的另一种解释就涉及海洋地壳内的俯冲带，俯冲带是指两大海洋板块相撞、其中一块撞入另一个板块下面并引起地

←↑澳大利亚西岸的皮尔巴拉地块（上图）为我们展示了早期大陆可能是如何形成的。克拉通地块（红色和橘黄区域）拱起绿黄带（绿色）的火山岩和沉积岩，形成近乎垂直的层理。（左图）解释初始大陆生长的其中一个理论是这样认为的：首先是陨星撞击新生的地球（1），它撞破了地壳并引起岩浆的外流（2）。在撞击地形成的火成岩和周围地区的火成岩是不一样的（3）。

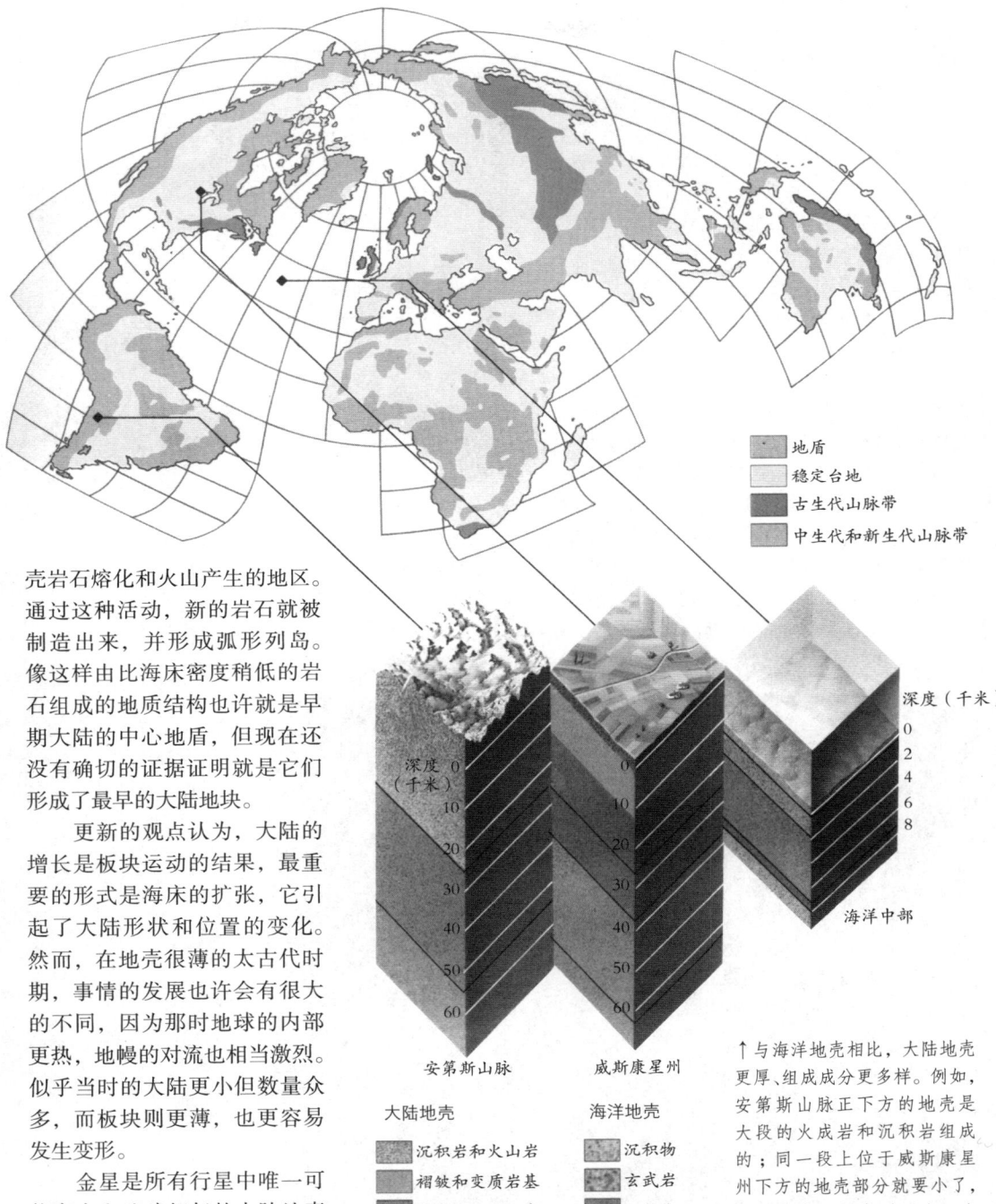

壳岩石熔化和火山产生的地区。通过这种活动，新的岩石就被制造出来，并形成弧形列岛。像这样由比海床密度稍低的岩石组成的地质结构也许就是早期大陆的中心地盾，但现在还没有确切的证据证明就是它们形成了最早的大陆地块。

更新的观点认为，大陆的增长是板块运动的结果，最重要的形式是海床的扩张，它引起了大陆形状和位置的变化。然而，在地壳很薄的太古代时期，事情的发展也许会有很大的不同，因为那时地球的内部更热，地幔的对流也相当激烈。似乎当时的大陆更小但数量众多，而板块则更薄，也更容易发生变形。

金星是所有行星中唯一可能存在和地球相似的大陆地壳的行星。事实上，被称为特瑟磊的变形岩块很可能是由来自玄武岩平原的不同岩石组成的。这些岩石似乎横向移动过。

↑与海洋地壳相比，大陆地壳更厚、组成成分更多样。例如，安第斯山脉正下方的地壳是大段的火成岩和沉积岩组成的；同一段上位于威斯康星州下方的地壳部分就要小了，海洋地壳的厚度则更小。这些地层是科学家根据不同深度地区地震速度的变化推测出来的，叫做地震不连续。

冰川

地球历史的很多时期都遭受着冰川作用，在这些时期，来自极地的巨大冰层会覆盖陆地和海洋。每块大陆的岩石中都留下了冰川的印迹，这给尝试了解地球历史的地质学家们提供了重要的线索。

冰川期并不会持续寒冷，寒冷期会被温度高得多的间冰期打断。现在人类就是生活在一个间冰期，它已经接近更新世冰期（开始于大约 1000 万年前）的末期。大约 1 万年前，冰盖退到了它们现在的位置。

目前已知最古老的冰川沉积物发现于加拿大的休伦湖附近，有 27 亿年到 18 亿年历史

→在二叠石炭纪冰川作用期，大陆的位置和今天是很不一样的。这已被遍布非洲赤道地区、印度大陆南部、澳大利亚南部和南美东部地区的冰川遗物所证明。这些地区那时候都在南极附近，是泛古陆的一部分。

的 3 层冰川沉积物覆盖了 12 万平方千米的广大地区。这些冰川沉积物被形成于温暖间冰期的沉积物隔开。冰碛岩和冰碛沉积物是可以展示出冰川作用特征的典型岩石，而与之类型相似、年龄相仿的岩石在澳大利亚北部地区和非洲东南部地

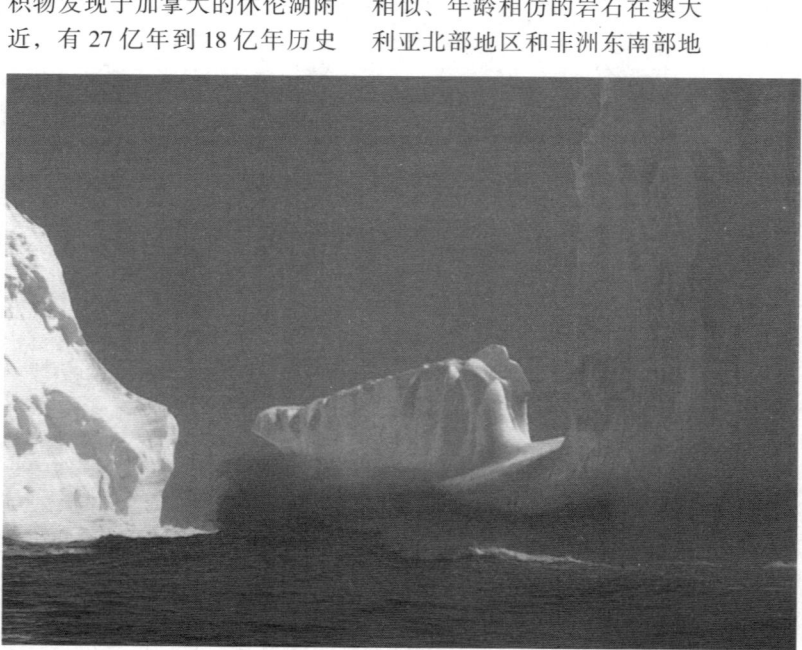

↑今天的冰川作用集中在拥有巨大冰山的极地地区以及喜马拉雅山脉和阿尔卑斯山脉等山地地区。

→在地球历史上，冰期相对较短。冰期已经被包括冰川转移物质形成的化石性岩床在内的一些冰川作用特征所证明。这些转移物质包括冰碛岩、冰碛，或在冰川末端或边缘沉积下来的漂石以及其他一些物质。

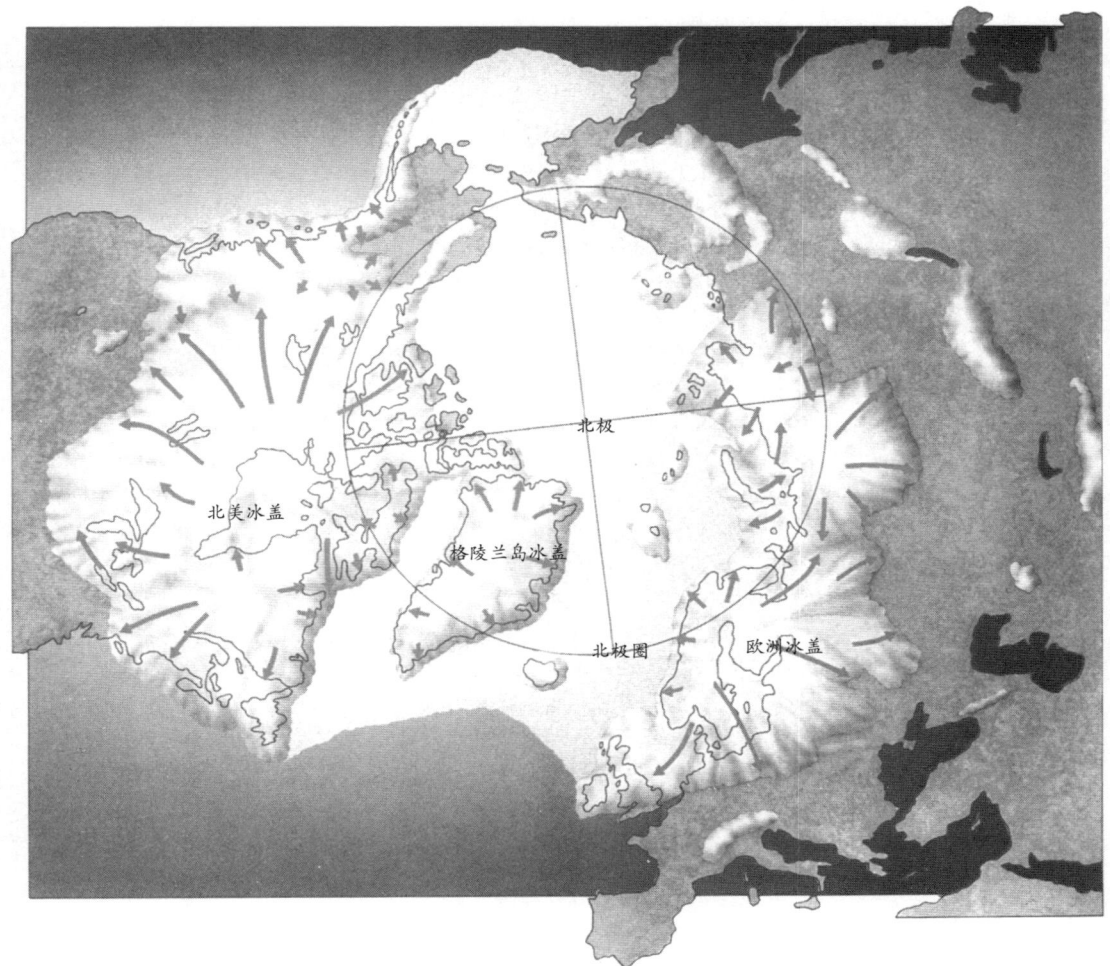

↑ 在近代冰期发展的高峰时期，即大约1.8万年前，大陆冰盖覆盖了现在北美大陆、欧洲和亚洲的大部分地区。在山脉地区形成的冰川滑向低地，它们的伸展范围随温度变化而发生改变。陆地上冰川作用的形式包括U形谷和峡湾，以及冰丘和砾石脊或冰河沙堆。

区也曾发现过。

在9.4亿年以前发生的大规模冰川作用人类已经无法考证，但我们已经知道，在7.7亿年到6.15亿年前，冰川作用时有发生。而在前寒武纪时期以后，显著的冰川时期主要发生于奥陶纪末期和二叠—石炭纪；从那以后到最近的更新世冰川期到来之前，是一段很长的间隔期。

冰川期岩石保存在大陆——例现在比较干燥、纬度较低、气候炎热的澳大利亚和非洲北部——的岩石序列中，因此显然可以看出，这些大陆的位置曾经发生过变动。例如，二叠—石炭纪的冰川作用影响了当时存在的整个"超级大陆"，即泛古陆，结果，泛古陆就分裂为冈瓦纳大陆（南部大陆）和劳亚古大陆（北部大陆），之后它们又进一步分裂为今天的大陆。过去冰川作用留下的痕迹使地质学家能够推断出该大陆相对其他大陆和极地移动的方式。

尽管地球已经持续降温了6000万年，但是现代冰期仅开始于约2000万~3000万年前，南极洲移动到现在的位置标志着这段冰期在南极的开始。在那个时期,南极洲还没有现在这么厚（2.4千米）的冰雪覆盖层，该覆盖层是自那以后才逐渐形成的。

现代冰期在200万~300万年前发展到了顶峰，在该时期，人类开始进化，这暗示着严酷和剧烈的气候变动会促使进化朝着选择更有智慧的生物的方向发展，这些生物能够"思考"生存的方法，而不是仅仅依靠本能。

冰期的地表并不是始终覆盖着冰层，相反，冰川作用经常会被气候温暖的间冰期打断。最近的冰川期始于12万年前，并持续了10万年以上。

尽管我们仍然处在现代冰期，但我们正享受着不同寻常的稳定间冰期。这一间冰期已经持续了1万年，但没有人知道地球气候离变回寒冷还有多少时间。

影响全球气候的因素有很多，并不是所有的因素都是循环的或周期性的，有些因素比另一些因素的影响要大得多，但是所有的因素都能导致冰期的出现。

首先，板块构造使得大陆漂移，大陆所处的位置影响全球暖流的运动，而暖流的全球性运动被科学家比作地球的中央暖气系统。该系统被称为全球传输带，如果大陆的移动改变了水流的运输模式，全球的暖流就会陷入混乱，一旦从赤道传向高纬度地区的热量减少，冰期就会到来。

其次，造山运动会破坏大气环流的模式，这会和板块运动一样对海洋环流造成影响。例如，在过去的1500万年中，以喜马拉雅山脉和青藏高原为代表的全球大陆平均上升了600米，这可能促使现代冰期的到来。

再次，大气中的二氧化碳含量也会影响全球的气候。对南极洲冰核的分析让科学家了解了整个地质时期的大气中二氧化碳含量的变化，该分析表明大气中二氧化碳的缺乏与冰期的形成有着紧密的联系。在二氧化碳含量很高的时期，"温室效应"便会使地球变热、冰川消融。越来越多的科学家认为，由于现代人类活动向大气排放了大量的二氧化碳，它的含量最终会大大超出自然水平并导致极地冰盖融化。融化出来的淡水会将全球传输带完全切断，从而使地球进入另一个冰川期。

尽管上述三种因素不是周期性的重复事件，但还是有大量的数据表明几百万年前的冰期就是由这些因素引发的。只不过由于地球运转轨道的循环变动使得地球接收的太阳辐射量增大，才度过了冰期。

20世纪30年代，塞尔维亚科学家密尔顿·米兰柯维奇提出：地球轨道的三个重要变化导致了冰期的产生。第一个变化是：地球轨道在10万年内逐渐从正圆变为椭圆，再从椭圆变为正圆。第二和第三个变化是：地球自转轴的倾斜度从24.5°变为21.5°，并绕圈摆动（移动）。地球轨道的倾角（倾斜度）变化周期为4万年，岁差2.3万年。三者结合就造成了地球接收到的太阳辐射量和接收太阳辐射地区的复杂的变化循环。这三大变化与最近的冰期冰盖的前进和后退有很大关系。

此外，与自然作用等效的核冬季也会引起全球温度的变化。核冬季是指核战争时向大气中吹入的尘埃云团，这些尘埃会挡住阳光，引起全球的温度急剧下降。类似的情形可以从大范围的火山爆发和彗星或小行星的撞击中想象出来。因此，这样的事件也可以引发冰期的到来。

今天的岁差

地球 太阳
在远日点，（距太阳最远的点），北半球朝太阳倾斜

2.3万年前

在远日点，北半球背向太阳倾斜

今天的倾斜度

地球的自转轴倾斜了21.5° 21.5°

4万年前

地球自转轴倾斜了24.5° 24.5°

今天的轨道离心率

地球 太阳

10万年前

↑米兰柯维奇循环由三部分组成。第一，地球的自转轴是摆动的，这使得它总是指向不同的方位。第二，地轴倾斜角度在24.5°～21.5°之间变动。最后，地球轨道在正圆和椭圆之间变化。

3 地质拼图
GEOLOGICAL JIGSAWS

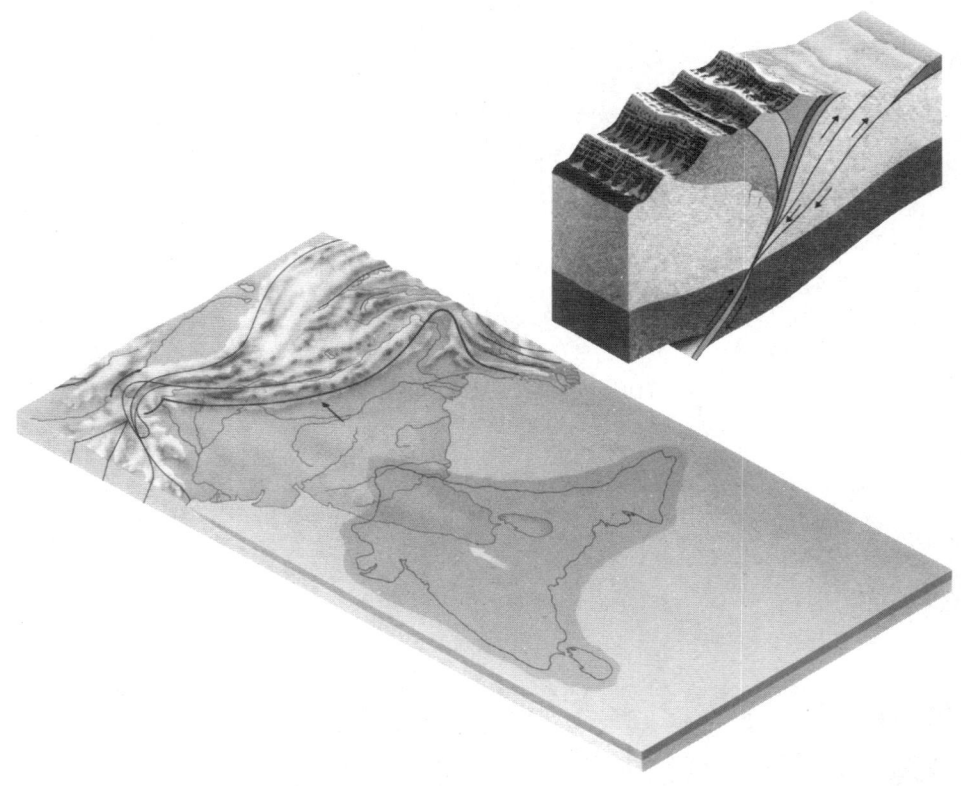

  地球已存在了大约46亿年,在这期间,陆地和海洋都发生了很大的变化。新的地壳岩石不断被创造出来,它们中的一些会在地表待很长时间,而另一些则只能短暂停留,还有一些被摧毁及再循环。

  只需对现代世界地图瞥一眼,人们也许就能发现大陆像是被竖锯切成块,很多大陆是可以大致拼在一起的——这最早是在1620年发现的。1912年,奥地利气象学家阿尔弗雷德·魏格纳出版了一本书,其中指出非洲西海岸和南美洲东海岸岩石中发现的古老化石残留很相似。因此,他猜测这也许不仅仅是巧合,是不是意味着这两块大陆曾经是连在一起的呢?

  这个想法最初并没有受到重视。然而,20世纪50年代晚期到60年代初期,利用地球化学、地球物理学领域的新技术以及古生物学、地层学的传统方法取得的突破,证明魏格纳当初的猜测是正确的——大陆确实漂移过。现在,新的理解是:地球的岩石圈是分割的,单个的板块都处于不断的运动中。

活动带和稳定带

大部分地球地壳的地质状况在多数时间内都是很稳定的。剧烈的地质活动只限于狭窄的线形地带，被称为活动带——通常处在板块边缘，火山、地震和造山运动一般发生在这里。在活动带之间是广阔且相对平坦的稳定带。

每一处稳定的大陆地区都是由好几部分构成的。因此，澳大利亚和北美内陆地区都是很平坦的，并且自前寒武纪时期（40多亿年前的地球形成时期）以来就没有发生过什么重大地质变化。澳大利亚古老的稳定核心区位于大陆的中部和西部，它的组成部分被过去的造山运动带隔开了。该稳定地块上覆盖着的沉积岩显示，在15亿多年的时间内，该地区的沉积作用几乎一直是连续的——这是稳定带的特征。

火山和地震都会破坏局部的地壳，但它们是一种更广泛的现象——造山运动的一部分。陆地褶皱山脉是由发生于板块边缘的复杂碰撞过程造成的。海洋地壳及其沉积物堆积层会发生俯冲并埋入地幔，在此过程中，它们的温度会升高、熔化、变形并经历变质作用，最后形成新的海底山脉链。

活动带被稳定地带间隔着。纵观全球，可以发现造山带形成了大陆的边缘，并周期性地被吸积到大陆核心地区。活动带的历史是循环的，在相对平静的时期，造山运动改变着地球的面貌。

造山运动包括火山作用、岩浆运动和地震活动——统称为火成活动。由于涉及诸多过程，单个造山带的历史都很复杂。火成活动在某些时期——28亿至26亿年前、19亿至16亿年前、11亿至9亿年前，以及5亿年前曾达到顶峰，这表明地球的热"引擎"在另一个循环开始前需要储存足够的能量。

背离型板块边缘——两大板块背离的地区也是一个地质运动活跃的地区。来自地幔的物质不断上涌到接近表面的洋脊之下，进而形成大裂谷、水合作用（矿物中含水的隆起结构）和熔岩喷发。

↓海洋之下的地壳被延长的脊穿破的地方就是新地壳诞生的地方。磁排列"冻结"在遍布于中洋脊的岩石中，放射测年代法也揭示了海床上的岩石离脊轴越远年龄就越大。当海洋地壳移动到地幔热点上方时，就可能形成火山岛，在海洋地壳与大陆相遇的地方，海洋地壳就会俯冲进入地幔进行再循环。俯冲带往往包含复杂的造山运动区，并最终使大陆地壳得以延伸。所有这些"地壳板块"运动都被囊括在板块构造理论中。

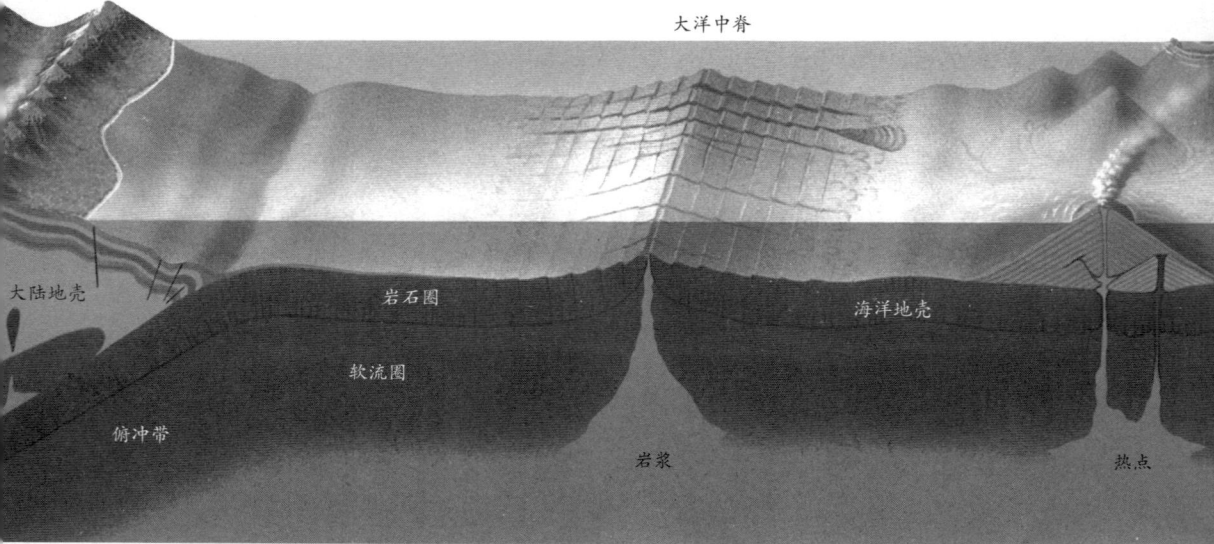

岩浆侵入亚地壳形成岩墙和岩床。来自"麦哲伦"宇宙飞船的最新资料显示，金星上也有类似的地质运动，且区域更广。

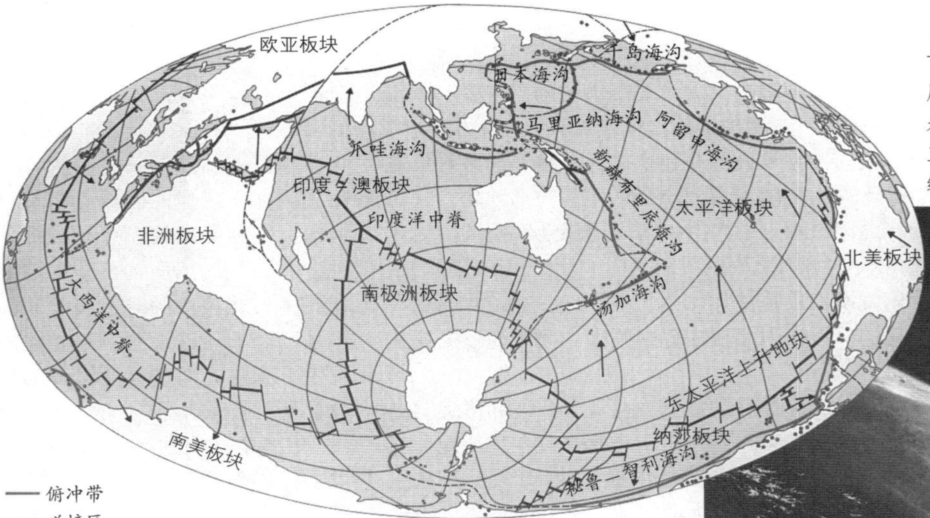

↓喜马拉雅山脉下面的地壳特别厚，可达90千米深。印度半岛正在被亚洲大陆缓慢地往下推。

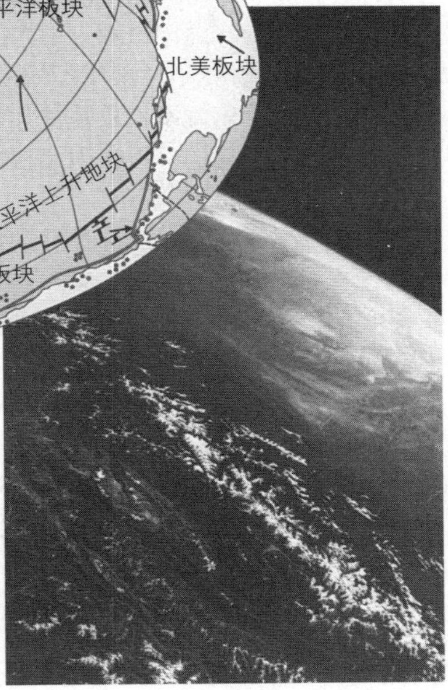

— 俯冲带
— 碰撞区
—|— 有转换断层的海洋山脊
---- 不确定边界
→ 板块运动
∴ 活火山
∵ 死火山

↑地球的活动带被描述为强烈地震多发区——特别是太平洋边缘拥有俯冲深海沟的地区。地震活动也集中在沿洋脊处，但没有像地震多发区那么强烈。活跃的火山作用代表两类活跃区，活跃区是邻近岩石板块接触的区域。稳定区中的孤立海洋岛屿也是活跃的地区——它们与"热点"有关。稳定区包括大陆的内部地区和海洋盆地中的深海平原，它将活动地区隔开。

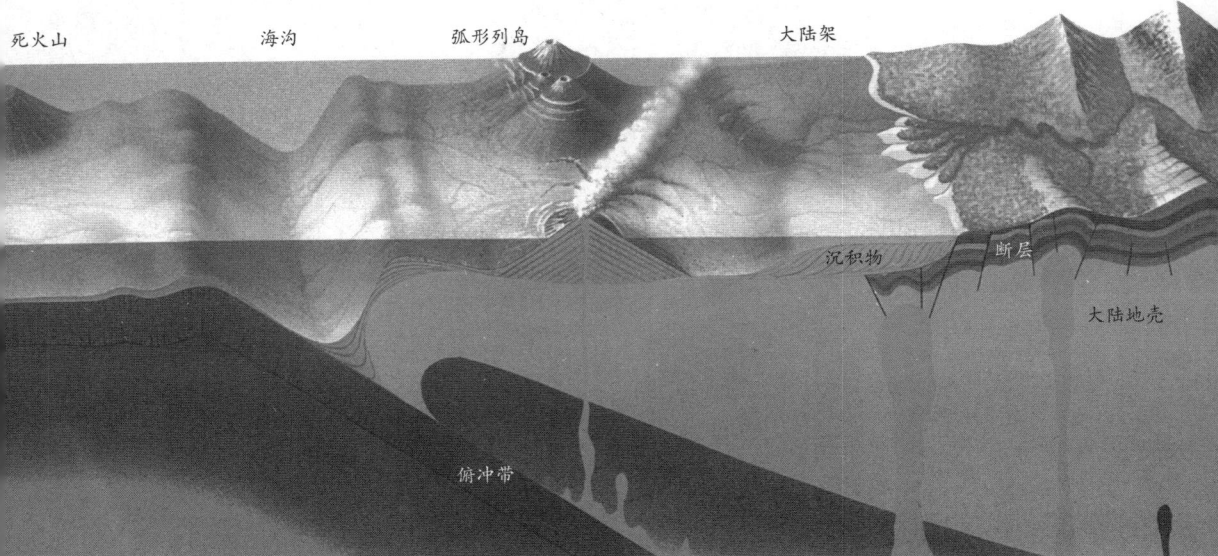

死火山　海沟　弧形列岛　大陆架　沉积物　断层　大陆地壳　俯冲带

地质拼图

游移的大陆

关于大陆漂移学说（地球进化理论之一）的证据很多。该理论认为现代大陆是一个古代超级大陆的互锁组成部分，它大约于2亿年前发生分裂。大陆漂移学说的有力证据之一是非洲撒哈拉地盾的构造，撒哈拉地盾是有20亿年历史的古老克拉通地块，它的内部有明显的南-北向纹理，但在沿大西洋边缘地区则转变为东西指向。古老岩石和年轻岩石之间的界限分明——在加纳沿岸"冲"进海洋。沿南美东海岸地质特征和巴西几乎一样，这说明两块大陆曾经是连在一起的，后来因漂移才分裂开来。类似的证据在其他大陆上也有发现。

古生物学也提供了大陆漂移的证据。发现于非洲和格陵兰岛的化石遗迹表明：在志留纪（4.3亿年前），非洲正处于冰川期（温度很低，冰层蔓延），而格陵兰岛则有着热带气候，之后，两块大陆的纬度（由于漂移）都发生了很大的变化。类似的关于气候模式变化的证据在其他大陆上也有发现。

大陆漂移学说的最有说服力的证据来自古地磁学研究。众所周知，地球的磁极会发生变化，有时候极性会完全颠倒，岩石中的磁性矿则指示了那个时期的磁极性。地质物理学家可以利用这一现象，通过简单的三角学来确定某地区的古纬度。一旦地质物理学家获取了这些信息，就能够确定任何一块大陆过去的磁性取向了。对任一大陆中古老岩石的古磁极进行标示，就能得出一条平滑的曲线——磁极游移曲线，它和现代的磁极方向有偏差。一种可能的解释是磁极发生了变化。然而，不同大陆在同一时间段内的游移曲线并不是吻合的，这说明不是磁极发生了变化，而是大陆自身的位置发生了移动。

想要重现在古生代开始的大陆位置不是件容易的事。不过，绝大多数地质学家都认为北美大陆和格陵兰岛应该被接合起来并位于西欧边上，三者共同组成了北半球的原始大陆——劳亚古大陆。而非洲则可以和南美洲接合在一起。根据对古生代早期的化石、地质

→在古生代开始时期有单个的叫做泛古陆的超级大陆，它从北极延伸到南极，唯一的一个海洋——泛古洋围绕着它。石炭纪时期（3.5亿年前），位于南半球的超级大陆——冈瓦纳大陆（南极洲大陆、澳大利亚大陆、南美洲大陆、印度大陆和非洲大陆的祖先）飘移到了南极，而古代的中国大陆、劳亚古大陆和西伯利亚大陆则形成了另一块独立的北半球大陆。劳亚古大陆中包括后来成为北美洲大陆的地块。到了二叠纪时期（2.5亿年前），大陆又开始结合在一起，重新形成泛古陆。古地中海将泛古陆分为南北两部分，朝东开口。新生代时，大陆漂移又发生了。冈瓦纳大陆与劳亚古大陆分离，并各自进行分裂，从而形成了今天的大陆。

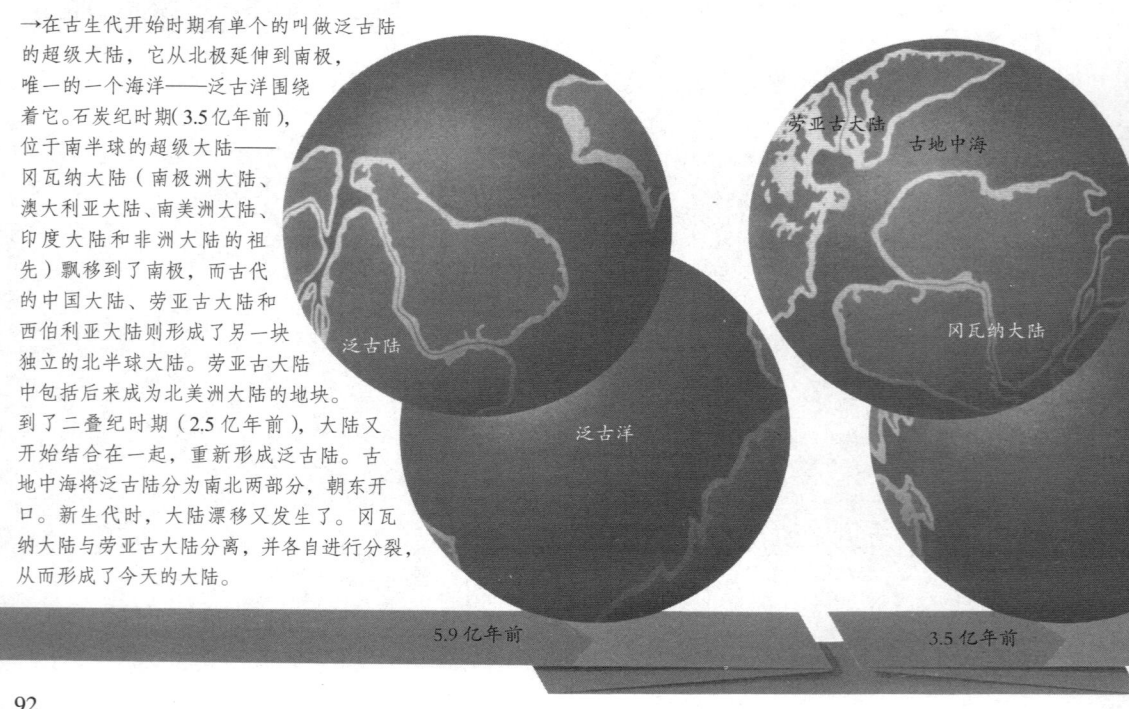

5.9亿年前　　　3.5亿年前

↑大陆地盾（中部区域）已经稳定存在了几亿年。但是，由于大陆板块的漂移，它们也移动了很长的距离。澳大利亚"红色中心"的艾雅斯岩（大红岩），是前寒武纪时期澳大利亚板块接近南极大陆板块时冰川沉积物形成的遗迹。

↑舌羊齿种子蕨被埋在了冈瓦纳超级大陆的岩石中。它们的化石遍布南半球的大陆。

构造和古地磁数据的研究，科学家认为澳大利亚、印度和南极大陆原本应该连在一起——可能早于劳亚古大陆的分裂。到了古生代末期（大约2亿年前），劳亚古大陆和南半球的超级大陆——冈瓦纳大陆合起来形成了一个巨大的大陆，叫做泛古陆。在那时，泛古陆的东部被一个巨大的海洋——古地中海分割。古地中海在地球上存在了好几百万年。

在三叠纪（2.2亿年前），北磁极位于现在美国的阿拉斯加州，而南磁极则在靠近南极洲大陆的海岸。1.6亿～1.2亿年前，超级大陆逐渐分离，新的海洋在南北美洲大陆、非洲大陆和印度大陆、非洲大陆和南美洲大陆之间形成。约8000万年前，澳大利亚和新西兰——原先是连在一起的——开始分离。到了4000万年前，澳大利亚大陆最终与南极大陆分裂并漂离极地。

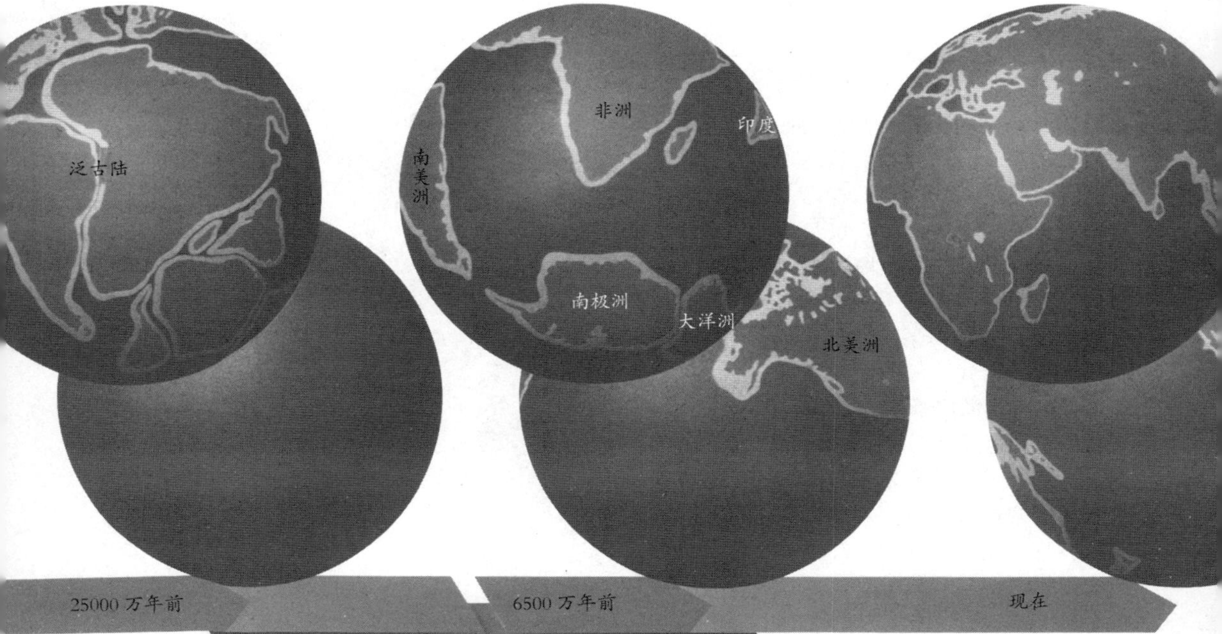

25000万年前　　　　　6500万年前　　　　　现在

□学生科普百科

海 底

自 20 世纪 30 年代末期以来，新技术为我们揭开了海底地质的面纱。重力测量和地质构造设想——对海面高度的精确测量可以帮助科学家描绘出海底地图——极大地增加了人类对海底世界的了解。海床一点也不平坦，它上面林立着众多平均高出海床 2 000～3 000 米的山脉，组成了绵延 8 万多千米的巨大全球海洋山脉网络，它们就是洋中脊。在冰岛、阿森松岛和加拉帕戈斯群岛等地区，洋中脊露出了海平面。海底还被深深的海沟切割，并被海山隔离，海沟的出现往往暗示着该地区为俯冲带。

洋中脊系统代表着新地壳形成的地点或建设性的板块边缘——该发现是地球科学的一个重大突破。玄武岩火山作用（主要包含的是玄武岩的上涌岩浆）是洋脊的重要特征。地幔内部的对流运动使其上面的岩石圈移开，这使得灼热的岩浆能够达到海床表面。在洋脊的顶部有一处裂区，它以每年 2～15 厘米的速度将海床分开。由于海洋地壳不能承受足够的压力来使扩张速度和对流模式发生变化，洋脊组成竖直部分由转换断层抵消，同时，板块的不同部分相互滑过。

其中，关键信息来自对沿大西洋中脊的古地磁研究。科学家发现，冰岛附近的洋脊轴两边的岩石中只有一半是显示正常磁极性的，其余的则显

→板块分离的第一阶段是地幔内部开始新的对流模式——地球内灼热的地幔物质往上升。增高的温度和浮力使上升中的地柱拱起海洋地壳，并向外延伸（1）。随着板块继续分离，变薄的海洋地壳更加破碎（2），最后一个沿着海底轴上升的裂谷就形成了。

↓海底熔岩的磁异常揭示了极性曾经反转。正常极性和反转极性岩石交替出现是由于在背离型板块边缘的熔岩连续带被挤出造成的。在洋中脊和相关的裂区，新的海床被创造出来，然后又被地幔横向运动从脊轴区运走。

↑由于冷却的地壳比较脆弱，对流模式由抵消脊轴的转换断层引起（3）。新的海洋地壳冷却并在扩张轴的两侧移开。在冷却的过程中，新地壳的密度增大并开始下沉，逐渐形成地势低洼的海底并在磁极发生反转时将地磁异常记录下来。（4）海底熔岩上覆盖着一层由海洋有机生物形成的海底沉积岩。海洋的边缘以大陆边缘的正常断层为标志，造成该情形的部分原因是海洋地壳的沉降。大陆架沿着大陆边缘发展，并承载着相邻大陆地壳受侵蚀后形成的沉积物。

地质拼图□

←↓冰岛（左图）位于大西洋中脊——雷克雅尼斯洋脊的北部边缘地区。它是地球上洋脊仅露出海面的几处之一，在这里，洋脊沿线的火山喷发在海面上而不是在海面下几千米的地方。冰岛中心地区的火山还非常活跃，1963年，冰岛南部海岸边的火山活动形成了瑟尔塞岛（下图）。

→直到最近几年，勘探深海底的地质活动才成为可能。不过，现在通过潜水船，如美国"阿尔文号"，科学家就能够亲自下到深海中去观察研究，而不仅仅是靠钻探采集的岩石样本来研究。近期最有意思的发现之一是"黑烟囱"——富含矿物质的灼热喷泉（有时候颜色是白色而不是黑色的），它们从洋中脊地质运动活跃的地区喷出。它们内部甚至有具备特殊适应性的深海生物群落，科学家推测该区域可能是地球原始生命诞生的地方。

示了反转的磁极性（磁针的指向南）。海洋地壳中的磁条显示了正常极性和反转极性模式，反映在洋脊顶部的两边。通过检测单个磁条，科学家发现离脊顶越远的岩石，它们的年龄也越大。换句话说，海床是不断向外扩张的。这样的扩张在所有洋脊（岩石圈板块脊离的地方）中都存在。在过去的8000万年间，大西洋以每年0.02米的速度不断扩张。洋中脊每年能制造约4立方千米的新地壳。

更令人兴奋的发现来自国际钻探工程——深海钻探工程。1968年，一艘钻探船"格洛玛挑战者号"在深海盆地上钻了将近1000个洞，采集了许多深海沉积物和深海地壳的样本。一个早期的发现表明：地中海在500万～1200万年前曾完全干涸过，现在埋在它海床中的厚厚的日晒盐床就是证据。

裂 谷

5000万年前，马达加斯加岛开始脱离非洲大陆。今天，非洲仍在分裂，该裂口从红海和约旦河谷开始，经埃塞俄比亚并穿越肯尼亚往南直到非洲南部边缘。这一区域就是人们熟知的东非大裂谷，它是一个长达5000千米的断裂区，于第三纪中期（约3000万年前）因大陆漂移造成。在东非大裂谷形成的1亿年前，同样的过程造成了超级大陆——冈瓦纳大陆的分裂。

大陆沿着断层弱作用点组成的线分裂，这种地质运动会造成岩石的断裂。断层之间的凹陷陆地形成裂谷，一块地壳在断层之间下降部形成地堑，该过程往往还伴随着一个上升断层地壳的产生，该地壳被称为地垒。这些对比鲜明的岩石块形成了特征化的峡谷和裂谷山峰。

非洲大陆东部的一个主要特征是它自身是地壳的一个广阔的穹隆地块（它目前仍占据了肯尼亚大部分地区），该地质构造主要是由大陆地壳下的灼热地幔物质上升而成，它大概在第三纪时就已经开始扩张。大裂谷的断层运动在距今2500万～500万年前的中新世时期达到顶峰，还伴随着延续至今的火山活动。一点都不奇怪，裂谷是高于从地球内部出来的热流量平均水平的地区，并且火山活动和断层运动还在以每年几厘米的速度继续分裂非洲的这部分地区。

坦桑尼亚境内的主要裂谷断层可达3000米深，并且裂谷本身（在维多利亚湖附近一分为二）也有200千米宽。地壳运动造成了火山活动，从而产生了大量平伏的玄武岩和响岩流，以及一系列巨大的成层火山（有明星的圆锥形的火山），这其中包括非洲最高的山——乞力马扎罗山。

裂谷和火山活动是岩石圈下面的地幔物质上升的典型区域。范围最广的陆地裂谷断层都在洋脊系统沿线。如果非洲继续以现在的速度分裂，那么一个新的海洋最终会出现在裂区，一个新的大陆就会形成。

火星和金星也受断层地质作用的影响。1971年访问火星的"水手9号"探测器首个拍摄到了水手号谷照片的探测器，水手号谷是火星赤道的一个被深断层包围的峡谷系统，该峡谷形成于岩石圈中的萨锡斯高地，它的边缘地区陡然下倾6000米。金星上最壮观的地质构造位于β区，它是几大构造区相交且火山活动剧烈的一个区域，可能形成于古老上升地柱（由行星地幔的灼热物质形成）的上方。

↓裂谷发展的初始阶段（1）是由地幔物质中的上升地柱造成地壳拱。潜在分裂地区是高热流区和地震活跃区（2）。之后，地壳下面的岩石熔化形成岩浆。由于岩浆上面的岩石圈已经被拉伸且变薄，岩浆就很容易接近地表。熔岩从地表挤出后会覆盖在裂谷的底部和侧面，垂直断层就产生了。随着扩展的继续，裂谷变得更宽，一系列正常断层也产生了（3）。这时候的火山活动变得更集中，并且由于岩浆要穿透大陆地壳，因此火山变得具有高爆炸性。

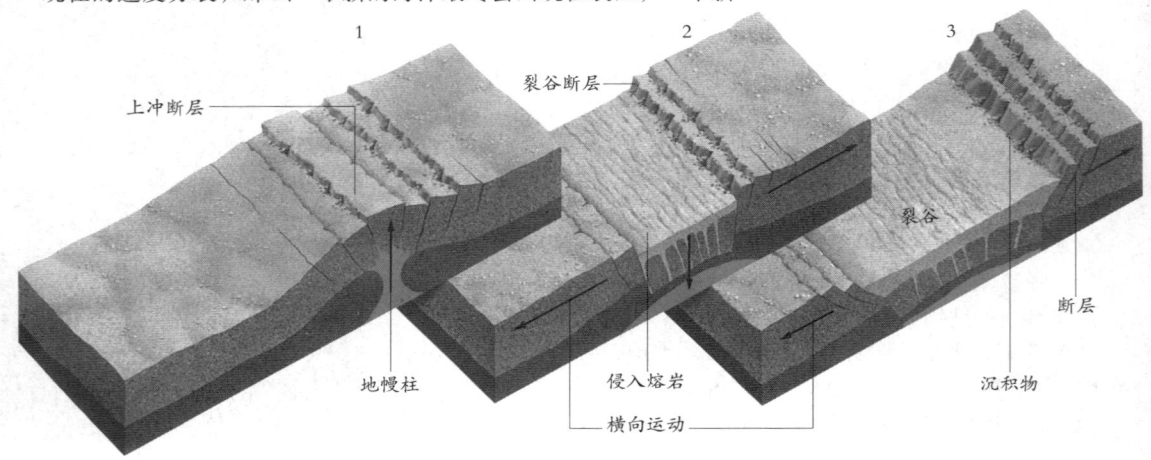

4 变化的世界
CHANGING WORLDS

　　现在，人们对地球历史的理解主要来自于地层学——关于岩石层的研究。通过对岩石形成过程的研究，地质学家能够推测在遥远的过去发生了什么，并据此解释每个岩层包含的内容。

　　因为生命诞生于海洋并且在那里持续繁盛，而在沉积层中保留的化石记录同样代表了一个进化的序列，所以地层学就能够得到古生物学的辅助。对地层学和古生物学的研究显示，地球的历史是在循环中前进的，相对稳定的时期会被剧变打断。在造山运动中，曾经水平的岩层可能会被压皱而形成褶皱山脉，而另一些岩层则可能被侵蚀而完全被破坏，并在岩石上留下裂缝，这些裂缝被称为不整合面。这种特征可以在美国亚利桑那大峡谷看到。

　　今天的地质进程跟过去是类似的，然而，这些进程发生的速率可能已经改变。在地质学中，时间是非常重要的。很多变化发生得非常慢，但突然的风暴或者火山爆发可能会迅速改变一个地区的面貌。这些事件都被岩石记录了下来。

沧海桑田

岩石是矿物的集合体，矿物就是拥有有序原子结构的固体物质。大多数岩石是硅酸盐，它们由不同的金属阳离子与硅和氧结合构成，硅与氧的结合通常以阴离子SiO_4^-的形式存在。因为包含了不同的阳离子，不同的硅酸盐矿物就会有不同的内部结构，其中一些紧密结合在一起，因此十分坚硬；而另一些则较为疏松，因而可能对物理性或化学性攻击更敏感。

归根结底，所有的矿物都来自行星内部，是在熔融状态岩浆冷却时结晶而成。这类晶体都是在相当大的压力和温度——500℃（花岗岩）和1100℃（玄武岩）——下形成的。所以，当它们到达地球表面时，由于低温和低压，它们并不一定能够保持稳定。而且，事实上大部分岩石的结构本身就存在很大的脆弱性，这种脆弱性与它们的原子结合方式有很大关系。

在地球表面，露出地面的岩石被水、风和冰破坏。破坏很容易沿着岩石天生的脆弱点诸如岩层面、接合点和断裂面等区域发生，最终岩石支离破碎。岩石碎片会在重力、流水、冰和风的共同作用短时间内被送到其他地方。在此过程中，岩石碎块彼此之间或者与其他露出地面的石头之间相互碰撞，最终分解成单体矿物颗粒。之后，这些岩石颗粒就沉积为沉积岩层或者地层。

结合性石英是花岗岩的主要成分。石英在其他沉积岩中也很常见，这些沉积岩由上述的风化作用及之后的沉积作用形成。石英有结合性很强的原子结构，这使得它对化学侵害具有抵抗力。在这方面，石英与同样为花岗岩组成成分之一的长石完全不同：长石的晶体因裂面的存在（在矿物的原子晶格中脆弱联接的平面）和能够轻易被弱酸性水分解的分子而显得脆弱。因此，长石颗粒被逐渐分解形成黏土，它们的其他成分则溶解，被小溪或河流带走，最终在其他地方再结晶。除石英外，其他成岩硅酸盐物质都要经历相似的降解过程。

沉积物被河流（或冰川）运送到海洋或者湖泊中的过程不仅包括矿物颗粒的层层堆积，也包括促成矿物质的最终溶解。有时候，沉积物被掩埋后，沉积物颗粒间的水分被固定住，上述过程就会产生结晶化的类混凝土。对于将分离的颗粒转换成固体岩石而言，发生在沉积之后的作用过程是非常重要的，比如巨大的压力之下，矿物颗粒空隙之中的水分被挤出，矿物颗粒就会更紧密地结合在一起。

很多石灰岩是直接从海水中沉积而来的，它们由碳酸钙构成，这些碳酸钙是由空气中诸如二氧化碳之类的成分与海水中的碳酸反应而成。碳酸盐也被海洋生物利用建造其外壳。二氧化碳固定在固体碳酸盐中的一个好处就是能避免其在地球大气层中的累积，如果没有这个作用，温室效应早就会在地球上发生并阻止生命的发展，就像金星上的状况一样。

→图中显示的是在美国犹他州发现的砂岩巨石。该地区目前已变成一个稳定区域。全新世时代，中生代砂质岩石形成的高原地形被侵蚀剥落，从而遗留下台地、山丘和小山顶，这种地貌可以在拱石国家公园里看到。最终的地貌是由风蚀形成的。最初联合在一起的岩石被日复一日的膨胀和收缩、结冰和解冻以及洪水分裂开来。

变化的世界

← 这些陡峭的石灰岩悬崖位于意大利阿尔卑斯山脉东北边缘的多洛米特斯锯齿状山峰之中。大约1亿年前，阿尔卑斯山脉因非洲大陆板块和欧洲大陆板块的挤压而形成。这使得古地中海（位于两个板块之间）富含石灰质的沉积物被压缩形成岩石，并在大陆板块挤压力的作用下熔化成火成岩浆。直到今天，这个地区的构造活动仍然十分活跃。

↓ 在花岗岩中，扁平的长石棱柱与黑云母的褐色薄片形成了鲜明对比。无色的石英晶体充满了它们之间的缝隙。不透明的颗粒是氧化铁（磁铁矿）。花岗岩的风化产生了长石，并转化为黏土；具有极强耐受性的石英则形成次级岩石的颗粒；云母同样会转分解成黏土。而分布最普遍的氧化铁——磁铁矿相对难溶于水，因此仍然部分地作为不透明颗粒保留下来。

火星上大多数的侵蚀作用和广泛分布的尘埃的搬运都由风来完成，而曾在火星上流动的水和冰则都在沉积物中。金星上没有水，一些撞击留下的残余物依靠风移动，并可能在固体微粒和气体混合而成的混浊流的作用下沉淀。

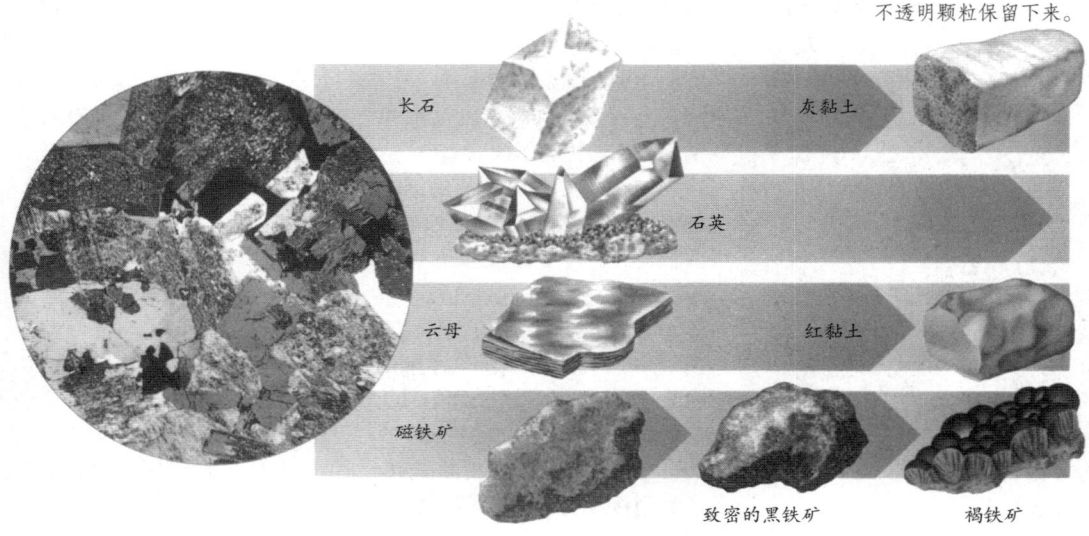

长石　　　　　　　　　　灰黏土

石英

云母　　　　　　　　　　红黏土

磁铁矿　　　　致密的黑铁矿　　褐铁矿

□ 学生科普百科

河 流

雨水可能从地表流过或者渗入多孔的岩石,并在泉水线上水位较低处出现,最终流入河流的支流网。这些水流能运送沉积物并沿途将它们沉淀下来,它们或成为水道中的点沙坝,或以洪水沉淀的形式扩散到周围地区。

主流与支流共同组成一个河流系统——一个血管状的水流网络。在它的上游,斜坡比较陡,水流比较急;河流以悬浮或沿河床拖曳大一些的残留物的方式运送承载物。当河流最终进入海洋或者湖泊的时候,它会迅速失去能量并将它的承载物沉淀下来,形成沉积物三角洲。河流则必须在这里开一条新路。

世界上一些最大的河流,诸如密西西比河和亚马孙河,将巨量的水送入大洋。密西西比河每秒流量为 1.77 万米^3,亚马孙河的每秒流量则 10 倍于此。它们每年分别要运送大约 10 亿吨的沉积物进入海洋。现代密西西比三角洲下面是一个 6000 米厚的沉积层,它大约积累了

↑赞比西河是南部非洲最长的河流,它有 2650 千米长,每秒的平均流量高达 1.6 万米^3。它在津巴布韦形成了非常壮观的瀑布。

→河流起始于高地并流向低地和大海。它们可能起始于一个湖泊或者山脉中的瀑布,而后者会汇入溪流。支流(比较小的河流)可能会在任何一点上增加它们的水流。在上游,斜坡相对比较陡峭,所以径流以高速率流动。在这种情况下,大的石头能够被水流搬运下来。在河流的较下游,河道处于一个较小的斜度并且更宽,河水所具有的能量就会有所降低,结果,河水只能搬动较小的碎块。

4000 万年的时间。目前,这条河平均每年仍在为它的三角洲增添 1.5×10^{-3} 米厚的沉积物。

火星表面也发现了遭受河流侵蚀的迹象——虽然它现在已经由于极度的寒冷而没有了流动的水。火星上陨坑区域之间的峡谷网很可能是被 15 亿年前流淌过的河流切割而成的。那些被严重冲刷的河道可达 200 千米宽、1000 千米长,看起来似乎是由巨量的水在瞬间释放造成的。据推测,这些水可能由地下冰融化而来。它们可能跟美国华盛顿州河道交错、凹凸不平的地区相似,这些地区的地貌就是在最近的冰期中由一次天然决堤形成的。

一个主要河流系统的河道并不总是保持不变的,比如密西西比河。由于更新世冰期(200 万年之前)海平面比现在低,所以为了平衡下降的水位,它切割出了一个深深的河床。当冰融化而海平面重新上升时,这条河就会泛滥,然后堆积在它的河岸两边形成了一条更加曲折的河道。这种情况每隔一段时间就会发

瀑布 ———— 侵蚀崖
支流

→河流中最小的碎块以悬浮的形式(悬浮型负载物)被运走,而最大的碎块沿着河床被水流拖曳(牵引型负载物);悬浮型负载物在洪水中的含量可能会更大。在河流的较下游河道,或者在它的入海口,当它在一个平坦的地面上流动时,能量水平就会急剧下降。

生,它的三角洲也就会不断发生变化,最终形成一个复杂交错的沉积模式。

当天气过于潮湿时,本该渗入大地的水就会在地表流过并进入河流,这会使河流的水量超过它所能承载的最大容量,洪水就这样形成了。1993 年密西西比河的泛滥摧毁了 5 万幢房子,造成 52 人死亡。发生在 2000 年的莫桑比克大洪水更为严重,它由飓风引起,持续了三个星期,对这个国家造成了严重的破坏。

在干旱地区,河流倾向于仅在特定季节流动并可能无法从内陆沙漠到达海洋,因此,它们将沉积物沉淀在一些暂时性的湖泊中。在极地冰帽附近地区的夏季,季节性的河流也很常见。

变化的世界

↓当有几条主要河道曲折或者笔直前进的时候，河道可能交织在一起。曲流通常与漫滩和牛轭湖联系在一起，它们是在曲流绕在一起切入另一条曲流，舍弃弯道以缩短路程时形成的。

↑这张地球资源探测卫星照片显示了亚马孙河与里奥·尼格罗河的交汇点。亚马孙河携带的沉积物使它的水显现出蓝色，这完全不同于里奥·尼格罗河的河水。在它们汇合点下面的一段距离，两种不同的水并没有混合在一起。

←在河口沉淀下来的沉积物形成了三角洲。河水的密度比海水低，因此它们并没有混合，这使得沉积物能够远远深入到大海中。沉积物在海床处以一个较河床更大的角度顺斜开去形成顶积层和底积层。呈枝状分布的支流流入大海。

海　洋

连绵几十万千米的海岸线界定了地球上的海洋。海岸线由与海洋相关的力塑造而成，是在不同年龄、不同弹性的岩石中凿出来的。河口打断了海岸线的轮廓，并从大陆内部带来了沉积物——它们往往在河口堆积起来，形成广阔的三角洲。波浪和海流可能会使一些沿岸沉积物重新分配，进入临近的海岸。

一些海岸线形成于上升的大陆边缘。冰期冰川回退后的均衡调节或再平衡作用使大陆的一部分上升；或者就是大陆边缘由于板块运动自己从海洋中露出来。

外露的海岸线显示了波浪冲击悬崖带来的侵蚀，以及提升的海滩——遗留的旧海岸线已被提升于海平面之上，并被化石性悬崖支撑。相反，海岸线下沉显示了这里的陆地相对海平面下沉，这种现象可以在英国东南海岸发现。海岸线下沉现象发生时，海岸平原可能会被淹没，山脊和山丘则成为海岸附近的岛屿。

海浪的力量是巨大的，波浪的水压作用撞击着绝壁内的联接点和脆点，并将它们一点一点地肢解。我们已经知道波浪能够将洞穴的顶部冲毁。

在陆地和海洋的结合处积累起来的残留物质能够使这种冲击作用更有力量。在暴风和特别高涨的潮水作用下，沙子和砂砾会增强波浪的冲刷作用，从而增加对海岸的侵蚀。

沙滩的沉积物部分来源于河流和它们的三角洲，部分来自于海岸峭壁的侵蚀。那些由松软岩石（比如黏土）构成的峭壁发生崩塌是很普遍的，它们迅速被海水侵蚀，解体物质则以相对较快的速度被运走。潮汐会在泥土大小的颗粒沉淀之前将它们冲离海岸。更坚硬的岩石对冲击的抵抗力较强，因而容易形成海岬。由峭壁基部附近的这类岩石产生的鹅卵石和沙子就形成了海滩。倾斜的海滩减少了峭壁的侵蚀，因为它们吸收了破坏性波浪的大部

↑当海切入陆地，峭壁坍塌，碎块会被进一步粉碎并被带走。峭壁的基部上形成了一个岩石平台。从图中的砂岩来看，这个平台几乎是平整的。对平台和峭壁之间斜坡的破坏通常被限定在最高的波浪所能到达的水位上面的1米之内。

变化的世界

分能量。

大陆的边缘缓缓地倾斜入海,形成了大陆架。在热带地区,如果有合适的洋流,这些大陆架就会为珊瑚的生长提供一个理想的环境。这些珊瑚会制造出群礁。有时候它们甚至能够在凹陷的岛屿上制造出环礁。

在不稳定的地区,来源于陆地、在大陆架边缘堆积的沉积层就会在地震的扰动中移动,从而产生由沙子、泥浆和水组成的混浊流。这些混浊流涌下大陆坡直到扩展了向海的深海平原,最终沉积为混浊岩。这些地下的坍陷是形成大陆坡的重要机制,它们可以由激烈的波浪活动引起,比如海啸、飓风或者海底地震。

在远离陆地的深海底,唯一的沉积物就是生物软泥——由海洋水藻和硅藻生成,它们有时候还能得到火山灰的补充——火山灰喷入大气后,有一部分会落在海洋中,并慢慢沉淀到深海平原上。

↓冲入爱尔兰的大西洋海岸峭壁的波浪的力量侵蚀了峭壁的岩石表面,并留出不少空间以及一些海蚀柱——在水中伫立的岩石。冬天,大西洋海浪的平均液静压可以达到每平方米10吨。而在风暴中,液静压甚至可能达到平均水平的3倍以上。

←日本的内海是太平洋的一条狭窄海湾,位于四国和九州(日本四大主岛中的两个)之间。这一地区的大多数地方都在下沉,包括日本海自身和九州岛的海岸线。当陆地下沉到被海洋淹没之后,很多山丘就变成小岛。断层位于这些岩石海湾的边缘地带。源自陆地的沉积物最终沉淀的地方,会形成沼泽地。

海底电报电缆

地震的时间和地点

电缆被破坏的时间

200 千米

400 千米

600 千米

↑ 1929 年,发生在纽芬兰的大浅滩海底地震引起了海岸外的沉积物塌陷,并形成了强大的混浊流。相对致密的悬浮物使其无法与周围的海水混合,因此这些沉积物在海底以 70 千米/小时的速度扩散,在很多地方切断了跨大西洋的电报电缆。切断发生的时间正好记录了这股混浊流的进程。

103

□学生科普百科

沙　漠

全球大气循环过程中，干燥空气从上层大气（对流层）被带下的地方就可能产生沙漠。这种情况在低纬度的炎热地区（北纬或者南纬20°～30°）和极地冰帽附近的寒冷地带都可以看到。在冰帽附近，沉积物从消退的冰川中遗留下来，地表分布的多棱岩石成了这里的标志性特征，这些岩石可能是在冻融活动中形成的。

在诸如撒哈拉沙漠这类地方，广阔的"沙海"或者砂质荒漠在风送沙子的积累下产生，形成了沙丘地带。这些壮阔的沙海可能覆盖50万平方千米的土地。沙漠同样存在于远离海洋的大陆内部。

风是形成沙漠的最强有力的力量，它卷起沙粒并穿越沙漠表面运送它们。被风塑造而成的沙漠最大的特征叫做层形。当风吹着沙子蔓延的时候，层形上就形成了沙丘和波纹。在沙子沉淀的地方，沙丘顶端一般与盛行风方向呈直角。单个的沙丘有一个陡峭的前表面和一个平缓的背坡。由于沙丘特殊的生长方式（就像在矿渣场边缘剔除不要的岩石一样），它的层形表面倾向水平，这个特征被称为交错层。

具有相对稳定风向的地区广泛分布着称为弧形沙丘的弯月形沙丘。这些沙丘地带常常连接在一起形成一条宽广的穿越沙漠的波浪状束带。在赤裸的岩石表面，沙子可能被拉伸成长长的赛夫沙丘，而在风向变化的地区，沙丘则形成星状结构。风的另一个作用是侵蚀，风对空气中的小颗粒的不断研磨，使它们比那些在河流和海洋环境里产生的沙粒具有更佳的球形。更大的碎块无法被风刮起，只能被风在地面拖动，因而形成了有小平面的鹅卵石——三棱石。沙子被风移走，可能会形成诸如利比亚的卡塔拉盆地这种低于海平面134米的地区。个体岩石表面遭受程度不一的侵蚀，造成

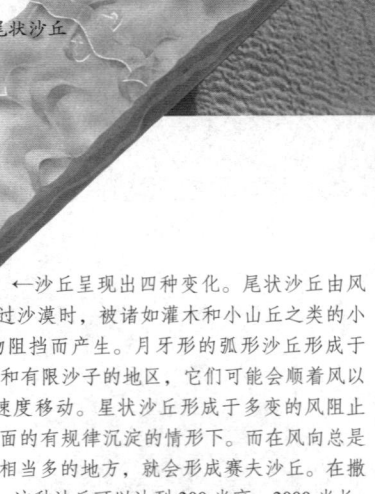

←沙丘呈现出四种变化。尾状沙丘由风吹过沙漠时，被诸如灌木和小山丘之类的小障碍物阻挡而产生。月牙形的弧形沙丘形成于有稳定风向和有限沙子的地区，它们可能会顺着风以每年25米的速度移动。星状沙丘形成于多变的风阻止沙子在任何表面的有规律沉淀的情形下。而在风向总是变化、沙子又相当多的地方，就会形成赛夫沙丘。在撒哈拉大沙漠中，这种沙丘可以达到300米高、3000米长。

了它们极其不同的特征,如蜂窝状的峭壁面、石拱或者石座。

哪怕是在最干旱的沙漠中,偶尔也可能出现降雨,这些降雨通常伴随着短而激烈的风暴,它们可能在短时间内迅速侵蚀和移动物质。在这种情况下,河流冲击而成的河谷和旱谷得以形成。被称作干荒盆地的季节性湖泊常存在于沙漠的内部,这些湖泊是充分颗粒化的沉淀物的聚集地。

沙漠内部通常是相当平坦的——尽管它们周围往往有高原和孤立的山丘。沙漠中的岩石质高原被风侵蚀,产生大量碎石堆基岩沉积,这些大块岩石和鹅卵石大小的碎块最终会在峭壁的脚下堆积起来。这些石头太大以至于风无法将它们移动,但风可以将更细的沙子吹进这些碎屑岩的空隙中去。

火星被认为是一个巨大而寒冷的沙漠,广阔的沙丘地带在极地冰帽附近发展起来,当全球性的沙尘暴发生时(往往在近日点附近),整个火星会被漫天的沙尘遮蔽。1971年"水手9号"探测器接近火星时遇到的就是这种情况。金星上也发现了沙丘结构和风成条纹。

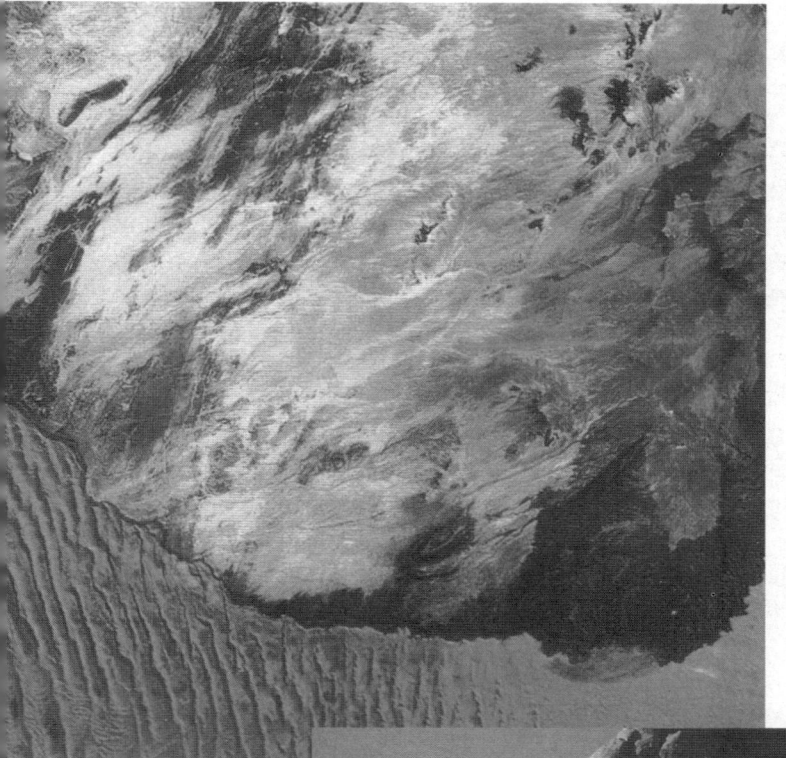

←在这张地球资源卫星的自然色照片上,南部纳米比亚的砂质荒漠挨着北方的石质荒漠。沙丘沿着非洲西南部海岸线连绵400千米,占整个沙漠南北跨度的1/3。

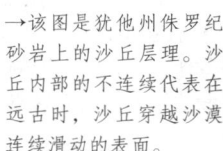

→该图是犹他州侏罗纪砂岩上的沙丘层理。沙丘内部的不连续代表在远古时,沙丘穿越沙漠连续滑动的表面。

□学生科普百科

冰 川

地球和火星上都有极地冰帽。地球上的冰是冻结的水，而火星冰帽则既有冻结水又有固体（冻结了的）二氧化碳。在遥远的过去，火星上也可能曾经存在过移动的冰川这一推断既有理论支持，也是对火星上可能由冰川作用形成的陆地形态的观察的推测。地球拥有活跃的峡谷冰川和极地冰盖，它们随着季节的变化消退或前进，目前冰覆盖了大约1500万平方千米的地球表面，这意味着它大约占地球表面积的3%。在最后一个冰期，冰盖扩张到了北美和欧洲的广大地区，那时它们都被冰川所覆盖，但现在冰已经仅仅存在于该地区的高山冰川之中。判定冰川过去的覆盖范围有两个依据：一是被困在移动冰盖之下的岩石的刮擦留下的冰川条纹；二是裸露在地表的光滑的羊背石。

冰川随着气候的变化在峡谷里前进或后退。当冰川前进时，它就会搬运从地面剥蚀的各种物质，而一旦它们后退，这些物质就会遗留下来成为终碛。这些终碛的位置可以帮助地质学家们了解冰川作用的不同阶段。经过冰川作用，峡谷也变得更深，两边更加陡峭，产生平底、峭壁和U型切面，这些都是典型的冰川侵蚀特征。

目前，冰川仍然在后退，所以人们可能发现作为它们遗迹的沉积地形，其中包括低矮的圆丘状山——冰丘，以及长而蜿蜒的砾岩山脊——蛇形丘，这两种地形都与冰川运动方向平行排列，它们的古代副本模式可以被用来推测更早的冰川地理。另外，在典型的峡谷冰川边上，粗糙的残留物累积形成侧碛。

虽然这些特征给地质学家提供了关键的线索，但它们并不构成冰川沉积物的主体。这些只是冰砾泥，也被叫做"冰碛"，它们是在冰下积累的冰碛残留物。这些残留物中有一些可能是从很远的地方被搬运过来的大石块，也有一些是沙子和砂砾的混合物。漂石在更新世冰盖退却之后留在了英国的低地，其中包括种类繁多的诸如来自挪威的火成岩和来自英格兰东部的白垩。埋在地下的冰砾泥受压缩形成冰碛岩。对岩石序列中这种岩石的辨认使地质学家发现冰川运动曾经在遥远的过去发生在诸如澳大利亚、南美和非洲这些看起来不大可能出现冰川的地方。

冰盖边缘的土地仍然是很冷的——实际上是冰冻的。这块土地被称为冻土带，它会在夏天解冻。这些交替的冰冻—融化循环使土地表面隆起，并把不同大小的碎块分类成堆，形成有图案的土地，从而给平坦的地面带来多边形石头。冬天，冰在地表之下堆积起来，夏天它们又开始融化，这就可能引起土地的塌陷。而在其他一些地方，含有气泡的冰可能被下面的压力托起而形成冰核丘。

↓在较高的地方，雪的积累比融化快，所以峡谷"头部"常有积雪。这些积雪可能被压缩成真正的冰并向山下移动。冰的刮擦作用会在峡谷头部侵蚀出一个冰斗。

↓冰的消退可能会使一个峡谷冰川覆盖在主要的峡谷底面之上。冰的融化遗留下了泪滴状的冰碛堆——冰丘，排列在冰川的初始流动方向上。裸露的岩石一侧被打磨，另一侧被刮掉，形成了羊背石。融化的水流出冰川"趾"，并有能力切入冰底碛和悬谷底面。

→冰川搬运的残留物形成冰碛。一些被沿着边缘搬运，一些在移动的冰川前部，而另一些则在冰川之下。

5 起点与终点
BEGINNINGS AND ENDINGS

自从约 45 亿年前太阳系形成以来,年轻的恒星(也许有其他行星系统)也在不断地诞生。同样,当地球诞生时,其他恒星及其行星可能已走到了生命的尽头。那么,太阳系将何去何从?

当越来越多的氢逃离太阳核,核内所剩的大部分物质是氦的时候,太阳核将因重力作用收缩,温度则升高。氢聚变只会发生在惰性氦核的表层上。在该阶段,太阳开始膨胀。当恒星外层远离内部时,它们就会冷却并变红。太阳的温度将低至原来的一半——约 3000K,并变成红巨星。

在太阳膨胀的过程中,它的外环将会吞噬水星、金星、地球甚至火星,终结这个世界的一切生命,但太阳自己仍将存在。

之后,太阳中的氦将会聚变成更重的元素,太阳会再次缩小,随后又第二次膨胀成为一个红巨星。最后,当它的外层被驱散后,太阳就会变成一颗白矮星。

地球上的生命

地球上之所以有生命存在,最重要的一个因素就是水。因为生命的最初出现是由化学反应推动的,而这一反应在液体中发生的速率要比在固体中(原子被固定在特定的区域)以及在气体中(原子间的距离太远)快得多。地球大气成分的结合以及它与太阳间的距离使得地球的温度维持在水可以在其表面流动的合适范围内。

天文学家已经在宇宙气体云中发现了大量化学排列,这些排列可以进一步制造出对于生命具有重要意义的碳及其他元素的长分子。当恒星和行星在这些星云外形成时,一种叫做彗星的冰体会将含碳分子带到行星上。

许多科学家目前都相信生命很可能起源于大洋底的地热喷口附近,因为从这里涌出的来自地球内部的热水携带了各种各样的溶解物质。在这些喷口周围有我们所知的地球上最简单的生命形式,它们中的许多是依靠代谢热水中的化学溶解物质生存的。

澳大利亚的岩石——顶燧石证实了古老细菌的存在,它含有35亿年前的细菌化石。另一些石头中含有的化学证据表明生命是在38亿年前产生的——当然这样的证据是很难找到的。

有20亿年历史的最古老结构化石——叠层岩证明了蓝绿藻是最早进化的生命类型之一。在澳大利亚以及其他地方的前寒武纪岩石中发现的这类藻化石也有着与现代蓝绿藻相似的结构。

大约在25亿年以前,原核生物(由单一细胞核组成的简单海洋有机物)进化出了利用太阳光制造食物的本领:光合作用开始了。之后,原核生物细胞逐渐变得复杂起来,在大约12亿年前的时候,真核生物(每一个细胞都有细胞核)出现了,而真核生物最终进化成了目前存在于地球上的不同生命体。

在光合作用中,一个活细胞(通常在植物中)吸收水和二氧化碳,并释放氧气。光合作用一旦开始,自由氧气就会显著增加,环境就会变得更有利于生命发展。早期无脊椎动物是在寒武纪时期出现的,但陆生生物的繁荣直到3.6亿年前的泥盆纪(这个时期的早期,鱼开始出现)末期才出现。到了二叠纪时期(2.86亿年前),两栖动物进化到能够产下硬皮羊膜卵;最早的爬行动

→不同意地球生命起源的科学家指出,复杂分子(包括氨基酸、脂肪酸)怎么可能由早期大气中的气体经电能引起的化学反应而形成呢?

1

物也诞生了，其中的一些进化成了恐龙，其他的则进化成了哺乳动物。

人的直接祖先是类人猿。发现于东非的最早人类祖先骨头距今有 450 万年。约 150 万年前，直立行走的人学会了使用石制工具；约 145 万年前，人类学会了取火；50 万年前，直立人散布到了欧洲以及远东地区，这时他们已经能够制造工具，并是非常优秀的猎手。人类历史从此开始了。

→鸟嘌呤和胸腺嘌呤是 DNA 的四个碱基中的两个，是存在于所有生物体中用于复制代码的指令，并可以产生一小部分的氨基酸（包括谷氨酸），这些都可以组成有机生命体的复杂分子。

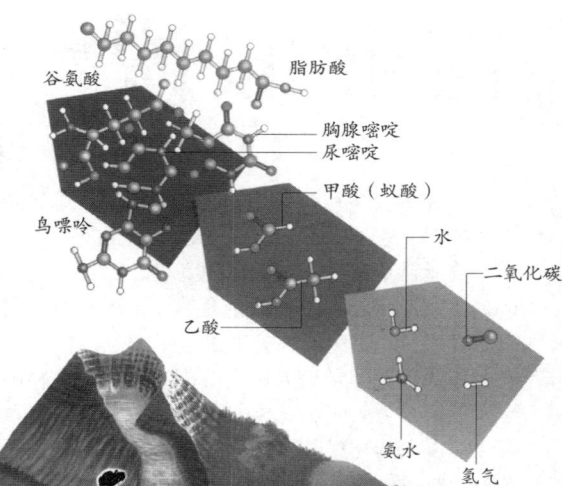

↑石炭纪时期（3.6 亿～2.86 亿年前），无论在湿地还是在干旱地区，都出现了茂密的丛林和蕨类植物（见插图）、石松与木贼。两栖动物、一系列的无脊椎动物（包括蜻蜓）也在陆地上出现了。

↑到了奥陶纪（5.05 亿～4.38 亿年前），藻类在沿岸地带制造礁石，最初的珊瑚和最早的陆地植被出现了。现代鱼类的祖先——无颌鱼，以及三叶虫、其他节肢动物和现代甲壳动物的祖先都开始出现。这些物种与现在在地热喷口不远处的海洋中（见插图）发现的物种类型相似。

←地球存在的大部分时期（前寒武纪时代），环境都是不适合复杂生命生存的。直到 20 亿年前能进行光合作用并释放氧气的蓝绿藻（藻青菌）以及其他海洋生物出现之后，这种情况才开始改变。这种藻类以层状存在，并且留下了被叫做叠层岩（见插图）的化石。现在，叠层岩仍然在沿岸海水中形成。

□学生科普百科

盖亚假说

盖亚假说最初被认为是毫无根据的奇思异想,但经过仔细的分析证明,它虽没被广泛接受,至少也是一个值得深入研究的理论。盖亚是希腊神话中的大地女神,盖亚假说将地球视为一个整体,认为地球是一个有机生命体。英国科学家詹姆斯·洛夫洛克于20世纪60年代首次提出了这一观点。他震惊于地球大气层事实上背叛了地球是被人居住的事实:地球生物的新陈代谢使得地球大气的成分失去了化学平衡。换句话说,诸如沼气和氧气等本不允许混合的化学物质却被有机体制造出来并大量存在于地球大气中。太阳系其他任何行星的大气都不包含这种化学物质的混合。

如果生命正像这样改变地球大气的组成,它也许也在帮着塑造世界的其他部分。世界上各种各样的生命形式与我们体内的个体活细胞可能是类似的。每一个都是有生命的,每一个都以这样一种方式相互作用,在不知不觉中便创造出更大的生物体。

洛夫洛克把地球比作一颗巨大的红杉。树是确定无疑的生命体,但它的组成物质99%是无生命的。树的内部是由木质素和纤维素组成,唯一的活细胞包含在树皮——树薄薄的外层中。地球也是如此,它主要是由岩石和其他无生命的物质组成,只有地表生活着微量百分比的生命体。所以,地球也可以被看成单个的生命体。

↓科学家詹姆斯·洛夫洛克于20世纪60年代首次提出了盖亚假说。刚开始,这个假说很少有人接受,但现在越来越多的科学家开始部分或全部相信他的理论。

起点与终点

←在2015年左右，欧洲宇航局的"达尔文号"空间探测器将利用盖亚假说的观点去寻找遥远行星上的生命。因为生命以一种独特的方式改变着行星的大气的化学成分，这些化学物质能够揭示数光年远的星球上是否存在生命。

↓依据盖亚假说，整个地球可以被看成一个生命体。与我们每个人身体中单个的细胞累加组成一个更大的生命体（我们自己）一样，地球上每一个不同的生命种类都对行星有机体的健康产生影响——这个行星有机体就是盖亚。

当然，地球上的生物有能力改变全球的环境，例如，大气中的二氧化碳可以被海藻的新陈代谢清除。而且，不仅仅是大气才受到生命体的影响，其他物质也一样。洛夫洛克举了地球岩石和水的几个特定属性作为例子，如温度、氧化度、酸度，这些属性都为生命体的日常活动所限制。因此，环境是能够使自己永久存在的。

很难说明人类在哪一点上适应了这个系统——盖亚的活动似乎依赖于行星的生命形式的无意识相互作用。然而人类是有意识的，随着科学、技术和工业的发展，我们已经拥有了盖亚以前从未拥有过的影响环境的能力——除了极端状况的冰期及小行星的撞击。工业污染、大量化石燃料的使用以及矿藏的开采都使得我们的世界难堪重负。不稳定的天气模式和气候变化是盖亚对这些破坏因素的初步回应。

许多科学家以及很多人都认为工业化国家的政府部门必须将保护生态环境放到一个优先位置。如果人类想要继续生存繁衍，就必须找到适应环境（而不是对抗）的新方法。尽管利用太阳能、风能以及潮汐能这些自然能源很不容易，但是它们在我们生活中的比例必须逐渐提高。

□学生科普百科

自然灾害

1984年11月，南美哥伦比亚的亚美若发生了一系列的地震，一个月之后蒸汽喷发开始增加，到了1985年9月11日，一场小型爆炸将鲁伊斯火山的火山灰和岩石抛向天空。对此，没有人表现出特别在意——尽管地方政府早就被警告过，亚美若是建造在1845年覆盖于此地区的泥流之上，那场泥流造成了1000人死亡。危险是显而易见的，但人们没有采取任何措施。

截止到1985年11月13日，该地区共有2.2万人丧生。一次相对较小的喷发喷出了一堆炽热的浮石和火山灰，并融化了火山顶上的积雪。融化的水以每小时超过35千米的速度往下奔流，沿途汇聚了大量的泥土、岩石以及树木，最终演变成了具有高度破坏力的泥流——它有30米高，并很快流经了这个小镇。带着10米高岩石块的一系列炽热流体扩散到低地上。当泥流最大时，每秒估计有4.7万立方米（约是亚马孙河的1/5）的碎片奔腾而下。

自然灾害在这个地方是罕见的，然而它们的确发生了——讽刺性的是，哥伦比亚泥流造成的破坏本应该是可以被降低的。20世纪80年代早期圣海伦火山和埃尔奇琼火山的爆发强烈地提醒人们，预报火山喷发是一项严肃的事情。1991年，从这些事件中得到的教训使菲律宾皮纳图博火山的大喷发得以预知，因此附近居民的大规模疏散工作在火山灰倾泻下来

↑火山是最壮观的自然灾害之一。火山灰喷发呈塔状，有20米高，在空中形成了浓密的云。火山灰可以在地面造成0.15米厚的堆积；在爆炸的几千米范围内，所有的东西都被摧毁。火山灰也许会奔流数百千米，从而破坏全球的天气系统。1991年菲律宾皮纳图博火山大喷发（上图）因为及时做好了疏散工作而没有造成人员死亡。

↓诸如孟加拉（见下图）这样的沿海低地区域，洪水泛滥非常频繁，1988年，该国的一场洪水让3000万人无家可归。相反，1994年加州洛杉矶的一场地震（左下图）看起来也许更严重，但实际死亡人数通常只不过数百人——与火山和洪水相比要少得多。

↑ 希腊海岸附近的锡拉的仙度云尼岛是一个巨大的破火山口，它于公元前1500年左右喷发，夺去了岛上所有生物的生命。当部分或所有的岩浆从一个休眠火山锥形口下面的腔排出，导致锥形口坍塌时，破火山口就形成了。锡拉的火山破坏力是如此之大，破火山口是如此之深，以至于现在其底部已经为海水淹没。然而火山口的斜面却富含沉积矿物，这提供了肥沃的土壤并维持着一个小镇的繁荣。

↑ 1908年，西伯利亚发生了一场无法解释的灾难——大量树倒下，大量动物死亡，人们把这场灾难称作通古斯事件，它可能是由一个彗星的核在西伯利亚上空爆炸造成的。与陨星撞击不同，这次事件没有留下陨石坑；与6500万年前的K/T边界事件也不同，它并没有造成物种的灭绝。

之前完成了，这些火山灰最终形成了0.15米厚的火山岩层。

地震也会造成大量死亡和财产损失，以及交通破坏。加利福尼亚圣安地列斯断层沿线的旧金山以及周边地区是地震易发地带。1989年，这一断层裂开并激活了形成于1906年前的旧断层，它所引发的里氏7.1级地震夺去了62个人的生命并毁坏了近1000幢房屋。1994年1月，在相关断层上发生的地震在洛杉矶造成了类似的破坏。这是地球上监控最严密的地震区之一。尽管州政府与地方政府对转移地震无能为力，灾难性影响却可以经由强制实施的建筑结构标准来减轻。

证据表明：一场自然灾害可能有着全球性的影响。近年来，人们认为6500万年前恐龙的灭绝是由一颗直径1万米的陨星撞击地球引起的——撞击提升了地球的温度并造成了数周的黑暗。这就是被白垩纪/第三纪边界的岩层证明的所谓的K/T边界事件。这一岩层中的铱含量要远高于平均水平，这些铱被认为是来自陨星。这一时期广泛分布的撞击石英、长石、超石英（由非常高的压力下形成）、煤烟残余（可能来自撞击后的森林火灾）、锶同位素的异常增多和温度升高的速度都是由于撞击及撞击期间大气氮形成的硝酸酸雨引起的。

这些事件（或者其他自然灾难）促使哺乳动物继续进化，最终使智人快速增长，要知道这些成功的先辈（如恐龙等）一度统治了世界达数百万年之久。

来自小行星的威胁

1908年，西伯利亚的通古斯地区发生了巨大的爆炸；1930年，巴西一无人居住的地区上空发生了类似强度的爆炸；1947年，一系列陨星在俄罗斯制造了数百个直径为0.5～14米的陨石坑；另外在中国还有一个未经证实的历史事件——1490年，一个宇宙不明物体造成了1万人死亡。美国军事解密档案显示：在1972年8月～2000年3月间，美国空军预警卫星探测到了518次撞击事件，其中大多数物体在地球外层大气中安全爆炸——尽管它们释放的能量相当于落在广岛的原子弹，地面上的人却不会察觉。早在1694年，埃德蒙·哈雷就指出：过去彗星的撞击可能造成过全球性的灾难。确实，现在地质现实已经证明了我们的星球遭受过一些非常巨大的星体的撞击。

不是只有彗星才会威胁地球。尽管小行星通常位于火星和木星之间的小行星带中，但仍有1%的小行星处在非常怪的轨道之上并可能接近地球，它们因此被叫做近地小行星，但具体数量目前还不得而知。据估计，直径超过1000米的近地小行星有500～1500个，超过100米的则有3万～30万个。

近地小行星按位置可分为三类，前两类可以在夜空中被观测到：叫做阿冥尔的那一群主要在小行星带活动，越过火星轨道并在回归时摆动接近地

↑澳大利亚西部的狼陨坑位于大沙漠边缘。据估计，它可能是在100万～200万年前的更新世时期由一颗重达2000吨的小行星撞击而成的。

球；叫做阿波罗的那一群跟阿冥尔差不多，但实际上是越过了地球的轨道；叫做阿腾的那一群最危险，它们大部分时间处在地球的轨道以内，并隐藏在耀眼的阳光下。它们在远日点时越过地球轨道，并在夜空中若隐若现，它们随后会再次越过地球轨道并向内落下，因为它们离太阳很近，所以阿腾能够隐藏在白天的阳光下并可能偷袭地球。

一系列望远镜一直在扫描这些危险的小行星。亚利桑那大学"太空监视计划"试图定位更小的行星，但只能局限在很小的范围内。

一旦被发现，这些小行星就必须被连续追踪并确定其轨道。如果一颗近地天体被发现处于撞击路线上，它就必须被推离。当然，这个天体不会被击成碎片——这在影片里常见。击碎不能改变它

的运行轨道，大量的小碎块仍然会朝我们飞来。核弹能在小行星附近爆炸并融化它的一面，从而制造出大量的膨胀气体，这些气体就会像火箭推进器一样将小行星推离到不同的轨道上。尽管科学团体都在关心小行星撞击的危险，全世界国家的政府却很少投入资金来保护地球免受此类自然灾难的袭击。不过美国已经走在了前列，其投入的资金比全世界其他国家加起来还要多。

↓早期地球受到外层空间星体撞击是非常频繁的。尽管巨大的撞击几率现在已经非常低，但其威胁还是存在的。比起"会不会"撞击来，这更是一个"什么时候"撞的问题。这幅艺术品展现了小行星撞地球的壮观瞬间。

↑大多数小行星存在于火星和木星之间的小行星带中。这是小行星艾达，它是由"伽利略"望远镜在飞往木星的途中拍摄的。艾达有56千米长，并拥有一个直径1500千米的卫星。

↓全球分布的陨坑只不过记录了地球受到的一部分撞击。因为我们的行星有板块构造，它使得地壳循环，并且有大气侵蚀陨坑，许多撞击伤疤在经年累月间被抚平了。

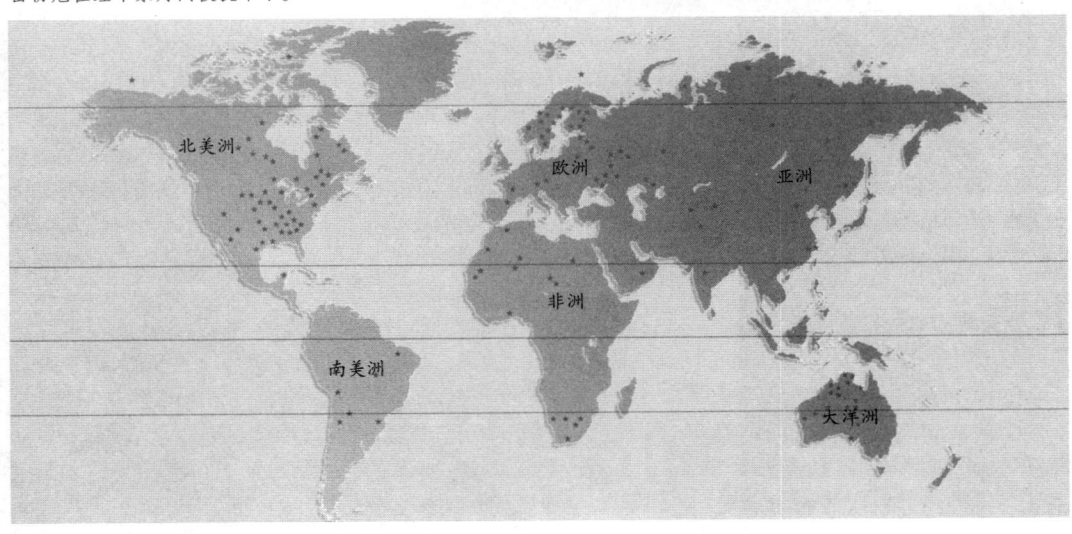

□ 学生科普百科

人类离开地球

1960年,前苏联用5吨重的"东方1号"宇宙飞船将尤里·加加林送入了地球轨道,他由此成为进入太空的第一人。不到一个月之后,美国指挥官阿伦·谢波德在170千米高的外层大气中飞行并安全返回地面。

无人宇宙飞船于1958年第一次尝试飞往月球,但最终失败了。1959年,前苏联飞船"卢尼克1号"飞越月球并传回了月球磁场的信息。10年后,美国"土星5号"火箭向月球发射了"阿波罗11号"飞船,宇航员尼尔·阿姆斯特朗和巴兹·奥尔德林登上了月球表面的静海。从那以后,数艘载人或无人飞船又登上月球并传回了大量关于月球地质历史的数据。漫游车帮助宇航员采集一系列岩石样本并带回地球。测量仪器被留在月球的表面用于测量月震、宇宙射线强度以及磁场。

科学家也从太空中对地球做了全面地研究。20世纪70年代早期,一系列地球资源卫星开始从轨道上拍摄地球表面,这项工作到现在还在继续。使用一系列不同的波长,地球资源卫星和它的后继者们已提供了全球性的地质资料、热流、植被、土地利用、洋流、天气模式以及重力状况等数据。

将宇宙飞船送到其他行星去难度要大得多,但人类已经成功完成了数次。水星壮观的表面图片于1974年由"水手10号"传送回来,同年,前苏联"维尼拉号"探测器获得了金星的雷达照片——它穿透云层覆盖的金星并分析了其地表岩石。更多的探测器已经到达了金星,在最近的一次探险中,高精度雷达测绘器"麦哲伦号"于1990~1994年间绘制了金星地图,它传回的数据使得金星地质学得到了改写。

自1962年开始,到达火星的探测器也越来越多。我们所知的大部分关于火星的信息都是由"水手9号"实施的两次海盗计划于20世纪70年代中期传回来的。它们同时携带有轨道探测器和登陆探测器,并传回了大量信息,补充了热、大气、地质化学以及地质物理的数据。如今,美国、欧洲和日本都在向火星发送空间探测器。

也许迄今为止最成功的太空任务要数旅行者任务了,该任务有两个探测器,于1979年到1989年间访问了木星、土星、天王星和海王星以及它们的许多卫星。令人印象深刻的木星云层、土星环、木卫一上的火山、海卫一上的间歇泉以及天王星卫星米兰达上的

→ 外行星探测器可包含复杂的运行轨道,这样宇宙飞船就能够利用行星的引力影响加速到足够快的速度,使自己能够到达下一个行星。"旅行者2号"飞船(见插图)利用了行星不寻常的排列方式并于1989年到达海王星——这时它已经运行了12年,约70亿千米。人们希望"旅行者2号"最终能在21世纪早期传回关于太阳风外层边界的信息。"旅行者1号"在离开太阳系平面之前经过了木星(1979年)和土星(1980年)。1989年发射的"伽利略号"探测器1990年经过金星,然后又往地球回飞,并于1991年遨游在小行星带中。它于1992年再次飞经地球并在1993年飞越小行星艾达,最后它于1995年12月到达木星。

← 1969年7月,"阿波罗11号"登陆月球,宇航员跨出了人类探索宇宙的一大步,并在月球上安装了探测器,如图中这个地震检波器。

巨大峭壁都给了我们关于宇宙的新视野。另一个探测器"伽利略号"被发射后经过了金星、地球、月亮（1990年）以及小行星加斯普拉（1991年），最终到达了木星。一个小型探测器按计划进入木星大气层，并传回了一系列关于闪电、磁场和带电粒子的信息。该轨道探测器的任务已经收尾，一个类似的探测器"卡西尼－惠更斯号"已于2004年到达土星。

尽管这些无人探测器取得了巨大的成功，但将载人探测器送到火星仍然是空间科学家长期的目标。同时，长期的资金支持对于这样浩大的工程来说仍然是一个难题。

→布鲁斯·麦克坎德莱斯是一名太空穿梭宇航员，他于1984年漂浮到宇宙空间中，身上只系了一个机动控制装置和氮推进器动力装置。太空穿梭让宇航员获得停留在宇宙空间中的实际体验，空间站使得他们能够连续离开地球好几个月。但资金和政治的限制导致访问其他行星的新计划看起来遥遥无期。

↓美国阿波罗登月计划最开始依靠110米高的三级土星火箭将宇宙飞船发射到地球轨道。飞船被加速到4万千米/小时，然后开始它历时2.5天，长达38.4万千米的月球旅行。等它到达月球的时候，指令舱仍然停留在轨道上，而更小的登月舱则降落到月球表面。

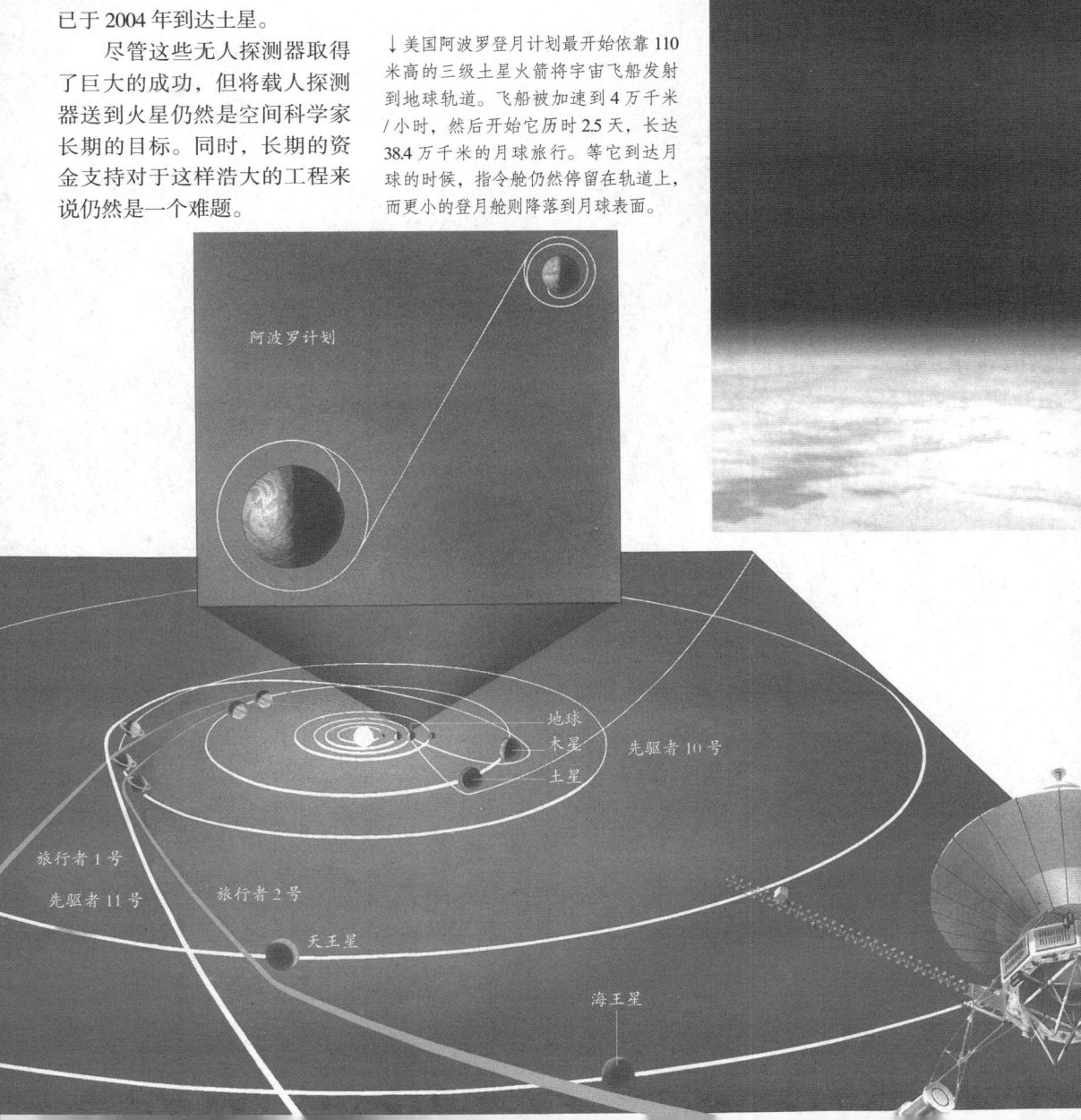

第三篇
生态环境

ECOLOGICAL ENVIRONMENT

1 有生命的行星
A LIVING PLANET

  所有的生命体都受到它们生活环境的影响，生态学就是研究生命体与环境相互作用的方式，研究它们如何受环境影响，又如何影响环境的。生态学家用生态系统来描述这种相互依赖关系，其中包括生物因素和非生物因素，目标是了解生态系统是如何运转的。

  一些生态学家支持盖亚假说，认为在任何有生命存在的星球上，活体生物本身提供了它们生存的条件。在地球上，海洋生物在清除空气中的二氧化碳气体方面发挥了重要的作用：它们利用二氧化碳形成自身的碳酸钙外壳，死后沉入海底并被掩埋。这被认为减小了温室效应，抵消了过去40亿年太阳输出能量的增加率，使地球表面温度在这么长的时间保持在相当稳定的15℃。

  盖亚假说预言生物反馈机制使表面温度和大气的化学成分以及海洋保持稳定。这些都是完全自动的，而且并不意味着地球有任何知觉。

□学生科普百科

大气的演变

不管是地球表面的哪个地方,空气的基本成分都是一样的:大约77%的氮气;21%的氧气和1%的氩气,其他气体如二氧化碳和水蒸气只占其中很小的一部分;二氧化碳约占0.04%。

地球上不同地区的空气成分都相同,各成分的比例也相同,正因如此,人们容易错误地认为:在地球历史上,大气的成分保持稳定。然而这一推断并不正确,事实上,现有的大气是地球上拥有的第三种大气。此前的大气对人类——实际上是对所有的动物——都有很大的毒性。

大约在46亿年前,在太阳系形成之前,气体云中的分子和颗粒与宇宙中的尘埃开始相互落在一起。随着这一过程的进行,云团开始旋转,在云团中央,气体和尘埃受落在其上的物质巨大重量影响,变得极大地被压缩,这个压缩的区域后来演变成了太阳。云团外部则形成一个盘,随着粒子的碰撞并粘在一起,行星开始形成。45亿年前,地球就是这样形成的。

刚形成的地球与今天的地球有很大区别,大块的岩石不断地从空间落入地球,碰撞产生的能量以热的形式释放出来,使得初始地球非常炽热。当岩石撞击地球表面的时候,岩石中的一些成分受热蒸发出来,产生的气体形成了地球最初的大气,其中大部分是水蒸气。大多数空间中的

↑大约45亿年前,地球仍在形成的时候,与一个火星大小的岩石质物体相撞。地球被撞得粉碎,产生的碎片重新聚合在一起,形成两个天体——地球和月球。月球绕着地球运行。

岩石都包含水——彗星由于含水很多,且看起来很脏,被称为"脏雪球"。由于地球温度太高,水不能以液态的形式存在,只能以水蒸气的形式存在。另外,原始大气中还包含少量氢气、氧气、一氧化碳和二氧化碳。

地球形成后不久,与一个火星大小的物体发生碰撞,结果,地球和这个天体都被撞得粉碎,地球上大部分的大气也可能随之消失了。随后,碰撞出来的岩石碎片重新聚集在一起,形成两个天体——地球和月球。随着更多的岩石撞击地球,地球大气被置换,其中一部分气体是由岩石的持续轰击产生的;另一部分是火山喷发产生的——当时的火山比现有的火山要多得多。

最终,岩石轰击地球不再频繁,因为大多数的岩石都已经落

↓一些藻青菌,如项圈藻,形成长的细丝。它们生长在草叶上、泥泞的沉积物表面上和淡水池塘里。藻青菌在光合作用中将氧气作为副产品释放出来,项圈藻还能将大气中的氮转化为植物可以利用的化合物。

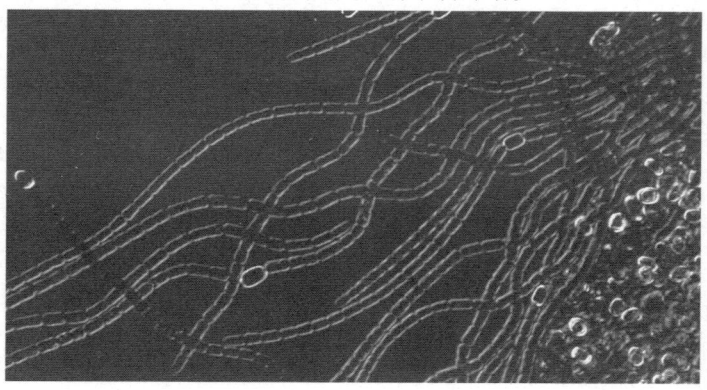

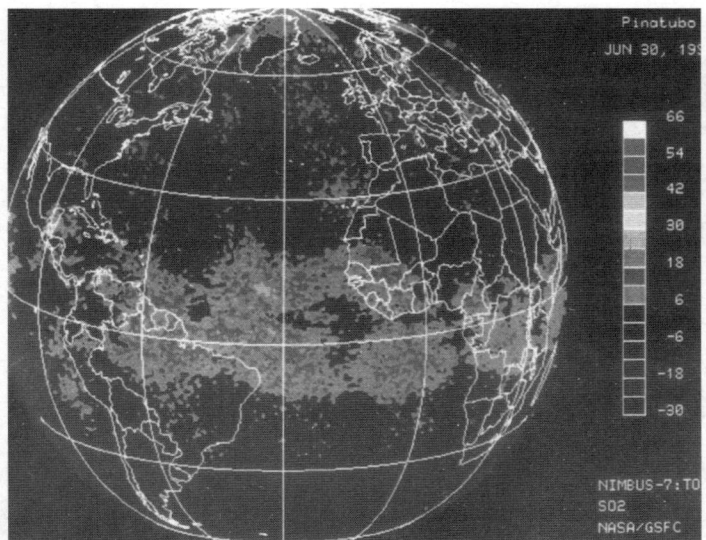

↑ 1991年6月，菲律宾皮那土波火山喷发，大量二氧化硫云团喷涌到高空中。这张伪色卫星图像是在火山喷发后18天拍摄的。照片显示，二氧化硫云团（蓝色部位）已经蔓延到世界各地。

↑ 藻青菌有时会吸取沉积物和有机物质，逐步形成图中这样位于澳大利亚、有4000年之久的垫状物，这些垫状物化石被称为叠层，是地球上最早的生命的痕迹之一。

入了地球或月球，地球开始冷却下来。水蒸气开始凝聚，并以雨的形式落下。降雨很猛烈，并且持续了很长时间，干旱的地球的大部分表面也因此被巨大的海洋覆盖。氢气（最轻的气体）漂入太空。这时的地球大气约含有95%的二氧化碳、3%的氮气和少量的一氧化碳及其他气体。

最初，地表的大气压力要比现在大得多，但是，二氧化碳、水与岩石中的钙和镁发生化学反应，将大部分的二氧化碳转变成钙和镁的碳酸盐。这些碳酸盐沉入海底，被慢慢压缩成石灰石和白云石。这个过程可能持续了几亿年的时间。最终，这一过程缓和下来，大气趋于稳定，空气中仍然富含二氧化碳。这是地球历史上的第二种大气。

太阳刚形成的时候，并不发光。没有足够的物质在太阳内核中累积产生高温和高压，以开始一场热核反应——这种反应正是太阳光和热的来源。当地球形成这样的第二种大气的时候，太阳开始发光，但是温度要比现在低25%~30%，也没有现在这么亮。

地球上，雨水从岩石中溶解矿物质，并将其冲刷进海里和小水池里。雨水还将大气中的二氧化碳溶解。当时，海水相当温暖，太阳在微暗地发光。伴随着来自太阳的能量，以及化学物复杂的溶解，出现了发生长序列化学反应的理想条件，这些化学反应使地球上出现了第一个活体细胞。因此地球在拥有第二种大气的时候，生命开始存在。

正是生物活动将第二种大气转变成今天存在的第三种大气。一些早期的生物细胞将甲烷释放到空气中，这些甲烷受阳光照射分解，产生的分子阻隔了部分太阳紫外辐射。然而，主要的变化开始于一些生物细胞从太阳光中吸取能量，将二氧化碳和水合成碳水化合物，释放出副产品——氧气。这个过程被称为光合作用。

完成光合作用的生物细胞也会发生呼吸作用——碳水化合物与氧气反应，释放出能量。呼吸作用消耗了氧气，并将二氧化碳重新释放到空气中。在海洋里，光合作用产生的大约0.1%的碳水化合物随生物尸体掩埋在海底的淤泥里。这防止了海洋中氧气被消耗，也防止了二氧化碳重新回到空气中。虽然总量极小，但是在那个时候，却足以使氧气开始积累。这些生物被称为藻青菌——现在这些细菌仍很常见。

大约20亿年前，大气中只包含现有氧气量15%的氧气。臭氧层是在大气中包含现有氧气量1%的氧气时形成的。随着越来越多的细胞遗体沉入海底，大气中的二氧化碳含量不断减少，氧气不断积累，直至达到目前的水平。光照提供了足够的能量使氮和氧发生反应，生成溶于水的硝酸盐。一些细菌消耗了含氮化合物，并将氮释放到空气中，补偿了氮氧反应消耗的氮。因此，大气中的氮含量保持稳定。就这样，地球有了现在这样的第三种大气。

全球气候

地球可能是太阳系中唯一存在生命的行星，这与地球和太阳之间的距离有关：地球和太阳的距离可以使液态水存在；这个距离又不至于使地表温度太高。地球上最早的生物出现在35亿年前，现在，地球上有上百万种生物。

地球从太阳获得光和热量，这些热量被大气、陆地和海洋吸收。地球表面不同地区接受的热量是不同的，因此产生出不同的气候带：热带、温带和极地。

气候带与高气压区和低气压区有关。如果近地空气受热膨胀，变得稀疏，则形成低气压区。暖空气上升，冷空气补充到暖空气原有的空间，结果形成循环的空气对流。暖空气在上升过程中逐渐冷却，变得稠密，于是开始沉降回去，形成一个高压区，因此，亚热带是一个高压区。全球温度差异引起空气环流，暖空气从热带上升，向极地移动，热能以这种方式分布。一般来说，赤道和温带存在低压区；极地和赤道两侧的亚热带是高压区。空气流动时，地球自旋导致其流动方向发生改变，开始绕着一根垂直轴旋转。运动的空气（或水）发生自旋的趋势——正如我们每天见到浴缸里的水在旋转——是构成信风的重要方面。信风位于赤道两侧，在北半球从东北方向吹来；在南半球从东南方向吹来。

不同气候带的另一个重要差异是降水量不同，降水量与温度和空气运动有关。热带地区接收了最多来自太阳的热量，从海洋和陆地里蒸发出大量的水蒸气——从陆地蒸发的较少。暖空气可以比冷空气容纳更多水汽，也更为潮湿；冷空气比较干燥。

热带地区的空气上升，在上升过程中变冷，失去水汽，大部分水汽凝聚成雨，落回到地面。更干、更冷的空气则继续向北移动，沉积小部分湿暖区域的水汽。当这些空气经过温暖地区的时候，会再度受热，更多的水汽被释放入温暖区域。这些空气到达极地的时候，则是干燥又寒冷。

气候决定了一个地区的植被类型及其数量。热带地区接收了最多的热量和水汽，拥有最大的生物生产力——植被总量。植被总量通常是以千克/平方米（kg/m²）来衡量的，雨林每年生产的植被总量是3.5千克/平方米，相比之下，沙漠和极地的植被总量还不到0.1千克/平方米。沙漠地区的生物生产力低主要是受缺水限制；极地是因为缺少光和热量。

→肯尼亚国家公园里，非洲象在晨曦中漫步。肯尼亚属炎热的热带气候，那里可以见到的植被是热带稀树大草原，长满了草和稀疏的树和灌木。夏季非常炎热干燥，几乎所有的降雨都集中在冬季。为了寻找水源和优质的草地，动物每年都要迁徙。

↑卫星地图显示太平洋上风的方向和速度。一个明显的特征是：信风分别从北面和南面吹向热带。不同的颜色代表不同的风速：蓝色表示0—14千米/时；粉红和紫色表示15～43千米/时；红色和黄色表示44—72千米/时。南太平洋和阿拉斯加地区由于有冷暖空气交汇，有风暴发生，因此风速很快。信风因对早期远洋探险者和随后的商人有重要意义而得名。

有生命的行星

↙赤道上，一年中的大部分时间里，太阳都是在正上方，光线几乎直射大地。光线穿过大气，大部分的热量都传到了地面，只有少量散失。而在极地，一年中的大部分时间里，太阳都很低，光线要穿过很厚的大气层才能抵达地面，因此只接收到很少的热量。空气和水的运动将热量从赤道转移到两极。暖空气从赤道地区上升，产生了一个低压带，并在亚热带以干燥、高温的空气下沉，其中一部分这些空气流回赤道，形成信风，另一部分流失。冷空气在极地下沉，以东风的形式向外流，直至遇到流向极地的热带空气，相遇后，两股空气并肩上升，来自极地的空气流回极地；来自热带的空气流向赤道。

125

□学生科普百科

厄尔尼诺现象

"trade"一词源于古英语"tra-da",意为"脚步"或"足迹"。此后,所有确定的路径在英语中都能被称为"trade",意指其是可靠的,这也是信风得名的原因。信风是世界上"最可靠的"风,在赤道北侧从东北方向向西南方向吹;在赤道南侧由东南方向向西北方向吹。信风经过海洋的时候,驱使表层海水向西运动,并产生两股洋流:北赤道洋流和南赤道洋流。

赤道地区的水受日光强烈照射,温度较高。在太平洋上,南赤道洋流将暖水从南美带到印度尼西亚,在印度尼西亚周围形成一个深的暖水区;而在南美沿海,暖水只形成浅层。在刮离陆地的风的协助下,使海底富含营养物质的低温海水聚集到一起并涌上海面。这些营养物质供养了大量的鱼——尤其是大群秘鲁鳀和秘鲁凤尾鱼——还有海洋哺乳动物,以及以这些哺乳动物为食的鸟类。

秘鲁鳀也是秘鲁渔业的支柱之一。与此同时,风给南美西海岸带来极干燥的气候,印度尼西亚则是极潮湿的。

通常,西部有一个低压区,在澳大利亚达尔文港测得;东部有一个高压区,一般在塔希堤岛测得。一般每隔2~7年,海洋表面的温度模式会发生变化,气压分布也随之改变。达尔文港区的气压上升;塔希堤岛地区的气压下降。这个变化最先由英国气候学家吉尔伯特·沃克于1923年记录。他将这种变化称为"南方涛动"。

南方涛动期间,信风减弱,甚至反向。西部暖水区的水向东流,南美海岸边的海水表面温度上升到4℃,这阻碍了海底低温海水的上升。一些秘鲁鳀死亡,或游到别处,当地的渔夫失去了工作。而对当地的农民来说,这却带来了意外的收获,因为改变了风的模式带来了潮湿的水汽,使荒凉的土地

↓安第斯山脉西侧通常气候干燥,但是厄尔尼诺现象会给该地区带来强降雨。奔流的河水——虽然通常只有2米宽——直冲而下,到达海拔3000米的厄瓜多尔马赞峡谷。这些暴雨形成的河流卷杂着泥浆、岩石,引起灾难性的洪涝,并对下游地区造成严重破坏。

↑在加利福尼亚的死谷,气温能超过50℃,降水稀少。偶遇降水的时候,处于休眠状态的种子发芽生长,很快鲜花就开遍峡谷。图中是1998年厄尔尼诺带来的降雨使鲜花盛开。

兴旺起来。

这种变化通常出现在十二月下旬的圣诞节前后,因此,西班牙殖民者的后裔将其称为厄尔尼诺——厄尔尼诺是耶稣生的第一个男孩的名字。厄尔尼诺给农民带来了丰收,却使渔民们生活变得艰难。此外,虽然雨水使植物生长,但也会引起大范围的洪涝,并造成泥石流和滑坡。厄尔尼诺不但对南美沿海地区造成影响,还使东南亚、澳大利亚、新西兰以及非洲东部和东南部普遍遭遇干旱。

热带以外的地区较少发生天气异常,但是当厄尔尼诺效应强烈的时候,这些地区也会受到影响,如1997~1998年的厄尔尼诺效应使美国中西部、阿拉斯加和加拿大的冬天温暖干燥,而南部从加利福尼亚到佛罗里达却遭遇了强风暴,并伴随着洪涝和龙卷风。

任何振荡都有两方面,南方涛动也不例外。有时候,达尔文区的气压下降,塔希堤区的气压上升,这使得信风和南赤道流加强。结果,南美海岸地区更加干燥;东南亚的和雨水更多,持续的时间更长,引发严重的洪水。这就是反厄尔尼诺,1986年后被

有生命的行星

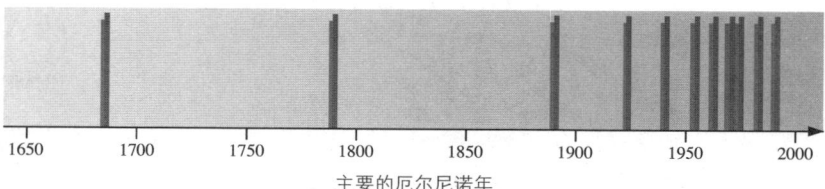

↑记录主要的厄尔尼诺现象发生的时间轴显示，20世纪后半叶，厄尔尼诺现象发生得更为频繁。人们不知道这种趋势是否会持续下去，以及其强度是否会越来越大。

←信风通常驱使温暖的南赤道流在太平洋上向西运动，并在印度尼西亚周围形成一个很深的暖水区；而在南美海岸附近洋面上形成很浅的暖水顶层。厄尔尼诺现象产生期间，信风减弱，大量暖水聚集在秘鲁海岸附近，形成深的暖水区。

每50年就会发生一次强厄尔尼诺现象。当然，有时也会发生得更频繁：19世纪70年代后期到20世纪20年代，一共发生了3次强厄尔尼诺，其中有两次发生在19世纪70年代后期。南太平洋东部表面海水温度的缓慢上升和下降控制着厄尔尼诺的强度。这种温度变化每10年发生一次，可以追溯到1860年，人们称之为10年期ENSO。

人们无法知道将来ENSO事件的频率和强度是否会发生变化。一些计算机模型被建立起来，用于预测如果全球气候变暖引发更频繁的ENSO事件可能带来的后果。但也有一些科学家认为ENSO事件将会越来越少。自20世纪90年代以来，ENSO发生的频率增加，历史上也出现过几次这样的时期，并没有什么异常。充分的证据表明：气候较为寒冷的时候，ENSO事件更为频繁和强烈；气候较为温暖的时候，ENSO事件则发生得较少。虽然不能确定，但是根据预测，如果全球气候变得比现在更暖，ENSO事件将会越来越弱，发生的频率也会更低。当气温高到一定程度的时候，ENSO事件将会完全消失。

称为拉尼娜现象。拉尼娜是耶稣所生的第一个女孩的名字。

热带海洋表面水温的变化引起"南方涛动"区气压分布的变化，南方涛动又使海洋表面的温度发生变化。一旦这个循环开始，它就将持续下去，因此，厄尔尼诺总是一个接着一个。厄尔尼诺现象在1685～1688年、1789～1793年、1877～1879年都发生过。拉尼娜现象则较少发生。由厄尔尼诺、拉尼娜和南方涛动形成的完整的循环现在被称为"厄尔尼诺—南方涛动"（ENSO）。

第一份关于厄尔尼诺的书面报告出现于1541年，但是科学家已追溯到几千年前发生的厄尔尼诺现象，它们的强度有所不同：发生在1396年、1891～1892年、1925～1926年、1941～1942年、1957～1958年的厄尔尼诺较强，而发生在1982～1983年、1997～1998年的厄尔尼诺则非常剧烈。每次发生强厄尔尼诺的时候，南太平洋东部部分地区的海洋表面温度要比正常情况下高5℃。平均来说，

127

季节变化

当地球围绕太阳运动时,其轨道面与连接两极的地轴之间有23.5°的夹角。地球自旋的时候,只有一部分是面向太阳的,这就造成全球各地的白天和黑夜出现在不同的时间。

地球绕太阳运动的方式也决定了季节和每天的变化,最为明显的是,这影响了位于热带北面或南面的温带区域的天气模式。从五月到九月,地轴的北端指向太阳。随着地轴北端靠近太阳,太阳在北半球的天空中更高,地面接受了更多的热量和光能,温度也随之上升。夏至那天,太阳与地面的夹角达到最大,白天的时间最长。在另外的六个月里,从十月到次年四月,南半球倾向太阳,这时的南半球是夏季,北半球则是冬季。随着太阳在天空中的位置越来越低,地面接收的热量和光线越来越少,温度越来越低,白天越来越短。

在位于赤道两侧23.5°以内的热带,太阳总是位于空中相对较高的位置,这里温度的季节性变动很小,全年都很温暖。昼长全年基本保持恒定:白天12个小时,晚上12个小时。热带边缘的地区,气候温和,但是干湿季节分明。

北极和南极终年冰冷,夏季那里没有日落,一直都是白天,这段时间是最温暖的;冬季中期,太阳从不升上地平线,一直是黑夜。地球上最剧烈的季节性变化发生在南极的冬季:冬天,由于海洋结冰,南极大陆的面积成倍扩张,有些地方的冰层延伸到了陆地1000千米以外。

地球上有各种季节性的风,冬季,寒冷的西北风吹过地中海地区,而在三月到六月,干热风从撒哈拉沙漠吹过地中海地区;北美早春时节,温暖干燥的风沿落基山脉东侧吹过,这种风被称为"切努克"(融雪的风),它使所经地区的雪快速融化。许多半热带地区——尤其是东南亚——受季风的影响,季风使这些地区夏季出现强降水,冬季则干燥少雨。

↓其他一些动物,如睡鼠,通过冬眠度过严酷的季节。它们会储存足够的食物,或者在冬眠前大量进食。

→地球倾斜地绕着太阳运转导致在高纬度地区产生季节。在季节划分中,每年有两个昼夜平分点,图中2和4的夜晚跟白天一样长;每年有两个至点,图中1的白天最长,3的白天最短。

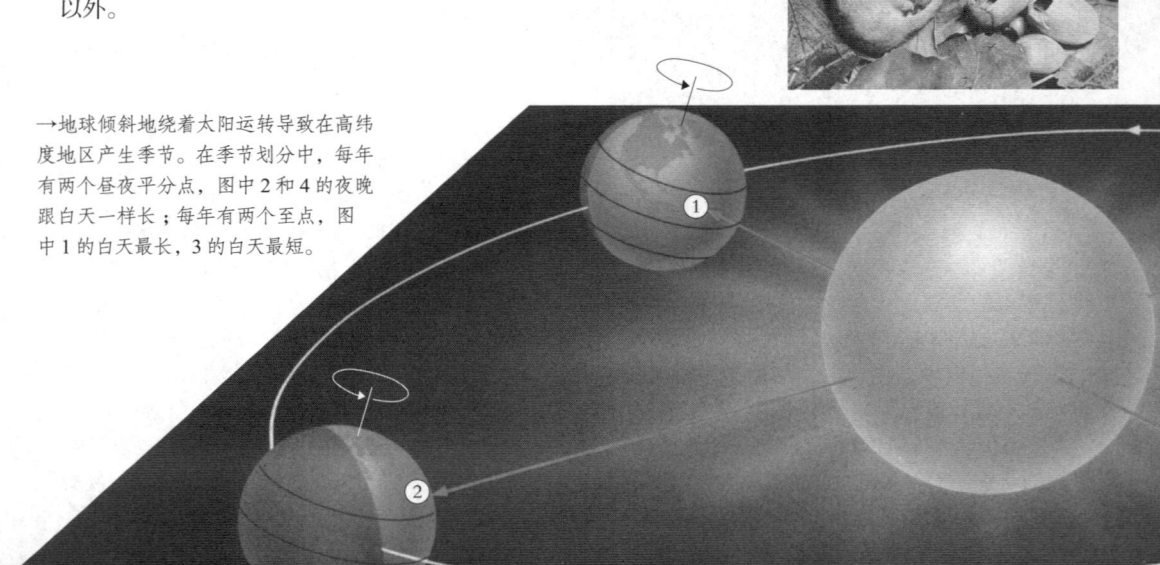

有生命的行星

为了生存,动植物必须适应这些季节性的变化。昼长的变化(光周期)刺激动物改变它们的行为模式。为了找到充足的食物,许多鸟在不同的季节在世界上不同的地区之间迁徙,比如燕子在温暖的夏天生活在欧洲;秋天,白天变短,它们便向南飞到非洲,来年春天再回到欧洲。不能进行季节性迁徙的动物通常会冬眠。冬眠的时候,它们的心率降低、体温降低,进入一种睡眠状态,直至冬天结束。白天开始变短的时候,它们就要准备冬眠了。这些动物储存食物,在体内积累脂肪——这些脂肪足以使它们度过寒冷的冬天。春季是动物求爱的季节,春季交配确保其下一代在食物充足的夏季出生,并在冬季来临前充分发育。

植物也受白天长度的影响,一些植物只在白天较长的时候开花,这样可以确保有昆虫授粉。另外有一些植物在夜晚较长的时候开花。在热带,季节很不明显,植物一年四季都会开花。

→白鹳在从北欧飞到非洲或中东越冬的途中停在西班牙的一个屋顶上。季节性迁徙的动物被认为是季节变化的暗示。这些动物的迁徙由地球磁场和超声波导航。

↓南北半球的季节巧好是相反的。北半球的春季开始于春分,到夏至——6月21日结束;夏天从夏至持续到秋分——9月23日;秋天是从秋分到冬至——12月21日;冬天从12月21日开始。南半球的春天开始于9月;夏天开始于12月;秋天从3月开始;冬天从6月开始。不同纬度的季节变化有所不同,纬度越高的地区季节变化越明显;纬度越低的地区季节变化越不明显。

←季风影响着半热带地区的气候——尤其是在东南亚。炎热的夏季使这些地区受低气压控制,温暖湿润的风给这些地方带来强降雨,而这些雨水正好满足动植物生长的需求。冬季,寒冷的空气使这些地区气压升高,风从陆地吹向海洋。更靠南的赤道地区,全年降雨较为平均。

□学生科普百科

地球上的生物群系

生命只存在于地球上很小的区域：在大气层低层；在地球表面；在海洋。这些区域构成单个大的生态系统——生物圈。在生物圈内，有些生物生活在陆地上，有些生活在水里。这两种不同的环境可以进一步分为不同的生物群系，划分的依据是其中生长的植物类型。

陆地只占地球表面的不到1/3，但是有90%的物种生活在陆地上。一个生物群系内特有的植物供养着这个群系内典型的动物。全球生物类型的分布是有规律的，它与气候带——极地、温带、热带——有密切的关系，这是因为气候是决定动植物能否生存的一个主要因素。

温度和降雨是影响物种能否在某个陆上生物群系内生存的两个最重要的因素，据此，陆地生物群系可以分为三大类——草原、森林和沙漠，它们分布在不同的气候带内。以森林为例，它们分布在寒冷的地区（如加拿大北部），也分布在温带（如中欧的黑森林）和热带（如非洲中部的热带雨林）。不同大陆的生物群系通常是相似的，如非洲草原跟南美洲或澳大利亚的草原就相似。

生物群系没有精确的分界线，它们在宽泛的地理区域内交叠在一起。它们的模式随气候变化而变化，因此，非洲北部沙漠与美国东南部温带森林处在同一纬度上。

一个地区具体的气候在很大程度上是由该地区的海陆分布状况决定的，由于陆地升温和降温的速度都比水体快，同一纬度上大陆与海岛的气候就有很大的不同，大陆性气候冬冷夏热；海洋性气候受洋流的影响，通常冬天温和、夏天潮湿。

→咸水生物群系覆盖了地球上的大部分地方，但是大多数的生物生活在陆地上，右边的图片说明了这些陆地生物是如何依照气候带——极地、冷温带、暖温带和赤道——分布的。根据降水量的不同，陆地生物圈可以划分为三大类：森林生物群系、草地生物群系和沙漠生物群系。相同类型的生物群系可能出现在不同的纬度，也可能出现在不同的气候中。在山区，可能山脚分布的是热带生物群系；山腰分布的是森林生物群；山顶分布的是极地生物群。

↓位于美国亚利桑那州图克森附近的生物圈工程占地1.01公顷。这个特别制作的玻璃－钢结构工程里包含袖珍型的热带雨林（左下）和海洋（中间）等5种主要的生物群系。

生物圈工程

在美国亚利桑那州沙漠，科学家花费了3000万美元建造了人工生物圈，以进行自我维持生态系统实验。这个人工生物圈被称为生物圈Ⅱ，包含雨林、热带草原、沙漠和海洋等主要的自然生物群系，以及两个人造体系——农业体系和城镇体系。

这些生物群系包含3800种动植物。第一批8位科学家在这个密封的人造结构中生活了两年，85%的食物都是他们自己种植的。但是，生物圈Ⅱ也存在一些问题：在有限的空间里，物种聚集度比自然条件下高，一些动物进入了本不属于它们的环境；人工气候过于潮湿，以至于草和灌木在沙漠区域过度生长；雨林中的植物则长得异常的大；浮游生物不能在海里生存，珊瑚虫缺氧而死。植物生产的氧气被富营养化的土壤吸收，人开始感觉呼吸困难。还有一些氧气被混凝土结构吸收。最后，科学家们不得不放弃这个工程。

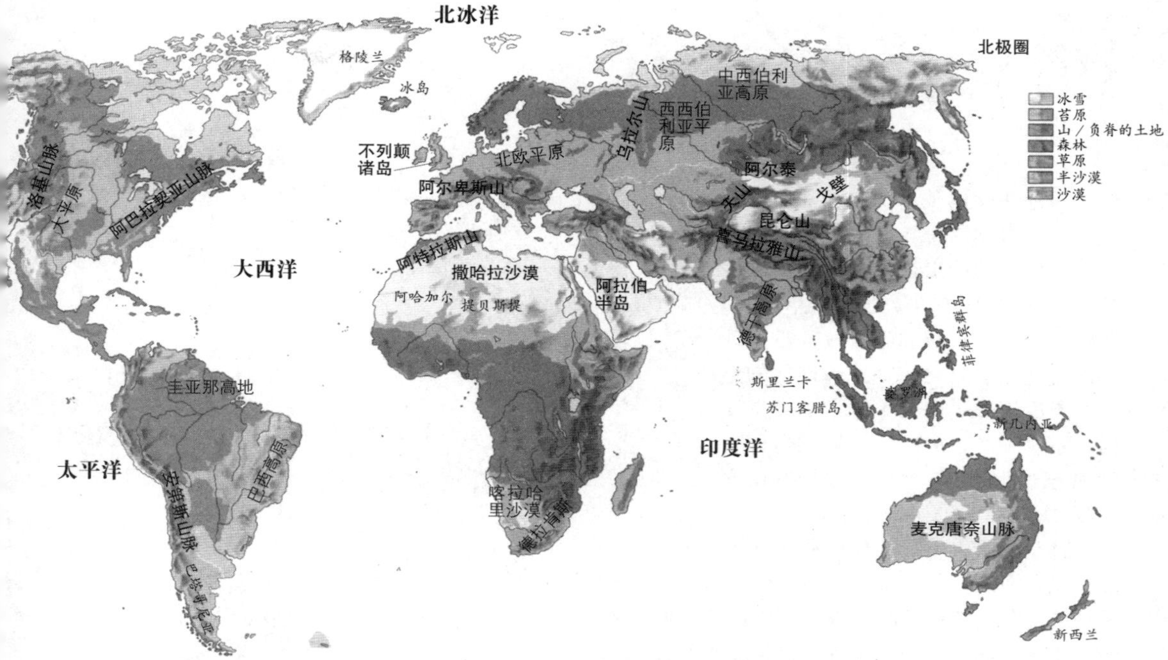

有生命的行星

气候对水生生物群系的影响较小，决定水体中物种类型的单个的最主要因素是该水体的含盐量。咸水生物群系比其他生物群系的范围更广，但是生物数量却比其他生物群系少。大多数海洋生物生活在深度约为200米以内的浅水中，这些地方处于大陆架和大陆坡上，那里有丰富的浮游生物遗骸。

学生科普百科

海陆结合处

海陆相交的地方有大量生物。在河口,河水注入海洋,淡水与咸水混合在一起,创造出含盐量较低的水生栖息地。这些海陆结合处的栖息地——泥滩、海滩、盐沼和湿地——是地球上最富饶的地方之一,这些地区的生产力不逊于热带雨林。它们的自然结构,如沙滩,沿着海岸构成一道屏障,保护土地免受海洋巨浪、潮汐和咸水的侵袭。

河流带来大量沉淀物和腐烂的有机物,这些物质沉积在河口,形成泥滩,一直延伸到海里。随着潮汐的涨落,流过泥滩的水也不断改变方向。这里的环境很严酷,这里的居住者会周期性地浸入水中,并且经常伴随着猛烈的巨浪冲击;当空气干燥或干旱的时候,还可能暴露在空气中;它们还会受陆地动物的攻击。因此,这里的动植物必须有很强的适应性。虽然自然环境差,但是这里有丰富的营养物质,泥滩中生活着数以百万计的蠕虫、小虾和蜗牛。潮水退去的时候,鸟会前来捕食这些生物。

随着泥滩慢慢增厚,那里开始长出一些植物。在温带,泥滩上最先长出来的是被称为厚岸草的植物,随后,稻草和其他能忍耐高盐分的植物也生长出来。逐渐地,泥滩上升到低潮位水平以上,一种盐沼发展出来,被通到海洋的通道划为许多十字形,并长满了不同的草。盐沼会引来大量的鸟,这些鸟以其中的植物以及小型海洋动物和昆虫为食。

在热带地区,泥浆在湿地朝海的一边积累起来,上面生长着红树林,红树林不断向海里推进。富含营养物质的泥浆供养着大量不同的生物群落。红树林湿地是沿海鱼类的重要栖息地,红树林交错的根系为刚出生的小鱼提供了很好的庇护所。当潮汐退去的时候,螃蟹会以潮汐带来的残骸为食。

岩石质海岸为植物提供了"锚点",主要是海草生活在这里,在不同的潮位水平上有不同的生物类型。生长在低潮位以下的物种不能暴露于空气中。海岸中层的生物可以适应暴露的环境,如一种漂积海草。上层海岸很少被潮汐覆盖。有许多陆地物种能够适应含盐的环境。

海草不能生长在沙质海岸,那里的主要生物群落是居住在沙子中的动物。这些动物在低潮位时隐藏在沙里,直到海岸被海水覆盖的时候才出来觅食。

↓河流将大量泥沙带入到海洋中。当水流与这些沉积的泥沙相遇的时候,流速减慢,更多的泥沙沉积在河床上。慢慢地,这些沉积的泥沙形成泥滩。平坦的泥滩不断扩张,三角洲逐渐向海里延伸,构成一种典型的三角形地带。最终,泥滩升高到潮位线以上,并长满植物。这些植物称为盐土植物,能够忍耐盐度很高的水。

↑红树林湿地沿热带海岸线发育。红树是特殊的植物,能在咸水浸泡的环境下生存。它们的根系像筏一样,以安扎在泥浆里。由于泥浆中缺少氧气,这些根系露出地面,以便在低潮时从水中获取氧气。

海防工程加上为耕种开垦湿地都对盐沼构成威胁,如果全球气候变暖导致海平面上升,这种威胁可能加重。生态学家建议,将现有的防护工程后撤到离海岸足够远的地方,以使湿地可以扩展到现在岸边干燥的土地上。在一些地方,可以让海水淹没已开垦的土地。

2 食物链和食物网
CHAINS AND WEBS

  地球上的生命依赖两个非常重要的自然过程：能量从太阳经过活的生物的流动过程；水和主要的营养物质（如碳和氮）的循环。

  太阳为地球提供光和热，但是到达大气顶层的太阳能只有不到一半能够抵达地表，其他部分被途经的大气吸收，或者是被云层和地表反射。只有约5%～9%的接收到的光辐射能够被绿色植物的叶子接收，这些辐射的能量中，只有很小的一部分——0.15%～0.3%参与到光合作用。光合作用利用光能促使反应发生，合成碳水化合物。食草动物食用植物，食肉动物消费食草动物，杂食动物既吃植物又吃动物，这些碳水化合物就转移到动物身上，为它们提供能量。这就是食物链，来自太阳的能量通过食物链传递到所有生物身上。

  五种化学元素——碳、氮、氧、氢和磷组成生命体95%以上的物质。这些元素在生物体和环境之间不断循环。

消费者

消费者以植物或其他动物为食。初级消费者——食草动物直接食用植物。食草动物有很多不同的类别，包括昆虫、爬行动物、鸟和哺乳动物，它们都适应进食难以消化的植物物质，比如食草哺乳动物，它们通常有扁平的带凹槽的臼齿，以帮助它们磨碎食物。由于细胞壁上有纤维素，所有的植物都较硬。食草动物必须将纤维素分解，以获得植物中的能量。除了野兔和反刍动物，如牛和山羊，很少食草动物能够消化纤维素。能够消化纤维素的动物细嚼食物之后，再将它们送入瘤胃（胃的一个组成部分），并在那里发酵。瘤胃中的细菌分泌纤维素酶，这些酶将纤维素分解。经消化的食物，连同一些细菌一起进入第二个胃，在那里完全消化。在野兔的大肠内有共生菌，这些细菌可以消化纤维素。这些动物也会二次食用它们的食物，第二次是以食物渣滓的形式吃进去的。

食草动物通常被次级消费者——食肉动物（又称掠食者，因为它们主动地猎取它们的食物）捕食。食肉动物包含蜘蛛、鱿鱼、鱼、掠食性的鸟、犬科动物、猫科动物等不同的群体。在一个食物链中，次级消费者的数量总是比初级消费者少，第三级消费者的数量总是比次级消费者少，这样一直类推到食物链的顶端。初级消费者体形一般比次级消费者小，获取食物的范围也比次级消费者小。越靠近食物链顶端的掠食者的体型及它们的掠食范围越大。

寄生虫是食物链各个层级上的消费者，它们可以是初级消费者，如寄生真菌和攻击绿色植物的非绿色植物，比如马铃薯的枯萎病就是由寄生的菌类引起的。受感染的植物的叶子先死去，接着是茎和新芽。随后，这些真菌便以死去的植物和它们腐烂的残留物为食。作为次

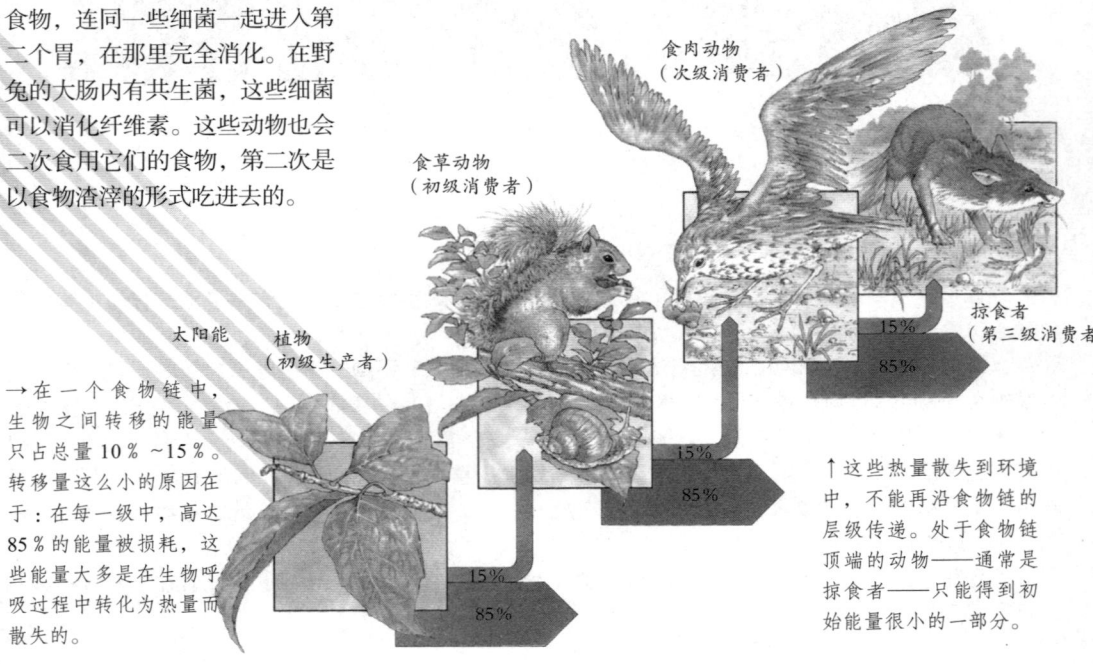

→在一个食物链中，生物之间转移的能量只占总量10％~15％。转移量这么小的原因在于：在每一级中，高达85％的能量被损耗，这些能量大多是在生物呼吸过程中转化为热量而散失的。

↑这些热量散失到环境中，不能再沿食物链的层级传递。处于食物链顶端的动物——通常是掠食者——只能得到初始能量很小的一部分。

食物链和食物网

←蛇是熟练的掠食者,它们几乎用其生命 3/4 的时间捕捉和消化猎物。它们能敏锐地觉察并定位猎物;有一些蛇有热感应机制,使它们可以感知其他动物的存在;它们还有特别的感觉器,可以分辨味道和各种气味。猎物散发出的气味或者它们的体温会惊动附近的蛇,蛇会发动攻击,如果是毒蛇,它们可能咬住猎物,并向猎物体内注入毒素;如果是大蟒,它们会紧紧地缠住猎物,使猎物窒息死亡。抓获猎物的时候,蛇会绞断猎物的爪子,以便它能将猎物整个吞下去。最大的蛇能够吞下小猪或小鹿那样大小的动物。

↑猴子大多以水果为食,但是有一些猴子会吃所有可获取的东西——不管是水果、坚果、昆虫、蛇、鸟,还是鱼。图中日本短尾猿正在吃植物的花,它们还吃海草。

←南美海牛是唯一完全生活在淡水里的食草哺乳动物,它们主要以草为食,偶尔也会吃藻类。它们的前肢和口鼻部帮助它们抓取植物。

级消费者和更高级别的消费者的寄生虫同样常见,如:绦虫、白虱、扁虱和各种形式的细菌,它们会寄生在各种动物身上,这些被寄生的动物从小的食草动物到处于食物链顶端的人都有。寄生虫是唯一一种生活在它所掠食的对象的活体上的消费者。

令人吃惊的是,一个生物消费另一个生物的时候,只有低水平的能量转移,例如,食草动物很少能将植物完全吃下去,因为它不能将全部的纤维素消化,吃进去的食物有很多未经消化就经过肠道。另外,消费者吸收的一些能量在呼吸作用过程中以热量的形式损耗掉。结果,只有少部分能量能够到达细胞,用于生长。当一个食肉动物捕食一个食草动物的时候,能量损失更大。正因为能量转移的效率不高,伴随着很大的能量损失,食物链很少超过四个或五个环节。

金字塔与网

大多数动物的食物不止一种,之所以这样是因为:如果某些原因使某种食物的供应减少,食用这种食物的消费者就会受到食物短缺的影响。如果食物多样化,动物就可以避免食物短缺。但是,有一些动物仅依靠单一的食物来源,比如,大西洋北部设德兰群岛附近的许多海鸟只以沙鳗为食,但由于气候变化和过度捕捞,沙鳗数量陡然减少,结果,海鸟由于缺乏足够的食物,数量也大为减少。这就是构成一条食物链的相互联系的进食关系的一个例子。

食物链有不同的类型:在一种序列中,食草动物吃植物;食肉动物又吃食草动物的食物链称为牧养型食物链。还有一种是分解型食物链,在这种食物链中,死去的植物被分解者消费。在发育良好的生态系统——如森林——中,超过90%的初级产品最终由分解型食物链中的生物消费;只有不到10%被牧养型食物链中的生物消费。相反,在不发达的生态系统——如鱼池和农田——中,50%甚至更多的初级产品在牧养型食物链中被消费。一项对草原农场中的草-牛-人食物链的研究表明:要确保未来有足够的生产力,至少50%的年产品总量必须保留在系统内,否则,系统内的湿气和营养循环将不能维持,在10年内,生态系统将严重衰竭。

在对特定的生态系统的研究中,可以建立能显示所有不同进食关系的复杂的食物网。在这样一张食物网中,一只动物可能既是初级消费者,又是次级消费者——不但食用植物,还食用动物;也可能既是次级消费者,又是第三级消费者——取决于在给定的时间,该动物食用的是哪种动物。

另一个表示食物链的方法是利用数量金字塔,这种方法显示的是各进食层级上生物的数量。金字塔底部很大,但是往上则急剧递减,这是因为食物链上层的生物数量比下层的生物数量少。在大多数情况下,金字塔是一种合理的表示方法,因为食肉动物总是比食草动物少。

但是仅用数字来表示食物链则会令人误解:一棵大树和一株小型植物都可以算作一棵植物——虽然它们的体型相距甚远。正因为这样,绘制生物量的金字塔图更为合适——具体标明了食物链每一层级的生物量。有时候生物量金字塔可能发生颠倒——当初级消费者的数量远远多于生产者时,这发生在海洋食物链中——浮游动物(消费者)的数量通常超过短期快速再生的浮游植物(生产者)的数量。

因为其他关键信息比如可利用的能量的遗漏,生物量金字塔只能提供有限的信息量。生物量金字塔并不显示动物体内是否存在储存了大量能量的脂肪,或者食草动物体内有多少能量传递给食肉动物。所有这些都只能通过能量金字塔表现,它显示了每一个营养级上所有生物的能量,它考虑到了生物的数量、生物量,以及其能量储备。

→在水生生态系统(比如温度适中的池塘中),只要保持充足的光照,食物网的第一级只需要少量的食物。很大基数的初级消费者以这些少量的食物为食,其自身又供养数量大得惊人的高级消费者,直至食物网的最顶端。陆地生态系统食物网的第一级通常非常大。

↓食物网在环境合适的湖中最终依赖光合作用形成，通过光合作用，水表面的微小浮游植物和浅水中的绿色植物都能制造其所需食物，这些是初级生产者，占据了营养级的第一级。其他营养级（消费者）由各种动物组成，其中第二级的动物有蜗牛、鳗鲡、蚯蚓以及蜉蝣、石蛾、蜻蜓的幼虫；第三或第四级的动物有大型鱼类如鲤鱼，从这个营养级开始有食肉动物被消费；梭子鱼是一种会攻击其他小鱼的掠食鱼。大型鸟类如翠鸟、苍鹭和天鹅占据了营养级的第五或第六级。有的动物因为以多种食物为食而占据了不止一个层级。鲤鱼吃蠕虫、昆虫和幼虫（第三或第四级），蛙直接吃植物或者苍蝇幼虫及水甲虫（从营养级的第二级到第五级）。食碎屑动物始终位于食物网底部，并不被认为是一个营养级。

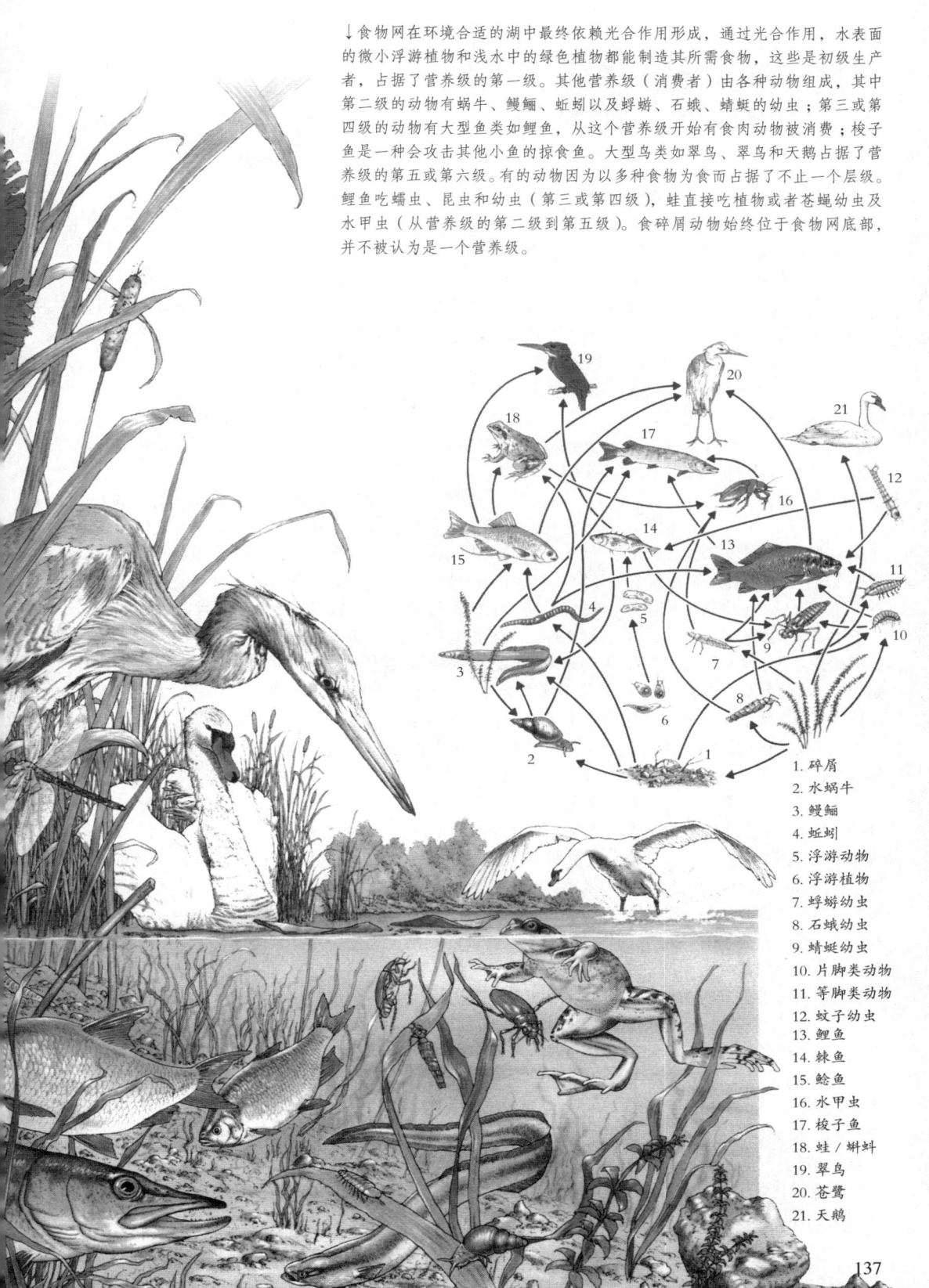

1. 碎屑
2. 水蜗牛
3. 鳗鲡
4. 蚯蚓
5. 浮游动物
6. 浮游植物
7. 蜉蝣幼虫
8. 石蛾幼虫
9. 蜻蜓幼虫
10. 片脚类动物
11. 等脚类动物
12. 蚊子幼虫
13. 鲤鱼
14. 棘鱼
15. 鲶鱼
16. 水甲虫
17. 梭子鱼
18. 蛙 / 蝌蚪
19. 翠鸟
20. 苍鹭
21. 天鹅

生态系统

田地或者菜园只生长着几种植物,甚至只有一个种类,这样的生态系统是很不稳定的。你需要想办法维持它,不然过不了多久它就会被其他许多物种所代替。越多样的群落需要的外界帮助越少,因为它很稳定。所以,简单化——只有一两个物种且没什么链接——等于不稳定;复杂化——有许多物种和许多链接——代表稳定。这是个可靠的结果。

多年来,科学家对此深信不疑。他们把这个关系部分归于"连接"。生态系统复杂性定义的一个方法是根据事物相互联系的范围。猫头鹰和老鼠联系因为它们捕食老鼠;兔子和草相关联是因为兔子吃草。生态系统中的连接越多,系统就越稳定。如果兔子除了吃草还吃其他很多种类的植物,那么当草灭绝的时候有一部分兔子还可以存活,这个系统的一部分仍完整无缺。生态系统复杂化被定义的另一方法是考虑物种的数量。多种物种的存在表明有足够的食物、水、掩蔽处和筑巢地点正在被利用——所有的生态小生境都被填充了。这使得其他新物种很难侵袭进来。

尽管生态学家接受了生态系统复杂化和稳定性之间和联系,但他们知道生态系统并不止这么简单。比如盐沼是高度稳定的,但是它只包含了很少种类的植物。甚至分布最广泛的红树也只包含了不超过25个种类的树木,很多只有一个或两个种类。有一些热带淡水湿地森林只有一种树木——艾伦,而很多热带山林包含的树种不超过5个。复杂化有时候代表了稳定,但是在生态系统中,有时候简单并不代表着不稳定。

在20世纪70年代,这个似乎很明显的、不言而喻的观点受到了至少四项科学研究的挑战。最初的一个研究发现:如果存在过多物种间的链接,生态系统将变得不稳定,而且物种越多,系统越不稳定。另一些研究也发现随着动植物种类的增加,生态系统的稳定性则下降。但是其他有的研究得到了不同的结论。一项研究发现:增加进食层级数量——从植物到食草动物到食肉动物直到最高进食层级——会使生态系统稳定性减弱,而增加物种之间的联系可以使之更稳定。

"稳定性"能够通过两种方式被定义。"持续稳定性",也称"抵抗稳定性"是指生态系统抵抗干扰的方法。如果一个生态系统在很长一段时间内物种数量只发生很小的变动,在有干扰因素出现时只表现出小的波动,那么这个生态系统是稳定的,它可以持续抵抗干扰,长时间保持稳定。或者,生态系统可能因为剧烈的干扰比如火灾或者长期的干旱而面目全非,一旦干扰过去之后也能迅速恢复到之前的状态。这样的生态系统是具有高度的反弹力——它有弹性恢复,这被称为"弹性稳定性"。明尼苏达物种丰富的草原地块的抗旱能力很强,因此它们表现出了持续稳定性,它们又很容易在雨季中恢复过来,所以它们也显示了弹性稳定性。

这个问题似乎没有唯一的答案,可能这取决于各种单独的环境的境况,这其中可能包括了生态环境的发展史。把某些物种从一个稳定的生态系统中移走可能会使这个系统稳定性变低,因为每一个物种都为整个生态系统的稳定作出了贡献。移走某一物种就为外来物种的入侵创造了机会,而这些入侵物种会破坏整个生态系统的特征。

生态系统的稳定性也由位置决定,假定某个地区有两种主要的生态系统——森林和草地——交迭,那么它们交迭的区域将包含两个邻近系统的物种,也有部分是交迭区域特有的物种,从而交迭区域也拥有它自己的生态规律,这就是"边缘效应"。如果有任何因素破坏了两个相邻生态系统的其中之一,那么交迭区也会遭受一些损失,因为这个区域的存在几乎全部依赖于相邻的系统。

普通的感知表明一个生态系统中的物种数目越多,物种之间的联系越密切,这个系统将越稳定,但是生态学家发现并不一定所有情况如此。一个只有很少物种的简单生态系统有时候显得非常稳定,而且在大多数情形下,在众多影响稳定性的因素中,只有物种间的联系和丰富程度才是最关键的两个因素。

3 自然环境
THE PHYSICAL ENVIRONMENT

  所有生物的生存都将面对它们所在环境的挑战：食物供给、生活空间、氧气和水；温度；土壤类型以及其他各种各样的因素都是环境的自然属性。动植物都必须适应它们的生活环境。

  自然因素比如土壤、水和气候都是非生物因素。土壤中含有营养物质，其物理和化学特征都受到其衍生源——岩床的影响。水也包含了溶解的营养物质，但是其酸度、盐度和温度也同样重要。气候因素包括光照总量、温度和降水模式。

  生物因素在生物群落中的生物体上表现出来，它们在生态系统中的角色可能是捕食者、寄生者或竞争生存者。每一个生物体都有自己的生存之道，并对生态系统产生不同的影响。

  生物和非生物因素之间有紧密的联系，从全球范围上看，它们影响着生物圈；从更小的范围上看，它们可以影响某一特殊物种的分布，影响一个生物群落的组成以及由此形成的一个完整生态系统的结构。

□学生科普百科

水

各种生物的生存都需要水。人类的身体约70%都是水,其他动植物为50%~97%不等。生物细胞包含了很多细胞器和在细胞液中的化学物质——细胞质。细胞生存会受细胞质中水分比例变化的威胁:供应过量,水分或营养流失到环境——把一种适合淡水生活的细胞放置在海水中的后果——都会造成细胞生存危机。

水在自然界很容易获得,但是也有一些地区比如沙漠,水的来源可完全依赖于一年一次的降水。自然界的水质多样,这种多样性影响占据特定栖息地的生物类型。除了可获得性,水质的主要天然变化性包括酸度、盐度、温度、氧气和矿物质含量。

因为水生生物整个地被水包围,其水供应完全不是问题。水的适宜程度取决于水温、氧

↓冷流比暖含有更多的氧气和营养物质,但因为它位于深处,所以获得的光照较少,因此生命也较少。在纽芬兰大浅滩,墨西哥湾暖流和拉布拉多冷流相遇并扫过岸边,使环境中几十亿的浮动生物得以生存。浮游动物又为海中的很多鱼类和鲸提供了食物。

↑企鹅生活在寒冷的南大洋,特别是南极附近。尽管它们在陆地上繁殖并抚养它们的后代,但是由于陆地环境不适合居住,它们不得不到寒冷的海水中寻找足够的食物来维持生存。

气含量和盐度。海洋水的盐度和温度变化都不大,所以可以在那里而不是陆地上找到最早的生命并不奇怪。在海洋和大的湖泊中,不管在夏天吸收了多少太阳能,其表面以下的水温一直维持在大约4℃。

在海洋中,生物因为环境的变化也有相应的改变。冷、暖洋流驱使大量的海水在全球运动,其中的冷流比暖流携带更多的氧气,可以支持更多的浮游动物以及其他以浮游动物为食的生物生存。

在小水体比如湖泊或内海中,水的运动比较少,因此存在不混合的明显分隔的水层。最表面的水层一般升温较快,也比其下层水温暖。然而在冬天,最上层水降温最快并容易冻冰,而其下面的水层则不会,而且含少量的氧气。

←大多数水生生物或者可以在盐水或者可以在淡水中生存,但不能在两种环境中都能生存。大马哈鱼出生在淡水河流中,继而迁徒到海洋中发育成熟,再返回淡水中繁殖后代。它们依靠"品尝"水来确定它们的生育场所。大马哈鱼从淡水迁徙到盐水继而又洄游到淡水的这个过程身体生理机能需发生完全的变化,很少鱼类可以做到这点。

自然环境

在陆地上，影响动植物存在（或消失）的最重要因素是水的常规供应的可获得程度。绝大多数的物种生活在含水量最多的地区。很少有陆生生物能够以盐水生存，因为过多的盐分会使它们细胞变干。水温的重要性不是很突出，水温可以较高，比如热带森林的降水；也可以很冷甚至结冰——有些动物甚至"喝"雪，而当地大部分的河流是由融化的雪水汇聚而成的。

大多数的湖泊是淡水湖，而在高蒸发率的温暖地区，水中包含了高于普通水平的溶解矿物质——从周围的岩石中冲刷而来，这样就形成了盐水湖。这类湖泊包括美国的大盐湖、位于以色列和约旦之间的死海，还有非洲大裂谷中的很多湖泊等等。那里的动植物群落已经适应了水中高浓度的盐分。

动物对水的需求量越大，它的居住地离水源地的越近。

很多鸟类远离水源生活是因为它们会飞。一些沙漠鸟类比如雄沙鸡把自己的羽毛浸在水中获得水分，然后回巢喂给幼鸟。大型哺乳动物的聚集地必须靠近水源。很多小型哺乳动物从不喝水，而只是从食物中获取水分。水的酸度和矿物质含量反映了其周围土壤的状况。

因为极其缺乏水分，沙漠中物种的数量远少于其他生物群系。但是偶然的降水就足以维持那里的动植物生存，因为它们已经适应了这种有限且无规律的水供应的环境。

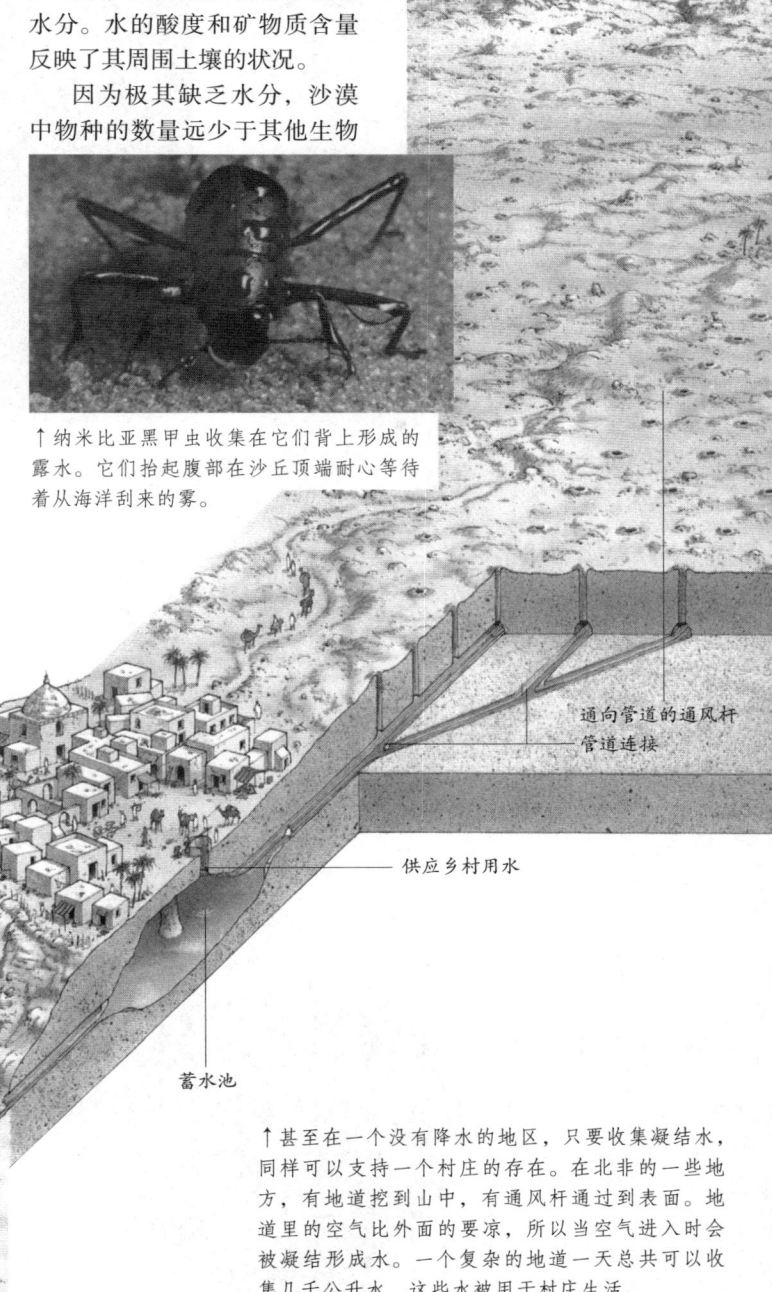

↑纳米比亚黑甲虫收集在它们背上形成的露水。它们抬起腹部在沙丘顶端耐心等待着从海洋刮来的雾。

通向管道的通风杆
管道连接
供应乡村用水
蓄水池
灌溉渠道

↑甚至在一个没有降水的地区，只要收集凝结水，同样可以支持一个村庄的存在。在北非的一些地方，有地道挖到山中，有通风杆通过到表面。地道里的空气比外面的要凉，所以当空气进入时会被凝结形成水。一个复杂的地道一天总共可以收集几千公升水，这些水被用于村庄生活。

气候

光照水平、温度和降水模式是对生态系统产生最显著影响的气候条件，这几项因素对充足生命的存在有重要意义。不过，在几乎所有气候条件下都有动植物生存。

来自太阳的光对光合作用很关键，光照强度在一天或一年中的不同时段以及根据植物栖息地的位置发生变化。光周期是指24小时内的光照时长，它还随着季节的变化而变化。因为温带地区的日照长度随季节变化显著，那里大多数动植物对光周期反应明显。植物对光周期的反应也影响了它们的开花时间。有的植物只有在白天长、黑夜短的情况下才会开花，而有的植物喜欢在短的白天和长的黑夜的情况下开花。昼夜的长短也影响了动物的行为，比如它们会冬眠或者迁徙。它还决定了动物的繁殖季节。在一个水生生物群系中，光照能透过的深度决定了水中浮游动物的分布和其他生命体的存在情况。

细胞功能受温度影响。如果环境温度在0℃～40℃这一

→君主蝶在季节变换时会长途迁徙——特别是在春秋季节白天长度显著变化的时候。在北美，这种蝴蝶每年夏天会长途迁徙到加拿大。这些蝴蝶的后代又往回迁徙到南部如加利福尼亚和墨西哥的公共栖息地。

范围之外，就很少有生物可以生长。冰点的温度会损伤细胞，而过高的温度同样会使生物体内的物质结构发生变化，比如改变酶的结构。恒温（温血）动物如哺乳动物和鸟类会随外

→烟草从迈阿密（北纬26°）到芝加哥再到温尼伯湖（北纬50°）都有分布。烟草植株的高度取决于温度、降雨量和营养状况，但是它只有在白天时长少于12小时的时候才会开花。烟草是第一个被发现有这种现象的植物。

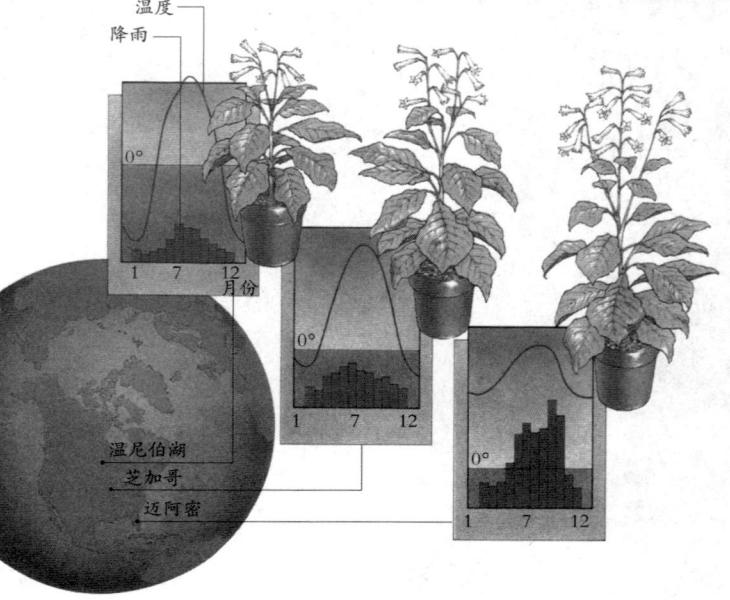

自然环境

↑生活在非洲稀树草原的羚羊随着季节性降水迁徙,以寻找新鲜的牧草。它们在湿季(从十一月到次年四月)生活在南部塞拉盖蒂平原上;干季(五月到七月)则生活在塞拉盖蒂平原西部;八、九月则生活在北部。它们和斑马以及一些长颈鹿一起迁徙。

←雪雁在它们北极的家中度过短暂的夏季,当寒冷的冬天来临时则迁徙到向南3 500千米处的墨西哥湾。

界温度的变化而调节温度。冷血动物从环境中获得热量,它们用白天的一部分时间晒太阳来使体温达到正常活动时的温度,并在气温太高的时候寻找阴凉的地方。

温度也会对植物产生影响。寒冷的生物群系比如冻原和针叶林,植物必须承受数月低于0℃的天气,它们的生长季节局限于短暂的16周左右的温暖的夏季。雪覆盖在这些植物上就好像形成了一层隔热毯,为它们阻挡了寒冷,雪层下的温度甚至比暴露的地面高20℃。相对的极端状况,单细胞生物如嗜热生物居住在环境温度超过100℃的区域。这类生物可以见于冰岛、新西兰和美国的活火山地区——由火山运动产生的热水加热了这些生物生长地点的表面。

这些环境中的小差异造就了栖息地内部的微气候。比如一块大石头上下面、一棵树前后面,或者峡谷的两侧,其温度和湿度都有着显著的不同。在树阴下的空气远比林间空地上的空气要凉快和湿润。树的朝北向要比其朝南面更黑暗和潮湿,树皮上还常常有苔藓和藻类生长。北极圈花朵的内部温度可以比外部高10℃,因为它们杯形的花朵可以聚集阳光。

↑异齿龙是冷血动物,依靠日照升高体温。为了使吸收热量的过程更高效,它有沿背部排列的"帆"或片状物来增加其体表面积,获取更多的阳光。这个"帆"由伸长的脊椎骨通过一片薄皮肤连结而形成,可以在异齿龙身体热起来以后收拢。左上图的响尾蛇也是一种冷血动物,但它没有如此精细的解剖学构造,它们在温暖的天气里下晒太阳,但是当天气变冷、白天变短的时候,它们藏身地下的洞穴中,在那里它们以休眠状态度过寒冷的冬天,直到第二年春天到来,气候变暖,它们才会重新出来活动。

143

□学生科普百科

土 壤

土壤是岩石表面的薄层物质，覆盖了大部分土地。它可能只有几厘米深，也可能伸展到几米以下的岩石之下。土壤形成了一个陆地生态系统非生物部分和生物部分之间的连接，植物的根系穿过土壤，从中吸取水分、矿物质和氧气。土壤有四个主要组成部分：矿物颗粒（最多可达60%）；有机物质（约占10%）；水（最多达35%），还有空气（最多达25%）。土壤的矿物颗粒是由其下层岩石经历风化形成的。

物理性风化可以由温度的变化使岩石膨胀和收缩、削弱而最终粉碎所导致。植物比如苔藓和地衣可以穿过缝隙生长，使岩石物质变疏松。当岩石暴露在大气或酸雨中时就发生进一步的化学性风化。细菌、真菌和地衣也会产生酸，使岩石发生化学性风化。

泥土中的矿物颗粒以其大

→上层土壤形成了地平线。大部分的成熟土壤有三层，而最多可以达到六层。最上层的土壤含有丰富的有机物质。水携带矿物质往下到达更低层叫做滤过，这主要发生在上层土壤和中层土壤之间。下层土壤包含的营养物质比较少，它基本来源于下层的岩床。土壤颗粒被含有不同量的水、氧气和氮的空气空隙所隔开。氧气主要存在于最上层，被植物的根系利用，用于细胞呼吸。土壤中的细菌制造氮元素供给植物的根系。其他在土壤群落中的生物还有蜘蛛、蜈蚣、真菌、蜈蚣和蠕虫等。土壤类型是根据其质地、化学成分和有机物含量划分的。

小被区分，沙子中的最大，其次是淤泥中的，最小的存在于黏土。每一个组成部分所占的比例使土壤呈现出不同的特征，如果土壤含有大量的沙子和很少的黏土，那么其质量会比较小，颗粒之间有很大的空隙，容易排干水分，但这种土壤缺乏营养。而当土壤含有较多的黏土时，重量大大增加，水分也不容易排出。肥沃的土壤中含有合理比例的沙子、淤泥和黏土最适合农业用途。

土壤的特征还取决于它的化学成分，这来源于形成该土壤的岩石。沙土可能带有一层铁或铝的氧化物（即灰化土）；盐化土含有高比例的钠，有一

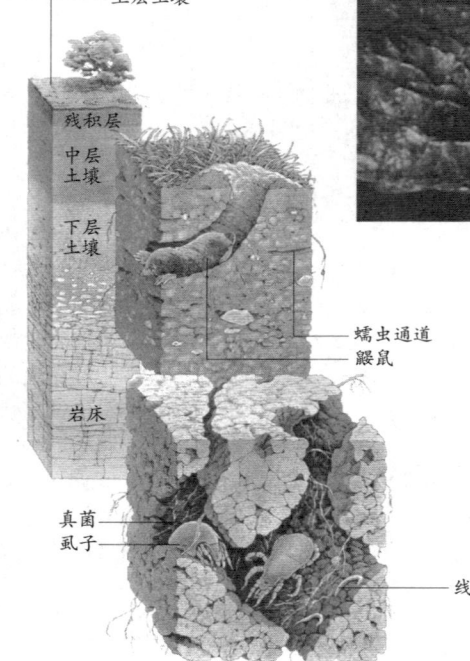

上层土壤
残积层
中层土壤
下层土壤
岩床
蠕虫通道
鼹鼠
真菌
虱子
线虫类

层含丰富黏土的下层土壤（碱土），通常存在于干旱地区。

堆积在土壤顶层的有机物质来源于腐殖质——死亡的物质比如落叶和动物尸体残余物。腐殖质使土壤颜色为暗色，并提供了营养，使土壤提高储水能力（在沙土中）或排水能力（在黏土中）。腐殖质中的细菌在固定大气中的氮并将其供给植物方面起重要作用。新鲜的土壤不含有腐殖质，大部分营养物质是从非常老的土壤中冲出来的。当一块土壤成熟后，植物的覆盖使得营养物质在泥土和植被之间循环。如果土壤没有被人类过度开发，那么它将会几百万年一直保持着肥沃的状态。

←尽管雨林的植物很丰富，但其土壤却缺乏营养物质，而且相当脆弱。这是由于土壤存在年限造成的。因为降水丰富，营养物质很快冲走，而且大多数生物群系中的营养循环比在土壤里的快，当热带雨林被清空时，土壤暴露在大雨中，因为没有植被保护，雨水直接冲刷土地，带走土壤颗粒，造成了广泛的侵蚀。这种危害在马达加斯加已经完全地显现出来。一旦这样的土壤被破坏，要恢复原状是极困难和耗资巨大的。要使热带和温带土壤恢复自然状态至少需要 100 年的时间，当然这个过程也可以加快，但前提是避免进一步的侵蚀。

酸性土和碱性土

土壤的矿物质水平和酸碱度对何种类型的植物能在其中生长有显著的影响。一块酸性沙土只含有少量的营养，适于松树类和其他植物比如右边第一张图的帚石南生长——它无法适应含太多钙的土壤，这些被称为避钙植物。如果避钙植物生长在碱性土壤中，它们将缺乏铁代谢。相反，钙生植物则生长在含钙丰富的碱性土壤中。右边第二张图下部的生长在白垩质土壤草原上的植物就是典型的钙生植物。钙和其他碱性化合物在干旱气候条件下可能会在土壤中累积，只有在排水充足的时候，这些物质才可能被灌溉系统滤掉。

□学生科普百科

适应与进化

某些物种的个体比其他个体更能适应环境:它们可能跑得更快,因此能够避免被天敌俘获;也可能长得更高,可以够得着树的高处,当矮处的树叶被吃光的时候,它们不至于被饿死。最能够适应环境的物种则繁衍了大量后代,这些后代遗传了该物种的特征,该物种在一定时期内就成了主导物种。如果环境发生了变化,具有不同特征的个体成功存活下来后又开始繁衍,就这样,物种逐渐地发生着变化——这就是进化的过程。

孤立物种是进化的一个重要因素。当同一物种的不同个体被河流、海洋或者山脉等地理障碍隔离的时候,它们要适应其各自所处的环境。如果它们所处的环境不同,那么它们可能会朝不同的方向进化。最初,它们还可以交配并繁殖,但是如果这种隔离一直存在,它们最终将进化成不同的物种,直至不能再相互交配。最终,即使隔离的障碍不复存在,它们也不能再交配繁殖了。

同一个物种的树木,生长在山顶上的个体要比生长在峡谷中的经历更多的环境变化,结果,它们可能表现出不同的生长模式:它们可能变得彼此孤立,不再能交叉繁殖。这便是因逐渐适应环境而引起进化的一个例子。

对于许多动植物来说,海洋是不可忽视的隔离体。南美海岸加拉帕戈斯群岛上的独特鸟类和爬行动物种类是展示这种隔离是如何影响进化的一个经典例子:动物学家们认为,南美洲内陆一些种类的个体横渡海洋来到海岛上,在一些无人居住的火山岛上,

→各种类的鬣蜥生活在包括热带雨林和高寒山顶的广阔区域。加拉帕戈斯群岛陆生鬣蜥适应了某些岛上炎热、干燥的环境。它们以当地能发现的稀少的植物如仙人掌为食。

←加拉帕戈斯群岛生活着世界上仅有的海生鬣蜥。在受到威胁的时候,这些鬣蜥会转移到陆地,因为在人类到达之前,这个种类在陆地上没有天敌。它们与陆生鬣蜥共存,占据不同的小生境。海生鬣蜥可以在海岸边的岩石中发现,它们以藻类为食。早晨,它们在太阳光下便身体升温,然后在水里寻找食物。随后又返回到岩石上取暖。如果温度过高,它们会到水里使身体变凉。

它们在那里安家落户。由于岛上有足够的空间，它们无需竞争就能存活，因此它们的进食习性开始特化。雀类，通常为所指的达尔文雀，占据了所有的岛屿，并且现在已成为陆上鸟类的主导种类。由于缺乏竞争，加拉帕戈斯群岛上的雀类已进化出 13 个不同的种类。

同样的进化过程也发生在岛上的其他动物身上，结果就出现了独特的种类。以体形巨大的陆龟为例，它们进化出了 8 个不同的亚种，分布在不同的岛屿上，可以根据它们的壳区分。

加拉帕戈斯群岛的物种进化经历了成千上万年的时间，但是有一些进化也可以发生在很短的时间内。比如，一些鼠进化成对杀鼠灵具有免疫力的种类就花了不太长的时间。杀鼠灵在最初使用时很有效，但是有很小一部分的老鼠具有抵抗这种鼠药的基因，这些鼠因此存活了下来，于是将这种基因遗传给了它们的下一代。现在，很多鼠都具有了对杀鼠灵的免疫力。

同样，在一些生命周期短、

↑海豚属于鲸类，由陆生哺乳动物进化而来。为了适应水里的生活，它们进化出流线型的身体，并有一条推动身体前进的尾巴。它们的头顶有喷水孔，用于游到水体表面时进行呼吸——通常它们每隔一个小时才游到水体表面一次。图中所示的斑点海豚生活在大西洋热带地区。海豚在波光粼粼的浅水区域觅食，它们身上的斑点能够起到伪装的作用。

繁殖快的细菌种群中也可以很快建立起对某些抗生素的免疫力。频繁使用广谱抗生素使一部分产生抵抗基因的细菌存活下来，这些细菌不断繁殖，并将抵抗基因传给它们的下一代。在富含镍、镉、汞、铜、银、锌等重金属的工矿废墟中生长的草种类也会发生基因变化。通常情况下，这些重金属会使草木死亡，但是变化产生的具有免疫基因的新的草种可以继续存活。

蛾与空气污染

椒粉蛾生活在树皮上，是在相对短的时间里发生了进化的一个例子。工业革命前，大多数椒粉蛾具有图 1 所示的斑点，另外有少量黑色的椒粉蛾，但是它们更容易被鸟类捕食。工业革命时期，英国工业区的树木被煤烟熏黑，因此具有图 2 和图 3 的暗色和黑色椒粉蛾更容易存活下来，它们成为了工业区中占主导地位的椒粉蛾。而在郊区，具有天然斑点的蛾在数量上仍占优势。

20 世纪五六十年代，英国实行的反污染措施改善了空气质量。空气中的煤烟减少了，树木逐渐恢复了它们本来的颜色，这时，有自然斑点的椒粉蛾又重新占据了主导地位。

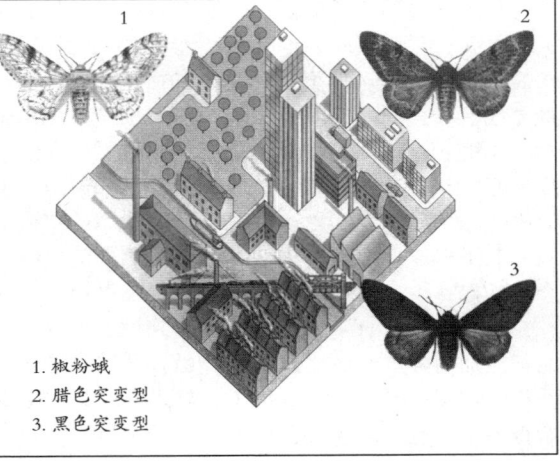

1. 椒粉蛾
2. 腊色突变型
3. 黑色突变型

气候变化的影响

如果下个世纪世界气候变得更加温暖，对野生生物将会有什么样的影响？已有证据显示，美国、加拿大南部及欧洲等中纬度地区，植物生长季节比20世纪80年代前后要长。在北美，春季比以前提早了4～12天，而生长季节推迟1～7天才结束；在欧洲，生长季节提前4～8天开始，推迟14～22天结束。

在北美，上述现象是由于降雨模式的改变引起的。1950～1993年间，北美大陆东部变冷，西部变暖。虽然没有改变整体的气温，但是大部分地方降雨量有所增加。由于有充沛的雨水，植物可以更早、更快地生长，生长的时间也更长，这也使它们可以更多地利用空气中的二氧化碳。在欧洲，生长期的延长是由于增加的云层引起的，云层使夜晚的温度升高，并减少了春季的晚霜或秋季的早霜。

这种气候变化不但延长了植物的生长期，也影响了动物的生活：北美的燕子提前5～9天繁殖；美洲知更鸟比20世纪80年代平均提早两个星期从低寒地区迁徙到高纬度地区觅食。这种变化也使得一些植物和昆虫可以移居到更靠北的地区和海拔更高的地方——这些地区此前由于过于寒冷或者干燥而不适合它们生存。

然而，事物总有两面性。北美增加的降水也使该地区冬季积雪加深，因此尽管春季开始得更早一些，但融雪的时间变长了。迁徙的知更鸟可能在冰雪融化前就已经到达了目的地，但它们不得不等到冰雪融化后再开始繁殖、筑巢。

气候变化还引起了一些令人意想不到的现象。在明尼苏达的易塞尔国家公园里，由于降雪增多的影响，灰狼捕杀了3倍于以前的驼鹿。结果，驼鹿食用的香脂冷杉繁盛起来。

如果全球气候变暖，你可能会认为动植物只是简单地向高纬度地区迁徙，在某种程度上，这种设想是有道理的。在北美，所有的林带都可能向北扩展，界于温带阔叶林和北方针叶林之间的过渡森林类型的面积将会大大增加。

然而实际上，情况并没有这么简单，因为环境的变化一般是局部性的，这会使生态系统被打乱，物种会尽可能地迁徙到适合它们生存的环境。生态学家研究了墨西哥不同的地方，估计了当地可能发生的变化的方式，最后推算出环境变化对当地1870多个物种（包括蝴蝶、鸟和哺乳动物等）的影响。

就全球范围来说，有主要生物群系存在的地方都可能发生变化，但是，正如墨西哥的研究表明的那样，这种变化可能是割裂的，由此产生的结果是：在世界上大部分地方，动植物栖息地成一个个隔离的区域，就像小岛一样，它们不能跨出去。

据估计，在最为寒冷的地方，气候变暖最为严重，因为这些地区温室效应最为明显。结果，极地冰可能会缩减25%；冻原及其表层的永冻土将会缩减40%以上。与此同时，分布在横跨加拿大北部和欧亚大陆的北方针叶林将会减小25%。

气候变暖也会使湿度增加，因为更高的温度会使更多的水汽从海洋蒸发到空气中。在增加的降水量超过蒸发量的地区，沙漠面积会减小。沿撒哈拉沙漠南部的萨赫尔地区有可能会变得更湿润，撒哈拉沙漠本身也会缩小。

草原的面积可能会扩大40%，但可能只有热带和亚热带草原会扩张，而温带草原可能会稍稍变小。温带森林的面积预计将增加超过50%；亚热带森林接近40%。虽然热带落叶林的面积可能减小5%，但是热带雨林的面积将增加将近90%——几乎翻了1倍。

森林面积是否增加取决于人们如何去管理它们。显然，如果森林的周边已经被人们开辟为耕地，那么森林就不能扩张。人们可以采取相应的措施，来减小气候变化可能造成的影响。例如，农民需要保持耕地面积，就将会限制森林的扩张。

然而，上述这些预测都还存在许多不确定性，科学家们对世界气候的规律还知之甚少，尚不能确定全球变暖是否会持续下去，更勿论这些变化会如何影响世界上的各个地方了。

4 生物种群
POPULATION STUDIES

　　生物种群是指在一个给定地区内生物的数量，它与环境密切相关。了解生物数量的波动状况有助于生态学家确定能量是如何流经生态系统的，以及对某一种群其他方面的影响。研究一个种群中的生物数量及环境因素对其产生的影响就叫种群生态学。种群大小在一定周期内的变化即为种群变动。

　　种群大小取决于许多因素，包括气候、对食物和生存空间的竞争、疾病、天敌等，其中最重要的是气候因素。当种群中生物的出生率超过死亡率时，该种群变大；反之变小。当有个体加入到或者离开一个种群时，该种群也会发生变化。

　　自然界需要平衡种群大小。如果种群太小，物种就没有足够的数量繁殖后代，最终其会走向灭绝；如果种群太大，则会受到环境的制约，最终饥荒、疾病或其他原因会使一些个体死亡。人类采取了各种各样的办法试图去控制环境，但最终还是要服从于自然规律。

□ 学生科普百科

生物寿命

新个体的补充对于保持种群的稳定和长期存在非常关键。为使种群保持稳定,平均每对个体必须存活到繁殖年龄以上,并且产下两个后代。

种群大小取决于出生的个体数和死亡的个体数。然而,除了个体的死亡数以外,生物个体的寿命及其是否能存活到它们的繁殖年龄将直接影响到种群大小。

所有生物个体的寿命都是有限的,每个物种都有其平均寿命。对人类来说,在发达国家,人的平均寿命是75岁,也就是说小于75岁的,死亡率相对较低,但大于75岁的,死亡率就很高。人类寿命的极限大约是110岁。对于其他物种来说,可能由于受体型较大的动物的捕杀、恶劣的天气或者是食物短缺的影响,死亡率在各年龄阶段的分布都较平均。某些物种的幼体死亡率很高。因此很少有生物个体能存活到它们可能的最大寿命。

↓寿命长的物种,如大象、人和大猩猩,幼体的死亡率很低。因此虽然它们的后代数量较少,但是有更强的生存能力。因此,总的来说这些物种的存活率较高——虽然到一定的高龄后死亡率会猛增。

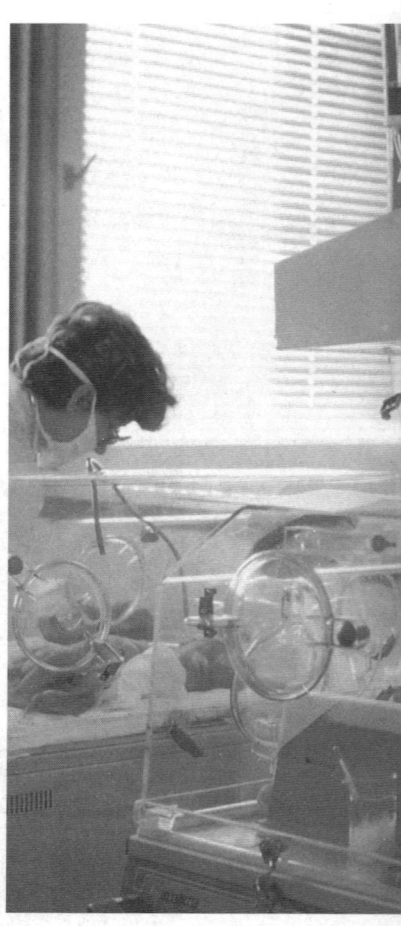

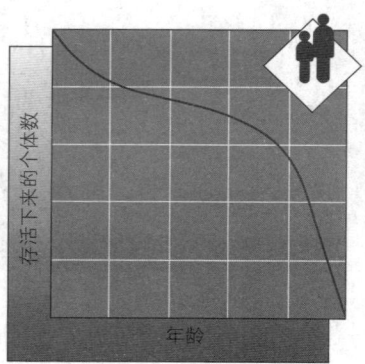

↓高山山羊的生活充满了危险。为了寻找食物,它们经常行走在陡峭的山崖上,并从一个悬崖跳到另一个悬崖。它们是很敏捷的动物,但是也经常发生意外——特别是一些失去协调能力和视力不好的老山羊以及一些年幼的缺乏生存经验的山羊。因此,高山山羊的数量正在下降。

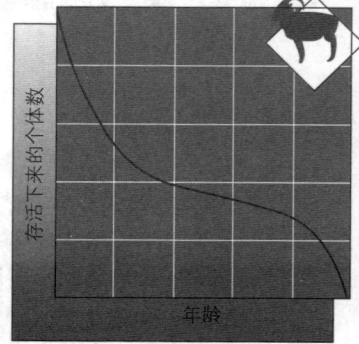

↑对于高山山羊和一些小鸟来说,危险在其生命周期中总是存在的。这些动物会受到恶劣天气的严重影响,以致大量个体在短时间内死亡。

生物种群

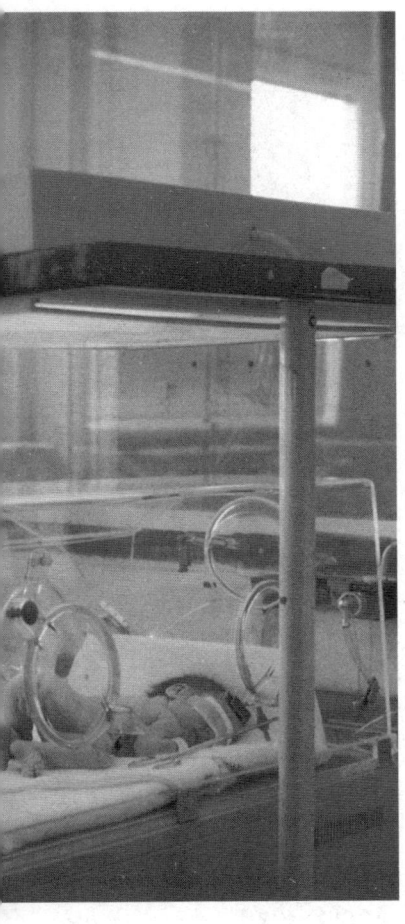

←在所有物种中，只有人类对其下一代的照顾是最周到的。现代医学的发展使得这种照顾更加科学，也因此提高了婴儿的存活率。在大多数的物种中，最虚弱的新生儿通常不能存活下来，但是对人类来说，脆弱的新生儿可以在育婴室的保护中成长，直至他们有足够强的生命力。

　　由于受到寿命和环境的制约，动物进化出了不同的策略，以保证其顺利繁殖。大多数鱼类的幼体死亡率很高，只有少量幼体能存活到成年，为了保证不至于灭绝，活到成年的雌鱼通常每次都产下成千上万个卵。它们不会去照顾这些卵，而是任其自生自灭。这些不受保护的鱼卵引来了掠食它们的动物，然而，由于卵的数量巨大，总有一些能够存活下来。

　　与鱼类不同，大的长寿命动物，特别是哺乳动物有更多的生存策略，它们只产下少量后代，但是每个后代都会得到很好的照顾，因此它们的存活率也就提高了。人类尤其如此——人们至少会照顾他们的下一代十来年。不过，不同地区的幼儿成活率并不相同，这会受到自然以外的因素的影响，在医疗条件很好的富裕国家，婴儿的死亡率很低，这些国家人们的平均寿命较高。而在贫穷的国家，婴儿的死亡率可高达发达国家的 30 倍，这大大降低了这些国家的人们的预期寿命。

↓海龟是水生动物，但是雌海龟却在陆地上产卵。它们会在潮落的时候来到海滩上，在那里挖一个很大的洞，并在洞里产卵。在几个小时内，它们就可以产下几百个卵。产完卵以后，雌海龟会用沙子将卵掩埋起来，再游回海里。数周以后，这些卵便会孵化（孵化通常发生在涨潮的时候）。小海龟从沙子里爬出来，游向大海。由于很多小海龟同时孵化出来，引来了鸟类等一些天敌的注意，很大一部分小海龟被它们捕杀，只有数量很少的一部分海龟能够幸免，这些存活下来的小海龟通常有很长的寿命。

↓除了海龟、鱼等一些动物会产下成千上万的卵以外，许多植物物种也会结出数以万计的种子，其中只有一小部分能够发育成活。度过了生命周期中第一个关键时期并存活下来的个体通常可以活到能繁殖后代的年龄以上。

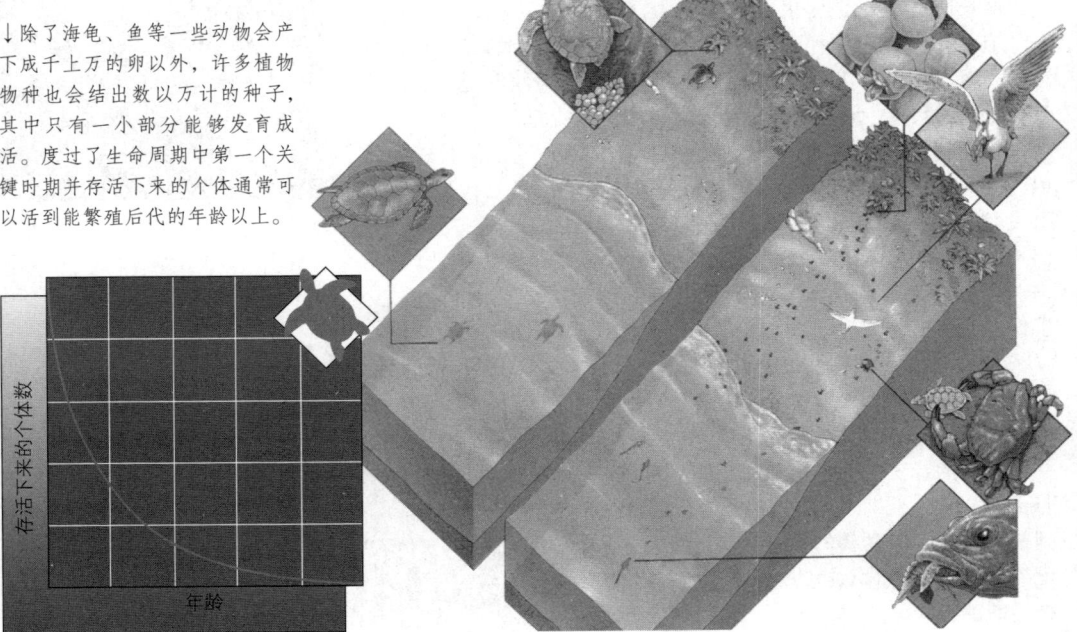

151

种群变化曲线

当一个地区初次被少数生物个体占据的时候，能提供充足的食物和空间。它们在那里繁衍，数量慢慢地增加。最初，增加的数量受到雌体数量和繁殖周期的限制。不久以后，群体中有了足够多的雌体，种群数量增长率能达到最大——指数级增长。种群数不断增加，直至该地区的最大承载力。此时，出生率与死亡率相同，不再出现数量上的增长。当种群数量接近最大承载力时，环境会抑制其增长的趋势，使该种生物在疾病、饥荒等作用下减慢增长的速度。最终，种群数量与环境达到平衡。

种群变化也可能为"爆发—锐减"的模式。在这种情况下，生物数量按指数级增长，直到环境抑制因素出现，使其锐减。这可能是由于气候变化，也可能是人类干涉引起的。一个典型的例子是旅鼠，其种群变化是以四年为周期的：它们的数量增长很快，不久就达到最大密度——每公顷 330 只，而后突然减少到每公顷 50 只。之所以发生这种情况，一是与食物供应有关，二是与疾病的蔓延及密度太大引起的社会性问题有关。发生这种情况的时候，生活在挪威的旅鼠往往要进行大规模的迁徙，以寻找食物。

其他物种的存在也可能对某种群的变化周期产生重要的影响。在任一特定环境下，被掠食者和掠食者在种群规模上都有着密切的关系。例如，加拿大雪兔的数量就受到猞猁的数量的影响。

猞猁的食物来源中，野兔占了 80%～90%，因此，野兔数量的增长使猞猁数量也随之增长，反之则减少。

有许多可以监控种群数量的技术，其中最简单的方法是直接观察。对于体型较大的动物或植物，可以较容易地发现它们，并计算它们的数量（大象的数量甚至可以用卫星监控）。

对于体型较小的动物，或是移动频繁的物种，则需要采用其他的办法，比如，可以用网来捕捉飞行昆虫；在晚上点上灯，吸引飞蛾。小的哺乳动物可以用挖陷阱的方法捕获，在其身上做记号以便进一步观察。对于甲虫、虱子等体型非常小的动物，可以用无毒的油漆在它们身上做标记，不至于伤及它们。

种群规模可以通过对样本的统计学计算估量。在一种称为"捕获—再捕获"的方法中，动物被捕获以后，人们记下它们的数目，并在它们的身上做标记，然后把它们释放。若干天以后，再捕捉这种动物，记下捕捉到的带有标记的动物的数目。通过统计有标记的和没有标记的动物的数目，可以估算出该种群的规模。

↑两幅图表显示对比明显的种群扩张模式。上方的称为 S 型（或称 Σ 型）曲线，表示稳定的增长类型；顶端的称为 J 型曲线，种群扩张模式表现为急剧地增长，继而急剧地下降。

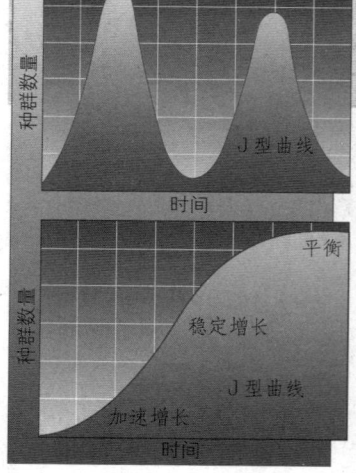

←培养皿中细菌或酵母细胞的数量最初增长得很慢，然后以指数级增长——每过几个小时数量就翻倍，直至占满整个培养皿，然后增长速度减缓，最终停止。

←被掠食动物（如野兔）数量的增加会使北美野猫等掠食动物的数量也随之增加。当被掠食动物数量减少时，掠食动物的数量也随之减少。因此，它们都表现出 J 型的种群变化曲线，但是二者的曲线不完全重合——掠食动物数量的变化会滞后一些。在一定程度上，北美野猫控制了野兔的过量增长。

↓在热带稀树大草原上，有许多相关联的因素影响着生活在那里的物种的种群数量，最基本的是水供应状况。如果水供应量上升，牛羚、水牛等大型草食动物的种群数量就会增加，这会消耗更多的水，从而限制水量的继续上升。同时，水源充足使动物更健康，秃鹫等食腐动物则减少了食物来源，但狮子等掠食动物却有更多的食物来源，它们会捕食年幼的食草动物。另一方面，因为水量上升，草长得过于茂盛又限制了其他小型植物的生长，以这些植物为食的羚羊就得不到足够的食物，因此猎豹等以捕杀羚羊为生的动物也会因此受到影响。然而，如果雨量减少，发生大火的可能性会增加。发生草场大火以后，金合欢的种子开始萌芽，长成新的大树。以这些树的树叶为食的长颈鹿数量不断增加，从而减少了金合欢的数量。最终，草原又重新覆盖了这个地区。

1. 热带稀树大草原的小池塘
2. 牛羚
3. 秃鹫
4. 水牛
5. 雌狮
6. 草
7. 羚羊
8. 猎豹
9. 火灾
10. 金合欢
11. 长颈鹿
12. 金合欢

□学生科普百科

控制种群

理想的种群规模应该接近其环境承载力,然而,很少有种群能维持长期稳定。如果一种种群的规模超过了其环境承载力,生态系统难以支持其存在,各种环境因素就会起作用,控制种群规模。在这些环境因素中,包含一些纯自然的因素,有些则与其他物种有关,还有物种自身的因素。

在自然因素中,是否有足够的光照对植物来说是至关重要的,如果在一片成熟的树林的树叶的层层遮蔽下,树苗就不能生长。但是如果树木枯死,产生的缝隙让阳光穿透进来,新的树苗就可以顺利生长,取代原来的树木。类似的,氧气不足也会限制种群的规模——尤其是一些在池塘、养鱼箱等小的水体里生存的动物。由于密度过大引起的氧气不足会使体质较弱的个体窒息死亡。此外,气候变化——不论是急剧的或缓慢的——也会影响到种群规模和构成。

是否有足够的食物,以及对食物的竞争,也是影响种群规模的一个因素,这个因素与其他物种有关。食物短缺会引起个体间的竞争,较弱的个体不可避免地会在竞争中死去。

当某种生物的个体数超过其环境承载力的时候,它们可能会为了寻找新的生存资源而进行大规模的迁徙——旅鼠就有这样的行为。若不然,该种生物的数量可能会急剧减少。也可能因种群内部自身的因素自发地限制数量增加。例如,疾病在密度很高的大种群中蔓延的速度比较快,而在密度低的小种群中蔓延的速度较慢。在许多种群中,过度拥挤和其他因素导致动物间的竞争加剧,出生率也自然地下降。

大多数这些因素倾向于使种群中较为强壮的个体存活,结果,它们的基因库会得到优化,产生更强的适应性。当致命疾病侵袭某种群的时候,受影响的主要是年幼、年老和体弱的个体,但当这个种群中的部分个体携带有抵抗这些疾病的基因时,它们就将繁盛起来,并将它们的抗病基因传给它们的下一代。

如果限制因素(如食物供应)取决于种群规模,它们就被称为密度依赖因素:种群越大,限制作用就越强。然而,并非所有的因素都是如此起作用的,比如,气候变化和火灾就是与种群规模

→冬青潜叶蝇是生活在一种特别的冬青树上的小型昆虫。夏季,冬青叶虫将卵产在嫩冬青叶上。幼虫孵化出来的时候,它们吃树叶表皮之间的组织,在树叶上留下斑斑点点的小孔。秋季的时候,一些幼虫因疾病死亡。冬季,山雀会捕食冬青叶虫。到了春季,一部分冬青潜叶蝇蛹会受到寄生黄蜂的侵袭——黄蜂幼虫在虫蛹内发育。存活的冬青潜叶蝇蛹在春天化蛹。

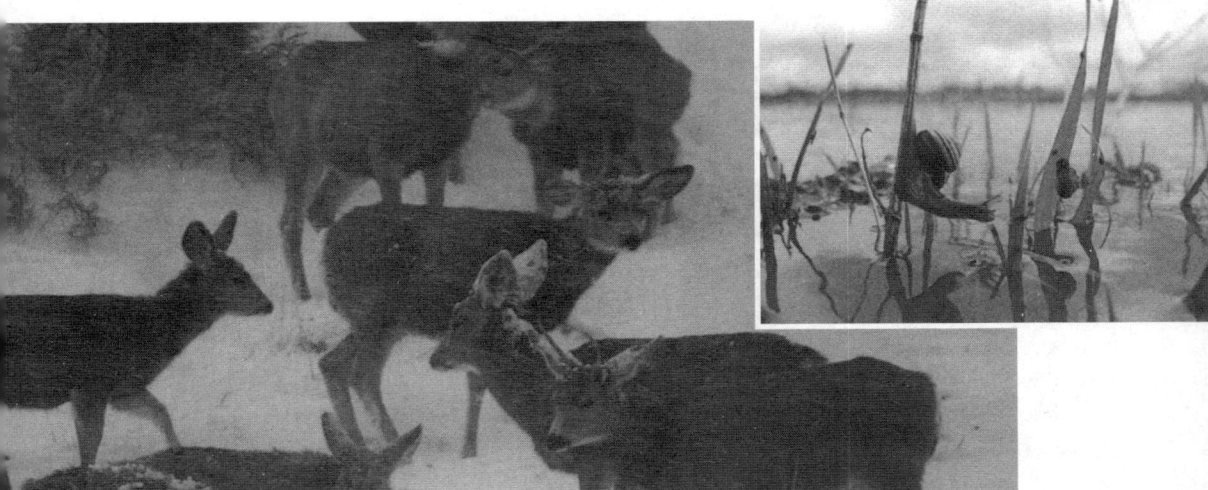

↑许多气候因素会单独对种群产生影响。冬季严寒的天气会导致大量生物(比如鹿)死亡。同样,严寒也影响到了其他所有生物种群。剧烈的环境变化,如发生突然的洪灾时,大小规模的生物种群都可能消亡——不论其个体的生存能力如何,也不管环境原有的承载力如何。

无关的控制因素:严冬时节的霜冻会使各种动植物死亡——不管种群的密度大小。这便是与种群密度无关的因素的例子。

有时,密度依赖因素与非密度依赖因素会共同作用,控制某种群的数量。比如说,任意单株树上冬青潜叶蝇种群的规模受到一种寄生黄蜂的控制,而寄生黄蜂的数量又取决于蝇幼虫的种群密度。然而,冬青潜叶蝇还有其他的天敌——山雀等鸟类会捕食它们。对于冬青潜叶蝇种群来说,山雀就是一种非密度依赖因素。在寒冷的冬季,山雀可能会将树上大部分的冬青潜叶蝇幼虫吃掉,有时甚至是全部吃光。

由于有受人类活动影响的庞大的生态系统,自然界不再总是能将种群控制在其最大环境承载力之内,因此需要人为的干预。比如,鉴定选择出对群体或者是对生物群落的基因存在无益但又会争夺食物资源的动物,将它们杀死,这对于放养在驯养地面积受限的土地上的动物,比如湿地里的鹿,或者是非洲南部国家公园里的大象来说尤为重要。

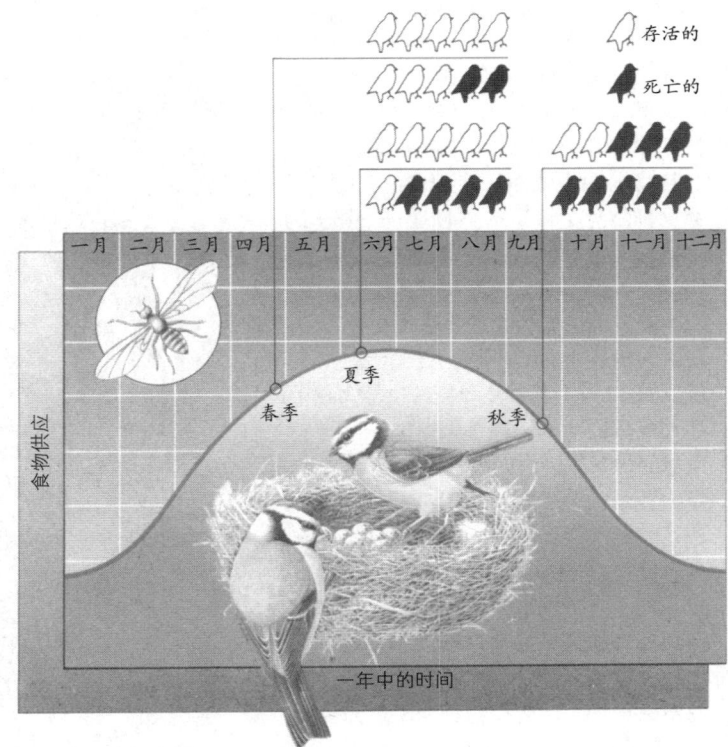

↑鸟受到诸如食物供应和天气等许多因素的影响。及早筑巢并哺育雏鸟的山雀可以使下一代有更高的存活率。否则,到了哺育季节的后期,食物供应的不足和寒冷的天气会降低其下一代的存活率。为了度过严寒的冬天,鸟儿必须寻找新的食物来源。

定殖策略

当一块栖息地因为大火、人工开垦等原因受到严重破坏,原有物种消失时,这片区域很快又将成为新的动植物的栖息地。不同的物种用不同的方法占据新的栖息地,而且其种群规模增长速率也有所不同。

占据一块新栖息地的最早通常是杂草,它们繁殖迅速,在其他物种参与抢占栖息地的竞争之前就已蔓延开来。这些植物会释放出轻盈的种子,并通常被风带到很远的地方。相对而言,杂草的繁殖能力更胜于生长能力,它们大多是一年生植物,在一个生长季生长成熟,然后死亡。

人们将这些快速繁殖生长的物种统称为"R选择物种"。这类植物通常又伴随着以它们为食的动物一起出现,比如,长满蓟的农田会吸引大量的金翅雀。

其他的物种生长相对缓慢,数量增长率也较低。它们的一般寿命较长,并且将资源主要用于自身的生长。这类物种常见于稳定的栖息地——那里的定殖及变化过程已经完成。这类物种称为"K选择物种"(K代表环境承载力),树、灌木等较大型的植物就是这类物种。它们在新的栖息地中出现得较晚,但是它们到达后,在与R选择物种竞争资源中会占据上风。高大茂盛的树木剥夺了杂草的光照,而它们发达的根系能使它们吸收更多的营养。K选择物种结的种子较少,但是结子的时间较长,相对来说,每个种子都比较大,有较多的食物成分供给其中的胚芽。

如果生存环境再次发生变化,K选择物种对新环境的适应能力不如R选择物种,也就是说,随着人类对环境的影响不断增加,K选择物种面临的威胁更大。K选择物种中的动物包括猿、大象等大型哺乳动物;秃鹰、信天翁等鸟类,以及一些热带蝴蝶等。

→当一片温带森林被大火烧毁的时候,这片区域将成为一块新的栖息地,被不同的物种占据。最先出现的物种可能是柳叶菜等一年生植物,或者是荨麻、蒲公英等多年生的杂草,这些杂草会结出大量随风飘散的种子。食用柳叶菜的毛虫以及主要食用蓟的种子的金翅雀也较早出现。较晚的时候,会出现包括草、羊蹄筋、刺藤等植物以及以种子、浆果为食的红腹灰雀鸟类。此时,一些树木的种子可能被松鼠或者鸟类带来,在那里发芽生长。如果树苗成功长出,它们强有力的根系就能逐渐吸收越来越多的营养,当其长到成熟阶段(如图中的橡树),它们成为所在区域的主导植被,少数初始定殖物种生活在树的阴影下。成熟的树林可以支持松鸦、鹿等许多动物生存。

↑一些种类的植物适应了大火等限制因素。在经常发生大火的草原上，就长有山龙眼，它们的球果中含有种子，会在大火后发芽——利用灰烬中的营养成分生长。由于大多数与之竞争的物种都在大火中毁灭，山龙眼成了当地的主导物种。

□学生科普百科

人口控制

大约在2万年前，人类开始使用复杂的工具，提高了狩猎和获取食物的能力。结果，越来越多的人存活下来，导致人口数量不断膨胀。1万年前，农业的兴起使人口数量进一步增加。距今最近的一次人口"爆炸"式增长始于18世纪后期工业革命刚开始的时候，并一直持续到现在。由于农业、医学和工业的进步，世界人口激增。20世纪60年代，世界人口增长率达到最大——平均每年增长超过2%。但是由于发展中国家相当一部分的人还未达到生育年龄，因此，实际的人口数量还将继续增长。1999年，世界人口已经超过60亿，预计在2025年将达到70亿。据估计，约在2050年以后，世界人口将开始减少，到2150年，全世界可能约有50亿人。

包括西欧大部分国家、北美国家和日本在内的许多工业化国家人口已开始负增长——人口出生率小于死亡率。这些国家的人们拥有较高标准的生活，享受着良好的医疗设施、教育，并

↑两个男孩睡在巴西第二大城市里约热内卢的街头，那里生活着超过300万的穷困人口。经济的发展吸引大量人口涌入城市，以致于那里缺乏足够的生活设施。

↑19世纪以前，饥荒、疾病和战争等因素限制了人口规模，世界人口增长缓慢。20世纪，人口增长加速，许多人担心这一趋势会失去控制。1900年，世界人口约为16亿，而在1999年，世界人口达到60亿。主要的人口增长出现在欠工业化国家。人口增长最快是在20世纪60年代，预计本世纪中叶以后，世界人口将开始下降。

且采用有效的避孕手段，妇女也选择生养更少的孩子。也正因如此，产生了人口老龄化问题，如何保证生产，以满足人们的物质需求成了世界关注的一个问题。同样的问题也逐渐出现在拉丁美洲和亚洲的欠工业化国家——虽然这些国家仍有相当高比例的青壮年人口，意味着一段时间内其人口仍将保持持续增长。虽然非洲国家维持着高人口出生率，但很多人不幸患上艾滋病，客观上减缓了人口增长速度。

传统上，农村的家庭需要更多的劳动力，并且需要生更多的孩子以弥补婴儿的高死亡率。但是随着基本医疗机构和教育在这些地区的普及，加上有效的节育手段，家长们已经开始控制家族的规模，这些地区的人口增长率正趋于稳定。虽然在20世纪60年代，曾有人担心世界人口将呈指数级增长，但是现有证据表明：世界人口增长遵从经典的S型曲线规律。

到本世纪中叶，世界上将增加10亿人口。人们要面临的不仅仅是生产更多食品的问题，还要保证每个人都能种植作物，或者购买到食物。21世纪人类的主要挑战是消灭贫穷。

5 环境警报
ENVIRONMENTAL ALARMS

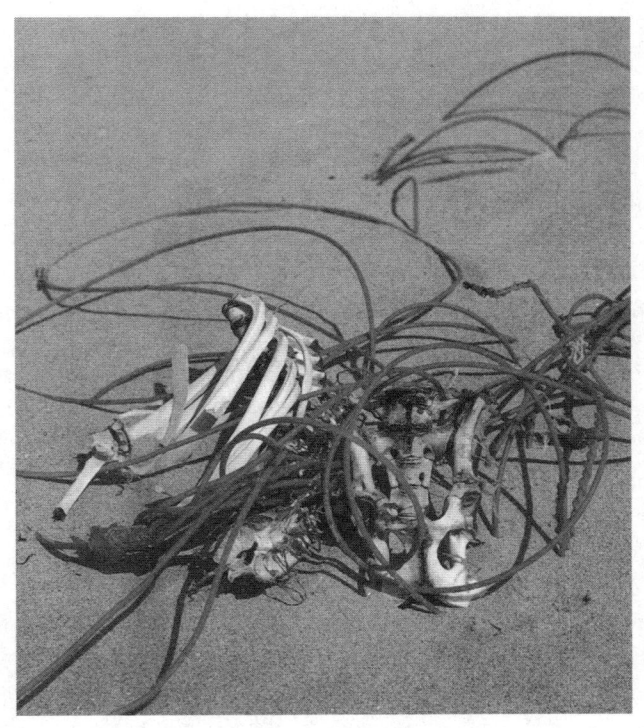

  人类总是在不断地改变他们生活的环境。为了扩大耕地面积，人们砍伐森林，破坏天然草场和湿地。同时，过度耕种造成的土壤侵蚀在世界上的许多地方清晰可见。

  自从 18 世纪初工业革命开始，人类对化石燃料和矿物的需求不断增加，人类的采矿活动在地球表面留下瘢痕累累。

  环境污染是工业发展带来的后果，影响到生物圈的每个部分——空气、水和陆地。今天的人类承受着前代人留下的有毒废物，比如含有重金属的矿山，废旧工厂区的土地遗留有工业生产过程产生的有毒残余。现在，工业国家的河流比 100 年前干净了许多，但是在许多热带地区，河流仍被用作天然的下水道。

  环境问题是一个全球性问题。环境污染主要是由燃烧化石燃料、未充分降解的工业和生活垃圾引起的。现在，科学家们担心，人类向大气排放的废气和颗粒物质将会改变世界气候。

□学生科普百科

大气污染

每天，人类都会向大气排放数以吨计的污染物。空气污染的来源有很多，其中最主要的是工厂和汽车排放的废物。初级污染造成的破坏最为直接，二次污染则是由空气中的物质经过化学反应产生的。这些化学反应会产生酸雨、烟雾，消耗臭氧，使全球气候变暖。

酸雨是由二氧化硫（主要来自燃烧含硫的煤的发电厂）以及二氧化氮（主要来自汽车尾气）引起的。雨水本身有轻微酸性，但是污染物使其进一步酸化。风可以将污染物带到远离污染源的地方，这就使控制酸雨成了全球性问题。酸可以直接从干燥的空气中沉积，也可以溶解到薄雾、雨水、雪中。酸雾对植物的危害比酸雨更大，因为雾会附着在植物的上下层叶面，而雨只落到植物的上层叶面。酸性物质作用于植物，产生复杂的反应。植物的叶子会遭到直接损害，降低光合作用的效率，丧失更多的水分，更容易受到真菌疾病的侵害。不同种类的树的叶子受酸雨影响各不相同，但是在一些工业区的下风区的森林会受到严重影响。

另外，酸雨还增加了其降落处的土壤的酸性。由花岗岩风化而来的土壤比富含石灰或白垩的土壤更容易受到酸雨的破坏。酸性的增加会改变土壤中的化学成分，减少植物可以吸收的营养物质。由于得不到充足的营养，树木抵抗虫害、疾病以及干旱等自然灾害的能力相应下降。酸雨也会增加湖泊中水的酸度，严重的时候会导致水中的大量鱼类和无脊椎动物死亡。

烟雾是另一种常见的空气污染，它是烟和雾的混合物，即人

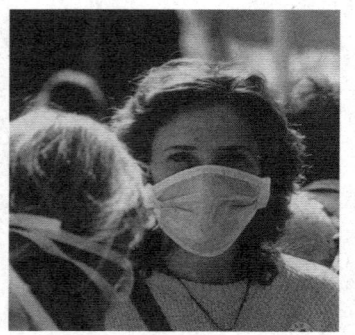

←汽车尾气中含有一系列化学物质，包括一氧化碳、二氧化硫、一氧化氮以及未充分燃烧的燃料产生的碳氢化合物。含有这些物质的空气不适合人类呼吸，如果这些物质积累到一定程度，会引起人的呼吸道疾病。在城市里骑自行车的人由于不得不在汽车尾气中呼吸，开始戴上了面具。图中人们戴上了口罩，以示对汽车尾气排放的抗议。实际上，面具在防止被污染空气进入人体肺部方面收效甚微。

→洛杉矶等座落在群山环绕的天然谷地的城市尤其容易形成厚厚的黄色烟雾层。在某些天气状况下，城市上空的空气几乎静止，污染物则积聚起来。汽车和工厂排放的废气在光照条件下发生反应，形成光化烟雾。为了减少光化烟雾的发生，必须长期限制汽车尾气排放，在恶劣的天气条件下，禁止汽车在市区通行。发生光化烟雾时，小孩、老人、哮喘病患者等脆弱人群不宜出门活动。

环境警报

们所称的"黄色浓雾"。烟雾发生在近地面的冷空气被困在暖空气层之下，形成逆温层的时候。浓烟由燃煤产生。光化烟雾出现在逆温层以下，在城市上空形成厚厚的黄色烟雾层——特别是在洛杉矶、墨西哥城、雅典等被群山围绕的城市。它是由汽车排放的一氧化氮、碳氢化合物等物质经明亮的光照引起化学反应造成的。光化烟雾中的过氧硝酸乙酰酯和臭氧等成分对小孩及患有哮喘和其他呼吸道疾病的人尤为有害。

近地面的臭氧对人类有毒害，但是在大气层高处，氧气分子受到紫外线照射后分裂成氧原子，氧原子与氧气分子结合生成臭氧。臭氧也被有不同波长的紫外线分裂，因此，同温层中臭氧的形成和分裂吸收了紫外线。1985年，科学家们发现：在南半球春季开始的时候，位于南极上空同温层的臭氧层正在变薄。

这些"臭氧空洞"是由包含氯氟化碳（CFCs）的反应引起的。氯氟化碳（CFCs）是在气溶胶罐中作为推进剂的一种化合物，用于冰箱、空调等家用电器中，并在泡沫塑料的生产中被用作发泡剂。现在，人们已经开始限制使用氯氟化碳（CFCs），臭氧层有望恢复。人们曾经担心，臭氧消耗会使地球暴露在强紫外辐射之下。

跟二氧化碳一样，氯氟化碳（CFCs）也是温室气体，它们存在于大气层下层，会引起全球变暖。由温室气体排放引起的气候变化可能是21世纪最严重的环境问题。

→在同温层高处，氯氟化碳（CFCs）等化学物质会释放氯原子，这些原子经过一系列反应，将臭氧消除。这种反应末期又释放出氯原子，使反应继续。

←↑二氧化硫、一氧化氮和碳氢化合物在光照下发生反应，生成硫酸和硝酸。它们会溶解，以酸雨的形式落到地面（如上图），最终，会毁灭整个森林（如下图）。

↑光化烟雾是一系列复杂的反应生成的。反应开始阶段，在太阳光强烈照射下，大气中的氧气与汽车尾气中的一氧化氮结合，生成二氧化氮，并释放出一个活跃的自由氧原子。氧原子与未充分燃烧的燃料产生的碳氢化合物结合，形成有毒的化学物质，即烟雾的主要成分。

□学生科普百科

水污染

尽管世界上可用的淡水资源相对较少，但仍能满足每个人的需求。然而，有一些淡水已经被污染，不再适合人类饮用。水污染包括：废水中的细菌和病毒、重金属、工业排放的有毒物质等等。

水中的污染物一部分来自雨水冲刷农田带来的动物粪便、化肥、杀虫剂。雨水通过下水道排出城市，但是这些水大多都已被地表或是雨水从空气中冲刷下来的物质污染，它们最终汇集到小溪或者河流里。在一些地方，被污染的水渗透到地下，与地下水混在一起。

以前，污染主要来自工厂、发电厂，以及直接将产生的废水排入河流或湖泊等水体的污水处理厂。现在，人们禁止直接排放污水。按照法律规定，工厂在排放污水前必须先对污水进行处理。然而，污染事故还是时有发生。2000年1月，罗马尼亚的一个矿井发生事故，氰化物和重金属泄漏到多瑙河支流，污染了塞尔维亚、匈牙利以及罗马尼亚本国的水源。

流动的水有助于消除污染，这是因为这些水在很短的周期内（几天或几周）就会更换。静止的水则较难从污染中恢复。水体的恢复能力也受污染物性质的影响，污水和腐败的食物是生物性降解的，它们会在较短的时间内自然分解。但是，大多数工业废水含有分解得很慢或者根本就不能分解的化学物质。

发生在辽阔的海洋里的污染比在一些小的水体里的污染更难被人们发现。海洋有强大的稀释和分解废弃物的能力，但是一些面积很小的、几乎被陆地包围的海，如北海、波罗的海、地中海等，却并不具备这么强的分解能力。人们称这些海为内海，其中一些地方已经受到严重污染。联合国环境组织已联合沿海各国政府拟定保护计划，以改善这些海的污染状况。

地中海的情况最为严重，它沿岸生活着8200万居民，并且每年夏季有超过1000万人前来度假。每年，约有5.9亿吨污水、11.7万吨矿物油、5.4万吨汞、3.45万吨铅、3.3万吨磷酸盐排入地中海，此外，还有经波河、埃布罗河、隆河、尼罗河排入的工农业废弃物。这些废弃物中，70%未经处理就直接排出。

每年有超过300万吨的原油污染海洋，其中一半以上来自陆上炼油厂；有1/3是清洗油轮造成的；不到1/3是油轮等发生事故引起的。原油不会在水里溶解，而是漂浮在水体表面或近表面。鸟的羽毛沾上原油之后会粘在一起，并且不再能防水，海豹等海洋动物的毛皮也是如此。如果鸟身上覆盖了原油，它们将不能飞，最终被溺死，如果它们不慎咽下原油，它们的肠道会受到损害。

↓下图是德国易北河畔的美丽风光。易北河曾是德国污染最为严重的一条河，并将大量工业废弃物带入北海。后来，河边建立了污染物处理厂，河中建立了专供鱼儿游行的通道。

环境警报

← 左图是西班牙的里奥廷托河，此河因河水为暗红色而闻名。这种颜色来自河流附近的曾是欧洲最大的铜矿。采矿产生了大量的废物，堆积在矿井周围。1998年，该矿区的一个黄铁矿矿井发生事故，57亿升含有重金属的酸性矿泥流入附近的阿格里奥河，污染了周围的农田，并威胁到科透·豆纳国家公园。幸运的是，几百万立方米的泥浆后来得以清除。

↓ 当河流从源头流到海洋的时候，很有可能在途中被污染：河两岸农田里的化肥如果使用不当，就会注入水里；坐落在河流岸边的城市常常将污水等废弃物直接排入河中；由于水源充足，又便于运输货物，不少工厂选址在河的沿岸，这些工厂会将污染水体的化学物质排入水中。即使是发电厂排出的普通热水都会使水中的含氧量减少，致使鱼类死亡。

在北欧，尤其是在瑞典，酸雨已经破坏了成千上万的湖泊。酸雨是由空气中的二氧化硫等污染物形成的。酸雨落入湖泊以后，大多数生物都会在短时间内死亡。没有了生命存在，湖水变得很清澈。

← 一些物种成为生态学家评估水污染状况的指示物种。左图中的石蚕蛾幼虫、淡水虾、蜉蝣幼虫需要洁净的水源。而红蚯蚓、鼠尾蛆、颤蚓即使在重污染的水中也能生存。

飞机喷施肥料

工业废物

原油泄漏

城市废弃物

163

□学生科普百科

消失的森林

历史上的一段时期，欧洲的大部分低地都被森林覆盖。早期农民砍伐了一半以上（可能有70%之多）的原始森林以耕种作物，放牧牲畜。

北美也曾经有大片的森林。土著美洲人砍伐了一些森林，以种植作物。欧洲人踏上这片土地之后，又扩大了耕地面积，建立起他们自己的农场。他们还将森林木材作为建筑材料，把小的木头当作燃料。不久以后，很多森林都被砍伐了。

至少是在17世纪之后，人们才认识到砍伐森林的危害。那时已有专家发出警告：如果没有树固定土壤，土壤将会受侵蚀，没有树将水分从地上运送到空气中，气候将会发生改变。另外，森林是重要的经济资源，一些美国作者警告说：人类消耗森林的速度超过了森林能够还原的速度。

虽然温带森林的面积不再减少，但是一些天然森林仍在遭受砍伐，并被人工林取代。人工林可以供养的动植物种类较少，因此导致生态总量的损失。但人工林能基本满足商业性需要，而其他的天然森林会被设法保存下来。

热带森林有最大的生物多样性，然而同样遭到砍伐，现在保留了约为原面积的森林的80%。1960年到1990年间，世界上保留下来的热带森林中，约有25%的森林消失。20世纪90年代，森林消退的速度减慢了。并且，由于人工林能满足越来越多的商业性需要，大面积种植人工林将进一步减慢天然森林消退的速度。各国政府都认识到：可持续性地管理森林比砍掉森林开垦出贫瘠的耕地更有价值。

↑采矿等工业活动留下大量废弃的土地。在澳大利亚西部，开采过矾土矿的地方（顶图）水土流失和土壤侵蚀严重，这些地方已种上了树木和其他植物使土地复原。上图中，松树茂密地生长在矿区遗址上。当植被恢复以后，其他物种又会出现，形成新的生物群落。

↓历史上，地球上曾有60亿公顷森林。现在，约40亿公顷的森林保存了下来，比草原或耕地的3倍还多。面积最大的森林位于欧亚大陆北部。南美拥有世界上保留下来的最大的热带雨林，当地政府正设法保护和管理好这些森林。相比其他大陆而言，亚洲热带雨林的消退速度最快。

←位于加拿大太平洋沿岸的古针叶林被砍伐，制成纸浆，用于造纸工业。它们常被生产成包装纸等价值不高的产品。现在，大多数用于制造纸浆的树木都来自人工林，树龄约为20年。其他的树木继续生长，到成熟的时候才被砍伐，用作木材。图中的这些原木会顺流而下，漂流到下游沿岸的纸浆工厂。

↓在巴西，一条满是淤泥的小河流过被砍伐过的热带森林。森林中的树木可以涵养水分。当树木被砍伐了以后，雨水冲刷过地表，而不是被吸收，这样就更容易发生洪涝和土壤侵蚀，降低土地的肥力。

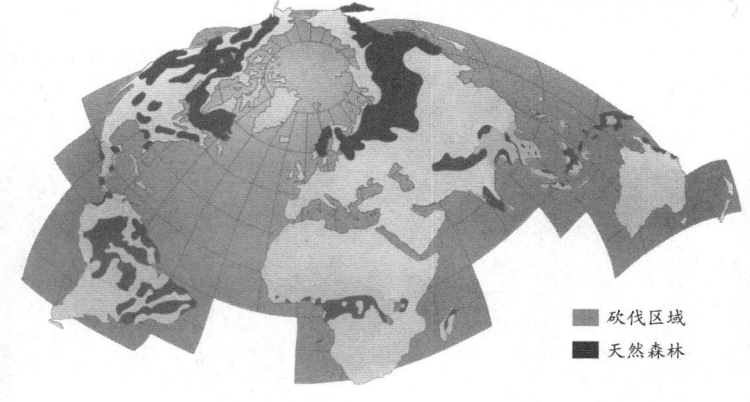

砍伐区域
天然森林

□学生科普百科

濒临灭绝

恐龙、剑齿虎、渡渡鸟是世界上灭绝物种的典型例子。恐龙的灭绝据人们推测是由于小行星撞击地球导致全球气候变化而引起的。相对较近的动物灭绝或濒临灭绝比如蓝鲸、老虎、熊猫和北美野牛目前的濒危状况都直接与人类活动有关。20世纪90年代早期,据美国哈佛大学生物学家爱德华·欧·威尔逊的估算,物种的灭绝的速率为每小时3种,或者每年27000种——可能数字偏大。真实的物种灭亡的统计数据相对低,有的统计结果表明真实的灭绝速率约为每年700～1400个物种——这个结果也很惊人。

栖息地的丧失是物种灭绝的最重要原因。当大面积的土地被作为农业用地或者城市用地时,雨林和草原等栖息地则会消失。在东非,很少有野生动物可以在国家公园以外生存。在世界上的其他地区,沿海生态系统被清理并用于经济发展。由于大量的水被抽取并用于发展农业和旅游业,西班牙南部

↓蛾、蝴蝶和一些甲虫受到收藏者的热烈追捧。昆虫有超过300万种,大多数面临灭绝威胁的动物也是昆虫和无脊椎动物。

↑黑犀牛曾经广泛存在于非洲中部和南部地区。由于人们为了取它们的角而大肆捕杀,从20世纪70年代开始,它们的数量从3万多头迅速下降到少于3000头。犀牛角被用于亚洲许多地区的传统医疗以及某些仪式上用的匕首。

的科特·豆纳湿地和美国佛罗里达州的沼泽地都面临着干涸的威胁。西班牙科特·豆纳地区现在已经辟为国家公园进行保护,希望可以恢复沼泽地的原貌并保留下来。

一些物种相对脆弱,更容易灭绝。特定的栖息地和饮食限制了某些物种的生存地和食物来源,特别是某些以食物链上层生物为食的动物——比如鹰——就很容易灭绝。低繁殖率的物种,比如蓝鲸、大熊猫等,它们的繁殖率难赶上其死亡率,也不足以保持足够大的种群来避免近亲交配的发生,这很容易使物种基因库退化,并最终导致物种灭绝。大型的物种,比如非洲狮、大象和棕熊,都曾经作为狩

最后的塔斯马尼亚狼

作为世界上最大的有袋食肉动物,塔斯马尼亚狼很久之前生活在澳大利亚和新几内亚,但是自从19世纪以来,由于与大洋洲野犬竞争,它们在澳大利亚消失了,人们发现它们只存在于塔斯马尼亚岛。但是因为其捕食欧洲殖民者引入的羊群,约1830年开始,欧洲殖民者大量捕杀塔斯马尼亚狼。到1850年,塔斯马尼亚狼的生存已经受到了威胁,但是持续的捕杀一直到1909年。最后一只圈养的塔斯马尼亚狼死于1936年。

↓→西伯利亚虎（右图）和中非的山区大猩猩（下图）都是目前地球上上最濒危的动物。这是由于森林的清空造成的——西伯利亚虎是由于人类的捕杀。现在这两种动物都不是500只——在足够繁殖的最低数量水平以下。

猎活动的对象。以牲畜为食或者会袭击人类的动物，比如狼和一些鳄鱼，经常受到人类的捕杀。一些鸟类和水獭也因为经常袭击松鸡、鲑鱼等人们习惯捕食的动物而被杀。还有些狗经过训练用来与欧洲獾搏斗，这也会造成欧洲獾数量锐减。很值得庆幸的是，现在这种较野蛮的活动已经被禁止，并基本看不到了。

许多被人类带到异地生活的物种，比如兔子、老鼠、狗和猫，会引起很多本土物种的消失。在新西兰，老鼠从欧洲殖民者的船上逃脱，杀死了当地许多不会飞的鸟种类。游客也会对物种的生存造成威胁——成百上千的游客在马来西亚的海滩上等待着革背龟前来产卵，他们的吵闹声和照相机的闪光使乌龟受到了惊吓，同时也妨碍了它们的产卵。就连偏僻地区比如南极地带和珠穆朗玛峰现在也频频受到游客的打扰，并破坏了当地的野生环境。

↑游客们在澳大利亚东南海岸的大堡礁地带行走。这一2000千米长的暗礁由2500个单独的暗礁组成，构成暗礁的珊瑚种类有400种之多，有超过5500种的其他水生生物在其中生活。尽管大范围的暗礁限制接近和受到保护，但是位于浅水处的很难控制，因此那里的暗礁受破坏最严重。

□学生科普百科

保护与恢复

美国的塞尔拉协会在1987年发起了一个对世界上现存荒地的调查，这里所指的荒地为至少有40.5万公顷的完全未开发的地区。地球上大约有34%的土地是荒地。大多数的荒地为森林、沙漠和苔原，并且多分布在高纬度地区。但是，地球上只有少于4%的土地被保护。随着世界上越来越多的生物群系被破坏或者消失，人类应该做的基础工作是保存依旧存在的土地。

保护资源的意识已深深植根于大多数原住民的信仰之中。在先进的文明社会，环境保存在统治者们留出土地用于狩猎和其他贵族消遣时就已经开始了。世界上最早的国家公园是美国西北部的黄石国家公园，它始建于1872年。随着美国各州的成立，和200年前初次到来的殖民者的感觉不一样，人们意识到资源并不是取之不尽、用之不竭的。在大约1700年，为保护鹿而规定的限制季节性狩猎在最早的13个州得到了推广和施行。

现在世界上有超过1000个国家公园分布在120个国家和地区，其中几乎有一半是1972年后建立的，而且面积还在持续增加。大多数国家公园最初建立的目的是保护自然景观，而现在人们已经认识到，在全球范围内，保护整个生态系统更加重要，现在做的还远远不够。半数以上生态群系正遭受严重威胁的热带国家并没有系统性的保护措失——哥斯达黎加和博茨瓦纳是少有的例外。对某一生态群系或物种的重点保护往往超过综合性保护——在非洲南部地区，大部分保护区只包含很多哺乳动物，而其他具有同等价值的区域被忽略。

资源保护经常受到社会和经济状况的制约。贫困国家通常以牺牲环境为代价，优先发展经济和教育，或者仅仅是为了能供给食物、住房以及公共卫生。这些国家对资源保护的措施有时来自国际组织保护计划的支持。1987年达成了世界上首个关于自然交换的外债协议，价值65万美元的玻利维亚国债用来交换16万平方公里的热带雨林。这一地区现在被设计为拥有完整生态系统的

↑在认识到原住民对资源保护的能力之后，180万公顷亚马孙雨林被哥伦比亚政府移交给那里的土著居民管理。土著居民迁入并进行农业生产。他们传统的转换耕作每次只耕种一个小块地，不会过度利用自然资源。如果这种保护方法也在别处推广，那么就可以挽救雨林了。

生物圈：包括了一个没有任何干扰的严格控制的中央区域；中央区域外围的过渡区域可以进行科学研究；最外围是一个缓冲区，以防止外界干扰因素进入。现在世界上有超过250个这样的保护圈。

保护区看上去可能像一片荒地，而事实上它正受到一定的管理，有些物种被剔除出去是为了避免它们在保护区中占据绝对优势。有些灌木荒野经过焚烧以清除原有的木本植物，使更多适合昆虫和在地面筑巢的鸟类生活的植物生长。受控制的焚烧同样也可以清除已经死亡的材料——如果这些材料积累起来，引起的自燃是不受控制的。林地是矮林（树木被周期性的从近地面处砍断），目的是使更多的阳光可以照射到地面上，以促进草的生长。

复原弃地是资源保护的另

↑南极是地球上最后一块荒野地区。根据1959年制定的相关国际条约规定，商业目的的开发（比如开矿）是被禁止的。在1991年，这一条约被重新修改，并延续至2041年。有建议提出，应该将整个南极大陆辟为一个世界公园，并且控制其中的所有环节。

一个重点。矿面可能成为内陆悬崖，并覆盖着攀缘植物。砂砾地带灌水以及设计好形状可以吸引大量的水鸟。因为一些植物可以忍受高水平的重金属，所以在被矿业破坏的某些地区大范围种植植被也成为可能。对环境保护来说，最大的挑战是恢复被露天矿产工业破坏的地貌创伤。

←位于美国加利福尼亚州的优山美地峡谷在1890年被辟为国家公园，它是世界上最早的国家公园之一。国家公园的最初设立是为了保护自然景观而不是野生动植物。具有讽刺意味的是，对优山美地峡谷造成的最大威胁之一恰恰是每年300万前来赏风景的游客。

↓为了停止对大象的捕杀，100个国家颁布了禁止象牙交易的法律条例。图中，被没收的象牙堆在肯尼亚的内罗毕国家公园焚烧。这项交易停止后，大象的数量得到了回升。

第四篇
动植物王国

THE KINGDOM OF
THE ANIMAL AND PLANT

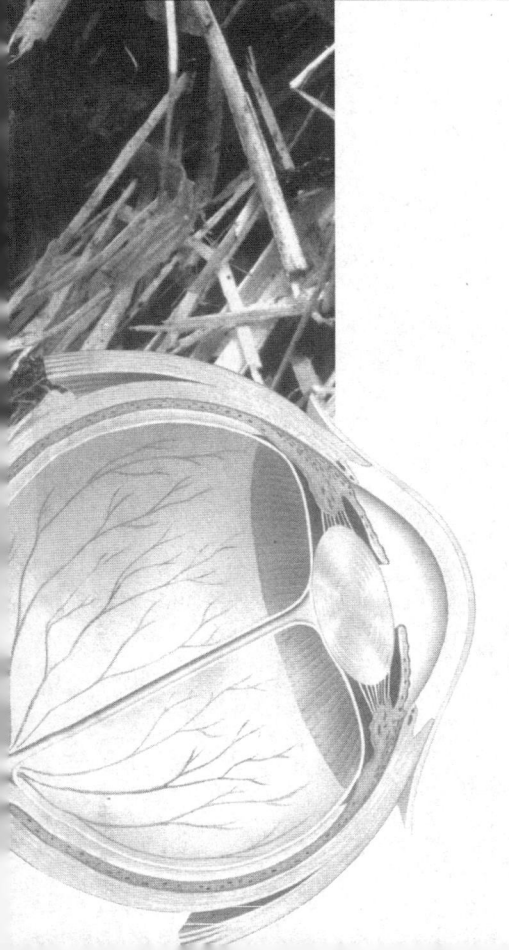

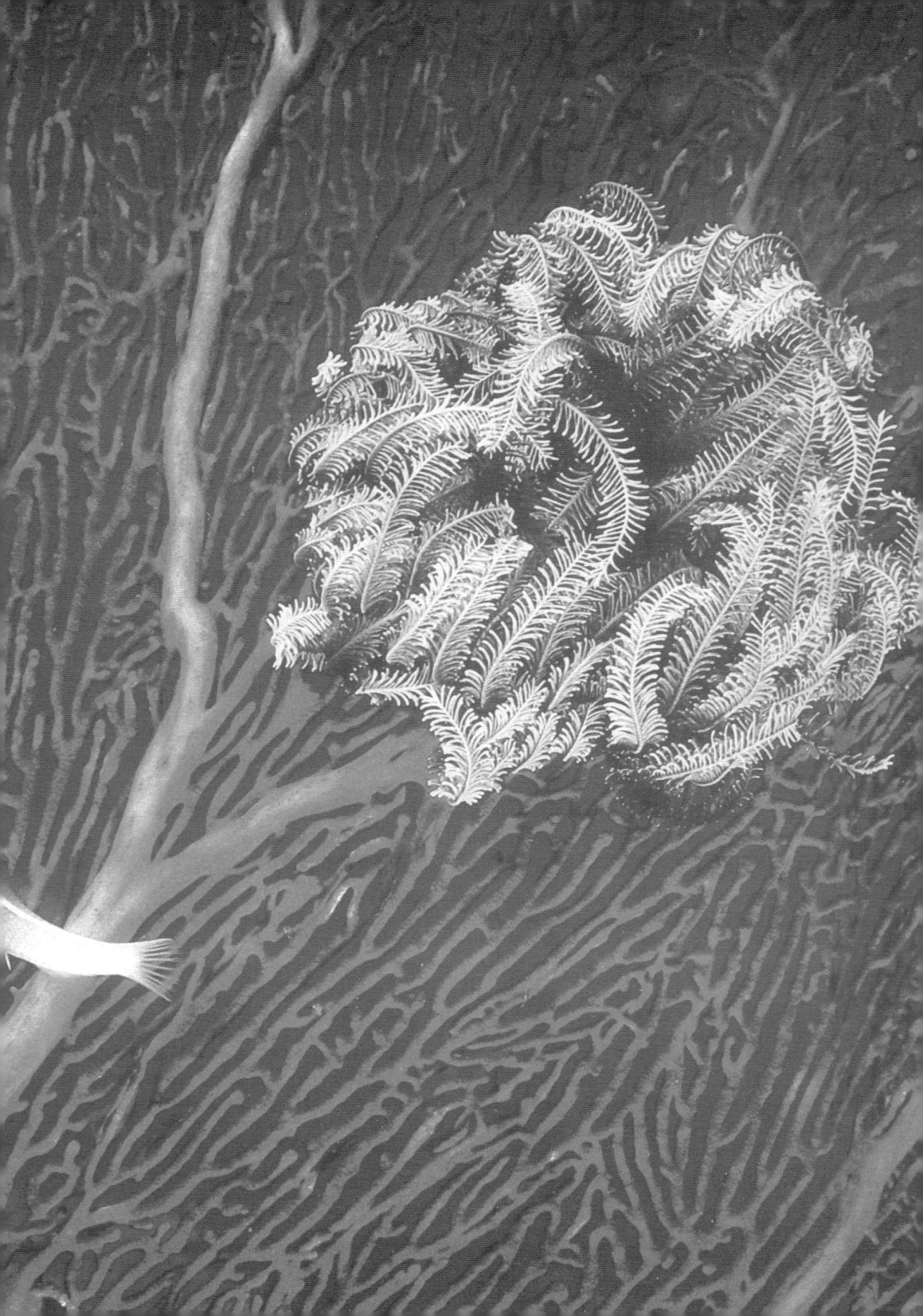

1 物种的多样性
THE GREAT VARIETY

  已经确认的植物、动物以及其他生物类种超过 150 万个，可能还有 1000 万甚或 1 亿个物种有待人类发现。1 平方千米的雨林大概生活着几百种树、数百种不同的鸟和数千种不同的蝴蝶、甲虫和其他昆虫，还有许多爬行动物、两栖动物、哺乳动物和土壤中的生物。地球上既生活着巨型生物例如蓝鲸体重达 200 吨，身长可达 33.5 米；巨杉高达 84 米，重量可达 2000 多吨；巨型鱿鱼的身体宽度可达 17 米，也生活着藻类和只有借助显微镜才可以看得到的极小的生物。几乎地球的每一个角落——从山顶到黑暗的洞穴和没有阳光的海洋深处，从酷热的沙漠到天寒地冻的冰原——都有生物生存。

  尽管生物极为多样，但所有的生物也存在着某些共同特征。植物和藻类都能吸收光能构建自身的使细胞和组织，而其他生物则摄取食物，并释放从食物中获取的能量，所有的生物都必须排泄身体产生的废物、繁殖后代、争夺资源、对环境变化作出反应，经过几十亿年的进化，自然界中的生物逐渐形成了极多样的身体结构，以实现上述功能。

单细胞生物

世界上已知单细胞物种大约有6万种,可能还有更多单细胞物种尚未被发现。大部分单细胞生物体积非常小,只能借助显微镜才能观察得到。但是,单细胞生物的生活范围远比"先进"的多细胞生物的广泛,在世界最高山峰的寒冷雪地和最偏远的极地荒原,数百万微小的含有微红色素(这种色素能够抵挡太阳的强辐射)的单细胞藻类使白雪呈现粉红色;大量腰鞭毛虫飘浮在热带海洋的水面上,使海洋发出冷光。牛胃里包含着数百万个单细胞微生物,帮助其分解植物食物。疟疾——最厉害的致命疾病之一,就是由疟原虫——一种单细胞寄生生物——引起的。

单细胞生物的结构与复杂的生命形式比起来简单得多,但是它们具备像微型多细胞生物一样的功能。多细胞生物有多种不同的器官执行各种功能例如气体交换、排泄以及消化,但是单细胞生物仅靠细胞的特化的"区室"(细胞器)完成这些功能,每个细胞器都有自身的环境和一套生化反应。线粒体是进行呼吸作用的场所,并且分解食物,释放能量。细胞核内含有遗传物质,并控制着蛋白质合成。液泡储存食物或废物,溶酶体消化大分子或老化的细胞结构,藻类的叶绿体是进行光合作用的场所。

多细胞生物的细胞中也含有上述这类细胞器,但是这些多功能单细胞更为复杂,它们可以通过伸缩泡吸收多余的水分,然后把水释放到细胞表面调节水分含量。腰鞭毛虫生有刺状细胞器(刺胞),能够释放带倒钩的刺丝袭击猎物。有些单细胞生物长有叫做波动足的绒毛(有时叫做纤毛),绒毛可以协助细胞移动,或者把含有食物的水流送进细胞内。也有些单细胞生物例如裸藻长有眼点——细胞的感光区,可能对细胞的移动方向产生影响。

大多数单细胞微生物属于原生生物界:单细胞,即不是动物也不是植物,但是它们的染色体携带了遗传物质且被特殊蛋白质(组蛋白)包裹,因此它们既不是细菌也不是古生菌。它们在其生命周期的某些阶段有波动足(在配子上),因此,它们也不属于真菌。这些生物之间没有任何联系,唯一的共同点就是都不属于其他生物界。

微型的身体既有优势也有劣势。相对体积来说,小型生物的体表面积较大,因此氧气、矿物质以及其他可溶性营养物质更容易扩散进入细胞,二氧化碳和其他废物也较容易从细胞中扩散出来,因此它们不需要体内运输系统,但是,水以及其他介质对它们的运动产生的阻力则相对较大,因此运动时需要消耗很多能量。

单细胞生物有多种不同的爬行、游泳方式。鞭毛虫拥有长的鞭状波动足,波动足扭动推动其在水中穿行;纤毛虫利用成排的摆动纤毛向前运动。阿米巴虫和其亲缘生物能够自由流动,它们伸出长长的触腕状伪足,借助蛋白质细丝的伸缩,牵引身体的其他细胞向前运动。有些硅藻通过将黏液分泌到光滑外壳的沟槽内,滑过固体表面如泥浆或水下植物。许多硅藻和其他单细胞生物如放射虫的外壳有伸出的长刺,增加了身体的表面积,从而使身体在近水面处飘浮,它们还可以随着浮游生物漂流。

藻类(能够进简单光合作用的有纤维素细胞壁的生物的统称)通过光合作用为自己制造食物,结合水与溶解的二氧化碳产生葡萄糖,并吸收溶解矿物质合成更为复杂的化合物。硅藻是海洋、海和湖泊中食物链的基础,甚至在极地区域,海洋冰面下也有大量硅藻繁衍,是小虾和鱼的食物。有些单细胞生物(腐生菌)往食物上分泌消化酶,把食物分解成可以溶物质,然后穿过细胞膜被吸收进体内。其他单细胞生物例如阿米巴虫,借助伪足把食物颗粒(包括细菌)吞进食物泡内的细胞中,酶分泌入食物泡中消化食物,围绕的膜阻

↓漂亮的放射虫是小生物的漂浮陷阱,它精致的玻璃状刺上布满了黏液,用于捕捉漂流在水中的其他微生物。它们亮丽的色彩是由于与其共生的腰鞭毛虫的存在而获得的,这些颜色有助于生活在海水表面附近的放射虫获得太阳光进行光合作用,为其自身提供额外的食物。

物种的多样性

止酶消化其他细胞内的物质。未消化的残余物最终被排出体外。像非洲稀树大草原和热带雨林一样，池塘、沟渠、湖泊和海洋的表面以及土壤颗粒周围的水膜充满了生物，有些以其他生物为食；有些被吃掉；有些死亡，尸体被分解。

→一滴池塘的水滴里可能含有数千个微生物，这个微观的生物世界与热带雨林环境一样复杂。微小的硅藻和带藻能够吸收太阳光线，利用太阳能驱动有机物(食物链的基础)的合成。烧瓶状的钟形虫和喇叭虫附着在其他物体上，利用波动足把食物送入嘴里。腰鞭毛虫是自由游动的单细胞生物，包括能够进行光合作用的种类和猎食种类，还有一些是寄生种类。

↓草履虫（一种原生动物）细胞被分成不同的"区室"（细胞器），每个区室都具有特定的功能。草履虫依靠成列的波动足（微小绒毛）的有序摆动而游动，以水中的有机物颗粒为食，借助部分波动足把食物送进其食道。刺丝胞伸出刺丝用于固定身体。

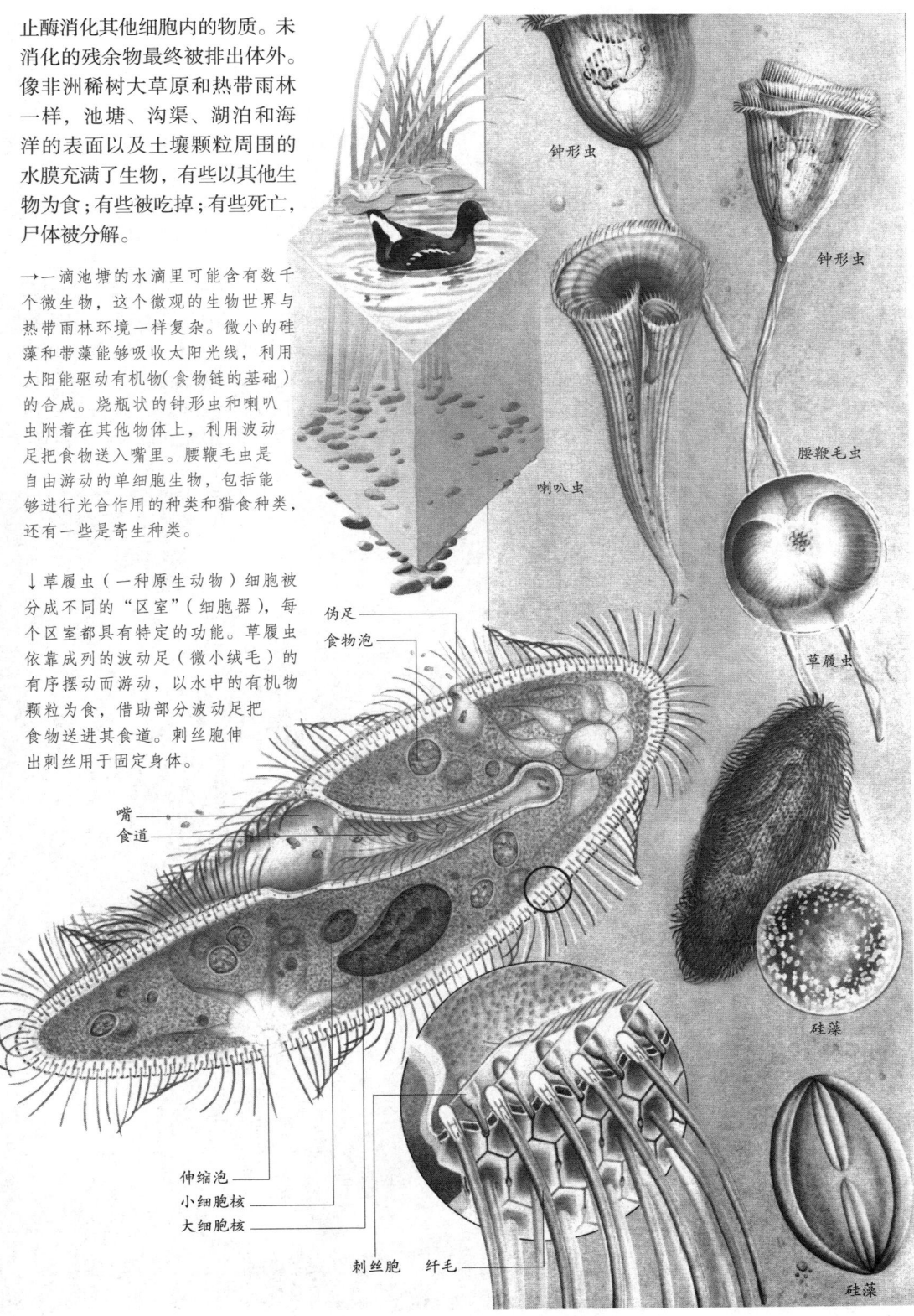

175

□学生科普百科

软体动物

至少在7亿年之前,最早的动物由简单的单细胞生物进化而来,它们有更大的身体,由许多细胞构成(多细胞体),进食量更大,移动得更快、更远,并占据了新的区域。

最简单的多细胞动物是腔肠动物——水螅、水母、海葵和珊瑚虫,身体由两层细胞组织(外皮层和内皮层)构成,具有消化、运动、协调和生殖等功能。海绵也是多细胞生物——尽管很多人认为其属于单细胞生物。

身体结构接下来的一个重要进展是三层体腔的出现,如扁形动物门成员扁虫、扁钩虫、绦虫的体腔。它们的胚胎出现了中间胚层,即中胚层,最后发育成肌肉和其他器官。发育为成体后,中胚层就被未特化的薄壁组织细胞网填满。

扁虫有感觉器官,集中在明显的头部末端,成对出现,可以探测刺激的方向。化学感觉细胞排列在头部末端凹点或凹槽上,可能具有味觉功能,可以帮助扁虫寻找食物。头部末端还有两个神经组织集中节,即脑神经节。如果脑神经节受损,动物的进食、运动及生育都将受影响。肠为封闭的,使消化更加有效。大部分食物被肠壁细胞吸收,然后在这些细胞内被消化。

随着动物身体增大,适当的循环系统对于营养物质的分配和废物的排泄变得必不可少。环节蠕虫,包括蚯蚓和水蛭,是生物进化过程中的又一大进步,它们体内出现了一种含有溶解营养物质和气体的特殊液体,即血液,通过心脏泵到血管中。由于细长的身体,环节蠕虫仍能通过扩散作用获得足够的氧气——穿过体壁。充满液体的体腔位于体壁和囊状肠之间,体腔内含有各种器官。

→水母非常漂亮但也很危险,它用摇曳的触腕围捕小的水生生物。水母收缩钟形身体,产生喷射推力,借此向前游动。水母钟形身体边缘的槽口上生有感觉细胞,用来探测光的强度变化和水中食物(化学物质)的变化。水母体内特别硬的颗粒(耳石)的运动能指示水母在水中的位置和游动的方向。水母触腕上的刺胞组和口叶能够向猎物及敌人注射带刺的毒性丝线。

体腔为环节动物提供了一种液静压骨架：即液体对体壁产生的压力保持了环节动物的体形；同时，体表肌肉细胞的收缩能够对液体产生压力，引起身体变形。

环节蠕虫坚硬的口器用于切碎食物，并且有一个比扁虫更复杂的消化系统。蚯蚓靠从土壤中找食有机物为生，其一部分体腔把肠和身体其余部分分开，因此，体壁可以自由移动、收缩。肌肉蠕动可以推动食物沿着肠移动。大部分的消化作用是在肠内消化液的协助下完成的。蚯蚓的肠通过尾部的一个特殊的孔开口，嘴仅用于进食。

蚯蚓的身体可以分为许多体节，在体表形成许多环。这样可以增加身体的体积，但结构并未因此而变得繁杂。每一个体节都有独立的血管、神经中枢、肌肉和排泄器官。体腔是一个半坚固结构，肌肉可以依靠体腔的推力向前移动。

↓水母和水螅都属于刺胞动物，身体结构相似。它们体壁有两层，这两层被胶状物质即中胶层隔开；身体上的唯一开口供食物进入以及废物排出；触腕将刺胞捕获的猎物送入嘴中。水母通过摆动纤毛可以把猎物在口叶内沿着槽口扫入体内。中空体腔上更多的纤毛能帮助包含食物和氧气的液体流过整个体腔。水母钟形身体的收缩和水螅触腕的运动是通过肌肉细胞的径向和横向摇摆来实现的。

↑扁虫的身体有三层，每层都有各自的器官。肠的分支将食物分配到全身。与肠相连的一系列焰细胞提取出废物并将其转运到排泄管，从排泄孔排出。头部末端的神经细胞集中的区域（神经节）作为眼点和其他感觉区域。

→扁虫的动作比水母的动作更有力、更协调。因为生有纤毛，并且可以分泌黏液以减少摩擦，所以扁虫能够在固体表面滑行。许多扁虫的身体也能摆动游泳。扁虫通常伸出强劲有力的肌肉性咽抓捕猎物，并足以把猎物撕碎。

→蚯蚓有分离的嘴部和肛门，砂囊储存食物，蚯蚓吞进的小沙子协助砂囊肌肉壁将食物磨碎。废物从肾管排出。体节内的液体形成一个半硬式结构，当该结构运动时，对蚯蚓肌肉产生推力。多个心脏把血液压入血管。

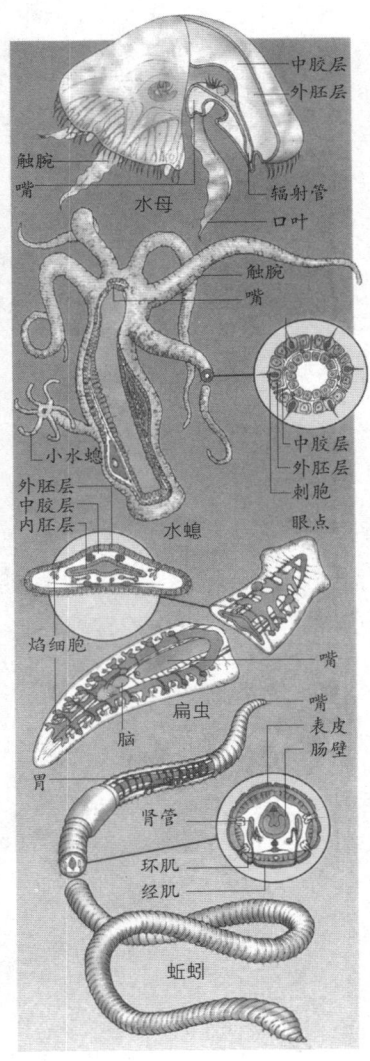

节肢动物

已知的昆虫大约有 100 万种，可能还有几百万种尚未发现。昆虫可以说是地球上最成功的动物，它们的数量最多。几乎每一个有生命存在的栖息地，从极地冰川到最为炎热干燥的沙漠，再到最小的雨水洼——都有昆虫存在。只有海洋里几乎没有昆虫。海洋里生活着与昆虫关系密切的甲壳类动物。甲壳类动物、昆虫和蛛形动物（蜘蛛和蝎子）都属于节肢动物，节肢动物的身体都覆盖着坚硬而又轻的几丁质（一种碳水化合物）壳，它们的附肢、触角和其他附器都有分节，由柔韧的关节连结。昆虫的这些分节愈合形成三个主要部分：头部、胸部和腹部；蛛形动物和甲壳类动物的身体只分成两部分：头胸部和腹部。

坚硬的外骨骼为肌肉提供了坚实的基础。从重量上看，节肢动物骨骼的管状结构远比脊椎动物的内骨骼结实。节肢动物可以行走、跑、跳、游泳以及飞行。坚韧的几丁质外壳不但可以防御敌人的侵袭，而且可以保护身体不受天气的影响——尤其是太阳和风可能引起的干燥脱水作用。许多昆虫的体积很小，所以可以在其他动物所不能到达的地方生活。

为了生长，节肢动物不得不周期性地蜕壳，即蜕皮，这时，柔软的躯体暴露在外面，有被天敌轻易吃掉的危险。外壳也限制了身体所能生长的大小。巨蛛蟹是最大的节肢动物，腿伸展后的长度可达 5.79 米，生活在海洋里，水的浮力支撑着它们庞大的躯体。产于南美的长角甲虫是最大的陆生节肢动物，但身长仅有 20 厘米。

从某种程度上来讲，节肢动物与环节蠕虫有很多相似之处：身体结构众多，例如用于呼吸的气管；在每一体节都重复出现的血管分支和神经系统；每一体节都有成对的附肢。但节肢动物也有像软体动物一样发育良好且复杂的器官——消化系统，其中，不同的器官发挥着不同的作用；一个心脏和一个血液输送系统——把血液输送到体腔内或血管体腔；有一个大脑和神经系统；有感觉器官（包括眼睛、具有触觉和嗅觉功能的触角、感觉绒毛和刚毛）。

外骨骼限制了通过扩散作用吸入的氧气量。昆虫有一系列呼吸管，即气管，通过微小的孔开口向外。许多节肢动物有书肺——体壁上高度褶皱的

昆虫的身体

昆虫的大小各不相同——从 0.1 毫米长的甲虫到翼展 30 厘米的热带蛾。已知昆虫大约有 100 万，与其他节肢动物有明显的不同。昆虫的身体可分为三部分：头部、胸部和腹部。头部长有一对触角，两个大的复眼（成虫），有的昆虫还长有一个或多个简单的眼。昆虫通常长有三对腿，两对翅，均连接胸部。胸部由三个分节组成。消化器官、排泄器官和生殖器官都位于腹部。雄性昆虫和雌性昆虫通常有明显的不同特征。

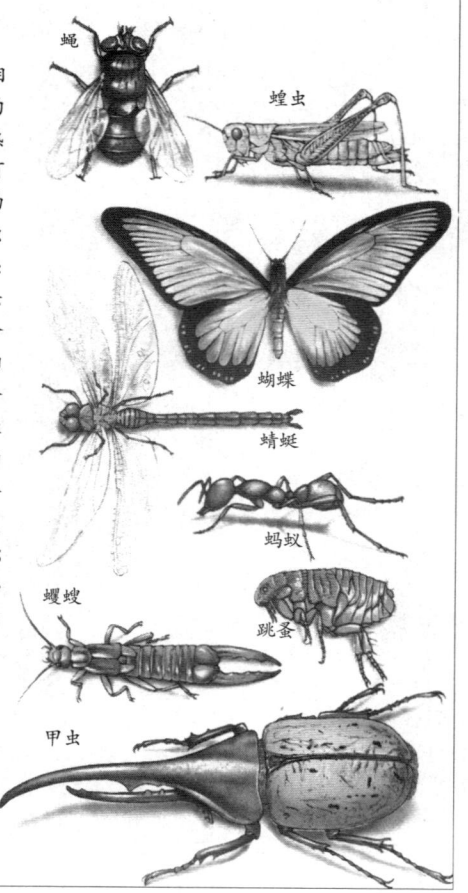

蝇　蝗虫　蝴蝶　蜻蜓　蚂蚁　蠼螋　跳蚤　甲虫

物种的多样性

层，为扩散作用提供了很大的表面积。甲壳类动物通过体节上的鳃呼吸。

节肢动物几乎以任何有机物为食。蚱蜢、毛虫和黄蜂有坚硬的锯齿边缘口器，用来咀嚼坚硬的植物和果实。蜻蜓之类的节肢动物飞行捕食；螳螂之类的捕猎者通常静候猎物；蜘蛛之类的动物一般利用它们织的网捕获猎物。还有许多节肢动物，尤其是昆虫和甲壳类动物已经进化成寄生生物，靠寄生在其他动物体内或体表生活。

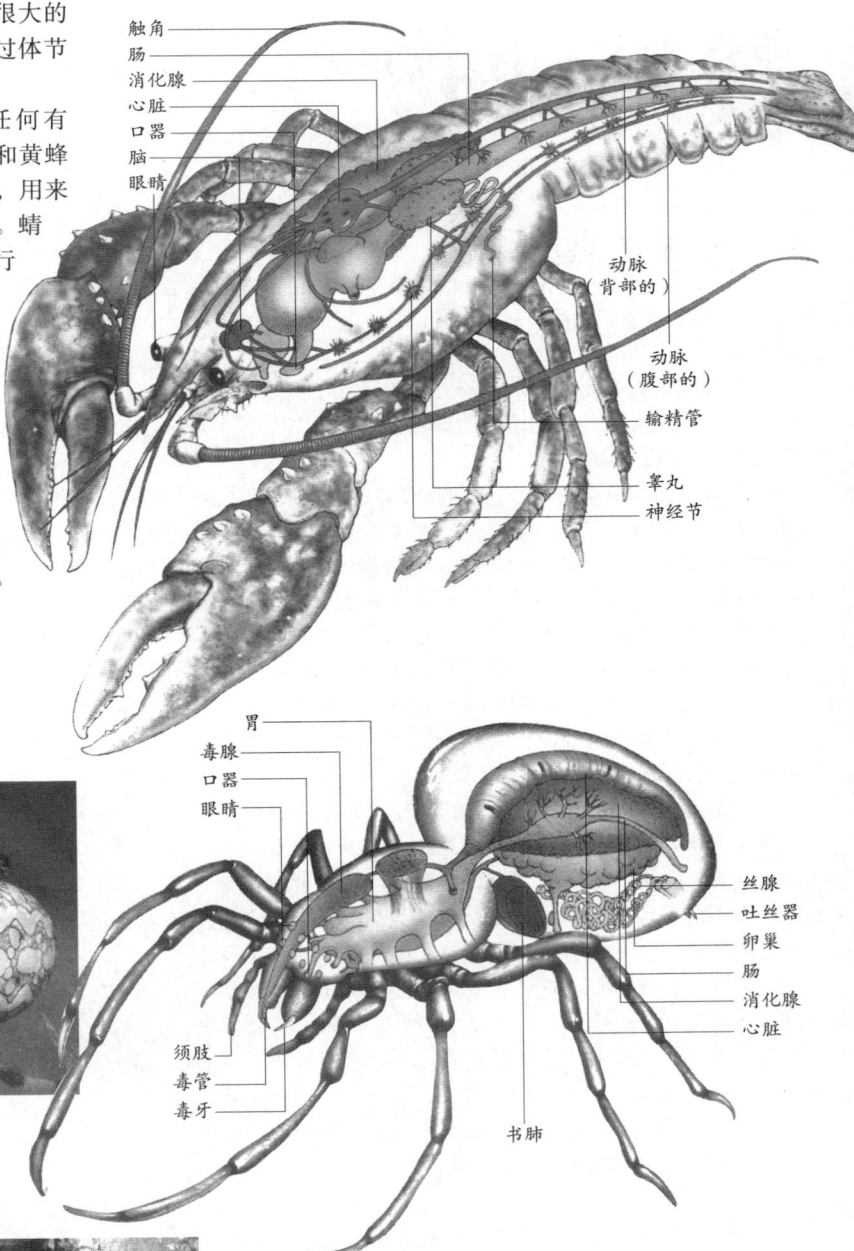

←↑甲壳类动物包括螃蟹、龙虾、小虾、对虾、藤壶、桡足动物、木虱和丸虾。大多数甲壳类动物都有非常坚硬的钙盐质外壳。昆虫仅有一对触角，而甲壳类动物有两对，且分支，甲壳类动物的附肢也有分支。蛛形纲动物包括蜘蛛、蝎子、蜱和螨，它们都有单眼（蜘蛛通常有多对单眼）和四对行走的腿。蜘蛛的身体分为两个主要部分：头胸部和腹部。蜘蛛没有触角，但是它们的须肢具有感觉器的功能。蜘蛛通常将消化液分泌至猎物体表或注射入猎物体内，然后吸食产生的液体食物。

脊椎动物

脊椎动物的身体被一个由相互连接的脊骨组成的骨架支撑着,脊骨通常由硬骨组成。硬骨是一种坚硬的物质,能够承受相当大的体重,比如一头重达5.7吨的非洲大象。颅骨保护着脆弱的大脑组织,肋骨架保护着大部分内脏。堆积的脂肪对重要的器官也有保护作用。

像节肢动物的附肢分节一样,脊椎动物的硬骨犹如杠杆,以一系列关节为枢轴。脊椎动物的球窝关节,例如肩关节和髋关节扩展了肢体的运动幅度。

脊椎动物的身体结构已经适应游泳、俯冲、攀援、爬行、挖掘、跑、跳、滑翔以及飞行,这些运动需要高度发达的感觉器官。在所有动物界中,脊椎动物的眼睛发展得最为成熟,它们的眼睛很大,所以眼眶在颅骨上占了很大空间。许多脊椎动物具有双目视觉,这样它们能够判断速度和距离。有些哺乳动物的听觉和嗅觉高度发达——声音和气味是其重要的交流途径。鱼类和一些两栖动物有一个侧线系统,对附近物体或其他动物在水中引起的振荡感觉灵敏。解析如此多的感觉信号以及协调各种反应和运动需要一个体积大、具有特化功能的大脑和复杂的神经系统。

因为脊椎动物的骨架生长在体内,所以体表覆盖物对防御物理性损伤和保护身体具有重要意义。皮肤是一种复杂的身体器官,具有自我更新能力,含有许多感觉细胞,能够感知触碰、压力、热和疼痛。皮肤的外在生长形式是区分不同脊椎动物群体的最显著特征;鱼的鳞片具有防水作用,也改进了鱼的流线型体型;两栖动物的皮肤潮湿,能吸收氧气;爬行动物有粗糙坚硬的鳞,可以防止皮肤干燥;鸟的羽毛具有保暖作用,呈流线型生长,羽毛外层坚硬且轻便,有利于在飞行过程反作用于空气。哺乳动物的体毛起保暖作用。毛发和羽毛通常呈现不同颜色——为了展示或伪装,毛发和羽毛的表层具有油性分泌物,有防水作用。

脊椎动物属于脊索动物门。海鞘和文昌鱼(类似于鱼的小动物,生活在海床上)也属于脊索动物。脊索动物的显著特征是具有灵活、分节的支撑杆,即脊索——纵贯动物的后背生长。文昌鱼和海鞘的脊索仍然清晰可见,但是脊椎动物的脊索已经演化成了脊椎。

脊索动物的另一个特征是在脊索上方长有背部神经索。脊椎动物的背部神经索位于椎骨和椎间盘之。脊索动物的第三个显著特征是在嘴巴后面的鳃室两侧出现了鳃裂。尽管仅有鱼类和两栖动物的幼体明显具有上述这些特征,但是所有其他脊椎动物的胚胎也具有这些特征。

↓哺乳动物代表了脊椎动物进化的顶峰,它们的附肢生长在身体正下方,而不是身体两侧,这样就能更快、更有效地运动。许多动物例如下图中的狮子,能够走很长的距离,每只脚都不是完全着地,这样可以减少脚与地面之间的摩擦。颅骨上的脊为强有力的颌肌提供了附着点。

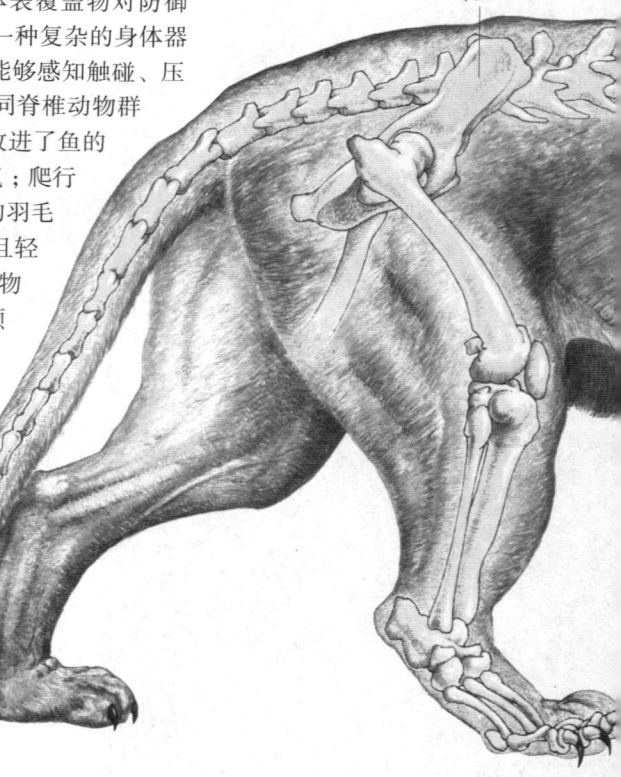

物种的多样性

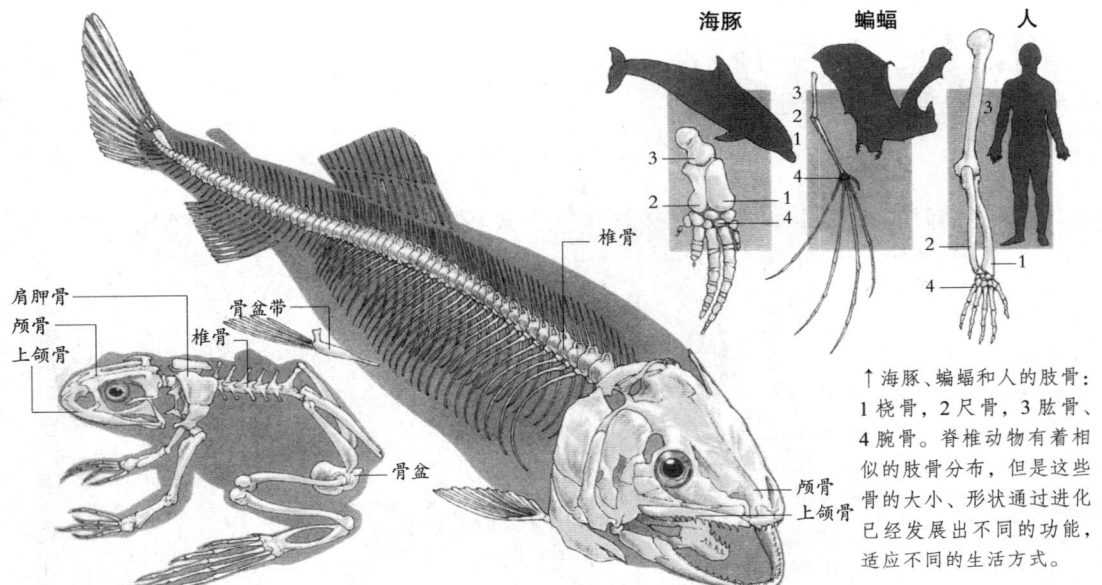

↑海豚、蝙蝠和人的肢骨：1桡骨，2尺骨，3肱骨、4腕骨。脊椎动物有着相似的肢骨分布，但是这些骨的大小、形状通过进化已经发展出不同的功能，适应不同的生活方式。

↑青蛙的骨架适于跳跃，有力的后肢能够提供推力，前肢和脊骨愈合，有助于缓冲着陆时的冲击力。

↑鱼依靠水的浮力才能在水中生活，但是，鱼也需要一个坚韧灵活的骨架，这样，肌肉块才可以拉伸，提供推力。

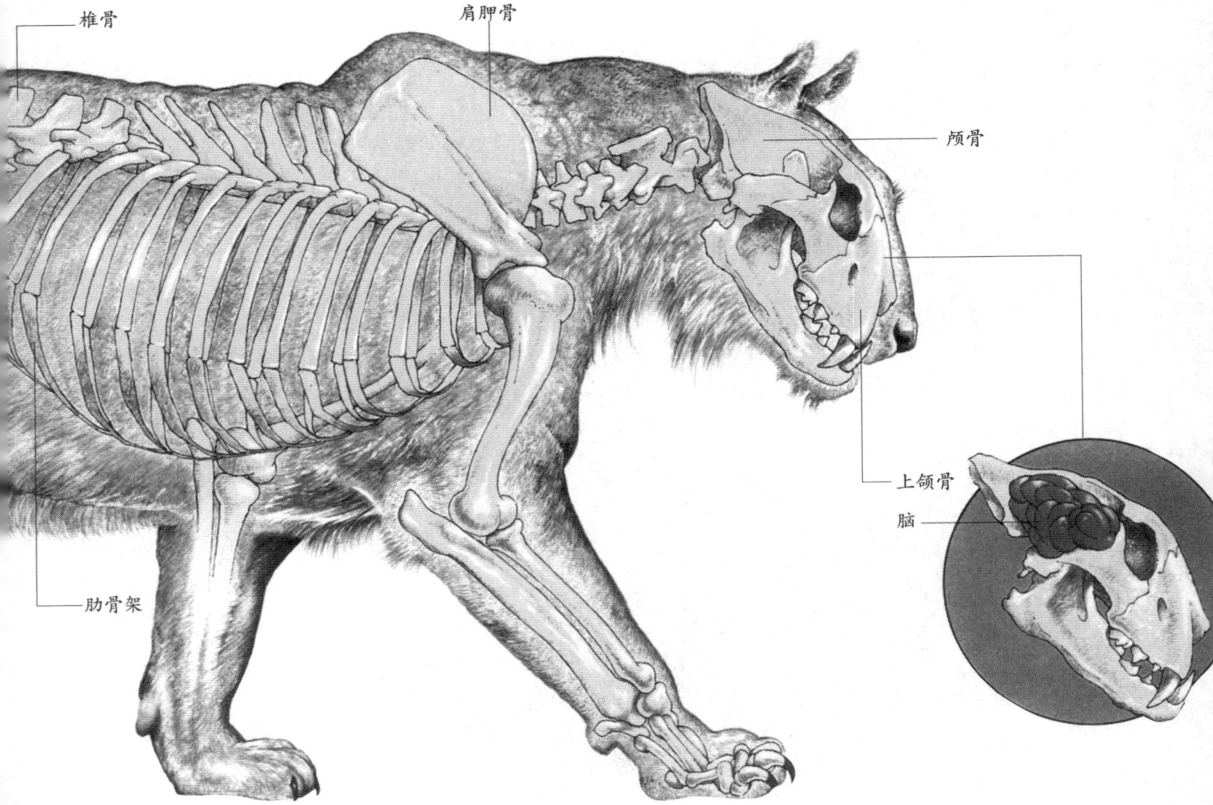

开花植物

我们周围的大部分植物都开花,但并不是所有的花都惹人注意,例如,草的花没有花瓣,这种花叫做小穗,长在茎顶端的分枝上,人们或许从来没有注意到它们。其他一些花非常显眼,且引人注目。花园里之所以栽种玫瑰、郁金香、风信子、铁线莲、康乃馨等,就是因为这些植物的花非常漂亮且芳香四溢。树和灌木也可以开花,例如木兰、山茶和杜鹃花。

尽管泰坦魔芋能够开出世界上最大的花——高2米多,直径长1米多,园丁们却不会栽种这种植物,部分原因是这种热带雨林植物很少开花,但主要原因是它开的花是世界上最臭的,闻起来像腐肉,因此又称"尸花"。

地球上的第一批开花植物大约出现于1.5亿年前(有些科学家认为开花植物早在2亿年前就已经出现了)。开花植物一旦扎根生长,就可以迅速蔓延,并进化出多种不同的科。花朵将开花植物与主宰植物世界多年的无花

↑兰花因为其美丽而很受人们的喜爱。兰花能够生产大量的种子,需要很长时间发芽和发育成熟。图中的兰花是兜兰,生长于婆罗洲的山坡上,自19世纪80年代开始人工培植。

植物明显区分开来,是进化史上巨大的进步。

花朵是含有植物繁殖器官的结构。有些植物开的花可分为雌花和雄花,而有些植物开的花为雌雄同体,但是这些花不能自身授精。

植物受精作用从授粉开始。当花粉粒——雄性孢子(小孢子)粘在心皮尖端的花柱(雌性繁殖结构)上时,便完成授粉。花粉粒必须从雄性花传播到雌性花上。有些植物以风作为媒介完成授粉,这些植物的花没有花瓣,不散发香味,能够产生大量花粉,但是大部分花粉被浪费了,因为这些花粉根本传播不到雌花上。草就是以风为媒介完

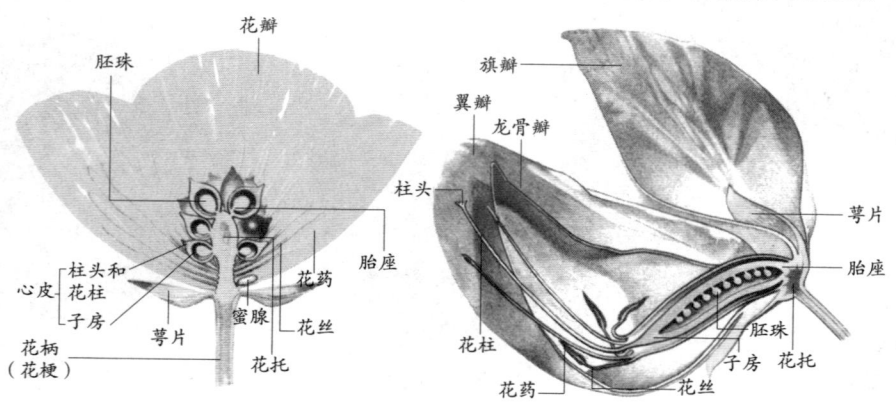

←花的横切面,显示了花的各个结构。左图的花是毛茛科植物的花,具有放射对称结构,因此如果沿着花的中心线切开,两部分的结构一致。右图的豌豆花的结构呈两侧对称,只有沿着花的一个几何平面切割,才能把花分成两个完全相同的部分。

成授粉的植物。

颜色鲜艳、芳香四溢的花依靠动物完成授粉。昆虫是最常见的（但不是唯一的）授粉者；某些植物依赖蜂鸟为其授粉；一些植物通过蝙蝠完成授粉，通过蝙蝠完成授粉的花在晚间开放。

然而，昆虫仍是最重要的授粉媒介，因为开花植物和昆虫是共同进化的。许多植物只能以一种昆虫为媒介完成授粉，而同时这种昆虫也把这些植物作为食物来源，例如，蝴蝶长有一根细长的吸管式口器（"舌头"），在飞行时，它把口器卷在头的下面，当它落在花朵上时，就会把口器伸到花朵中吸食花蜜。蝴蝶吸食花蜜的同时，全身沾满了花粉，当它采集另一朵花的花蜜时，花粉就会粘在花柱上，完成授粉。蜜蜂授粉的花一般有明显的标志引导其发现花蜜，而这种标志只有在紫外线的照射下才可见，昆虫的眼睛对其非常敏感。花与其授粉者这种密切的关系对双方都有利：花完成了授粉，昆虫获得了大量的花蜜。

昆虫具有良好的色觉和敏锐的嗅觉，花朵因此利用颜色和气味吸引昆虫，而正是植物和其授粉媒虫之间的这种亲密关系导致了颜色、形态和味道各异的花的产生。

这些差异为授粉者在花丛中发现特别的花朵提供了方便，增加了花朵成功授粉的几率。泰坦魔芋花散发的气味令人作呕，但是对为其授粉的苍蝇却很具吸引力。

尽管花的形态和颜色多种多样，但是所有花的构成几乎一致——尽管有些花的结构并不完整。一朵花有四套变化的叶子形成轮生体。

在花开放之前，我们首先看到的是花蕾，花蕾通常（但不总是）呈绿色，由萼片最外层的轮生体构成。当花开放时，萼片保留在花的基部下面。萼片绽开显出花瓣，花瓣形成下一级轮生体。花瓣具有吸引昆虫的作用。萼片和花瓣都不直接参与繁殖，大部分风媒植物的花不长花瓣。

花瓣内，第二个轮生体由雄蕊构成，雄蕊是植物的雄性繁殖部位，由一个细长的且顶端长有花药的柄或丝组成。花药是产生花粉粒的部位。

雄蕊里长有心皮，有时叫做雌蕊，包括柱头、花柱和子房。心皮是花的雌性繁殖器官；花柱是从子房长出的细管，顶端长有柱头——接收花粉的黏性结构。子房位于花柱的基部，内有胚珠。受精之后，胚珠发育成种子，子房发育成果实。花瓣和花的雌、雄器官由花托发育而成。有些植物，例如苹果树和梨树的花托长成假果，或称"梨果"，包裹着真果，即果核。我们吃的是梨果。

所有开花植物的胚珠都被包在起保护作用的子房内，因此这些植物叫做被子植物。被子植物的英文单词"angiosperm"语源于希腊单词"aggeion"，意思是"容器"，以及"sperm"，意思是"种子"，这也是用来区分开花植物和无花种子植物即裸子植物的显著特征。裸子植物的英文单词"gymnosperms"语源于希腊单词"gumnos"，意思是"裸露的"。

花自出现以来就处在不断的进化中，所以今天的许多花与花的最初形态截然不同。花的结构趋于简化，所以现在的花看起来更简单。有些部位已经融合为一体；许多花不再具有对称结构，但是仍然保留着明显的左右两半。子房的位置已经下降到萼片和花瓣的下方，这样可以受到更好的保护。

按照叶脉的特征，开花植物通常可以分为两种：单子叶植物和双子叶植物。像草、百合和兰花之类的单子叶植物的叶脉平行排列，而像玫瑰和紫罗兰之类的双子叶植物的叶脉呈网状布局。

↓授粉昆虫，例如图中的蜜蜂，把吸管式口器（"舌头"）伸进花朵深处，从花的基部吸食花蜜。在吸食花蜜的过程中，蜜蜂浑身沾满花粉。当蜜蜂采食另一朵花的花蜜时，就可以把花粉转移到其上。

无花植物

早期陆生植物的代表如苔藓和蕨通过孢子繁殖后代。一个孢子由一个或多个包在壳内的细胞构成，能够发育成自养的幼体植株。种子的出现是植物进化的标志，种子是新植株的胚胎，被包裹在保护性的种壳内，种子在成熟之前还拥有自己的食物来源。而且，空气、动物甚至水都可以把种子携带到很远的地方，并仍能发芽。孢子移动的距离则相当短。

通过种子繁殖的植物即种子植物首次出现在石炭纪的沼泽地里，距今约有3亿年。种子植物生长在桫椤丛和其他无种子植物中，植物死后被挤压并被加热，最终转化成煤（主要元素是碳）。石炭纪结束时气候已经发生变化，沼泽地干涸。种子植物繁盛起来。现在，种子植物是世界上分布最广泛、数量最多的植物。

种子植物可分为两种：无花植物和开花植物。无花植物较开花植物出现得早，尽管现在无花植物的种类远比开花植物的种类少得多——无花植物大约有800种，而开花植物大约有42.2万种，但无花植物分布相当广泛。

所有的植物都有生命周期，由两个明显的阶段或世代构成，即无性孢子（形成孢子的）代和生殖性配子代。每一个配子生成（形成配子的）细胞都是单倍体——仅含每组染色体的一套副本。孢子生成细胞是二倍体——含有每组染色体的两套副本。如果配子染色体受到破坏，配子就有被毁灭的危险。一个孢子生成细胞含有两组染色体。配子代在无种子的植物中占优势，孢子代在种子植物中占优势。配子存在于生殖组织中。

无花种子植物被称作裸子植物，这种植物的种子裸露在外面。裸子植物包含了四种植物：铁树、银杏树、买麻藤植物和针叶树。

铁树有些种类的铁树的茎富含淀粉，可以用来制作淀粉末，即西米，有些铁树的种子可食。铁树有雌、雄之分。铁树上包含种子的结构看起来像叶子，并且其生长位置与普通叶子的生长位置相同。有些种类的铁树的种子生长在大的球果内——球果通常位于茎的尖端。

银杏树繁盛于距今大约1.5亿年的恐龙时代，是现在唯一保留下来的那一时代的植物物种。与大部分裸子植物的叶子不同，银杏树的叶子会在秋天变黄脱落。银杏树要么是雄性，要么是雌性，雄性的球果里含有花粉，雌性的球果可食，球果通常在短枝的末端成对生长。银杏树高大，寿命长达1000多年。

买麻藤植物包含三种植物，但是这三种植物之间可能并无联系。大部分买麻藤植物是矮小的树木或灌木，但是千岁兰是世界上最奇怪的植物之一，它只生长在非洲西南部的沙漠，看起来像缠绕在一起的大叶子团蔓生在地面上，持续的沙漠风吹过这种植物皮带状的叶子，使其末端纠结在一起，像破抹布一样，这也使得它们叶子的长度一般不超过3米。千岁兰自身像一个巨大的萝卜，大约有1米粗，高约30厘米。

大多数现代裸子植物都是针叶树，如松树、冷杉、落叶杉、云杉、红杉、铁杉、紫杉、雪松、柏树、杜松等。大部分是大树，且为常绿树——落叶杉除外。针叶树的叶子像针或者呈小鳞片状，这些叶子的形状是适应干旱环境的结果。叶子表面的蜡质层对叶子起着保护作用，气孔（叶子进行气体交换的孔）镶嵌其中。这些特征和形状能够减少水分流失。

针叶植物产球果，雄性球果较小，雌性球果较大。同一棵树通常既生长雄性球果又生长雌性球果。雄性球果产生孢子，孢子发育成花粉粒，花粉球果把花粉释放到空气中，通过风传播。雌性球果有许多鳞片，每一个鳞片包含两个胚珠，每个胚珠里面有一个大孢子母细胞。花粉落到雌性球果上，进入胚珠，在胚珠里发芽并开始向母细胞游离。母细胞分裂两次，产生四个细胞，但仅有一个细胞能够存活下来，并变成大孢子，重复分裂形成雌性配子体。有两个或三个产生卵子的颈卵器在雌性配子体内发育，每一个颈卵器内含有一个卵子。待卵子成熟时，花粉粒也已经产出精子。精子和卵子结合完成授精，一个受精卵发育成一个新的植株。

2 生命过程
LIFE PROCESSES

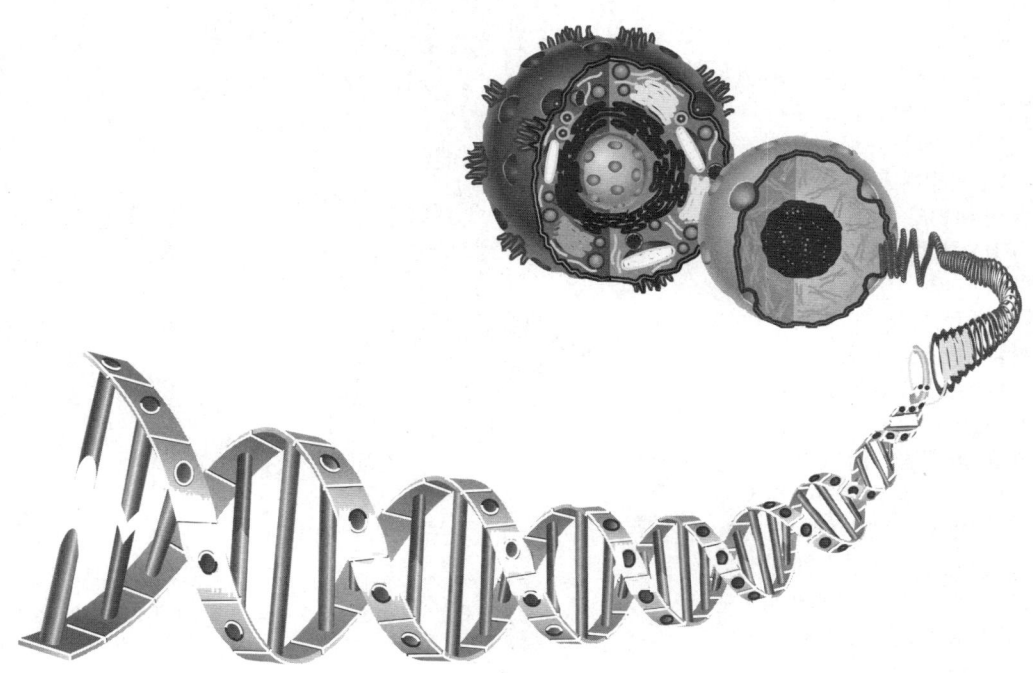

  生命依赖于体内化学物质的相互作用、能量转化为不同形式，以及身体各部位之间的迅速交流。在从细胞到器官的每一个层次上，动物和植物的身体为各种生命过程提供了特化的环境。线粒体高度褶皱的膜、每一个动物细胞的"动力房"，以及植物叶绿体的类囊体膜为各种反应中的化学物质（包括释放能量和获取能量的反应）提供了大的表面积。许多脊椎动物弹性的肺扩张和收缩，把空气吸入身体，扩散入溶液，再进入到肺周围的血管，然后进入身体的所有细胞。叶片上微小气孔的开闭控制着气体交换。

  因为不同的生命过程在身体不同的特殊部位进行，所以化学物质需要从一个部位转运到另一个部位，信号必须经过全身以协调这些活动。多细胞的动植物利用化学信号和电信号交流，在较大的物种体内有复杂的运输系统，例如心脏和韧皮部，负责运输溶解营养物质和气体。所有生命过程和结构都经过了多次进化，与特殊的生活方式和栖息地相适应。

□学生科普百科

生命的基本构建

尽管生物极为多样，但都是由十分相似的单元即细胞构成。一些动物和原生生物仅有一个单细胞，但是大型动物例如人类可能由 10 万亿个细胞构成，大约有 200 种不同类型，所有这些细胞作为单体动物共同作用。细胞不仅要执行特定的任务，例如分泌消化液或进行光合作用，而且相互间也必须保持联系，确保体内某些细胞的活动不会干扰其他细胞的活动。

细胞组成组织，例如植物体内负责运输水的木质部或者动物体内富含脂肪的脂肪组织（身体脂肪）。不同的组织又一起形成器官，例如叶子、花、心脏和胃。少数动物的细胞和单细胞藻类的细胞通过肉眼就可以看得见，但是大部分细胞的直径仅有 10～20 微米，只有借助显微镜才能看到。如果要看清楚一个细胞的细节结构，可能需要借助电子显微镜。电子显微镜可以观察到比光学显微镜小 1 000 倍的物体。

在显微镜下可以看到，动物细胞呈袋状结构，被一个双层膜即细胞膜包围，细胞内含有一种胶状物质，即细胞质。细胞体积很小，物质通过扩散就可以轻易进出细胞。内膜把细胞内部划分为几个区域，这些区域叫做细胞器，细胞器具有防止细胞内的许多化学反应之间相互干扰的作用。细胞膜上的蛋白质气孔只允许一些水

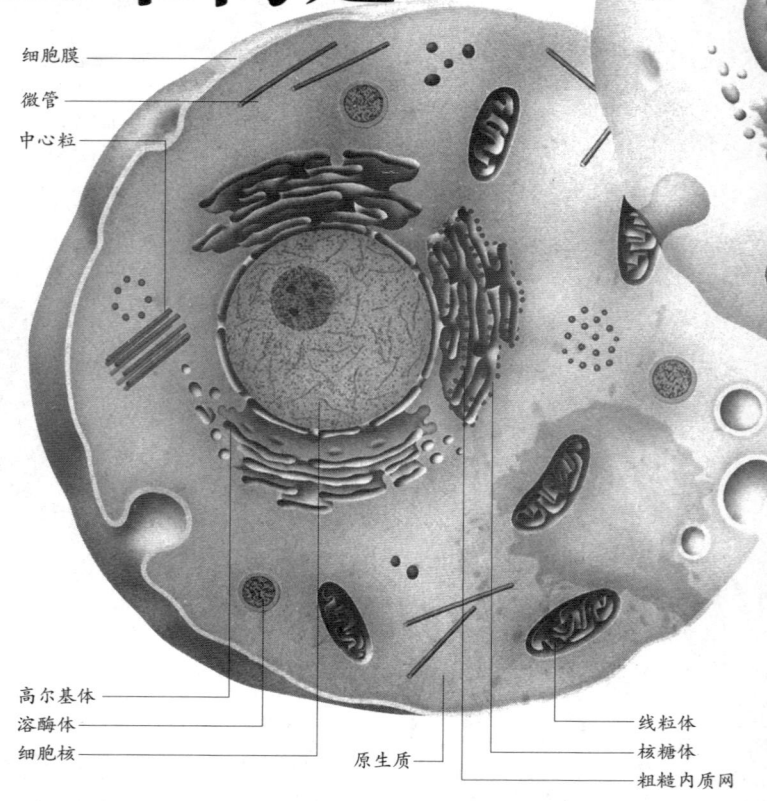

↑这个动物细胞的细胞核控制该细胞的活动；线粒体是利用呼吸作用释放能量的场所；核糖体是蛋白质合成的场所；高尔基体和内质网是细胞质中的多种物质的制造场所，这些物质在膜包裹的囊泡中运输。细胞控制着哪些物质能进出它们。溶酶体分解受损的细胞器。中心粒组织微管纺锤体，帮助控制细胞核的有丝分裂和减数分裂过程。细胞的形状部分取决于相邻细胞的压力。

溶性物质透过。因为细胞膜能控制哪些物质可以穿过它们，所以每一个细胞器拥有自己的专属环境。对细胞反应起催化作用的酶（蛋白质）对周围环境极其敏感，不同的细胞器只允许发生特定的反应，并且可以为其区域的反应提供最适宜的环境。最重要的细胞器通常是细胞核，细胞核携带了物种的遗传信息，控制细胞活动和细胞复制。线粒体是细胞的能量来源，也是呼吸作用发生的场所。粗糙的内质网内含有参与蛋白质合成的核糖体链。细胞器，例如叶绿体和线粒体内，膜的大面积区域是电子沿着一系列膜包围的携带分子传输的场所，为释放能量的化学反应序列提供能量。

细胞器之间的物质叫做细胞溶质，与细胞器共同形成细胞质。散布在细胞溶质中的物质是长的管状蛋白质细丝，叫做微管，微管像脚手架支架一样能在细胞周围组装、拆卸或者移动，构成了一种细胞的"骨架"，新的细胞器或者细胞膜形成之处微管的数量

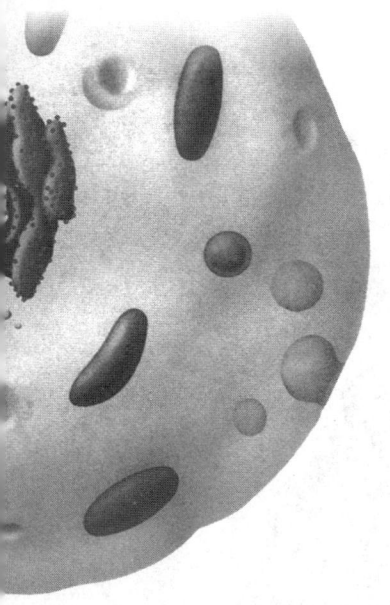

子细胞完全分开为止。由钙盐和镁盐合成的粘合物质即中间薄层，把相邻的细胞壁连接在一起。

细胞器的数量和类型因细胞类型及其在生物体内的角色而各异。红细胞因为没有细胞核而呈凹形，这增加了吸收氧气的表面积。精子细胞有用于游泳的尾巴以及提供能量的线粒体。肾小管细胞和肠细胞表面生有微绒毛（微小的手指状突出物），增加了吸收的表面积。胃里的杯状细胞有许多可以分泌黏液和消化酶的高尔基体。耳朵内的感觉细胞有毛发状纤毛，有探测耳液运动的功能。神经细胞有一个传播电脉冲的绝缘轴（轴突），还有许多连接其他神经细胞的细小突起（树突）。肌肉细胞含有许多伸缩性纤维束。

许多植物细胞含有叶绿体，叶绿体的细胞膜里含有为植物进行光合作用而吸取光能的叶绿素，光合作用在叶绿体的液态矩阵中完成。植物的绿色器官里才有叶绿体，根和茎的内部器官中都没有叶绿体。诸如木质部导管和筛网元素之类的运输细胞长且薄，有带孔的端壁，但是成熟的木质部导管没有端壁。输送水分的木质部导管有一种坚韧的防水物质，嵌在细胞壁里，叫做木质素。当营养物质再也不能扩散到细胞内时，细胞就会死亡，因此没有细胞质或细胞核阻止水的运动。纤维中也有厚的木质素沉积，对植物器官通常具有加固作用。木头就是由木质部和纤维构成的。

为实现特殊的功能，细胞形态和结构的特化叫做分化。分化受基因（DNA 片段）的控制，不同的基因在不同种类的细胞里可能呈显性也可能呈隐性，到底哪种基因呈显性可能取决于来自相邻细胞扩散化学物质的浓度，而这些细胞又取决于基因活性——有时受激素的影响。许多动物的细胞终生都在连续分裂，仅有少数细胞能转变成其他种类的细胞，这些特殊变化的细胞叫做基细胞。

植物的细胞分裂只限于特定的区域即分生组织以及花的生殖器官中。新分裂形成的植物细胞通常先伸长，再分化。最重要的分生组织是位于芽和根的尖端的顶端分生组织以及茎和根的侧生分生组织。侧生分生组织使周长增加。分生组织细胞或形成层在植物生长过程中不发生分化。当形成层细胞分裂时，一个子细胞不发生分化，而另一个子细胞分化成其他类型的植物细胞。

特别多。在把细胞成分组织成大的结构的过程中，微管可能发挥了重要作用，但是微管执行其功能的方式尚未知。

植物细胞不同于动物细胞在于植物细胞拥有相对坚硬的纤维细胞壁，一旦成熟，植物细胞就不易变形。植物细胞还有一个含有废物和水的大中央液泡。动物细胞通过产生新的细胞质成长，而占据植物细胞大部分空间的液泡随着植物细胞的生长而变大。植物细胞通过渗透吸收水分，液泡膨胀，细胞质压迫细胞壁，直到细胞壁再也不能拉伸为止，这很像是给轮胎充气。通过吸收水分逐渐膨胀的过程叫做拉伸，这时的细胞变硬。

动物细胞分裂时，细胞向内收缩，形成新的细胞膜——直到形成两个细胞并分开。植物细胞的分裂与此不同，囊泡（由膜围成的囊）沿着两个新生子细胞核（细胞板）之间的一条线发育，并且新的初生细胞壁物质在其中形成。逐渐地，囊泡伸展并相互连接，直到新的细胞膜和细胞壁形成使两个

↓ 植物细胞不同于动物细胞，在于植物细胞不但有决定细胞形状的坚硬纤维素细胞壁，而且还有一个大的中央液泡。在进行光合作用的植物组织中有叶绿体，叶绿体含有绿色素即叶绿素，这是进行光合作用所必需的。许多植物细胞含有比叶绿体更简单但相似的结构，叫做质体，可能含其他色素或者储存淀粉之类的物质。

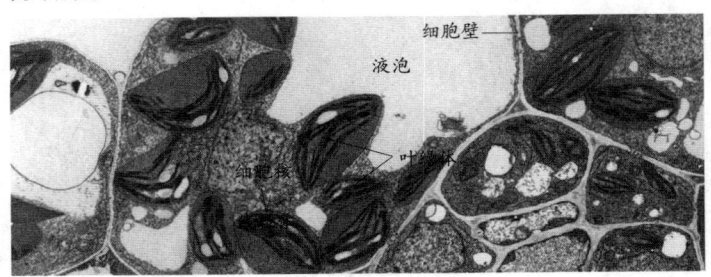

植物寄生虫和食虫植物

光合作用是绿色植物（以及一些细菌）利用光能制造碳水化合物食物的过程，这些食物主要用于为植物的呼吸作用提供能量，该过程中，碳化合物被氧化。生物利用能量把其他营养物质转化成植物用于修复自身组织和生长的物质。植物从其生长的土壤或水中获取那些额外的营养物质，这些营养物质溶于水，所得的溶液通过根被植物吸收。

上面所述是大部分植物获取养分的方式，但是还有一部分植物通过其他方式获取营养物质，它们过着寄生生活，从宿主植物中盗取养分。

独脚金是一种分布最广泛的寄生植物，分布于亚洲和非洲南部以及撒哈拉南部边界地区。20世纪50年代，独脚金开始在南、北加利福尼亚地区大肆生长，但最终得到了控制。独脚金以50多种草和莎草、玉米、甘蔗、水稻、甜高粱和其他许多谷类作物为宿主，攻击宿主的根部，吸收营养物质和水分，并使得营养物质和水分到达不了宿主的叶子。结果，宿主的生长受到抑制，逐渐枯萎，呈黄色或褐色。在地上，独脚金能长到20～25厘米高，开出红色、黄色或白色的花，产生几十万颗小棕色种子。这些种子可以在土壤中休眠数年，直到宿主植物根部的分泌物促使它们发芽为止。

菟丝子是另一种遍布全世界的寄生植物，大约有145种。它的别名恰当地描述了它的生活方式：勒死草、魔鬼毛发、魔鬼内脏、烫伤、破坏、地狱结、爱蔓以及金丝线。菟丝子没有叶子，有细的桔黄色茎，缠绕在宿主植物上，通常也蔓延到周围的植物上，把它所有的宿主缠绕在一起，形成一大团。

菟丝子的种子在地下发芽，起初它的根和其他植物的根一样，但是，随着菟丝子生长，它开始长出特化的根，能够刺入宿

→猪笼草变化的叶子是充满液体的"陷阱"，用来捕获昆虫。图中这种植物叫做拉贾猪笼草，生长在亚洲，它的瓶状叶通常长15厘米，宽5厘米，但是，有些变种猪笼草的瓶状叶长达30厘米。

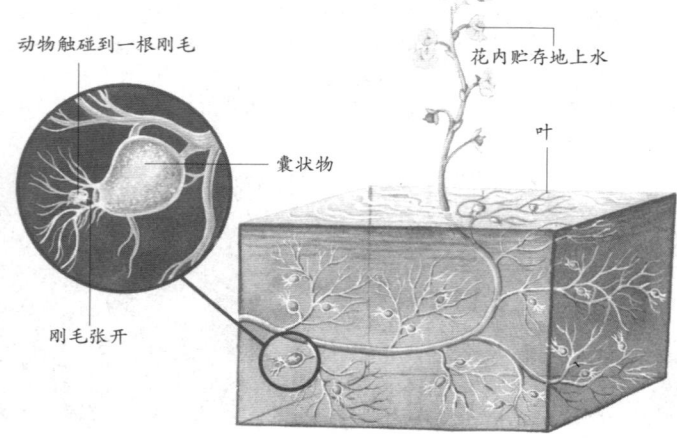

←狸藻利用它的囊状物捕获猎物，当昆虫触碰到囊外面的刚毛时，囊便弹开，水冲进囊内，从而捕获猎物。

主植物并从中汲取养分和水，它的普通根这时不再发挥作用，而完全依赖宿主植物生活。

槲寄生，通常用作圣诞装饰物，为半寄生植物，也就是说，它有绿色的叶子，能够进行光合作用，但是需要从宿主植物身上获取其他营养物质。槲寄生植物的种类繁多。美洲槲寄生植物主要是橡树槲寄生，尽管其他槲寄生物种的植物也被称作槲寄生。欧洲槲寄生在苹果树、橡树和其他树上，它们的花需要蝇授粉，种子由鸟传播，鸟啄食寄生诱人的白色浆果，会发现浆果并不美味，因此会在树干上摩擦喙以清洁喙，这样槲寄生的种子就容易被擦进树干缝隙里，然后在此发芽。

许多植物和帮助它们授粉的昆虫建立了亲密的关系，像荷兰人的烟斗、弗吉尼亚人的蛇根草以及延龄草等植物能发出一种强烈的味道，把昆虫吸引到花上，然后用花瓣向下生长的绒毛将昆虫捕获，昆虫要在花瓣里生活，一直到花药成熟，昆虫浑身会沾满花粉。绒毛萎缩后，昆虫才可以脱身。

↓茅膏菜的叶子上长有触毛，每根触毛的尖端都携带一滴黏液。昆虫很喜欢这种液体，但是，一旦触碰到这种液体，昆虫就逃不掉了。然后，触毛像网一样把猎物包围起来。图中所示植物是海角茅膏菜，产于南非，通常用作装饰植物。

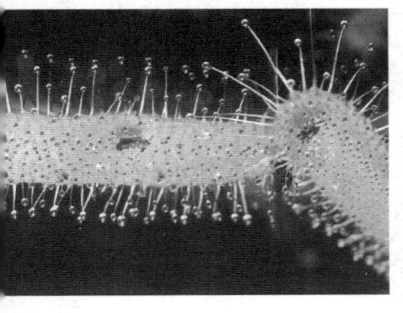

↑维纳斯捕蝇草的叶子长有一个柄状叶基和两瓣，沿叶的中脉相互接合，两瓣的外缘长有两排"牙齿"。当昆虫落到叶子上时，两瓣合拢，两排"牙齿"交错，形成一只笼子。体积小的昆虫可以从牙齿之间的缝隙中逃脱，但是体积大的昆虫就没这么幸运了，只好等着被捕蝇草慢慢消化。

其他一些植物的叶子像一个大水罐，有些叶子里装有雨水。

由于这种亲密的关系，植物吃掉它所捕获的昆虫相当容易。大约有400种食肉植物，它们都是利用变形的叶子捕获猎物。捕食昆虫并不是食肉植物获取营养的有效途径，食肉植物主要生长在普通营养物质供应不足的地区，例如生长在表面覆盖着苔藓的沼泽地或者池塘的水面上。

狸藻是一种小型的水生植物，没有根，生有漂浮的茎，茎上生有叶子和花，因生有囊状物而得名。囊状物实际是一个液囊，由一个盖子将其密封，囊内的水压低于外部水压。当小型动物例如昆虫的幼虫、水蚤或蠕虫，碰到盖子外的刚毛时，盖子便会弹开。由于囊内水压低于囊外水压，水便冲入液囊，同时把小型动物也带入液囊。盖子随即关闭，植物释放消化液溶解猎物，汲取其中的营养物质。大约15~30分钟后，囊状物将水排出，准备捕捉下一个猎物。

猪笼草生长在贫瘠的松林中、沿海湿地以及热带森林。它们的大水罐是变形的叶子，边缘生有硬的、朝下生长的刚毛，盖子上有一种腺体向下蔓生到罐子中，这种腺体能够分泌甜液，这种甜液对昆虫极具诱惑力，一旦昆虫受到诱惑，触碰到刚毛，昆虫就会被捕获。刚毛的下方是水罐最陡峭的部位，有一个光滑的表面，昆虫无法在上面站立，只能无助地滑入大水罐底部，在液体中窒息而死，然后被植物分解。

北美的食肉植物包括产于西北部的眼镜蛇瓶子草和八九种瓶子草，包括产于东部地区的猎人杯或普通瓶子草。产于旧大陆的70种食肉植物都属于猪笼草，见于从马达加斯加到澳大利亚的热带地区。有些瓶子草的水罐长30厘米，可以盛2升液体。产于澳大利亚西南部的土瓶草与虎耳草有联系，都是捕蝇草。

茅膏菜用另一种方式捕获猎物，有些茅膏菜的叶子生有敏感的触毛，触毛上有黏液滴，能吸引昆虫。当昆虫触碰黏液滴时，就会被牢牢地粘在叶子上，然后，昆虫周围的触毛扣在一起，形成一个网，将昆虫套在其中。最有名的茅膏菜亲缘植物是维纳斯捕蝇草，通常当作观赏植物栽培。

植物体内的运输

浮游的单细胞植物的生命形式简单,营养物质透过细胞壁就可以被吸收。但是,对于生活在陆地上的大型植物来说,这种营养物质的吸收方式不再有效。

苔藓、地钱、金鱼藻以及更高等的植物被称作维管束植物。这些植物拥有两套导管——木质部和韧皮部——把营养物质和水分沿着茎输送到植物的每一部分。

最初生有木质部组织的植物的细胞和现在的针叶树的细胞十分相似,这些细胞叫作管胞,长且尖端细,相邻细胞的末端重叠排列。重叠处的孔便于水从此流过,因此管胞的一个序列形成了连续的管道。

大部分开花植物有从管胞进化而来的稍短稍宽的细胞,被称做导管元,中空、圆柱形,细胞末端相连。末端的细胞壁分解并消失,因此,这些细胞形成一个连续的管道,比起管胞输送水分的效率更高。

管胞和导管元的细胞壁均含有坚韧的木质素,起加固作用。细胞未成熟时的细胞壁组

→水分从根部流到叶片,通过叶片上的气孔(1)蒸腾出去。因为水分的散失,需要从茎的木质部和根部吸收更多的水来弥补,这样,植物体内就有一股连续的水流。水从植物的根须进入木质部。由弹力物质组成的凯氏带保证水分流经细胞的每一个活性部分,但阻止水分穿过内皮层的细胞壁。

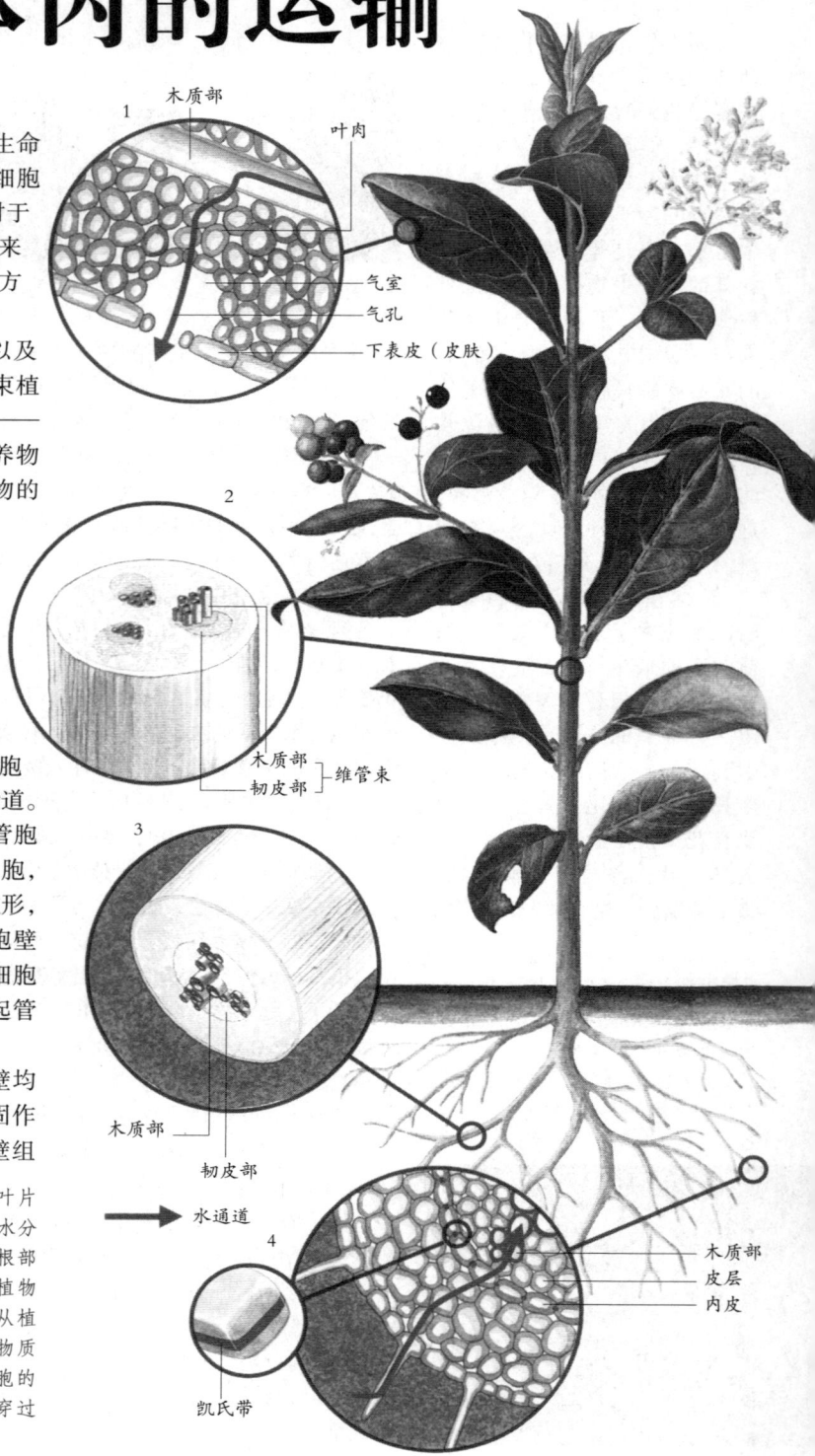

织叫做原生木质部——木质素呈环形或螺旋形排列，因此细胞能够生长，但是，木质素之后会膨胀，此时的细胞壁不再具有渗透性，细胞死亡。然而，细胞的两端仍保持开放，因此水分仍然可以沿着管胞或导管元流动。

木质部是由死亡的木质材料形成的。某些裸子植物和所有的被子植物都有纤维细胞，有厚的木质化细胞壁。这些纤维细胞是从木质部细胞进化而来的，用于支撑木质部。木质部把水分从根部携带到植物的其他部位——向上传导。在一棵高大的红杉体内，木质部可以把水分传导到100米或更高的高度。这个过程的驱动力不是来自于根部，而是来自于叶片上的气孔。

气孔张开，让二氧化碳进入植物体内进行光合作用，释放出氧气，在这个过程中，水分不可避免地蒸发散失。水分从每个气孔下面的单个细胞中蒸发出去，这降低了细胞内水势（水产生的压力），通过渗透作用，水从相邻的细胞进入，这样，相邻细胞的水势也降低了，利用这种方式依次向下，直到根部。

但是，这样还不足以使水从根部上升到顶部。水自身能够协助水流传导，水分子通过一个分子中的氧和相邻分子中的氢之间的氢键相互连接，只要植物体内有一股连续的水柱，氢键就可以把从木质部导管一个末端的水分流失而产生的张力转移到导管的其他部分，从而把水分向上拉。此外，由于相反电荷相吸的作用，水分子与导管壁上的分子紧紧粘合在一起。这种粘合力阻止水从它接触的表面沿着导管回流。

木质部把从土壤中吸收的水和营养物质转运到植物的各个部位。韧皮部形成一个运输系统，把在叶子中制造的碳水化合物运送到植物的各个活细胞。有机化合物溶液的运送叫做移置。

韧皮部由筛管组成。筛管是由圆柱形的筛管元末端连接而形成的，成熟的筛管元没有细胞核，细胞质被推到侧边，紧贴细胞壁。每个细胞末端与其相邻细胞连接，该处有开口的孔，胞间连丝（许多原生质形成的丝）从侧边引出，交叉经过该孔。这种结构叫做筛板。

与木质部的细胞不同，韧皮部的细胞是活细胞，但是，这些细胞必须依赖伴胞才能维持生命。呈圆柱形，位于筛管元之间，有细胞核和大量线粒体（产生细胞能量的物质）。伴的细胞壁很薄，并且有许多胞间连丝穿过它们，将伴胞连接到筛管元。

木质部和韧皮部组织把物质运输到植物的全身。植物细胞的外壁由膜组成，称为细胞膜或质膜，是选择性透膜，也就是说，如果细胞内的浓度低于细胞外的浓度，某些分子就能够穿过它们进入细胞，但是其他分子被挡在外面。某种程度上，溶解的物质以扩散穿透细胞膜的方式进入细胞，这是被动传输。被动传输可以转运物质，但是速度比较慢，而主动传输的速度比较快。主动传输利用细胞壁上的特殊蛋白质，这些蛋白质能够绑定分子，将其携带穿过细胞膜，或者，这些蛋白质形成通道，允许某些分子穿过。物质进出木质部和韧皮部，通过主动运输和被动运输在细胞间穿梭。

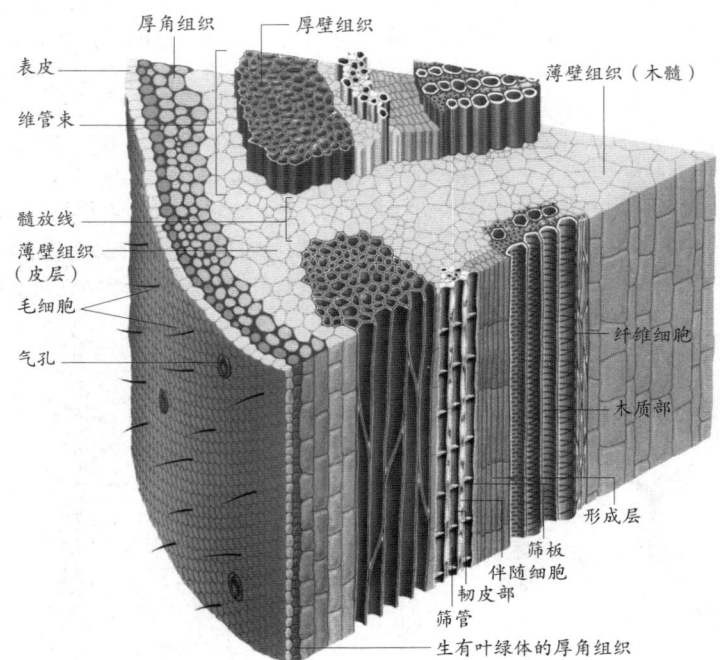

↑植物茎的横切面显示外皮层下面有一个细胞层，叫做厚角组织；厚角组织下面是薄壁组织，里面镶嵌着其他类型的细胞。木质部和韧皮部的导管元形成维管束，由纤维细胞和坚韧的木质厚壁组织加固。

叶与根

维管植物（有木质部和韧皮部的植物）通过叶和根吸收营养物质。叶通过进行光合作用制造碳水化合物，根从土壤中吸收水和矿物质。

叶子的形状和大小的多样性令人惊讶。开花植物一片典型的叶子由扁平的叶片组成，叶片通过叶柄与植物的茎相连。叶柄支撑着叶片，并让叶片尽可能展开，以获取阳光。叶脉是营养物质传输的通道，成束排列，木质管和韧皮管并排排列。双子叶植物，例如橡树和玫瑰的叶子上有一条主叶脉，沿着叶的中心线一直延伸到叶柄，侧叶脉从主叶脉发散。大部分单子叶植物，例如草、洋葱、玉米和百合的所有叶脉都纵贯整片叶子，所以叶脉相互平行，但是叶脉之间有小叶脉连接。单子叶植物的叶子没有叶柄，叶基围绕茎生长，形成一个鞘。草叶就是典型的例子。仙人掌和其他沙漠植物利用叶子储存水分，因此它们的叶子一般很厚，并有蜡质外层覆盖，以减少水分的散失。针叶植物的叶子很细，呈针形，上面覆盖着鳞苞，以阻止水分蒸发。

尽管植物的叶子极多样，但所有植物叶子的构建基本相同。一片叶子的大部分由薄壁组织细胞组成，这些细胞没有特别的功能，可能所有其他植物细胞都由该种细胞进化而成。它们有细胞核、细胞质和细胞壁，且含有大小不一的液泡。

叶子内的大块物质是由薄壁组织细胞形成的。在叶子的中央，即叶肉层，薄壁组织细胞形成海绵状组织，有腊肠形或圆形细胞，细胞内含有叶绿体——植物进行光合作用的场所。这些细胞松散地集结排列，细胞间有空隙，与气孔相通，主要功能是为气体交换（二氧化碳和氧进出叶子的运动）提供场所。

在上表面正下方，薄壁组织细胞形状不同，被称做栅栏细胞，这些细胞紧密排列在一起，犹如围栅栏的圆木。因为含有叶绿体，所以这些细胞呈绿色。叶绿体能够在细胞内四处移动，当光照弱时，叶绿体聚集在一起向细胞顶部移动；而当光照强烈时，叶绿体向细胞底部移动。

叶脉被厚角组织细胞和厚壁组织细胞包围着，这些细胞坚韧，起着支撑作用，也可见于叶尖。厚角组织细胞长，细胞壁的厚度不一致，被硬的木质素支撑。有些厚壁组织细胞长，可以发育成纤维，有些厚壁组织细胞呈大致的球形，可以发育成硬化细胞。木质素最终将厚壁组织细胞完全包围，致使细胞死亡。

↓根的形状千差万别，但是主要可以分为两大类：主根垂直向下生长，侧部长有细根；纤维根形成了一个由细的根部纤细组成的垫子。根也能够从不太可能长根的地方长出来，例如茎，这些根叫做不定根。

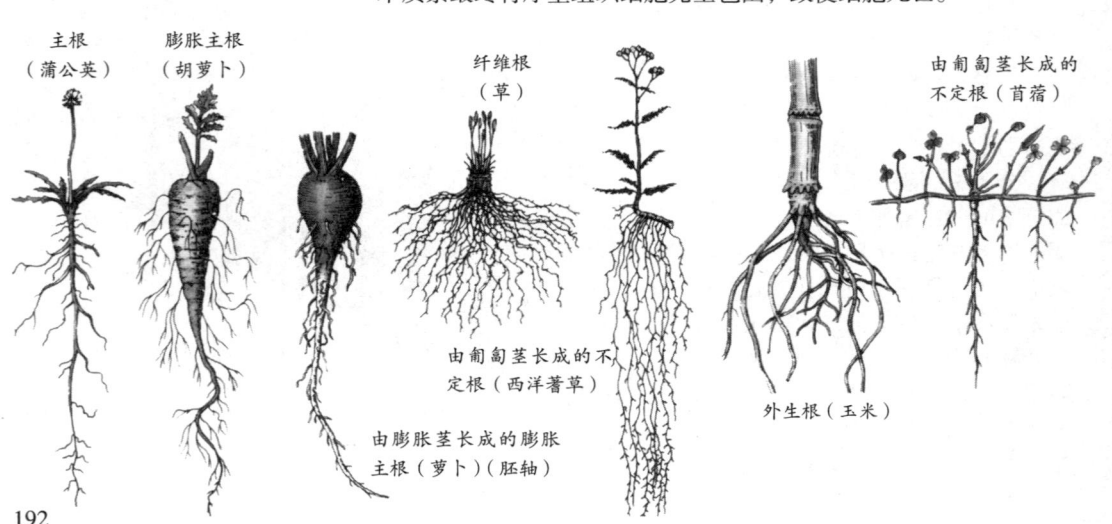

主根（蒲公英）　膨胀主根（胡萝卜）　由膨胀茎长成的膨胀主根（萝卜）（胚轴）　纤维根（草）　由葡匐茎长成的不定根（西洋蓍草）　外生根（玉米）　由葡匐茎长成的不定根（苜蓿）

→叶子的横截面。在上皮的顶部有一个蜡质外表皮，对叶子具有保护作用。皮层下面是栅栏叶肉细胞，是光合作用发生的场所。叶子中央由海绵状的叶肉组成，是气体交换的场所，该层和气孔相连，保卫细胞控制着气孔的开闭。木质部和韧皮部沿着中脉和侧脉分布。

↓草根在地表下面形成浓密的纤维团，有助于聚集土壤颗粒。细长且具有平行分布叶脉的叶子是单子叶植物的典型特征。

厚角组织、厚壁组织以及叶脉共同构成叶子的维管组织；海绵状的叶肉和栅栏细胞共同构成基本组织；表皮组织，叶子的第三种组织，形成外保护层。

上皮细胞大体呈砖形，上皮由一层或多层砖形细胞组成。陆生植物的上层细胞分泌一种蜡状物质，覆盖在叶子的表面，形成外表皮，具有防水作用，能够减少水分流失。水生植物不需要这样的外表皮。

上皮有小的开口，即气孔，是气体交换和水分散失的通道。每个气孔的两侧各有一个保卫细胞调节气孔开口的大小，当植物缺水时，保卫细胞将气孔关闭。叶子上表面的气孔数量通常比下表面的少，这是因为上表面通常正对太阳，与下表面相比，温度偏高，水分更容易散失。但是上、下表面的气体交换没有差别。

根也有一个上皮层，由薄壁的细胞构成，没有蜡质外表皮。在根毛层（一条从根尖向上的反向通路），上皮有特殊的细胞，这些细胞向外生长，长成薄壁的管状根毛。根毛与土壤密切接触，极大增加了根吸收水分和矿物质的表面积。

在根的内部，上皮下方，有一个由薄壁组织细胞构成的皮层。薄壁组织细胞之间有许多空隙，便于呼吸作用中的空气进入根部的所有细胞——如果不接触空气，根就会死亡。生长在沼泽地里的植物，例如红树，它们的根呈环形或节瘤状，伸出水面之上与空气接触。

皮层中央是内皮层，仅有一个细胞的厚度，环绕着中心维管组织束。在维管组织和内皮层之间是一层厚壁组织细胞，形成中柱鞘，提供额外的保护和支撑。维管束（可以形成维管柱）是木质部开始的部分。内皮细胞的侧面和顶端与一种叫做软木脂的脂肪状物质排列在一起，形成凯氏带。当水从根部皮层流出，经维管柱流进木质部时，凯氏带对水分具有导流作用。

根系可以分为两种。如果一粒种子发芽，胚根长出来并向下生长，扎入土壤，形成第一种根；如果胚根不向地下继续生长，而是在它的侧部长出许多小根，这种植物的根将发育成主根系，即有一个主根几乎垂直向下生长。其他植物的胚根很快死亡，但是还有其他根即不定根从幼年植物的茎的基部或叶子上长出，这些根的尺寸大体相同，从各个方向扎入土壤，形成一个根垫，接近地表。这样的根是纤维根系。蒲公英和橡树生有主根系，而草生有纤维根系。

学生科普百科

动物食物供给

任何动物都以持续的食物供给来维持生命。食物分子被分解,产生能量和更小的分子,这些小分子又可以与其他物质构建动物身体的组成成分。

因为动物的食性和身体需要各不同,所以动物摄取、分解、吸收食物的方式也存在很大差异。有一部分动物,例如蜘蛛和苍蝇,在摄取食物之前先把食物部分消化,它们把消化酶分泌在食物上,然后吮吸被消化的溶解产物。但是大部分动物摄取由大的、不溶解的有机分子构成的食物,这些食物分

→大量白蚁正在蚕食木头——最坚韧的食物之一。白蚁的消化系统内生活着超过100个细菌以及其他单细胞生物,能够将木质纤维分解成可以吸收的营养物质。

→在人的消化系统中,食物在口腔里被分解。唾液有润滑作用,帮助食物进入喉咙,唾液中还含有淀粉酶,可以开始消化碳水化合物。胃酸可以杀灭细菌,酸化食物,胃酶开始把蛋白质分解为多肽。食物进入十二指肠和小肠,螺旋的肠壁和排列的茸毛增加了消化和吸收的表面积。胆囊分泌的胆汁从肝脏中流出。胰腺的胆汁盐和重碳酸盐帮助把脂肪分解成脂肪颗粒。胰腺和肠壁的酶分解蛋白质、脂肪、碳水化合物与核酸。可溶产物被茸毛中的小血管吸收。吸收的脂肪酸和糖原在茸毛细胞中再结合,形成脂肪,被淋巴管携带。在大肠内,水被血管吸收,携带到全身各个组织。

←秃鹰大量进食之后，明显可以看到它的嗉囊膨胀起来。嗉囊是食管的一个膨胀部分，储存鸟囫囵吞下的食物，这样可以减轻胃的负担。

子在消化过程中被分解成小的、结构简单的分子，这些分子可以扩散到溶液中并被身体吸收。未被消化的物质排出体外。

动物需要将消化系统中的酶与身体的其他部位隔离开。动物有肠，食物经过肠，受消化酶作用。肠的不同部位可能因特定的消化类型而特化，形成胃、腺体、储存共生细菌的囊，以及其他各种肠。有些动物，例如蚯蚓和某些鸟类，体内长有砂囊——一种坚韧有力的肌肉组织，里面存有砂砾。砂囊的运动则导致砂砾碾磨食物。植物细胞很难消化，因此食草动物的肠通常比食肉动物的肠长，许多食草动物具有多个肠囊，例如盲肠（阑尾），其中含有能够帮助分解植物物质的细菌。鹿、羚羊和牛等反刍动物具有多个胃，适于消化植物物质。

消化的食物被肠壁血管吸收，一些小分子通过扩散就可以穿透肠壁，其他的则要通过一个能量消耗过程被吸收。食物分子进入血液到达全身各个细胞，有些脊椎动物的淋巴系统也可以携带食物分子。吸收已消化的食物并融入体内化合物的过程称为同化作用。

消化、吸收和同化作用都由激素和神经控制。感觉细胞告知大脑，消化道内存有食物，激素刺激消化酶和其他物质的分泌，肠壁神经协调肌肉波状蠕动。剩余的食物被储存起来，通常以碳水化合物——糖原的形式储存在肌肉和其他身体部位，或者以脂肪球的形式储存在脂肪组织里。根据血液成分的变化，激素控制着食物的储存和贮存化合物的分解，释放养料。

胰腺分泌的激素
胰腺分泌的消化酶

小肠

大肠

学生科普百科

动物循环系统

循环系统很可能在生命进化早期就已经出现了,甚至在最早的活细胞中,生命过程所需的化学物质也必须能够从细胞的某部位运输到另一部位。简单的扩散作用对于携带溶解物质穿越单个细胞来说足够快,但是对多细胞动物许多体内运输需求来说则太慢了。扩散作用的另一个弊端是,扩散过程中,化学物可能在与其他化学物质的相互作用中而被摧毁。细胞膜能够把被转运的物质和细胞内的其他部分分开。有些被转运的物质进入小囊,小囊的运动被认为与由能收缩和舒张的弹性蛋白质组成的微管有关。其他化学物质穿透由膜组成的扁平囊,例如内质网和高尔基体。

较大型动物的运输系统与细胞内的运输系统具有很多共同之处,但物质在其体内的运输不是透过膜,而是通过由结缔组织和肌肉纤维形成的管道。血液和其他体液在体内循环,把营养物质、身体产生的废物、氧气、激素以及抗体从单个细胞运输出去和进入单个细胞,或者运进或运出动物身体。

最简单的循环系统包括纤毛和鞭毛——能够摆动的细毛。海绵和许多原生动物摆动鞭毛或成排的纤毛,使含有食物和氧气的水流入体内;在蚌类动物中,水则流经筛状鳃。

↓长耳大野兔生活在干旱炎热的沙漠,它们的耳朵很薄,并布满了细血管,因此热量容易从细血管网散失,帮助其降温。鱼(下图)有封闭的单循环,心脏直接将血泵入肺或鳃,从那里氧化血流到身体其余部位,这限定了氧化血被泵入身体的压力,因为血液必须首先经过脆弱的呼吸作用器官。

↓许多无脊椎动物如蚯蚓和节肢动物(包括龙虾),具有开式循环系统,其中血液在低压下流经全身,血液能从血管末端进入体腔。在这种开式循环系统中,含氧血和脱氧血混合在一起,此氧气的运输总是相对效率不足。

节肢动物

鱼
鳃
动脉
静脉
心脏
身体组织
心脏
鳃
体腔

哺乳动物则利用纤毛使鼻子、喉咙和肺中的黏液进入胃，黏液粘附的异物颗粒可以在胃中进行无害处理。输卵管中的纤毛通过摆动帮助卵子进入子宫；肾小管上的纤毛有助于液体沿着肾小管流动。

陆生动物把空气吸入体内，然后借助肌肉的吸放运动把空气排出体外。在许多动物体内，心脏是血液循环的泵器官，但是某些无脊椎动物的主要血管也起着同等重要的作用。许多无脊椎动物例如蚯蚓和节肢动物的一个或多个心脏把血液泵入血管，这些血管纵贯全身；然后，血液从血管末端漏进体腔，浸没细胞；最后，在心脏泵力作用下，血液被吸回血管前端。这种开式循环系统在低压环境下运作。

大型动物需要动力更强的循环系统，它们的血液在高压下被泵出，在一系列狭窄的血管中流动且不会溢出血管。细胞需要的物质从供应组织的毛细血管网薄薄的毛细血管壁扩散出来。但是，高压会导致部分血液透过毛细血管壁渗漏出来。渗出来的血液被另一个循环系统即淋巴系统的管道收集，然后在某个低压点流回主循环系统。在这种封闭式循环系统中，仅有3%~5%的毛细血管一直处于开放状态，使供给组织的血液处在良好的控制下。

封闭式循环系统还有其他优点：允许血液在肾脏中高压过滤——一种排出废弃物的有效方式。对于那些依赖血液运输氧气的物种来说，开式循环速度太慢，限制了新陈代谢率和动物的活动——昆虫具有一个用于呼吸气体的分离的循环系统，克服了开式循环系统的这种局限性。

哺乳动物和鸟类的高速、高压循环能够使热量在全身传导，对维持其恒定的体度很关键。某些动物，特别是大部分时间生活在冷水中的海生动物，毛细血管的布局十分特殊，其中细动脉（动脉的末端分支）和小静脉（静脉末端的细小分支）平行排列，有利于它们之间进行热量和气体交换，减少热量散失。海生哺乳动物的鳍足和海鸟的脚上都具有这种特殊的毛细血管布局。

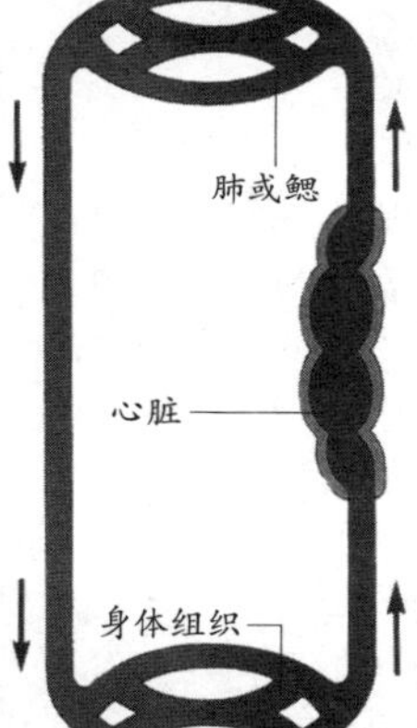

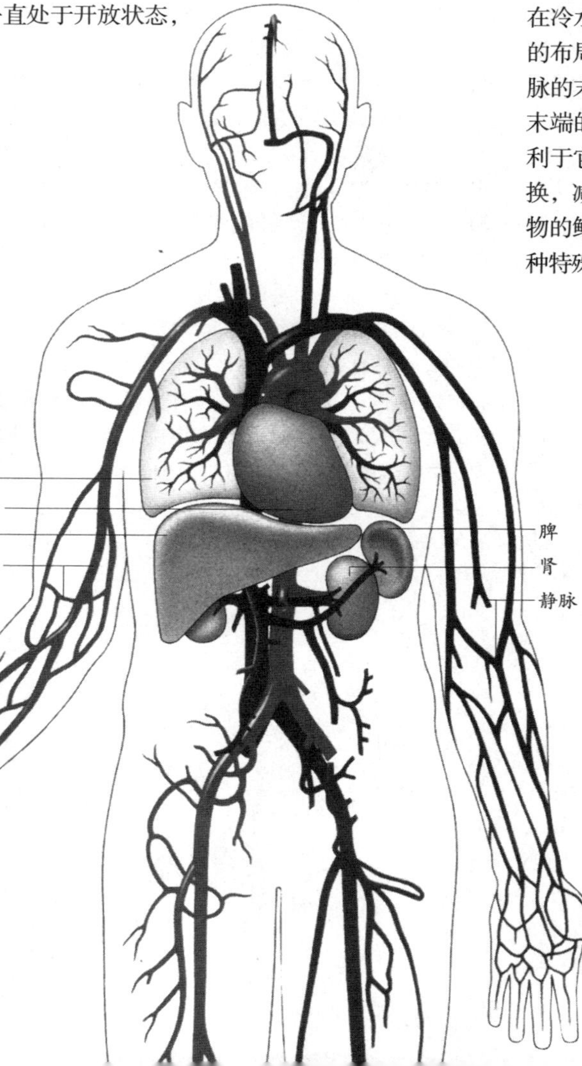

←在双循环系统中，例如人的循环系统，心脏首先把血液泵入肺，然后再在高压下把氧化血泵入身体。具有双循环系统动物的心脏要有三个，要么有四个腔室，这样可以把从肺中流出的氧化血和从身体流回心脏的脱氧血分开。

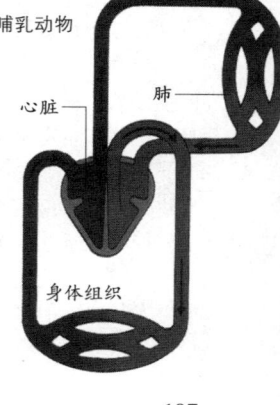

调节热量和水分

鸟和哺乳动物高效的新陈代谢是其几乎恒定的体温所带来的,这些动物被称作内温动物。它们的体温通常为35℃~44℃,人的正常体温是37℃。内温动物通过控制代谢热量的散失来控制体内温度。大脑的体温控制中枢由神经与感觉细胞相连,感知温度变化——特别是皮肤——最主要的热量交换场所。

许多动物通过沐浴或躲避阳光来调节体温,或者隐匿于地下,那里温度的变化比较小。在温度大范围变化的环境中,动物可能进入一种静止阶段,在该阶段,动物新陈代谢率极大降低,体温降低,以减少身体热量的散失。例如有些动物在冬季冬眠,以度过食物短缺且寒冷的冬季。

所有动物都具有它们自身的中央加热系统:数百万的代谢反应尤其是肝脏中的代谢反应能够产生热量。高等动物这样产生的热量随着血液循环传输到全身。肌肉活动(包括颤抖)可以增加热量。如果环境温度不同,动物也能吸热或散热。

鸟的羽毛和哺乳动物的毛发使皮肤表面形成了一个空气层,具有控制热量交换的功能。空气的导热能力较差,所以鸟和哺乳动物体内的热量不易散失。如果毛发或羽毛竖立起来,空气层会变厚,隔热功能更佳(人体表面的毛发较少,但是当周围温度降低时,毛发可以自动立起来,体表出现小疙瘩)。毛发还可以隔绝外界的热,并减少皮肤中水分的散失。皮肤中水分散失具有降温作用。体表没有毛皮覆盖的骆驼,可能超过50%的水分经皮肤散失。

大量的热经由紧贴皮肤表面的毛细血管中的血液散失。天气炎热时,神经信号促使毛细血管收缩,因此升温的血液减少;反之亦然。通过蒸发散热也很重要,某些哺乳动物的汗液蒸发使水分散失。天气炎热时,人体1小时产生的汗液多达1升。如果在高温环境中做剧烈运动,一天散失的水分可达30升,同时丧失大量盐分。狗几乎没有汗腺,因为厚厚的皮毛不利于汗液的蒸发,取而代之的是,狗不停地大口喘气,降低流经舌头和嘴的血液的温度。兔子则通过舔湿皮毛降温。

蒸发降温要散失许多水分和盐分。血液中盐分的降低意味着其通过渗透作用吸收的水分减少,因此血液变稠,血液循环困难,这会导致血压升高。然而,血量过高也能导致血压升高。在视丘下血管渗透感应器发出的信息的作用下,产生激素,控制肾脏中的水分散失。如果血液中水的含量过低,就会分泌抗利尿激素,更多的水分被再吸收,产生浓度高的尿液。肾脏也有利于保存水的结构适应性:沙漠动物的肾小管一般都很长,有利于再吸收更多的水分。

生活在水中的动物具有调节水分和盐分散失的特殊结构。由于淡水动物的身体组织中的盐浓度通常高于水的盐浓度,所以它们通过渗透作用吸收水分,淡水动物产生的尿液浓度很低。然而,海洋动物摄入更多的水,同时也吸收了海水中的盐分,这些盐分必须经过鳃或某种特殊的腺体例如海龟的泪腺排出体外。为了排泄过多的盐分,有些鱼的血液中含有尿素,以增加血液的渗透压。

↓所有动物都受环境温度的影响。如下图,这只猫正在沐浴阳光,吸收热量。同时,它把身体靠在温暖的物体上,例如墙壁上,这样可以使热量直接从物体传导到身体。在寒冷的环境中,猫身体的部分热量也通过传导和辐射散失。

升温:辐射
降温:辐射
升温:热量传导
降温:热量传导

3 动物运动
ANIMAL MOVEMENT

　　所有动物都具有运动能力，虽然像珊瑚虫和藤壶之类的动物不能四处游走，但是它们可以移动身体部位从水中摄取食物。对于大部分动物来说，运动是寻找食物、逃避敌害的核心要素。特殊的运动方式可以用来吸引配偶、向对手作出警示或威胁袭击者。

　　运动在动物进化过程中也发挥了重要作用；使动物找到新的栖息地、来自不同地方的动物聚集到一起，或者年幼的动物分散到广大范围，能增加维持基因多样性的机会。有些动物长途跋涉地迁徙，是为了避开食物短缺和严酷的天气。

　　在陆地、水域和天空，动物的运动都面临着不同的挑战。物体在空气和水中运动需要克服阻力。水能为动物提供浮力，但是动物在陆地上运动时会与地面产生摩擦。具有支撑作用的骨骼和减少身体与地面的接触面积能够提高行走和跑的效率。在树梢上运动需要具有特殊的技巧，即判断速度和距离的能力以及抓握树干和树枝的能力。动物形态的多样性显示了不同身体结构是为了适应不同运动的方式。

肌 肉

动物的运动，从细胞的扭动到老虎的猛扑运动，这都是通过改变蛋白质分子链的形状完成的——能够拉动身体不同部位或细胞。在单个细胞中，蛋白质小管分子长链形成微管，一些微管附着在细胞膜上，其他的存在于细胞结构中。在一块肌肉中，肌动蛋白和肌球蛋白分子长链（丝）在一起形成束状肌原纤维。肌动蛋白和肌球蛋白丝相互滑过时，肌原纤维收缩。肌动纤维聚集形成更大的束状肌肉纤维，肌肉纤维再聚集形成肌肉。

肌肉可以分为几种类型，骨骼肌附着在身体的坚硬部位，例如骨头或昆虫和其他节肢动物的坚硬外壳（外骨骼）上，参与运动。骨骼的坚硬分节起着杠杆作用，由关节相连——能够运动。肌肉收缩是积极地消耗能量的过程，肌肉收缩引起一段骨骼相对另一段运动。而反方向运动时，另一块肌肉往相反的方向收缩，同时第一块肌肉放松。成对的相反运动的肌肉称作颉颃肌。

软体动物的肌肉不是成对生长的，但是肌肉组以相反方向运动。蠕虫及类似的动物有纵贯身体的纵向肌肉纤维和环绕身体生长的环形肌。当纵向肌收缩时，软体动物身体变短变圆；环形肌收缩使身体变长变细。这些肌肉推挤蠕虫体节内的液体。

扁虫和蜗牛的运动方式与蠕虫的运动方式不同，它们运动时，肌肉的波状收缩使其扁平的下表面起伏，这与地面的凸起反作用，从而推动身体向前移动。

肌肉如何收缩？通过用高倍电子显微镜研究肌肉的结构，科学家找到了答案：由肌浆球蛋白和肌动蛋白构成的细丝按照独特的方式排列，当肌肉收缩时，这些细丝通过"棘齿机制"滑过彼此。

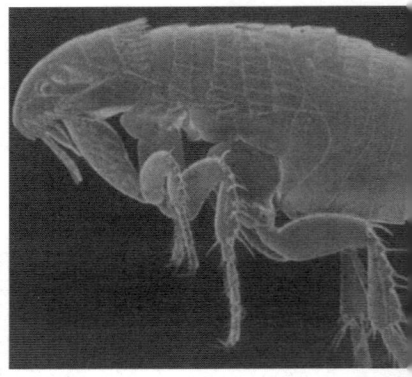

↑跳蚤的后腿具有一种特殊的弹射机制，其跳跃的高度能达到其自身高度的130倍。按重量级看，跳蚤是动物界中的最优秀的跳高高手，远远超越了袋鼠——跳跃运动的代名词。

肌球蛋白丝上的钩状头向前伸，钩住肌动蛋白丝，拉动其向前运动，然后钩状头释放肌动蛋白丝，准备牵拉下一丝肌动蛋白丝。当肌肉迅速收缩时，这种循环1秒钟大约发生5次。

三磷酸腺苷（ATP）分子为上述循环提供能量，ATP是在呼吸作用中产生的。当肌肉收缩时，ATP分子的化学能量被

→袋鼠的长足为跳跃起到了有效的杠杆作用。长足弯曲时，能量被储存在后踵的筋腱中，脚踝伸展时，这些能量被释放，使袋鼠向前弹出。跳跃所需能量的40%都来自于筋腱。在跳跃运动中，长长的尾巴相当于平衡器；当袋鼠站立时，尾巴又起着支撑作用。

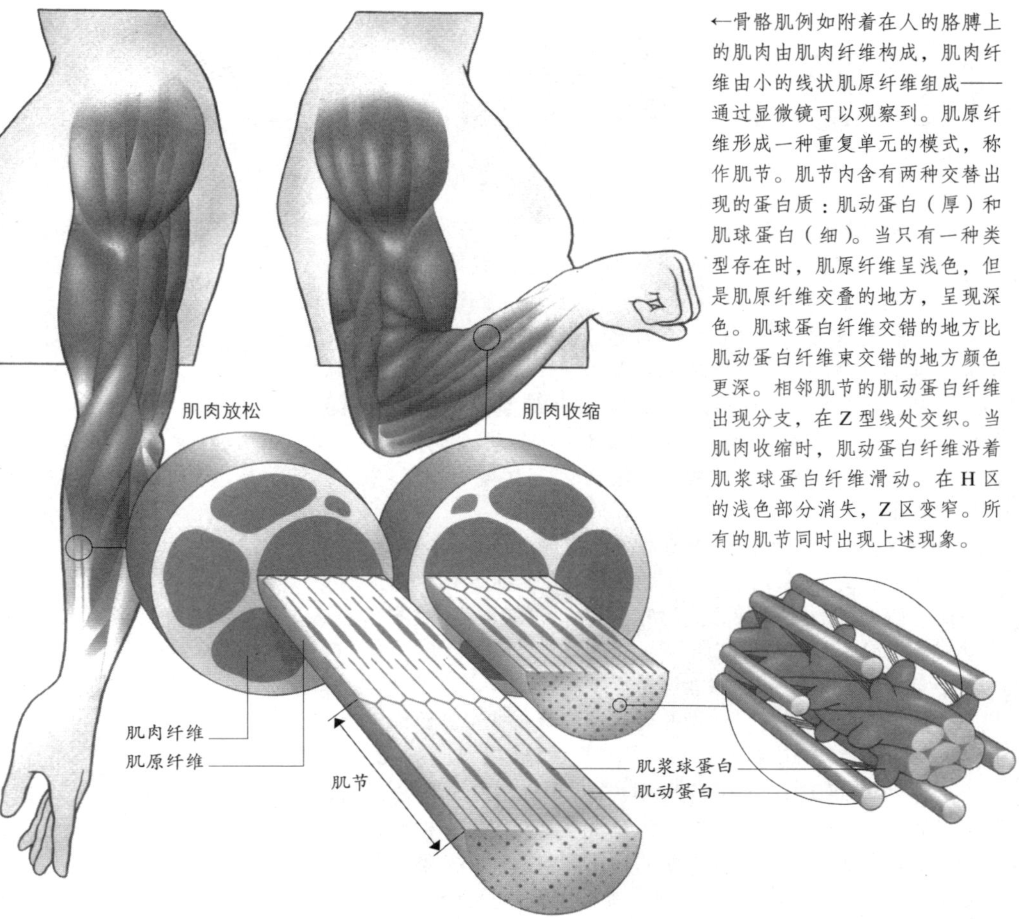

动物运动

←骨骼肌例如附着在人的胳膊上的肌肉由肌肉纤维构成,肌肉纤维由小的线状肌原纤维组成——通过显微镜可以观察到。肌原纤维形成一种重复单元的模式,称作肌节。肌节内含有两种交替出现的蛋白质:肌动蛋白(厚)和肌球蛋白(细)。当只有一种类型存在时,肌原纤维呈浅色,但是肌原纤维交叠的地方,呈现深色。肌球蛋白纤维交错的地方比肌动蛋白纤维束交错的地方颜色更深。相邻肌节的肌动蛋白纤维出现分支,在Z型线处交织。当肌肉收缩时,肌动蛋白纤维沿着肌浆球蛋白纤维滑动。在H区的浅色部分消失,Z区变窄。所有的肌节同时出现上述现象。

肌肉放松　肌肉收缩
肌肉纤维
肌原纤维
肌节
肌浆球蛋白
肌动蛋白

转化成机械能,用于使肌动蛋白丝滑过肌球蛋白丝。这个过程有效地利用了能量:50%~70%的化学能转化成了机械能,而机车引擎燃烧汽油时仅利用了10%~20%的能量。

蛋白质分子也负责原生动物例如阿米巴虫的运动、纤毛和鞭毛的摆动以及精子尾的摆动。纤毛和鞭毛包含微管蛋白质环,像肌肉的肌动蛋白丝和肌球蛋白丝一样,这些微管也是通过棘齿机制彼此滑动完成运动,三磷酸腺苷为这过程提供能量。

骨骼肌受神经系统的控制。有些运动例如急速从火炉上撤开,属于无意识行为;有些运动例如把东西捡起来,属于有意识行为。运动神经把信号传递给所有的肌原纤维,这样肌原纤维可以在同一时间收缩。

□ 学生科普百科

行走、奔跑和跳跃

运动的动物能够创造一些令人侧目的奇迹：一头猎豹奔跑时速可达 95 千米/小时，而一只跳蚤的弹跳高度是其身高的 130 倍。

在动物骨骼中，骨头犹如杠杆，而关节相当于支点。行走或猛冲时，脚的推力能够在相反方向上产生相等的力，推动身体向前向上运动。推力通过骨骼传递到身体的其他部位，而腿骨犹如一组杠杆，能够增强这种推力。身体必须围绕其重心为保持平衡，否则就会倒下。前脚向下蹬地时，后脚向前摆动，身体前倾，双臂的摇摆方向和双脚的移动方向恰好相反，这样就可以将重心维持在腿的正上方。

当慢速运动时，四足动物需要三足着地，形成一个三脚支架，并且使重心落到三足之间。善于跳跃的动物例如袋鼠需要同时移动后足，因此重心要落到身体的后半部分，因此当四足同时着地运动时，袋鼠的动作非常笨拙。

身体与地面之间的摩擦能够减慢动物行走和奔跑的速度。脚与地面接触的时间越短，动物的运动速度就越快。奔跑时，脚离开地面的时间比较长，所以维持身体平衡就显得不那么重要了。

对于四足动物来说，脚着地的顺序对于维持身体平衡很重要，同时也影响着运动的效率。大部分脊椎动物行走时，沿对角线方向相对的两只脚先后着地。前面的一只脚向前运动，然后是对角线方向上的另一只脚被带动向前，接下来另一只前脚向前移动，依次循环运动。蝾螈和蜥蜴几乎同时移动沿对角线相对的两只脚，使身体在运动中左右扭动，浪费了很多能量。

当哺乳动物快速行走时，沿对角线相对的两只脚通常同时移动，但是不会扭曲身体，这时便不再需要起平衡作用的三脚支架了。但是骆驼是个例外，它同时移动位于同一侧的两条腿，因此骆驼行走时，重心左右摇晃，人骑在骆驼上会感觉不舒服。当骆驼急速行走时，四只脚都不同时着地，并且四只脚可以同时悬空，当然，同时悬空的时间很短。

哺乳动物和鸟类都是高效率的步行者，因为它们的腿位于身体其他部位的正下方。快速行走的动物通过减少脚与地面的接触面积而减少摩擦力。猫和狗走路时，脚趾着地；奔跑速度快的动物，例如羚羊、马和鸵鸟的脚趾的数量较少，通常几个脚趾融合在一起，以增加力量。脊椎的灵活程度也会影响速度。猎豹之所以能够急速奔跑，是因为在奔跑时脊椎能向下弯曲，把后腿牵引到前腿前面，能产生强大的推力。

善于运动的动物还可以利用特殊的装置，例如筋腱中储存的"弹力能"。脊椎动物的跟腱——连接小腿肌肉和踵部——特别重要。当脚着地时，筋腱伸展，储存弹力能；当脚踝再

→人体骨骼适于两条腿走路：腿和脊椎位于同一直线上。脊椎的曲率能够维持位于腿和脚上方的各身体部位的平衡。靠下的 5 块椎骨融合形成骶骨，即骨盆的后部区域，增加了脊椎的力量。膝关节大约承受了身体的一半重量，当膝盖伸直时，膝关节合并。肘关节——人类的四足祖先就已出现——与膝关节类似。行走时，脚与地面形成一个角度蹬地，这样脚可以向下向后压，脚对地面的推力产生了一个反方向的相等推力，因此，身体可以同时被向上向前推动，上下轻微振动。脚骨形成的弓形结构犹如一个天然弹簧，能够吸收行走时的振动。椎骨的"翼"、肢体骨骼的末端凸出部分以及肩胛骨和骨盆上的脊突能够为肌肉提供附着点。

↓小羚羊正在逃命，因为猎豹在后面猛烈追击。猎豹有非常灵活的脊椎，当猎豹奔跑时，脊椎弯曲，能使猎豹大跨度前进。猎豹是奔跑速度最快的陆生动物，时速可达 95 千米/小时，但是它们以这样的速度最多只可以跑 500 米。如果小羚羊能够频繁迂回躲闪，就能够逃命（在类似的追击中，有一半羚羊可以幸免于难）。

动物运动

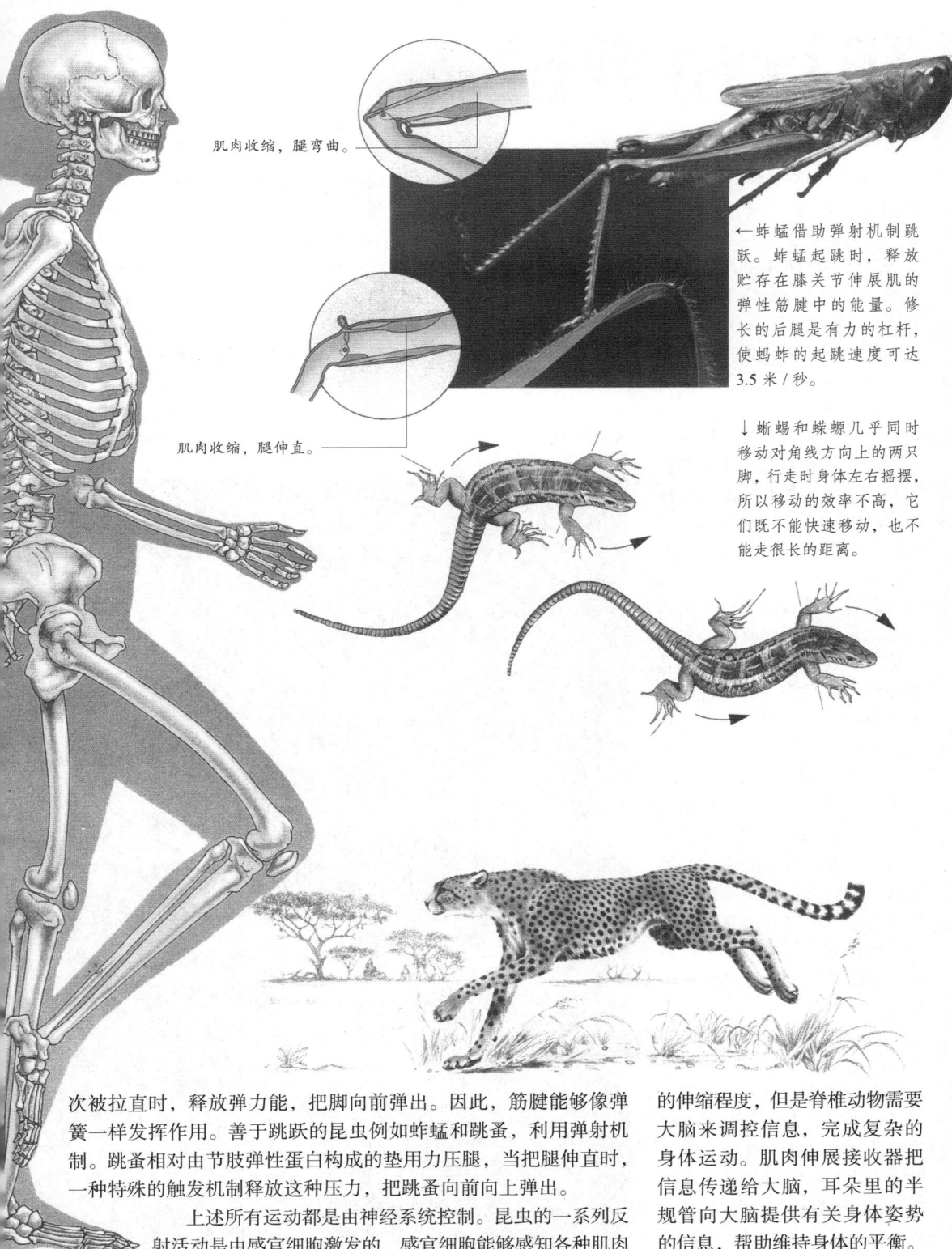

肌肉收缩，腿弯曲。

肌肉收缩，腿伸直。

←蚱蜢借助弹射机制跳跃。蚱蜢起跳时，释放贮存在膝关节伸展肌的弹性筋腱中的能量。修长的后腿是有力的杠杆，使蚂蚱的起跳速度可达3.5米/秒。

↓蜥蜴和蝾螈几乎同时移动对角线方向上的两只脚，行走时身体左右摇摆，所以移动的效率不高，它们既不能快速移动，也不能走很长的距离。

次被拉直时，释放弹力能，把脚向前弹出。因此，筋腱能够像弹簧一样发挥作用。善于跳跃的昆虫例如蚱蜢和跳蚤，利用弹射机制。跳蚤相对由节肢弹性蛋白构成的垫用力压腿，当把腿伸直时，一种特殊的触发机制释放这种压力，把跳蚤向前向上弹出。

上述所有运动都是由神经系统控制。昆虫的一系列反射活动是由感官细胞激发的，感官细胞能够感知各种肌肉的伸缩程度，但是脊椎动物需要大脑来调控信息，完成复杂的身体运动。肌肉伸展接收器把信息传递给大脑，耳朵里的半规管向大脑提供有关身体姿势的信息，帮助维持身体的平衡。

203

爬行和攀援

对于许多动物——无论是猎食动物还是被捕猎的动物——来说，速度是很重要的优势，能够增加其存活的几率。但是，有许多只能慢慢爬行的动物也已经存活了几百万年。

爬行不需要大的四肢，因为身体不用升离地面。许多爬行动物例如蛇和蠕虫，身体细长，能够滑入缝隙——许多更活跃的动物根本进不去。爬行动物在草茎间和其他浓密的植被中蜿蜒爬行，钻进地穴，有时候还会爬树。蛇是爬行的专家，能够以许多不同的方式爬行。因为蛇没有四肢，无法通过蹬地获得推力，所以必须用其他方式获得前进的动力。有些蛇把鳞片用作杠杆，将其竖起来反作用于地面上的小突起以获得推力。但是，大部分蛇仅仅将身体形成一系列弯曲，反作用于石头或其他小物体获得推力。炎热的沙漠对于蛇来说是个问题，沙子能够对蛇的腹部产生阻力，有些生活在沙漠的蛇通过间接办法克服了这个难题，即在任何时候，都只让身体的两块小的区域和地面接触。

对于离开地面爬到树上生活的动物来说，需要有许多不同的适应特征。动物栖息在树上可以逃避在森林地面上寻找猎物的猎食动物。树栖动物以树叶、花、果实、坚果以及树枝上的昆虫为食。要爬到树上，必须具备良好的抓握能力。能够爬树的鸟的脚上通常长有成对的脚趾，位于上方的一对钩进树皮，位于下方的一对起固定作用，啄木鸟和旋木雀还把尾巴当作支撑物，它们的尾羽特别宽，有力，脊椎较宽，上面有肌肉附着，能够把尾巴向下压。有几种鸟，例如五子雀，脚踝能够旋转，它们可以像松鼠一样既可以向上爬，也可以向下爬，当向下爬时，脚踝可以充当锚，脚踝绕其旋转。

尽管有些动物进化出了像降落伞一样的膜，能够滑翔，但是

↓蛇在蜿蜒爬行过程中，身体呈 S 形波浪状扭动。蛇身体变曲时，反作用于地面获得推力，鳞片作为微小的杠杆协助运动。蛇向前移动时身体曲线向后延伸，身体变曲得越厉害，推力越大。

有一些动物只能在树间跳跃。许多猴子和猿是善于跳跃的动物，它们的拇指和其他四指对生，适于抓握树枝。有些种类，例如长臂猿，手臂很长，能够钩住树枝，从一棵树荡到另一棵树上。猴子在跳跃时，尾巴具有平衡器的作用。有些猴子把尾巴当作第五肢，将其缠绕在树枝上，具有固定功能。许多善于攀援的动物拥有适于抓握的尾巴，例如犰狳、食蚁兽、负鼠和变色龙。这些特技动物必须能准确地判断距离和速度，它们的双眼通常长在头前面，以提供双目视觉。

→长臂猿用长臂在树梢间摇荡，这种运动形式为前肢交替摆动。长臂猿有长的手指和脚趾，拇指（趾）和其他四指（趾）对生，能够抓握树枝。

↓壁虎能够沿着垂直放置的玻璃片爬行，大壁虎的脚趾下面有叠生的鳞片，每个鳞上有多达15万根绒毛形成末端的吸垫，具有很强的吸力。

↓松鼠的攀援器官比较特殊，可以从双方向攀爬。松鼠的踝关节能够旋转向后，因此，后足上的爪子能够起固定作用，使松鼠既可以向上攀爬也可以向下攀爬。

□学生科普百科

空中飞行

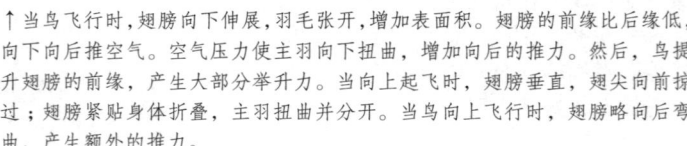

大约在3亿年之前甚至更早，昆虫开始在空中移动，它们像蜻蜓一样地飞行，四只翅膀独立发挥作用。爬行动物是第二种能够飞行的动物，人们在岩石中发现了2.2亿年前的翼龙化石，翼龙有长长的尾巴，四肢之间有皮肤膜伸展形成的翼。发现的最早的鸟化石大约生活在1.4亿年之前，蝙蝠是现存的唯一能够飞行的哺乳动物，大约在6000万年前进化而成。

能够飞行的动物轻易地开辟新的领地或者飞到很远的地方觅食或寻找配偶。飞行能够使动物很好地躲避地面上的捕猎者，并且从高空向下俯视，能比较容易地发现猎物。现代能够飞行的动物中，昆虫是数量最多的。它们的翅膀是一层薄薄的表皮层，充血的翅脉使翅膀伸展开，与腹部或飞行肌相连。较大的昆虫，例如蜻蜓，每只翅膀都有自己的飞行肌，直接连着翅膀，受独立的神经脉冲的刺激。有些蜻蜓短距离飞行时速度可达58千米/小时。较小的昆虫拍打翅膀的频率比较高，因此飞行肌扭转胸部，并同时移动所有的四只翅膀。

鸟是能够飞行的最大的动物。体积庞大的鸟例如鹰或体胖的鸟例如山鹬鸪能够在高空飞行。它们的骨骼具有许多适于飞行的特征，如骨头轻，上面有特定的飞行肌附着点，坚硬的结构可以把飞行动力传递到身体的其他部位。与肺部相通的气囊增加了身体的浮力，羽毛提供了一个大的面积，并且强韧、重量轻。不过尽管羽毛很轻，但羽毛的总重量仍占了鸟的总体重的15%～20%。

翅膀是适于飞行的特别的设计。翅膀的横截面为拉长的泪滴状，叫做翼剖面，能够产生举升力。翅膀的凸上表面能够使流经的气流加速，降低了吸附翅膀向上的压力。当气流经过翅膀的凹下表面时，速度减慢，增加空气压力并且举升翅膀。鸟在飞行时身体能产生强大的阻力。为了保持在高空飞行，鸟必须产生比阻力大得多的举升力。鸟垂下翼剖面，这样翼剖面的前缘在飞行时低于后缘，产生向上的升力和向前的推力。主要飞羽或尾的角度的小的调节有助于鸟掌控飞行方向。

准备着陆时，鸟张开尾羽，用作制动器——尾羽倾斜，几乎垂直。着陆之前，鸟也可能把脚向下伸开。鸟改变翅膀拍打的方向，从上下拍打转变成前后拍打。当鸟的飞行速度很

↑当鸟飞行时，翅膀向下伸展，羽毛张开，增加表面积。翅膀的前缘比后缘低，向下向后推空气。空气压力使主羽向下扭曲，增加向后的推力。然后，鸟提升翅膀的前缘，产生大部分举升力。当向上起飞时，翅膀垂直，翅尖向前掠过；翅膀紧贴身体折叠，主羽扭曲并分开。当鸟向上飞行时，翅膀略向后弯曲，产生额外的推力。

↓蜻蜓的翅膀相互独立运作。飞行时，每一片翅膀都扭曲，产生向前和向上的推力。蜻蜓的飞行肌直接附着在翅膀上。

动物运动

←鸟的骨骼很轻，有许多中空的骨头，由起加固作用的骨杆支撑。胸骨延伸形成扁平的龙骨——飞行肌附着于其上。

翅骨

飞羽

↗中空的羽茎和羽轴支撑着羽片，每一根羽枝上长有两排羽小枝，相邻羽枝的羽小枝扣在一起形成羽片。

羽毛结构

羽枝
羽小枝
羽轴

龙骨
翅骨

↑产于澳大利亚的蜜袋鼯从一棵树滑翔到另一棵树上，体侧伸展的组织薄片提供了扁平的滑翔表面，能够支撑其体重并产生向上的举升力。许多其他动物包括蛇、蛙、蜥蜴、松鼠和某些有袋动物也具有类似的技巧。这些动物大都以树作为运动起点。

慢时，被拖动的翼剖面后缘的空气湍流会迫使鸟停止，为了防止这种情况发生，鸟抬起其第一个被羽毛覆盖的趾——小翼羽，这样空气就可以从其下面流过，减小了空气湍流。类似的翅膀运动也用在盘旋过程中，鸟面对着风吹来的方向，使身体暂时停留在一个位置。只有蜂鸟具有完美的盘旋技巧，它们的翅膀1秒钟可拍打50次，而主羽能够沿8字形运动，在上下两个方向上都能产生举升力和向前的推力。

扇动翅膀是最常见的飞行方式。有些鸟通过滑翔也能穿越很远的距离——利用高温陆地发展出来的或者风遇到岩石或波浪时的上升气流。善于滑翔的鸟的翅膀通常很长并且窄，滑翔时翅膀完全张开。只要空气的上升速度比鸟下落的速度快，鸟就漂浮。

鸟通常在气流上升的区域盘旋，当鸟不再能上升时，就开始向下滑翔，但不拍打翅膀——通常滑翔几千米，直到遇到另一股上升气流。信天翁是最善于滑翔的鸟，它们生命中的大部分时间在海边度过。

蝙蝠的飞行能力不是很好，它们长长的脚趾支撑着翅膀，翅膀膜沿着体侧一直延伸到后肢。蝙蝠没有尾羽帮助制动和旋转，向上飞行时，也不能有效地收缩翅膀。

207

水中游泳

游泳需要消耗大量能量：水的密度比空气密度大 800 倍。如同陆地上的运动一样，游泳的基本原理也作用于能够产生阻力的表面——水——向后推，在相反方向上产生相等的力。根据这一原理，有四种常见游泳形式：自由泳、蛙泳、仰泳和蝶泳。喷流推进式是另一种常见的游泳方式，即把水吸入身体，然后向外喷水，从而在反方向上产生相当大的推力。

摆动式游泳运用的原理和蛇蜿蜒爬行的原理相同，即动物身体弯曲，向侧面和后面推水。企鹅以及其他一些潜水动物的翅膀、海龟的鳍状肢、螃蟹的后腿犹如水翼艇，能从某个角度上下拍打，产生向前的推力。向下拍打也能产生向上的推力，而向上拍打产生向下的推力。

游泳动物的身体能够适应不同的游泳方式。大部分在水下能够相对高速游动的动物的身体在游泳时呈流线型。蝾螈、鲵、鳄鱼、海豹和水獭在向前游动时，腿相对身体两侧保持平伸。鱼和两栖动物的体表光滑黏腻，有助于减少摩擦。海豚和小鲸鱼的皮肤由于水的不同压力而形成许多微小褶皱，也是为了减少摩擦。

节肢动物（甲壳类动物和水生昆虫）有扁平肢，像桨一样，或者肢部有布满鬃毛的扁平边缘，增加肢部表面积。鱼身体的屈伸，特别是尾部的屈伸给鱼提供了主要的推力，鱼还有由软骨构成的硬的鳍刺支撑的鳍，由肌肉驱动。背鳍和臀鳍能够摆动产生推力，尾鳍可以以某个角度向下向后拍打水。尾鳍的形状也有助于改变鱼身的倾斜度，尾鳍还有掌控游动方向的作用。成对生长的胸鳍和腹鳍能够像尾橹一样，用来掌控及调校鱼在水中的位置。胸鳍和腹鳍还有制动功能。鱼的有力的大块侧腹肌能拉动结实且灵活的脊椎。

海生和水生脊椎动物的肢体表现出了多种适宜游泳的变化，水獭和蝾螈的趾间有蹼，增加了用于游泳的表面积。蛙以及能够游泳、潜水的鸟的蹼更加发达，它们的趾较长，所以趾间蹼的面积较大。击水时，趾张开，增大了蹼击水的表面积；向后划动时，趾并拢，减少阻力——蛙泳的动力就这样产生的。鱼、水獭和水蛇的尾巴在垂直方向上呈扁平状，为侧向击水提供了较大的表面积。鲸和海豚的尾在水平方向上呈扁平状，能够上下拍打。

如果动物身体的密度比水的密度大，那么动物在水中漂浮就不很容易。大部分浮游微生物生有刺，这样体重就可以分散到更大的表面积上，增加浮力。油珠的密度比水的密度小，也可以使小生物在其中漂浮。虽然鲨鱼的肝脏富含油脂，但它还是需要靠游泳来维持漂浮状态。许多硬骨鱼长有鱼鳔，通过调节鱼鳔的体积，改变鱼的整体密度，使其与周围水体的密度相等，维持漂浮状态。气体可以从嘴排出，也可以被吸入血液，如果需要的话，多余的气体能够进入鱼鳔。这种气体主要含有氮气和氧气，有时也含有二氧化碳。改变鳍、尾、脚蹼的角度能够更精确地调节动物的整体密度。哺乳动物、鸟类和爬行动物肺中的气体也有增加其浮力的作用。淡水龟通过调节身体中气体的含量来改变身体的浮力。

↓鸭嘴兽的运动缓慢，前足为蹼足，像桨；后足只是部分有蹼，具有舵的作用。鸭嘴兽的四肢很短，减少了水的阻力。

4 生长与繁殖
GROWTH AND REPRODUCTION

  如果没有新特征的出现和已有特征的不断重组，生物就不可能有如此的多样性。甚至在同一物种内，也有数量庞大的自然变体。人种分化就是很好的例证，各人种都有不同的特征。
  由于种群内部的变化，有些个体能够更好地应对生存环境的变化、存活并繁殖后代，在种群中传播自身所具有的特征。当植物和动物开拓新的栖息地时，也需要经历相似的过程。多年之后，这种过程将使新的物种诞生。如果没有这种变化，物种就不能够适应变化，很可能灭绝。
  同物种的个体之间的变化通过两种途径产生，一种是基因自发的变化，另一种是在有性繁殖过程中，两个个体的基因混合。细胞核内的特殊化学物质（基因）携带着负责细胞和子细胞（细胞分裂的产物）生命运转的基因程序。在包括植物和动物在内的所有生物中，受精卵第一次分裂的产物已经过预先编程：不同体细胞将会发育成哪种复杂的身体器官，完全取决于卵子细胞核内的基因。

交 配

大多数动物都通过雌雄交配繁殖后代。大多数无脊椎动物和它们第一次遇到的异性进行交配,而脊椎动物,尤其是鸟类和哺乳动物,在选择交配对象时比较挑剔。繁育期有鲜亮颜色的动物很容易遇见和识别潜在配偶。但是雄性动物用来吸引配偶的鲜亮外表也容易引起猎食者的注意。雌性动物的颜色比较暗淡,不易被发现,有助于它们照看卵和幼仔。

在大部分物种中,雌性动物负责照看幼仔,消耗自身能量产含有丰富养料的卵,或者度过妊娠期。雌性动物不能承受多次求偶及交配,否则会耗尽自身能量,但是雄性动物可以尽可能多地和雌性动物交配。雌性动物在繁殖过程中有一定能量消耗,因此有些种类的雄性会给雌性提供食物。

在许多会形成大的繁殖群体的种类例如鹿和海豹中,雄性围绕着雌性"妻妾",竞争交配权。仪式化的表演能够显示出优势方,且不会带来伤亡。在生殖季节,即发情期,雄鹿相互嚎叫,它们也可能发生厮打,两头雄鹿鹿角顶着相互推搡,直到其中一头作出让步或被推开。袋鼠之间的拳击比赛也是为了达到类似目的。其他动物,例如海豹,相互之间可能进行真正的厮打,场面通常十分残酷。

有些物种的择偶权由雌性动物掌握,雌蛙往往被叫声最响亮最深沉的雄蛙所吸引,而能够发出这种声音的雄蛙一般也是最大、最健康的青蛙。雄性艾草榛鸡、草原鸡和毛领鸽在求偶场地上大摇大摆地来回走动,向异性炫耀。雄性积极竞争求偶场的最佳位置,而雌性通常容易被占据中央位置的雄性吸引,认为它们是最合适的配偶。

许多动物,尤其是鸟类和鱼类,迁徙到特定地点繁殖后代,许多种类需要一个足够大的繁殖领地,以保证能为逐渐"扩张"的家族提供食物来源。鸟类通过鸣叫向其他动物宣布对领地的占有权,而哺乳动物则通过散播气味信号划分领地。甚至鱼类也占有自己的领地。有些鱼自己建造巢,雄棘鱼用水草搭建一个巢,然后跳舞引诱游过的雌棘鱼。

因为要保证在一段时期内有充足的食物喂养后代,交配

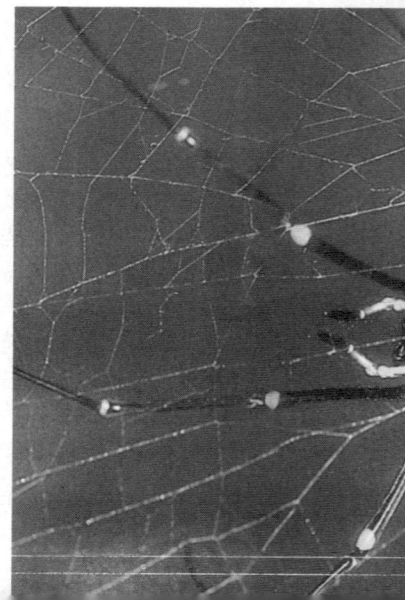

→一只微小的雄性圆蛛在向一只硕大的雌性圆蛛求爱。雄性圆蛛通过特定方式颤动蜘蛛网,轻拍雌性个体,试图说服雌性个体与其交配。但是,雌性个体可能会拒绝它,甚至把它给吃掉。

生长与繁殖

这些信号引发激素的变化，从而使动物进入生殖状态，或者使动物向繁殖地迁徙。随着春季白昼变长，鸟类的生殖器官开始增大；繁殖季节结束后，鸟类的生殖器官缩小，以减少额外的重量，有利于飞行。沙漠中的鸟一年中任何时候都可以繁殖，下雨声和绿色植被都可以引发这些鸟的繁殖行为。在全年食物充足的栖息地，哺乳动物例如灵长类动物随时都可以发生交配行为。

有几种动物改变性别以适应环境。指甲履螺只有在年幼时四处移动，之后附着生活在其他指甲履螺脊背上。附着在脊背上的指甲履螺为雄性，但是它背上被另一只雄性个体附着时，它就变为雌性。清洁鱼与指甲履螺恰好相反，小群的雌性生活在一起时，其中的头目会变成雄性，这样避免了寻找雄性交配引起的能量消耗。

↑天堂蓝鸟炫丽的求偶表演反映了成功竞争配偶在进化过程中的重要性。

→雄象海豹为了争夺领地和雌性在沙滩上展开厮打，它们对峙后会猛扑向对方，用牙齿相互撕咬。

的时间是非常重要的。由基因调控的生物钟能够根据环境信号精确调谐，对于孕期较长的动物例如鹿来说，秋季昼长的变短是其调谐生物钟的信号。

←蓝足鲣鸟成对生活在一起。求偶表演和其他表演，特别是当一只鲣鸟回到鸟巢的时候另一只鲣鸟对其做出的欢迎行为，能够使它们之间的关系更加牢固。

繁 殖

个性特征是由基因决定的，基因是核酸链片断，几乎所有细胞的细胞核里都携带着基因。基因包含产生身体中每个细胞的蓝图，这个蓝图偶尔会发生变化，如果生殖细胞即精子和卵子发生突变，这些突变就将成为遗传特征。

遗传特征的重组发生在有性繁殖（包括不同性别的个体）过程中。最简单的遗传特征重组形式发生在单细胞生物中，即两个个体结合，交换细胞核内物质。而大多数更高等动物的遗传特征的重组需要具有区别明显的生殖细胞——卵子和精子，在受精过程中，交配的两个个体的卵子和精子融合，细胞内的基因也相互混合，因此，产生的后代便拥有了双亲的混合基因，这就是同一物种的不同成员具有千差万别的外表和生理适应性的原因。

在动物进化的早期，卵细胞变大，更特化，贮存着食物，而精子则适于游向卵子。体内受精是有利于精子接近卵子的最有效方式，对精子来说很经济，且能产生数量较少但体积较大的卵子，其中有较多的营养储备（卵黄）。

精子置入雌性个体的方式有许多种。雄性蜘蛛织出小的三角形网，把精子产在网内，利用匙状腿把精子从三角网中挖出，然后放进雌性蜘蛛体内。其他许多雄性无脊椎动物和某些雄性蝾螈和鲵会将精子囊放在某处，雌性

→人的未受精的卵子被多达2000个卵丘细胞包围着，增加了卵子的体积，便于被纤毛扫着、沿输卵管运输。在运输过程中，透明带保护卵子免受损害。只要有一个精子刺透卵子，透明带就变硬，形成受精膜，阻止其他精子进入卵子。多次受精可能导致胚胎内的细胞分裂不能进行。

个体将其捡起，或者雄性把精子囊放入雌性体内。最可靠的方式是把专门的生殖器官即阴茎插入雌性个体的阴道内，昆虫、哺乳动物以及爬行动物都是利用这种方式完成受精作用。

生活在海底的动物、活动能力有限的动物以及在水中交配的动物的最常见的受精方式是体外受精。蚌类、蛤蜊、海绵和珊瑚虫把精子和卵子排在水中。生殖细胞（或配子）与能够诱导同一区域内的所有动物同时排放生殖细胞的刺激性化学物的释放是同步的。

不是所有的交配都需要雌雄个体的参与，有几种动物，例如蚯蚓和蜗牛属于雌、雄同体动物，即单一个体拥有雌雄两套生殖器官，一对交换精子以及两个配对生殖细胞最后形成受精卵，这就意味着每一只蠕虫或蜗牛能够与任何个体交配，这样便节省了寻找配偶的时间，但是配对的两个个体都需要消耗能量生长雌、雄两套生殖器官。

无性生殖——单个动物能够生育与其基因一致的后代——出现在许多简单的动物中。水螅通过出芽生殖繁殖后代，珊瑚虫能

↑罗马蜗牛是雌雄同体，有复杂且不寻常的求爱仪式，通常以"舞蹈"开始。配对的两只蜗牛倒立，把肌肉足紧紧贴在一起，然后用触须触碰对方，几个小时之后，它们把锋利的射器插入对方体内，射器射入激素，刺激蜗牛利用对方的精子使自己的卵子受精，然后，两只蜗牛相互交换精子囊。

够从破碎的残余片断中长出新的个体。许多寄生虫都有无性生殖阶段，在宿主体内迅速繁殖后代，然而，这些寄生虫每隔一段时间就进行一次有性生殖，以保持个体的多样性，有性生殖通常在恶劣的环境中进行，例如食物短缺，干旱或者冬天来临时。个体的多样性可以帮助个体度过这种艰难时期。

生长与繁殖

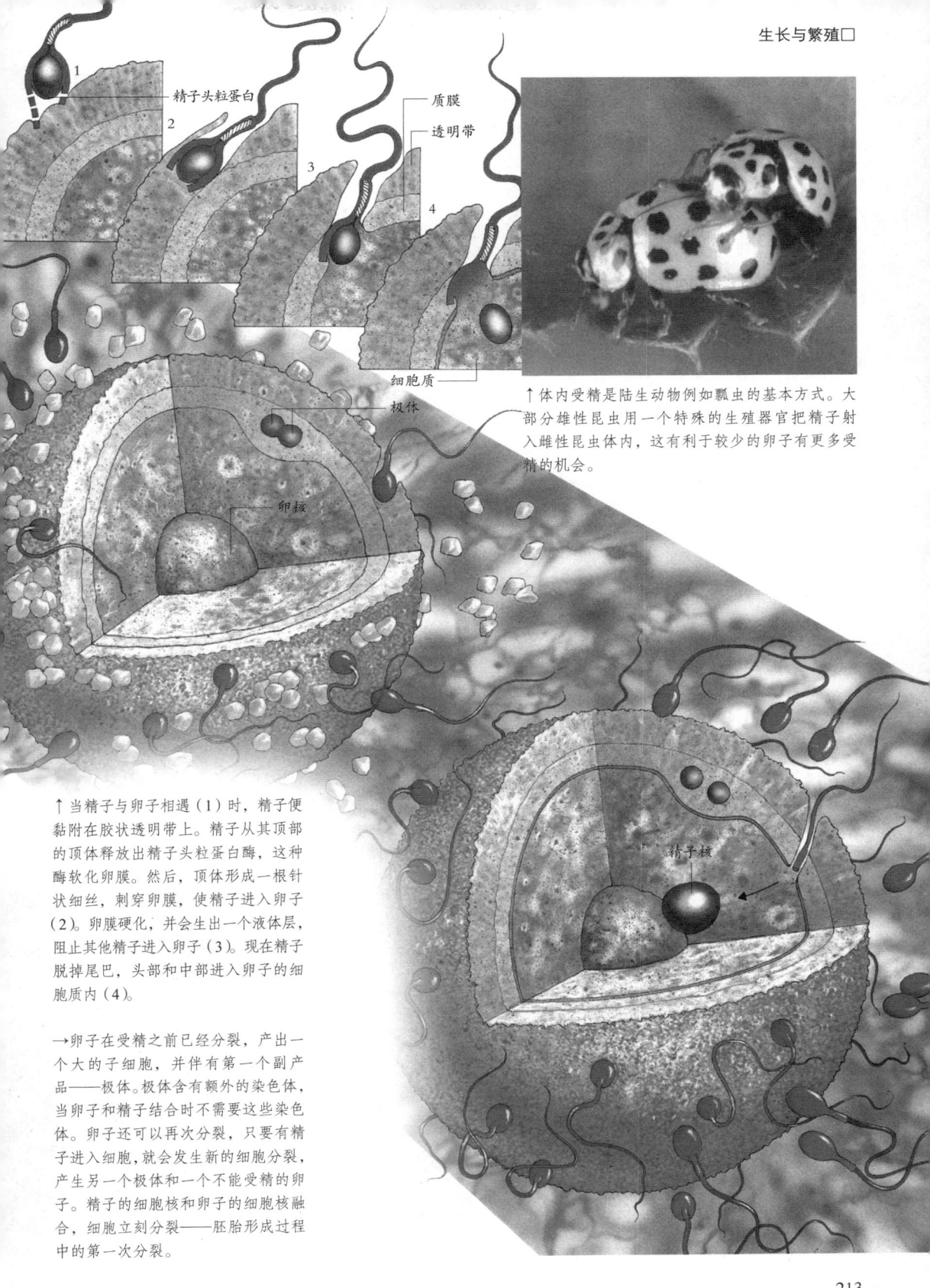

↑体内受精是陆生动物例如瓢虫的基本方式。大部分雄性昆虫用一个特殊的生殖器官把精子射入雌性昆虫体内，这有利于较少的卵子有更多受精的机会。

↑当精子与卵子相遇（1）时，精子便黏附在胶状透明带上。精子从其顶部的顶体释放出精子头粒蛋白酶，这种酶软化卵膜。然后，顶体形成一根针状细丝，刺穿卵膜，使精子进入卵子（2）。卵膜硬化，并会生出一个液体层，阻止其他精子进入卵子（3）。现在精子脱掉尾巴，头部和中部进入卵子的细胞质内（4）。

→卵子在受精之前已经分裂，产出一个大的子细胞，并伴有第一个副产品——极体。极体含有额外的染色体，当卵子和精子结合时不需要这些染色体。卵子还可以再次分裂，只要有精子进入细胞，就会发生新的细胞分裂，产生另一个极体和一个不能受精的卵子。精子的细胞核和卵子的细胞核融合，细胞立刻分裂——胚胎形成过程中的第一次分裂。

生　长

许多动物不需要亲代照料，从出生或孵化开始就能够独立生活。但是动物界中也有很多动物的幼体需要单亲或双亲的照料。许多无脊椎动物，例如海葵、海星、章鱼、臭虫、蜘蛛、蝎子和蜈蚣，都有亲代保护和哺育幼体的行为，但是只有社会性昆虫如蜜蜂、黄蜂、蚂蚁和白蚁需要把后代从卵哺育到成体。亲代照料在脊椎动物中更常见，例如某些鱼类、两栖动物和爬行动物。

建造巢穴能够提供更多的保护。鸟不是唯一筑巢的动物，暹罗斗鱼在水面上用气泡筑窝。在非洲沙漠，泡沫巢蛙用腿把唾液和身体分泌物打成泡沫筑巢，泡沫可以使卵保持湿润。美洲雌短吻鳄堆积大量的植被做成巢，然后在里面产卵，腐烂的植物散发出热量，有助于卵孵化。雌鳄鱼帮助幼鳄爬出卵壳，然后轻轻地用嘴把它们衔到水里。

亲代的身体一般能够提供更多的保护。海马和尖嘴鱼的受精卵在雄体腹部的一个囊里发育并孵化。雌性有袋蟾蜍和囊蛙的背部具有柔软的多孔组织，雄体把受精卵压进这些组织里，然后，多孔组织胀大，把受精卵包起来，既能保护受精卵不受天敌的侵袭，又能防止其变干燥，蝌蚪在里面完成发育，当蝌蚪变成小蛙时，母体把多孔组织的外皮抓破，让其脱离母体。属于温血动物的鸟类必须为卵保温，大多数鸟都筑巢，坐在卵上，使其孵化。许多鸟具有哺育袋，哺育袋由裸露的皮肤块组成，上面布满了血管，在繁殖季节会膨胀，具有保温作用。

大多数哺乳动物的幼体需要在母体腹中完成早期发育。有袋动物和单孔类动物用腹部的育儿袋携带幼儿。有袋动物刚生育的幼仔体型微小，尚未发育完全，而单孔类动物则产卵。穴居哺乳动物可能挖一个育儿洞，为了保暖，还会在洞里铺上干草或树叶。哺乳动物能够用乳汁哺育幼儿，因此省去了为幼儿觅食的麻烦，这也是哺乳动物进化出的重要特征：哺乳动物的幼儿长有乳牙，只能咬柔软的食物，或者部分咀嚼亲代提供的食物。当颌变大之后，乳牙才被成体牙齿取代，包括用来碾磨植物的大臼齿或用来咬碎骨头的前臼齿，而幼年哺乳动物的颌太小，不能为这些牙齿提供足够的空间。

在有些鸟和哺乳动物中，家族或者社群中的其他成员可能帮助抚养幼仔，这些成员通常是同一母体先前生产的幼仔或同一窝的成员，或者是社群中未生育的成员。在野狗、狼和其他社会的捕猎动物中，当幼仔的亲体出去捕食时，幼仔由几个群体中的其他成员照看。在狮群中，经常可以看到一头雌狮子为其他雌狮子幼仔哺乳。雌狮子之间通常具有血缘关系，因此它们的后代具有许多共同的基因，这一点或许可以解释这一现象。但是，有些鸟例如杜鹃和牛鹂让其他种类的鸟哺育它们的雏鸟，这是一种寄生行为，杜鹃雏鸟会把原"主人"的雏鸟从鸟巢中挤出去。这种行为并不总是对宿主物种产生危害，拟椋鸟的雏鸟与牛鹂雏鸟共同生活在一个鸟巢里，牛鹂雏鸟能够吃掉鸟巢里的各种寄生生物，否则，寄生生物会侵害拟椋鸟的雏鸟。

→狐狸幼崽在玩耍。许多猎捕动物的幼兽大部分时间都在玩耍中度过，玩耍中的活动能增强它们的身体素质和运动技巧，锻炼敏捷的反应速度，为成年之后猎捕和杀死猎物做准备。

生长与繁殖

↓许多昆虫的幼体根本得不到亲体的照顾。图中的月蛾自从卵期就开始独自生活，还要想办法自我保护。月蛾在毛虫阶段的生活与其成年阶段的飞行生活几乎没有联系。

↑在发育的早期阶段，小猩猩主要向妈妈学习，不仅要学习生存需要的身体技能，还要学习与其他猩猩和谐相处所需的社会技巧。

←产于南非的獴过着群居生活，个体能够得到"大家庭"的庇护。一些成年獴出去猎食，另一些则站在小獴后面用警惕的眼睛观察四周，照看小獴。

植物生长

动物一旦生长到一定的大小就不会继续生长。成年的孩子通常比父母高。如果父母成年之后还继续长高，孩子就不可能比父母高。但是在这一点上，植物不同于动物，植物能够终生生长。那么，为什么低矮的草本植物和灌木没有长得巨大呢？原因是它们的寿命很短，还没等到长大已经死了。树的寿命比草和灌木的寿命长很多，所以长得比较高大。然而，植物的生长速度并不是一样的，狐尾松是地球上最古老的树之一，生长在加利福尼亚东部，据估计，有些狐尾松大约有 4600 岁，但是只有 15 米高——它们生长得极慢。尽管植物整体能终生生长，但不是所有的部位都终生生长。例如叶子和花长到一定大小就不再继续生长。

种子一旦萌发，长出根和芽，植株就可以产生越来越多的细胞。植物之所以能够终生生长，是因为有些植物细胞能够形成新组织。叶子和花没有这样的细胞，这些细胞只存在于茎和根中。

细胞形成新组织的区域叫做分生组织，处在两个位置上，靠近茎、芽和根的尖端以及位于叶腋（叶子和茎相连的部位）内的叫顶端分生组织，顶端分生组织能够使茎、芽和根长长。侧生分生组织是另一种分生组织，位于主茎、枝以及根部，能够使植株变厚，大多数非木本植物，没有侧生分生组织。

分生细胞发生有丝分裂，即一个细胞分裂成两个一致的子细胞，每个子细胞的染色体数目相等。有些子细胞仍然具有分生能力，但是顶端分生组织的其他子细胞吸水，因此变长，甚至达到原来长度的 10 倍。细胞壁伸展，细胞内出现气孔。

→叶子和花从植株尖端或者枝与主茎连接的叶腋处长出。芽包着结构完整但紧紧折叠的叶子或花。图中所示是一个杜鹃花叶芽。

↓木本植物例如树和灌木的茎和枝既能长粗又能长长，这是次级生长，发生在表皮下面的两个形成层。木栓形成层为树皮提供材料，维管形成层形成新的木质部和韧皮部，老化的木质部细胞死亡，形成木质。

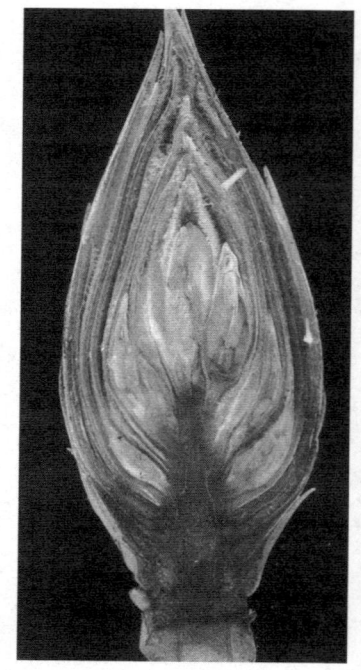

216

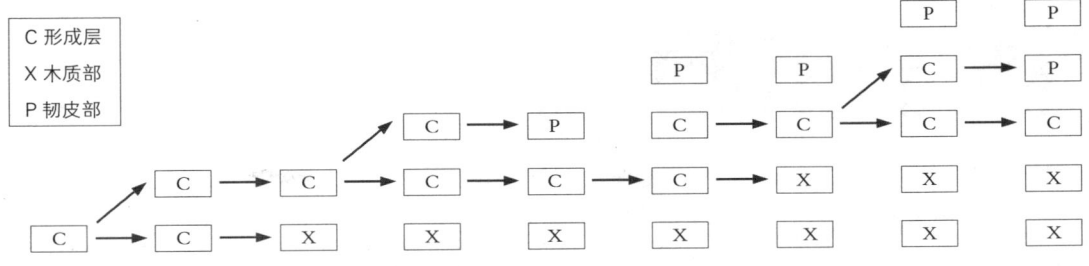

↑ 图表显示了形成层细胞形成木质部和韧皮部的过程。

即液泡，然后细胞便具有了植株的特殊功能。

根的顶端由根冠保护，根冠还能分泌黏液，具有润滑作用，有利于根在土壤中延伸。顶端分生组织位于根冠后面，根冠后面有一个细胞分裂区域，这些细胞产生新的根组织，取代从根冠脱落的细胞。细胞分裂区后面的细胞伸长，伸长细胞区后面是细胞分化区，细胞在那里成为根的组成部分。

在叶芽尖端，分生组织产生大量新细胞，这些细胞以同样的方式形成芽和茎。

植株从顶端分生组织的伸长叫做初步生长，包括形成了一个包围着整个植株的外层——表皮、维管系统以及填满维管之间空隙的基本组织。只具有顶端分生组织的植物通常生存3～5年，大多数这类植物是一年生植物或两年生植物。

次级生长来自于侧生分生组织，使植株长粗。有两个侧生分生组织区——木栓形成层和维管形成层。木栓形成层位于木本植物例如树的树皮中，维管形成层恰好位于树皮下面。

构成维管形成层的细胞能够分裂形成三种类型的细胞：形成层细胞、次韧皮部细胞和次木质部细胞。形成层细胞每次分裂时，一个子细胞仍作为形成层细胞，其他的或成为内部的木质部细胞，或成为外部的韧皮部细胞。木质部细胞和韧皮部细胞交替产生，所以，维管形成层产生等量的木质部和韧皮部。

坚韧的周皮，即树干或树枝外面的树皮，由死亡的木栓细胞构成。这些死亡细胞的细胞壁厚，含有软木脂，具有防水作用。周皮下面是木栓形成层的分生细胞，能够分裂。有些子细胞仍作为分生细胞，另一些则变成木栓细胞。随着新形成的木栓细胞从下面把原来的木栓细胞顶开，原来的木栓细胞产生软木脂，死亡，替换从树干上持续剥离或脱落的树皮。

木栓形成层不能变厚，几个星期过后，不断膨胀的树干或树枝把木栓形成层撕裂，然后，木栓形成层失去分生能力并死亡。新的木栓形成层形成植株内部更深处的组织。原来的木栓形成层细胞死亡之后，次韧皮部中的薄壁组织细胞取代其位置形成新的形成层。

随着更多的细胞产生，老的韧皮部细胞被推向外并毁灭、死亡，它们先前未特化的薄壁组织细胞变成新的木栓形成层。老化的木质部细胞积累木质素和纤维素，木质部细胞死亡变硬。树干或树枝中心死亡的次木质部细胞构成心材，心材被活性次木质部和维管形成层包围，形成边材。最外层是树皮，由死亡的木栓细胞、活木栓细胞、木栓形成层以及次韧皮部细胞构成。

新的木质部不断形成，春天和夏天的木质部细胞大，秋天小。在心材中，它们形成深浅不同的环，一对环为一个年轮，代表一年的生长。

↓ 枝与干的连接处即叶腋长出腋芽。图中所示是西洋栗树的腋芽。

被子植物

被子植物（开花植物）的生命从种子开始。种子萌发，出现芽和胚根。芽向上朝着光生长，而胚根向下生长，钻进土壤，发育成根。

然后，芽展开第一片叶子——子叶。双子叶植物通常有两片子叶，但可能也有例外。蔷薇、卷心菜和橡树都属于双子叶植物。单子叶植物则大部分只有一片子叶，草、兰花、洋葱和百合都属于单子叶植物。

子叶呈绿色，能够进行光合作用，产生碳水化合物。当子叶钻出土壤，胚根便开始吸收水分和营养物质，植株生长，子叶很快消失，长出真正的叶子；胚根也可能消失，被须根形成的网络取代。或者，胚根发育成主根，从主根上长出许多小根分支。

植株成熟时就准备繁殖，花出现。双子叶植物，例如冬青树的雌花和雄花分别生长在不同的植株上，而单子叶植物，例如榛树的雌花和雄花均生长在同一植株上。其他物种例如百合的花同时包含雌性（心皮）和雄性（雄蕊）两种生殖器官。

雄花和雌花分开生长的植物，无论是生长在同一棵植株上还是生在不同植株上，减少了植物自体授精的机会。雌雄同体的花的雌蕊和雄蕊分别在不同时候成熟，或者雌蕊和雄蕊的生长位置不利于花粉落到同一朵花的柱头上。

花的种类繁多，在进化过程中，有些花的一个或多个基本结构例如萼片、花瓣、雄蕊和雌蕊消失了，具有上述四种结构的花被认为是完整的花，缺少其中一个或多个结构都是不完整的花。一朵花如果既有雌蕊又有雄蕊，即使因为没有萼片或花瓣而叫做不完整的花，

↓豌豆花（1）的受精过程。花药裂开（2），释放出花粉。胚珠（3）内含有一个卵细胞和其他7个雌性核。蜜蜂前来采蜜时（4），带来了其他的花粉。一部分花粉粒落在柱头上，它们在那萌芽（5），产生含有两个核子的花粉管。花粉管进入子房，生殖核分裂成两个核子（6）。当花粉管伸到胚珠时，穿过珠孔进入胚珠（7）。一个雄性核子与卵细胞结合完成授精，受精卵发育成胚珠；另一个雄性核子与两个极核结合，然后发育成胚乳（8）。成熟的种子（9）包含胚芽、幼根和幼芽及两片子叶。老子房壁形成果实壁，当果实壁成熟后，果实壁裂开，释放出种子（10）。

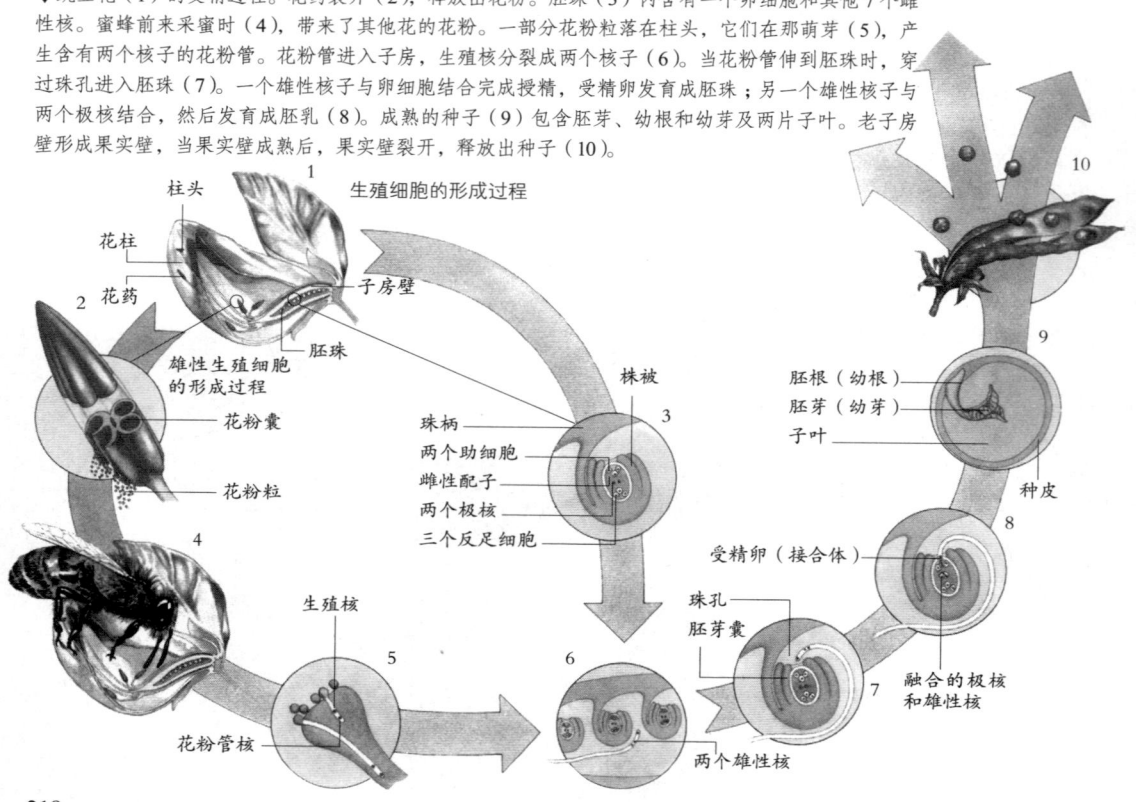

↑如图所示，蜘蛛网粘住了蒲公英的种子。风吹蒲公英"降落伞"，其上的细毛使种子能被带到很远的地方。

但是也可称作花，不完全的花要么没有雄蕊，要么没有雄蕊。

像其他所有植物一样，被子植物也有两个世代交替的生命周期，每一世代都促成另一个世代的产生。我们所见的开花植物是孢子世代，它们的每个细胞中都含有两套染色体，即二倍体，简写为2n，它们产生单倍配子体世代，单倍配子体简写为n。每个单倍配子体细胞中含有一套染色体。配子体产生配子，即单倍体精子和卵子。精子和卵子结合形成二倍体种子和新的孢子体世代。配子体世代在花中产生。胚囊是雌性配子，花粉粒是雄性配子。

一个雌蕊（心皮）构成柱头，柱头接收花粉；花粉在花柱下面产生；子房位于花柱基部。子房内有一个或多个胚珠，胚珠由子房内的胎座发育而成，胚珠和子房之间由珠柄连接，胚珠内含有由薄壁组织组成的核子和被珠被包裹的大孢子母细胞。

大孢子母细胞（2n）分裂两次产生4个单倍体大孢子（n），但是在大多数被子植物中，只有一个大孢子发育成胚囊，即雌性配子体，被内外两层珠被（由孢子组织构成）包裹，与子房相连。在胚囊内，大孢子进行3次有丝分裂，产生8个单倍体细胞，这些细胞没有细胞壁。其中一个单倍体细胞发育成卵细胞即雌性配子，位于胚囊末端，两侧与其他两个单倍体细胞即助细胞相连，助细胞为卵细胞提供营养物质并支撑着卵细胞。卵细胞下面的珠被上有一个小开口，叫做珠孔。其他3个单倍体细胞即反足细胞，位于胚囊的另一端。胚囊的中心内还有两个核子，即极核。

雄花花丝顶端是花药，花药为雄花提供营养物质，每个花药含有4个花粉囊和1个绒毡层，绒毡层为花粉细胞提供营养物质。每个花粉囊内都含有许多二倍体小孢子母细胞，或称花粉母细胞。

一个花粉母细胞经过减数分裂产生四分体，即四个单倍体细胞组，它们是未成熟的花粉细胞。每个花粉细胞都独立发育出厚的外壁和薄的内壁。花粉细胞壁上有薄的区域即萌发孔。在花粉壁内，细胞核进行有丝分裂，形成花粉粒即雄性配子体，含有两个细胞核：生殖核和花粉管核。

如果花粉粒散落到能够亲和的柱头上，花粉粒便吸收柱头中的水分，并且膨胀。花粉管穿过花粉粒外壁上的萌发孔，沿花柱穿过组织向下生长，同时从中汲取能量。花粉管的生长受靠近花粉管顶端的花粉管核控制。在花粉管生长过程中，生殖核进行有丝分裂，产生两个单倍体核，即雄性配子体。

当花粉管伸到胚囊时，花粉管穿过珠孔进入胚囊，花粉管核破裂，花粉管顶端张开。两个配子沿着花粉管移动，进入胚囊。一个配子与两个极核结合形成三倍体（3n核），然后发育成胚珠周围的胚乳；另一个配子与卵细胞结合。两个单倍体核结合产生一个双倍体核（n+n → 2n），即合子。这个过程需要两个雄性配子，称作双受精作用，是开花植物的显著特征之一。

胚珠则发育成种子，配子体世代结束，孢子体世代开始，生命周期完成。

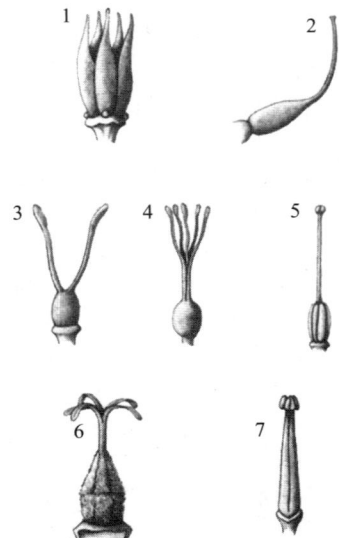

↑雌蕊（心皮）排列方式因植物种类各异，大约有7种最常见的构型：多个雌蕊（1）；1个雌蕊（2）；1个雌蕊上有2根花柱（3），这三种雌蕊的心皮都是彼此分离的。雌蕊也有的结合，但是花柱独立或者1个花柱和1个圆裂片柱头（5），或者1个长有多个柱头的花柱（6），没有花柱（7）。后四种雌蕊都是合生的。

从合子到种子

单倍体雄性配子和单倍体雌性配子结合,发生受精作用,产生一个双倍体细胞,即合子。"合子"的意思是"结合在一起",该词源于希腊单词"zugon",意为"结合"。

然后,合子(或受精卵)进行有丝分裂,第一次分裂产生一个基端细胞和一个基底细胞。基端细胞发育成球形的团即原胚,原胚附着在一串胚柄细胞上,胚柄细胞是基底细胞反复分裂形成的,较大的基底细胞位于基底。成串的胚柄细胞把原胚固着在胚珠壁上,并把从亲体植株吸收的营养物质运输给原胚。

同时,胚珠发育成种子。外层珠被变得更坚韧,发育成外种皮。由两个极核和一个雄性配子形成的三倍体胚乳核也分裂产生胚乳。胚乳由紧密聚在一起的三倍体细胞构成,细胞之间没有空隙,细胞内含有淀粉、蛋白质、油、脂肪以及其他物质,在植株能够独立摄取营养物质之前,为植株提供养料。植株必须耗费能量和养料生长胚乳。双受精作用保证了卵细胞受精之后,植株才能产生胚乳。

有些植物,例如蓖麻,一直保留有胚乳。这些植物的种子内含有大量胚乳,子叶极薄、柔软,但是叶片很大,因此当子叶从种子钻出之后,能为植株进行光合作用提供较大的光照面积。子叶和胚根从胚乳吸

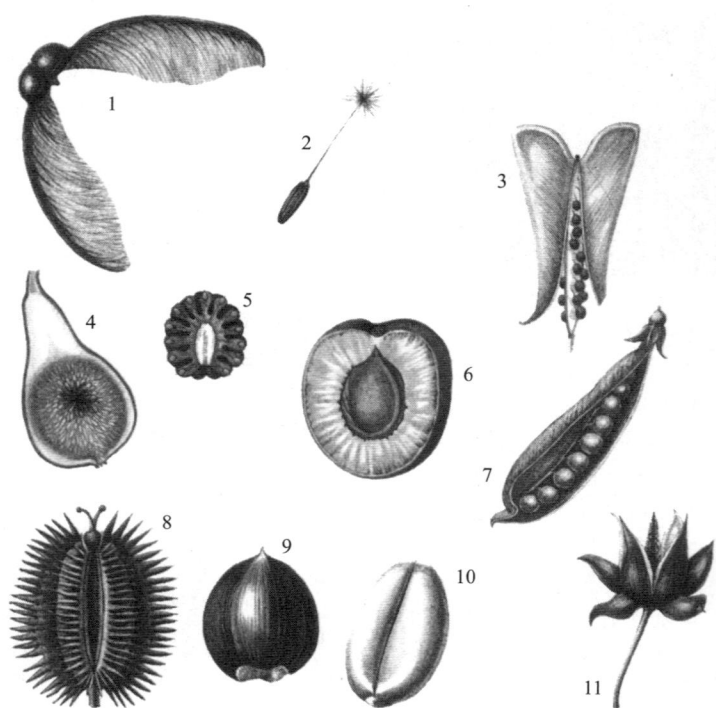

↑欧洲槭生长的裂果叫翅果(1)。蒲公英的连萼瘦果(2)是一种干果,不裂开,叫闭果。芥菜的果实也是干果,成熟后裂开,叫做裂果(3)。无花果(4)是一种复合果实,由许多小花(花序)发育而成。黑莓(5)由多个核果组成,肉质,像李子一样只有一粒种子(6)。豌豆果实(7)是一种干果,成熟后可以裂开,称作豆荚。胡萝卜有能够裂开的双悬果(8),只有一粒种子,由两片合生的心皮发育而成。榛子(9)是一种坚果,小麦(10)的果实是颖果,毛地黄(11)的果实是室间裂蒴果,在中间隔片处裂开。

收营养物质,发芽后,胚乳被耗尽。还有些植物例如芸豆的胚乳被种子内的子叶吸收,发芽时,子叶厚,且为肉质,植株幼苗以子叶吸收营养物质。我们吃的豆子(种子),肉质的内部组织几乎都是由子叶构成。但是,玉米、小麦、大麦以及黑麦的种子成分几乎都是胚乳,种植这些植物的目的是生产大量的大且饱满的种子,人们把这些作物的种子(胚乳)磨成面粉,用来制作蛋糕、面包和其他面食。

原胚通过细胞分裂继续生长,原胚和胚乳都从珠心内正在解体的薄壁组织细胞中获取营养物质。受精之前,胚珠内含有珠心。原胚上开始出现肿块,肿块发育成子叶,单子叶植物只有一片子叶,而双子叶植物具有两片子叶,此时双子叶植物的原胚呈心形。

随着子叶继续生长，原胚伸长，子叶叶基之间的组织发育成植株芽的尖。在原胚与胚柄相连的一端，细胞发育成幼根根尖和顶端分生组织。分生组织含有能够发育成特殊器官的细胞，这些细胞会增殖形成植株雏形——表皮原（真皮层）、原形成层（维管组织）和基本组织——并且能够使植株终生生长。

一旦长出子叶、芽和胚根，原胚就已经成为胚芽——即将发育成完全的植株雏形。此时，原胚停止生长，胚芽占据了种子的大部分空间，由子叶或胚乳包裹着。种子发育成熟，把大部分水分排掉，成熟种子内的水分仅占种子体重的5%～15%，种皮变干，对胚芽具有保护作用。

胚珠逐渐发育成种子的同时，包着一个或多个胚珠的子房也在发生变化。授粉完成之后，子房开始迅速生长，为胚珠的膨胀提供足够的空间。子房的外壁变厚，形成果皮——果实的外壳。花的其他部位不再有利用价值，开始枯萎凋谢。果实和果实内的种子共同发育，大多数植物的花如果没有受精，将不会长出果实。

果实形态极多样，有些我们认为的果实实际上并不是真果实，例如苹果和梨都属于假果，它们不是由胚珠发育而来的，而是由花基处包着子房的花托膨胀而成。位于中心的核才是真果，坚硬不可食的果皮里包着种子。

樱桃、李子或桃子都属于单果，由单个只含有一个胚珠的子房发育而成，因此这些果实中只含有一粒种子，即一个中心硬核，但是单果不都是肉质的。豌豆和大豆都是可食的种子，包在豆荚里，豆荚实际上就是果实。如果果皮发育成木质，那么果实就是坚果。其他干果包括谷粒以及槭树和岑树的翼果。含有许多种子的肉质果实，例如葡萄或西红柿，叫做浆果。

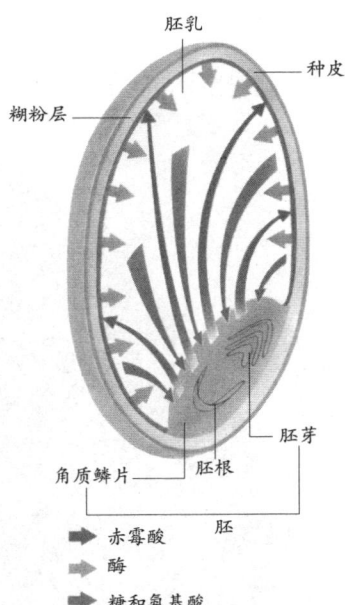

↑玉米种子的糊粉层内含有蛋白质，胚乳中含有淀粉。胚在种子萌芽之前产生植株生长所需要的物质赤霉酸，赤霉酸逐渐扩散到糊粉层，糊粉层细胞能够制造酶，分解糊粉层中储存的营养物质。淀粉转化成糖，蛋白质转化成氨基酸，为胚的发育提供营养物质。

有些植物的花具有许多雌蕊，每个胚珠都必须由一个花粉粒单独授粉，一个胚珠发育成一个果实，与其他胚珠发育成的果实合生在一起，形成聚合果，例如黑莓，是一种小核果。而其他植物开出十分微小的花，紧紧挨在一起，形成一个花序，发育成复果，例如凤梨，复果的每一片"鳞片"就是一个独立的果实。

干果对未萌发的种子具有保护作用；翼果帮助种子传播；可食果富含糖分，具有甜味，可以吸引动物，动物吃掉果实，种子掉在地上，或者被动物吞进肚子里，然后随着粪便排出体外。

↑罂粟有干果，是蒴果，当天气干燥时，罂粟蒴果能够沿着上部边缘下面的瓣膜裂开，内含许多微小种子。风吹动蒴果时，种子通过瓣膜散落出来。

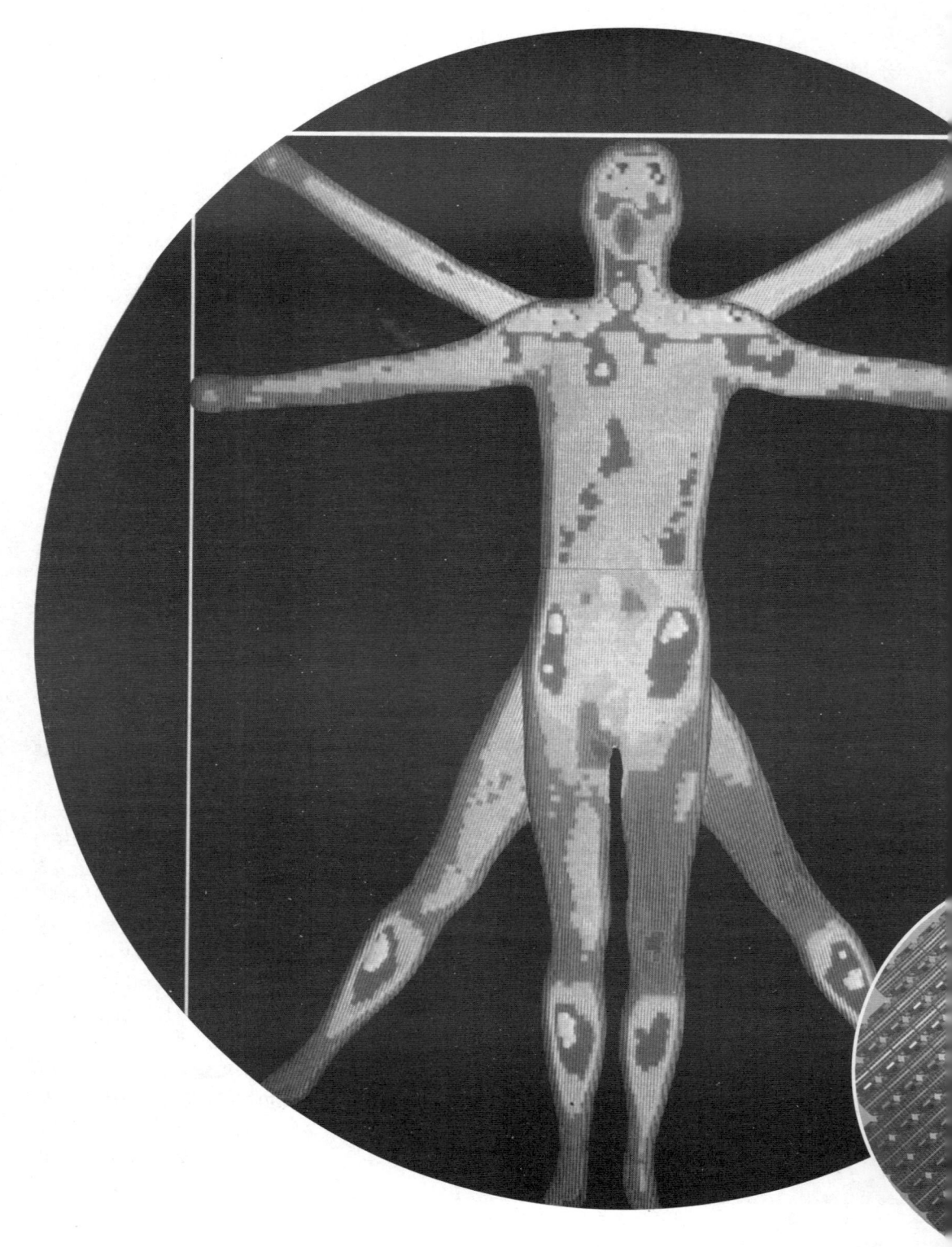

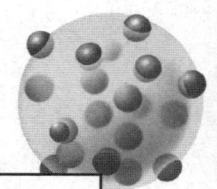

第五篇
物质和能量

MATTER AND ENERGY

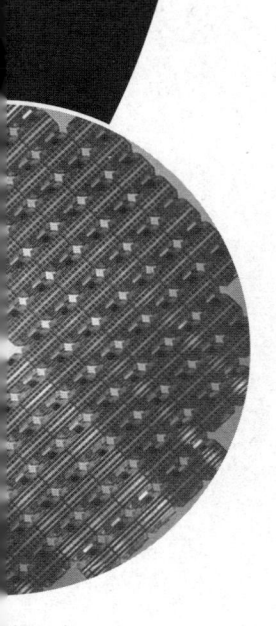

1 物质的属性
PROPERTIES OF MATTER

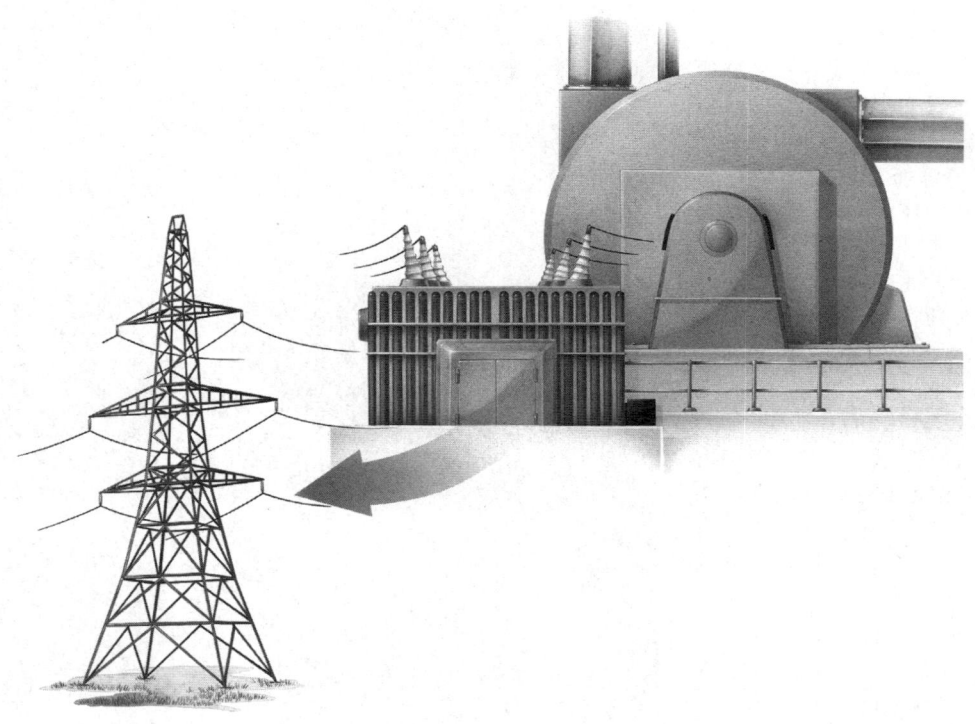

  物质是构成世界的基础。所有形式的物质又是由叫做原子的微小粒子，或是原子结合而成的分子构成的。尽管原子和分子极小（利用最强大的光学显微镜也无法看到它们），但它们却决定了物质的物理形态，以及各种形态下物质的行为。

  大多数物质以三种状态——固态、液态和气态——中的一种而存在。岩石是固态，它们有确定的形状和明显的质量；海洋主要是液体——水，液体也有质量：装满水的瓶子比空瓶子重。和其他液体一样，水没有其自身的形状——呈现装下它们的容器的形状。空气是气体的混合物，构成第三种物质形态。空气没有实体而且非常轻，所以必须装在密封的容器里，否则会逸出，但它仍然有质量。许多物质能以不止一种状态存在，比如，水通常是一种液体，但是冷冻后变成固体冰。

  太阳和其他恒星上会出现不同寻常的第四种物质类型，叫做等离子体，由原子碎片构成，而地球上只有在试验性核聚变反应堆里或氢弹爆炸时才会产生。

气体和水蒸气

气体或水蒸气是物质最简单的形式之一（"之一"是因为等离子体被看作类似的简单形式。）。它没有结构，由大量不受约束的粒子（原子或分子）组成。粒子个体有质量，意味着某些气体的质量比别的气体的大。原子和分子在持续地运动，因此它们有动能（即运动能），动能的大小主要取决于它们运动的速度，运动的速度则取决于气体的温度：温度越高，分子运动速度也就越快。我们最熟悉的空气，受地球引力的作用，吸附在地球表面。气体压力是一种强大的自然力。大气中的力或气体压力是由所有气体分子的重量产生的，大气中任何物体在其任何部位都受到大气的压力。大气压不是常数：海拔越高则越小。气压和大气温度的偶然局部变化，就产生了天气。如果气体分子受热，则气压降低，热空气上升，周围质量较重的冷空气就冲进来取代热空气原来的位置，于是产生了风。

大部分气体被装在容器里进行研究。移动粒子相互碰撞，并且不断碰撞容器壁，这种碰撞就使气体分子对容器壁产生了压力。

↓枫树的种子在空气中下落时，种子"翼"上表面和下表面之间的压力差导致其下落时的运动轨迹呈螺旋状。直升飞机的飞行原理与此相似。

↑热气球升空就是气体规律运用于实践的很好例子。热气球内的空气被安装在气球下面的火炉加热，体积膨胀，并且热空气比气球周围的冷空气密度小，所以气球升空。一旦升空，气球的移动还受到当地天气状况产生的气流的影响。气体物理学的研究精确地解释了这一现象，使气球可以按设计，安全地在空中飞行。

物质的属性

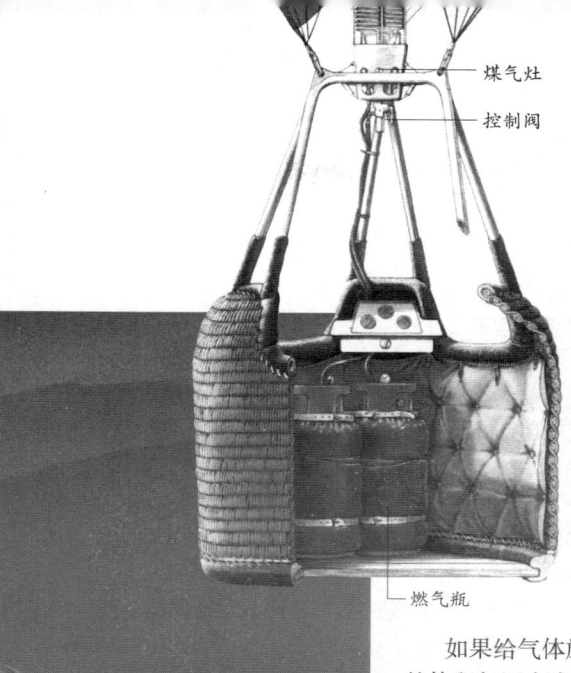

煤气灶
控制阀
燃气瓶

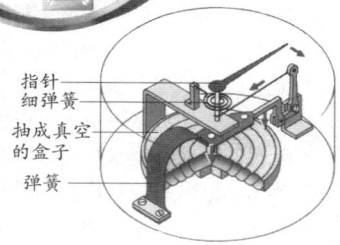

→气压计被用来测量大气压。无液气压计的基本结构是一个内部为真空状态的金属盒，随着空气压力的变化，金属盒产生变形，从而带动金属盒表盘上的指针移动。

指针
细弹簧
抽成真空的盒子
弹簧

如果给气体施加压力过大，气体体积就会变小，被压缩的气体的体积与压力成反比（温度保持不变时）。这就是波意耳定律（1662年）。但是如果气体的压力保持不变，当气体被加热时，体积就会增加，这就是查理定律，描述了气体压力、温度和体积的关联。这些定律可以数学公式表示，假设气体的体积是V、压力p、绝对温度（高于绝对零度的温度）为T，则波意耳定律可用公式表示为：pV＝常量；查理定律的公式为：V／T＝常量；从上面的公式可以推导出气体第三定律的公式：p／T＝常量（体积一定时，压力与温度成正比）。气体三定律可以用来解释热气球内部的空气被加热时，气球上升的原因。

分子运动论还能解释其他气体现象。气体装在一个多孔容器，会经过材料中的微小孔逐渐丧失气体粒子。更轻的气体的原子或分子的动能更高，因而它们的运动速度更快，能够更加迅速地从容器壁扩散出去。19世纪中期，苏格兰物理学家托马斯·格雷厄姆发现：气体以这种方式扩散的速率与气体密度的平方根成反比。该定律有非常重要的应用，比如，在核工业中，铀元素的两种主要的同位素（原子的变体）必须被分离开，以使其作为核燃料足够"丰富"。分离的方法是先把它们制成气体化合物，然后让它们经过多个过滤器扩散。质量较轻的同位素密度较小，扩散比较快。

1801年，英国物理学家约翰·道尔顿得到了又一个重大发现：装有混和气体的容器中，某一气体在气体混合物中产生的分压等于它单独占有整个容器时所产生的压力。单种气体的粒子间相互碰撞，但不会干涉进入其他气体中，并不断地碰撞容器壁对其产生压力。

1811年，意大利物理学家阿莫德·阿伏伽德罗提出的理论认为：一切气体，在相同温度和压力下，相同的体积中含有相同数目的粒子。不管是一个质量较轻的元素（氢的分子量是2）或一个质量较大的分子比如二氧化碳的克分子量中的粒子数相同。数值 6.0221367×10^{23}，称为阿伏伽德罗常数，用于计算参加化学反应的原材料的数量。

227

气　压

船帆和风车是人们最早利用气体运动的力量——这里是风产生的压力——的发明中的两项。大气压还被用于从井中提升水的一种简单的水泵——大气压作用于水的表面，将水压起。储存在金属汽缸内的或者从容器内泵出的压缩气体可作为动力，驱动比如风钻、手提钻、喷洒香水的喷雾器等设备。

对受压气体的另一项应用"引燃"了工业革命，并且是标志着现代技术开端的关键，这就是蒸汽机的发明。蒸汽机发明于18世纪初，并且作为工业和运输业的主要动力源达1个多世纪——直到被电动机和内燃机所取代。这些新的动力源本身也是利用了气体压力：发电站利用涡轮带动发电机发电；内燃机的活塞由点燃燃料气体膨胀驱动。

蒸汽机的发明可以追溯到1696年，当时，英国工程师托马斯·萨瓦利制造了一台结合了蒸汽和大气压的水泵，利用其从矿井里抽水，基于蒸汽产生压力，但是蒸汽冷凝成水后会形成真空这一现象。16年后，英国西南部康沃尔的托马斯·纽可门制造了利用汽缸和活塞装置向普通水泵传送动力的发动机。

随后于1769年，詹姆斯·瓦特设计出了能驱动工业机器，比早期水车或风车的更强劲、更可靠的蒸汽机。这种蒸汽机也用于火车和农用拖拉机的动力引擎。这些蒸汽机工作原理都是利用蒸汽压力驱动一个活塞在汽缸中往复运动——活塞的运动通过连杆和曲柄传递到轮子上。

蒸汽力在远洋船只上的运用带来了另一场运输业的革命，使水手们不再为海上的风和洋流无常的变化而犯愁。许多船舶的发动机都通过利用蒸汽在一个小的汽缸中的高压，最大限度地获得动力；然后，在一个中等压力的汽缸内重复利用排出的废气；第三次则在一个更低压力的汽缸重新利用排出的废气。现代发电站也主要使用蒸汽力：在锅炉内加热水，烧开后产生蒸汽——使用的燃料是煤、油、天然气，或者使用核反应堆产生的热量。蒸汽压力带动涡轮叶片旋转，并且再利用逐渐降低的压力的三个或更多阶段。不论使用的是化石燃料还是核能，世界上大部分地方的大规模发电站仍继续依赖蒸汽动力涡轮机。

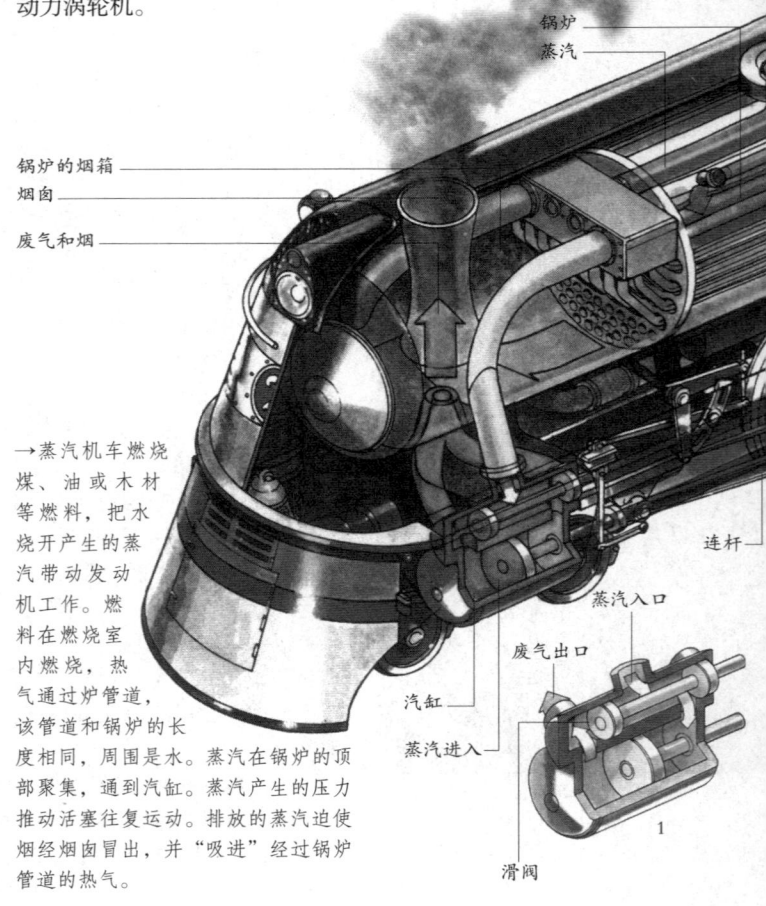

→蒸汽机车燃烧煤、油或木材等燃料，把水烧开产生的蒸汽带动发动机工作。燃料在燃烧室内燃烧，热气通过炉管道，该管道和锅炉的长度相同，周围是水。蒸汽在锅炉的顶部聚集，通到汽缸。蒸汽产生的压力推动活塞往复运动。排放的蒸汽迫使烟经烟囱冒出，并"吸进"经过锅炉管道的热气。

物质的属性

燃气涡轮可用来带动小型交流发电机，它们的工作原理和蒸汽轮机相同，来自气体的能量是燃烧煤油之类的燃料产生的。燃气涡轮主要用于比如驱动飞机的喷气引擎：空气在发动机前部被风扇压缩后，被迫进入燃烧室，并在那被点燃。废气从飞行器后部强劲地喷出，产生向前的推力。喷气发动机的一大优点是提升速度非常快。

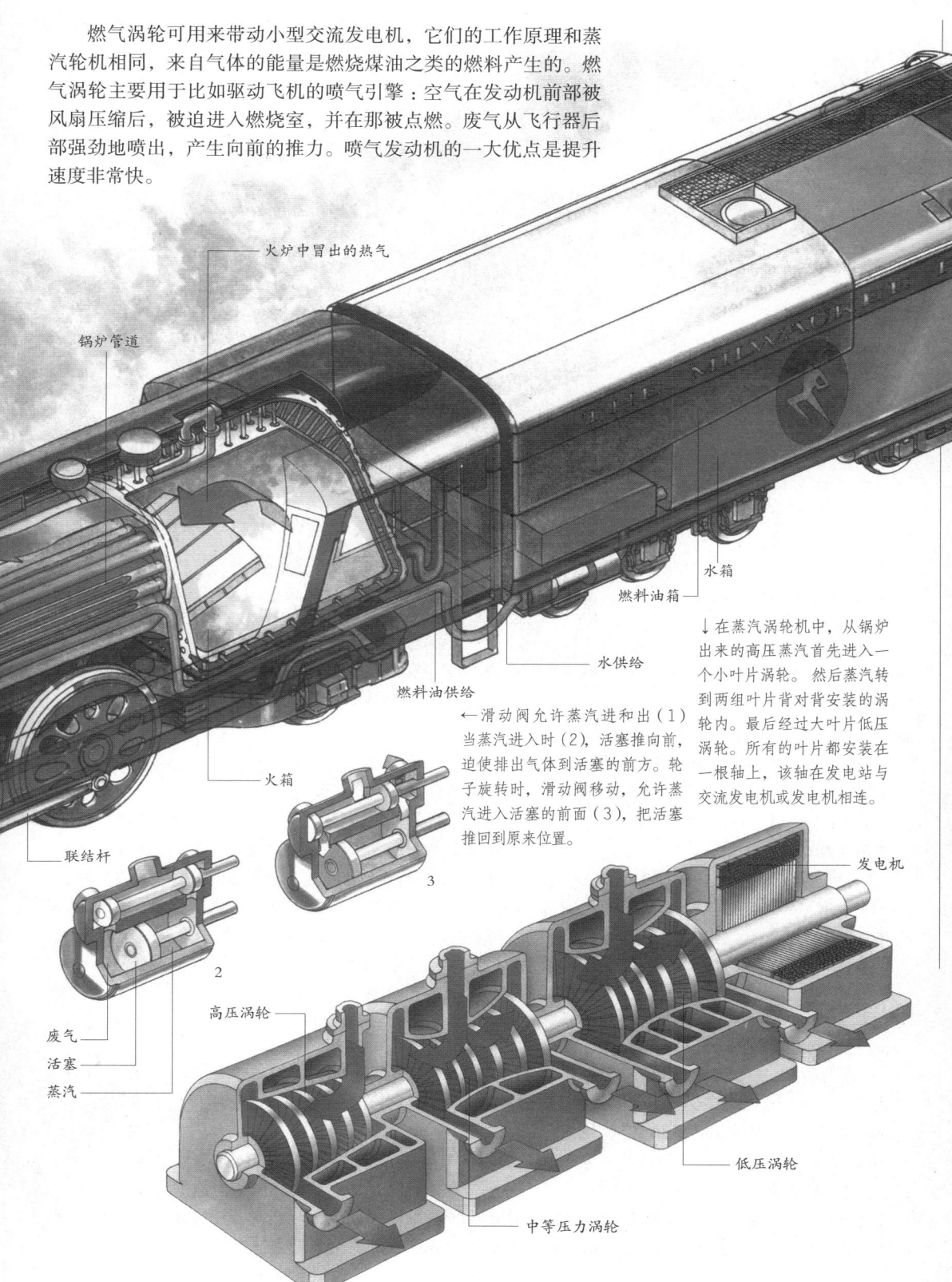

火炉中冒出的热气

锅炉管道

水箱

燃料油箱

水供给

燃料油供给

← 滑动阀允许蒸汽进和出（1）当蒸汽进入时（2），活塞推向前，迫使排出气体到活塞的前方。轮子旋转时，滑动阀移动，允许蒸汽进入活塞的前面（3），把活塞推回到原来位置。

↓ 在蒸汽涡轮机中，从锅炉出来的高压蒸汽首先进入一个小叶片涡轮。然后蒸汽转到两组叶片背对背安装的涡轮内。最后经过大叶片低压涡轮。所有的叶片都安装在一根轴上，该轴在发电站与交流发电机或发电机相连。

火箱

联结杆

废气
活塞
蒸汽

高压涡轮

发电机

低压涡轮

中等压力涡轮

液 态

虽然油和水都是液体，它们的物理属性却不相同。尽管它们的分子通过内聚力足够紧密地结合在一起并占据一定的空间，但它们可以流动。上述两者都产生压力，液体的压力取决于它的密度和深度。液体在海底产生的压力是海面上所产生压力的数百倍。

容器内液体中的某一点在各个方向上的压力都相同。液体不能被压缩，这一点和气体不一样。对液体上某一点施加压力，这个力很快就会传遍整个液体，比如挤牙膏（牙膏是一种稠的液体），无论是从管子的中央还是一端挤牙膏，它都会从管子里流出。关于液静压的经典例子：给小活塞施加相对较小的压力，通过液体相连接的另一个大活塞上就会产生非常大的力。一个人利用液压千斤顶单独用力就能把一辆很重的卡车举起来。

油的密度比水小，所以漂浮在水上面。不过油的浓度、黏性都比水大，由于油分子之间的吸引力比较大，油或糖蜜之类的稠的液体中，分子之间的吸引力也比较大。它们分子不容易滑动，流动性因而也不大。

加热黏性液体会降低分子之间的吸引力，液体变淡，流动性增大。给液体加压，液体分子之间的距离变小，同时增加了液体的黏性。这是润滑油很重要的一种特性，滑动零件和运动的齿轮之间的高压，使

↑油井钻探过程中，钻子经过岩石时，液体泥浆对钻子起到润滑作用。钻子抽出后，由于压力作用，泥浆会冒上来，于是工人们把钻孔上的盖子取下。

润滑油的黏性变大。如果不是这样，润滑油就会被挤出来，达不到润滑的效果，各零件就直接发生磨擦，造成损坏。

液体的其他物理属性可以由分子之间的内聚力来解释。比如，表面分子间的力，给液体创造了一层"皮肤"，这就是表面张力，它使雨滴呈球形、肥皂泡聚集在一起、小型昆虫可以在水面上行走。表面张力还有可能使细小的针"躺"在水面上，但是向水里加入清洁剂后，小针会下沉，这是因为清洁剂降低了水的表面张力。表面张力低的液体会在窄的毛细管内上升，这就是多孔材料比如海绵或绵纸吸水的原因。如果毛细管放入表面张力很高的液体比如水银中，管内液体的高度就会下降。

在液体表面，一些振动着的分子会逃逸，这就是蒸发过程。通过升高液体温度可以加速蒸发进程。温度足够高时，液体沸腾，分子迅速离开表面形成气体或水蒸气。

降低作用于液体的压力也会使蒸发过程变得更容易，沸点降低。这就是为什么水在山顶时沸点的温度比在海平面时低的原因。给液体加压使液体的沸点升高，这是人们常用的炊具——高压锅的基本原理。

物质的属性

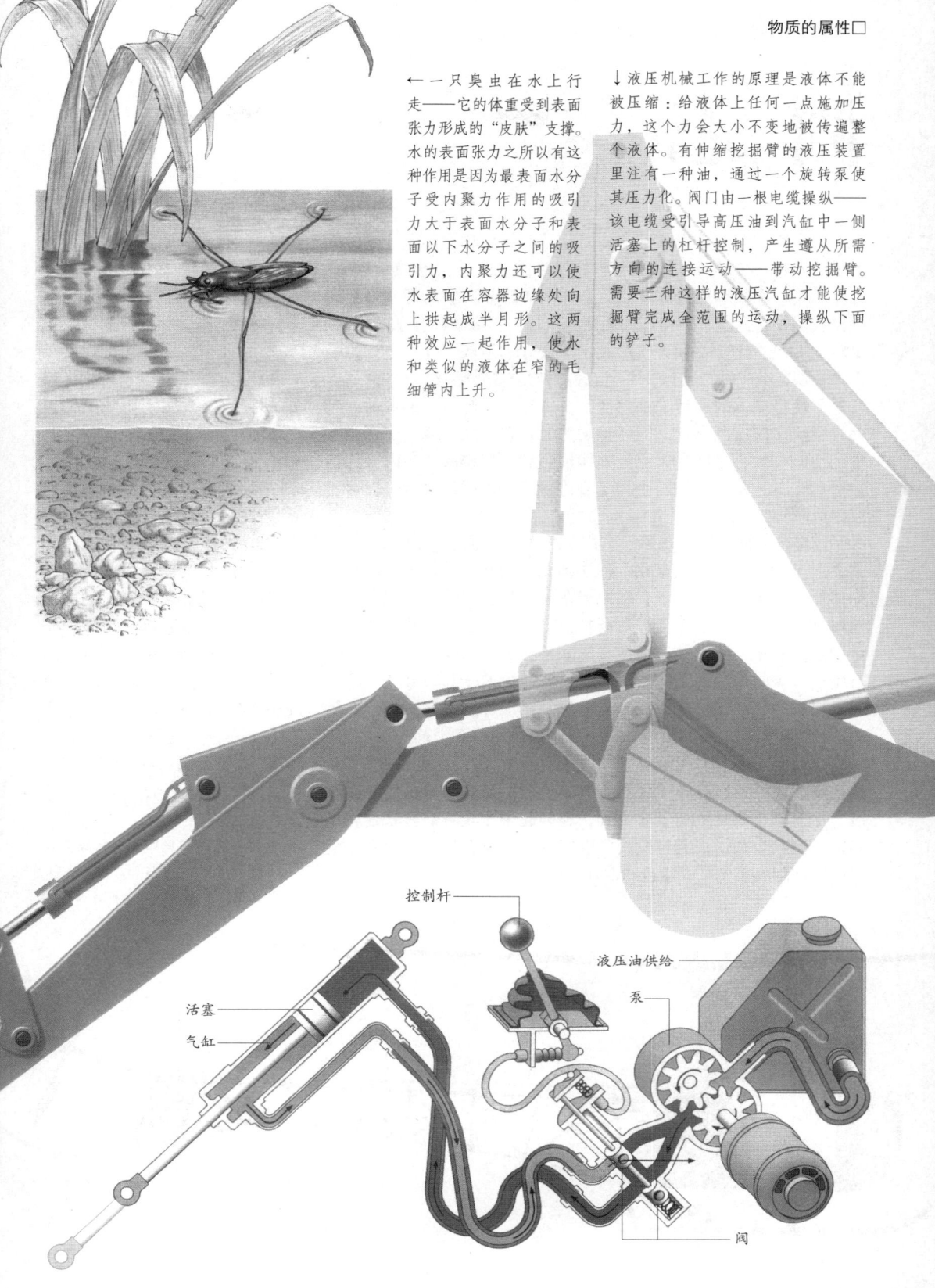

← 一只臭虫在水上行走——它的体重受到表面张力形成的"皮肤"支撑。水的表面张力之所以有这种作用是因为最表面水分子受内聚力作用的吸引力大于表面水分子和表面以下水分子之间的吸引力。内聚力还可以使水表面在容器边缘处向上拱起成半月形。这两种效应一起作用，使水和类似的液体在窄的毛细管内上升。

↓ 液压机械工作的原理是液体不能被压缩：给液体上任何一点施加压力，这个力会大小不变地被传遍整个液体。有伸缩挖掘臂的液压装置里注有一种油，通过一个旋转泵使其压力化。阀门由一根电缆操纵——该电缆受引导高压油到汽缸中一侧活塞上的杠杆控制，产生遵从所需方向的连接运动——带动挖掘臂。需要三种这样的液压汽缸才能使挖掘臂完成全范围的运动，操纵下面的铲子。

控制杆

液压油供给

泵

活塞

气缸

阀

固 态

许多固体以晶体形式存在。固体的形状反映了其内部原子或离子的规则排布,强原子间力把它们保持在一起,使固体具有硬度、强度、刚性和高熔点的属性。非晶体固体比如玻璃内部的分子间力比较弱,它的原子不能形成规则的排列,更像液体分子的排列。更软的非晶体比如蜡和许多塑胶,由大分子组成,分子之间的吸引力较弱,分子缺乏强度,并且在低温时就能被熔化。

即使是晶体的刚性晶格内部,个体原子也会轻微地振动。振动量取决于温度的高低。固体被加热时,它的原子振动加剧,占据的空间加大,这就是大部分固体加热后体积膨胀的原因。达到一个足够高的温度时,原子振动克服了原子间的作用力,固体熔化,成为液体。

固体的硬度也可以用原子结构来解释。最好的例子是碳元素,它会天然地以几种形式存在,称作碳元素的同素异形体。钻石是晶体形式的碳,其中,每个碳原子在一个紧密的晶格内都化学性地与其他4个碳原子键合。钻石是目前所知最硬的天然物质,极难切割。它在工业上被用来钻和研磨甚至是最坚硬的金属。但是石墨——碳的另一种同素异形体,它的每个原子和另外3个原子通过较弱的分子键键合形成分离的层结构或片结构,所以,石墨的这种原子片层之间容易滑动,很软,通常用作润滑剂。

1822年,德国矿物学者弗雷德里希·摩氏设计了硬度等级,他把硬度最高的钻石硬度赋值为10,最软的矿物质云母的硬度赋值为1。硬金属比如铸铁容易碎,粉碎起来比较容易。软金属比如铝、铜、金和铅,通过模具可以拉成线,或者打制成薄片。金也可以打制成强光可以通过的薄片。

拉伸固体时,它的原子的间距被略微拉大,原子间力尽力把原子拉回到原来的位置,拉力撤除后,固体猛地恢复到原来的大小,这就叫弹性。英国物理学家罗伯特·胡克提出的胡克定律说明了固体上的应力和压力之间的关系。

遵循胡克定律的一个固体到达的一个特定拉伸力的值叫做弹性极限。超过这个极限的压力,固体保持略微伸展,但是不会恢复到原始大小。继续施加压力,就会达到它的屈服点,超过了屈服点,拉伸力稍微增加,它仍会伸展,直到最终断裂。工程师们采用这种方法用机器拉伸材料,测量材料的抗张强度。这种测量在飞机、桥梁和轮船的设计中非常重要。

↓直升飞机的制造利用了多种固体的特殊属性,而主转子是由含有碳纤维的合成物制成的。有机玻璃顶篷是一种坚硬、透明的塑料,机身用轻质铝合金制成。

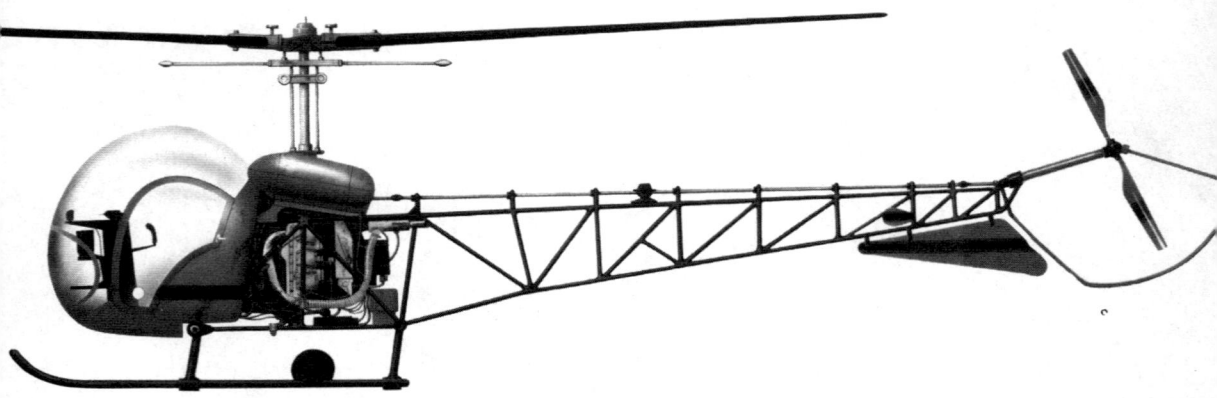

2 力和能量
FORCE AND ENERGY

运动中的物体（如在地上滚动的球）将会永远运动下去——除非有什么事物使它停止下来。这种"事物"就是力，在滚动的球的例子中就是球与地面的摩擦力，或者球与其他物体碰撞的作用力使球停止下来。在最初阶段还需要一个力使球开始滚动。需要一个更大的力使物体加速运动。

当一个力使物体运动时，便会消耗能量并做功。做功的量（单位为焦耳）等于力和物体移动距离的乘积。因此能量可以描述为做功的能力；并且能量具有各种不同的形式。机械能可以两种能量——动能和势能——中的一种存在。一个物体，如滚动的球，在运动的时候具有动能。重物下落会释放出势能，这种势能是由于其位置而产生的。被压缩的弹簧也具有势能。

功率是做功的速率。一个人搬着一个重箱子上楼梯需要一定量的功率，但是搬着同样的箱子跑上楼梯就需要更多的功率。功率的大小用瓦特来计量。

运动中的物体

当驮着骑手的马匹突然停下的时候，骑手会被向前甩出，这通常会带来严重的后果。这是英国数学家和哲学家艾萨克·牛顿（1642～1727年）提出的运动的第一定律的例子：在不受外力的作用下，物体会一直保持静止或匀速直线运动状态。物体由于其质量或惯性的作用而具有保持其运动状态的趋势，当马匹停下的时候，惯性使骑手继续向前冲去。体重大的骑手由于具有更大的动量，前冲的程度更大。动量随质量和速度的增加而变大。

牛顿的关于运动的第一定律包含了这样一个观点，即任何形式的运动都至少要有一个作用力。牛顿运动第二定律是关于动量的，表述为运动中物体动量的变化与制造这种变化的力（与物体的运动方向相同）成比例。在多数情况下，物体的质量不会改变，因此牛顿运动第二定律可以简化为：作用力等于其质量和加速度的乘积。

牛顿运动第三定律预测了两个物体相遇时候的状态，即如果一个物体施加一个作用力在另一个物体上，那么就会有一个大小相等但方向相反的力——反作用力。当气体在火箭发动机内燃烧时，它们膨胀并向所有方向施加相等的推力。气体在燃烧室密闭前端产生一个作用力，从而产生一个与该作用力方向相反的反作用力推动火箭前进。

不同于喷气式发动机，火箭不是由排喷出的气体向后推空气而前进的——如果那样的话，火箭将无法在没有空气的外太空飞行。因为火箭是基于牛顿运动第三定律的原理而设计的，因此火箭可以被描述为反作用力发动机。步枪的后坐力体现了直接由牛顿运动第二和第三定律衍生的一个相关联的原理。根据动量守恒定律，两个物体相撞后的总动量等于其相撞前的动量之和（在没有外力的作用下）。

当步枪射手射击时，子弹向前的动量（其质量乘以速度）等

→链球运动员做圆周旋转以给链球一个速度。因为链球的方向总是在变化中，所以它的速率也是不断变化的。当掷链球者将链球松开后，链球受到的使之保持圆弧运动的向心力将得到释放，从而沿着圆弧的切线方向向前飞去。

←步枪射手在射击时感受到的后坐力是动量守恒的结果，根据动量守恒定律，子弹（向前飞去）的动量与步枪（向后冲）的动量相等。

力和能量□

于武器的后冲动量。这种后冲动量就是步枪射手感觉到的后坐力。但是由于步枪的质量远大于子弹的质量，因此其后冲速度就远小于子弹的向前飞行速度。步枪越重，后冲速度越小。在更小的手枪中也可以观察到相同的现象——尽管其后坐力更小。

任何形式的运动的关键因素都是速率——给定方向的速度。如果物体做匀速直线运动，其速率保持恒定。但是如果物体做匀速圆周运动，如在一段绳子末端拴着重物做旋转运动，其速率也不断发生变化，因为其运动的方向在不断变化。

牛顿第一运动定律指出了旋转的物体受到一个使其保持运动的作用力。这个作用力被称为向心力，其作用方向指向圆心，并且与运动的方向成直角。向心力可以从紧绷的绳子上感觉出来。如果绳子断开，物体的向心力便不复存在，物体将向其在那一刻正在运动的方向飞去。

→一场橄榄球比赛可以提供许多关于牛顿运动第一定律的例子：需要作用力使一个物体运动，或改变其运动方向。由于作用力是物体质量和其加速度的乘积，因此体重更大的运动员和有更快加速度的运动员将会具有更大的作用力。

重 力

重力是物理学、天文学、空间科学、建筑和工程学中重点研究并应用的现象。重力是物体由于质量的存在而在彼此之间产生的吸引力。

质量是物体量的量度。同一个物体无论是在地球上还是在月球表面或外太空都具有相同的质量，因为它包含有相同的物质的量。但是地球上的物体还有重量，它是地球重力作用于物体上的力。重量可以用牛顿为单位精确测量，但是为了简便，重量通常使用质量的单位如千克或磅表达。

重量可以被表示为质量与加速度的乘积。因此地球上一个物体的重量可以表示为质量与重力加速度（还可以被称作为自由落体加速度）的乘积，物理学中地球重力加速度近似等于 $9.8m/sec^2$。然而在月球上的重力加速度只有 $1.6m/sec^2$，这就是月球上物体的重量只有地球上 1/6 的缘故。

重力可以在一定的距离内产生作用，事实上，月球的重力尽管比地球小得多，但依然能够在 382 000 千米外影响地球的海平面，从而导致潮汐产生。随着距离的增加，重力影响逐渐减弱。在地球上，重力在地球中心和物体重心之间产生作用。

两个物体之间的重力吸引力与两物体质量的乘积成正比，与它们之间的距离的平方成反比。这种关系被称作万有引力定律，

是英国科学家艾萨克·牛顿于 1666 年提出的。两个物体间的引力作用在它们的质心（即物体质量的集中点）之间。质心有时也被称作重心，物体的重心对于其保持稳定有重要影响。

物体的稳定性可以定义为垂直通过其质心向下的一条直线。对于一个正立的金字塔来说，从其质心引出的一条线穿过金字塔的底部，金字塔则处于稳定平衡状态。如果轻轻施加一个外力使其倾斜，重力会起作用，使其回到原来稳定的状态。但是如果金字塔被倒置，那么施加一个很小的力也会使其翻倒，此时的金字塔就处于不稳定状态。

球体或躺着的圆柱处于中性平衡的状态——如果它们被推动翻滚，其质心依然通过接触点保持垂直向下。物体将会一直保持稳定状态或者中性平衡状态——除非有外力作用。

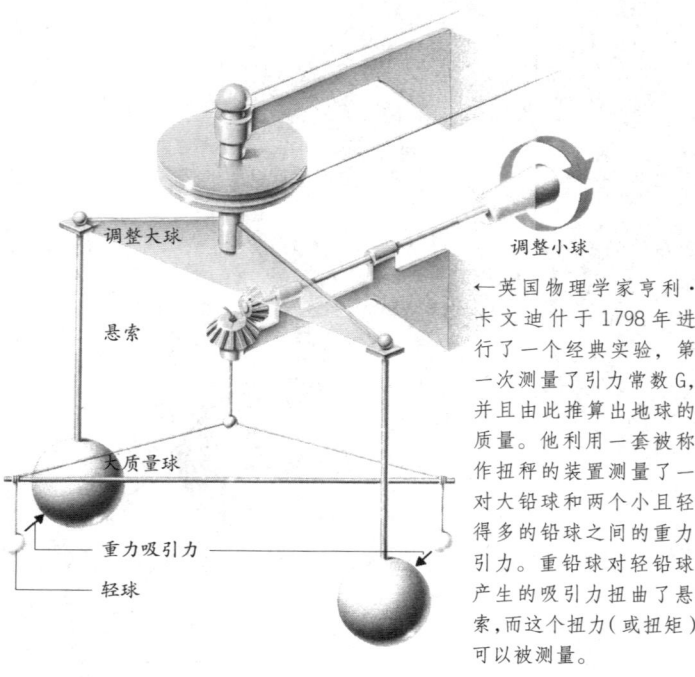

← 英国物理学家亨利·卡文迪什于 1798 年进行了一个经典实验，第一次测量了引力常数 G，并且由此推算出地球的质量。他利用一套被称作扭秤的装置测量了一对大铅球和两个小且轻得多的铅球之间的重力引力。重铅球对轻铅球产生的吸引力扭曲了悬索，而这个扭力（或扭矩）可以被测量。

力和能量

← 对于要进入飞行轨道的航天飞机，它必须被赋予足够大的速度以摆脱地球重力的吸引。这个速度被称作逃逸速度，约等于 11.2 千米/秒。一旦进入轨道，宇航员（远左图）将处于失重状态。

↓ 人造卫星在距离地球足够远、能克服地球的吸引力后，可以在任意高度的轨道中飞行（并且保持自由落体状态）。紧贴着地球大气层外界面的人造卫星（高度约 230 千米）的轨道周期少于 2 个小时，而高度为 36 000 千米的人造卫星的轨道周期为 24 个小时；人造卫星的轨道和地球旋转处于同一轴心，因此在地球上看，人造卫星是静止的，这种现象被称为对地静止轨道。

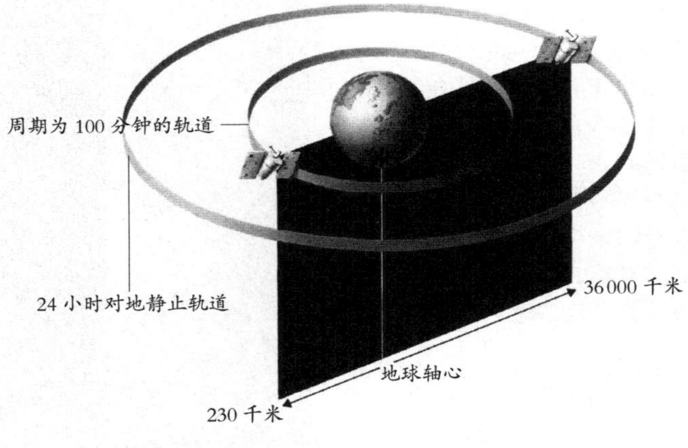

周期为 100 分钟的轨道

24 小时对地静止轨道

36 000 千米

地球轴心

230 千米

□学生科普百科

机械能

具有质量的物体在运动的时候具有动能，等于其质量的一半和速度的平方的乘积。做直线运动的物体具有平移运动动能，围绕一个轴心旋转的物体具有转动能。平移运动动能与物体运动速度的平方成比例。这一规律具有重要的意义，例如，如果物体的速度加倍，那么其动能就是原来的4倍。这就是为什么在车祸中起决定作用的是汽车的速度而不是汽车的质量。一辆以135千米/小时行驶的汽车的动能是一辆以32千米/小时行驶的相同汽车动能的16倍，由此也会带来更大的冲击力。

一个具有质量的物体由于其位置也可以具有能量，这被称做重力势能；或者由于其存在变形——如被拉伸或被压缩的弹簧——拥有弹性势能。存储在物体中的重力势能等于其质量、高度和重力加速度的乘积。因此物体越重，势能越大；物体位置越高，势能越大。

上述就是机械能的所有形式，并且它们都可以做功。例如，一个快速移动的球杆在撞击球的时候将自己的平移运动动能传递给球，从而使球向前滚动。储存在重的飞轮中的转动能可以被用来操作机器。重力势能通常并不会表现出来，除非其转化为动能。老式摆钟逐渐落

→势能是一种存储能量。大坝后面的巨大水体储存着的势能被放出后转化为动能，推动涡轮机叶片。

力和能量

下的重物驱动齿轮；大坝后储存的水落下后释放其势能转动涡轮叶片。弹性势能的一个简单例子是拉开的弓，射箭时，瞬间释放其弹性势能，使箭快速射向目标。

在某些系统中，势能和动能是不断相互变化的，其中的一个例子就是钟摆，其在一根杆的末端有一个重物在摆动。在摆动最顶点，其只有势能，然后随着摆动，逐渐下降，势能逐渐转化为动能；在摆动的最低点，钟摆只有动能而没有势能。然后当钟摆继续向高处摆动的时候，动能逐渐转化为势能；到达最顶点的时候，钟摆又只有势能而没有动能。钟摆摆动的时候克服重力而做功。

钟摆的摆动为周期性的，即运动随着时间具有可预期的变化。如果将钟摆的运动位移轨迹按照时间描绘，则可以得到一条波浪形的正弦曲线。弹簧的振荡按照时间描绘也可以得到一条类似的正弦曲线。

一个完整的振荡所耗费的时间被称作运动周期，相对于平衡位置的最大位移被称为振幅。任何以这种方式产生正弦曲线的运动都被称为简谐运动（SHM）。物理中有许多关于简谐运动的例子，如交电流或无线电波的迅速电压振荡。

在振荡系统中，动能和势能之和总是保持相同。这是物理学中的一个应用广泛的重要原理，叫做能量守恒定律。这一定律表明任何系统内总能量都是恒定的——尽管能量可以由一种形式转化为另一种形式。

↑当弓箭手松开拉开的弓弦时，弹性势能瞬间转化为动能，使箭飞速向前射出。

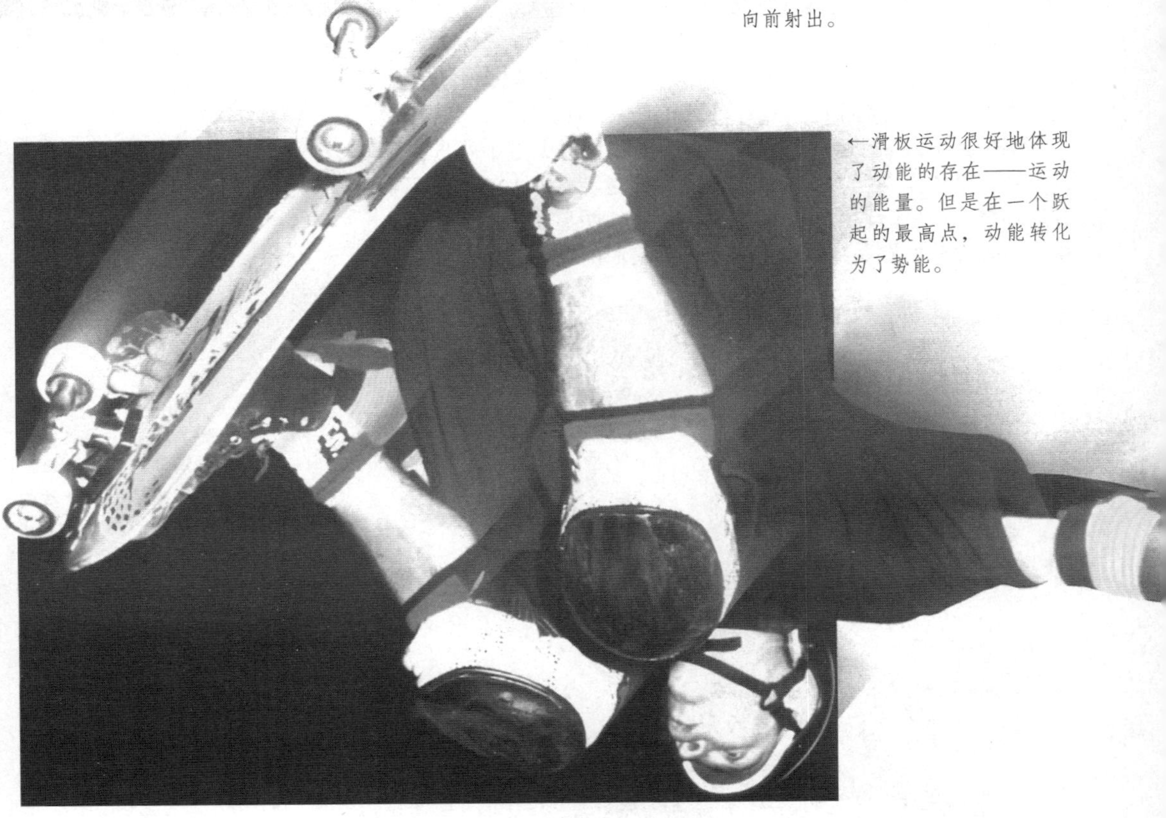

←滑板运动很好地体现了动能的存在——运动的能量。但是在一个跃起的最高点，动能转化为了势能。

239

热 能

当物体变热，其热能就会储存在其原子中，原子不断振动——其振动越剧烈，物体越热。热能是动能的一种形式，是振动的原子具有的运动能。如果物体被冷却到足够程度，其原子几乎不振动。最低的理论温度——绝对零度——从来没有取得过——尽管在 20 世纪 90 年代科学家曾经得到过开氏 0.000007 度（在绝对零度的十万分之一的范围内）的记录。

热能可以被看作是一种单独的能量类型，可以被转化为其他所有形式的能量。任何东西变得足够热，都会发光，并且在热电偶（一种电路）中，热能可以被直接转化为电能。其他形式的能量也可以被转化为热能——通过高电阻导线的电流或者相互接触的两个移动中心物体表面的摩擦都可以产生热能。

热能可以从一个地方传递到另一个地方。例如一端加热的金属棒，热原子的振动传递给相邻原子，因此热量逐渐从加热的一端传递到未加热的一端。这种热能的传递被称为热传导，金属都是热的良导体。

热量还可以在热气体或液体的运动中传输。热的气体比冷的气体密度更小，因此会上升，从而形成加热房间中的空气流，或者空气大规模的运动造成了天气的变化。这种热传输被称为对流，气体或液体的运动都会产生对流。

热还能通过辐射运动——来自太阳的热穿过太空中的真空到达地球就是依靠这种方式。任何温度在绝对零度以上的物体都会有热辐射——尽管辐射率只有在高温度时才明显。热辐射量还与物体的表面属性有关，具有黑色不光滑表面的物体辐射率大于银

↑许多固体，包括金属，在加热的时候会变软，铁匠可以利用这种现象将热的铁块敲打成马蹄铁。热量还可以影响物质的许多其他物理性质，如它们的导电能力。

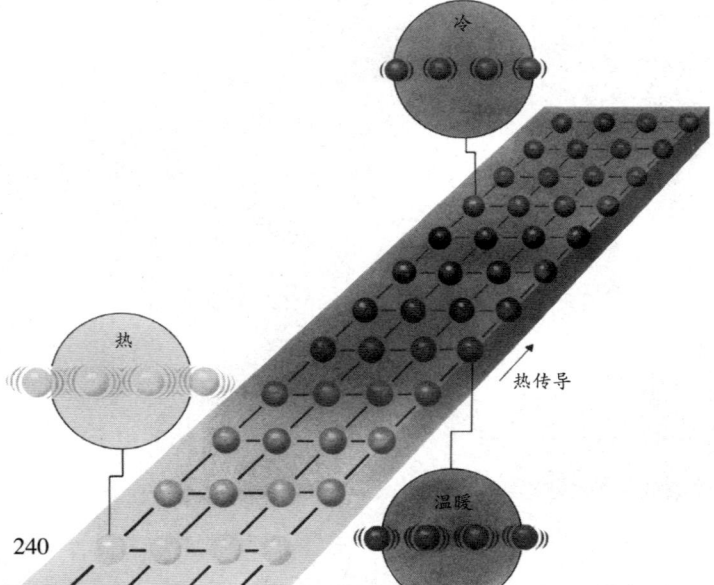

←一端加热的金属棒体现了热的运动理论，即任何温度高于绝对零度的物体中的原子都处于不断振动的状态。物体温度越高，其原子振动越剧烈，并且这种振动还可以传递给相邻原子——解释了热在固体物体中传导的现象。这还可以解释物体受热后膨胀的原因——此时原子占据了更多的空间。热原子振动的加剧以及由此带来的线性膨胀的程度直接取决于温度。热量还可以被在原子间自由运动的电子携带着遍布整个金属棒。

力和能量

白色光滑表面的物体。

热量还可以看做是能量在温度不同的物体之间传递。了解热量如何在物体间传递有助于防止不必要的热量流失。使物体保持温暖的一个方法是在其外部裹上一种不良导体——热绝缘体如发泡塑料，以防止热量流失。

同理，棉衣在寒冷的天气下可以使人保暖。真空瓶子也可以防止热量传导，可以使冷或者热的液体保持其原来温度。保温瓶壁之间的真空层可以防止热量通过对流传导（因为在其中没有空气对流并携带热量）。另外容器表面的银镜可以最小化热辐射。

热量的单位是焦耳。但是有时使用不同且更旧的热量单位，例如营养学家以卡路里为单位来表述食物中所含的热量（通常简写为大写的C）。1卡路里代表的是使1000克水升高1℃所需要的热量。食物中的卡路里是指其完全燃烧后释放的能量。每克糖具有39卡路里的热量；每克脂肪（如黄油）中所含的热量为76卡路里。

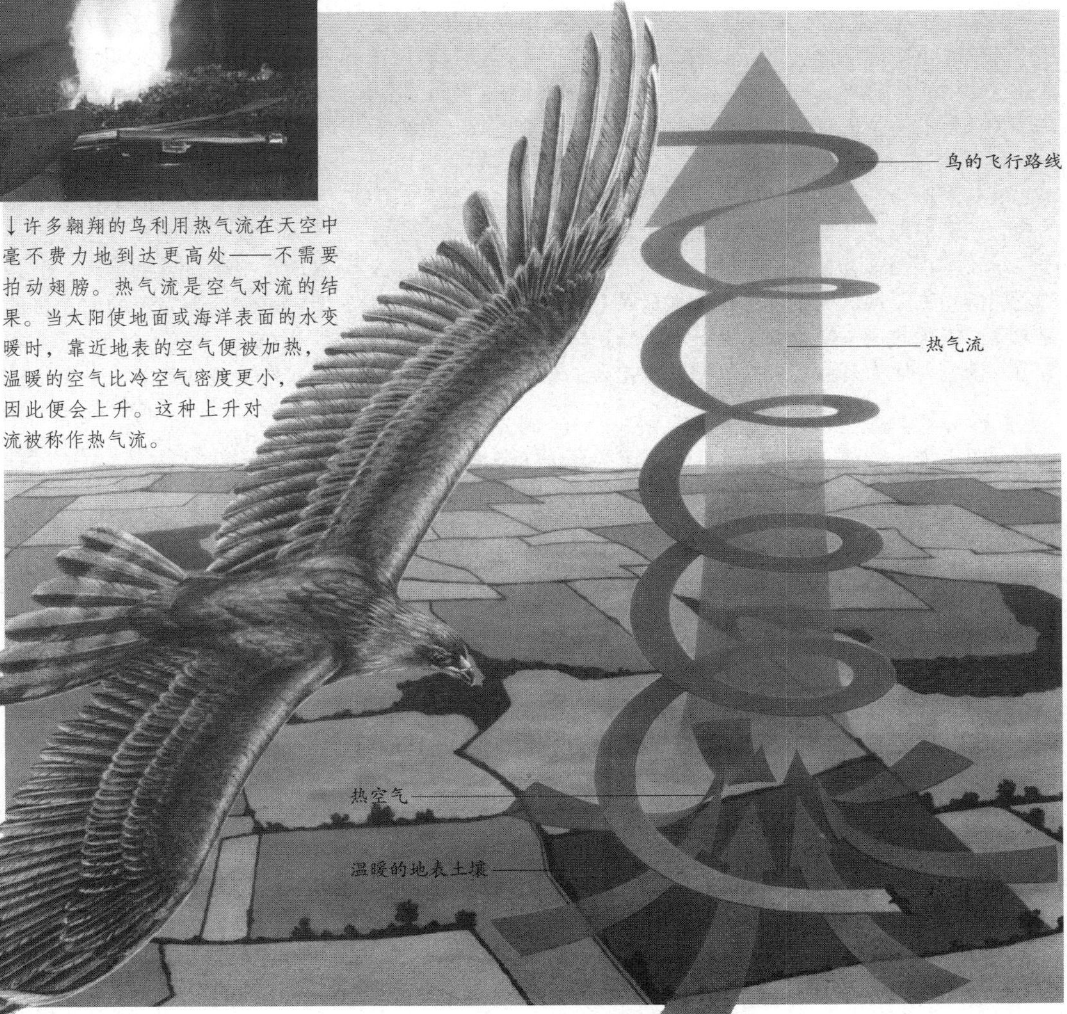

↓许多翱翔的鸟利用热气流在天空中毫不费力地到达更高处——不需要拍动翅膀。热气流是空气对流的结果。当太阳使地面或海洋表面的水变暖时，靠近地表的空气便被加热，温暖的空气比冷空气密度更小，因此便会上升。这种上升对流被称作热气流。

—— 鸟的飞行路线

—— 热气流

热空气

温暖的地表土壤

241

测量和应用热量

温度代表一个物体的热度，它可以根据随温度变化而变化的几个物理特性测量得到。一种普通温度计利用了某种液体在一根窄管中的膨胀。液体（通常是染了色的酒精或水银）的膨胀可以在刻定标度上显示出来，标度的位置由两个固定点确定，对于普通温度计而言，这两个固定点是水的冰点和沸点。在摄氏温标中，温度被分成100度。在华氏温标中，温度被划分为180度（水的冰点是32°F，沸点是212°F）。物理学家和其他科学家还通常使用绝对温标即开尔文温标，其从绝对零度（0K）开始，并且和摄氏温标具有一样的刻度大小。因此，开氏温标中，水的冰点是273K，而沸点是373K。

金属的电阻也随温度变化而变化，这通常被用在铂电阻温度计中——铂电阻温度计利用一段铂丝的电阻来测量温度。利用声音在气体中的传输速度取决于气体温度的特性可以测量极高温度。在熔炉一侧的一个麦克风中可以接收到熔炉另一侧电火花发出的一系列声音，一台计算机通过计算声音到达麦克风的时间可以测得温度。摩擦会产生热量，任何人拽着绳子滑下都会感觉到双手的灼烧感和疼痛，这就是摩擦生热的缘故。该现象最早被美裔英国科学家本杰明·汤普森在18世纪90年代注意到。当他在德国慕尼黑的一家军械厂观察机器在大炮炮筒上钻孔的时候，他注意到炮筒变得很热——事实上工人必须不断在炮筒上浇冷水以冷却炮筒。汤普森认为是钻孔机的机械能转化为了热。火柴就是利用摩擦生热的普遍例子——摩擦产生的热足以使火柴燃烧。

为了更好地利用热，它通常被转化为另一种能量形式。热力发动机包括汽油机、柴油机、燃气涡轮机或火箭都是将热量转化为机械能，在这里的每一种发动机中，燃料膨胀产生热气体推动活塞或涡轮运动，或产生巨大的推力。这些发动机的效率主要取决于气体做功前后的温差（由此得到的能量含量）。这种研究发动机的方法最初是由法国工程师尼古拉斯·塞第·卡诺（1796~1832年）提出的。

热力发动机的工作基于热气体的吸入、燃烧、膨胀和排出四个变化过程的循环。但是即使是理论上完美的发动机的效率也不可能达到100%。实际的发动机的效率——热量输入和输出比——通常在40%到50%之间，这是由于在摩擦、废热和废声中都会消耗部分能量。多数内燃机是效率低下的，并且炽热异常、噪声巨大。

↓ 热量的一个最重要的应用是热力发动机——尤其是在内燃机中。最初这类发动机的商业开发——气体发动机到后来的燃油发动机——利用四冲程循环。四冲程循环的关键步骤是吸气阶段（燃料和空气的混合物进入汽缸）、压缩阶段（活塞提起）、点燃阶段（火花塞点燃燃料，使其爆炸，活塞下移）和排气阶段（将废气排出汽缸）。

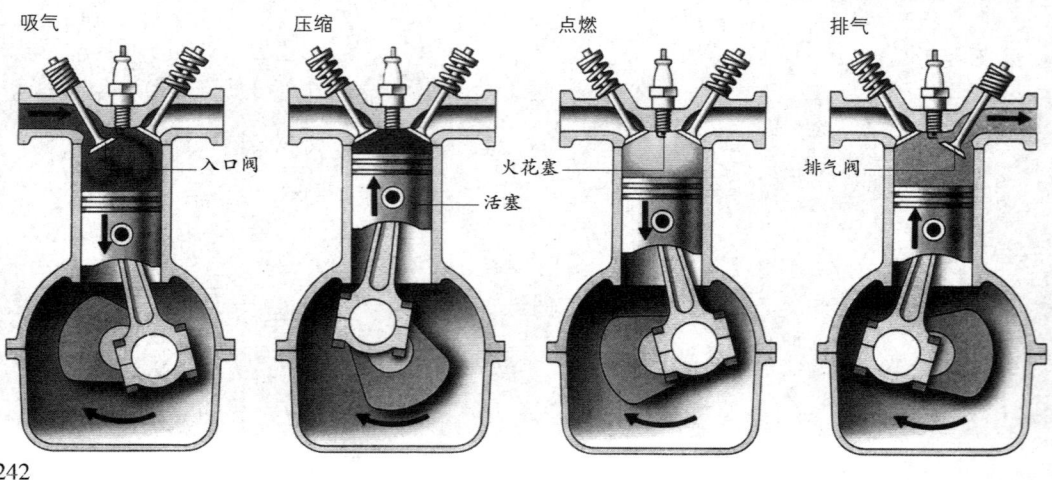

3 电和磁
EIECTRICITY AND MAGNETISM

早在公元前 2 世纪，磁铁就为中国的航海者所使用。古代水手发现，如果在绳子上拴一块天然磁石，它总是指着南北方向，这就是最原始的指南针。古希腊人发现在毛皮上摩擦琥珀后，琥珀会吸引碎稻草和碎片，这和磁铁吸引小金属片非常相似。然而，琥珀的吸引力不是来自于磁而是来自于静电。希腊语中"琥珀"是"电子"的意思，这也是现代英语单词"电子"和"电"的来源。电和磁现象是由于原子中的电子和其他粒子的行为而产生的。

直到 18 世纪和 19 世纪，物理学家才发现了电和磁之间的内在联系，他们发现线圈中的电流会产生磁场，而磁场又可以被用于在导线中产生电流。这些现象被称作电磁，它是我们今天大多数电力机械工作的基础。电磁体、电力发动机、发电机、变压器、麦克风、扩音器，甚至电铃和蜂鸣器都是利用了电和磁之间的相互作用。

□学生科普百科

磁铁和磁场

磁体是一种物质（通常是金属），吸引或排斥其附近相似的金属。这种效应和磁体原子的成分亚原子相关。

当电子（通常是带负电）绕原子核旋转的时候，它们自旋并产生了一个小磁场。这些微小的原子磁体彼此以一定顺序排列，形成磁性区域叫做"畴"。在金属片如铁片或钢片中，有数百万个畴，它们之中有些畴指向一个方向，而另一些则指向了另一个方向，所以没有一个整体磁场。但是当这些金属被放置在一个外部磁场中时，畴便与磁场以及彼此间平行排列起来，它们各自的微小磁场便组合成为单个的大的磁场，于是这块金属变成了一块磁体。

依据电子的数目和它们自旋的方式分为三种磁性：铁磁性、顺磁性和逆磁性。一个铁磁性物质（如铁、钴或镍）中畴的原子中，在外部磁场的作用下，电子的自旋整齐排列。在特定的温度之下，当外部磁场被移去的时候它们依然保持磁性，于是它们变成了永磁体。铁氧体（是钴、锌、镍和铁氧化物的混合物）是烧制的铁磁性物质，可以用来制作极强大的永磁体。

顺磁性物质在顺着外界磁场方向的时候得到了磁性，因为此时它们的成分"原子磁"整齐排列。但是当外部磁场被移去的时候，它们的磁性随之消失。其他一些物质——逆磁

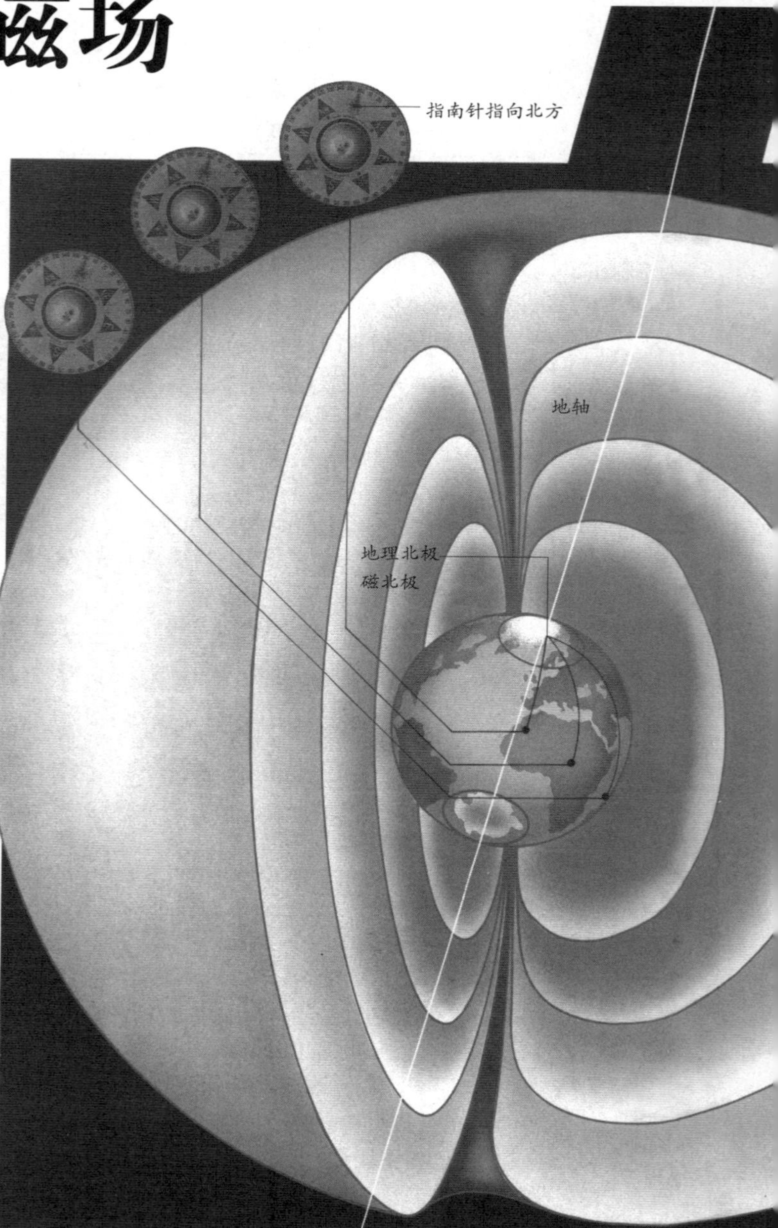

指南针指向北方

地轴

地理北极
磁北极

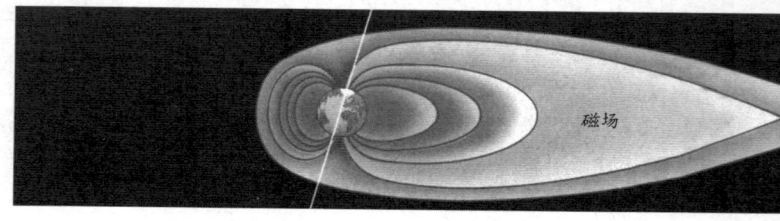

磁场

性的——与外部磁场方向相反的时候才能得到暂时的磁性。

在条形磁体中,磁场从棒的一端的某点附近发出,在空间中延伸,并弯曲到达条形磁体的另一端某点附近。这些点被称为磁极——北极和南极,并且磁场可以用两极之间的连线来表示。磁极总是呈南北走向成对出现的。磁力线可以认为是单个磁极在磁力的作用下所经过的路线。

磁极的另一个特性是同极——如两个北极——相斥;异极相吸。在这种情况下,它们的磁场相互结合或相互推开。事实上,任何两个磁极彼此间的作用力与它们磁力的乘积和它们之间距离的平方比成正比。由于这个原因,磁场随着离磁体距离的增加迅速衰减。

指南针中的指针是一小块装在轴上的磁体。它的指北端(事实上是北极)总是指向我们称为北方的方向。为了做到这一点,在地球北极的附近必须有一个磁南极。这仿佛地球有一根顺着地轴的巨大的条形磁体,使全球任何地方的指南针指针都处于它的磁场中,并指向南极或北极。磁极与地理磁极并不是精确重合的,并且磁极每年都在缓慢移动。航海者在使用指南针的时候必须注意这一点。

←地球熔融铁质地核中的电流产生了磁场。地球中仿佛有一根沿着地轴的巨大条形磁体。指南针具有一个水平安装的磁化指针,并且在地球磁场中,它的指北端总是指向磁北。垂直安置的一个指针被称为磁倾指针,在赤道附近,它是水平的,但是向更北(或更南)移动的时候,磁倾指针就逐渐倾斜,直到到达两极的时候,它垂直指向下。

↑围绕一根条形磁体的磁场(磁力线)可以由在该磁体上的纸上洒铁屑显示出来。

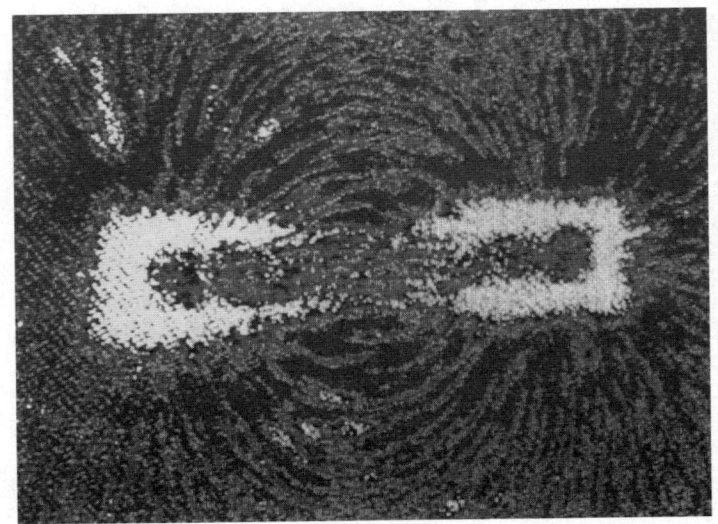

具有随机磁域的未磁化铁棒

具有整齐排列磁域的磁化铁棒

←在一条未被磁化的铁棒中,分子磁体是随机排列的。当铁棒被放置在一个通电线圈中的时候,线圈产生的磁场便使分子磁体有序排列起来,于是铁棒被永久磁化了。还可以通过将铁棒放在地球磁场(指定它的北极)中,然后用另一块磁体击打或者用锤子击打的方法使其磁化。

←地球磁场延伸到太空中几千千米之外,形成磁气圈,并且由于太阳风的作用被扭曲变形成泪滴状。许多其他的行星也具有类似的磁场。

□学生科普百科

电和其他能量

由于各种能量形式可以互相转换，所以电可以直接由光或热转换而来。甚至还可以不利用发电机的电磁而直接由机械能产生电。当光或其他种类的电磁辐射如紫外线或 X 射线照射一块金属的时候，电子将会从金属表面散发出来。这种现象被称作光电效应。散发出的电子将流向一个阳极（一块比发散电子的金属电压更高的金属片），然后在一个外部电路中作为电流。当入射光具有足够能量，即具有足够高的频率的时候，便会产生光电效应，将电子从金属原子中击出。

光电电池和太阳能板就很好地利用了光电效应。例如摄影者的曝光表中可能有一块硒光电池和一个敏感的检流器（电表）；光越闪亮，产生的电流越大。多数太阳能板都使用由半导体如硅制成的光电管或光伏电池。以这种方式生电是非常昂贵的，但是这可能是在外太空行进的飞行器唯一的选择。太阳能板也可以在地球上被用来发电。它们的作用将不仅仅是供电。

热电——由热产生的电——是通过将两个不同金属制成的导线连接成一个环，然后将接点保持在不同的温度而产生的。这就是以德国物理学家托马斯·塞贝克（1770～1831 年）的名字命名的塞贝克效应。由于不同的金属原子中的电子处于不同的能级上，在两种金属的接点，电子从一种金属流向另一种金属，接点间的温差越大，产生的电流越强。通过将一个接点的温度保持在已知温度下，可以利用塞贝克效应制得一个热量计，测量另一个接点的温度。

↓→将光能直接转化为电能的廉价而高效的方法能够解决世界上的许多能源问题。光电电池和太阳能板利用光电效应能产生电，但是它们代价昂贵而且效率不高。然而，在外太空或离可供应电源遥远的地方，光电装置是唯一可靠的电力来源——只要太阳在闪耀。

↓一些电唱机上的唱针由一种晶体组成。激光唱片上 V 形凹槽在碟面上沿等高线分布。不同的声音模拟信号以波动的形式表现。当唱片旋转的时候，唱针跟随波动，因此在两个方向相互成直角振动。振动使安装在晶体上的小块磁铁在成对的线圈间产生振荡。磁铁运动在线圈中感生出变化的电流，一个信号对应每个立体声频道。然后信号被放大和过滤，传递到扩音器产生最初的声音。总体说来，这个过程将唱针的振动转化为电能，然后以振动的形式还原说话者本来的声能。

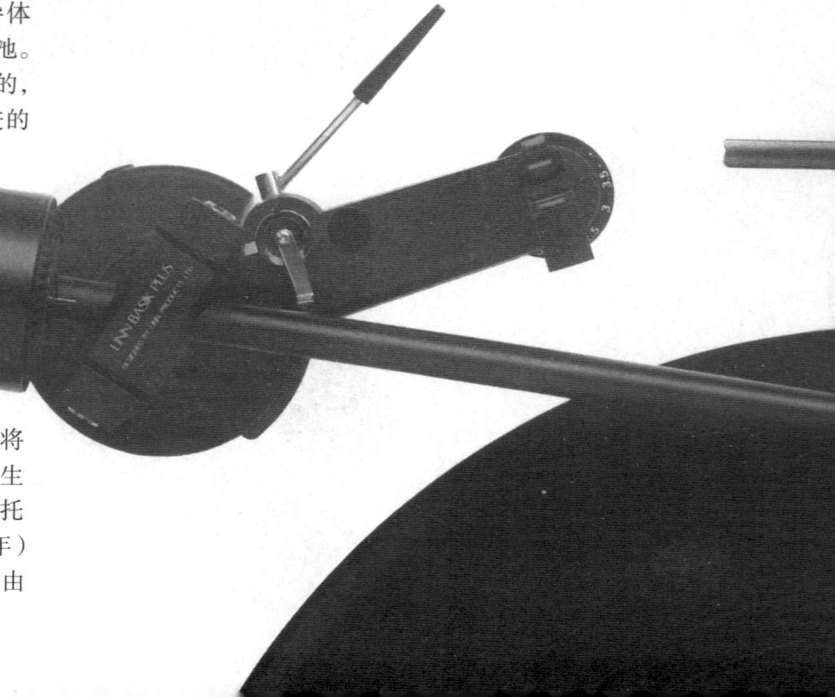

→这架太阳能自行车展示了太阳能应用的可能性，它以平均 50 千米/时的速度横穿澳大利亚。它的面板是由光电池排列而成的，如内插图所示。

电和磁

光电电池

→许多电话中都包括一个晶体麦克风以捡拾说话的声音。声音使安装在一个压电晶体一面上的振动膜产生振动。振动迅速"挤压"晶体,使之产生变化的电流,这些电流沿电话线到达接听者的电话中通过一个放大器传出声音。

压电晶体
电话振动膜
麦克风外壳

当电流通过真空中的导线的时候,导线便会发热并散发电子蒸汽,这种现象被称为热离子效应,这是真空管(热离子管)或阴极射线管的电子源,在管中有一个加热的阴极,其中有电子蒸汽流向阳极。

电唱机的唱针上有一个小晶体,通常是由蓝宝石或钻石做成的。当唱片旋转的时候,一个机械力使晶体在唱片的凹槽里上下运动。这个外力"挤压"晶体,使它产生一股小电流——被放大产生声音。这种生电的方式(被称为压电效应)之所以能够发生是由于变形晶体相对的面在电子的流动中得到了相反的电荷。压电晶体还可以被使用在麦克风中(其中声波在晶体上施加压力)以及在"电子"点烟器中(其中一个晶体被挤压后产生电流并产生火花点燃气体)。

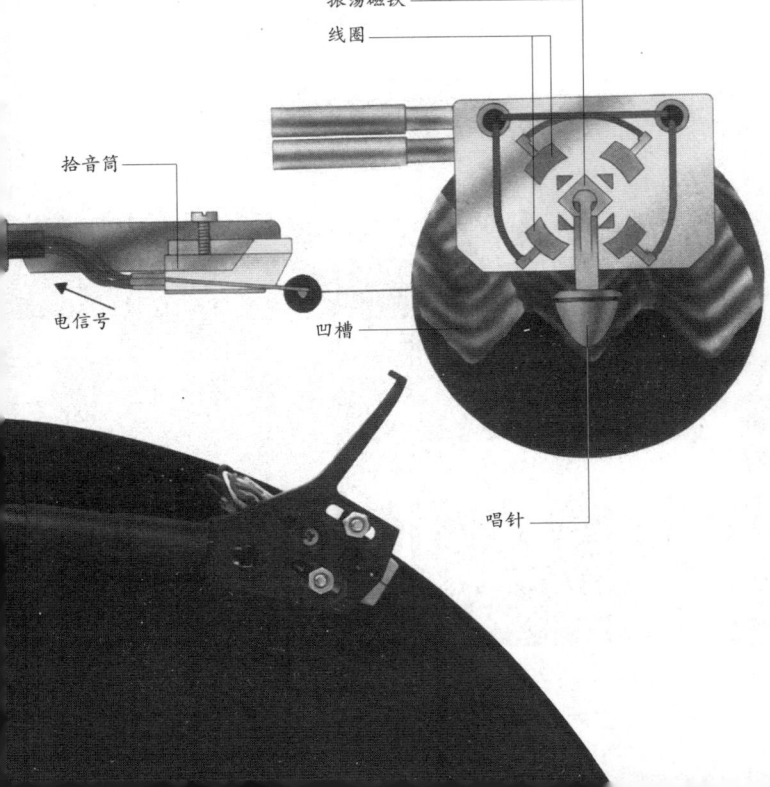

振荡磁铁
线圈
拾音筒
电信号
凹槽
唱针

电子学和半导体

一些非同寻常的发电方法包括真空管和固体（不是金属）中电子的流动。电子装置可以被用来作为开关和控制携带信息如放大器中的声音信号或者计算机的数字数据信号的电流。

最初的电子装置是真空管，在真空管中，电子流从一个被加热的阴极流向阳极，这个特性被用在二极管中，以将交流电转化为直流电。二极管增加第三个电极（或电栅）之后即形成了三极管，可以被用来控制和放大电流。加热的阴极仍然被用在电视、雷达和计算机显示器的阴极射线管中。

但是真空管体积巨大并且其加热器还需要消耗能量。在第二次世界大战之后，随着需要更复杂电路的计算机的发展，对更小的电子设备的需求也与日俱增。在这一时期，美国科学家发明了晶体管，晶体管是一种相当于三极管的固态装置。固态意味着电子只能在固体物质而不能在气体或真空中传输。晶体管不消耗能量并且体积可以极小。

半导体是电阻小于绝缘体但是大于导体的物质。金属在其结构中有许多自由电子，可以从一个原子移动到另一个原子以传导电流；而绝缘体则几乎没有任何自由电子。半导体，例如锗和硅元素，有一些自由电子，这些自由电子可以成为电流载体。上述两种元素的原子中都有4个外部电子。向这些元素中添加极少量具有5个外部电子的元素（如磷）的过程被称为掺杂——可以提供额外的导流电子，创造出一种n-型半导体。添加具有3个外部电子的元素（如硼）可以使一些原子缺乏电子（称为"空穴"），从而自由电子可以流动，由此得到的材料被称为p-型半导体。将一片n-型半导体和p-型电导体连接起来就形成了一个二极管，在二极管中电流只能朝一个方向流动，来自n-型半导体的自由电子通过两者的接合处，以占据p-型半导体中的空穴，但是自由电子不能从p-型半导体流向n-型半导体。

两个二极管背对（形成n-p-n或p-n-p式排列）接合形成了一

↓→最早的电子装置是真空管。首先出现的是具有两个电极的真空管（二极管），然后出现了具有三个电极的真空管（三极管）或更多电极的真空管。但是真空管体积巨大，并且它们的加热器还消耗能量。晶体管的现代形式是半导体二极管和晶体管，它们体积小很多，并且消耗很少的能量或者根本不消耗能量。在今天的一个硅芯片上的微型化电路中就有几百个电子元件。

电和磁

个晶体管。进入中间片（基）的小电流控制外部片（发射器和收集器）之间的大电流。这正如一个三极管，并且可以被使用在扩音器和其他电路中。在一个场效应晶体管中，一种类型的半导体（栅极）被散布进入其他类型的半导体棒的侧面。在半导体棒的两端（其源极和漏极）存在一个主要电流。一个更小的变化的电流供应给栅极，以控制主要电流——正如在一个结面晶体管中用基电流来控制发射器电。

←↓ 早期的电子管收音机（使用真空管）体积巨大并且需要沉重的变压器以产生真空管加热器所需的低压电流。晶体管使电子设备更加便于携带。

↑ 现代个人立体声收录机组合了完整的调频FM无线电波段和录音机，只有手掌般大小。无线电收音机可以被造得更小，它的体积只受到扩音器尺寸的限制。电子元件可以被组合在一个或两个微芯片上。

← 即使没有扩音器，电子管收音机也会占据很大空间。在使用过程中，电子管变热，并且空气循环通以冷却设备。多数小型元件和电线都被放置在底盘之下。

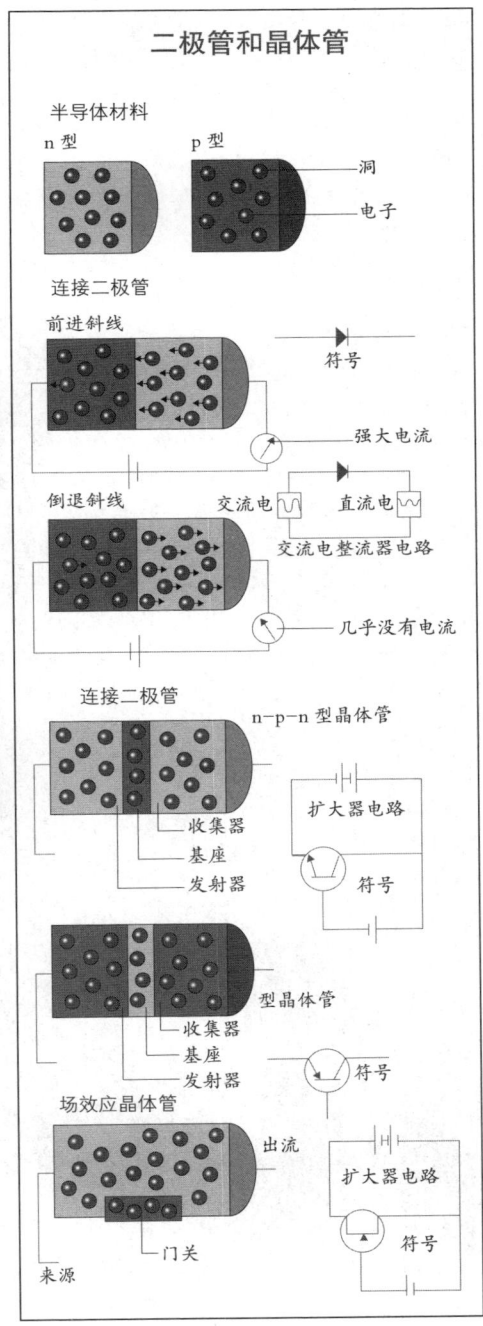

249

家用电子设备

几十年前，在多数家庭中所能找到的唯一的电子设备是收音机，并且还是那种性能不稳定的体积庞大的真空管收音机。今天，由于晶体管的发明，收音机变得体积越来越小并且性能越来越稳定。多数家庭有一台或多台电视和影碟机，以及立体声响设备。许多家庭还有个人电脑，以及专门的视频游戏机。在厨房中还可能有微波炉，并且家庭的每一个成员都可能有一部蜂窝式便携电话。蜂窝式便携电话实际上是一个双路收音机，其体积小到可以放在手掌中。

这里，将介绍三种具有非常不同物理原理的家用电子设备：数码相机、微波炉和蜂窝式便携电话。数码相机与普通相机仅有的共同之处就是镜头和快门。在数码相机中没有胶卷，取而代之的是将图像被一个电荷耦合装置获取。数码相机最初是被使用在天文望远镜中以探测昏暗星体发射的微弱光芒。一个电荷耦合器件由被称为像素的感光光电单元阵列构成，它们将光转化为电信号，电信号被分开，沿两个路径传输。一组电信号通过一个模—数转换器被转换为照相机微处理器和其内存认可的数字形式。从微处理器出来的信号然后分三路：一组通过数—模转换器传到输出插槽中，插槽可以与电视连接，以观看照片；另一组依然以数字形式传输到另外一个输出插槽中，这个插槽可以与计算机

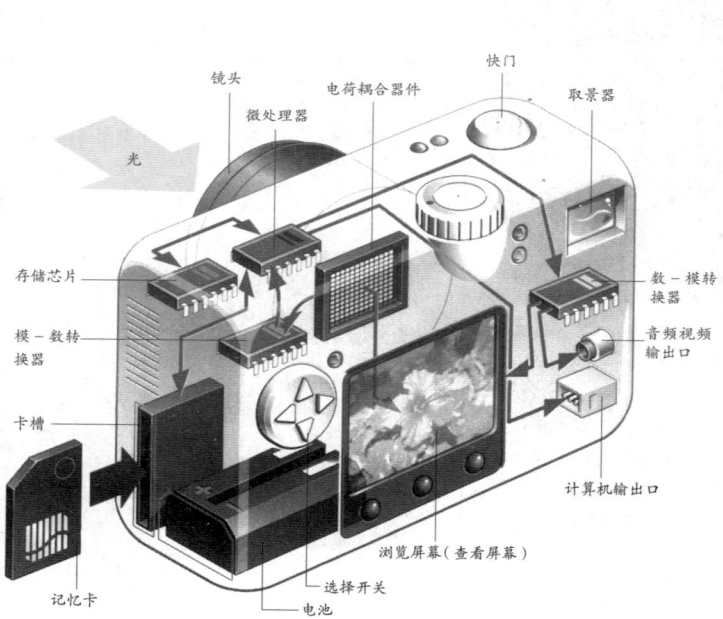

↑现代数码相机的各种控制器都被设计在靠近拍摄者手指的地方。音频视频输出端插槽可以使图像被输入到电视机中进行观看，而计算机输出端口则能使数码相机和计算机直接相连。

←与传统使用胶卷的相机不同，数码相机具有一个电荷耦合装置作为它的感光元件。这可以将通过镜头形成的像转化为一组电信号，然后电信号被相机中的各种集成电路处理。最终的像被储存在一块记忆卡中，记忆卡和普通计算机中使用的软盘一样可以被插入到计算机中进行处理（需要使用一种特殊的读卡器）。数码相机还有一个计算机输出端口，通过数据线可以直接与计算机连接，或者使用其他一种音频—视频（AV）输出端口与普通电视直接相连，以浏览照片。或者使用录像机记录照片。

电和磁

↑在现代电子电路中没有可见电线。图中所示的是任何一台个人计算机中基本电路的母板。中央处理器是右边蓝色散热片下的一个硅芯片。各种成行的插槽支撑多引脚"卡",处理声音、视频以及随机读取内存(RAM)。

↓→数码相机拍摄的照片是由数百万个被称为像素的独立单元构成的,每个像素都是单色,所有的像素组合起来形成整体图像。下图所展示的就是在一朵花的花瓣边缘像素的排列。

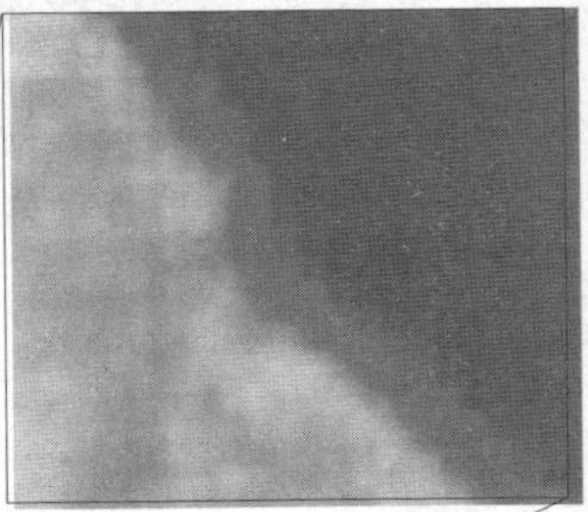

相连,以下载影像进行处理或打印;第三组信号进入一个可移动记忆"卡"中。

来自电荷耦合器件的第二组信号可以传输到照相机的屏幕上,照相机屏幕是一种小型液晶显示屏(LCD)。在更简单的数码相机中,没有光学取景器,液晶显示屏就相当于取景器。数码相机图像的质量主要取决于电荷耦合器件的像素的数量。

微波炉中有一根磁电真空管

251

可以产生2450兆赫兹的微波。之所以选择如此精确的频率是因为在该频率下可以使食物中的水分子快速旋转（由于电荷在分子中的不对称分布）。自旋分子之间的摩擦力产生热量，于是食物便被烹熟。任何完全缺乏水分的东西——如盛食物的瓷盘——则不会被加热。

磁电管需要高压电流，所以微波炉中有一个功能强大的变压器以提供高压电流。在微波炉中还有一个风扇吸进空气，以使磁电管保持冷却。在微波炉的顶部还有另外一个"风扇"，这个"风扇"实际上是一组旋转"桨"，可以使微波发生偏转，从而将其分散到炉子的全部空间。另外微波炉中还有一个金属格窗，上面有小孔，但是这些小孔非常微小以至于微波无法穿过——格窗可以保护微波炉炉门的玻璃。微波炉的其他部分都具有良好的绝缘性能，以防止微波泄漏可能造成的潜在危害。

蜂窝式便携电话是应用了微波的另一种家用电器。蜂窝式便携无线电话之所以得到这样一个名字是由于其使用的无线电发射机——基站座落在覆盖整个国家的一系列"蜂窝状"的中心。当你拨一个号码进行呼叫的时候，它将被传输到离你所在的位置最近的一个基站。如果呼叫是传到附近的一个区域，基站通常将信号沿地线传递到一个蜂窝式便携电话交换站，交换站又将信号传给电话接听方所在的基站。这个基站将拨响接听方电话的铃声，

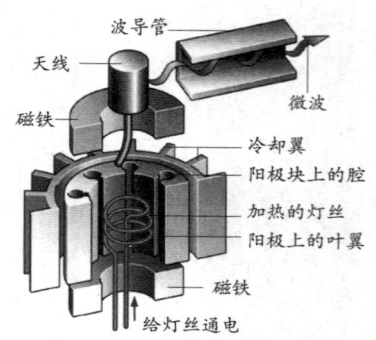

↑磁电管是一种产生微波的真空管。一对磁铁之间的磁场使加热丝发射的电子在阳极中循环经过翼板。微波在阳极块的腔中产生，并沿着一个导波管从一根天线辐射出去。

并且在拨打方和接听方之间建立一个双路连接，以使双方进行交谈。蜂窝式便携电话交换站还可以处理来自于普通电话（模拟信号）和传真机的呼叫，这些呼叫在传输之前将首先被转化为数字信号。

如果呼叫来自更遥远的地方——长途呼叫，电话交换站会将呼叫传递至拥有能更强大无线电发射机的的主交换机。主交换机将用连线与另一台主交换机连接，或者使用发射机建立一个无线电连接。或者如果是洲际呼叫则需要借助通讯卫星。地线通常用光纤以传输数字信号。如果借助卫星，卫星会将信号传递到离电话接听方最近的主交换机。当接听电话在移动中（如在汽车上或火车上的时候），这个系统还可以变更呼叫传输线路。如果接听方的电话交换站探察到来电信号越来越微弱的时候（因为它移动出了覆盖范围），系统将自动重新定位到离电话更近的另一个基站。

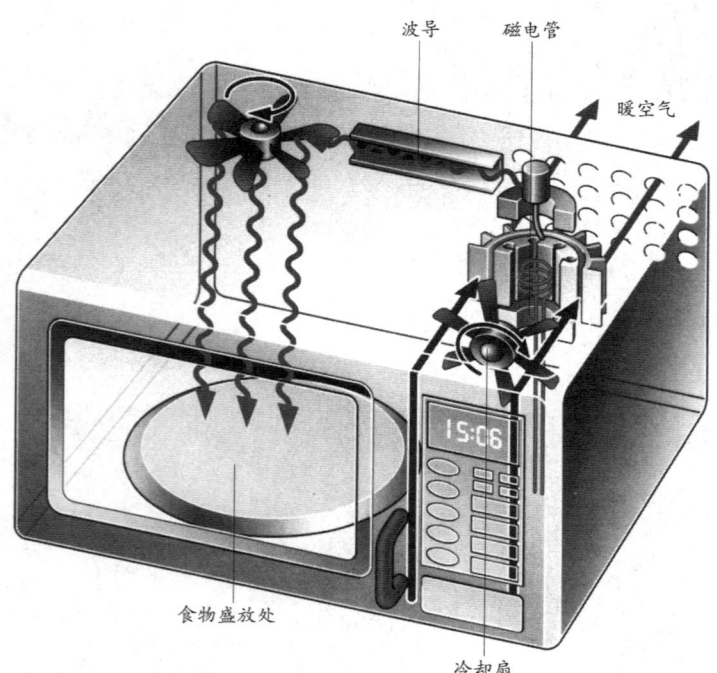

↑在微波炉中，磁电管产生的微波朝向一个旋转"风扇"的桨状扇叶，扇叶将微波反弹到需要烹制的食物上。2450兆赫兹的微波使食物中的水分子转动，水分子之间的摩擦产生足够的热量烹熟食物。另外一个更小的风扇吸进冷空气以冷却磁电管。

4 声 能
SOUND ENERGY

　　声音是物体振动时如吉他琴弦的振动、人类声带的振动或萨克斯管吹奏口簧片的振动产生的一种能量。振动引起空气分子产生高压（空气密集）与低压（空气稀薄）的交替，从而形成波。在干燥的空气中声波以 334 米 / 秒的速度从声源向各个方向传播。在其他的介质如水和固体中，声音也能传播，并且介质的密度越大，传播的速度越快。如果没有介质充当载体，声波就无法运动，所以声音不能在真空中传播。

　　与其他形式的波的运动一样，声音也有波长——连续波相邻的两个波峰或波谷之间的距离。而每秒钟所产生的波的数量就是声音的频率，通常人耳所能听到的声音频率范围在 20～20000 赫兹之间。纯音调频率是音高的衡量标准。声波的振幅是指它高于平均水准面的高度，振幅是音强的衡量标准。

　　音强和响度并不完全相同，因为声音的响度还取决于其频率。响度是声功率的衡量标准，声功率是指每秒钟通过特定面积的声能量。响度以分贝来衡量。

发声

↓→一切声音，不论是摇滚乐团的低音还是歌剧歌手的高音，都源自一种规则的振动。噪音也是声音，但是与音乐不同，噪音没有任何确定的音高。

不论是汽车发动机的嗡嗡声，还是气流通过窗缝的呼呼声，一切声音都是由于振动而产生的。乐器就利用了这一现象。在诸如鼓或铙钹的打击乐器中，声音的产生是由于敲击塑料鼓膜或撞击薄金属片引起的振动。在诸如小提琴之类的弦乐器中，声音的产生是由于拉乐弓时引起琴弦的振动。小提琴或吉他的琴身就如同一个共鸣器，通过跟琴弦发出的基调以相同频率振动而产生扩音效果。琴身的形状能够确保在特定频率下产生共振。

振动的琴弦所产生的音高（频率）取决于琴弦的三个属性：粗度、长度以及紧度。粗、长、松的琴弦产生的音调较低；细、短、紧的琴弦产生的音调较高，吉他或小提琴的高音是在较细的琴弦上弹奏出来的。为了得到更高音，吉他弹奏手（或小提琴手）会把琴弦按到指板上来缩短琴弦振动部分的长度。通过拉紧或放松琴弦来调节琴弦松紧度就可以听出琴弦松紧对音高的影响。

在诸如长笛、小号或其他管乐器中，声音是由一股振动的空气产生的。这股空气是含有交替的波节（振幅为零时）和波腹（振幅最大时）的"驻波"。吹得越用力，音就越高，因为这样产生的驻波中含有了大量的波节和波腹。或者，演奏者也可以通过松开音孔或按压活瓣，使振动的空气柱变短。

当声波碰到障碍物时会被反弹回来。在诸如大教堂这样巨大的房间或礼堂中，声音会被墙面和天花板反射。这种情况会导致混响，混响是由于听者在略有时差的情况下，重复听到相同的声音，时差的多少取决于声波被反射后传播的距离。音乐厅特别设计吸声表面来使混响最小化，从而使声音能够同时传入所有听众的耳中。

如果反射面很大，声波就会被反射形成回声。如果是遇到小的障碍物或是经过建筑物的边缘时，声波就会绕过障碍物，这一过程被称为衍射。衍射是声音在拐角处的传播方式。当声波从某一介质传入另一不同密度的介质中时，声波的传播方向也会发生改变，这种现象被称为折射。

两个频率相同的声波可以结合形成一个新的声波，这种现象被称为干涉现象。声音的干涉可以引起响度有规律的振动而形成拍子。当两个声波的波峰重合时，会产生更大声音；当一个声波的波峰与另一个声波的波谷重合时，两个声音会相互抵消。每秒钟所能听到的拍子数量等于这结合声波之间的频率的差异。

乐师通过拍子来调节乐器达到标准参考音符（管弦乐队通常

→诸如萨克斯管这种管乐器，吹奏者吹动吹奏口的簧片使其振动，这又引起管身中的空气振动，产生"驻波"。驻波产生声波，由交替的压缩空气与稀疏空气组成，从乐器的音筒辐射出来。其他乐器产生声音是由于琴弦的振动（钢琴、竖琴、吉他、提琴）、皮膜的振动（鼓）、金属的振动（铙钹、钟）。

将音符调至双簧管的小字一组的A音）。当听不到任何拍子时，乐器就"合拍"——该乐器演奏出的A音与双簧管演奏出的A音完全相同了。音叉（一种有两个齿的金属器件）也可以用于产生一种标准音——乐器音调与其匹配。

声能

↓电吉他音符的音高取决于振动的频率，而振动的频率又依赖吉他琴弦的粗度、长度、紧度。吉他琴弦的振动被采集放大，产生可以听得到的声音。

低音　高音

第一泛音
第二泛音

↑整根琴弦振动产生一根拉伸的琴弦的基础音符，此时最大位移是在琴弦的中心位置。如果按住琴弦的中心置形成一个定点，那么琴弦会分成两个部分振动，这时可以听到第一泛音（或第二泛音，正好比基础音符高八度）。其他泛音（和声）可以通过使琴弦分为两个或多个节点振动而产生。

波阵面
压缩的空气分子
声波

←声音是一种机械扰动的形式。声音经过空气或水时，总是一个稀疏波跟着一个压缩波（分子紧密地"挤"压在一起）。古希腊人很早就知道声音与空气的运动有关，也知道音符的音高取决于振动的频率。早在17世纪，人们就开始测量声音在空气中的传播速度。声波振幅的大小决定其响度；音强随着到声源距离的平方递减。在没有空气的真空中，声音不能传播。

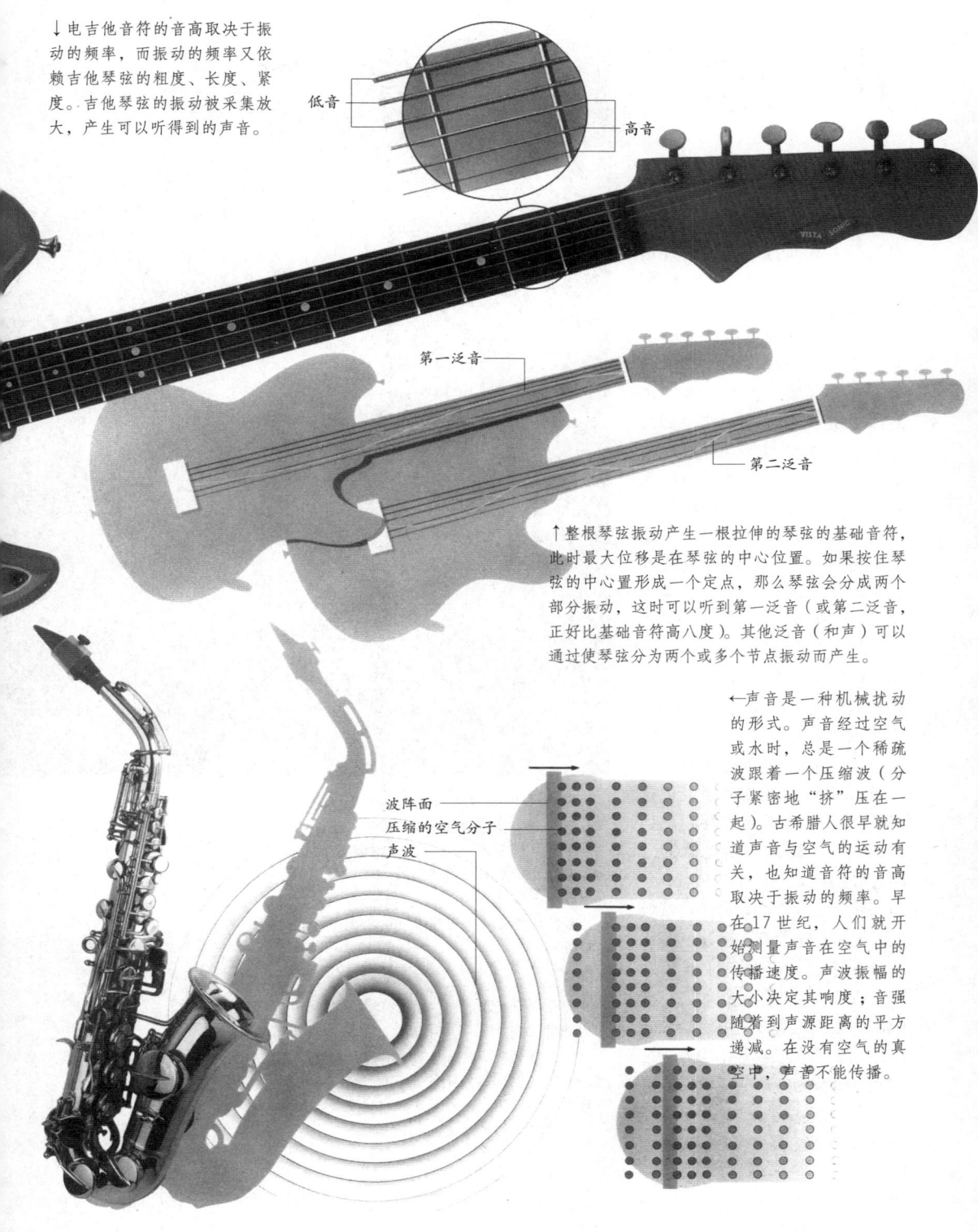

□学生科普百科

声 速

在干燥的空气中(海平面),声音的传播速度是334米/秒。因为温度和海拔越高,空气密度越小,所以声音的传播速度会随着温度和海拔的增高而增大。但是在诸如金属和玻璃这种密度很大的介质中,声音的传播速度却要比在空气中的传播速度快20倍甚至更多。如果两种介质之间密度相差很大,就会阻碍声音从一种介质传入到另一种介质。双层玻璃是一种有效的隔音装置就是这一原因:几乎任何声音都无法在经过第一层玻璃到达中间的空气层后再穿越第二层玻璃。

英国牧师兼业余科学家威廉·德汉于1708年首次较为精确的测量出了声音的传播速度。他让助手在小山山顶上发射一枚炮弹,而自己则站在距小山19千米以外的教堂钟楼上进行观测。他通过测量从看到炮弹火光到听见爆炸声所花费的时间计算出声音的传播速度。

声源是超声时会产生奇特效应,超声意味着其传播速度要比声音本身快。当一架超音速喷气式飞机从人们头顶掠过时,空气中的一系列压缩波(由发动机的噪音引起),会跟随飞机形成击波,并发出被称为音爆的巨响。音爆并不是一声巨响而已,而是尾随在超音速喷气式飞机之后的连续噪音。当飞机的飞行速度接近音速时,在飞机前部会首先形成的压缩波,并创造出波,这样,早期以亚音速飞行的飞机机翼就会

↑声音在水中的传播速度要比在空气中快得多:在海水中约为1540米/秒,在干燥空气中为334米/秒。驼背鲸利用可听到的超声脉冲实现彼此间在水下的远程交流,它们的低频鸣声可被远在80千米之外的另一头驼背鲸听到。

→当亚音速飞机飞过时,会在飞机下方的地面上留下噪音"足迹"。飞机飞行时,意味着声波在飞机前部被压缩,而在飞机后部被伸展,导致飞机飞过时音调的变化。超音速飞机的飞行速度比声音的传播速度快得多,因此,它飞行时所产生的音爆会被远远落在后边,只有在飞机已经飞过去之后才会被听到。

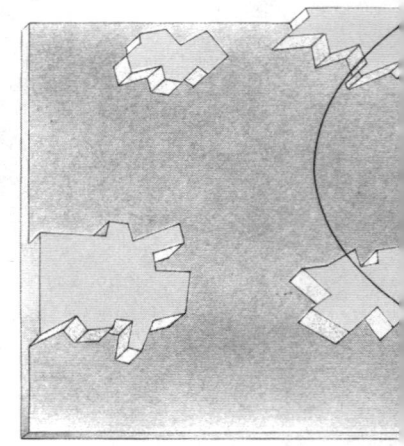

声 能

折断。

直到1947年出现了美国火箭动力喷气式飞机之前，声障一直以来都是飞机设计师们难以突破的一道障碍。声障是由声波组成的一堵高压空气墙，飞机要想突破这道屏障就需要额外的力。伴有音爆的击波还标志着压力的激增，这足以摧毁地面上其所到之处的结构。

如果声源处于移动之中，声音的频率（音高）就会受到影响。当声源快速地接近听者时，声波会被"挤压"在一起，从而增加频率且升高音高。当声源远离听者时，声波会"伸展"开来，从而频率和音高降低。由于奥地利物理学家克里斯蒂安·多普勒于1842年首次说明了这个现象，因此这一现象被称作多普勒效应。举例来说，当摩托车飞快驶过时，会听到摩托引擎传出的声音由大渐小。其他波现象（如多普勒雷达）和光现象也显示出了多普勒效应，快速退去的恒星的光谱中的红移就是证明。

超音速的频率远远高于人类听力范围的上限（年轻人的听力范围上限大约为20 000赫兹）。超音速在科技领域和自然界被广泛应用。低于人类听力范围下限（大约20赫兹）的声音被称为亚音速或次音速。亚音速或次音速的应用范围也非常广泛。

→1947年，当美国飞行员恰克·伊格尔驾驶着Bell X-1火箭动力喷气式飞机以超过1150千米的时速飞行时（3月1日），声障被突破。流线型的设计使冲击影响最小化并对超音速飞机前部形成的压力波产生了一定的缓冲作用。

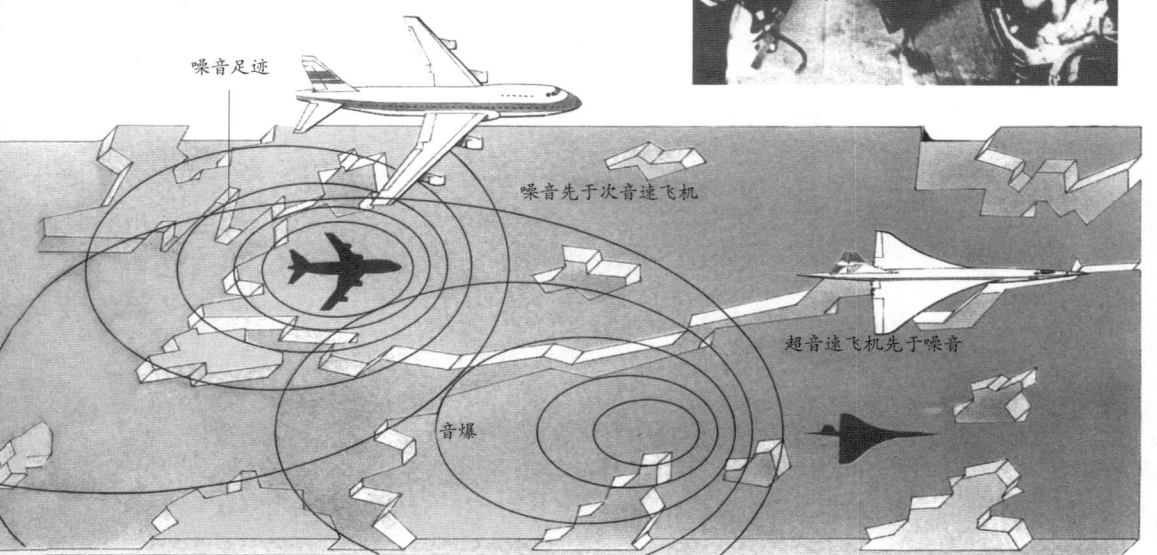

□学生科普百科

超 声

由于超声波的频率远远高于20 000赫兹，所以人类听不到超声。但有些动物可以听到这种频率，并且能够巧妙的加以运用。例如，吃昆虫的蝙蝠所发出的吱吱声就是超声，并能够听到其回声。超声的超高频率使蝙蝠能够运用回声定位法探测到小物体，所以，蝙蝠可以在一片漆黑的情况下避开障碍物或锁定猎物。鲸目动物如鲸和海豚也是利用超声来导航的，也许还利用其行交流。

声呐就是模仿了这种天然的系统，它在水下发出超声的频率范围为1万赫兹到1 000万赫兹之间。声音在水中的传播速度比在空气中快4倍多，大约是1 500米/秒。声呐发出的超声在水中通过一个超声波传感器（类似于扬声器的工作原理）传送，由方向性水听器（类似于扩音器）探测。回声的方向指明了目标物的方位，而目标物所处的范围或距离可以根据声音信号从发出到返回所花费的时间计算得出。目标物的方位和范围可以在电视用显示屏上显示出来，或者通过计算机进行处理。

声呐的一个简单的应用是回声测深法——通过测量声音从海底反射回船体所花费的时间可以计算出船底之下水的深度。商业渔船利用被称为"鱼群探测器"的简易设备来定位鱼群所在，而"鱼群探测器"的原理就是声呐回波，这也是一个运用回声定位法的实例。更为复杂的设备是侧扫声呐。侧扫声呐可以发出与装载着它的船只航向成直角的窄束超声脉冲信号。所有回波被计算机逐行进行各种处理之后能够形成反射物的"图片"。

超声扫描在医学方面也有各种应用，对于人体内部结构检查而言，超声扫描被视为一种无害、无创的技术。在西方国家，孕妇会定期对其子宫进行超声扫描，以检查胎儿的发育状况。其他可被扫描的器官包括大脑和心脏。超声探头在患者以各种角度经过身体表面，回波经过计算机处理之后建立起组织的影像图片。最终的声像图通

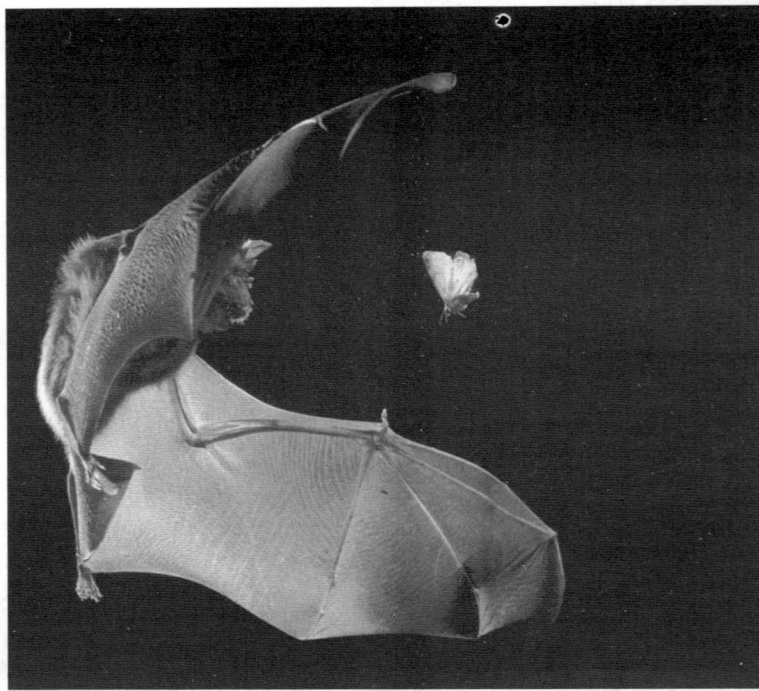

↑一些蝙蝠以超过6万赫兹的频率发送超声波脉冲。蹄鼻蝙蝠通过叶状鼻子发送脉冲，并用它们的大耳朵收集任何回波。蹄鼻蝙蝠可以在密集的树叶中捕猎飞蛾，并能够准确分辨出飞行的昆虫与飘动的树叶。它们甚至会利用多普勒效应——"目标物"运动的变化造成的回波频率的一种变化——来判断猎物正在飞向还是远离自己。

→很多蝙蝠通过发送超声在黑暗中进行掠食，它们利用回波来定位小昆虫的方向并测算到其的距离。

常会显示在计算机屏幕上,也可以被打印出来作为永久记录。

工程师利用超声探头来检测铸件以及电焊接处的裂纹。来自金属结构内部的回波被转化成可在计算机屏幕上显示的信号,显示出任何孔洞或瑕疵的位置所在。农夫利用超声回波来测量其饲养的肉用动物的脂肪厚度。在工业领域,可利用超声清洁器来清除元器件上的油渍——特别是在电镀膜之前。把需要清洁的元器件浸入装有溶液的容器中,超声传感器通过使溶液"振动"而加强其效果。

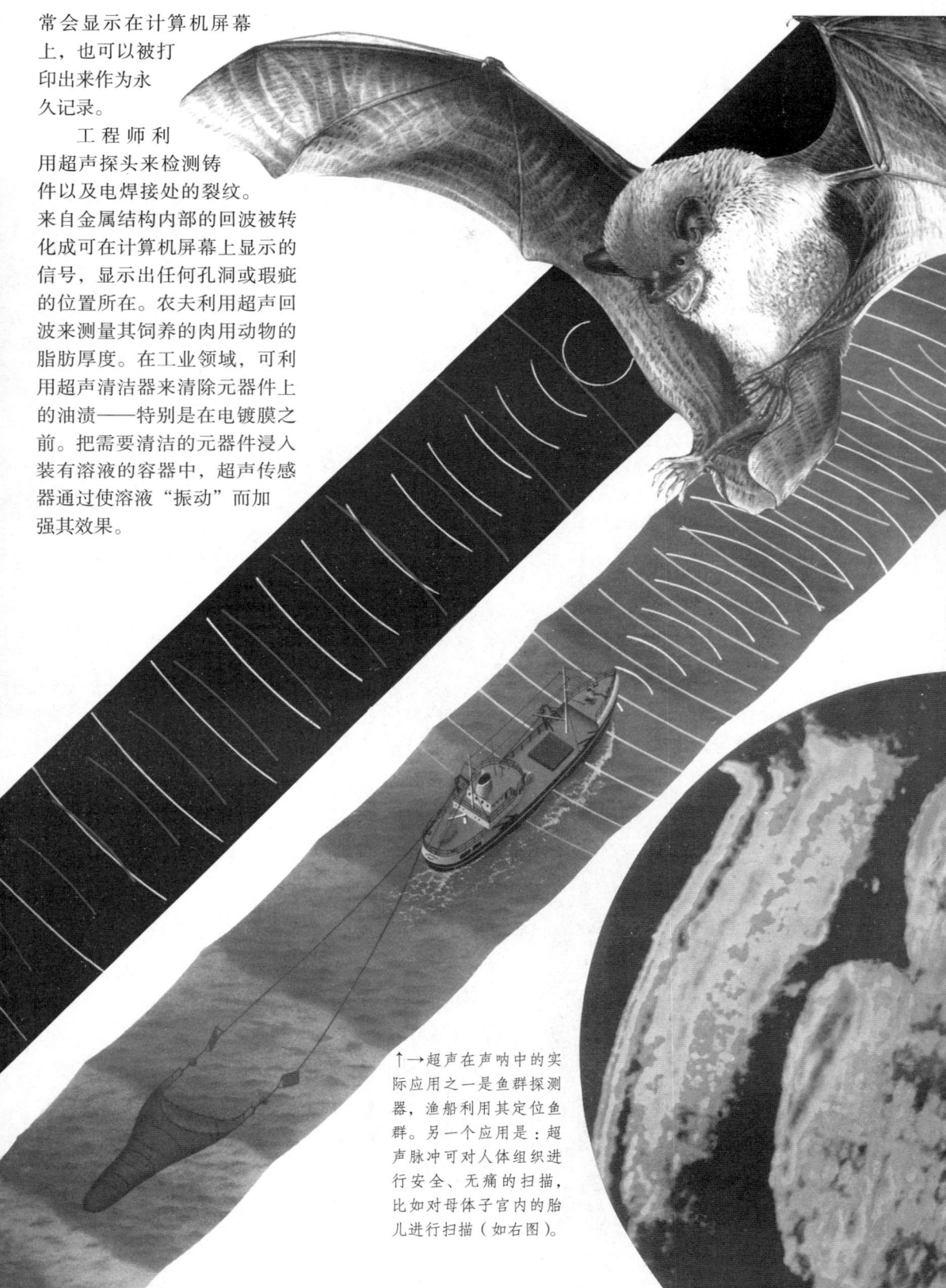

↑→超声在声呐中的实际应用之一是鱼群探测器,渔船利用其定位鱼群。另一个应用是:超声脉冲可对人体组织进行安全、无痛的扫描,比如对母体子宫内的胎儿进行扫描(如右图)。

□学生科普百科

次 声

次声由音高低于人类可听范围的声波组成——小于 20 赫兹。然而，有些动物可以听到次声。利用次声，大象可以与 4 千米以外的同伴进行交流；狩猎蜘蛛可以利用位于腿部的听觉器官听到猎物靠近的脚步声——次声。

和其他形式的声音一样，次声也必须通过介质才能传播。频率非常低的声音是以振动的形式被人类"感知"的，例如高速机器运转时振动的感觉；活跃断层运动或地震时地面摇颤的感觉。地震波从震源（震心）穿越地球内部或沿着地表进行传播。测震仪可以探测和记录地震波。地震波的振幅表明地震的强度，也是用于测量地震强度的里氏震级的基础。里氏震级是由美国地理学家查

↑这个多毛的八目怪物其实是通过电子显微镜近距离观测到的家蜘蛛。它是众多狩猎蜘蛛种类中的一种，它可以通过腿上的听觉器官听到其他生物发出的次声。

←由地震引起的地震波可造成大面积的损坏。这个陈旧的木结构房屋就是被地震波震毁了地基而解体。这起地震发生在 1989 年的旧金山海港区（靠临近圣安德烈亚斯断层），地震震级为里氏 6.9 级。

尔斯·里切特于1935年设定的。另一种于1931年以意大利地理学家吉赛贝·麦加利的名字而命名的麦加利震级（共分12度）是以破坏程度为基础设定的。

地震波有3种主要类型：S波（横波），以相对于波的传播方向呈直角振动岩石；P波（纵波），以压缩波在岩层内部传播，类似于声波在空气中的传播；L波（面波），以上下运动沿表面传播，类似于水波。

测震仪主要有两种，它们都依赖于一个重的金属物体的惯性。当地震引起大地振动时，由于惯性，测震仪上的其他部件或上下、或左右地随之振动，而这个金属物体仍倾向于保持静止。连在金属物体上的一枝笔则在一个转鼓上的一张纸上绘制出任何地震活动的轨迹作为永久记录。

地震波在不同密度的岩层中的传播速度是不同的。地质学家和采矿者利用这一点来研究岩层的结构。他们在岩层底部钻一个洞并引爆放入洞内的炸药，根据一系列由测震仪收集到的波可以揭示出其他构成物质的存在，例如地下矿物沉积——尤其是石油——的存在。类似的测震仪也被用来探测世界上的地下核设施的爆炸。

↑近距离内，大象通过象鼻发出声响，或者象鼻的触碰来实现彼此的交流。远距离时，大象通过喉咙发出低沉的次声，这种次声可被另一头在4千米以外的大象听到。

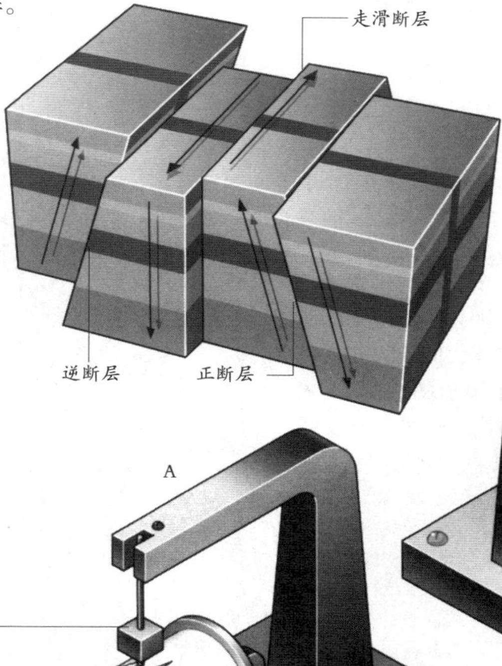

←地震波（以及地震）在巨大的地壳板块沿一条断层线相互彼此滑过时产生。起初地壳板块会抵抗这种运动，但之后会突然下落，此时就以地震波的形式释放能量。左图展示的是三种常见的断层形式。

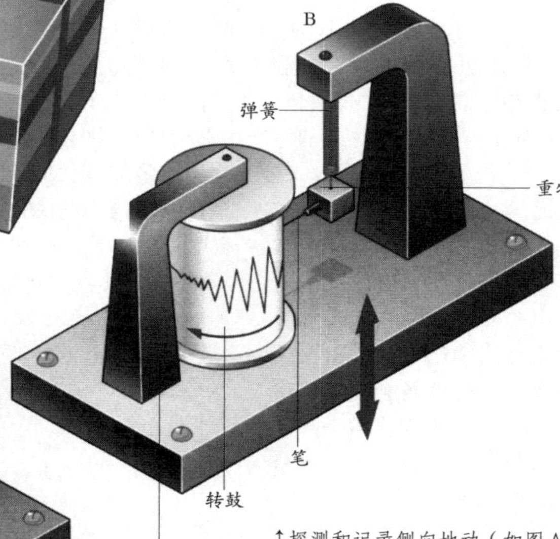

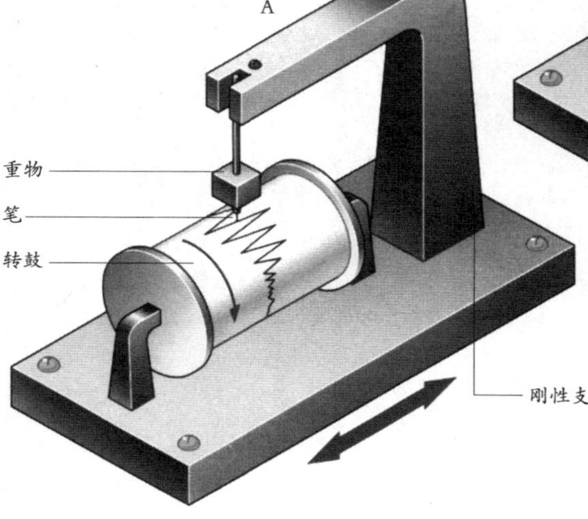

↑探测和记录侧向地动（如图A）的地震仪有一支笔连在一个重物上，重物在地震仪的其余部分侧向振动时倾向于保持静止。在测量上下地动的地震仪（如图B）中，笔和重物被连在一个垂直的螺旋弹簧上。两种装置中，笔都在附着纸的转鼓上绘制出了永久的轨迹记录。

□学生科普百科

录 音

现代录音方法是利用麦克风将声音转化为电信号,并把这些信号存储在磁带或压缩光盘上,或把这些信号以起伏的沟槽形式记录在塑料唱片上。

麦克风的种类多种多样。在一种以前应用于电话中的简单的类型中,声波使薄薄的金属振膜产生振动,振膜的振动又引起碳粒的相互挤压,从而改变其电阻。而这种改变的电阻又造成碳颗粒间电压的相应变化,这种变化中的电压则变成与声波相对应的电信号。

动圈式麦克风有一个小线圈连在振膜上,振膜运动引起线圈在磁极间的运动,从而在线圈中产生变化的感生电流。在最常见的晶体麦克风中,声音压力波"挤压"压电晶体,这样就能产生与之相对应的电压。

无论何种类型的麦克风,它输出的都是变化中的电压。磁带录音机的录音磁头一般是一块电磁石,被用来获得放大后的麦克风输出电压。磁头上形成的变化的磁场会磁化磁带表面的金属氧化物颗粒——通常是铁粉或氧化铬。声音就这样以磁化颗粒模式被记录下来。放音时,磁带经过"读取"磁头,"读取"磁头包含一个线圈,在线圈中,磁化颗粒感生出一个变化中的电压。麦克风的输出就以这种方式被再现,经过放大器传入扬声器时,又被重新转化成了声音。

在压缩光盘上录制声音时,首先要把来自于麦克风的连续的变化(模拟)信号转化为数字信号。数字信号控制着一个气体激光器,它可以穿过空白的玻璃盘上的抗蚀剂切割。然后,玻璃盘可以被蚀刻出由一系列的精微凹点组成的"沟槽",总长超过5千米。玻璃主盘被用来制成金属来压制压缩光盘。放音时,凹点的反射会调制一束光束,从而把这些数字信号重新转化成变化的电压。

不论是乙烯基唱片或是密纹唱片,他们的制作工艺都很相似,都是通过模片压制而成。这种情况需要使麦克风变化的电压驱动一个切割器在空白磁盘上刻出起伏的沟槽,形成母盘。当用电唱机播放唱片时,沟槽上的起伏会对唱针中的压电晶体施加变化的压力,或使唱针线圈内部的磁体振动。来自唱针的输出——仍然是变化

→当录制几种噪音或乐音时,每种声音都通过各自的麦克风输出到控制台。不同的声音分开显示在屏幕上,演播室的控制室通常被隔音窗隔开。对于管弦乐队而言,每一种乐器都有其各自的麦克风(独奏者也会各自独有一个麦克风);这些分开的录音必须由录音师"混合"在一起。对于演奏电子乐器的乐队而言,每件乐器的音频输出会被直接传到控制台。在那里,录音师操作混音器推子来使各种输出达到平衡谐。有时,录音师会在多种声音输出传到多轨录音设备之前,把两个甚至更多的信号糅合在一起。

→所有形式的录音都是依靠麦克风把气压中的振动——声波转化为电信号。绝大多数的专业录音都使用动圈式麦克风,在这种麦克风中,声波引起振膜振动——振膜是连着一个安装在永磁铁磁场中的线圈的。磁场中线圈的运动使线圈内感生出变化的电流,这些变化的电流就形成了麦克风的音频信号输出。其他种类的麦克风使用了碳颗粒、压电晶体或者金属条。

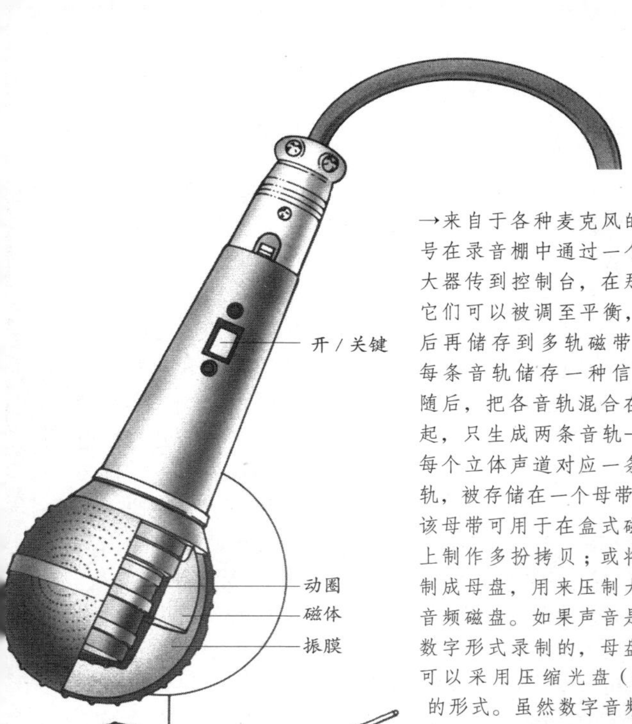

声 能

→来自于各种麦克风的信号在录音棚中通过一个放大器传到控制台，在那里它们可以被调至平衡，而后再储存到多轨磁带上，每条音轨储存一种信号。随后，把各音轨混合在一起，只生成两条音轨——每个立体声道对应一条音轨，被存储在一个母带上。该母带可用于在盒式磁带上制作多份拷贝；或将其制成母盘，用来压制大量音频磁盘。如果声音是以数字形式录制的，母盘就可以采用压缩光盘（CD）的形式。虽然数字音频磁带（DAT）在20世纪90年代初期就开发出来了，但乙烯基磁盘和磁带携带的仍是模拟信号。压缩光盘采用数字处理的方法来帮助消除信号读取时的错误，以生成更好的音效。

开/关键

动圈
磁体
振膜

↓在混音时，录音师可以在每条音轨上操作，增大其音量或扩充音调范围，或去除噪音。多通道系统会使听众感觉自己沉浸在乐声之中。

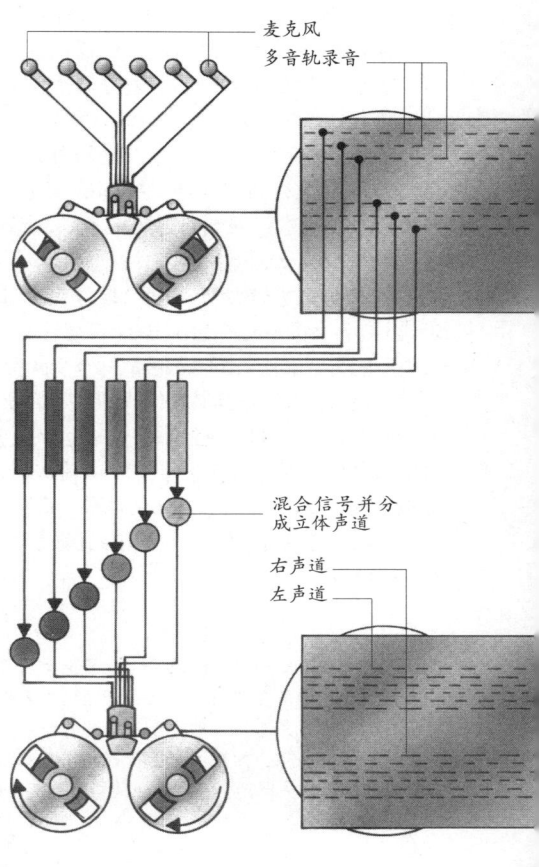

麦克风
多音轨录音

混合信号并分成立体声道

右声道
左声道

↓主要的录音介质为盒式录音带、压缩光盘、乙烯基磁盘——已被大量淘汰。

的电压——被放大并被传到扬声器。

　　磁带、压缩光盘或电唱机的电压输出驱动扬声器，再现了录音。传统的扬声器有个小线圈悬在一块永磁铁的磁极之间，线圈也位于振膜的中心位置。当变化的电压流经线圈，线圈会在磁场中快速前后移动，这种前后移动使振膜振动，发出声音。

　　运动图片的录音和播放方式是截然不同的。在这种系统中，要录制的声音显示为沿着胶片边缘的具有变化的轨宽的透明线或音轨。当胶片被投影时，照射音轨上的光的强度会随着轨宽的变化而变化。这束光会被光电电池探测到，并将其转化为变化的电流。

　　原始的电声录制方法采用模拟处理。例如，来自麦克风的电信号连续变化，与传入声音振幅的变化保持一致。这种变化的信号然后按照要求被录制在磁带或乙烯基磁盘上。

　　但是模拟录制方法会失真并受到其他信号（噪声）干扰。数字录制方法克服了这些困难。通过"取样"，模拟信号被转化为数字信号。现代CD设备的取样率为44100次/秒（44.1千赫兹），快到足以保证人类所能听到的任何声音都被取样至少两次。信号的振幅被测出，电压被转换为由开闭电流脉冲组成的数字信号，每个电压以一个由1和0组成的16数位的二进制数字来表示。这就使65536个不同级的信号能被采样。现行的行业标准为16位采样，但在录音棚中，为了更好地重现精度，采用的是24位这种更高的采样率。纠错信号被添加到最终的二进制数字流中，被记录在数字音频磁带（DAT）或压缩光盘（CD）上。

　　信号以精微凹点的螺旋形式被"写"到压缩光盘上。在一张12厘米的光盘上有约30亿个凹点，代表长达75分钟的录制时间。凹点的长短不一。在CD播放器中，透镜将激光束聚焦到高速旋转的光盘下表面。照射到相邻的凹点之间的光点反射到光敏探测器上。照射到凹点上的光被散射而不会被传到探测器上。这就好像在探测器上，激光快速明暗闪烁，导致探测器的输出信号产生时有时无地快速变化。这就是数字信号，可以被解码并被放大，产生原始声音。读取装置（激光束）与光盘表面没有接触，因此它有很长的使用寿命。CD和CD-ROM运用了同样的原理，被用来记录视频信号或数据。

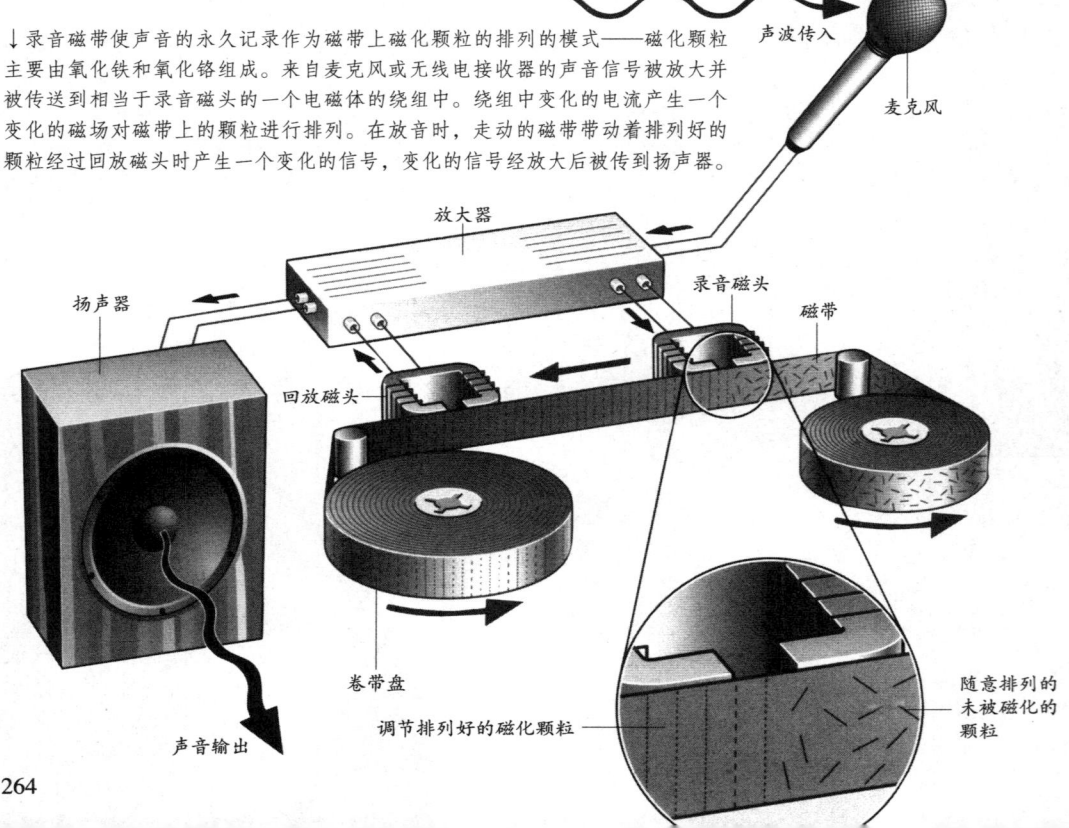

↓录音磁带使声音的永久记录作为磁带上磁化颗粒的排列的模式——磁化颗粒主要由氧化铁和氧化铬组成。来自麦克风或无线电接收器的声音信号被放大并被传送到相当于录音磁头的一个电磁体的绕组中。绕组中变化的电流产生一个变化的磁场对磁带上的颗粒进行排列。在放音时，走动的磁带带动着排列好的颗粒经过回放磁头时产生一个变化的信号，变化的信号经放大后被传到扬声器。

5 光和光谱
LIGHT AND SPECTRUM

  光是地球上几乎所有生物都赖以生存的一种形式的能量。植物利用太阳光构建自身组织；动物（包括人类）则直接以植物为食，或者食用以植物为食的动物。除了一些在在深海生存的原始生物，几乎所有生物的生存都依赖光。

  与无线电波和X射线一样，光是一种由于原子中的电子活动而产生的电磁辐射。当原子中的一些电子能量化然后能量又丧失后，便产生了光。当电子从一个能级跃迁到一个更低能级的时候，能量差就以辐射的形式散发出来，这种辐射形式可能被看到（可见光），也可能超出可见光谱，如红外线、紫外线、无线电波和X射线。

  另外，和其他电磁辐射一样，光可以用频率和波长来描述。频率是指每秒钟产生的波的数量。波长则指两个连续波峰（或者波谷）之间的距离。

  对于人类的眼睛，不同的波长呈现不同的颜色。短波长呈现出紫色或者蓝色；长波长则呈现出红色。可见光波长的整个范围可以在光谱中看到。

光的产生

日常生活中所有用于产生光的装置,从蜡烛或电灯到荧光灯管或激光,都依赖发生在原子内的过程——所有的这些过程都与电子有关。

在中性原子中,电子因能级的不同占据着不同的轨道:距原子核最近的轨道能量低,而更靠外的轨道能量较高。例如,通过

←一盏油灯有一个灯芯浸在装着煤油的容器中。由于毛细作用使得煤油缓缓上升到灯芯(被金属罩盖住了)上。当煤油被点着时,煤油中的碳原子吸收热能并在火焰中放出光。通过调整灯芯的高度可以控制火焰的大小和强度。

加热可提供给原子额外的能量，电子通过吸收额外的能量"跃迁"到更高能级。但是，它们在这种受激状态下是不稳定的，会很快跃迁回原来的轨道上。出现这种情况时，它们所吸收的额外能量就以光的形式散发出来，散发出的光的波长（颜色）因受激元素的不同而异。

光能够以不同的方式被产生出来。主要区别在于提供给原子额外能量的方式。蜡烛或油灯的火焰中，来自蜡或油中的碳氢化合物中被加热的碳发出光。在煤气灯中（火焰外有一层罩），热也是光的能量源。外罩中钍金属的原子发出强烈的白光。

在普通的电灯泡中，当电流通过细钨丝做成的灯丝时，就产生了热；钨原子发出了光。在弧光灯中，强光来自于两个碳电极间产生的白热火花。

另一种方式是将电能转变成光能（没有热能的参与），例如在氖广告灯中使用的放电管。管中装有处于低压状态的痕量氖气。当电流通过管末端的一个电极（阴极）的时候，就会产生一股电子流。这股电子流流到管子另一端的一个电极（阳极）时，和氖原子碰撞，激发它们一些电子到达更高的能级。当这些受激电子返回到原来的能级时，就会发出人们熟悉的红色氖光。在放电管中使用氙气而不是氖气会产生摄影时闪光灯的白炽光。

荧光灯管是一种稍微不同的非加热（或"冷光"）电灯。像放电管一样，荧光灯也有一股电流和两个电极，不同之处是荧光灯管中的气体是处于低压状态的汞蒸汽，产生不可见的紫外光。荧光灯管内壁涂了一层磷，当紫外光射到这层磷上时，一些磷原子被激发。当这些被激发的磷原子返回到原来的稳定状态时，它们就放出可见光。

不同种类的磷产生不同颜色的光。这些磷还被用在电视或计算机屏幕的内部，在那里，它们被阴极管中的电子流激发并产生光。

磷是荧光物质，也就是说它们在激发辐射（紫外光或者是电子流）停止后也就停止发光。类似的现象是磷光，但是，磷光在激发辐射停止后还会继续短暂地发光。这就是一些荧光物质如发光涂料在吸收了日光后会在黑暗中发光的原因。

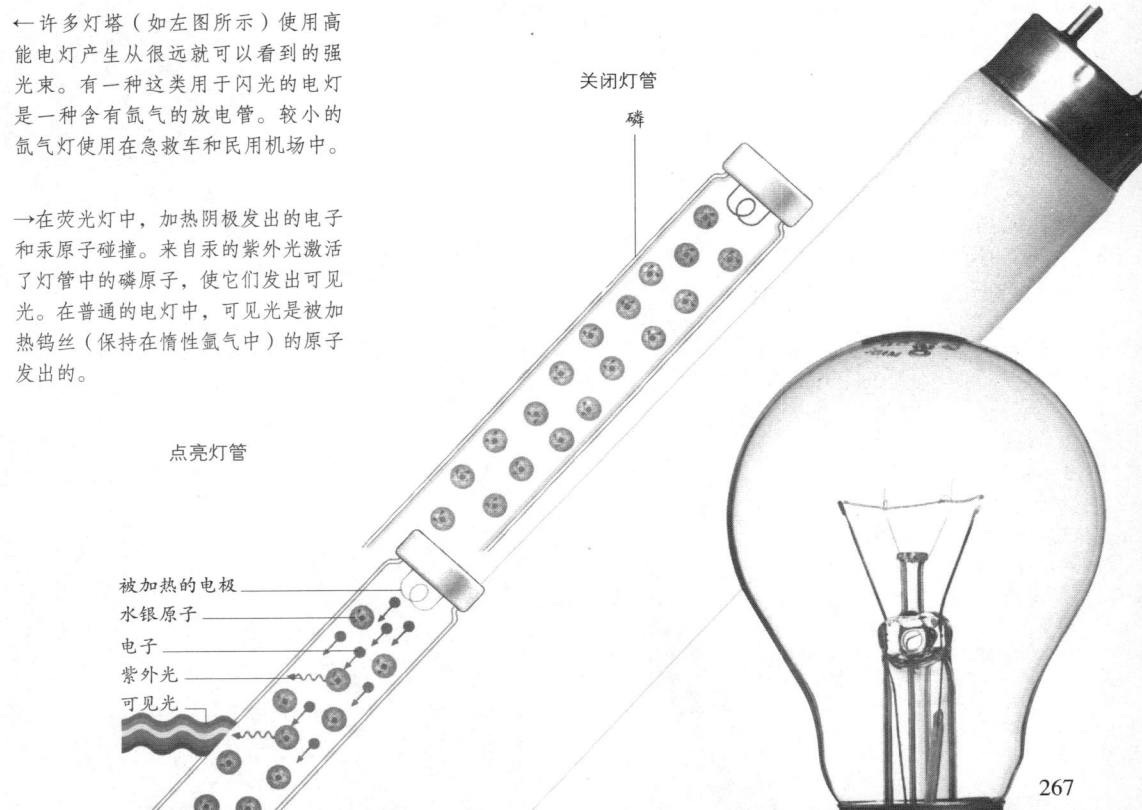

←许多灯塔（如左图所示）使用高能电灯产生从很远就可以看到的强光束。有一种这类用于闪光的电灯是一种含有氙气的放电管。较小的氙气灯使用在急救车和民用机场中。

→在荧光灯中，加热阴极发出的电子和汞原子碰撞。来自汞的紫外光激活了灯管中的磷原子，使它们发出可见光。在普通的电灯中，可见光是被加热钨丝（保持在惰性氩气中）的原子发出的。

反射和折射

当光线从一个透明的介质传到另一种不同的光密度介质时——例如从空气到玻璃中，就不会继续沿相同的直线路径传播。在进入到密度更大的介质中时，光线路径弯曲，偏离了法线，这种现象称为折射。折射量的大小取决于介质的光密度。

光线的传播遵循荷兰数学家、物理学家威尔布洛德·凡·罗伊恩（1591～1626年）（拉丁名为斯涅尔）提出的斯涅尔定律。该定律指出：特定波长（颜色）的光线，其入射角与折射角的正弦之比为一个常数。这个常数就是和介质有关的折射率。例如，水的折射率是1.5，镜头玻璃（在照相机镜头中使用）的折射率约为1.3。

光在密度较大的介质中传播较慢。折射率的另一种定义是它等于光在光密介质中的传播速度和在真空介质中的速度之比。光在空气中的折射率基本上和在真空的折射率是一样的，假定为1。

折射角对于制作透镜和决定透镜性能非常重要。透镜有两种基本类型，一种是凸透镜，其中间比较厚（如放大镜）；另一种是凹透镜，其边缘比较厚（如近视眼镜）。光线沿着两种透镜的轴穿过中心时，是沿直线传播的。但是当光偏离凸透镜的轴进入时时，会朝向轴发生折射（弯曲），并再次在离开透镜时发生折射；因此所有平行于透镜轴的光线线都在镜后焦点处汇聚。凹透镜折射光线偏离透镜的轴线，平行于凹透镜轴的光线在穿过透镜后分散，这些折射光被看作是来源于与位于透镜同一侧的入射光的焦点。

由于上述这些基本特征上的差异，凸透镜也被称作是汇聚透镜，或者是正透镜；而凹透镜被称作是发散透镜，或者是负透镜。凸透镜形成实像或虚像取决于物体相对于透镜焦点之间的位置。凹透镜总是产生虚像。

光线被透镜的折射的量取决于光的颜色（波长）。例如，长波长的红光的折射量要少于短波长的蓝光。因此，当白光（各种颜色的混合）穿过一

→透镜包括两种，分别是凹透镜（发散）和凸透镜（汇聚）。光线通过凹透镜时会发散，产生变小的像，如艺术家使用的缩小镜（右图）。光线通过凸透镜时，光线汇聚到一个焦点上，能形成放大的影像，如放大镜（右远图）。透镜利用了折射现象，使得水杯中的画笔（上图）看上去发生了扭曲。

个简单的凸透镜时,它的红色成分要比蓝色成分聚焦得要稍微离透镜远一些。透镜形成的像的边缘有彩色纹,这种现象被称为色差。高性能的透镜采用两种玻璃会消除色差的发生。

许多光学仪器都采用了透镜。人们最熟悉的莫过于照相机了,它采用一个凸透镜(或者是整体作为一个正透镜的透镜组)将一个上下颠倒的缩小的像聚焦到胶卷上。简单的眼望远镜(有时也称地面望远镜)、双筒望远镜和看电影用的小型望远镜都使用成对的透镜产生放大的像。光学显微镜使用正透镜组合产生更大的像。

和地面望远镜有特定的"正立"透镜不同,天文望远镜利用透镜成的是倒像,这就解释了大多数早期的航天员绘制的月球和行星的画片和照片上显

↑植物卷须上的水滴形成球面透镜,在其上产生出位于其后面的完美的花(倒立的)的像。所有的透镜都是利用折射现象,即光线从一种光介质传到另一种光介质时发生弯曲。早期被用作汇聚蜡烛和油灯的光的透镜是一些简单的装水的球状玻璃器皿。

示其北极朝下的现象。天文望远镜的尺寸决定着放大的程度,但是透镜的重量和精确制作的难度限制了天文望远镜的发展。

↓在一个复合显微镜中,光线被一个次级镜面反射开,从而照亮了标本。通过物镜产生了标本的一个放大的像,这个像通过目镜后被进一步放大。总的放大率是目镜和物镜放大率的乘积。

↓眼睛中的晶状体是一个凸透镜,可以把物体的像带到眼睛后部视网膜的一个焦点上(1)。该像是倒像,但是大脑将其正过来。当人的眼球前后变短的时候就形成了远视眼,因为此时眼睛晶状体试图将光线聚焦到视网膜后面。通过佩戴凸透镜眼镜(2)可以将远视眼校正过来。如果眼球前后过长则形成了近视眼,因为光线聚焦在视网膜前面,通过佩戴凹透镜(3)可以校正近视眼。

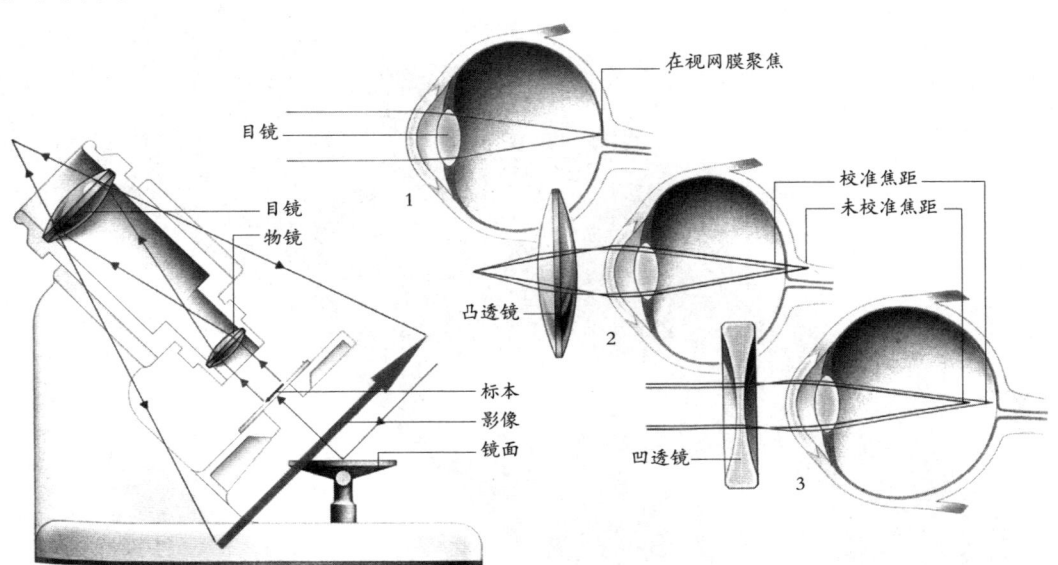

散射和折射

光线从一种介质传播到另一种介质时（如从空气进入到玻璃时），会弯曲——折射。光线弯曲的程度取决于它的波长——波长和光的颜色有关：蓝光比红光弯曲的程度大。正是由于这个原因，比如通过一个简单的凸透镜成的像，边缘会有彩色纹——组成白光的不同颜色被聚焦的位置稍有不同。透镜的这个缺陷称为色差。

白光穿过玻璃三棱镜时，不同的波长在进出三棱镜时弯曲至不同程度。结果，成分波长展开形成一个光谱，光谱范围是：一端为紫和靛蓝，中间依次为蓝、绿、黄，另一端为橙和红。光谱形成的这种现象被称作散射。自然界中人们最熟悉的这种例子是彩虹，当日光照射到空气中的雨滴发生散射和反射时，便形成这种现象。

当光线穿过一个非常窄的缝隙时也会发生弯曲，这种现象称为衍射，此时，红光比蓝光弯曲程度更大。名为衍射光栅的试验器材是由一块每厘米上标刻着 5 000 到 10 000 条细线组成的玻璃板，当一束白光穿过这种光栅时就会被分裂形成光谱。当物理学家、天文学家或者是化学家想要分析特定光源的光谱时，他们会利用衍射光栅而不是三棱镜形成光谱进行研究。

→彩虹是由于光在雨滴内发生散射而形成的——正如白光穿过三棱镜形成光谱一样。但是我们所看到的光谱色，比如孔雀羽毛的颜色却是由另一种现象——衍射引起的。在主彩虹中（右远图），光线以约 41° 角到达我们的眼睛前被雨滴折射一次。在晴朗的天空上也可能在主彩虹外侧出现副彩虹。这是由于光线在雨滴内发生了双折射：光线以约 52° 角进入我们的眼睛——此时彩虹光谱颜色的顺序是反的。

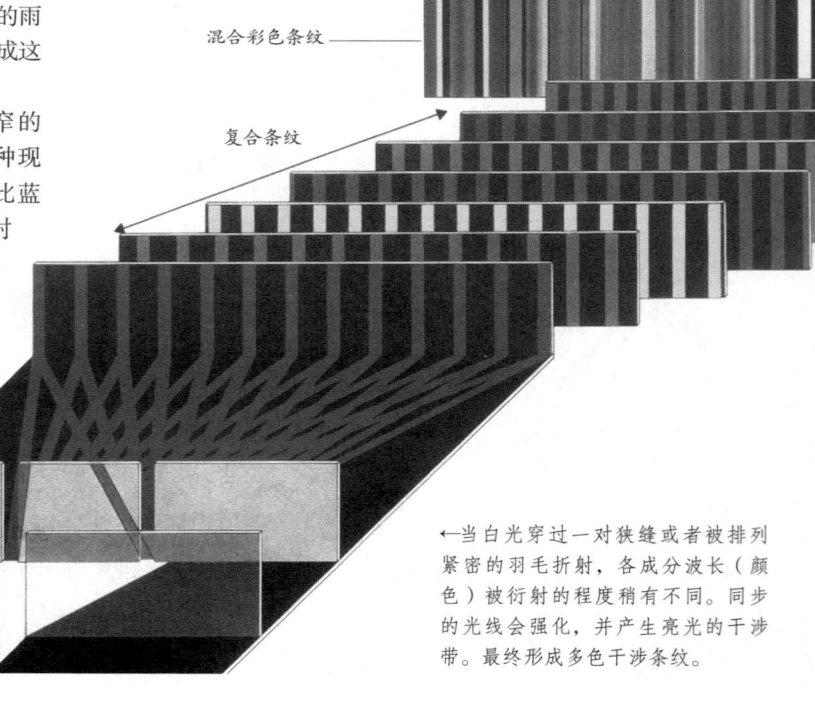

混合彩色条纹

复合条纹

←当白光穿过一对狭缝或者被排列紧密的羽毛折射，各成分波长（颜色）被衍射的程度稍有不同。同步的光线会强化，并产生亮光的干涉带。最终形成多色干涉条纹。

光和光谱

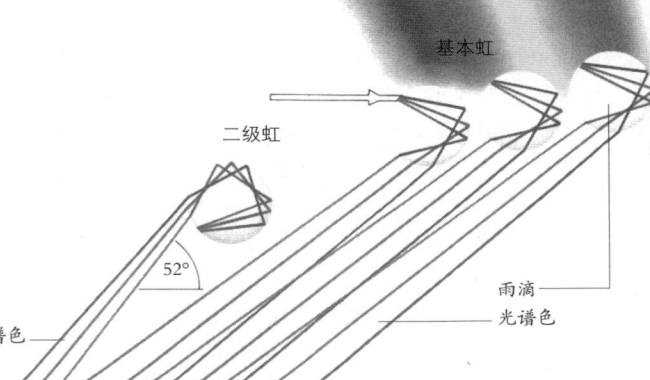

→太阳光穿透雨滴发生折射（弯曲）出现彩虹的颜色。光线离开雨滴时，在被二次折射前，再从雨滴的后部被反射。不同波长（不同颜色）被折射的程度也不同，双折射具有将白光分成朝向地面的多色光谱的效应。

基本虹
二级虹
雨滴
光谱色
颠倒的光谱色
52°
41°

↓肥皂泡上看到的颜色是一种干涉现象——从肥皂膜前部被反射的光线和肥皂膜后部被折射开的光线相干涉产生。当日光在水面上的薄油膜表面被反射开，或者光从压缩盘表面上被反射开，也会发生类似的现象。

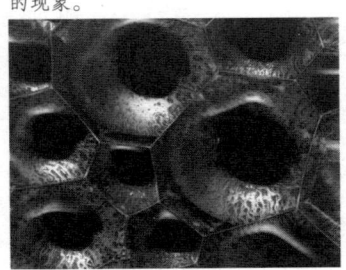

当光线穿过狭缝时可能会发生其他一些有趣的现象。如果单色光（有单一波长或色彩的光）穿过一对狭缝，衍射会导致光线从每条狭缝以所有角度扩展。每条光线必须在从狭缝到置于光线之外的屏幕间传播不同的距离。如果两条光线传播的路径长度因波长的全部数量差异而不同，它们步调一致地到达屏幕，它们也就因此强化了彼此，并在屏幕上产生了一道亮线，不同步的光线彼此相互抵消，这种现象为干涉，在屏幕上形成一条暗带。

这种情况下形成的亮带和暗带图案称为干涉条纹。间或不同步的光波也能够产生干涉条纹。例如，两片玻璃之间的一层薄的空气膜会导致干涉现象——光线从膜的上、下边缘表面反射在路径长度上有所不同。这种情况下形成的同心环纹称做牛顿环。

白光也发生干涉现象，但这种情况下，各种不同波长（颜色）独立影响，形成包含彩虹中所有颜色的边纹。光从水面上一层薄油膜上、下表面被反射也会以这种方式产生彩色边纹。这些颜色来自于一种光学效应，而不是油本身。

类似效应也可以在肥皂泡上看见，压缩光盘表面上的精微凹点反射光线也会达到这种效果。同样，一些蝴蝶翅膀上的鳞片和鸟类的羽毛上也会由于光线发生折射出现干涉条纹现象。

271

激 光

激光器是一种采取标准光源刺激原子产生相干光（所有的光波同步）的一种仪器。激光这个词是"受激辐射发射的光放大"的英文缩写。简单激光器基于圆柱红宝石晶体，一端镀银形成一面镜子。水晶的另一端半银制或有一个中央孔，因此可以反射一些光并让一些光通过。

闪光管（就像摄影师用的闪光灯）被晶体缠绕。当它闪烁时，闪光激发了红宝石中的一些原子，导致这些原子内的电子跃迁到更高的能级。当闪光管关闭的时候，电子便跃迁回较低的能级——但是依然比最初的能级高。通过这些原子，光能的进一步发散导致它们发出激光——当电子最终返回其最初的能级的时候。

这些光在晶体内被来回反射，不断地激发越来越多的红宝石原子发出光。有些光表现为通过半银制镜子或通过一面镜子的孔的激光脉冲。红宝石激光只能产生短时的激光爆发，但利用二氧化碳或其他气体而不是用红宝石晶体的激光器可以产生持续的激光，并且气体原子可以被高频无线电波而不是被闪光激发。

自从激光在20世纪60年代首次创造出来后就在许多方面得到应用。在医疗中，激光束可作为一把很好的小手术刀以去除皮肤上的斑点和小赘物，并且可以用来灼烧破裂的血管

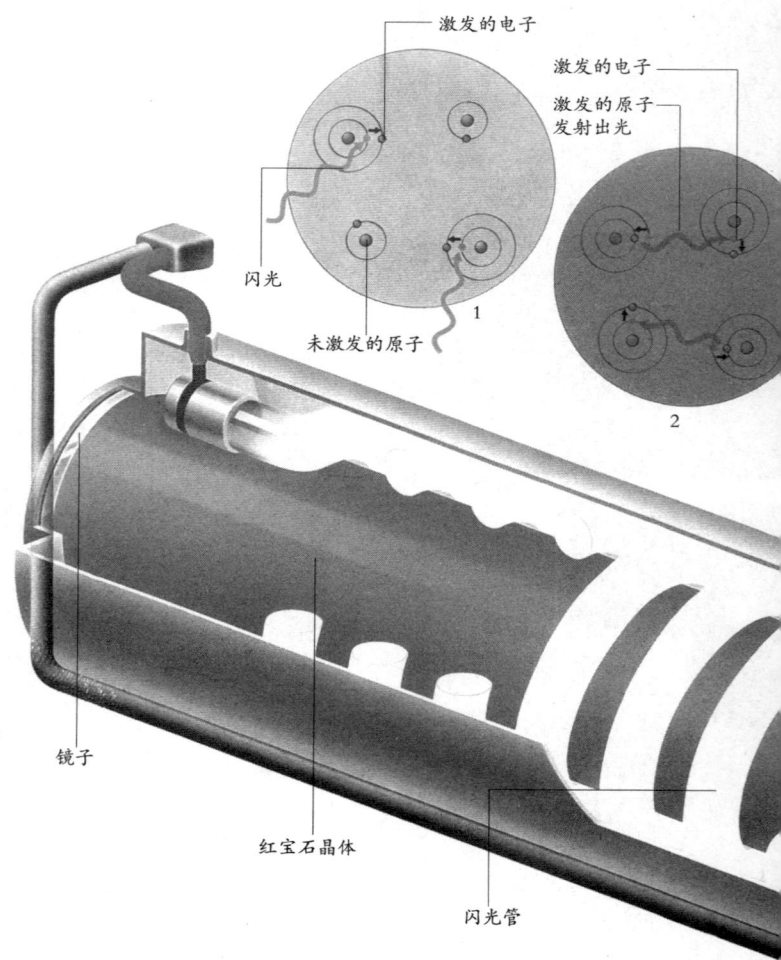

↓在闪光管中强光的闪烁中，红宝石原子中的一些电子被激发到高能级，见图1。这些电子随后转回到一个较低的能级（依然比普通的能级高），见图2。在下一次闪光中，这些电子吸收更多的光，然后当跃迁回普通能级时就发射出连贯的激光，见图3。

↑红宝石激光——一种最早开发的激光类型——能够以短脉冲的方式产生射激光。当红宝石晶体中受激发原子发射出光的时候，光便在晶体末端的镜子间来回反弹。但是在一个镜子的中心具有一个孔（或者镜子是半银制的），脉冲就穿过这面镜子发出。诱导闪光也在镜子上产生内部反射，于是所有受激发原子步调一致（它们的光波步调一致）地发射出它们的辐射，产生了一个连贯的激光脉冲。激光器中所使用的红宝石是一种金刚砂矿石（氧化铝）的合成形式。第一台激光器是由西奥多·梅曼在1960年制造出的，它可以产生超过阳光亮度1000万倍的单色闪光。

使其闭合，还可以粘合眼睛中脱落的视网。激光束还可以沿光纤探到身体内部。光纤和激光还用于无线电通讯中。红外激光束通过调制后可携带数据、电话信号和电视节目，或者将这些信息一次性在光迁导管中传输。它们使用低功率半导体二极管激光器——可做得很小，以安装在便携式光盘播放机中。

激光光束是以直线传播的，这在建筑业的水准测量仪上非常有用。英吉利海峡隧道（从海峡两端同时开始凿进）的建造者使用激光束来确保隧道的两半部分沿正确的方向掘进。在土耳其的博斯普鲁斯大桥和美国加利福尼亚州的圣安德斯断层（两个地区都是地震多发区）上都有一束永久激光束瞄准一个探测器，以事先对最轻微的地层运动作出预警。

激光可以被用来产生一种被称作全息图的像，可以储存3D图形和检查伪造的信用卡。为了产生一幅全息图，一束激光被分为两束后在一个镜子系统上被反射。其中一束激光（参考束）直接照到一块照相板上，第二束激光在达到照相板之前照亮一个物体，然后与参考束激光结合形成一个复杂的干涉图案。照片上储存的干涉图案就是该物体的全息图。当在激光下观察全息图的时候，图片上显示的是原始物体的3D图像。

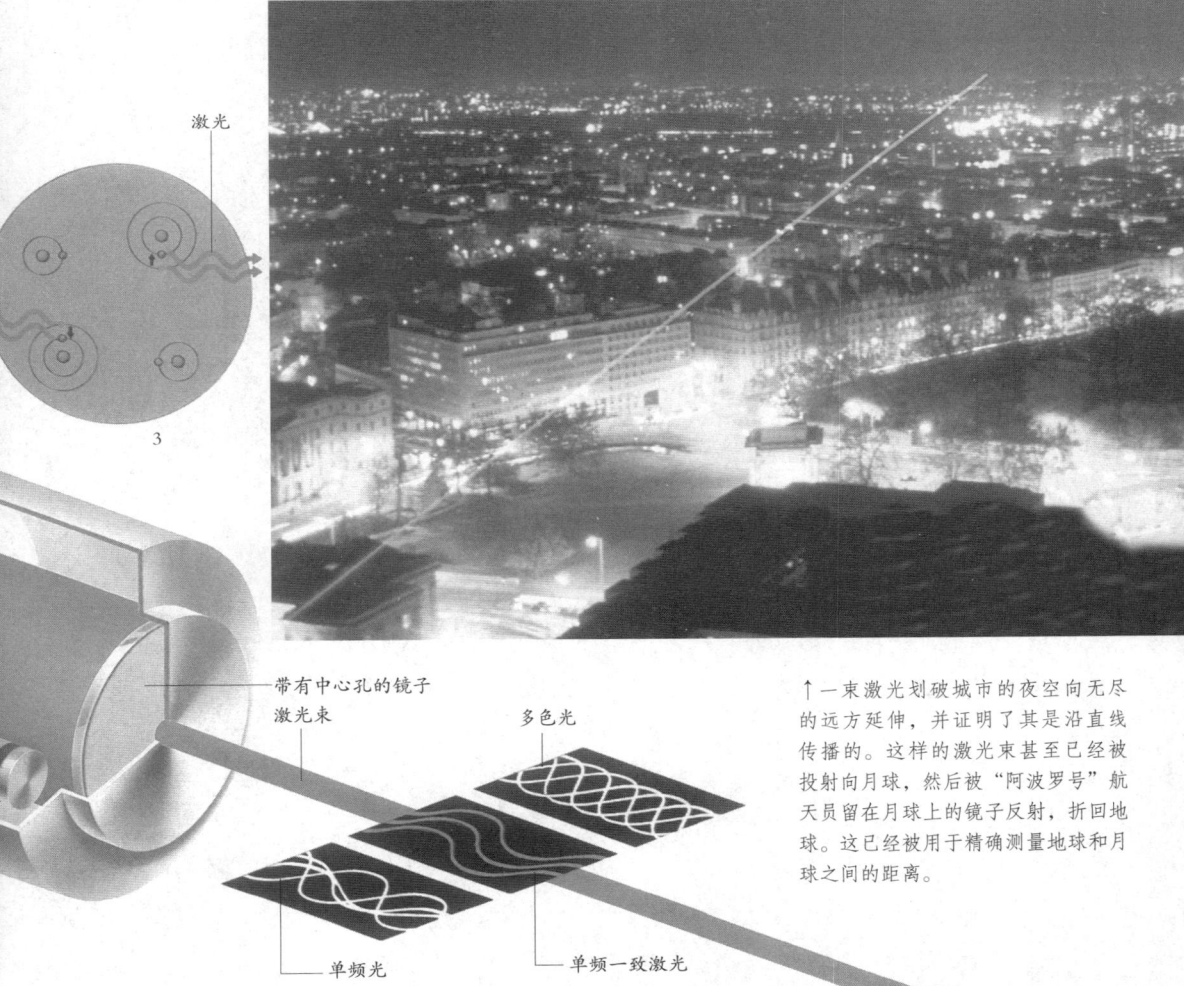

↑一束激光划破城市的夜空向无尽的远方延伸，并证明了其是沿直线传播的。这样的激光束甚至已经被投射向月球，然后被"阿波罗号"航天员留在月球上的镜子反射，折回地球。这已经被用于精确测量地球和月球之间的距离。

↑激光可以产生连贯的单色光，并且所有的光波相互之间都精确地保持同步调一致。这种激光束能量的有效集中可以用来精确地切割成堆的布料或厚金属，甚至还可以被用来切割钻石。

第六篇
化学应用
CHEMISTRY IN ACTION

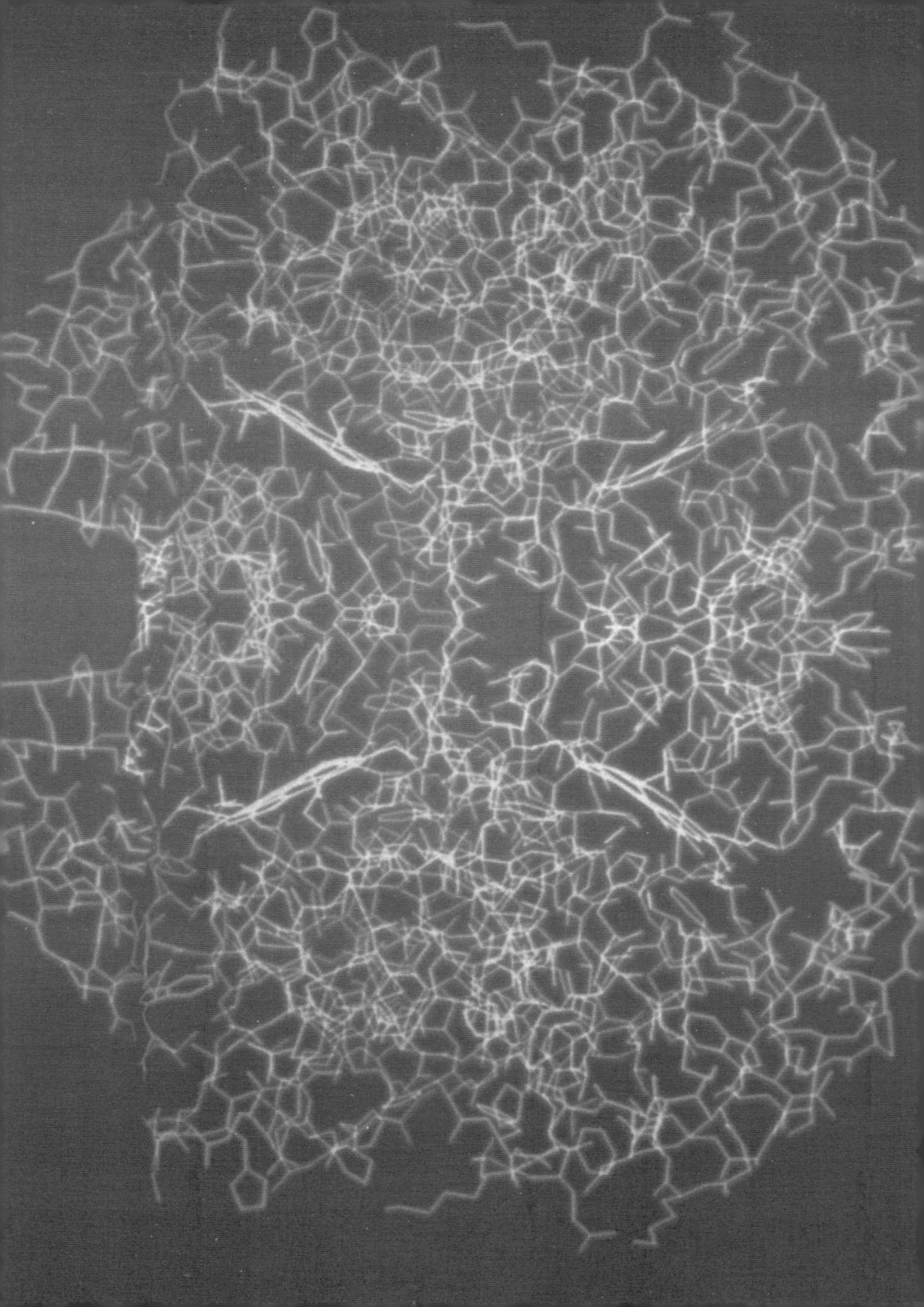

1 原子和分子
ATOMS AND MOLECULES

　　化学家总是要和原子打交道,他们研究化学变化中原子间发生了什么。然而,直到20世纪80年代扫描隧道显微镜的发明,科学家们才第一次真正地看见原子。
　　古希腊人认为原子是不可再分的粒子,因此原子被称为"atomos"(不可分割的)。如今,我们知道原子是由更小的微粒组成的:带正电荷的质子;带负电荷的电子;不带电的中子。绝大多数原子的中心,即原子核,是由质子和中子组成,带正电荷。只有氢原子核是由一个质子组成的。电子在一系列"壳层"(或轨道)中绕原子核运动,这些电子被核内带正电荷的质子所吸引,维持在轨道上。
　　我们周围的每样东西都是由化学元素组成的。所谓元素就是只由一种原子组成且不能分解成更简单物质的物质。因为原子是保持其元素特征的最小单元,是构建所有事物的基础,所以我们日常生活的各个方面都与化学有着密切联系。

元　素

不做实验，我们似乎是不可能预测一种元素的化学性质和物理性质的。但是由于原子是彼此间相互作用的，因此只要知道元素原子的质子数，也就是原子序数，就能预测关于该元素的许多物理和化学性质。元素周期表就是很好的这种预测工具。

在元素周期表中，元素按原子序数递增顺序排列。从元素周期表中可以发现具有相似物理和化学性质的元素有特定的间隔，即原子序数有周期性。利用这种周期性，只要知道某种元素在周期表的位置，就有可能知道它的特征。当元素周期表首次编制完成时，化学家们就用这种周期性预测了当时还未知的锗元素的存在。如今，化学家们也用它预测尚未合成

↑氦（He）尽管在地球上非常稀少，但是在宇宙中却很普遍。最先是在太阳光谱中发现它的存在，因此以太阳的希腊名helios给它命名。氦气是比空气轻的气体。因为它的外电子壳层已充满电子，不再需要电子，所以它几乎不会和其他元素反应。

第一过渡系元素

内过渡元素

↓镁（Mg）是银白色活泼金属，在空气中会剧烈燃烧发出耀眼的白光。常用作照明弹、镁光灯以及其他烟火。镁是第八丰富的元素，在白云石和水镁石等岩石中都存在镁元素，它很轻但强度较大，可以和铝以及其他金属形成合金。

出的超重元素的性质。

元素周期表中，大多数元素是金属元素，并且占据了周期表左侧所有位置，非金属元素出现在右边，介于非金属元素和金属元素之间的类金属元素将它们分隔开。元素周期表中，元素是按纵列的族和水平行的周期排列的。同一族中的元素通常具有相似的化学性质。

第Ⅰ族元素，即碱金属，它在水中发生剧烈反应，生成强碱溶液。第Ⅱ族元素，即碱土金属，不会以纯形式天然存在，而是以化合物的形式分布在一些矿石中。位于第Ⅱ和Ⅲ族之间的过渡金属，被分成三个区，它们通常是一些坚硬、有韧性的闪亮的金

原子和分子

←硫（S）早在古代就被开采了，现在大多数硫用于制造硫酸——一种重要的工业化学品。

↓元素周期表按元素的物理和化学性质分类。元素在周期表中的位置是由其原子的质子数决定的：氢（H）有一个质子；氦（He）两个质子，以此类推。第一张元素周期表是由俄国化学家德米特里·门捷列夫在1869年发布的。周期表水平的行就是周期，从左到右，每个元素的最外层电子都比前一个元素多一个电子。周期表的纵列也叫族，同族的元素最外层壳中的电子数相同，所以具有相似的化学性质。

属。铝（Al），地壳中第三丰富的元素，位于第 III 族。碳（C）和第二丰富的元素——硅（Si）属于第 IV 族。第 V 族元素包括氮（N）和磷（P）。地壳中第一丰富的元素氧（O）和硫（S）属于第 VI 族。第 VII 族元素或卤素，是非金属元素，非常活泼，通常与其他元素化合形成盐。第 VIII 族元素，是稀有气体或惰性气体，与其他气体差别很大。它们的外电子壳层充满电子，因此几乎完全没有反应活性。

目前已发现的元素有 109 种（它们的名称参见元素周期表）。在地壳形成时，10 以后的元素可能原来就已经存在，也可在高能粒子加速器中合成，再次发现这些元素。在周期表内方框的顶部显示每种元素的原子序数。同位素是指核内质子数相同而中子数不同的同种元素。有些元素的同位素有放射性，即原子核自发地裂变并发射出高能粒子。

一个原子所有中子和质子的质量总和叫原子质量。方便起见，化学家经常提到相对原子质量概念（以前也叫原子量）。它是这样定义的：考虑元素的所有同位素的比例，将元素"平均"原子质量与碳元素的一种同位素——碳 -12 质量的 1/12 比较得到。

混合物和化合物

当两种或两种以上的原子键合在一起时，就形成了分子。分子可以是由同种元素的多个原子或不同元素的原子组成。分子可以通过多种途径形成混合物、溶液、乳液甚至新化合物。尽管大多数人认为化合物是化学家们所关心的专业范畴，但是所有形式的混合物对化学家们来说也是极其重要的。

日常生活中属于混合物最常见例子就是垃圾桶内的垃圾——在里面可能发现各种物质如玻璃、纸张、塑料以及金属等混在一块。垃圾桶内没有化学反应发生，这些废弃物只是混在一块，并不是通过化学键结合在一起。如果看着不舒服，你可以按照尺寸、质地、颜色或密度，用物理方式将不同成分分开。

一杯咖啡或茶就是包含化合物和溶液的例子。化合物是指至少由两种不同元素原子形成的分子，水（H_2O）是地球上最常见也是最丰富的化合物。在水中，其他化合物也一样，原子是通过化学键连接在一起的。化学键有多种类型，它们都与分子内原子间共享电子有关。只有发生化学反应才能使一个化学键形成或断裂，而不能通过摇晃、按压或过滤等物理手段将单一的元素连接或分开。

水的分子结构使其成为一种很好的溶剂。水有时候也叫通用溶剂，因为很多物质都可以溶解在其中。泡一杯热饮如咖啡或茶，水是必不可少的溶剂。热水可溶解研磨的咖啡豆或茶叶中的可口的物质。有些人会在水里放些固体溶质（糖）和液体溶质（牛奶或奶油），这些溶质易溶于水，它们被分解成分子或离子均匀地分布在溶剂中。最终，溶质分子在没有任何辅助下自发地分散在热饮中，如果我们搅拌这杯热饮，它们将溶解得更快。和溶解的分子一样，咖啡中含有研磨的咖啡豆的细小颗粒，悬浮在咖啡中，但是它们并没有像溶质一样发生化学上的变化。如果是泡在含钙离子、镁离子和碳酸氢根离子的硬水中，饮料的表面会出现一层膜或浮渣——可以加点弱酸如柠檬汁防止这种现象。这层浮渣主要是由碳酸钙固体组成，它极易溶于酸。

人造黄油是乳液的一个典型例子。乳液是指两种互不相溶液体的混合物。在乳液中，组分并不分解，只是一种液体的液滴悬浮于另一种液体。人造黄油是脂肪、油和牛奶（大部分是水）组成的乳液。通常，油和水不相溶，因为它们分子结构差异很大，意味着同种分子比异种分子之间具有更强的引力。但是，可以通过剧烈地摇晃改变这种状态。在制作沙拉时，裹着的油可以用醋（大部分也是水）乳化。

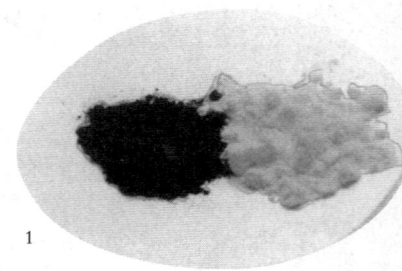

→1.这堆铁屑和黄色的硫粉都是元素。它们不能再分解成更简单的物质。2.当铁和硫仅仅只是混合在一起时，它们并不会发生化学反应。3.很容易就能将它们分离——用磁铁就可以吸走铁屑。4.但是，如果铁硫混合物被加热，那么就会发生化学反应，这两种元素就不那么好分开了——生成的化合物叫硫化亚铁（FeS）。

盐和水

氯化钠（NaCl）或盐，是由钠原子和氯原子组成的化合物。由于钠原子有正电荷，氯原子有负电荷，是离子——它们通过离子键结合在一起。NaCl极易溶于水。当盐溶于水时，它分裂成钠离子和氯离子，并且被水分子所包围。带负电的Cl^-和带正电的Na^+被水分子的不同端所吸引。当除去水时，钠和氯又重新结合形成盐晶体。水是既普通又特殊的化合物，水分子由氢键连结在一起。尽管水是由氢和氧两种气体组成的，但室温下的水是液体而不是气体。

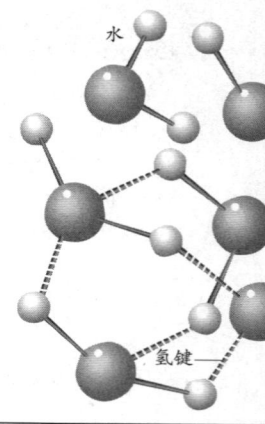

原子和分子

←冰激凌是一种人们熟悉的水包油乳液。在工厂加工冰激凌时——尤其是软冰激凌,脂肪和水在诸如甘油单硬脂酸酯这样的乳化剂作用下结合在一起。相反,沙子是一种混合物,海水溶液中含有盐和其他矿物质。

↓虽然铁和硫需要热量才能开始反应,但是随着反应剧烈地进行,也会放出大量的热。这样的反应也叫放热反应。

摇晃会将两种液体分成小液滴,这样就形成了暂时的乳液。当液滴重新聚集在一块时,两种液体会分层,油浮在醋上。

在制作人造黄油时需要一种更具持久性的乳化剂。乳化剂就是指一端亲水、另一端亲油的分子。存在于卵黄中的卵磷脂就是一种天然乳化剂,常用于乳液的加工。

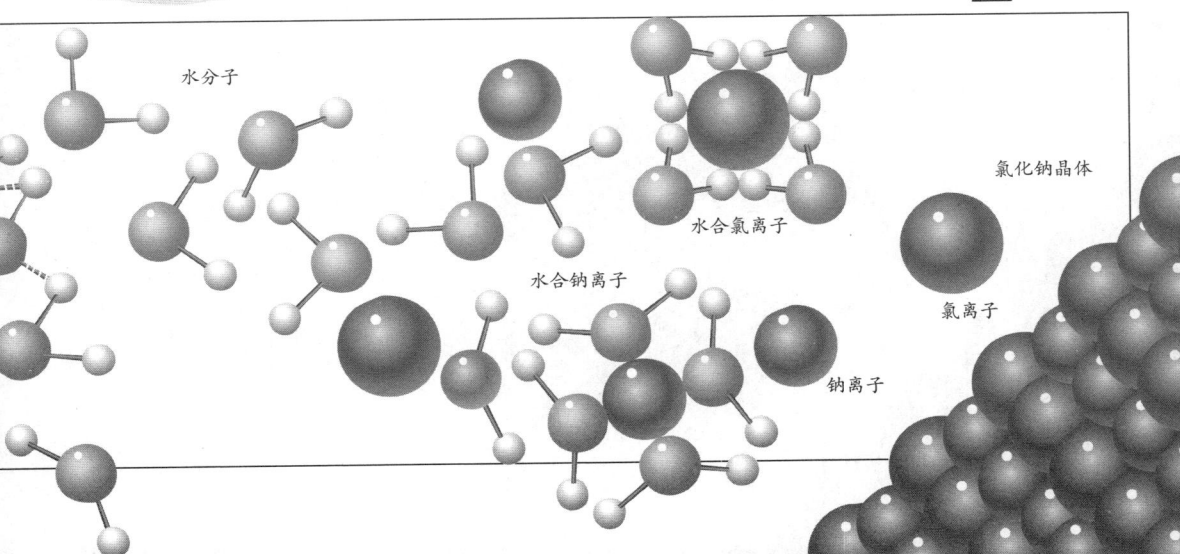

化学键

虽然电子是最小的原子粒子——仅为中子或质子的1/1800，却决定了原子的化学性质。电子很大程度上决定了原子与其他原子反应和成键的方式。当邻近原子核对原子的牵引大于其自身原子核的引力，电子运动至邻近原子的外电子层时，这时两种原子就结合在一起形成了分子。了解电子在成键中的作用是理解化学反应的关键。

原子总是在寻找化学稳定状态。那些外电子壳层未排满电子的原子，总是尽可能地与其他原子化学性地结合。相反，外层电子已排满的原子是非常稳定的，稀有气体之一——氖气就是这样的例子。

原子通过化学键结合形成分子和化合物。化学反应（包含化学键的形成和断裂）只有在产物比反应物更稳定时才可以自发进行。成键过程中，原子不是失去电子就是得到电子或共享电子。参与成键的电子

化学键

化学键有三种主要类型：离子键、金属键和共价键。原子失去或得到电子后变成带电荷粒子，即离子。离子键是由带相反电荷的离子在电的引力作用下结合在一起形成的，形成规律的阵列（或晶体），也叫离子晶格。食盐（NaCl）中，钠原子失去一个电子而带上一个正电荷，而氯原子得到一个电子而带上一个负电荷。

在金属成键中，当所有的金属原子共享外层电子形成"电子的海洋"时，形成了晶格。金属键是一种很强的化学键，因此金属通常具有很高熔点和沸点。在金属晶格中，电子可以自由运动，这也解释了为什么金属是电和热的良导体。

在共价成键中，原子既不得到电子也不失去电子，而是和另外一个原子共享电子。例如，氟分子（F_2）中，只有一个电子在原子间被共享，形成单个共价键；二氧化碳（CO_2）分子中，两个电子在原子间被共享，产生的共价键就是一个双键；在乙炔（C_2H_2）分子中，两个碳原子由一个三键连在一起，三个电子被分享。

共价键中的电子并不总是在成键原子间均等地分享。如水分子中，它的化学键也叫极性共价键，所以，分子两端带有负电荷和正电荷。

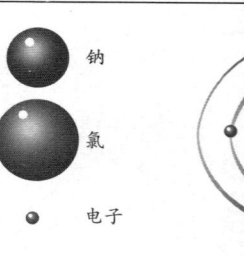
钠
氯
电子

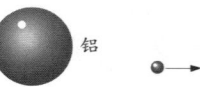
铝
电子

氟
氧

氢
电子

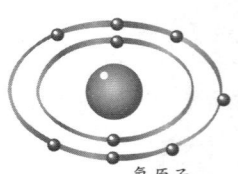
氟原子

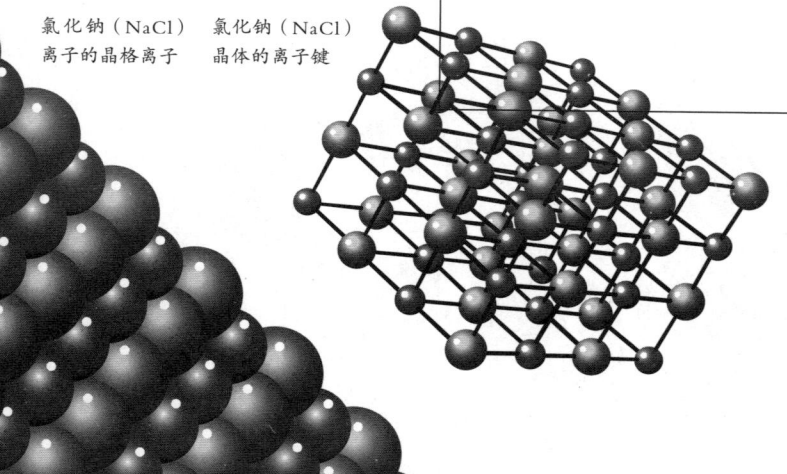

氯化钠（NaCl）离子的晶格离子　　氯化钠（NaCl）晶体的离子键

←食盐（NaCl）是一种形成晶体的化合物。规整的结面按特定的角度交错结合形成晶体。晶体的形状反映出组成晶体的原子或分子的三维排列。对这些原子空间排列的研究能更清楚地认识其化学性质。

数目就是化合价或结合力。

原子可以通过许多方式结合。因此,有相同化学组成的两种化合物可能有不同的形式(或异构体),具有不同的化学性质。了解异构体的性质对于炼油是很关键的。要生产具有最佳挥发度和适当辛烷值的机动车燃料,提炼物必须达到直链烷烃和支链烷烃异构体(原油主要成分)间的恰当的平衡。虽然两种异构体具有相同的化学组成,但是它们的分子形状是不一样的,因此在燃料中表现不同的性能。如果燃料中含太多的直链烷烃会导致极易挥发;如果没有足够的支链烷烃,辛烷值又太低。

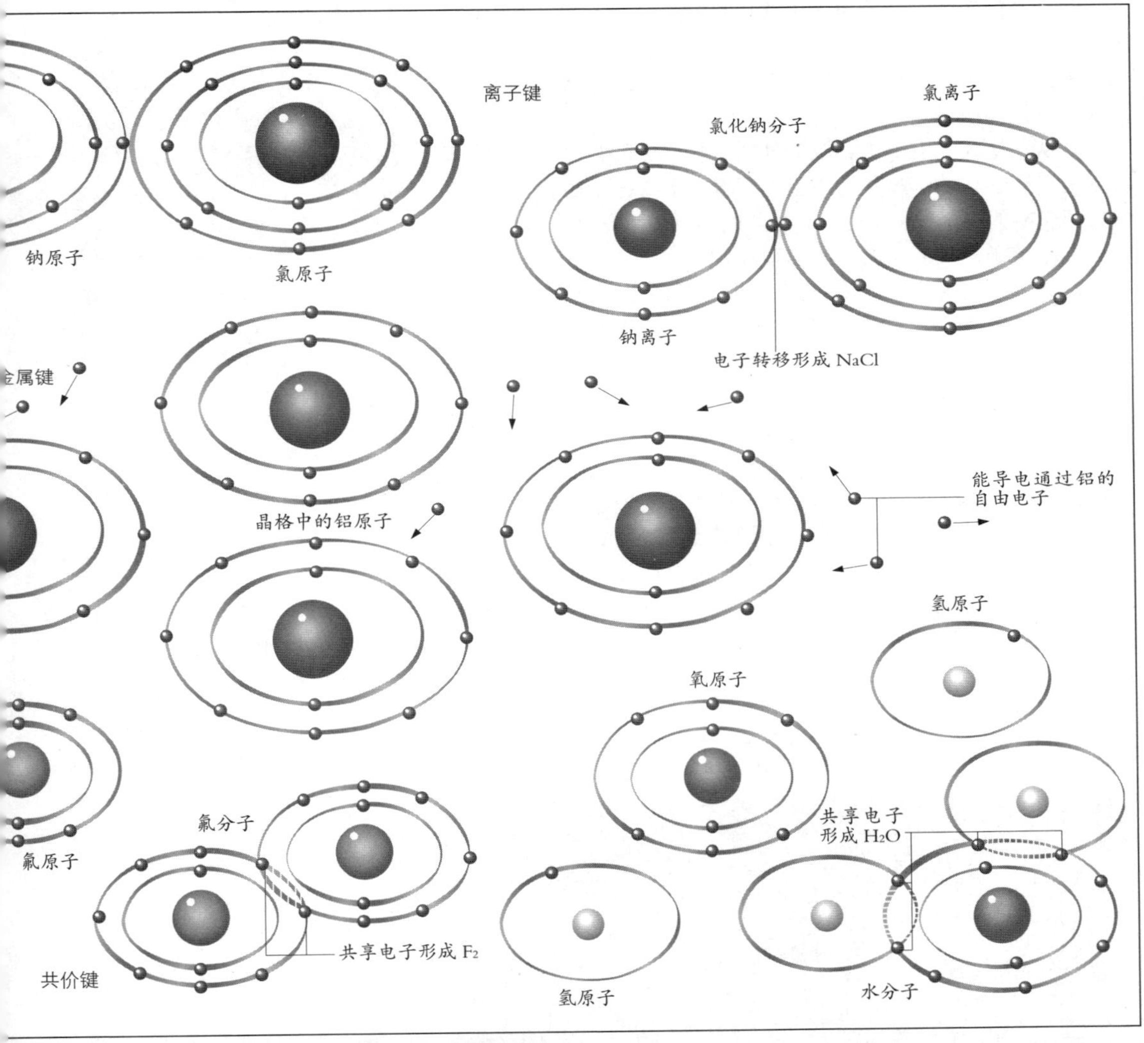

← 像食盐(NaCl)一样,硫铁矿也是由两种元素组成。和食盐中的钠和氯一样,铁原子和硫原子也以面中心立方晶格方式排列。不一样的是,食盐是立方形晶体,而硫铁矿可以为立方体、八面体或五角十二面体。

化学键的结构

两个氧原子和一个碳原子由共价双键形成无毒的二氧化碳气休（CO_2）。在一氧化碳（CO）中，也是由同样元素键合，结果却完全不同，孤对电子允许一氧化碳与其他物质配位形成其他物质，并且一氧化碳是剧毒气体。

单从化学式上看不出物质的外观是什么样的，以及它的物理性质又是什么样的。这些性质很大程度上是受分子间相互吸引的方式所影响的。这种引力越强，物质的熔点和沸点也就越高。

如小孩子们玩的油泥，它的弹性就是分子间或分子内化学键引力的结果，在油泥中，硼原子很容易与邻近原子链形成配位键，可以用来取代硅酮聚合链上的某些硅原子。当油泥缓慢地拉长时，硅酮链相互滑过，这是由于硼原子与相邻链上连续的氧原子形成配位键。这同样也解释了油泥的收缩情况。但是，当拉伸过快时会造成断裂，是因为键上硼原子的共价键发生了断裂。

分子间作用力也决定了物质的物理性质。一些分子如水分子，是通过极性共价键结合的，其中的电子被不均等地分享。这导致了分子内的一端带上了微量的正电荷，另一端带上了微量的负电荷。这些异种电荷的吸引和偶极—偶极吸引将分子拉在一起。氢

↑金刚石是一种形式的碳，是最硬的天然物质之一。金刚石的切割方式决定其作为宝石的价值，它主要用于工业而非作为饰品，因为它的高硬度可使之成为极好的切割工具。相反，石墨是最软的碳物质，它是良好的润滑剂和导电体。

键就是一种很强的偶极—偶极吸引作用形式。尽管比一般化学键弱，但还是会产生很重要的影响。氢键是造成水具有高表面张力的原因。这也是一些昆虫可以"站"在水上的原因。氢键也可以解释水为什么具有较高的沸点。断裂化学键或将液体分子变成气态的单个分子，都需要能量（或热量）。

分子间作用力并不一定很强。范德华力，是由于电子的位置的持续移动造成分子表面出现正负电荷的"闪动"，在非极性分子间不存在更强的作用力时，范德华力将它们拉到一起。例如石墨，共价键使碳原子连接成片状，弱范德华力则使这些片层结合在一起。这也是为什么石墨具有良好的润滑性能。

↓碳原子的不同排列方式解释了碳的多种性质变化。碳有四种天然存在的同素异形体：无定形碳、石墨、金刚石和巴克敏斯特富勒烯。碳为4价原子，自身可以形成单键、双键和三键，所以能形成各种碳化合物。碳也可以和其他原子形成四个共价键。烃燃料不完全燃烧后的煤烟中存在无定形碳，它是由无形状的碳颗粒组成的。同样，木头或烟煤不完全燃烧也会产生木炭。在石墨中，六边形碳环网状结构形成一个薄层，层与层之间通过范德华力结合。

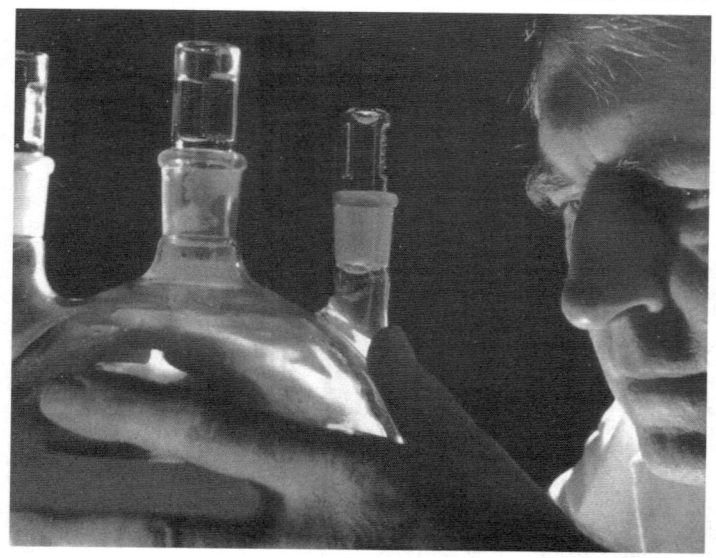

2 化学反应
CHEMICAL REACTIONS

  化学家们的艺术在于认识和掌握化学反应。化学反应要么是爆炸性的，要么就是渐进式的，有些化学反应如果没有外部辅助根本不会发生。

  正是反应物的类型决定了化学反应的速率，以及反应究竟是否会发生。一般地，原子总是通过使外电子壳层充满电子来达到稳定状态。外电子壳层只有一个电子的元素如氢（总共也就一个质子和电子），极易供出电子。因此，氢可以形成许多化合物，包括从水、酸和碱，到烃和其他有机分子。金属和卤素，如钠和氯，由于性质太活泼以至很难控制。

  知道化学键是如何断裂和形成的有助于化学家开始新的化学反应，安全地处理活泼元素，以及控制反应速率。升高温度、压力或浓度可以提供反应所需的活化能去引发反应，并且加快反应速率。催化剂，即能加快反应速率而自身并没有发生永久性化学变化的物质，甚至能使最不活泼的元素起反应形成新化合物。

化学名称和化学式

对于化学家来说，有用的是：化学名称应该表示化合物的组分，同时也能提供关于该化合物的化学键形状和属性的结构化信息。但是对于消费者而言，一个容易记住的商品名就足够了，因为它很容易让我们想到某种具有特殊功用的产品。正是意识到这种需要，化学品制造商早在工艺开发之前就为商品起好了名字，以利于产品的销售。很多这些商品名也包含了某些化学信息，有些甚至成为了常用词。

然而从化学家的角度看，商品名并不能反映足够的信息，尤其是那些包含大量碳的复杂的有机化合物。化学家需要关于反应的属性以及反应物和产物的完整信息，以便于能够从化学名称中获得更多的内容。

尽管过去已经建立了大量的命名系统，但是如今大多数的化学家还是采用国际纯粹与应用化学联合会（IUPAC）提出的系统命名法。在这个命名系统中，一个化合物的名称包含了许多重要的化学特征，例如环状化合物的类型或者是分子所含的功能链，以及化学键的类型。IUPAC 系统命名法最大的优点在于：只要知道一个有机物的名称，全世界的化学家都可以知道关于它的一些结构和化学信息。这个命名方法的缺点就是有时候化合物的名称非常复杂，例如，在 IUPAC 命名体系中，葡萄糖的名称是

↑俗名容易造成混淆。对地质学家而言，白垩就是些主要由小晶体组成的岩石；而对学生来说，白垩却是能在黑板上写字的粉笔。事实上，它们是有区别的，地质学家指的白垩就是碳酸钙（$CaCO_3$），而老师用的粉笔则是硫酸钙（$CaSO_4$）。

1,3,4,5,6－五羟基乙醛。

化合物也可以用化学式表示，化学式表示出了化合物的组成元素及其比例。除了熟悉化学的人以外的其他很多人，都知道水的分子式是 H_2O，它表示了水分子是由两个氢原子和一个氧原子组成。

化学方程式则为描述化学反应前后的变化提供一个简单的方式。反应物的分子式写在化学方程式的左边，生成物则写在右边

由于在化学反应中原子既没有被生成也没有被失去，化学方程式是平衡的，所以方程式左边的原子总数和右边的相等。

从配平的化学方程式可以知道，化合物的组成是什么以及它是如何形成的，但是它们并不能反映出反应进行的有多快。有些反应是自发进行的，有些则需要加入能量才会开始反应。

引发化学键断裂和再形成，即引发化学反应需要的能量叫做活化能。化学反应时温度和压力的变化可以改变反应的速率，催化剂也可以影响反应速率，所谓催化剂就是指可以改变化学反应速率，但其自身并不会消耗殆尽的物质。

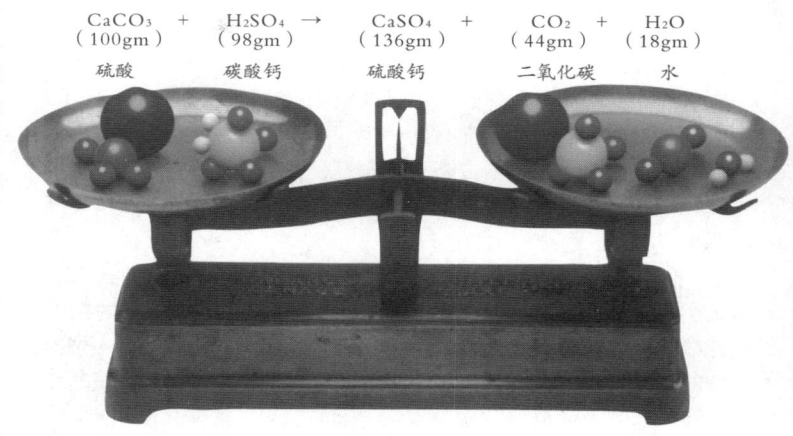

$$CaCO_3 + H_2SO_4 \rightarrow CaSO_4 + CO_2 + H_2O$$
（100gm）（98gm）（136gm）（44gm）（18gm）
硫酸　　碳酸钙　　硫酸钙　　二氧化碳　　水

↑化学方程式精确地表达了一个化学反应的本质。例如上面的化学反应，我们在方程式左边写上反应物的相对分子质量，右边写上生成物的相对分子质量。该化学方程式表示100克碳酸钙和98克硫酸反应，生成136克硫酸钙、44克二氧化碳和18克水。这也验证了化学反应的质量守恒定律：198克反应物产生198克的产物。

↓化学家惯用直观的方式来描绘分子结构。在结构简式中，化学键用直线表示，多键用两条或三条线表示。在球—棒模型中，棒代表化学键，且用三维立体图表示分子结构。在比例模型中，并不显示化学键，而是以相对比例的球体表示，以给出真实分子形状的清晰概念。路易斯点电式用点表示一个原子价电子的个数。以上都是表示化学键的有用方式。

	氧气	二氧化碳	水	氨气	甲烷	苯	硫
分子式	(O_2)	(CO_2)	(H_2O)	(NH_3)	(CH_4)	(C_6H_6)	(S_8)
比例模型							
球棒模型							
结构简式	O=O	O=C=O	H-O-H	H-N(H)-H	H-C(H)(H)-H	C₆H₆环	S₈环
路易斯式							

□学生科普百科

吸热和放热

所有化学反应都包括化学键的断裂、生成或重排。在化学反应过程中，能量（比如热）不是被吸收就是被释放，这些源自化学键断裂或形成时能量变化的产生。所有的反应都需要能量——也叫活化能——来拉伸或断裂化学键，并引发一个化学反应。断裂一个特定化学键所需要的能量叫键能。化学键越强，它就越难断裂，因此它的键能也就越高。

例如组织的呼吸作用、中和反应、篝火燃烧或烟花的燃放等化学反应都包含了化学键的形成以及热量的产生或者能量的释放。这些反应也叫做放热反应。例如光合作用（植物将光能转化成食物的化学反应）和电解（用于电镀和纯化金属的工艺）等化学反应通过吸收光能或电能而导致化学键的断裂，这些化学反应叫做吸热反应。烤面包就是一个吸热反应的例子。

酸碱混合反应时放出的热量叫做中和反应热，例如等量的氢氧化钠和稀盐酸或硝酸混合时大约产生 13 550 卡路里的热量。向水中加入浓硫酸也会产生热量。大多数物质溶解时需要吸收所谓的溶液吸热反应热，这也是为什么热水比冷水能溶解更多的盐和糖的原因。以上相反的过程也是成立的，一些物质从溶液中析出时会放出热量，这个热量也叫做结晶反应热。醋酸铅是一种含大量结晶反应热的盐，因此以前曾经在火车旅途中，分给每位乘客一个含醋酸铅溶液的金属容器，然后在旅途中随着盐的析出，释放出热量，供旅客取暖。

早在 1874 年，科幻作家儒勒·凡尔纳就预测水中的氢和氧在未来的某一天，会被作为燃料使用。的确，氧和氢作为水的组成元素，它们之间的化学反应会放出大量的热。氧气和氢气的混合

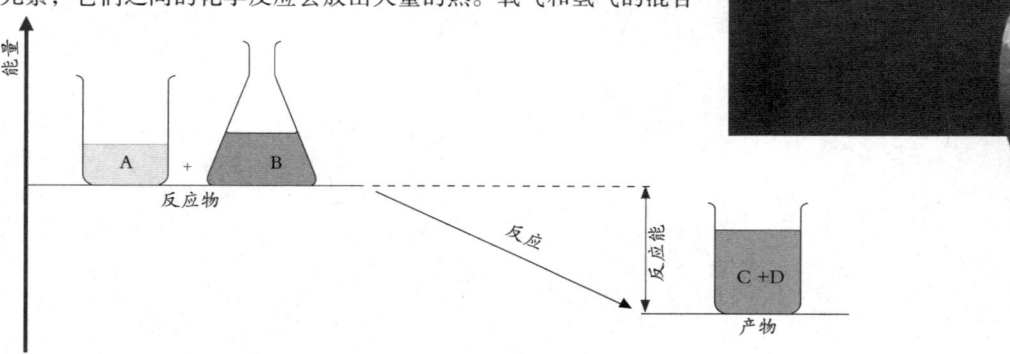

↑当两种物质发生化学反应时，就会有能量变化。放热反应释放出能量，吸热反应吸收能量。反应物 A 和 B 反应生成产物 C 和 D 中产生能量的变化叫反应能——通常是以热量的形式产生。如果 A 是酸、B 是碱，那么释放出的能量也叫中和热。物质溶解时的热量就是溶液的热量。如果溶解是吸热过程，那么加热可促进溶解。这也是为什么在热水中盐和糖比在冷水中得溶解更多的原因。

化学反应

↑ 煎鸡蛋的过程就是一个吸热反应，吸收的热量破坏蛋白中的化学键，使蛋白铺展成更大的表面。在蛋白凝固时，新化学键的形成又是一个放热反应。

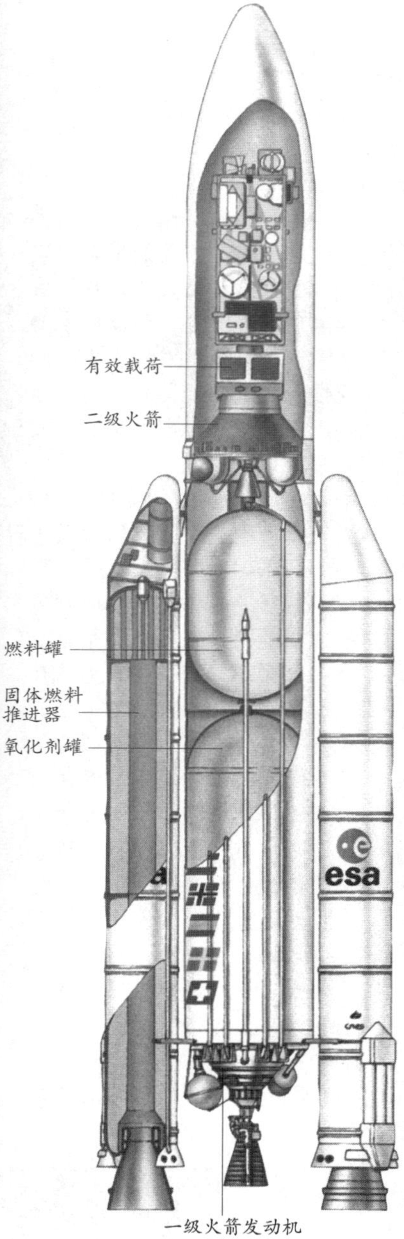

物会发生剧烈的爆炸，此放热反应所释放的能量可为发射航天飞机提供动力。在航天飞机内部，氢气和氧气并不是发生燃烧，氢氧元素在电池中结合以提供航天飞机所需要的电能，此外，同样重要的是提供了宇航员在飞行过程中所需要的水。

液氧可以作为某些火箭燃料的氧化剂。此外这种能使燃料燃烧的氧化剂也可以是氟或二氧化氮气体、含氧的液体如过氧化氢；含氧的固体例如硝酸钾。

↑ 法国"阿里安5"火箭和其他航天飞机都是利用放热反应来实现从发射台升空的。氢燃料在氧中燃烧，产生巨大的热量和光。它是一个连续的放热反应，只要不断地供给氢和氧，它就会一直进行下去。结果反应产生的热量以及反应产生的高压气态水为火箭提供足够的发射动力。

289

□学生科普百科

光化学

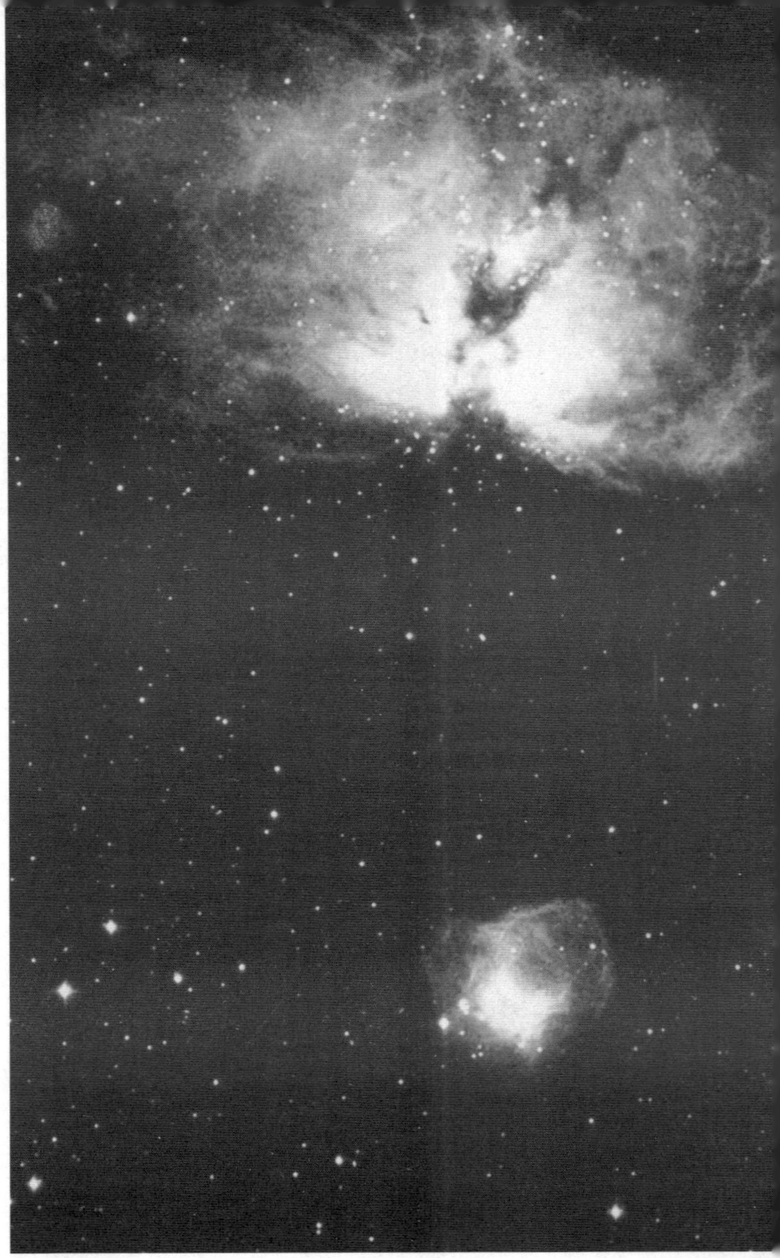

正如我们所知道的,大多数化学反应是需要能量来引发的。通常这种能量是以热的形式出现的,但是有些反应需要光来引发。光是一种以光子形式传输的电磁能,光的能量取决于光的波长。当一个原子或分子吸收一个光子的能量时,由于它能量的增加而处于一种激发态,于是它就比较容易参与到化学反应中去了。

最常见的光化学反应发生在照相的时候,另外一个就是光合作用的过程。还有图像在眼睛视网膜上成像也是一个光化学反应过程。

研究的较为详细的光化学反应之一是干燥的氯气和氢气混合后在光照下的反应,这个反应的最终结果是生成了氯化氢,然而这个反应是由一系列步骤所组成的链式反应。首先在引发阶段,光能将氯分子(Cl_2)分成两个氯原子(Cl),在此过程中每个氯分子吸收一个光子;其次在扩展阶段,每个高反应活性的氯原子立即与氢分子(H_2)

↑天文学家已辨别出宇宙中许多发生光化学反应的区域。这张星云图底部小又亮的区域的闪耀星云就是所谓的光解离区(PDR),在这个区域的氢和一氧化碳会形成自由的原子。这个区域位于距离地球1470光年的猎户星座。

←相机胶卷就是一个日常生活中光化学应用的例子。它的成像过程基本上取决于底片上的乳液曝光时发生的化学反应。

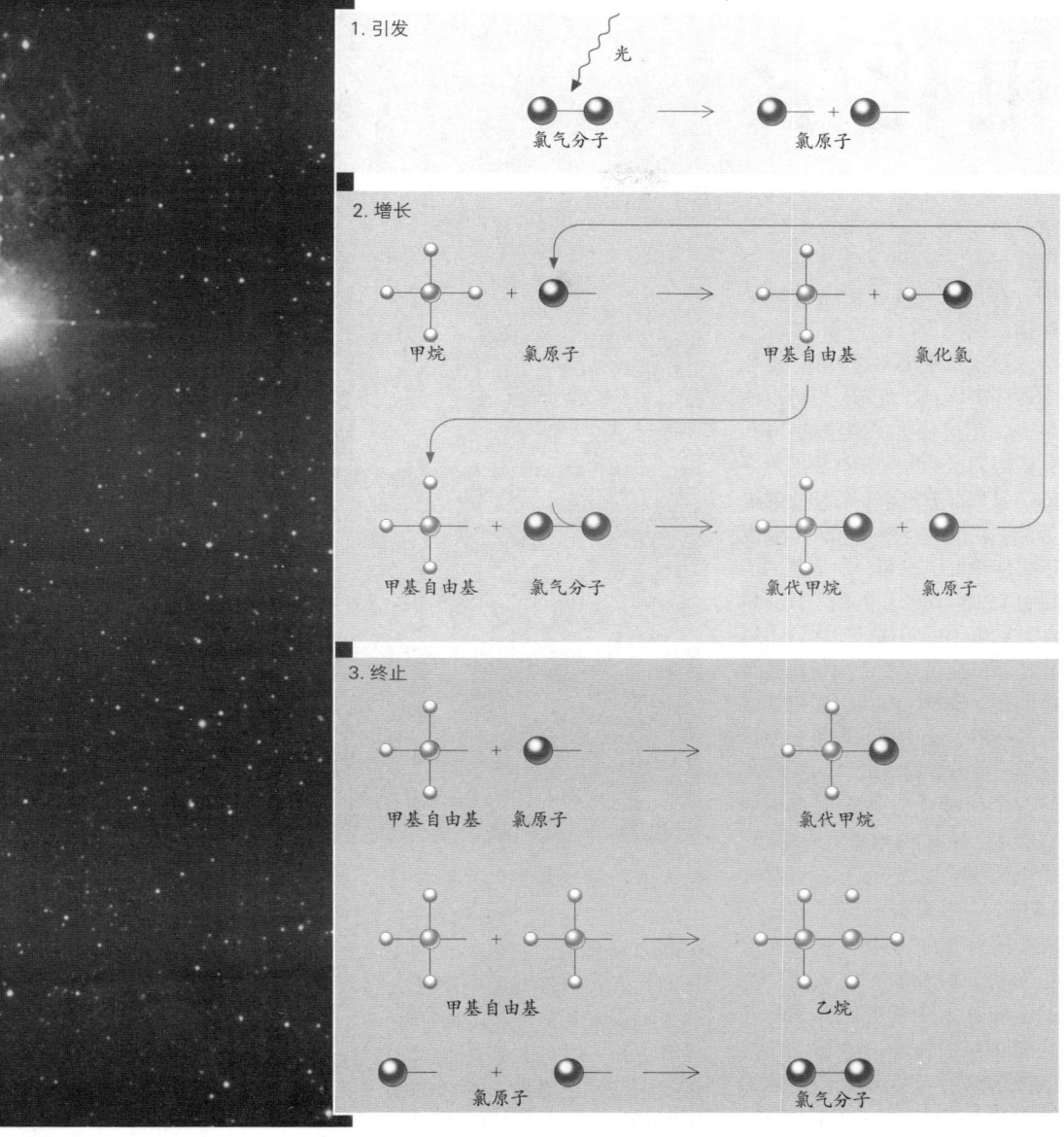

↑甲烷和氯气发生光引发的连锁反应分三个阶段。在引发过程中，光将氯气分子分解成氯原子。在增长阶段产生甲基自由基。终止阶段，各原子形成稳定的分子。

反应生成氯化氢（HCl）和游离的氢原子（H）。游离的氢原子再和另外的氯分子反应生成氯化氢和游离的氯原子。这些二次和三次反应在所谓的链式反应中不断重复，它可能会因为进行得太快而导致爆炸。即使不发生爆炸，这个反应也会由于氯原子和氢原子形成氯化氢而终止。

所含能量较强的光，比如紫外光（UV），能在大气中引发光化学反应，产生臭氧——氧气的同素异形体，分子式为 O_3。首先紫外光光子将氧气分子（O_2）分成两个氧原子（O），然后每一个氧原子结合一个氧分子形成一个臭氧分子：

$$O + O_2 \rightarrow O_3$$

结果在大约25千米高空处的平流层中形成了臭氧层。这个臭氧层可以阻碍有害的紫外线穿过大气到达地球表面，起到防护的作用。臭氧也可以在地面附近产生——由于光化学烟雾的作用而形成。

□学生科普百科

电化学

电子得失是化学成键的关键步骤之一,也是电化学的基础。在电化学中,电势能推动化学反应的进行。

对于工业化学家来说,电化学有许多优点。首先,它可以使许多工艺过程更加廉价和环保,这是因为推动电化学反应所需要的能量大部分来自于反应物的电势能。因此,反应在较低的温度下也能很好地进行,所消耗的能量也更少。此外,电化学反应只涉及到电子的转移,所以许多氧化还原反应过程不需要使用很纯净的化学原料。相反,可以通过在反应混合物中插入电极来获得化学反应所需要的电子。

电化学反应是在电解槽中进行的。在电解槽里有电解质、供电装置、接受电子的正电极(阳极),以及释放电子的负电极(阴极)。电解质是一种离子化合物,例如酸、碱或盐,它们溶解在水中释放出离子,并且离子可以流动。电解质在熔融或溶解时可以导电,但是固态的电解质则不一定能导电。电解槽的工作原理和原电池相反。在原电池中,电势是通过化学反应而产生的:通过电解质的离子从一种金属电极移动到另一个电极。通过使用不同的金属可以获得不同的电压。而在电解槽中,电被用来驱动一个化学反应。

电化学已经应用于许多工业加工过程。许多重要的化学物质,如氢氧化钠和氯气,都

↓计算机和其他电子设备的电路板上会有些金和其他贵金属,因此很有必要对这些金属进行还原利用。还原过程与电镀类似。然而,在电镀时,被电镀的物体作为阴极,而阳极则是电镀金属。在退镀时,被剥离的物体作为阳极,被还原的金属则沉积在相同金属的阴极上。

是在电解槽中制得的。电极导电时发生的电解也用于提炼金属和阳极化铝,使金属表面更具韧性。在电镀时,电解使一种金属表面覆上一层其他金属。电解也是一种纯化铜等金属的有效方法。电镀时,不纯的铜作为阳极,而一片纯铜作为阴极,硫酸铜($CuSO_4$)溶液作为电解质。电解时,阳极溶解,铜离子则在阴极上沉积下来,由此得到纯铜。

如今化学家开始运用新方法来拓展电化学领域。因为电解槽中的化学变化包含离子的移动,而这些离子的移动可通过测量电流来测得,所以电解槽被证实是一种监测反应的有效工具。在医学上,电解槽作为生物监测装置,或是生物传感器,通过它们可以

↑氯碱工厂里要用到数百个汞电解槽,电解盐水后产生三种工业化学品:氢氧化钠(NaOH)、氯气和氢气。在电解槽中,石墨作为阳极,液态汞作为阴极,电解质是25%的氯化钠溶液。氯气在石墨电极处产生,钠离子在汞阴极处得到电子后溶于汞形成汞齐。汞齐再流入到下一个电解槽中,与水和活性炭混合并除去钠。汞重新返回到原来的电解槽,第二个电解槽中的钠和水反应生成氢氧化钠溶液和氢气。

监测一个特定的生物反应。例如,用于糖尿病监测用的葡萄糖生物传感器已经被开发出来,它的原理是通过检测葡萄糖与某种特定酶反应所产生的电势差变化来监测葡萄糖含量水平的变化。

如今,化学家也试图使用电化学来分解有机废料。在有

化学反应

机废料分子被分解为无害的水和二氧化碳的过程中，必定有氧化反应的参与。通常这个氧化过程是在焚化炉中通过燃烧实现的。化学家也正在研究如何利用电化学产生的高氧化态金属离子，在更低的温度下实现这个氧化过程，同时也可以避免燃烧过程中所产生的有害性气体。

↑铝及其合金有着广泛的用途。它是制造易拉罐、食品包装、盆和锅的常见金属，也可用于雕塑品中。

↓当电流经过电极时，聚集在阴极处的铝的阳离子形成熔融态的金属铝，并被排出。这个过程消耗大量的电能，因此只有在供电充足且电价便宜的地方才适用这个工艺。长石、黏土等许多矿石都是制铝的原料。

↓铝是地壳中最丰富的金属元素，通常采用霍尔 C-劳尔特电解工艺从铝土矿中提炼铝。在这个工艺中，矿石在1000℃高温下溶解在熔融的冰晶石中，冰晶石是一种天然存在的氟化铝——作为一种电解质。阴阳电极都采用碳。电解是在特制的作为阳极的碳内衬储罐中进行的。

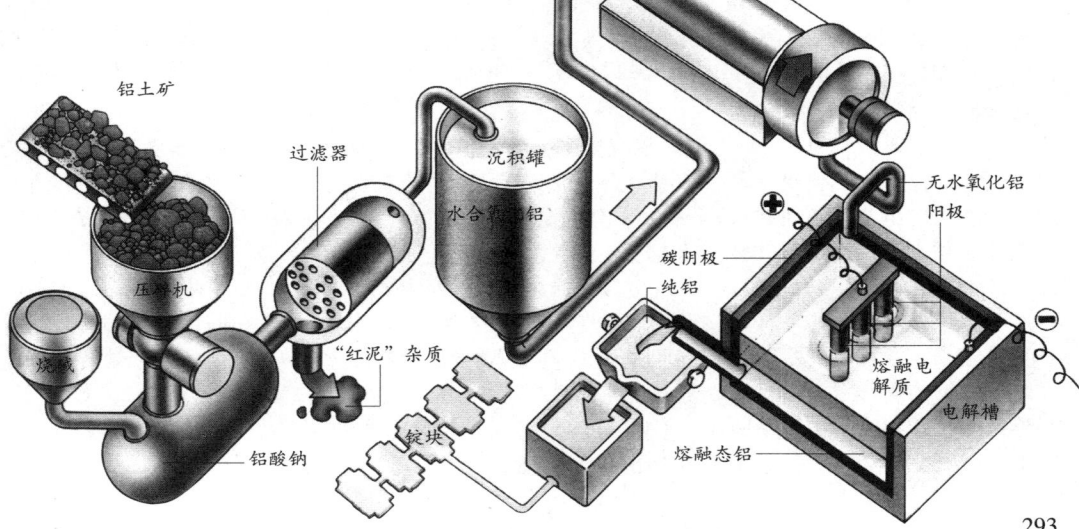

293

□学生科普百科

化学工业

化学工业的主要任务是将普通的原材料如石油、天然气、煤、矿物、空气和水等廉价而有效地转化成能制造出其他各种物质的各种化学品。在一个化工厂里,反应物(原料)在适当的条件下结合,生产出所需的产品。但是,仅仅使用化学反应将一种物质转变为另一种物质是远远不够的。重要的是要提高反应效率,增加反应速率——通过反应物或产物在一段时间内浓度的变化来表示的。有时候,也可以在更高的温度、压力以及增加反应物的浓度或使用催化剂来达到这种效果。这样做的目的是为了得到最佳的产率。产率是按照产物的量除以原料的量的百分比来表示的。

然而,最佳的产率并不代表最高的产率。当在设计一个化工厂时,化学工程师必须考虑维持某些产物达到最大化反应率所需的高压高温条件的成本,还要考虑到快速放热反应难以控制这一情况。厂家和化学工程师在选择反应条件时,必须要权衡安全和能耗。

化学工程师也必须决定采用何种类型的工艺。在间歇式工艺中,原料加入到装置中,然后开始反应。当反应完成时,将产品取出,然后新的一批物料再加进来,进行下一步的操作。在连续的操作过程中,原料连续不断地加入,同时不断地得到产物。

↑哈伯工艺是工业大规模生产氨气的连续反应。

间歇操作过程对于一些产量较小的慢反应是非常有用的,药物和化妆品通常就采用这种方式制造。对于一些有爆炸隐患或者发酵过程有可能遭到污染的产品加工过程来说,这种操作方式也是非常合适的。

连续操作过程对于大吨位产品的制备是一种非常有效的方式。例如工业上重要的化学品氨气和氯气就是通过这种方式生产的。然而连续加工过程需要在特制的化工厂中进行,但是这种化工厂造价非常昂贵。

化工过程中不可避免地会产生一些废物。过去,化学厂家们很少考虑到废物处理的问题,结果,由于他们所造成的严重污染而

化学反应

←现在的酿啤酒技工艺已经使用了好几千年，它就属于间歇操作过程。采用间歇操作酿造啤酒有助于降低被微生物污染的风险。通常，间歇式操作过程对于一些产量较小的慢反应是非常合适的。

↓化学工业的各个部分包括农业研究机构、研发实验室和药物公司——必然要用到大量的化学品。事实上，他们的生产活动就是为其他工业部门制造化学品。

使化工厂声名狼藉。如今他们的态度已经有了改变，在设计工厂时，都会优先考虑废物处理的问题。

以前，厂家们通常采用稀释法将废物排入大气或是河流、湖泊和海洋中，希望以此来其充分稀释废物而变为无害物。如今废物常常被有目的性地贮存在所建的池子中或将其堆积。然而，废物会污染土壤或是渗入到地下水或是河流中。化学制造商正致力于开发各种化学和机械的处理方法来遵守日益严格的有关废物处置的法规条例。

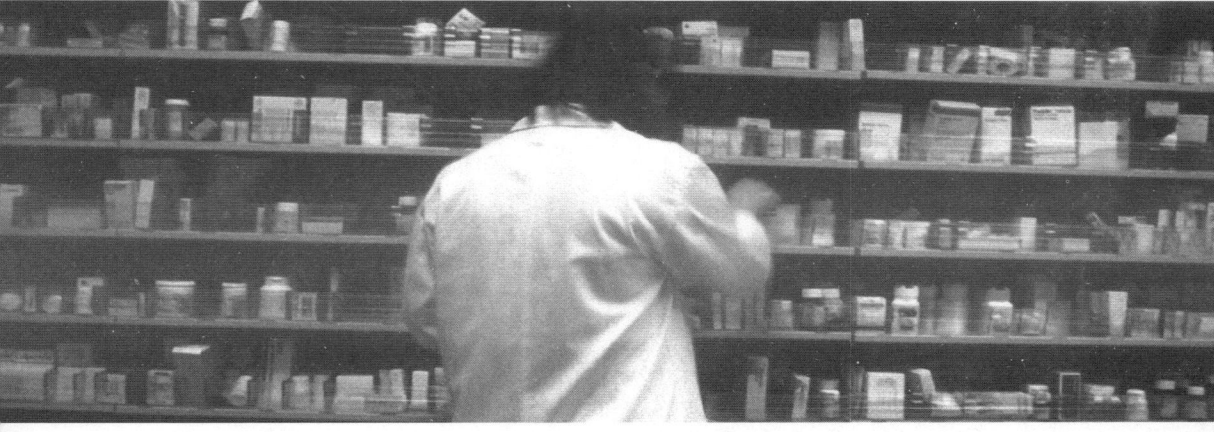

↓哈伯工艺中，氮气（N_2）和氢气（H_2）结合生成氨气（NH_3）。最初的工艺是采用电解水产生的氢气，如今，氢气是从天然气甲烷和水蒸气反应得到。这个工艺中，来自空气的氮气和氢气经混合受热、经压缩后再流经催化剂。

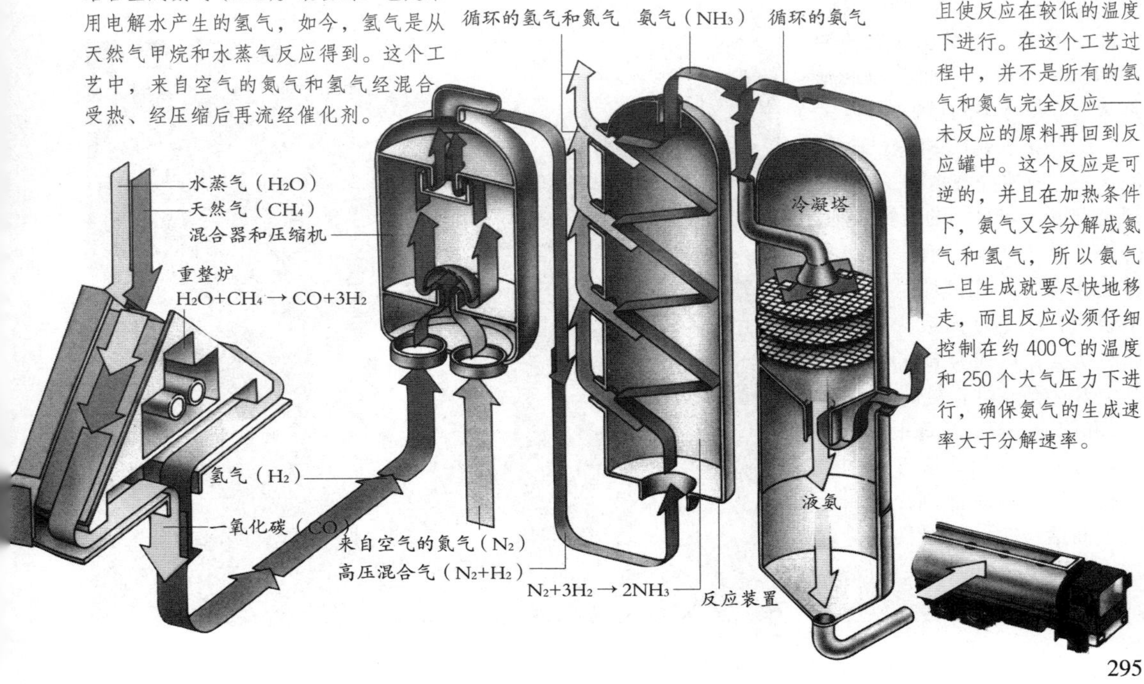

←高压和使用催化剂可降低反应的活化能，而且使反应在较低的温度下进行。在这个工艺过程中，并不是所有的氢气和氮气完全反应——未反应的原料再回到反应罐中。这个反应是可逆的，并且在加热条件下，氨气又会分解成氮气和氢气，所以氨气一旦生成就要尽快地移走，而且反应必须仔细控制在约400℃的温度和250个大气压力下进行，确保氨气的生成速率大于分解速率。

295

肥皂和洗涤剂

洗涤产品是最早的商业化学品之一。肥皂最初是用动物脂肪和碱液煮沸制成的,而碱液则是由木头灰滤取得到的,如今用氢氧化钠（NaOH）代替这种碱液,植物油则代替动物脂肪,但基本的化学原理还是一样的。

当洗涤剂代替肥皂使用时还具有其他效果。例如,硬水中常含有钙和镁的化合物,这些化合物会和肥皂反应形成浮渣,而与洗涤剂就不会。这些浮渣不但很脏且浪费肥皂,因为肥皂只有将水中溶解的物质反应完全后才会产生泡沫。

肥皂是通过叫皂化的化学反应而生成的。酸和醇反应生成的一种化合物——酯与小苏打反应后生成肥皂和原来的醇。即使在现在,还是和过去一样,大部分的肥皂还是从天然的油和脂肪中制取,然而洗涤剂则是从石油提炼出的烃中制得。

肥皂是长链有机羧酸盐的混合物。有机羧酸盐的一端（头部）有一个亲水性的极性羧基,另外一端（尾部）有一个疏水性的非极性亲脂基团。在化学术语中,肥皂定义成为长链脂肪酸钠盐,通式为 $RCOO^-Na^+$,其中 R 为疏水性长链烃基。

和肥皂一样,洗涤剂的分子也具有相当长的非极性尾和极性头。但是在洗涤剂,也叫合成表面活性剂,非极性尾是通过一系列烃的化学反应形成的。常见的洗涤剂中,丙烯的四个分子（CH_3–CH=CH_2）连接到苯环上,附着在双键处,与磺酸反应形成支链的烷基苯磺酸盐。通过改变化学组成,可以制成不同清洁用途的洗涤剂。

现代的衣物洗涤剂中包括泡沫稳定剂、消除硬水中钙和镁离子活性的水软化剂,以及有机粘合剂如羧甲基纤维素钠,它们使织物纤维带上负电荷,然后和带负电的脏物颗粒相互排斥而达到去污的效果。有些衣物洗涤剂还含有"光学增亮剂",它是一些荧光分子,能吸收特定波长的光后,以另外一种波长发射,产生蓝光或紫外光。光学增亮剂解决了织物发黄的问题,而且使白色织物看上去更加白亮。有些衣物洗涤剂还添加酶,能催化分解蛋白质物质如血渍和汗液等物质。

而作为洗发剂用的洗涤剂,它起的作用有些特别。洗涤剂必须能去掉油渍和污渍,但不能去掉天然的油皮脂——如果油皮脂去得太多会导致头发干裂。针对油性头发的洗发剂,它能去掉比较多的油皮脂,而针对干性头发的洗发剂,则去油皮脂的能力要差一些,有时候甚至会向头发中补充一些油性成份。

洗涤剂的酸度也是很重要的。洗发剂必须是设定成中性的（pH 值约为 7）,因为含碱金属的化合物 pH 值大于 7,会使发丝易于开裂,表面起皱,这样头发看上去就显得黯淡和粗糙。

↓在迪厅灯光的照耀下,用加了光学增亮剂的洗涤剂洗过的织物在暗处会发出辉光。光学增亮剂其实就是荧光物质,它吸收特定波长的光后,以另一波长发射。

3 有机化学
ORGANIC CHEMISTRY

  几百万年前，大气中的碳化合物在地球表面形成一绝热层，吸收来自太阳的热量。渐渐地，地球的热度足以促使生命开始诞生。碳依然是地球上生命的核心元素，尽管它在地球中含量不超过百分之一：所有生命体的组成物质都是基于含碳化合物。生物化学，即生命有机体的化学，它主要的研究对象就是碳化合物。

  碳元素在植物、动物、土壤和大气之间传递的过程也叫碳循环。生物质燃料如木材，或化石燃料如石油、天然气和煤炭（都是来自几百万年前含碳的有机材料）燃烧时会释放出能量。目前，碳基燃料占全球消耗能量物质的 75%。

  碳是一种多样性的元素，因为每个碳原子可以形成四个共价键。有机分子（这么叫是因为化学家曾经认为只有在生命有机体中才含有这些化合物）是碳原子通过单键、双键或三键形成的化合物。正是这些碳原子成键形成的不同种类的化合物构成了有机化学的主体。

烃 链

所有的有机分子都由碳原子组成，且每个碳原子形成四个共价键。这些共价键可以是单键、双键或三键，但是加起来总数都为四。这个特点使得含碳分子既可以与其他原子形成长直链或支链结构，也可以形成环状结构。

碳原子几乎有无穷多的结合方式，特别是有机化合物存在异构体，即具有相同分子式的分子具有不同的结构。异构体具有不同的物理性质，有时候也具有不同的化学性质。

为了弄清楚这些变化，有机化学家将成键方式相同的含碳有机分子归为一类，也叫同系物。在特定同系物中，所有成员分子具有一样的分子通式和相似的化学性质。然而，它们的物理性质如熔点、沸点以及密度则是随着碳原子数的增加而逐渐变化。

最简单的一类碳化合物就是脂肪烃，它只含碳和氢原子——排列成直链或支链结构。这一类的脂肪烃包括烷烃、烯烃和炔烃。然而，在它们简单的化学式背后蕴藏着许多变化形式。

烷烃（以前也叫固体石蜡）是由氢和碳原子通过单键连接形成的。烷烃同系物的化学通式为 $CnH2n+2$，n 代表碳原子的个数，它从甲烷（$CH4$）开始，系列中每个序列化合物都较前一个多一个碳原子和两个氢原子。甲烷之后只有几个化合物

都是气体：乙烷（$C2H6$）、丙烷（$C3H8$）和丁烷（$C4H10$）。从戊烷（$C5H12$）后的烷烃是液体。这个序列中的最高形式的成员分子都是蜡状固体。

烷烃是一种重要的燃料，可清洁燃烧并释放大量的能量。燃烧一个大的烷烃分子如辛烷（$C8H18$）所释放的能量比燃烧一个小分子烷烃如甲烷要多得多，因为大分子烷烃比小分子有更多可断裂的化学键。

烷烃也叫饱和分子，因为其他分子不可能再加入到其中了。饱和分子的活性较弱，但它能参与置换反应，其中它的一个或多个氢原子可以被其他原子所代替。

烯烃（以前也叫液体石蜡）是两个碳原子之间有一个双键的烃，具有化学通式 $CnH2n$。烯烃是不饱和分子，因此具有比烷烃高的反应活性。它们通常可以参与加成反应，在这一过程中，碳原子间的双键断裂后，其他的原子被加进来。烯烃水合可形成醇，这个反应中，水在硫酸催化下和烯烃反应，形成只有单键碳分子——含有一个羟基。

最小的烯烃分子，即乙烯（$C2H4$），是工业上将原油精制后得到的产物。它可用于制造生活塑料，例如塑料袋等。

最活泼的烷烃要属炔烃了。它们含有一个相对不稳定的碳-碳三键，当它断裂时释放出大量的能量。乙炔（$C2H2$）

是炔烃中最小的分子，它用作氧炔焰焊接金属，因为乙炔燃烧时的火焰的温度可使包括金属在内的大多数物质熔化。

→炔烃是最活泼的烃分子。它们含有相对不稳定的碳-碳三键，所以燃烧时会释放出大量的能量。乙炔（$C2H2$）可以剧烈地燃烧，甚至可以在水下燃烧。烯烃在它们的两个碳原子之间存在一个双键，因为它们不饱和，所以比烷烃活泼。烯烃是制造塑料和聚合物的重要物质，如果有过量氧的情况下也可用做燃料燃烧。烷烃是氢和碳原子通过单键连接的分子。烷烃如液化石油气和甲烷，都是很有用的燃料，因为在足量氧气存在下，它们都可以完全燃烧。

乙炔

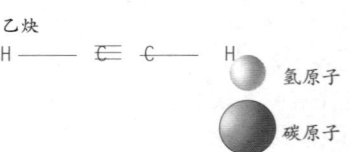

有机化学

←聚乙烯塑料袋以及道路建设时的搭棚材料聚苯乙烯泡沫都是基于乙烯（C_2H_4）形成的。乙烯是原油中石脑油和煤油馏分经裂解后形成的，它也是制造干洗液和防冻液的基本物质。

乙烯

碳－氢化合物

含氢和碳的化合物占了全球所需能源物质的近3/4，是目前应用最广泛的能源形式。天然烃类物质中蕴涵的能量是几百万年前远古植物经光合作用吸收太阳能得到的。植物将太阳能转化成化学能，储存在石油、天然气和煤炭等化石燃料的化学键中。

化石燃料是由一些死亡的动植物经过几百万年的热和压力作用形成的。动植物死后，被泥土掩埋，与氧气隔绝，腐蚀减缓。相反，这些有机体被厌氧菌分解，并逐渐沉积下来。随着这些沉积物越埋越深，温度和压力也逐渐上升，经过几百万年后，这些物质慢慢地转化成复杂的长链碳氢化合物。

经过这么长时间的"蒸煮"后形成的碳氢化合物的类型部分取决于有机体的化学组成和地底下的温度和压力状况。煤通常是原始沼泽地上的植物被掩埋后形成的，它是一些富含碳的复杂烃物质组成。

虽然在一些煤矿中也会有天然气存在，但石油和天然气则更多是一些微小的海洋生物如浮游生物腐化且被掩埋后逐渐形成的。石油含碳量比煤少，含氢量比煤高。从地底下储集岩颗粒间的空隙中泵出的原油是由许多种烃物质组成的。从地下提取出的原油大多数被做成燃料，大约只有10%用作化工原料。这些原油在使用前必须通过精炼将各种烃分子分离开来。

在炼油厂，原油被分离成不同馏分（由不同沸点的烃所构成的一组物质），这种分离是通过精馏柱或精馏塔来实现的。在精馏操作过程中，原油大约需要加热到350℃，然后从精馏塔底部导入。

当它沸腾时，油蒸气穿过精馏柱，上升并逐渐冷却。不同的馏分在不同温度下冷凝，因此，它们处在精馏柱不同的高度上。原油经过这样的初步分离以后，馏分再被进一步的精馏纯化。一些含1~4个碳原子的轻质烃和5~10个碳原子的汽油，最先在精馏塔的顶部附近冷凝。一些重质的残余物，如含25个碳原子以上的沥青，则沉积在精馏柱底部。

一些具有复杂结构的矿石——沸石常用于精制过程，用于分离特定的烷烃分子。沸

↑大部分西方国家用管道输送天然气。从安全和便捷角度考虑，天然气管道通常是埋在地下的，但在一些寒冷的地区如阿拉斯加，那里的土壤为永久冻土，所以管道必须铺在地面。

有机化学

石比较适合这一过程，因为它们的晶体结构中含特定尺寸的孔，阳离子可以填充进去。沸石很容易通过将它们晶体结构中的某些原子用其他原子代替来达到修饰的目的。这也使得化学家可以"设计"出高效的分子筛用于特定的目的，这些分子筛可以按照分子的尺寸和形状将它们一一分离。另外，沸石也用于催化特定大小分子的反应。

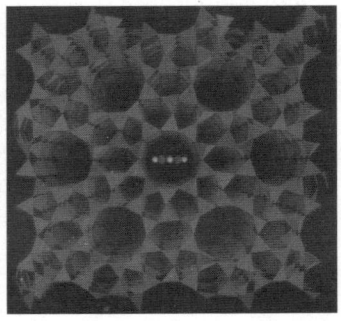

←沸石是一类复杂的硅酸铝矿物质，有时也用作分离特定烃分子的分子筛。尽管火山岩中天然存在沸石，但是精制用途的沸石通常是在实验室内制得的。实验室内制得的沸石具有分离特定分子的精确孔尺寸和形状。

←炼油厂通常会有用于分离原油的精馏塔、储罐和裂解车间。在裂解车间，大分子原油受热后分解成小分子，这些小分子可用作汽油和制造塑料。

→在精馏时，将加热到大约350℃的原油从塔底导入。原油沸腾时，油蒸气朝上运动并被冷却。在塔内不同的馏分在不同高度上分离。轻馏分包括石油气（在20℃时冷凝，用罐装）、汽油（约在70℃时冷凝）以及用于化学制造的石脑油（约140℃冷凝）。中间馏分（190℃~320℃）包括航空用的煤油、石蜡油、柴油和加热用燃油。重质馏分包括润滑油和沥青（在350℃冷凝）。

←化石燃料如石油、天然气和煤，是一些动植物的遗体被泥土掩埋后经过几百万年无氧环境的"蒸煮"后形成的。

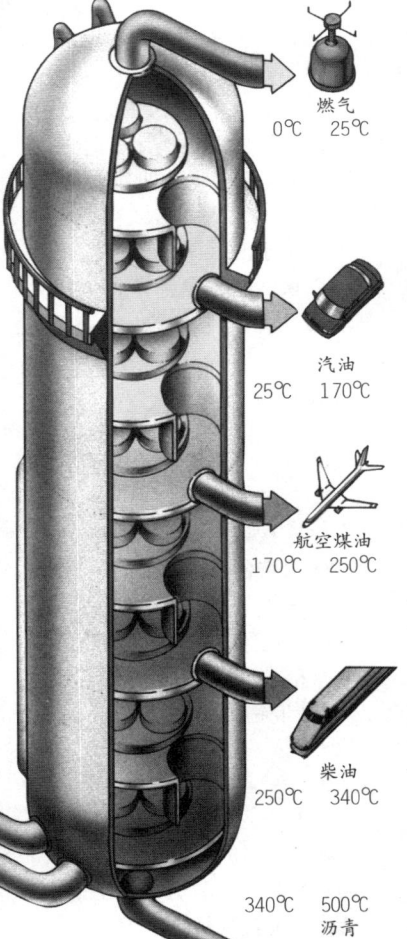

燃气 0℃ 25℃
汽油 25℃ 170℃
航空煤油 170℃ 250℃
柴油 250℃ 340℃
沥青 340℃ 500℃
加热
原油

301

芳香化合物

在脂肪族碳基分子中，每个碳原子和其他原子形成四个共价键。这使得脂肪化合物可以形成直链和支链结构。但是在芳香化合物中，碳只能和自身形成强键。正因为这个原因，碳原子可以形成环状结构，也可以形成直链或支链结构。因为一些天然油类物质常含有碳环，闻起来也有一股芳香味，所以这类碳环化合物就被命名为芳香化合物。苯（C_6H_6）是其中最简单也是最重要的芳香化合物，但它具有刺激性难闻的气味。有证据表明苯能致癌，尤其对于儿童，所以在处理时要多加小心。苯可以形成许多化合物，但是化学家在近些年才真正弄明白它的成键原理，它是由6个碳原子连接形成六边形的环，有一个氢原子与每个碳原子键合。参与碳-碳成键的电子是离域的，与任何特定碳原子没有关联。苯的反应活性比预期的要低得多，它有自己独特的性质。由于这种特殊的成键属性，苯更倾向参与保持稳定环状的化学反应。

然而，苯环是形成许多芳香化合物的基础，因为其他原子或原子团可以取代苯环上的一个或多个氢原子。许多有用的苯衍生物已被开发出来，包括用于制造塑料和染料的化学品、橡胶、树脂、香水、防腐剂，以及芳香剂。苯环上取代羟基团（-OH）形成苯酚，也叫石碳酸，可用做消毒剂。苯也是塑料和聚合物中的一种重要的分子。苯和乙烯（C_2H_4）加成形成苯乙烯——构建聚合物聚苯乙烯的成分。聚苯乙烯这种重要的合成聚合物是苯环沿碳原子链排列形成的。

共有三种不同类型的聚苯乙烯，一种是无定形的，其中苯环是随机排列的，还有两种是晶体形式的，其中一种的苯环只排列在碳原子链的一侧，而另外一种的苯环则交替排列在碳链的两侧。聚苯乙烯可用于制作铸模物体和用作电绝缘体。因为它是透明的且容易着色，因此常用作光学元器件。

苯环也可以连接在一起形成稠环体系，像苯自身一样，也能参与加成和取代反应形成一系列的化合物。在稠环体系中，电子离域扩展到所有的环上。这类化合物包括萘，它是由两个苯环稠合在一起形成的。萘可用于增塑剂、醇酸树脂、聚酯和杀虫剂如卫生球等。

→苯结构有不同的表示方式，包括：一个简单的六边形（1）；带有取代物可连接其上的键的六边形（2）；有交替的双键和单键六边形（德国化学家奥古斯特·凯库勒于1956年提出的模型）（3）；含一个圆的六边形（4）。苯环被结合形成其他化合物，例如，两个稠合的苯环形成萘——用于制造增塑剂、树脂和聚合物的重要物质。蒽是煤焦油的一种组分，它是由三个苯环稠合成一行组成的。三个苯环按犬胫形状稠合成菲——类固醇激素分子的一种成分。

→苯中的碳-碳键很特别，它们既不是双键也不是单键。苯环是6个相同键长的碳-碳键组成的平面六边形，这些键的键长比碳-碳单键短，但比碳=碳双键要长。在苯中，参与成键的一些电子是离域的，它们与任意特定碳原子没有关联，而是由环中所有的6个碳原子所共享。因此，在所有的碳-碳键中都有相同的电子密度。图中所示的是分别从三个不同角度观察的苯环——侧视图、斜视图和俯视图。可以看出，离域电子云清晰可见。由于苯环中化学键独特的性质，因此苯环往往表现令人惊讶的化学性质。

萘

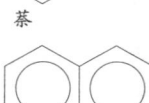

蒽

苯基嘌呤

菲

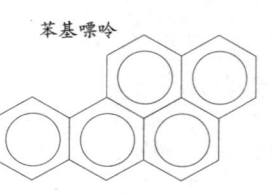

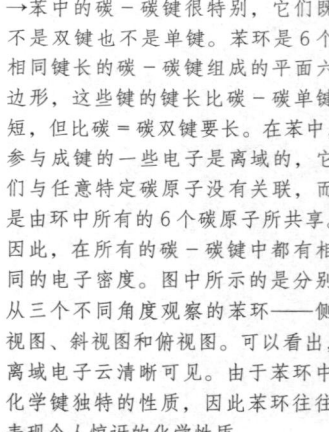

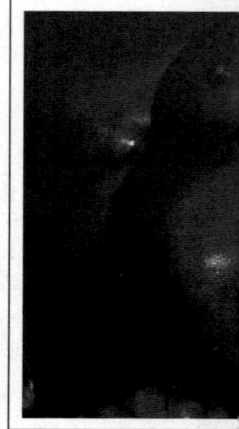

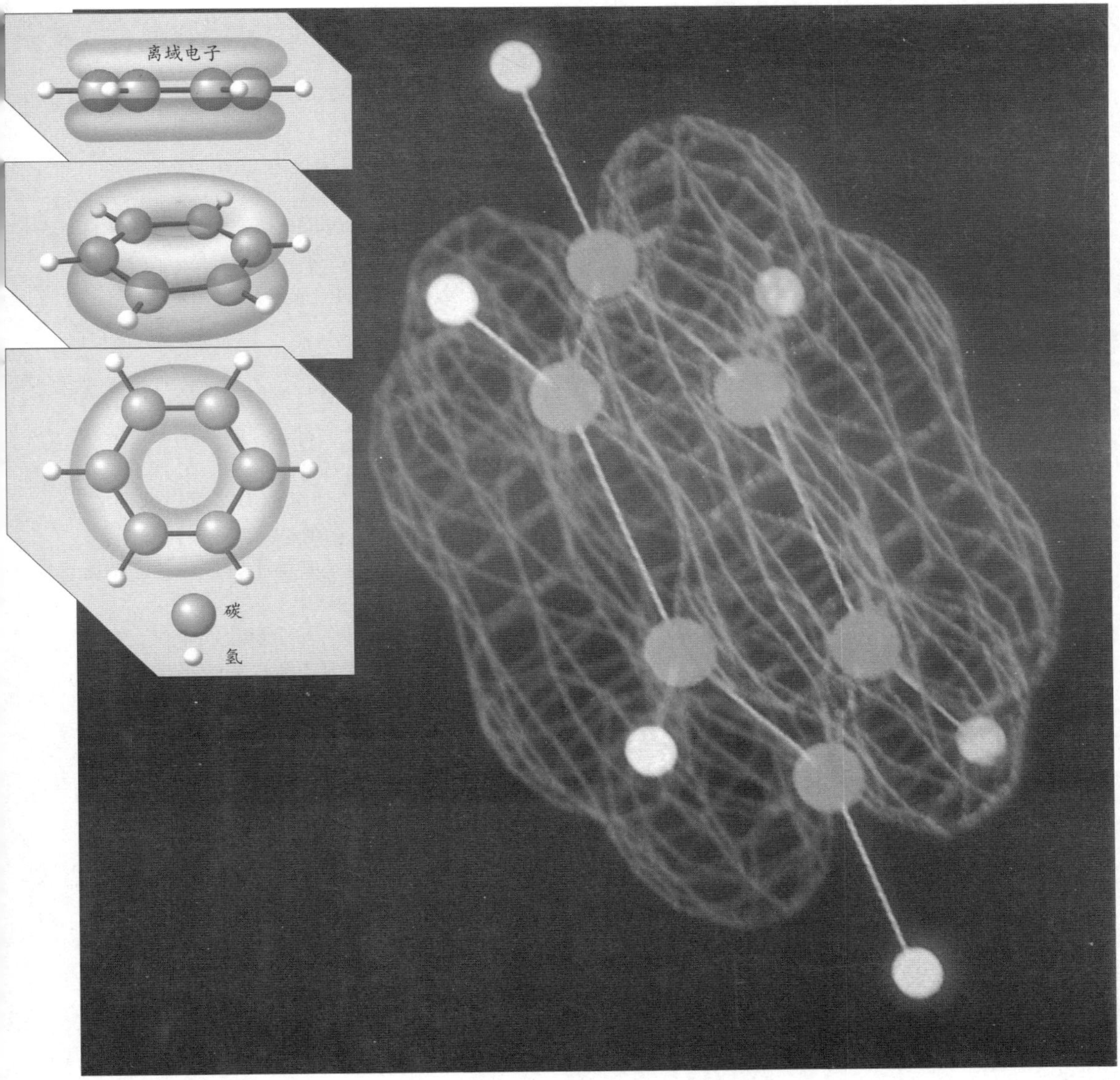

碳环和类固醇

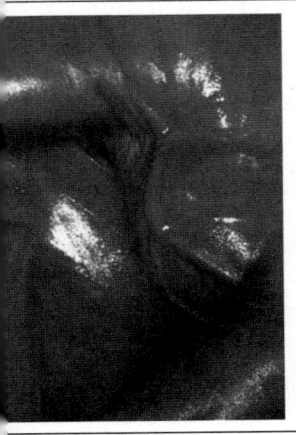

类固醇是一种促进肌肉增长药物,属于禁止运动员服用的药物,是中心分子含有四个碳环(甾醇)的有机化合物——中心分子有时还有侧链连接其上。类固醇包括人类性激素和胆汁盐;植物生物碱如咖啡因和尼古丁;昆虫的蜕皮激素。所有类固醇激素都基于胆固醇,胆固醇是由一个五边碳环连接到类似菲结构的多元环上——菲是由三个苯环构成的化合物。雄性激素睾丸酮和雌性激素孕甾酮之间化学结构有一些差异——孕甾酮比睾丸酮多两个碳原子。

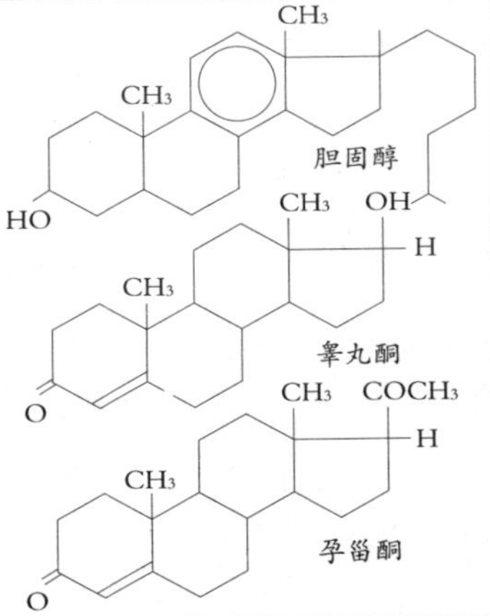

杂环化合物

苯分子中的6个碳原子排列形成一个环。苯就是一个环状化合物的例子。其他像苯一样只含碳和氢的环状化合物还包括环丁烷（C_4H_8）和环乙烷（C_6H_{12}）。但是，环状化合物的环也许包含的不是碳原子，可以是所谓的杂原子如氧、氮和硫，这些化合物叫杂环化合物，且在单个环中可包含不止一个杂原子。这些化合物在自然界中普遍存在，例如糖、生物碱、维生素和作为构建基因的核酸如DNA。合成的杂环化合物也有许多用途，包括药物、染料、杀虫剂和塑料。

呋喃是最简单的杂环化合物之一，它的分子是由五个碳原子和一个氧原子组成的一个六元环。呋喃形成许多糖如葡萄糖和它的异构体果糖结构的某些部分。呋喃有一个五元环（含四个碳原子和一个氧原子），它也形成某些糖分子如相当不稳定的呋喃糖结构的某些部分。如果在呋喃中增加一个醛基团（–CHO），则形成了糠醛——是许多精油的成分，工业上是利用压力下的水蒸气加热玉米仁或麦壳制得，并与苯酚（C_6H_5OH）结合制造出人造树脂。

到目前为止，数量最多的杂环环合物有氮作为杂原子的化合物。由五个碳原子和一个氮原子组成一个六元环的吡啶的气味极其难闻且有毒。吡啶天然存在，是维生素B_6、吗啡、尼古丁以及奎宁等生物碱的组成部分。最初，吡啶是由骨头加强热制得的，如今，工业上它由乙烯和氨气合成得到。它在塑料工业中用作溶剂，也是制造药物和烟酸的起始原料。其他吡啶衍生物还包括乙烯吡啶，可用于制造橡胶和除草剂。

四个碳原子和一个氮原子组成的五元环化合物也叫吡咯，和苯一样，也是一种芳香化合物，是自然界中各种具有鲜艳颜色物质例如叶绿素和亚铁血红素的组成分子，主要用于制造药物和染料。咪唑和吡唑都有三个碳原子和两个氮原子组成的五元环。吡唑分子结构中，两个氮原子刚好相邻，而咪唑的结构中间隔了一个碳。吡咯也属于芳香化合物，组成腺嘌呤和鸟嘌呤的部分结构——腺嘌呤和鸟嘌呤都是DNA分子中的碱基。从吡咯中衍生出的药物包括退烧药安替比林和消炎药苯丁唑酮。另外一种衍生物就是黄色染料酒石黄，常用做食物色素，且与儿童的过亢有关。六元环中有两个氮原子的化合物有胞嘧啶、胸腺嘧啶和尿嘧啶，它们是

→尽管到目前为止，绝大多数的杂环化合物的环都是五元或六元环，但是也有从3到20个不等原子形成环状结构的杂环化合物。氮和氧是最常见的杂原子，但在一些天然化合物中也以硫和磷作为杂原子。许多天然生化物质的一个显著特征是含有五元环的杂环化合物，例如绿色植物色素——叶绿素，以及血红素。动植物细胞中的主要的糖物质——葡萄糖也含一个五原子环。

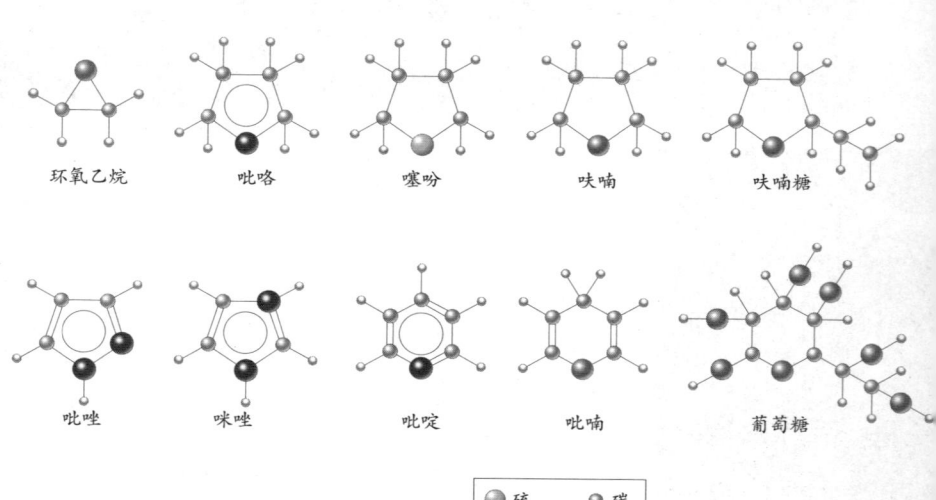

环氧乙烷　吡咯　噻吩　呋喃　呋喃糖

吡唑　咪唑　吡啶　吡喃　葡萄糖

硫　碳
氮　氢
氧

DNA 或 RNA 分子中另外的碱基。除此以外，还有许多含氮的杂环化合物。

少于 5 个原子的杂环较为不稳定，因为环内的化学键角非常小。例如青霉素和其他抗生素都有含氮的四元环，而环氧乙烷则有两个碳原子和一个氧原子形成的三元环。稳定的环也可以由 7 个或更多原子组成，例如形成血红蛋白和叶绿素分子的卟啉。也有一些杂环化合物是以磷原子作为杂原子的，其中有些化合物常是一些有用的抗癌药。

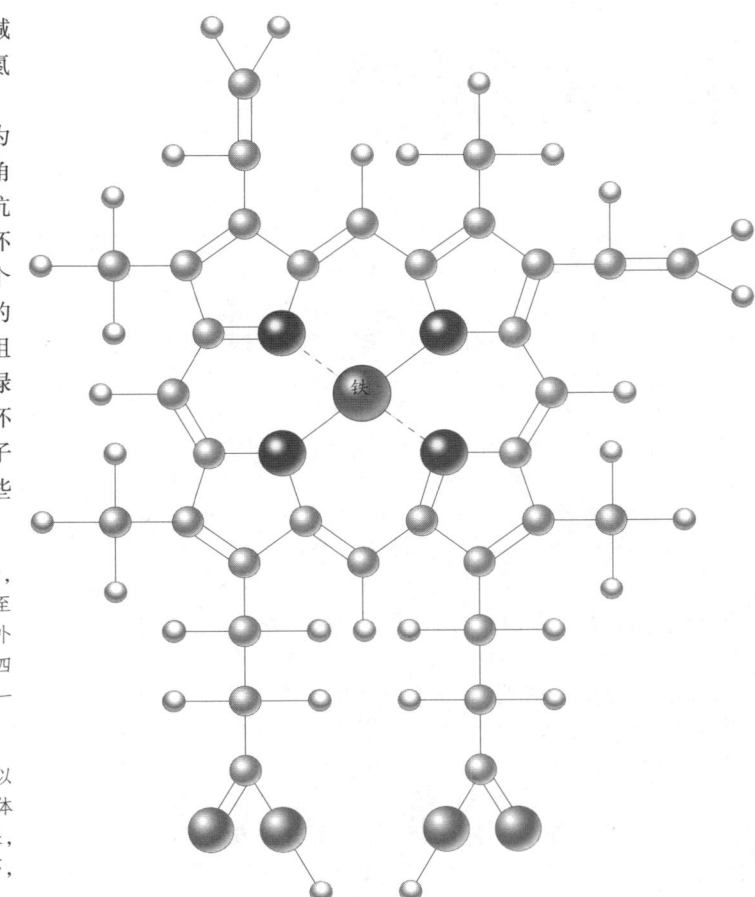

→血红素是使血液呈红颜色的色素，它的生理功能是运载肺部的氧气至各个组织。它的分子是一个具有卟啉分子结构的小分子，由卟啉中四个吡咯环上的氮原子（蓝色）与一个亚铁离子（棕色）配位结合。

↓一名受伤的士兵正在接受输血以维持体内正常的血红蛋白水平。体内缺乏血红蛋白会导致严重的后果，如贫血。在贫血较为严重的情况下，病人需要通过输血来治疗。

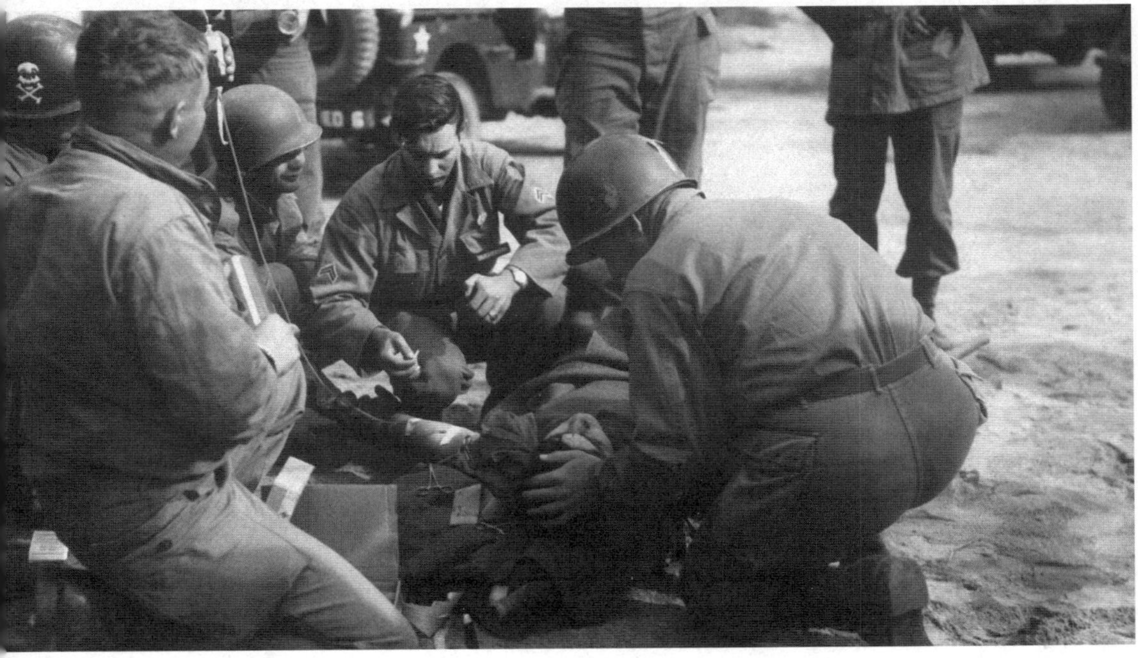

烃的制造

脱氢和加氢反应可分别制造出性质截然不同的食用油和脂肪。室温下,油呈液态,而脂肪则是固态。食用油如橄榄油和葵花籽油与脂肪如人造黄油之间物理性质的差异,很大程度上是因为它们所含氢原子数的不同。

食用油和脂肪有相似的化学结构,都是由拥有氢原子连接的碳原子长链构成。然而,食用油比脂肪更不饱和,因为它有更高比例的碳-碳双键,也就是有相对少的氢原子。和其他不饱和化合物一样,油具有更高的反应活性。C=C双键比单键不稳定,因此油具有更低的熔点。这就是为什么油在室温下呈液态。然而,脂肪是饱和的:所有的碳原子包括在四个单键中,不能再形成新的键。因此,脂肪具有较高的熔点,而且室温下呈固态。

油通过加氢反应可变成脂肪。首先要将油加热到150℃,然后再加入镍催化剂粉末。当氢气在油中鼓泡时,可引起碳链中C=C双键的断裂。氢原子则加到碳链上,与碳形成新的单键时,就发生了加成反应。

氢气加得越多,更多的双键就会断裂。要制得较高熔点的硬脂肪,氢气需要不断加入直到油完全饱和,且没有双键可断裂。要制得较低熔点的软脂肪,所需要的氢气就少一些,结果,油就不会完全饱和——还有少量双键存在。

不饱和脂肪是由脂肪和含许多双键的油组成的。这些不饱和脂肪容易扩散,许多医生认为食用不饱和脂肪要比饱和的脂肪健康,因为食用饱和脂肪容易引起血管堵塞,导致心血管疾病。

人造黄油是包含水、脱脂乳和盐水的液滴悬浮在油和脂肪中形成的一种乳化液。非黄油低脂涂味品包含更高比例的水分。在将水和油混合制成不同类型的黄油时需要用到乳化剂。在低脂肪的黄油中,必须同时加入乳化剂和稳定剂,这些成分可以是奶粉、牛奶酪蛋白、植物蛋白和植物胶。

不只是食用油能被加氢,煤也可以通过加氢液化工艺生成液体燃料,然后经过提炼制造出汽油、热油、柴油、航空煤油、燃油和石化产品。煤加氢液化后,氢和碳的比值大大增加。 在直接液化工艺也叫伯吉乌斯工艺中,煤粉悬浮在烃的液体混合物中,形成的浆液通过加热并暴露在压力下的气体氢中被加氢化,产生的液体从煤灰中分离出来,再进一步精馏得到不同馏分的烃物质。

在费舍尔-托普希工艺中,将氢气和一氧化碳加热到200℃,然后经过钴或镍催化剂,这会产生烃的混合物,能通过精馏分离出各种燃料。这个加氢工艺过程也会产生醇和酮。

↑玉米和葵花籽常用于制造植物油,为了制造人造黄油,它们经部分加氢反应后形成稳定的、更接近固体的人造黄油。氢化过程中,在存在催化剂的条件下,不饱和油结合氢气的作用使C=C双键断裂。一些较软的、部分饱和的脂肪含有较少的氢,且保留少数几个双键。

4 生命化学
CHEMISTRY OF LIFE

  构成生命有机体的基础只有六种主要类型的分子，而这些主要分子的组成元素都只是些常见的化学元素：氢、氧、碳、氮、磷和硫。

  地球上的生命始于 35 亿年前的原始海洋，那时的海洋为氨、甲醛、甲酸、氰化物、甲烷、硫化氢和有机烃类物质组成的稀"汤"。这些物质又是从由氢气、氨气、甲烷和氨气组成的原始大气凝聚而来的。最初的"生化反应"便发生了：太阳和闪电的能量引发大气层中这些气体间的相互反应，形成了更为复杂的带有碳－碳键的分子。其中包括多种类型的氨基酸，它们是构建蛋白质的基本物质；接着，通过原始植物光合作用，大气层中便有了氧气；所有的这些重要元素组成了动物生命体生存所必需的环境。

  生物化学也是生命的基础。所有有机体内时刻进行着化学反应。如果有机体遭到细菌和病毒之类微生物的干扰并引发疾病，那么运用生物化学知识或许可以起到治疗的作用。

□学生科普百科

核心原料

食物为生物提供能量和必需的营养物质——主要是由碳、氢、氧、氮组成的复杂化合物。与烃物质以及其他燃料一样，食物中储存了化学能，但又不像烃物质那样，在燃烧过程中能量会快速地释放，食物中的能量是在另一种不同类型的氧化过程也就是所谓的呼吸作用中以可控制的途径释放出来的。

呼吸作用是一系列复杂的化学反应，食物在与氧气反应的条件下被分解。和燃烧分解一样，呼吸作用的产物也是能量、二氧化碳和水。一部分能量以热的形式被释放，另一部分则被储存在三磷酸腺苷（ATP）分子中，需要时，它又可以被分解为二磷酸腺苷（ADP），释放出储存的能量。根据不同的能量需求，呼吸作用中的化学反应可以加快或延缓。

在呼吸作用发生之前，食物首先要被分解。食物通过口腔咀嚼和胃的蠕动被物理性分解，然后通过酶这种起催化剂作用的蛋白质在消化道中被化学分解。

碳水化合物的分解首先始于口腔，食物被咀嚼时，唾液腺分泌唾液并将淀粉酶混合到食物里。淀粉酶（俗名唾液淀粉酶）将食物中的淀粉分解成单糖物质，例如麦芽糖。化学上，淀粉酶起水解作用，将淀粉这种多聚糖分子分解成小分子糖单元。在口腔中，这个分解过程在弱酸或者弱碱条件下都可

→动物通过呼吸作用中一系列复杂的氧化反应从食物中获取能量。在呼吸作用中，食物（通常以葡萄糖的形式存在）在动物体内被分解。酶是在生物体系中起到类似于催化剂的作用的蛋白质，它在食物分解过程中的第一阶段，即糖酵解这一步中扮演着重要的角色。右图中展示了一个三磷酸腺苷（ATP）分子（粉红色）和一个糖酵解酶结合在一起。绿色带状物是碳链；ATP中的氧原子、碳原子和氮原子分别用红色、白色和蓝色表示。

以很好地进行。但是一旦食物被吞下，胃中的酸性状况会阻止淀粉酶的作用，接下来由胰脏产生的淀粉酶在十二指肠中继续对碳水化合物进行分解。

在胃中，胃壁上的腺体会分泌出酸性胃液，其中含有胃蛋白酶，由它开始对蛋白质的消化。第二种酶来自胰腺，为胰蛋白酶，它继续将蛋白质和多肽分解成氨基酸。在胃里还有第三种胰淀粉酶，就是脂肪酶，它作用于脂肪，将其分解为脂肪酸和多元醇。

整个消化过程在十二指肠中完成。十二指肠是胃和小肠之间的连接部分，它分泌的肠液含有多种酶：可将乳糖（来源于牛奶）转化为葡萄糖的乳糖酶；可将脂肪分解的脂肪酶；可将麦芽糖转化为葡萄糖的麦芽糖酶；可将残余多肽物质转化为氨基酸的肽酶；还有可将蔗糖（我们在喝咖啡和喝茶时所加的糖）转化为葡萄糖的蔗糖酶。

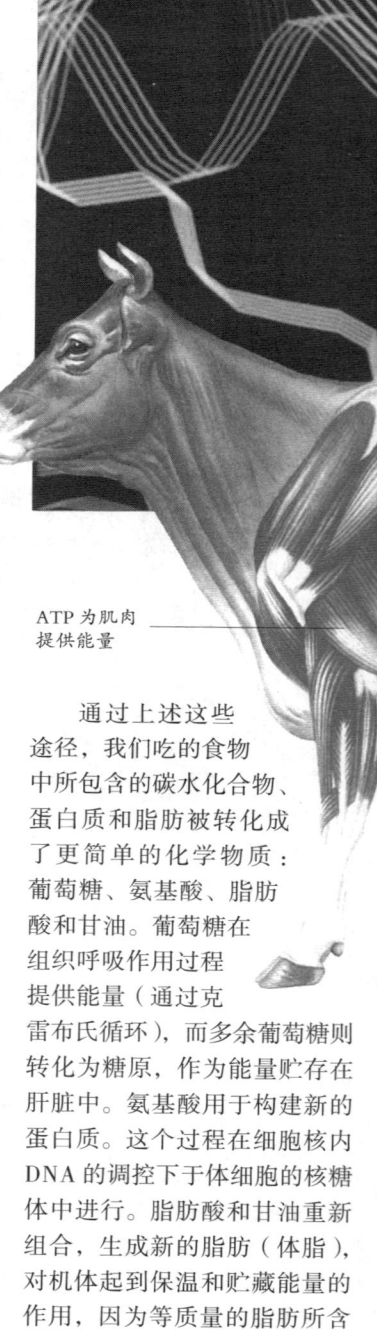

ATP为肌肉提供能量

通过上述这些途径，我们吃的食物中所包含的碳水化合物、蛋白质和脂肪被转化成了更简单的化学物质：葡萄糖、氨基酸、脂肪酸和甘油。葡萄糖在组织呼吸作用过程提供能量（通过克雷布氏循环），而多余葡萄糖则转化为糖原，作为能量贮存在肝脏中。氨基酸用于构建新的蛋白质。这个过程在细胞核内DNA的调控下于体细胞的核糖体中进行。脂肪酸和甘油重新组合，生成新的脂肪（体脂），对机体起到保温和贮藏能量的作用，因为等质量的脂肪所含的能量是碳水化合物的两倍。

生命化学

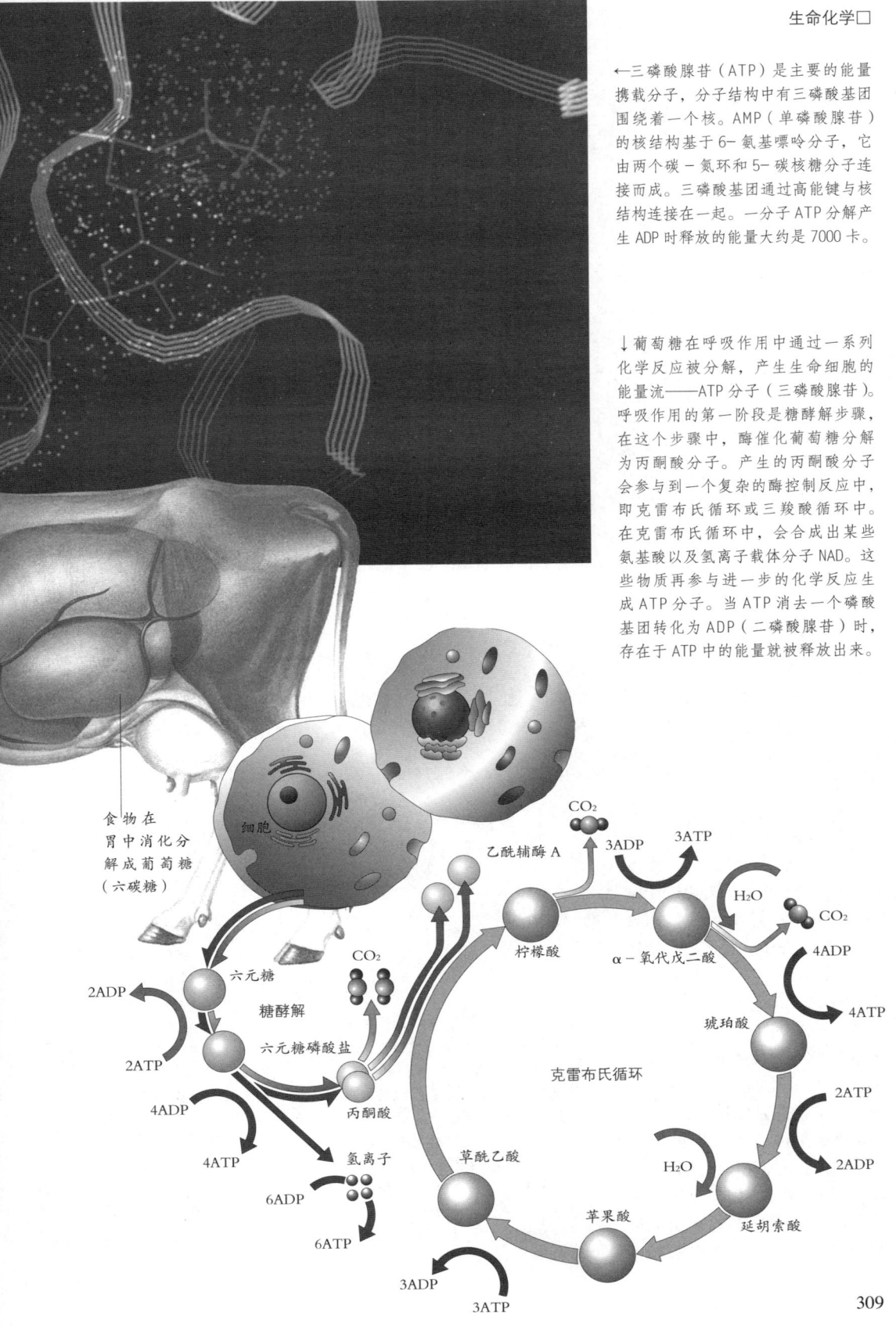

←三磷酸腺苷（ATP）是主要的能量携载分子，分子结构中有三磷酸基团围绕着一个核。AMP（单磷酸腺苷）的核结构基于6-氨基嘌呤分子，它由两个碳-氮环和5-碳核糖分子连接而成。三磷酸基团通过高能键与核结构连接在一起。一分子ATP分解产生ADP时释放的能量大约是7000卡。

↓葡萄糖在呼吸作用中通过一系列化学反应被分解，产生生命细胞的能量流——ATP分子（三磷酸腺苷）。呼吸作用的第一阶段是糖酵解步骤，在这个步骤中，酶催化葡萄糖分解为丙酮酸分子。产生的丙酮酸分子会参与到一个复杂的酶控制反应中，即克雷布氏循环或三羧酸循环中。在克雷布氏循环中，会合成出某些氨基酸以及氢离子载体分子NAD。这些物质再参与进一步的化学反应生成ATP分子。当ATP消去一个磷酸基团转化为ADP（二磷酸腺苷）时，存在于ATP中的能量就被释放出来。

生命化学

所有的生物都是化学机器。生物体内的化学反应为生物提供能量、排泄废物，维持生物体的健康状态。几乎所有的生化反应过程都依赖以蛋白质形式存在的催化剂——酶。

酶是一种具有高度专一性的蛋白质，它调节细胞或有机体内的新陈代谢，它是活细胞中能加快化学反应速率的有机催化剂。如果少了酶的催化作用，很多生化反应将慢得难以维持生命的延续。

酶的作用是高度专一的，事实上，许多酶仅能参与一种化学反应。它们的结构可以解释这一点：和蛋白质一样，它们是由通过弱的偶极键和氢键连接成的折叠的氨基酸链形成的。酶的表面有一个特定的凹陷区称为活性位点，这里正是催化的作用点。

当酶的形状发生变化时它就失去了活性。酶会因为温度的变化而引起分子振动过于剧烈，破坏分子间的化学键而失活；另外，pH的变化，会破坏维持氨基酸链折叠状的离子间的作用力。酶的种类有数千种之多，它们在新陈代谢时作为链式反应中的某些部分。通常，前一个酶催化的反应产物是下一个反应的起始原料。

激素是被动物中枢神经系统利用的一种化学信使物质，用于调控体内的化学反应。植物体内的激素所起的作用也是相似的。激素由身体内的某一部位产生，通常再经过血液传送至另一部位的靶细胞中，并对预先存在的过程进行调控而发挥作用。

激素主要有三类：肽类、多肽类和蛋白质激素（例如生长激素，它是由不同长度的氨基酸链组成的）。肾上腺素可以帮助机体在遇到紧急情况时作出快速的反应，它的基础物质是氨基酸衍生物——酰胺，酰胺是氨分子（NH_3）中的一个或更多的氢原子被一个酰基团（-RCO）取代的化合物。甾体激素，比如性激素，其基本结构是由多个苯环相连而成的胆固醇分子。激素在起着关键性的作用。比如，糖尿病患者就是因为体内缺少胰岛素，才会导致无法吸收血液中的葡萄糖。糖尿病如果得不到很好的医治，则会出现严重的症状甚至导致死亡。

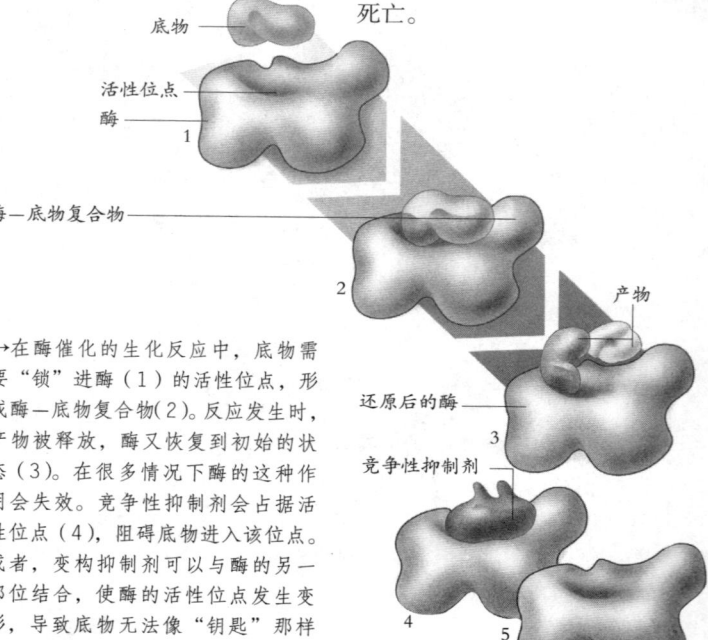

→在酶催化的生化反应中，底物需要"锁"进酶（1）的活性位点，形成酶—底物复合物（2）。反应发生时，产物被释放，酶又恢复到初始的状态（3）。在很多情况下酶的这种作用会失效。竞争性抑制剂会占据活性位点（4），阻碍底物进入该位点。或者，变构抑制剂可以与酶的另一部位结合，使酶的活性位点发生变形，导致底物无法像"钥匙"那样和酶的"锁"匹配。

生命化学

←酶分子中由折叠的氨基酸链组成，由此组成酶蛋白质的多肽结构。这样的几何结构创造出一个活性位点，底物像钥匙一样嵌合到锁内。如此紧密的接触，常常会使与底物相连的化学键承受很大的应力，以至于发生断裂，从而将底物分裂成所需要的产物。图示的酶是一种淀粉酶，这种酶可以分解淀粉、糖原和其他多糖。

↓最主要的两类激素是甾体激素（如性激素）和蛋白质激素（如胰岛素）。甾体激素易溶于脂肪，因此它可直接通过靶细胞的细胞膜，被受体接受后输送至细胞核。图中绿色箭头所示的就是这样一个过程。相反，蛋白质不能自由通过细胞膜，它们靠与膜内的受体接触而进入细胞。这个过程在图中用紫色箭头表示。

多肽类激素胰岛素和胰高血糖素，以及酰胺基肾上腺素共同作用，调控血液中的葡萄糖水平。葡萄糖在体内以化合物糖原的形式被储存。当血液中的葡萄糖水平降低到正常水平以下时，胰高血糖素和肾上腺素被释放到血液中，它们在肝脏中发生作用，加速糖原转化为葡萄糖的过程。这会提高血液中葡萄糖的水平。

假如血液中的葡萄糖水平过高，那么胰岛素就会被释放出来，它会刺激肝脏和肌肉将血液中的葡萄糖转化为糖原，如此一来，血液中的葡萄糖水平就降低了。在这样一个反馈回路系统中，所产生的胰岛素和胰高血糖素的量是由血液中葡萄糖的水平决定的，而葡萄糖的总水平又是由这两种激素间的平衡状况来决定的。

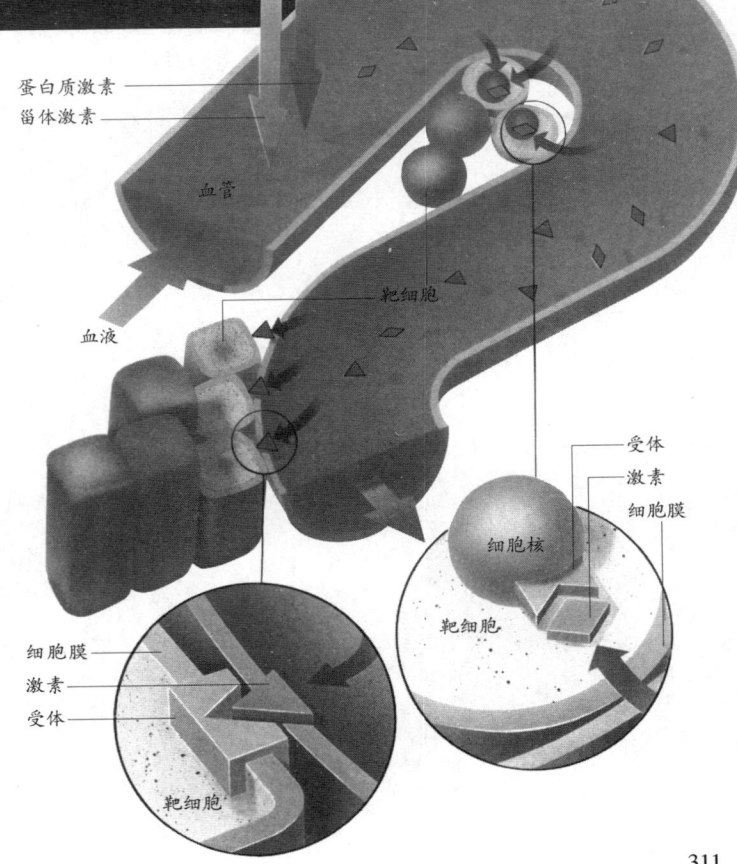

食品化学

和我们身边的其他所有东西一样，食物也是由各种化学物质组成，包括由能量和纤维产生的碳水化合物、蛋白质和脂肪，以及重要的维生素和矿物质。

碳水化合物，如纤维素、淀粉和糖，是由碳、氢和氧元素组成的。它们是生物体内能量供给的主要来源。在消化过程中，这些大分子被分解为小分子糖如葡萄糖（$C_6H_{12}O_6$）及其同分异构体——果糖，它可以与其他分子反应提供能量——以 ATP（三磷酸腺苷）的形式储存起来。

食物中最常见的碳水化合物是糖，化学上也称之为多糖。它有许多种，分别称为单糖（只有一个糖单元）、二糖（两个糖单元）和多糖（多个糖单元），甚至还有低聚糖（含有限个糖单元）。

葡萄糖是最简单的糖，存在于蜂蜜、大多数水果以及糖尿病人的血液和尿液中。它也叫右旋糖，而它真正的化学名为 D- 葡萄糖，"D"表示右旋。当偏振光（光线中所有的光波都在一个平面上发生振荡）通过葡萄糖溶液时，偏振光的偏振面会向右稍稍发生旋转。由于这个特性，葡萄糖被称为右旋葡萄糖。其他一些糖叫左旋糖，则会使偏振面向左发生旋转，它们的名字前以"L"作为前缀，比如在海藻中发现的 L- 岩藻糖。

可以用由五个碳原子和一个氧原子组成的六元环结构来表示葡萄糖分子。多个葡萄糖单元可以连接在一起（聚合）形成多糖物质——纤维素和淀粉。人体不能直接消化纤维素，但是纤维素为食草类动物提供了主要食物来源。人体可以直接消化来自于谷物和根茎蔬菜的淀粉，在消化过程中，淀粉被分解成其成分葡萄糖单元。这些葡萄糖在肝脏中又可以重新结合成多聚糖元作为能量储存。属于二糖的乳糖（来源于牛奶）、麦芽糖（来源于蔗糖或蜜糖）的分子中也包含一个葡萄糖单元。

有些糖分子有五元环（四个碳原子和一个氧原子组成），

↑从土豆、面包和通心粉等食物中摄入的淀粉和糖是西方饮食中碳水化合物的主要来源。过量的摄入这些食物也是造成西方人肥胖的主要原因之一。

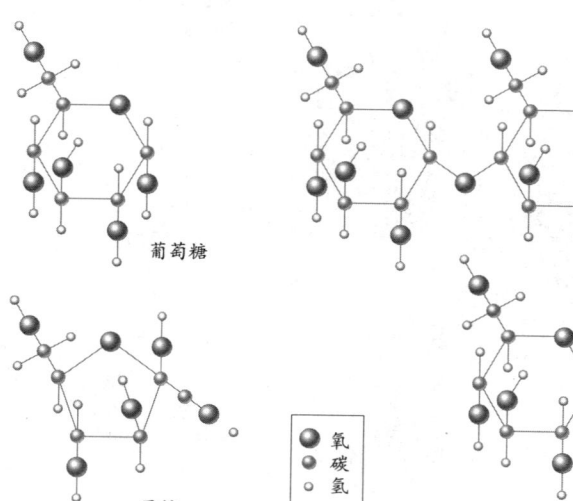

↓葡萄糖和果糖是典型的单糖，都是每个分子只含一个糖单元的碳水化合物；二糖如麦芽糖和蔗糖则每个分子含有两个糖单元：麦芽糖每个分子由两个葡萄糖单元组成；蔗糖每个分子则是由一个葡萄糖单元和一个果糖单元组成。葡萄糖是血液中的一种糖物质，果糖常存在于水果中，麦芽糖是麦芽的组成物质，蔗糖就是普通的甘蔗糖和蜜糖。

如 D-核糖，它是 RNA（核糖核酸）中的糖。这种糖在所有动植物细胞中都能找到。

仅由碳、氢和氧元素组成的脂肪和油，是重要的储存物质。酯是由三个脂肪酸分子连接到甘油上组成的。脂肪酸是由一条长碳原子链组成，碳原子又主要与氢原子相连。食荤者从肉食中获取脂肪和酯，而食素者则依赖于植物如坚果获取脂肪和酯。甘油和脂肪酸在消化过程中被释放，并重新结合形成新的脂肪，储存在各机体组织中。

蛋白质是细胞和组织的基本构建单元，因此，蛋白质在体内需要不断被置换。蛋白质是由氨基酸组成的，氨基酸是更小的分子，其中一个氨基团

↑平衡饮食中包含大量的食物，包括人体所需的所有碳水化合物、脂肪、蛋白质、维生素和矿物质。

↓下图所示是一种典型的酯——甘油三酯（由三分子油酸和一分子甘油反应形成的分子结构）。分子左边带有氧原子部分的是甘油基，而三条锯齿形的"尾巴"中的任一个都是油酸分子的主要部分。

↓人们饮食中的脂肪主要来源于黄油和其他产品如人造黄油和植物油。在肉和鱼中也存在动物脂肪。脂肪的化学本质上酯，它是一种由脂肪酸和甘油形成的化合物。

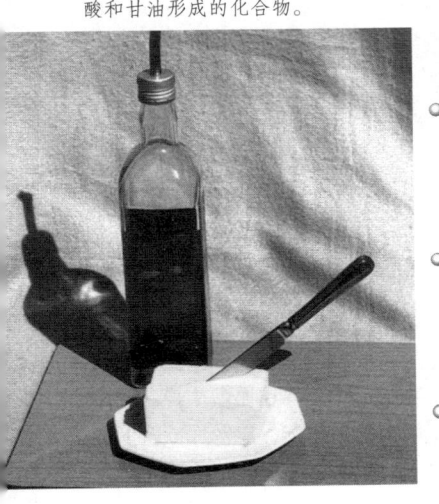

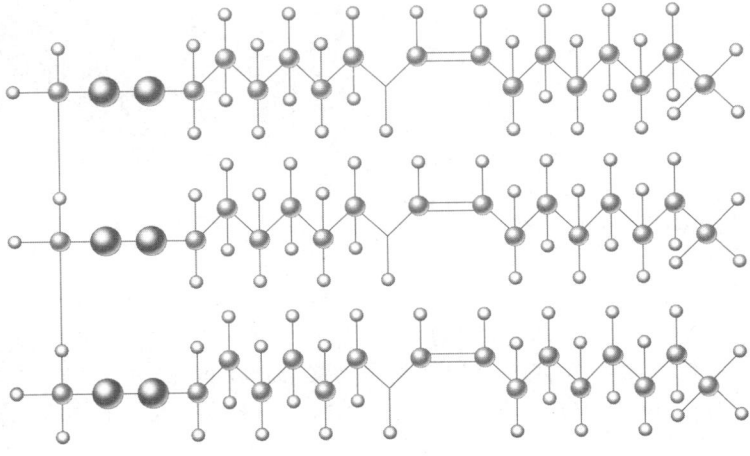

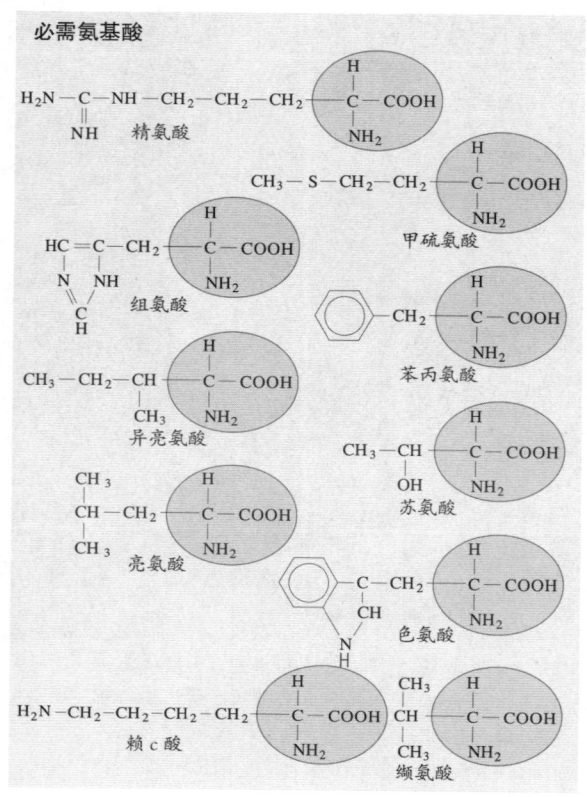
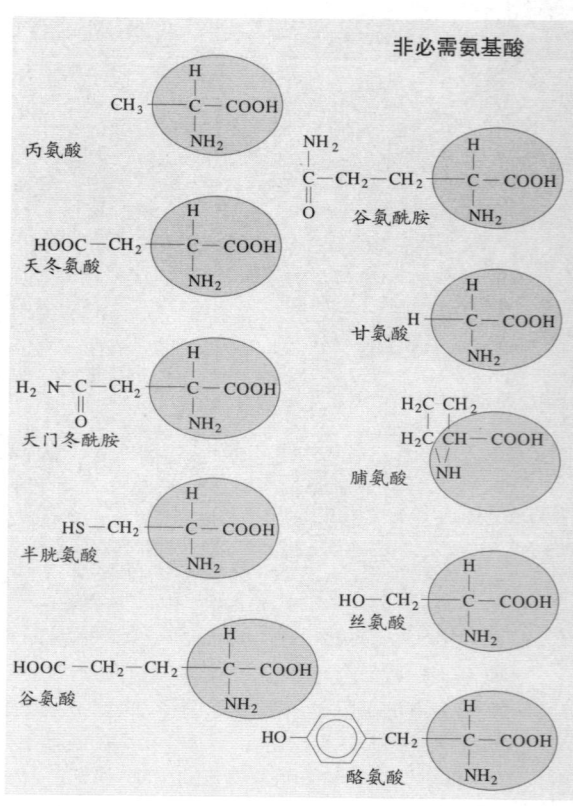

（$-NH_2$）、一个羧基团（$-COOH$）和一条侧链连在一个碳原子上。

氨基酸大约有 20 种，这些氨基酸组成了成千上万种不同的蛋白质。两三种氨基酸便可结合形成多肽，而上千个多肽缩合便形成了蛋白质。在这种缩合反应中，一个氨基酸上的羧基团与相邻氨基酸的氨基团相连，并释放出一个水分子。蛋白质可包含 4000 多个氨基酸单元。

我们所需的氨基酸大约有一半都是由体内的细胞产生的。但是，这其中有 10 种核心氨基酸不能细胞中合成，只能从我们摄入的食物中获取。而植物可以合成出它所需要的所有氨基酸——只要供给它充足的氮，这便是食草类动物的蛋白质来源。而其他动物，包括人类，需要从肉类和动物产品如鸡蛋和牛奶中获得大部分所需的蛋白质。

↑肉类和鱼类是人类从饮食中摄取蛋白质的主要来源。蛋白质由氨基酸组成，人体所需的氨基酸，有半数可以由体内的细胞产生。但是另外一半称为必需氨基酸，不能由人体自身合成，而要从我们的食物中摄取。

蛋白质在体内除了用于构建组织之外，还有许多其他重要的功能。酶是控制所有新陈代谢过程的催化剂，而所有的酶都是蛋白质。有些激素，比如在血液中控制葡萄糖水平的胰岛素，也是蛋白质。血清中的白蛋白，以及血液及肌肉中的球蛋白，也是机体中存在的另一些重要的蛋白质。

最初人们认为所有的维生素都是生命不可缺少的含氮的化合物。除了吃维生素丸以外，我们还必须从食物中摄取维生素这一人体所必需的营养元素。

维生素总共有 14 种，可以将它们分为脂溶性维生素和水溶性维生素。主要的脂溶性维生素有维生素 A、维生素 D、维生素 E 和维生素 K。维生素 A 是保持良好的视力所必需的（缺乏维生素 A 会引起夜盲症），而维生素 D 有利于青少年骨骼的健康生长（缺乏维生素 D 会导致佝偻病）。可以从酵母和鱼肝油等食物中摄取维生素 D，有些维生素 D 是皮肤经紫外线照射产生，它提供构建骨骼所需的钙物质。因此，那些在缺少阳光的环境下成长的儿童常常易患佝偻病。维生素 E 与肝和肌肉功能有关，也和生育能力相关。而维生素 K 对于血液凝结是必不可少的，缺乏维生素 K 会导致组织流血不止。

水溶性维生素主要包括 9 种维生素 B 复合物和维生素 C。B 族维生素包括维生素 B_1、维生素 B_2、维生素 B_6 和维生素 B_{12}。其他 B 族维生素有生物素、硫辛酸、烟酸和泛酸，它们在体内的主要作用是充当辅酶的成分。维生素 C（抗坏血酸）最丰富的来源是柑橘属水果，如柠檬和橘子，它主要维持结缔组织的健康，缺乏维生素 C 会导致坏血症。

食物也为人体提供各种微量无机物，按在人体内的浓度排序，依次为：存在于牙齿和骨骼中的钙元素和磷元素；用于形成体内的生物素和硫胺的硫元素；对神经和肌肉功能有重要作用的钾元素和钠元素；血液中血红蛋白的组成因子——铁元素（缺乏铁元素会引起贫血）。良好的平衡饮食就能满足日常矿物质的需求，实际上有些人的饮食中包含了太多矿物质，比如钠元素，这些人应该少吃些盐。

维生素	化学名		主要来源
A	视黄醇		胡萝卜、肝脏
D	骨化醇		鱼肝油
E	生育酚		牛奶、蛋黄、植物
K	叶绿醌		卷心菜、菠菜、肝脏
B_1	硫胺素		谷物、酵母
B_2	核黄素		蔬菜叶、鸡蛋、鱼类
PP	烟酸		肉类、小麦、鱼类
B_5	泛酸		蛋类、酵母
B_6	吡哆醇		所有动植物组织
B_{12}	钴胺素		牛肉、肝脏和肾脏
B_c	叶酸		蔬菜叶、肾脏、肝脏
C	抗坏血酸		柑橘属水果、绿色蔬菜
H	生物素		酵母、肾脏、肝脏

←重要的脂溶性维生素的化学名称及其主要来源分别列在表中上半部分的蓝色区块。水溶性维生素则以黄色表示。它们中的大部分都含有氮元素。它们也被认为是保持人体健康必不可少的物质，因为饮食中缺少了它们会引起各种维生素缺乏症。

□学生科普百科

农业化学品

现代农业是化学工业开发的重点领域之一,每年要用数百万吨的化肥,以及杀虫剂和除草剂。化肥可以增加土壤的肥力,并且向土壤中补充被之前生长的农作物所吸收的元素。植物所需要的主要元素为磷(P)、钾(K)和氮(N)。能同时供给这三种营养物质的肥料称之为PKN混合物。主要含磷元素的化肥被称为磷肥,它由磷酸岩(或磷灰石)加工制得,这种矿石经浓硫酸处理产生过磷酸钙液体。最早制备过磷酸钙是在18世纪初期,所用的方法是将砸碎的骨头浸在硫酸里。

钾肥包括三种盐类物质:氯化钾、硝酸钾和硫酸钾。这些盐类物质都可以从世界各地的沉积矿中开采得到。从19世纪20年代起,在欧洲作为肥料的的硝石(硝酸钾)主要是从印度进口——尽管更多的是利用其中的氮元素而非钾元素。当时也用来自南美的智利硝石(硝酸钠)。

现在,大多数氮肥都是以空气中的氮气作为制备原料。通过哈伯工艺将氮气转化成氨气,

而液氨或者是氨气溶于水形成的氨水溶液就可以直接用于施肥了。或者也可以将氨制成铵盐,如硫酸铵、磷酸铵(也可以提供磷元素)和硝酸铵(铵根离子和硝酸根中都含有氮元素)。

和动物一样,植物的健康生长也需要各种次要元素或微量元素——也称为微营养素。这些微营养素包括硫元素,有时它以石膏(硫酸钙,$CaSO_4$)施于土壤中;钙元素,通常在石灰(氧化钙,CaO)中施于土壤中;同样土壤中也不能缺少硼、铜、镁、钼和锌

←氨最主要用于肥料,它可以为植物健康生长提供所需的氮元素。氮元素以氨气(NH_3)的形式直接将氨气施到土壤中,或者通过转化成硝酸盐,再用拖拉机施肥。

生命化学

↓→杀虫剂通常是喷施。左图中的机器正在对生长在加利福尼亚的胡桃树喷洒杀虫剂，而右图中的的飞机正在对棉田喷洒杀虫剂来消灭棉铃虫（飞蛾毛虫）和一种称为小叶蝉的吸食植物汁液的害虫。

等微量元素。

农民用除草剂除杂草。针对某类杂草的选择性除草剂包括敌草快和百草枯，它们通过杂草叶子起作用，也被称为接触性除草剂。而内吸除草剂如2,4-D则是施于土壤，它被植物的根吸收然后分散至整棵植株，从而达到除草的目的。

杀菌剂用于杀灭植物和储藏的作物中的真菌和霉菌。种子在播撒前有时也会进行杀菌处理。传统的杀菌剂包含硫元素和镉、铜和汞等金属元素化合物。一些现代的内吸杀菌剂是合成的有机化合物。

杀虫剂的种类几乎和害虫的种类相当。将这么多杀虫剂进行分类的方法之一就是依据它们起效的模式。接触式杀虫剂直接作用于害虫的皮肤，包括尼古丁和除虫菊（来源于某种菊花）等天然物质和有机氯化物（阿尔德林、BHC、DDT和迪厄尔丁）等合成物质，还有更毒的有机磷酸酯（对硫磷）。如今许多国家已经禁用有机氯杀虫剂因为它们会在食物链中潜伏很多年。害虫吞食的胃毒剂包含砷和氟元素。较为新型的氨基甲酸盐杀虫剂，是基于氨基甲酸形成的，且含有有机基团 –CONH$_2$。

近些年来，西方国家已经注意到那些施于土壤和庄稼的化学品会造成水污染，这反过来又导致有机农业遭受更大的污染。然而，大多数欠发达国家的饥民认为使用化肥和农药来促进粮食增产远比由此可能带来的问题显得更为重要。

←杀虫剂包括许多种化合物，其中多数都含有氯元素。此处所示的是BHC的化学结构，BHC是六氯苯的缩写（是γ–六氯苯的误称），DDT的全称是二氯二苯基三氯乙烷，而2,4-D的全称是2,4–二氯苯氧乙酸。氨基甲酸生产新型杀虫剂的基本物质。

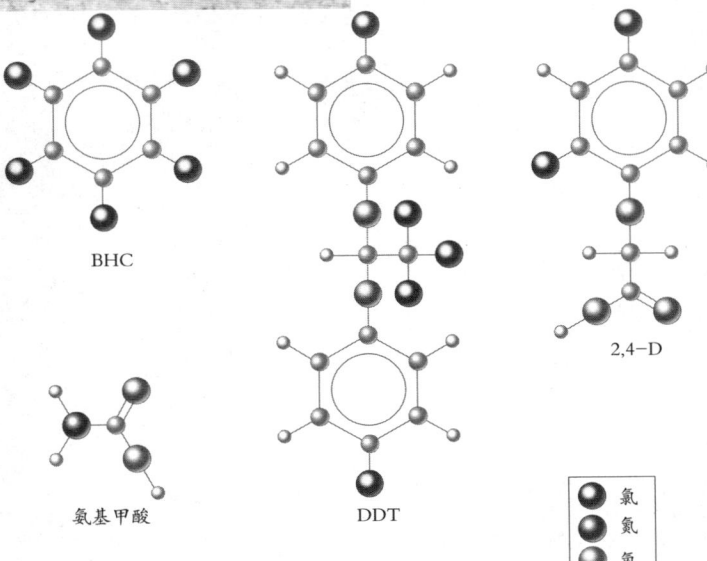

BHC　　DDT　　2,4-D

氨基甲酸

氯
氮
氧
碳
氢

317

医疗药品

疾病是由干扰生物体生命过程的化学变化引起的。化学疗法是用化学药物来对抗疾病的一种有力的方法，它使化学生理过程恢复原有的平衡状态，这个过程中，药物起到了关键作用。所有的药物都是靠改变生化过程发挥效用，这个起效过程不是在导致病变的生物体中进行的，就是在受疾病侵扰的机体内进行的。

不同类型的药物对抗疾病的途径也不同。疫苗是靠刺激机体的免疫系统产生抗体（特殊的蛋白质）攻击致病生物来达到预防疾病的目的。其他药物则是对发病的生物体内的生化途径产生影响，以此效用。这种起效方式包括例如：阻断酶的作用，防止生化反应的失控；或者是阻止激素传输化学信息，因而也就切断细胞对激素的反馈。抗生素和磺胺类药物，都曾经是同类药物中的佼佼者，它们都是按这种方法起效的。

抗生素是从活的微生物中提取的，通常通过抑制细菌中主要酶的作用，选择性地摧毁致病菌。青霉素就是通过抑制与细菌细胞壁形成有关的酶的作用，阻止新的细菌的生长。相反，磺胺类药物是合成的，它能抑制细菌关键的营养素——叶酸的合成，从而防止细菌的繁殖并使生物体有更好防御机制，利于杀灭病原。磺胺类药物对人体是无害的，因

→疫苗是一种主要从天然资源中获得的药物，它专门针对特定的细菌或病毒感染。它们常含有死亡或弱化的病原体（致病生物），作为图1中所示的抗原，刺激人体的免疫系统产生抗体，对抗感染，如图2所示。抗体然后在体内保留下来，如图3所示，抵抗病菌和病毒可能的入侵。

●抗原
Y抗体

→在图1所示的感染过程中，抗体"锁定"抗原，起到中和作用。在接种疫苗后，如果再次由同一种疾病引发感染，那么抗体会立即进攻并消灭病菌或病毒，即如图2所示。

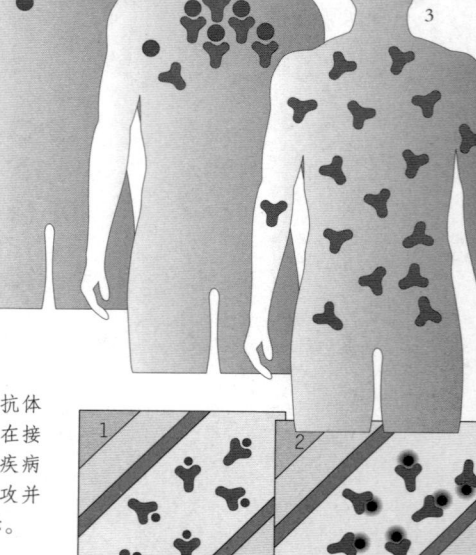

生命化学

←兽药的研发最近得到了很大的发展。镇定剂可以装在标枪中，从车上或是飞机上发射并扎到野生动物身上使其麻醉，这样就有足够长的时间来为它们治疗或是将它们转移到安全的地域。

为哺乳类动物自身不能合成叶酸，必须从食物中摄取。

　　和酶一样，药物也是利用"锁钥"原理发挥功效。药物分子必须能够与期望影响到其化学性质的分子上的受体精确地吻合。同样至关重要的是，药物要有效地输送至各个希望影响的人体部位。例如，药丸必须设计成能在消化系统中某一部位释放并被吸收，而不是各在其他部位。有时也可以将药物分子附着在抗体上，这样药物就可直接作用于病原细胞。这种方法也用于治疗癌症肿瘤，而不会伤及周围细胞。

　　并不是所有的药物只起疗效而没有副作用的。有些药物会破坏身体的化学平衡，成为毒药。例如酒精和可卡因，可以通过干扰神经细胞中的神经递质和受体来抑制中枢神经，能缓解疼痛和紧张，但是也同样会延缓反应时间影响判断力；如果大量服用，或是和其他药物掺在一起服用，可能会有生命危险。长期过量服用这些药物，会导致身体状况恶化，如嗜酒会导致肝硬化。巴比妥类药物是另一种抑制中枢神经系统功能的药物，它的滥用所带来的危害警告人们必须控制此类药物的使用，如今在一些国家，它被指定只能用于癫痫病。

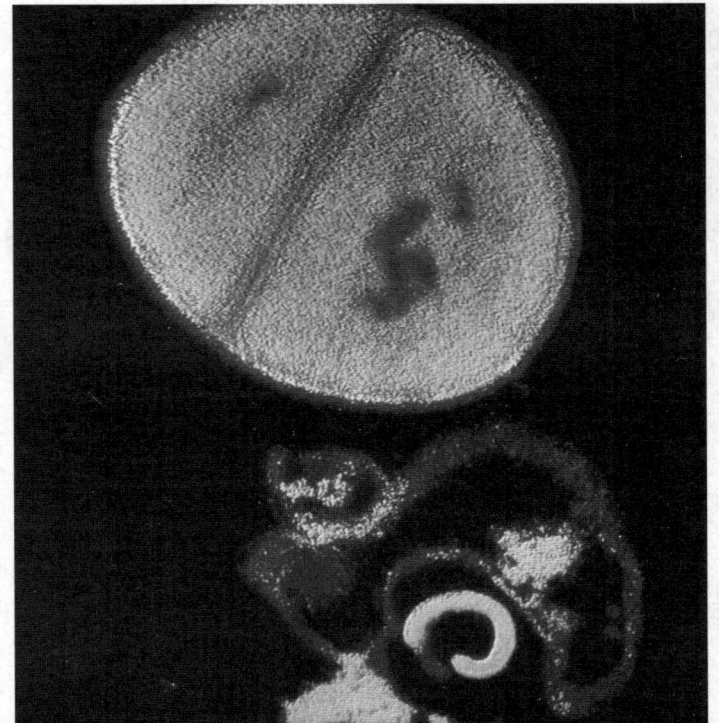

←β受体阻滞剂普萘洛尔，通过与心脏中受体的结合来切断受体和去甲肾上腺素的作用位点，从而起到抑制去甲肾上腺素分泌的作用。

↑许多药物片剂分片地装在泡囊中以防止变质，或是为了方便患者按指定剂量服用。例如，每星期或每月服用一定数量的药片。

←如今，已有相当数量的抗生素用来对抗各种细菌的感染。有些抗生素，如最早的的抗生素——青霉素，都是来自天然物质——通常是霉菌或是其他微生物。另外一些现代的抗生素是人工合成的，是在实验室内完全仿制天然物质或对其进行适当的结构修饰以对抗特定的感染。如图中所示，它们是通过破坏细菌的细胞壁来发挥药效的。

319

□学生科普百科

药物检测

生化实验室内一些简单药物测试工具可以带到室外,这样人们不必进实验室就能快速并相对准确地测出人体内部各种物质的浓度。另一些便携式测试工具使一些如执法人员等非医护专业人士也能快速地获得某人体内药物或酒精的相关信息,而不用等待较为昂贵的实验室测试的结果。除了轻便简单之外,这些测试工具包含了一些化学知识。

医学测试仪器的用途很广,包括糖尿病患者的自我监测以及在线分析汽车司机是否酒后驾驶。呼吸分析仪可以很方便地检测出血液中乙醇的水平,或是血液酒精含量(BAC),这种检测的原理利用了一个简单的化学反应:重铬酸钾被乙醇还原成三价铬。桔黄色的重铬酸钾晶体被还原后变为绿色,同时乙醇被氧化成乙醛和乙酸。

由于乙醇的氧化涉及到电子转移,所以也可以通过测量反应中的电解槽电压的变化来测定乙醇浓度。有一种呼吸分析仪,磷酸装在两个电极之间的多孔塑料材料中,氧气在一个电极被还原成水,而在另一个电极,乙醇被氧化为乙酸。

尽管如此,这种公路边使用的呼吸分析仪的检测结果并不太可靠,所以还不足以在法庭上作为证据。要进行准确的酒精含量测试,需要对血样或尿样进行气-液色谱分析。另一种乙醇浓度较为准确的测定方法是用一种仪器分析呼气的红外辐射吸收来实现的。

糖尿病患者必须时常监测血液中葡萄糖水平,很多人都认为用尿糖试纸检测血液和尿液中的葡萄糖是一种不错的办法。试纸上有四种试剂,第一个是葡萄糖氧化酶,这种酶能催化葡萄糖与氧气反应生成葡萄糖酸和过氧化氢。此外还有一种指示剂,比如邻甲苯胺,它在还原态是无色的,但是被氧化后会变色。试纸中还含有过氧化酶,这种酶可以通过氧化氢催化指示剂的氧化反应;另外还含有缓冲试剂,它是由化学物质混合而成,能保证试剂在测试过程中保持固定的pH值。

在检测时,将试纸浸到尿液中,或是血液滴到试纸上。如果含有葡萄糖,试纸就会变色,而葡萄糖的水平可以通过与标准比色卡进行对比来估计。也可以用小型反射仪测量颜色的变化来获得更精确的读数。

另一种获得葡萄糖水平精确读数的方法是要利用揭示酶反应的电化学。有一种葡萄糖监测器也是利用类似上述试纸中的葡萄糖氧化酶,这种酶与三种常见葡萄糖类型之一的β(GK)-D-葡萄糖发生反应,这个反应会引起细胞内电势差的变化,这种变化可以通过电化学传感器检测到。

另一种试纸要使用到电极,其中包含了葡萄糖氧化酶和二茂铁组成的酶复合物。当血液滴到传感器上,葡萄糖被氧化成葡糖酸内酯,而葡萄糖氧化酶被还原。反应释放的电子被媒质二茂铁离子吸收,形成二茂铁。其后二茂铁在电极上又重新被氧化成二茂铁离子。此氧化还原反应产生的电流可以通过电极测量,而且电流的大小与血液中葡萄糖含量成正比。

↓由于尿液的形成过程会将微量的药物浓缩,所以在类似于奥运会等一些体育竞赛中,会要求运动员进行尿检。灵敏度较高的检测方法包括薄层色谱法和气相色谱法,它们都可以检测出尿液中极其微量的药物。

5 化学分析
CHEMICAL ANALYSIS

　　几乎所有的化学分支学科都要依赖分析技术，它也是化学科学的基石之一。化学分析有许多实际应用。化学分析确保了食品和饮料按我们设想的比例调配。分析化学也是一种诊断疾病的重要工具，因为许多生理紊乱会导致体内化学物质浓度和产物发生改变。分析技术还可以为帮助破案提供许多重要信息，比如纵火所用的是什么燃料，血液或其他体液中是否存在药物。就化学工业本身而言，分析化学为监测产品的纯度提供了一些方法。

　　分析化学关注两个基本问题：这是什么？量有多少？通过定性分析，化学家们可以鉴定出一种化合物或混合物质中含有什么元素，哪怕它们在其中的含量极少。定量分析则用于测定某种成分的量有多少。从使用试剂（通过试剂引起某些反应来鉴别其他物质的化学品）进行简单的定性分析或测定物质的熔点或沸点，到质谱法、色谱法和核磁共振谱等复杂分析技术进行分析检测，分析化学技术涵盖的内容非常广泛。

法医化学

在每一个犯罪现场，总会留下一些蛛丝马迹。根据这一规律，法医充分利用这些线索，为警察提供破案的信息。这些信息同样可以帮助法庭裁定犯罪行为是否成立，如果成立，那么罪犯又是谁。

法医要求具备很好的分析推理能力，要有创造性思维，这样才能用最好的化学分析方法解决手头的问题。他们在工作中所遇到的情况可能会非常困难，而所要分析的样品性质也往往很特殊。例如，法医可能需要分析一些微量的未知物质，而这些物质可能是存在于另一种物质之中的，比如存在于血液、尿液、人体组织或是胃里。有时，样品物质常常由于被火烧过，发生腐烂，或是人为蓄意将其隐藏而很难被分析鉴定。

法医常规性检测的物质范围很广，除了血液、体液和毒药——这是侦探小说读者最熟悉的经典线索了，现代法医工作者还要检测剥落下的涂料碎片、玻璃碎片、药物、开枪后留下的少量火药，以及其他任何可通过化学鉴别的东西。

法医的辨别能力非常强。根据不同牌子汽油各种烃类物质比例的不同，法医甚至可以判断出一个加油站发生的火灾是意外还是有人蓄意纵火。如果现场残余汽油的化学特性与加油站里所售品牌的汽油完全吻合，那么这场火灾很可能是件意外事故。但是假如有迹象表明现场有另一种牌子的汽油存在，那么人为纵火的可能性就很大了。

在法医的工作中，他们使用的仪器设备对每一个分析化学家来说再熟悉不过了。各种形式的色谱和质谱分析方法对于鉴别痕量物质特别有用——从染料和烟灰到药物和毒品很广范围内的物质都能鉴别。由于被检测的物质可能含有上千种微量物质，所以许多分析技术都是高度自动化的，这样一次就能处理一大批样品，而不是一次只能处理一个样品。

法医还可以利用强大的分子生物和生物化学技术，比如聚合酶链式反应（PCR）和DNA指纹鉴别技术，用于分析鉴定疑犯和受害者遗留下来的微量体液、皮肤组织或者毛发。

免疫测定技术可以在谋杀案发生很久之后——可以是几个月甚至是一年——仍然能鉴别出所用的微量毒药。免疫测定技术依赖于一些生物分子（被称为抗体），它们可以辨别出某些特殊的蛋白质（称为抗原）并且与之结合。一种抗体与一种特定的抗原结合，就像一把锁配一把钥匙一样。运用免疫测定技术可以检测、鉴别、测量甚至提纯出任何一个遇到抗体含量就会上升的物质。这种分析化验方法可以检测出微量的目标物质，但是需要对每一种物质都进行检测。在放射性免疫测定技术中，将同位素标记的抗原

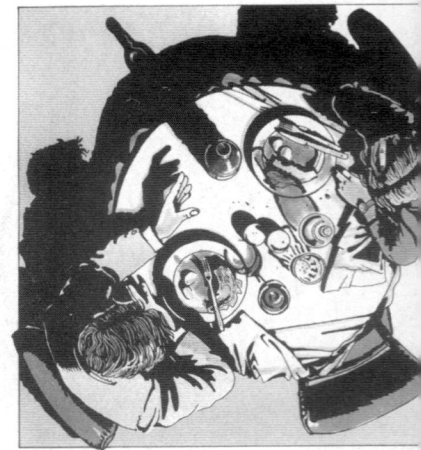

↑→在一起真实案件中，来自伦敦警察局法医实验室的法医侦破了一起谋杀案。医学生对取自一位园艺师尸体的常规样品作了分析。一位学生注意到了不同寻常的线索。法医运用放射免疫测定技术和高表现液相色谱对这个保存在福尔马林中已死亡一年的样品进行分析。法医检测出到了百草枯，它是一种除草用的可溶于水的有毒铵化合物。后来，这个园艺师的妻子承认了自己就是凶手，她在她丈夫的饮料中放了除草剂。

物质添加到样品中，作为待测未知物的表现形式。假如有抗体物质出现，则会与抗原相结合。当抗体–抗原复合物被分离出来以后，含有这种复合物的溶液的放射性也就被测量出来了。用这样的方法来显示样品中的抗体物质是否与标记的抗原结合，因而判断出是否含有这种物质。

化学分析

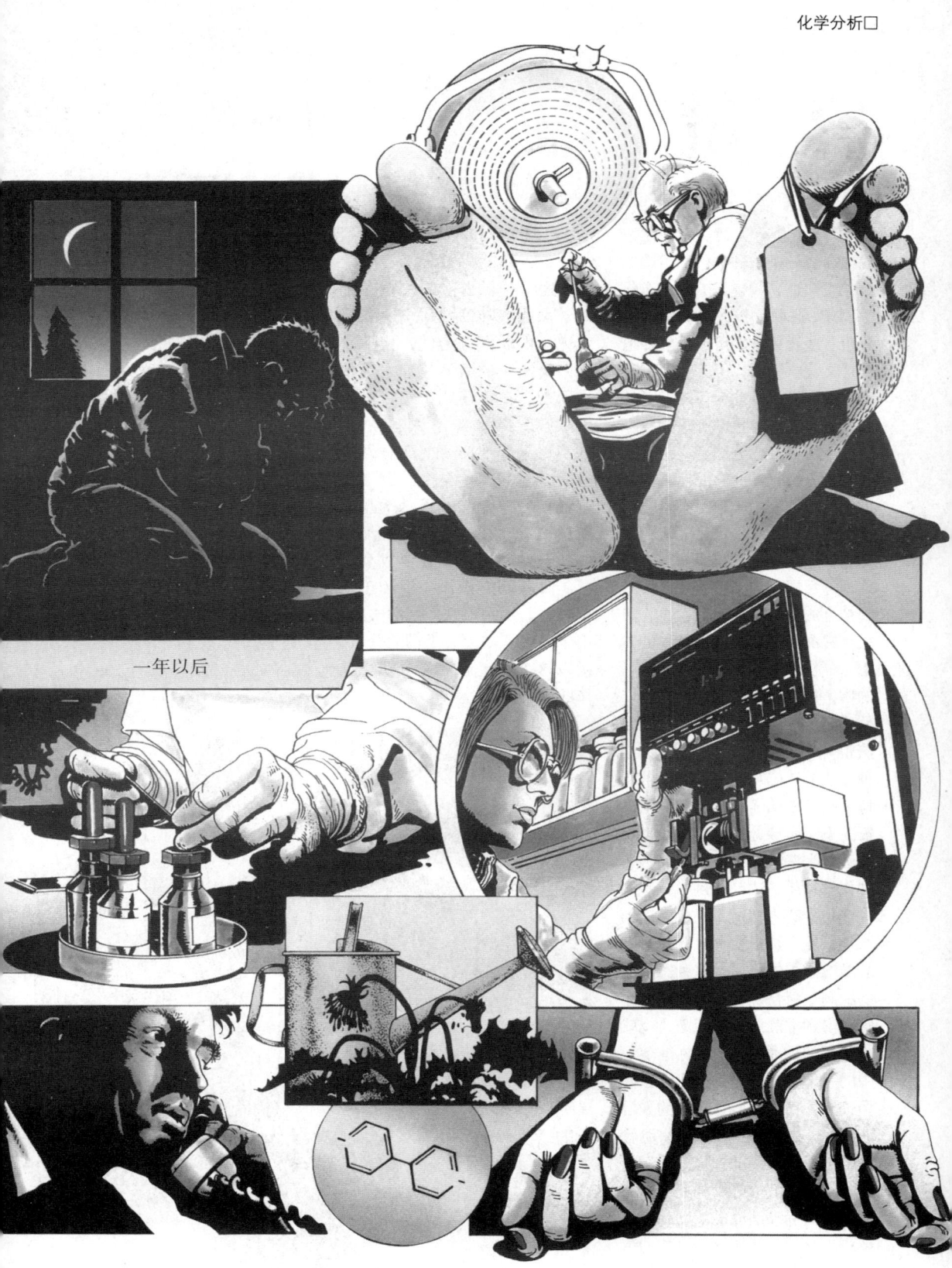

一年以后

□学生科普百科

容 量

化学分析分为两类。化学家或许会去分析一种物质的组成成分，想知道它所包含的是什么化学物质，这种分析方法称为定性分析。或者化学家可能已经知道是什么化学物质，但是需要测定出它的浓度，以此为目的进行的分析称为定量分析——最为典型的两种定量分析方法是容量分析和重量分析。容量分析起源于19世纪初，首先用于含氮有机化合物的分析。称取一定量的化合物样品，用某种化学物质对其进行处理，再置于炉子中焙烧，使其中结合的氮转化成氮气，再收集氮气并测量。通过测量氮气的体积，分析化学家们就能计算出它的质量，因此也就测定出初始样品中氮的百分比。这种分析方法也叫杜马斯法，是以发明这种方法的法国化学家让·巴蒂斯特·杜马斯的名字命名的。很多情况下，容量分析需要将化学物质溶解在溶液中，以测定其中一种化学物质的浓度。例如，假如一个化学家想知道一种酸溶液的浓度，他（她）就会拿已知浓度的碱溶液与之反应。这种碱溶液的配制是将精确称量的固体碱溶解，得到准确体积的溶液，也就是所谓的标准溶液。取标准溶液中的一部分装进滴管。化学家使用移液管精确量取一定量的酸溶液，加入到烧瓶中。然后将滴管中的标准溶液滴加到烧瓶中，直到酸和碱溶液恰好中和完全。根据已知的标准溶液的浓度和反应体积，化学家就能计算出酸的浓度。这整个操作技术也被称为滴定。

这个分析方法的关键在于化学家能够准确判断出中和反应完全的时间。为此，化学家会向烧瓶中的液体里加入某种指示剂。在上述例子中，可以加入石蕊指示剂，当酸溶液恰好不再呈酸性而要变成碱性溶液时，它的颜色会由红色变成蓝色。另一种酸碱指示剂是酚酞试剂，它在酸溶液中是无色的，但在碱溶液中会变成亮红色。酸碱滴定操作广泛用于软饮料工业用来检测产品的酸度，由于要进行如此大规模的分析，所以这个滴定通常是自动化操作的。

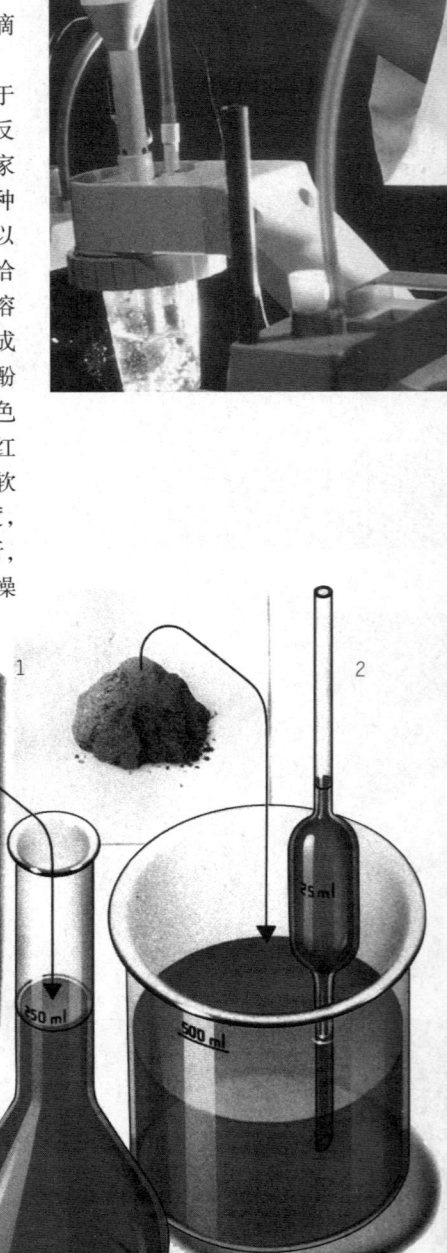

1. 称取一定量的样品溶解在已知体积的溶液中（标准溶液）。
2. 样品（未称量）溶解在水中，并用移液管移取一定体积的溶液。
3. 标准溶液通过滴定管加入到一定体积的溶液中，直到反应进行完全。

324

化学分析

↑一位科学家正在调节一台自动滴定仪,这台仪器可用于药物生产过程的质量控制。如下图所示,在滴定的第一个步骤是配置已知浓度的标准溶液:首先是称取一定量的化合物,溶解到水中,然后再补充水使溶液达到规定的体积;第二个步骤,将标准溶液置于体积经准确校准的滴管中。再将一定量未知浓度的溶液加入到烧瓶中;第三步骤,向烧瓶中小心地逐滴加入标准溶液,直至到达滴定终点(当溶液反应完全)。再用标准溶液所消耗的体积来计算被测溶液的浓度。

其他类型的滴定需要不同的指示剂。例如,溶液中含有碘时,可用淀粉作为指示剂,淀粉在遇到碘时会使溶液变成深蓝色。氧化还原滴定则涉及氧化剂和还原剂之间的反应。这些反应通常会伴随着颜色的变化,而参与反应的化学物质本身就是一种指示剂。如氧化剂高锰酸钾($KMnO_4$),本身是紫色的,一旦它被还原就变成无色。

沉淀滴定中,滴定终点是以出现混浊作为判断依据的,也可以通过加入指示剂更容易地判断滴定终点。例如,当使用硝酸银溶液滴定氯化盐样品溶液时,化学家加入一些重铬酸钾溶液作为指示剂。一旦银离子过量(即在滴定终点时),就会有亮红色的重铬酸银沉淀生成。滴定终点也可以通过测定溶液的导电性或电阻来判断——在滴定到达终点时它们会发生显著的变化。

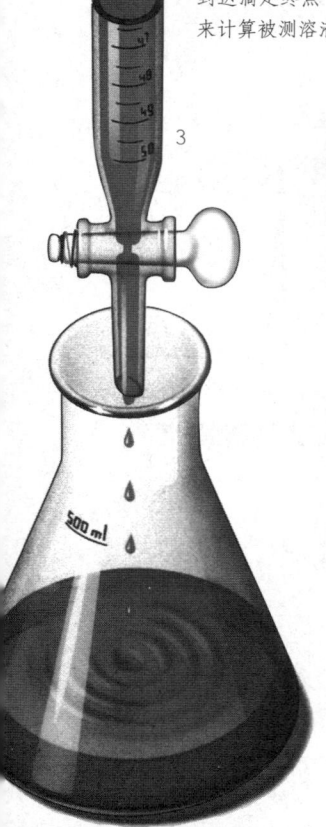

↑无论是在大规模的工业化生产,或者只是一个实验的一小部分,容量分析几乎都需要化学物质溶解在溶液中。现代高科技化学实验室采用全自动化装置来进行常规分析。但是,仍然有许多场合是要求人工进行滴定操作的,这既是因为这样比较廉价,或者也是因为分析操作是一次性的,使用人工操作比重新调整计算机程序进行分析更快捷有效。化学家用容量烧瓶来配制标准溶液(已知准确浓度),用移液管来量取精确体积的溶液。

325

重　量

要知道一种化合物有多少的最简单方法之一就是对它进行称重。重量分析是最为常用也是最基础的定量化学分析方法之一。它的工作原理是：称取一定量的待分析物质，通过控制化学反应使其转化成另一种已知物质，然后对产物重新称重。知道了这两个重量和反应，化学家就可以计算出初始物质的纯度。

一类典型的重量分析过程包括三个主要步骤。首先，将称重过的样品溶解形成溶液。其次，被分析的元素或离子与经选择的某试剂发生化学反应后，其中的一个产物为沉淀物。最后，滤出沉淀物，干燥，有时会进一步参加反应或加强热（形成一种更稳定的化合物），然后被称重。

尽管沉淀反应通常是重量分析的第一个步骤，但是用各种方法也可得到一些可称重来的元素和化合物。例如，很多金属可通过电解从它们的盐溶液（或是熔融态的盐）中被分离出来。如称取一定量的氧化铜溶解到硫酸中，所产生的硫酸铜溶液中再加入少量硫酸以增加其导电性，然后此溶液作为电解液，并以预先称过的惰性金属铂片作为电极。当接入电池等直流电后，金属铜就在阴极（负电极）沉积下来。在这个过程的最后，对阴极的重量进行称重，这样就能

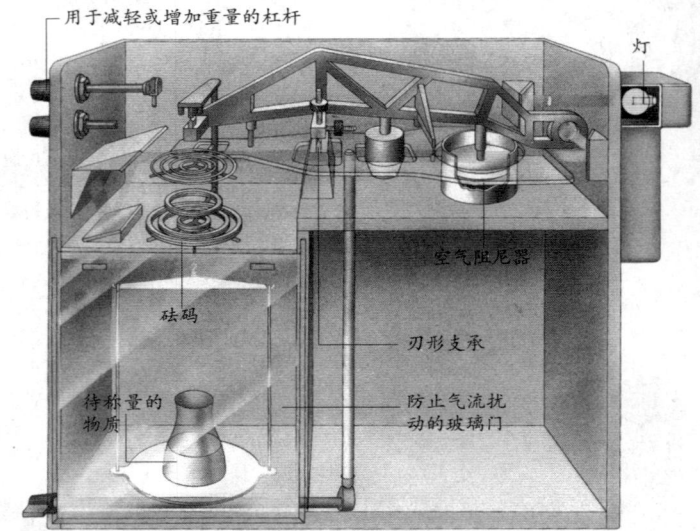

↑→实验室中进行精确称量时，简单的化学天平（如右图所示）要属空气阻尼天平，它利用空气阻力减缓天平横梁的摆动，从而加快了称重过程。在使用这种天平进行称量时，通过向一端添加圆形砝码使杠杆达到平衡而称取物体的质量。

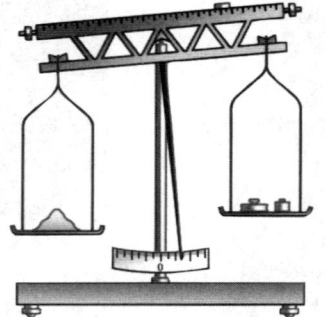

↘这一系列插图描述了一个典型的重量分析法测定一种铁盐物质纯度的操作过程。首先称取一定量的盐样品（A），再把它溶解在纯水中（B）。再用一种试剂——这里用到氨水——加入到溶液中（C），用于沉淀氢氧根离子。过滤得到沉淀（D）后，在滤纸上烘焙（E），并将其转化成氧化铁（滤纸被完全燃烧并且不留下任何灰烬）。最后，将此氧化物称重（F），计算出初始样品的纯度。此外，还有许多比此图所示天平灵敏度更高的天平，其称量结果也更精确。

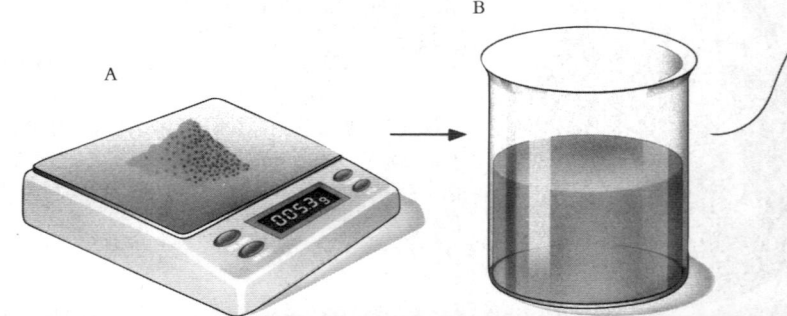

计算出金属铜的质量以及所测氧化铜的纯度。

在另一类反应中，碳酸盐样品通过与酸反应产生二氧化碳（CO_2）气体来测定此盐类化合物的纯度。此 CO_2 再被已知重量的碱如氢氧化钠吸收，通过测定碱吸收所增加重量就是反应所产生的 CO_2 的量。最后根据 CO_2 的重量，化学家就能计算出初始碳酸盐的纯度。

重量分析通常也适用于少量物质的分析，且误差不超过百分之一。这种方法要利用高精密的化学天平——一种用于准确测量微量物质重量的实验室仪器。天平有很多种类，包括上皿天平、三杆式天平、等臂天平、单盘置换天平、混合天平、电磁力天平和电子天平。其中电子天平可精确称量至0.1微克（10^{-7}克）。大多数电子天平可以和打印机、计算机和其他专用设备相连。

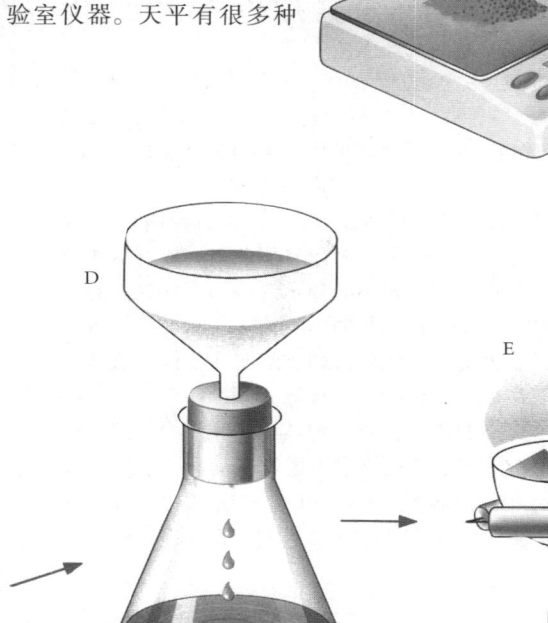

↑现代的化学天平的精确度可以达到0.1微克（千万分之一克）。这种天平可以与计算机连接，记录下测量读数，所以化学家无需再靠手工记录称量结果了。

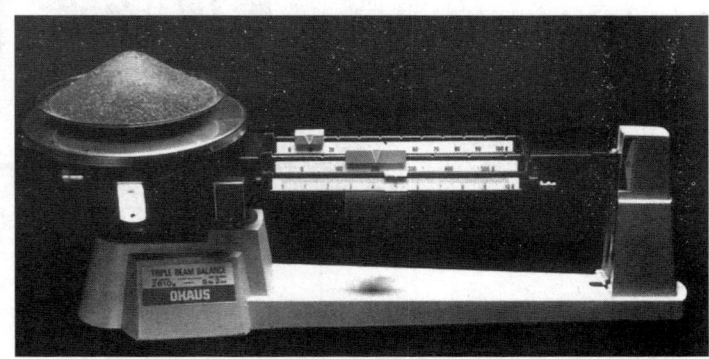

↑近似的或者大概的重量，可以用杠杆式天平来测量，它的精度是十分之一克。在实验室中，这类天平的精确度足以用于称量配置溶液所需的溶剂。

色 谱

许多化学分析方法需要将混合物分离，然后确定组分。相反，色谱法是基于物质溶解度的差异而分离数种物质的一种方法。因为不同化合物分子特征的差异，造成化合物穿过固定相的速度不同，所以会彼此分开。其中，被测化合物一直处于流动相中。流动相可以是气体或液体；固定相通常是固体，或者是由固体支撑的液体。

在有些形式的技术中，分离的组分以色带或色斑出现在层析纸上，色谱一词就起源于此。但实际上色谱也用于分离无色物质，在完成一次色谱操作后，向无色物质喷洒一种叫显色剂的化学品后它就会显色。

色谱有多种不同形式，包括柱色谱（最早的色谱形式）、薄层色谱、纸色谱、气相色谱以及高表现液相色谱。所有这些色谱技术都利用同一个基本原理，即不同分子的溶解度存在差异。这种差异是由分子的大小和化学属性所决定的。

在所有形式的色谱中，待分析物质溶解在液体或气体中，这被称为流动相。在进行分析时，这种溶液穿过固定相，它是一种固体或是由固体支撑的液体，固定相填充在柱子内。固定相起着阻碍流动相中分子进程的作用。当溶解在流动相中的不同物质穿过固定相时，有些物质容易被固定相所吸附，因此移动得较慢。而有些物质容易被流动相所吸引，那么它们就移动得比较快。因此，

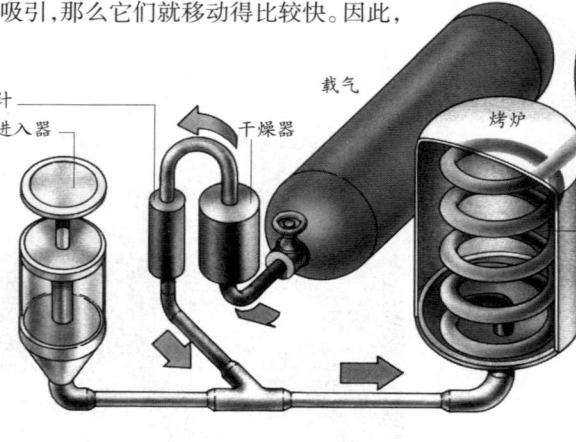

→在气液色谱（GLC）中，流动相是一种类似氮气的不活泼气体。固定相是由烤炉内长细的线圈柱内微小粉末颗粒表面吸附少量的液体组成的。样品在载气进入色谱柱前注射至载气流中。

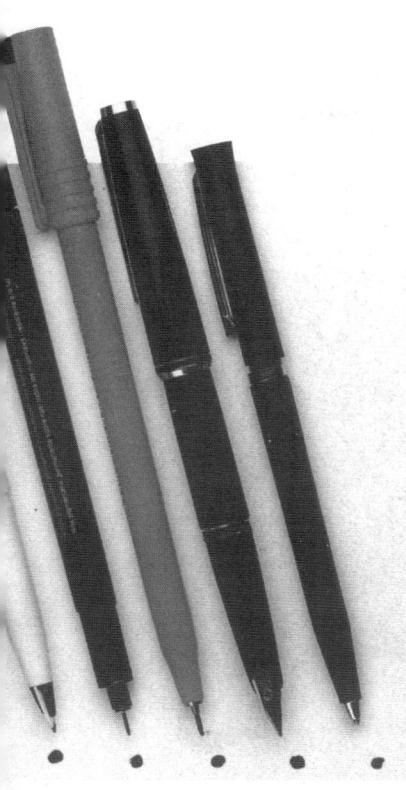

←样品中每种组分沿色谱柱移动速率的差异取决于它是否更容易被流动相还是固定相所吸引。那些更容易被流动相吸引的组分移动得较快。柱末端处的检测器监测从柱子内出来的每一个组分。通过记录仪画出检测器的相应信号,从而产生一张色谱图。谱图上,样品中的不同组分的浓度以一系列峰的形式表示。

基于移动速度的不同可以将各种物质分开,而且通过测量一定条件下它们的移动速度来鉴定各种物质。

色谱是能同时用于分离、定性和定量分析溶液中分子或元素的一种实用的实验室技术。工业上,也用它来分析样品纯度,或通过与已知组分比较来鉴定未知物质。气相色谱,更多的是高表现液相色谱,为法医测定炸药残留以及为运动赛会官方检测运动员尿样中是否存在类固醇违禁药物提供一种快捷的分析方法。

大多数形式的色谱技术只能用来分离极少量的组分。然而,柱色谱为分离大量原料提供了一种有效的方法,正是如此,柱色谱也常用做大规模工业化分离操作。这种技术,首先将氧化铝之类的吸附剂装填在竖直的玻璃管中,然后混合物样品溶液倒入柱内,接着用一种溶剂连续地冲洗,这个冲洗过程也叫洗脱。不同物质沿着柱子以不同的速度往下移动,因为不同物质被吸附的程度不同。出口处的液体,也叫洗脱液,按份收集,每一份洗脱液中含有混合物中的一种物质。类似的技术还有离子交换色谱,在这种技术中,离子是被洗脱液从离子交换树脂上置换下来的。

→所有黑墨水看起来都很相似,但实际上它们是不同的颜料组成的混合物,可以用一种简单的技术——纸色谱来辨认各个颜料。在分析时,在一张吸墨纸的边缘处点上一个待测的黑墨水样品。然后把这张纸卷成筒状,点朝下的方式放入盛有溶剂的烧杯中。溶剂由于毛细管作用沿着纸往上升。当溶剂上升到纸张顶部时,各种组分被带到不同的高度,这个距离是由它们在流动相和固定相中的相对溶解度所决定的——两种墨水的这种差异有可能是非常明显的。每个组分移动的距离大小以它相对于溶剂前沿距离的比值或Rf值来表示。Rf值是按色斑移动的距离除以溶剂前沿移动的距离来定义的。不同墨水中的确切组分可以通过和已知Rf值的各种物质进行比较来确定。

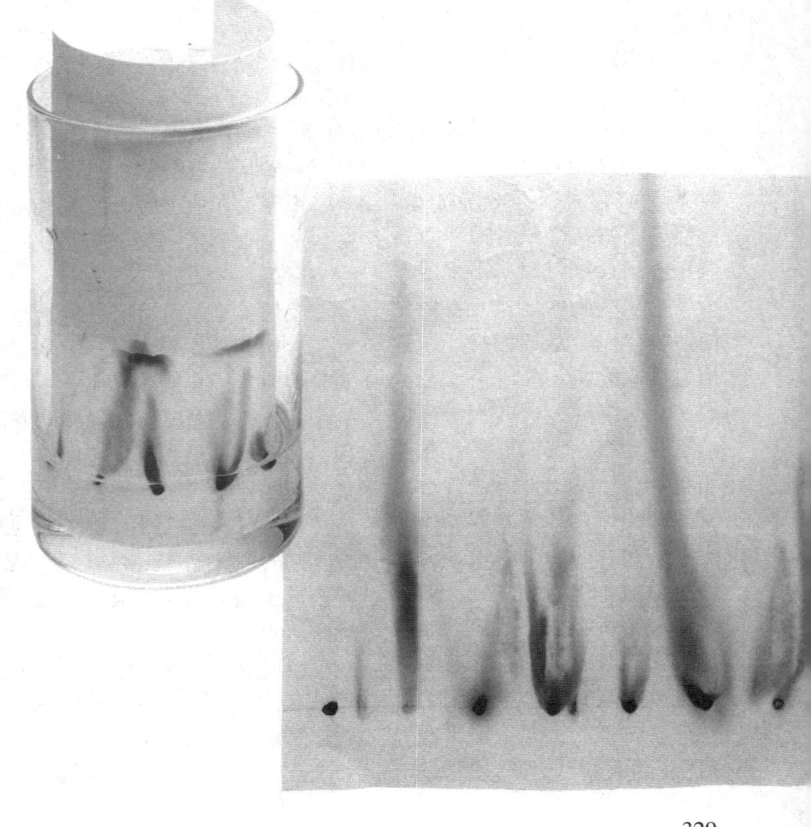

光 谱

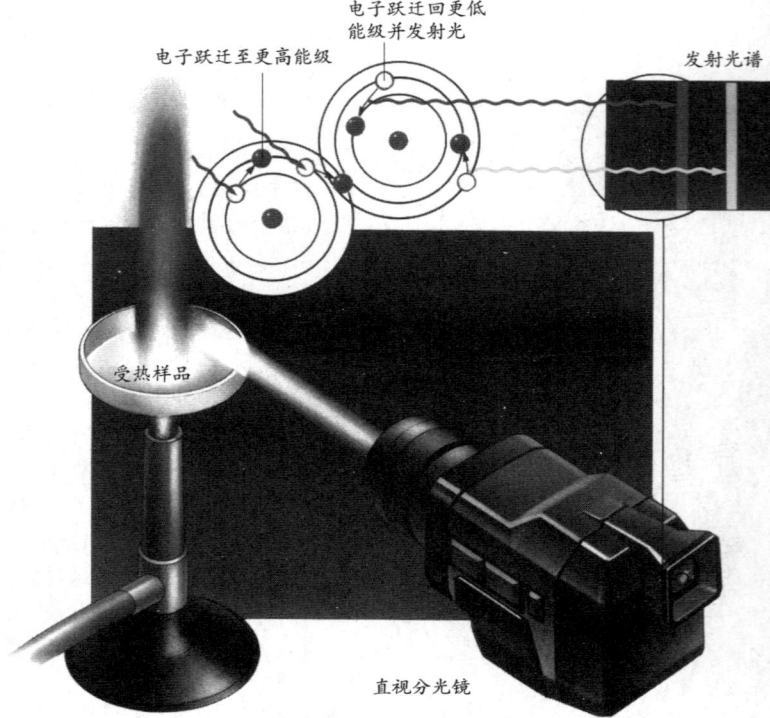

↑一种鉴定金属元素的简单方法是用本生灯火焰将它们加热至白热化状态，并观察产生的特征颜色。一种更复杂的办法就是用直视光谱仪来展示元素发射光谱中的彩色线条。光是在电子受激发跃迁至高能态后再跳回至正常的低能级后产生的。这种技术是由德国化学家罗伯特·本生和他的助理古斯塔夫·基尔霍夫在1860~1861年间发明的，他们利用该技术发现了新元素铯和铷，并以它们的光谱来命名。铯在拉丁文中的意思为灰蓝色，而铷则意为红色。

分析化学家实验室内的某些设备和天文学家所使用的观察天空的巨型望远镜是一样的，例如，他们都使用光谱仪来观察研究对象的化学组成。这种技术的基本原理是利用试管或遥远星球中原子或分子能量的吸收或辐射。

当一种元素，例如一种金属，加热至极高温度时，它会呈白热化状态并发光。光经过三棱镜折射后会被分成其成分波长（成分色），并形成由一系列谱线组成的光谱。当高压电流经过里面充满低压气体的密封管时，管内气体会发光并形成线光谱。

白炽固体和气体产生的线光谱是一种发射光谱，这是由于它们原子的外层电子吸收能量（热能或电能）后被激发，导致它们暂时跃迁至高能级。然后，当这些受激发原子重新跃迁至初始能级时，以光的形式发射出多余的能量。发射光的波长是电子跃迁的特征，利用它可以鉴别元素。

其他主要形式的光谱还包括吸收光谱，它的原理是基于测量原子和分子吸收的波长。在红外光谱中，物质样品（通常溶解在合适的溶剂中）受红外线辐射后，能量被分子内的各化学键所吸收，吸收的能量加剧化学键的振动。检测器再测量吸收波长后物质产生的红外吸收光谱，从而鉴定是何种物质。

在紫外吸收光谱中，紫外线辐射后，辐射被分析物质原子的外层电子所吸收，吸收的能量使电子跃迁至更高能级。然后测量吸收波长来鉴定所测定的原子。这种技术对于鉴定无机物和有机物都适用。

我们甚至还可以研究原子核吸收能量后产生的光谱。这种激发辐射由无线电波组成，这种技术也叫核磁共振（NMR）光谱。原子核内质子自旋就好比一个微型磁铁产生磁场，在外部强磁场的作用下，这些磁铁就会顺着或逆着磁场方向整齐排列。也可以用微波照射样品来改变它们的能级。被吸收能量的频率可用来鉴别特定的原子，氢、氟和磷（都有奇数个质子）就具有这样的特点。几乎所有有机物都含有氢，这使得NMR成为了有机分析中非常有用的一种工具。NMR甚至也是研究生命组织的一种非外科手段。电子顺磁共振（ESR）光谱也是类似的基于原子中孤电子自旋跃迁的一种技术。

质谱仪按照原子量的差异来分离混合物。首先将样品转化成正离子，再穿过真空系统内磁铁间的小孔。离子在磁场内发生偏转，重离子的偏转远远小于轻离子。分离后的离子然后记录在照相底片上或用一系列的检测器检测，从而得到质谱。

→在红外分光镜中，检测器用于测量穿过待测样品溶液后的红外辐射的量。因此，以各种波长透过的射线经测量后产生了"光谱"，低的透射率表明射线被某种分子特征基团吸收了，高的透射率则是被另外的特征基团所吸收。

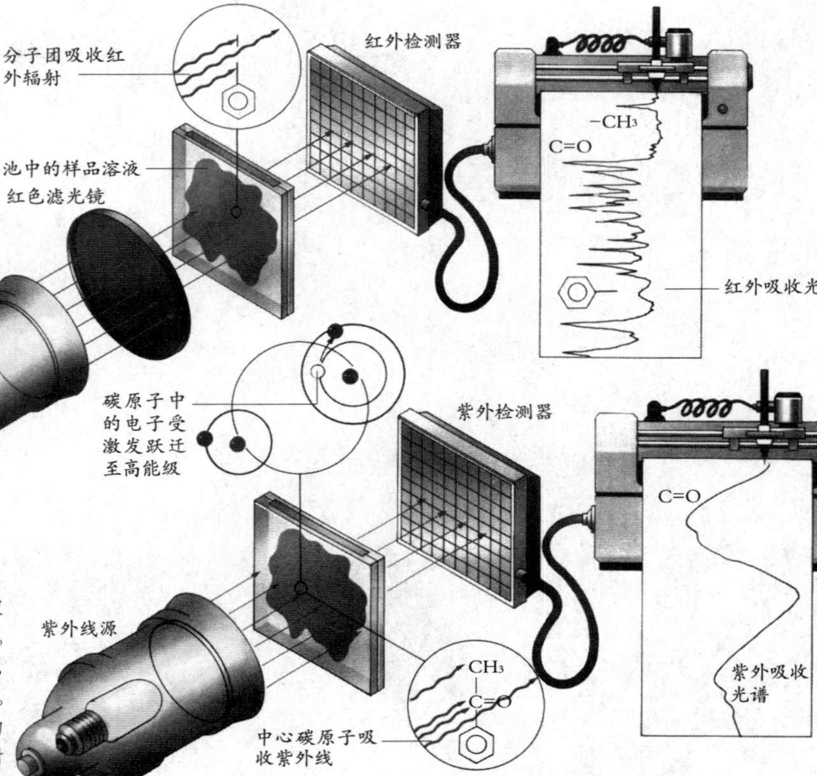

→紫外光谱也是记录被样品吸收后的射线波长。单个原子就是吸收剂，有机物中通常是碳原子。每个特征分子基团中的原子吸收特定波长的射线。分子中价电子的能级跃迁产生了这种吸收。

←在核磁共振（NMR）光谱中，单个自旋原子，通常是氢原子，就好比一个微小的磁铁。当置于高能磁场中时，这些质子磁铁吸收电磁波的能量，并占据其他差别极其细微的能级。这些能级的差异可以被检测到，并记录在图纸上，从而形成了NMR谱。在示意图中，记录纸上显示了溴代乙烷中 $-CH_3$ 和连有溴原子的 $-CH_2-$ 间的区别。

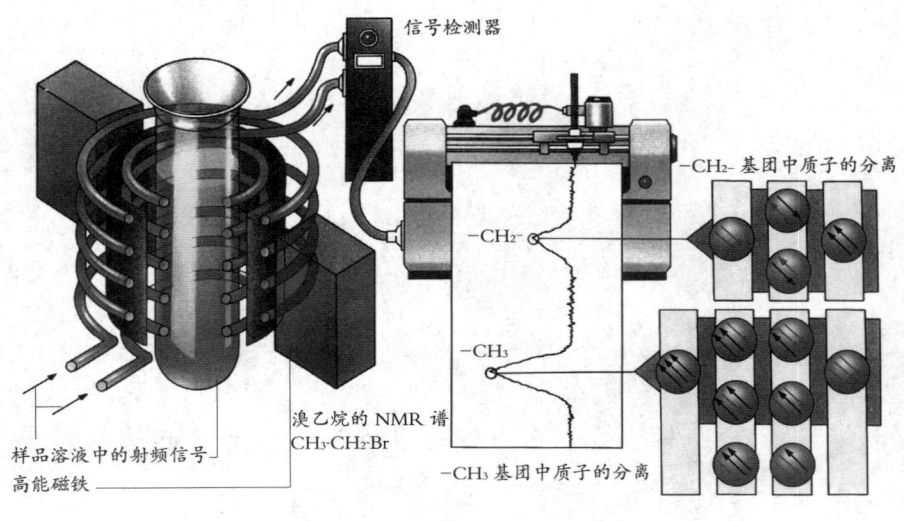

第七篇
计算机

COMPUTING

1 计数和度量
COUNTING AND MEASURING

　　无论是由人类还是由机器执行，数字系统是所有计算的基础。这些系统中我们最熟悉的是十进制系统——日常生活中的数字都以十、十的倍数和它们的倒数为基础：百和百分之一，百万和百万分之一，诸如此类。我们用数字计数整数的东西，然后扩展到度量那些不为整数的量。

　　计算需要赋予数字一些简单的规则，从而获得结果。例如，孩子们在学校会学到加法和乘法的规则。计算机为了完成计算，采用了这些规则的简化版本。第一步简化是它们的计数系统是二进制的，也就是说，只以0和1这两个数字为基础。尽管如此——只使用这两个数字来表示每一个数字——使计算机完成加法和乘法的电路仍然十分复杂。

　　然而，一个可以做加法和乘法的设备仍然不会比一个掌上计算器的简单模型好到哪儿去。为了使机器可以进行一系列的运算，就需要有一种机制（或称为程序）来自动控制计算器；只有当一台机器可以通过编程来实现计算的一个序列时，我们才能恰如其分地称之为计算机。

数字系统

大多数现代语言都有最简单的数字的名字，从"1"到"10"或者"20"。如果有人不知道"7"这个词，那么他就数不了总数为七个的一堆东西。还有更多的数字不可能有独立的名称，然而，只要设计出一个简单的数字系统，我们就可以很方便地应用这些数字。例如，一个从前没有遇到过 1567802444 这个数字的人可以数出这一数量的物品（给予足够的时间）。这是因为，对于每个可能的数字而言，我们利用一个小的数字符号的集合（0～9）以及一些简单的书写规则，命名并应用那些超过10的数字的无限集合，而不是采用全新的名字和书写符号来表示它。

然而，我们并不总是使用上述的简单规则。古希腊人利用他们字母表中的字母发明数字。罗马人采用的是基于字母的数字（例如 I，V，X，M，分别代表 1，5，10 和 1000）。和我

们一样，他们说话的时候也是通过阐述有多少个"百"，多少个"十"和多少个"一"（单位）来表达一个数字，但是以罗马方式书写大的数字要比采用现代的阿拉伯数字更加难以操作。

我们现在使用的数字书写系统是在公元 1000 年之后由阿拉伯数学家开发出来的，这就是我们所知的一种十进制系统，数字"10"是该系统的基数。大的数则采用十、百、千等各个单位的倍数进行表示。

尽管阿拉伯数字在西方国家已经成为标准数字，然而除了"10"之外的其他基数仍然应用于在各种计算之中。法国在 60 到 100 之间的数字的命名，表明"20"曾经是古老的基数（而不是"10"）。

十进制	罗马数字	二进制	十六进制
00		00000	00
01	I	00001	01
02	II	00010	02
03	III	00011	03
04	IV	00100	04
05	V	00101	05
06	VI	00110	06
07	VII	00111	07
08	VIII	01000	08
09	IX	01001	09
10	X	01010	0A
11	XI	01011	0B
12	XII	01100	0C
13	XIII	01101	0D
14	XIV	01110	0E
15	XV	01111	0F
16	XVI	10000	10
28	XXVIII	11100	1C

←不同的数字系统使用不同的基数。今天世界通用的阿拉伯系统采用 10 为基数，意味着它有 9 个数字和 1 个 0；数字 10 表示十。罗马数字系统更加复杂，这种系统中没有零，而且采用不同的字母表示诸如 5（V）、10（X）和 50（L）这样的关键数字。在二进制或以二为基数的数字系统中，只有 1 和 0 这两个数字，并且数字 10 表示 2。二进制数字很快就显得笨拙；计算机科学家更喜欢使用十六进制系统（hex），这种系统以 16 为基数。在十六进制中，数字 10 表示 16，并且存在 15 个数字（1 9 和 A F）。这个表显示了数字 28 在每个系统中的书写形式。

→大多数现代度量系统都是十进制的，但是并非从来就是这样。直到 1972 年，英国的货币仍在使用以 12 和 20 为基数的度量系统。度量净重、贵重金属以及化学家所使用的度量系统都采用了不同的基数。二进制系统有时也会被采用。酿酒商对香槟装瓶时使用二进制度量：两个标准瓶构成一个夸脱瓶，两个夸脱瓶构成一个杰罗勃瓶，两个杰罗勃瓶构成一个玛士撒拉，两个玛士撒拉构成一个巴尔萨泽。

半标准瓶

另外一个计数系统以二为基数,这种系统已有很长的历史,在传统的酿酒行业中依然能发现。酒瓶的尺寸是两两度量的:两个标准瓶等于一个夸脱瓶,两个夸脱瓶是一个杰罗勃瓶,两个杰罗勃瓶是一个玛士撒拉,两个玛士撒拉是一个巴尔萨泽。这些度量单位可以构成另外一种计数系统的的基础;采用这种系统,无论要提供多大的量,酿酒商都不需要两个相同尺寸的瓶子。例如,十一个标准瓶就是:零个巴尔萨泽,一个玛士撒拉,零个杰罗勃瓶,一个夸脱瓶和一个标准瓶。酿酒商可以把它写成 01011 这种形式。

这种算术系统就叫做二进制系统。数字"2"就是二进制系统的基数,唯一的两个数字是 0 和 1,它们也就是二进制数位(或称"位")。把一个数字写成位的形式需要比阿拉伯数字占用更多的空间,但是操作规则却非常简单:总共只有四种基本的加法和乘法运算,而十进制系统却有将近 200 种之多。这些二进制数遵循简单的逻辑和算术法则。

计算机科学家在设计数字处理机器的过程中也采用了二进制系统,因为响应两种电流类型(开和闭)的电路更容易建立——如果要建立响应十级的电路则很困难。

←在发展出算术和度量之前,我们首先学会的是用数字进行计数。当我们学会计数之后,我们首先学会了从 0 到 9 的数字。当我们写出了第一个用到的大于 1 的数字时,就完成了一次巨大的进步。然后我们学会了相加多个数字,必要时从一列向下一列进位。一旦我们理解了这一原理,就可以很容易地相加非常大的数字。在我们学会数字相乘之前,我们必须先把任意两个位数字相乘的结果记在脑子里。之后,乘法法则也很自然地成为常用规则。

标准瓶　夸脱瓶　杰罗勃瓶　玛士撒拉瓶　巴尔萨泽瓶

测量我们的世界

测量是将世界中许许多多、各种各样现象简化表达为数字，可以用于计算改变这些现象的影响，或者用于表示其他一些不易测量的现象。度量的某些形式和计数没有大的区别：人口普查人员通过计数来度量人口数量，而最终的数据总是一个整数——因为不可能会有半个人。其他度量可能需要其他类型的数字，例如，某人进行一项储蓄平衡结算时，如果帐户透支，那么他就需要用到负数。比零大的数字叫做正数或自然数。任何一个完整的数字，无论是正数、零，还是负数，都称为整数。

我们经常需要度量不能用一个完整的数字来表示的量，例如，一条线段的长度并不一定是一个整的毫米数。一个非完整数可以写成一个分数来表示——先把这个整数等分成若干份，再看度量的这一部分中包含多少份。一个整数的 5/8 意味着先将整数平分成 8 份，而那一部分等于其中的 5 份。加减这样的分数比较复杂，而采用十进制分数就相对简单，在这种方法中，整数的一部分用许多个十分之一加上许多个

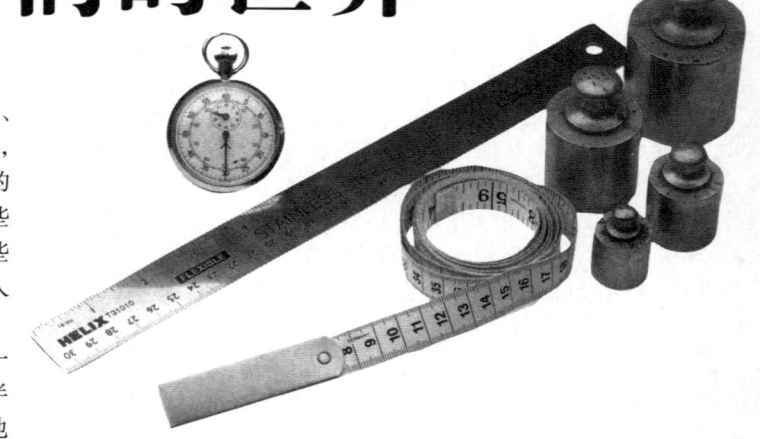

↑测量是通过和一个标准的比较来完成。一支刻度尺上面标记了各种标准长度，我们就通过比较物体相对刻度尺上的标记来测量长度。称重需要标准重量和一个设备，例如一台天平，来显示一个物体的重量是否小于、等于或大于另一个的重量。很长一段时间，公制系统的标准长度和重量都由保存在巴黎的物体来指定。直到今天，标准千克仍是这样一种情况。时间的最终度量曾经是地球绕太阳一周所花的时间。利用今天的精密仪器，人们发现这一周期并不是一个非常恒定的时间，而 1 秒的现在的定义利用了铯-133 原子的跃迁。

百分之一，依此类推，直到该分数可以准确地表示这个部分为止。

有些数字根本不能写成分数：无论分量划分得多小，这个数字也不能精确地表示成这个分量的倍数。这些就是我们所知的无理数，一个简单的例子：画一个边长为 10 厘米的正方形，然后再去量它的对角线长度。这个问题极大地困扰了古希腊的数学家们。一个被度量的量到达十进制特定数位，即可以说是准确的，意味着进位到数位的数正是正确的，但其余数不一定正确。

一个二进制的计数器用 1/2、1/4 和 1/8 来表示分数。二进制数 11.101 表示 2 加上 1，加上 1/2，再加上 1/8，等于十进制系统的 3.625（或者 3 加上 5 个 1/8）。

如果要使一个度量值有用，那么就必须对应于某个标准。科学家们不断地重新定义他们的标准来保证度量值具有通用性。度量的现代 SI 系统尽可能依靠物理上的绝对。所以，秒是通过某个特定

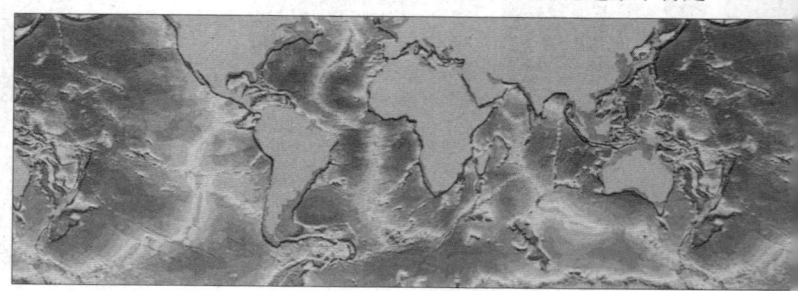

→这幅地图显示了世界洋底的轮廓，由海洋资源卫星在 20 世纪 70 年代晚期制成。它展现了高过珠穆朗玛峰的水下山脉，以及陷入海床以下 10 千米深度的海沟。在 3 个月的时间里，海洋资源卫星能够标注超过 5 000 万个位置的高度，精度在 10 厘米以内。

原子的振动频率来定义，而米是通过光在 1 秒的某个特定分数的时间里传播的距离来定义。其他度量单位都源于这些基本单位。

很多可以被度量的量并不是轻易可见的：温度不能被看见，但是它的效应通过温度计的水银柱就可以看到——水银柱会随着温度变化热胀冷缩。通过校准温度计就可以把水银柱的长度转化为单位，如摄氏度。

眼睛可以轻松地读取一个角度，而很多测量仪器则利用了这一事实。例如，通过肉眼观察并不能确定一辆汽车的行驶速度，而一个仪器（速度计）则可以监测轮子的旋转，并以此为依据来移动刻度盘上的指针指向特定的数字。

像尺子这样的测量工具是一种直接读取设备，而汽车上的旋转计数器则是一间接读取设备。不管直接或者间接，所有的测量仪器都有传感器，通过它就可以探测被测量现象：测量时，传感器就是尺子的直边；温度计的传感器就是充满水银的玻璃球。间接仪器还需要转换器，将测量结果转化为人眼容易感知的东西，最终显示出来。测量仪器必须精确（显示必须对应标准单位仔细校准），理想情况下，它还必须对被测物体上的微小变化十分敏感。

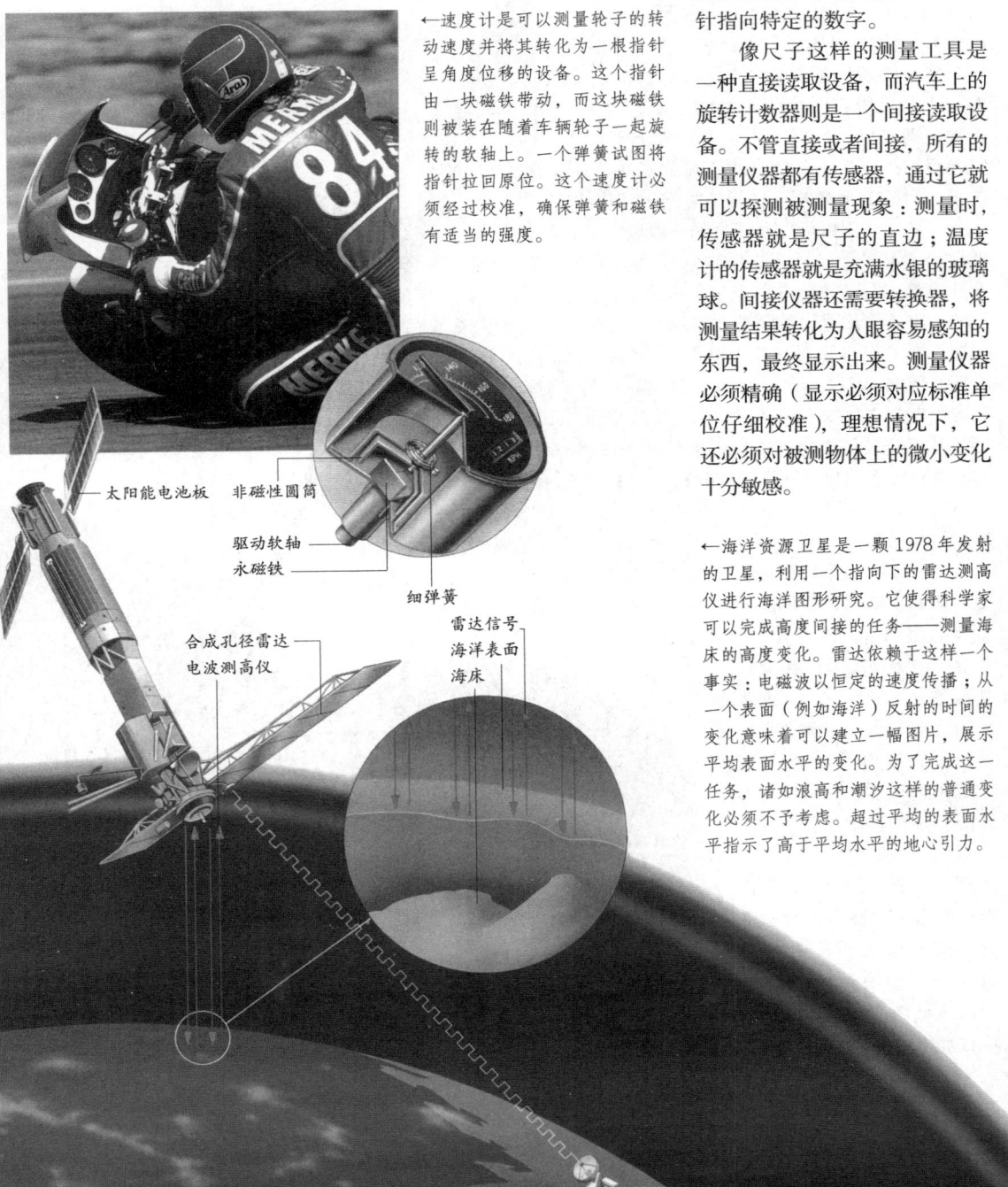

←速度计是可以测量轮子的转动速度并将其转化为一根指针呈角度位移的设备。这个指针由一块磁铁带动，而这块磁铁则被装在随着车辆轮子一起旋转的软轴上。一个弹簧试图将指针拉回原位。这个速度计必须经过校准，确保弹簧和磁铁有适当的强度。

太阳能电池板
非磁性圆筒
驱动软轴
永磁铁
细弹簧
合成孔径雷达
电波测高仪
雷达信号
海洋表面
海床
地面接收站

←海洋资源卫星是一颗 1978 年发射的卫星，利用一个指向下的雷达测高仪进行海洋图形研究。它使得科学家可以完成高度间接的任务——测量海床的高度变化。雷达依赖于这样一个事实：电磁波以恒定的速度传播；从一个表面（例如海洋）反射的时间的变化意味着可以建立一幅图片，展示平均表面水平的变化。为了完成这一任务，诸如浪高和潮汐这样的普通变化必须不予考虑。超过平均的表面水平指示了高于平均水平的地心引力。

□学生科普百科

模拟记录和数字记录

记录的意思是保留一份测量的结果,可以分别表示为模拟形式或者数字形式。在一份模拟记录中,观察对象被转化为一个模拟的对象。例如,在读取大气压的过程中,可以把一支水笔绑在一个气压计的指示臂上,这样它就会随着气压的变化而上升或者下降。水笔的位置经过校准后,就能在纸上画出表示气压变化的曲线。因此,水笔的运动就是对气压变化的模拟。

或者,气压也可以通过每隔一段确定的时间标注水银柱的高度来记录,间隔越频繁,记录就越准确。周期性读取日志就是一份数字记录,因为它使用了数字,而不是利用水笔的位置。与周期性监测气压计相比,用水笔来连续地记录气压变化看起来更能提供一份精确的记录——无论周期性监测有多么频繁。然而,当信息被传输时,由于传输系统的错误和本身的不完善,模拟记录就会变得不那么精确了。只有当摩擦力被最小化,而且纸张在笔下移动的时候保持恒定受控的速度,上述的自动气压计才能提供一份精确的记录。

模拟记录在某些应用中十分方便。例如,如果两个信号的模拟测量用它们的电流来表示,那么制作信号相加的电路就十分简单——只需要计算两个电流值的和。输入的电流是一个自然的模拟,并且新电流是相加过程的一个自然模拟。所以,在模拟声音记录中,信号的音量大小是由通过系统的电流强度来反映。

另一方面,数字记录是永久的,而且可以精确复制。它们已经在很多领域替代了模拟记录,在这些领域中,往往需要进行复杂的传输,如声音记录。数字记录的质量依赖于信号的采样(测量)频率。为了改善信号的输出,简单的方法是对数字采样的量加倍,而不是对传输过程中使用的所有传输系统的质量进行加倍。

声音的数字渲染中的瑕疵绝大多数都产生于记录的实际时间。在那之后,声音的数字记录可以被精确

↑类似于一个模拟声音记录器,一个自动气压计会制成一份气压的永久记录。通常这份记录由一条墨线构成。自动气压计被设计为忽略压力的微小变化,而是记录几天时间里压力的大幅度变化。

↓小提琴的琴弓导致了一根琴弦的振动。这种振动在空气中产生了持续的波,从而将声音传到人的耳朵里。在距离演奏者不同位置的气压连续读数就组成了一份音乐演奏的模拟记录。

计数和度量

地保留下来，直到信号被转化回模拟形式，并在扬声器中播放出来。我们可以很容易地制作数字记录的原样拷贝，而且只要数据没有丢失，1 000 年后的数字记录仍会和今天的一样精确。与此相比，一份模拟的声音记录会在复制的每个阶段都遭受质量损失。

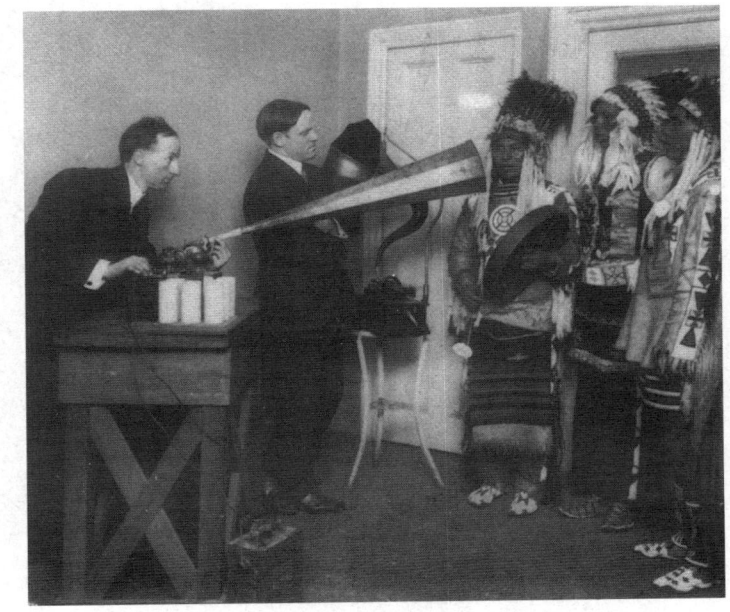

→最早的声音模拟记录利用空气中的振动使一枚唱针振动并在一个唱片上形成凹槽。当唱片旋转的时候，再次将唱针放置到凹槽上就可以使其以相似的方式振动，因此重建了最初的信号。后来的记录以相同的方法工作，但是将信号转化为电子流。

↓数字化记录可以以数位的一个序列存储到压缩光盘中。重建记录时，回放设备必须确定在可供读取间选择哪种振幅。这被称为插值。线性插值假设可以采用直线段来连接记录点。二次插值可以生成更平滑的曲线。

→音乐的一份数字化记录由一套存储为数字的声波读取组成。采样越频繁，记录越精确。在一个采样设备例如一台数字磁带录音机中，气压的变化会导致麦克风膜片的振动。这种振动被转化为模拟电气信号——被采样转化为数字形式。

341

计算机设备

测量和计算并不相同。一辆汽车开了多长距离可以被测量，而发动机效率则必须通过乘除两个测量值来计算得到。学过了小于 10 的两个数的加法和乘法之后，大多数人可以在脑子得出这些数的计算结果。总共有 81 个这样的计算，而在二进制算术中只有 4 个对等的乘法运算。

为了计算更大的数，我们采用了进位方式。两个较大数的相加需要把每一位独立相加，如果相加结果大于 9，则向左进一位。即使是最复杂的加法也可以将其分解为一系列的简单运算来解决。一次加法答案的一部分——进位——是开始下一次加法的必需。计算过程是一系列的操作，在这个过程中，每次操作的结果都是下一次操作所需。

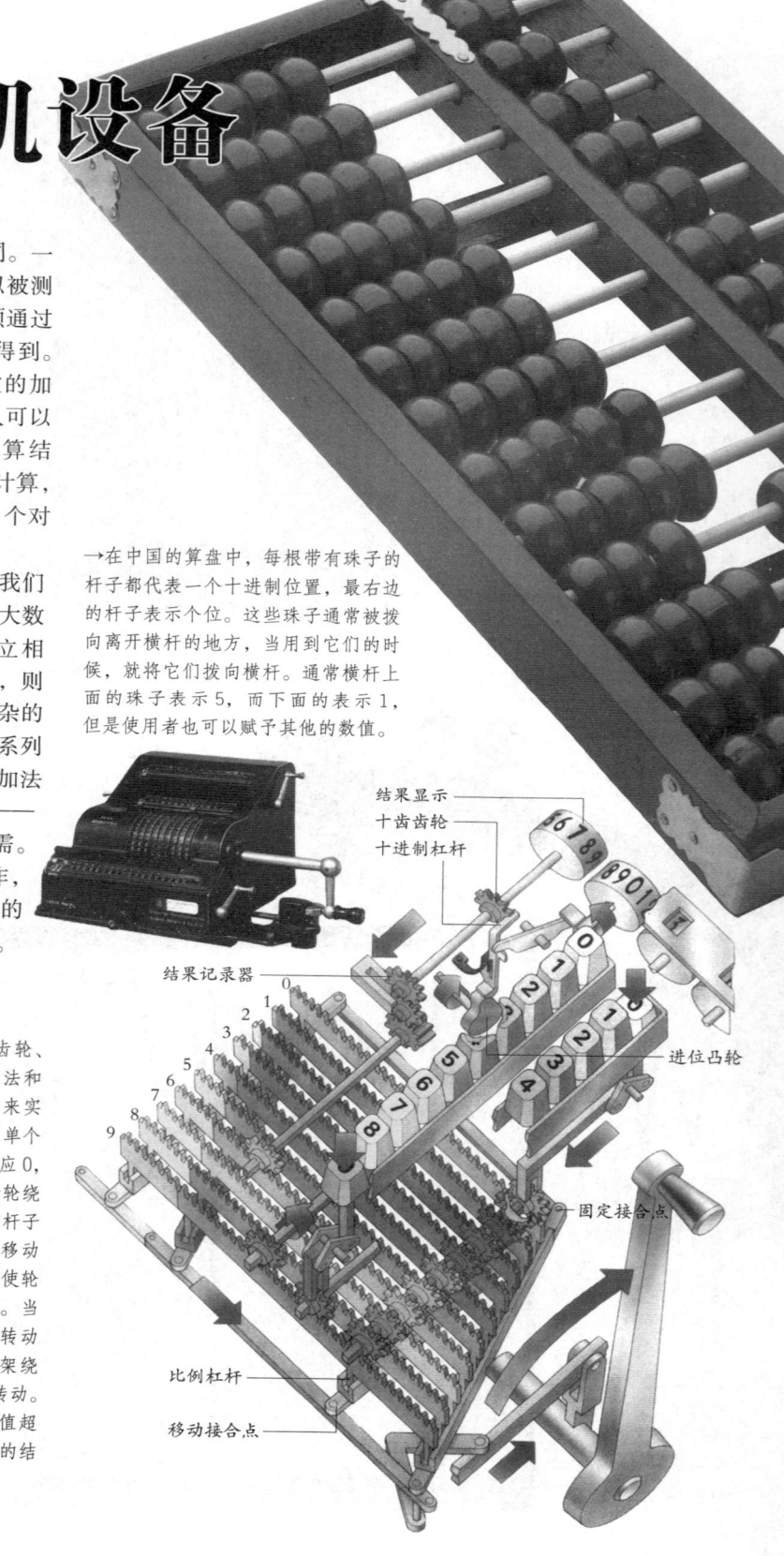

→在中国的算盘中，每根带有珠子的杆子都代表一个十进制位置，最右边的杆子表示个位。这些珠子通常被拨向离开横杆的地方，当用到它们的时候，就将它们拨向横杆。通常横杆上面的珠子表示 5，而下面的表示 1，但是使用者也可以赋予其他的数值。

→早期的机械式计算机使用齿轮、连杆和杠杆来完成加减法。乘法和除法可以通过多次相加或相减来实现。右图所示的 10 个小块对应单个数字。而且，紫色齿轮架架子对应 0，棕色齿轮架的架子对应于 9。齿轮绕顶部的销钉转动，所以对应 0 的杆子不动，而对应 9 的杆子则相应移动 9 个齿的距离。按下一个键就会使轮子滑动，与对应的齿轮架接触。当将要相加的数字被敲进，就要转动那个较大的把手，从而使齿轮架绕轴移动，带动齿轮以及寄存鼓转动。然后齿轮脱离；当某一列的数值超过 9，进位凸轮旋转，向下一位的结果寄存器加一。

计数和度量

↑最早的机械计算设备是算盘,可能在5 000多年以前起源于巴比伦。它在欧洲被广泛使用到17世纪,而且今天在中国、日本和中东仍然十分常见。一个熟练的算盘使用者可以快过机械计算器的运算速度——即使是非常复杂的运算。

使用了多少燃料,这需要利用计算器的内存。像人一样,计算器在一段时间内能记住几个数字,把它们保留在自己的内存里,直到用到这些数。可编程计算器可以完成更多工作。我们可以向这种计算器编程,输入所有的旅程长度,再按一个特殊的键来告诉它路程数已经输入完毕;然后输入油料数据,最后结果也就出现了。

在一个机械式的计算机中,需要采用一种很复杂的机制来布置连杆和轮子,从而完成从输入到处理输入,最后将结果传递到输出的过程。它可以分解为一系列简单的子系统,每个子系统接受一些输入,计算一个结果,并设置一些输出。输入可能由一个轮子的10个位置中的一个来表示。

电子设备与此类似,但是采用二进制系统来表示数字。因此,在计算机的电路上传输的信号只需要两个值中的一个——开(或关)。为了向电路中传送数位1,一个指定的电压必须加到恰当的输入端上,而为了输出数位1,输出端必须将电压升高到同样的指定电压值。所以,我们可以很容易地用一个设备的输出来作为下一个设备的输入。更为复杂的电路就是以这种方式来建立的。

加法和乘法可能只是更复杂的操作的一部分。为了计算一辆汽车的发动机效率,首先累加所有的行程长度,然后是所用的汽油量,最后再把这两个结果中的一个除以另一个。多个数相加和两个数相加并没有很大区别。每一序列的输出变成了下一步的输入。当距离相加完毕,并不是立即使用输出结果,而放到一边,先将消耗的汽油量相加。只有在计算的最后才需要用到第一次加法的结果,在此之前,我们必须先记住这个结果。

袖珍计算器减少了计算的步骤。相加长的数字不再需要一位一位地相加,只用按一下按钮,计算器就会完成整个加法运算。但是,在相加完里程数之后,这个结果仍然要放在一边,先求出

→一个简单的电子计算器可能只有一张信用卡大小。每个数字以及加减乘除都有对应的按键。"清除"和"清除输入"按键允许使用者纠正数据。回车键将结果显示在一个小型的LCD屏幕上。按键上方的小型面板里的光电电池为计算器供电。使用者按下5再按下7,那么数字"57"就会显示在LCD面板上。当使用者按下+,这个数字就会移动到一个内部存储器中。然后使用者按下3两次,数字33就会显示出来。"清除输入"将数字33移除,但是将57留在内部存储器中,所以可以输入不同的第二个操作数。按下回车键就会将显示的数字加上内部存储单元中的数字,并显示答案:90。

343

□学生科普百科

什么是计算机

与计算器只能实现算术功能不同，计算机可以用来画图、写小说，以及存储复杂数据并能被方便地调用。然而，两者的内在区分并不总是那么清晰。像计算器一样，一台计算机也只能处理数字以及进行简单的数字运算。每一项任务都从之前的一个步骤或一个外部输入设备接收一些输入，然后将它的输出传递到后续步骤。计算机可以被编程来执行一个指令集合。然而，并不是所有能被编程的机器都是计算机：一台编织机或一台露天管风琴也可以被编程，但是它们不能执行计算，也没有内存。

计算机与其他机器的区别也许可以通过一台假想的"计算机"来体现，这台"计算机"包含4个需要执行一项计算的部件：一个输入、一个算术–逻辑单元（ALU）、一个内存和一个输出，同时可以利用各种长度的导线将这些器件连成一体。通过将ALU的输出接回到它的某个输入上，就能实现一个数字集的自动相加。每次给出一个结果，该结果就准备和来自外部输入的下一个数进行相加。当整个列表都完成相加之后，ALU的输出就可以被重定向到内存中存储最终结果。最初的连接会被再存储进行第二次加法运算，然后内存被连接到算术单元的一个输入上，利用指令，用存储在内存中的数字去除第二次相加的和。最后将结果加载到输出。

如果一台机器在它的各个单元之间都有可能的连接，在每个连接上设置一个开关，就会带来极大的方便。通过编程开关序列，

↓露天管风琴的"程序"被存储在一卷纸或一段折叠卡片上。它由一定数量的行排成列构成。管风琴上的每个音符都有一个列与之对应。为了演奏某一行，管风琴必须奏响某个特定的音符——这个音符在这一行的位置上为一个小孔。管风琴通过有序地奏响每一行来完成它的演奏程序。

→很多袖珍计算器可以被编程，而且有些还能生成简单的诸如曲线的图形。一个程序的最简单的形式是一个由计算器从头到尾完成的击键序列。然而，如果程序总是产生同样的结果，那么它就毫无用处。因此必须有某种方式允许用户输入数字（数据）。

一台计算器就能实现自动化。我们可以添加一个类似儿童音乐盒的设备，它的旋转圆筒上带有引脚，可以接通每个开关。只要在合适的位置上存在一个恰当的程序，就可以提供输入，运行程序，并自动显示最后答案。

晶体管是作为开关的理想器件。被编程指令可以存储为一系列的二进制数字，依照开关的顺序从左到右排列。如果要设置开关的"开"，每个数位就要设置为1。这些数字每个都叫做一条指令。为了防止和那些输入到ALU的数字产生混淆，我们把这些开关数字（指令）称为"代码"，那些输入的、内存中的和输出的数字称为"数据"。代码告诉计算机怎样去设置它的开关。沿着线路传输的数据流的开启和切断也由这些代码控制。

因此，计算机可以被定义为这样一种设备：能根据预置的代码序列自动处理输入数据。一旦信息（字颜色图画，甚至声音）被转化为数字形式，该定义就可以应用到所有计算机上——无论是用于高等数学、文字处理还是绘画制图。

2 芯片和硬件
CHIPS AND HARDWARE

　　硬件是计算机学的实物机器,也就是构成计算机的部件。它包括中央处理器,实际计算机单元;内存,它包含在一些电子芯片上,而这些芯片则位于计算机内部的电路板上;存储器,包括硬盘和其他磁盘驱动器;外围设备,例如键盘和监视器(显示器);以及连接所有这些部件的元件。

　　现代计算机的先驱可以追溯到19世纪。1804年,法国工程师约瑟夫·玛利·雅卡尔发明了一台可编程织布机,它可以从穿孔卡片上获取指令,而卡片可以从一台机器移动到另一台。穿孔卡片一直被用于在大型机上输入数据,直到20世纪70年代。电子计算机始于1943年——带有特殊的内存设备的译码"巨人"计算机投入使用。

　　由于采用了硅芯片和超大规模集成(VLSI)技术,硬件从20世纪70年代开始迅猛发展。基本器件,如处理器、用于输入的键盘、用于输出的屏幕和打印机、存储设备、用于通信的调制解调器也从那时开始普及,使得现代计算机相比于它们的先驱更加"平易近人"。

中央处理器

一台现代计算机的处理器，或称中央处理器（CPU），通常是单块微小的硅芯片，是计算机的"心脏"。其他部件采集、传输和发送数据。只有处理器进行计算。处理器有许多不同的区域，执行不同的功能。一般来说，计算机一次只能完成一个单独的操作——尽管它可能在 1 秒钟内完成几百万次操作。每一个复杂操作都被分解为最简单的单元，而 CPU 控制这些操作的执行次序，使得所有步骤都可以高效完成。

CPU 的计算区域就是我们所知的算术—逻辑单元（ALU）。最简单的 ALU 只有单个的存储区域，叫做累加器，只能存储一个数字。与之相关的是若干寄存器，或称暂存器，暂时存储送交 ALU 处理的数据。为了完成两个数的相加，将第一个数装入累加器，第二个数装入某个寄存器，并加到累加器上，再将结果输入到另一个寄存器中。

CPU 包含了记忆区域（称为缓存），用于收集、存储指令和数据。另有一个程序处理区域，用于分析包含在程序代码中的指令，以及一个总线区域，用于处理 CPU 各部间的以及 CPU 和计算机内部外部的其他设备比如磁盘或键盘之间的所有通信。CPU 的每个位置以及连接到 CPU 上的每个设备，都有一个地址，从而使总线可以从中读取数据或向其写入数据。此外，还有一个时钟，控制着处理器的全部操作。"奔腾 4"处理器中的时钟以 2.53GHz（每秒循环运转 25.3 亿次）的速率运行。

为了执行一个程序的每一行，CPU 中的许多这些区域都会投入运行。例如，一个程序要求处理器对地址为 500 的内容加上 6，并将结果存储到 600 地址，那么这一指令序列可能运行如下：由于计算机正在执行一个已存储的程序，所以指令必须从一个外部地址获取——可能在磁盘上。处理器保留着一个计数器，叫做指令计数器，告诉总线单元从哪个地址取得下一条指令。所以，首先，程序计数器要求总线单元调用程序的下一行，再将其传递到程序处理区域进行分析。然后控制单元告诉总线去获取地址 500 的内容。总线输出这个地址并表明正在读取，然后从该地址带走

←在这台计算机中，可以在前面的中央找到"奔腾"处理器。这块芯片表面的引脚使得它可以连接到总线上。大多数的引脚都携带数据和地址信号。少部分具有特殊用途，例如，"复位"引脚连接到计算机前面的复位按钮上。另一个重要的引脚接收时钟信号。

→图中的英特尔"奔腾"处理器芯片的计算核心位于底部的右下角，那里有整数和浮点单元。总共有两个整数单元，所以两条整数指令可以即刻得到处理。在这些单元的上面，在顶部右上角是控制单元，这一单元的中心是指令译码器，它可以设置执行指令。"奔腾"处理器可以在一个管线中同时保留几条指令，利用取指单元来保持管线处于充满状态。处理器的左侧边被连接到引脚上，这些引脚插入总线中。总线接口逻辑单元负责在必要时控制总线、获取和发送数据。两块缓存用来存储最近从内存调用的数据，以备这些数据短期内的再次被调用。

数据，并通知控制单元。控制单元使数据被传递到累加器。接着，控制单元在一个临时位置形成数字 6，并发送信号 ALU 将该位置的内容加到累加器上。它再把结果传递到总线上，并告诉总线将其输出到地址 600。总线写下地址 600，表明其正在写，并将数据发送到该地址。

某些现代处理器在设计时将上述过程分为 4 个阶段，每一阶段定时为单个的时钟周期：取指（获取一条指令），译码（分析得出指令的意义并从总线上获取所需的数据），执行（在 ALU 中执行指令），存储（将结果放回到总线上）。一条指令的译码和存储阶段常常需要读写寄存器——从寄存器上收集数据或存储数据到寄存器上。而处理器在处理的整个周期中不再需要多余地访问外部设备（例如内存或磁盘存储器）。

芯片和硬件

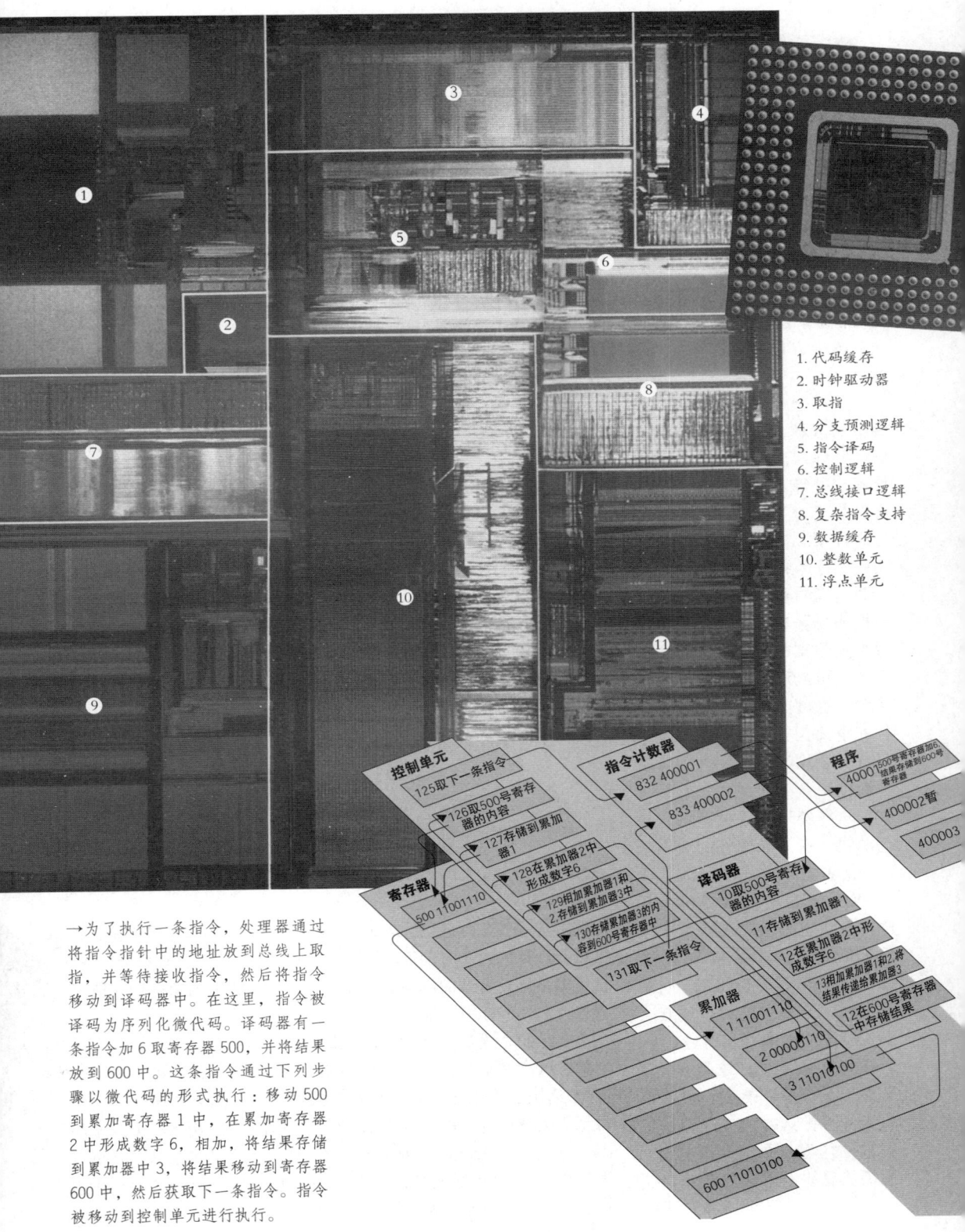

1. 代码缓存
2. 时钟驱动器
3. 取指
4. 分支预测逻辑
5. 指令译码
6. 控制逻辑
7. 总线接口逻辑
8. 复杂指令支持
9. 数据缓存
10. 整数单元
11. 浮点单元

→ 为了执行一条指令,处理器通过将指令指针中的地址放到总线上取指,并等待接收指令,然后将指令移动到译码器中。在这里,指令被译码为序列化微代码。译码器有一条指令加 6 取寄存器 500,并将结果放到 600 中。这条指令通过下列步骤以微代码的形式执行:移动 500 到累加寄存器 1 中,在累加寄存器 2 中形成数字 6,相加,将结果存储到累加器中 3,将结果移动到寄存器 600 中,然后获取下一条指令。指令被移动到控制单元进行执行。

347

总线通道

算术—逻辑单元（ALU）通过总线与外界连接。总线是一个信号通道，将 ALU 连接到中央处理器（CPU）的其他区域，以及将 CPU 连接到内部和外部的设备上。这就使得 ALU 可以从其他地方搜集数据并将结果输出。

每一个外部设备，或该设备中的区域，都有一个数字地址。处理器通过可被找到的地址确定外部数据，就像它被连接到几千个可能包含数据的编号文件架上。因此，总线必须向一个特定的文件架发出信息，表明自己希望从该文件架发送数据还是采集数据，然后再进行相关数据的发送和采集。外部地址可能用来鉴别内存中的位置，也可能鉴别用于外围设备的重要位置。在某些系统中只有一个用于内存和外围设备的地址集合；而在另一些系统中，这两类地址是分离的，并且总线上有一条额外的线用来区分两者。

和计算机中的其他单元一样，总线也采用二进制系统来传送数字。为了传输 16 位数据，它有 16 根并行线路，叫做数据线，使得它能够传输 0～65,535 范围内的任何数字。一套分离的 16 根地址线用于指定文件架。最后，还有一根单独的线告诉被选择的文件架是传送它的内容到处理器（读取）还是从总线上取走数据并存储（写入）。所以，有 16 位数字的

一个人电脑最初被用来处理 8 位的数据，就像这里展示的处理器和其他内部设备的工作一样。在右下方的图中，处理器从硬盘的地址 11110010 读取数据到内存的 10010001 位置。它将这个地址放到地址总线上，再发出输入信号，硬盘（已经将数据读入到它的缓冲区中）就会将数据（10110110）放到总线上。处理器接收这个数据，并将地址放到地址总线上，发出希望输出的信号，再将数据放回到数据总线上（在这个例子中通过一个缓冲控制器来实现）。RAM 单元检测到 10010001 是一个 RAM 地址并存储这个数据。如右页右下方的图所示，之后，处理器执行 3 个后续的写操作：第一次将 10110100 写到 RAM 地址 10010001，第二次将 00011000 写到地址 11110101（在这个例子中是一块声卡）；第三次将 11100011 写到地址 11110100——这是视频卡存储器的一部分。

机器需要至少 33 根线组成总线，这些线从 CPU 的心脏引出，连接所有计算机内部的设备。尽管金属质地的总线在计算机背后终止，但是各种各样的电缆和传输器可以将总线上的信号传输到近处或远处的外围设备上。

实际的总线要比上述的简单模型更为复杂。一台个人电脑（PC）可以作为例子。处理器以 2GHz 左右的速度运行，远快于外围设备甚至是内存的运行速度。总线太长，以至于无法以这样的速度来访问这些外围设备。出于以上这些原因，PC 总线被分为两个或更多部分：CPU 自身中的总线（运行速度最快）；最靠近处理器的部分——称为本地总线——主要用于内存芯片；离处理器更远的部分用更慢的设备。

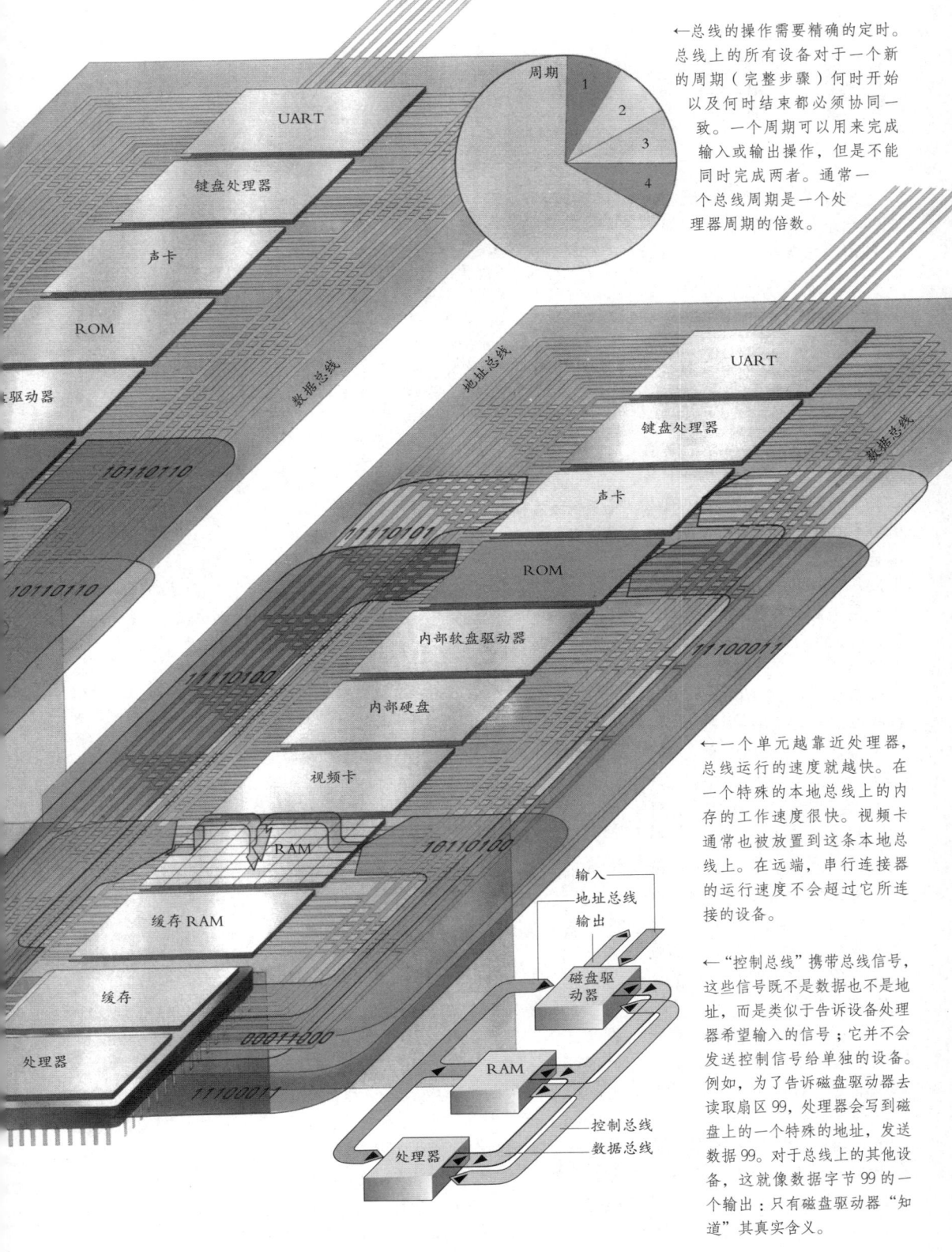

内 存

大多数可以读写代码和数据的地址是用于存储的。如果处理器写入数据到一个存储地址,那么当它之后读取这个地址时,它就会期望在那里找到同样的数据。

与磁盘或磁带可以永久存储不同,内存芯片是一种暂时的(或动态的)存储器:当计算机关闭电源时,内存中的信息通常会丢失。内存由一定数量的芯片构成,每块芯片由三极管和电容构成几何阵列,可以存储数百万位的数据。芯片上的每一个位置都通过水平和垂直的电路连接组成的网络连接,因此可以利用两个相关的连接器进行访问。它能以保存在电容器中的微小电荷的形式存储单个的数位——0 或 1。每一个位置都像一个开关:"开"(充电),表示存储 1;"闭"(放电),表示存储 0。事实上,计算机程序从来不会访问一个单独的内存位置:可独立编址的最小单位由 8 比特(或内存位置)组成,叫做一个字节。每个字节都有自己的地址,都可以看做是一个文件架,通过总线连接到处理器。

当处理器把一个内存地址写到总线上,内存控制器就会到该地址查看这个字节。当数据出现在总线上,而且处理器正在向内存执行写入操作,那么内存字节的每个数位就会带走其中一根总线数据线上的内容,并且丢失原来包含的任何

→静态 RAM 由逻辑门构成。利用舰船上的信号员作为类比,当另一个输入为绿色时,信号员继续举持一面绿色或红色的旗子,并将其看做是一个输入。当另一个输入变成红色时,他将他的旗子降下并升起另一面旗子。守门员并不会意识到其中的一个输入就是输出。加在"门"上的规则非常简单:如果确定一个输入为红色时,显示红色。因此,一面红色旗帜的瞬间挥舞就会将输出从一面旗帜转到另一面。这个"门"以开关的形式工作,可以被设置为红色或绿色,并能保持其设置。

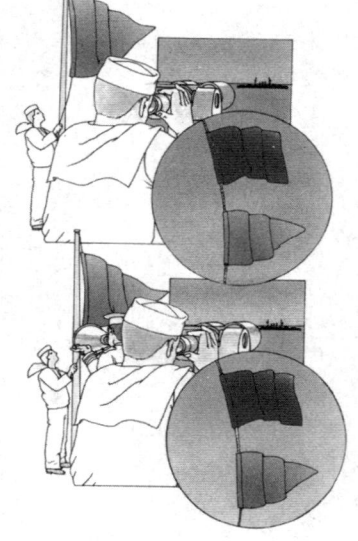

←动态 RAM,或 DRAM,通过存储电容来动作,这些电容必须持续充电。在这幅图中,如果每隔几毫微秒不去提醒信号员/守门员应该显示哪面旗帜,那么他就会放下旗帜。当动态 RAM 被读取时,它就会丢失自己的内容。而且即使它们没有被读取,内容也会泄露。为了克服第一个问题,每次对一个 DRAM 位置读取后,电路必须紧接着将它的值写入。为了克服第二个问题,每个位置必须被频繁地读取(也就因此被刷新)。尽管这一过程十分复杂,但是由于 DRAM 非常廉价,所以在大多数系统中都是用 DRAM 作为大容量的存储器。

数据。如果处理器在执行读取操作,那么总线中的每根数据线就带走内存字节其中的一个数位的内容,但是内存字节也保留其内容。

由于内存的每个位置都可以通过它的连接线构成的坐标进行访问,所以内存中的任何项目都能和其他项目一样被快速访问——无论它们中的哪一个被存储。与此相反,对于存储在磁带上的数据而言,在提取到数据之前,磁带必须旋转到确切的位置,因此对某些数据的访问会比其他数据更容易一些。由于访问所有的内存位置都同样容易,因此我们把计算机中的内存叫做随机访

芯片和硬件

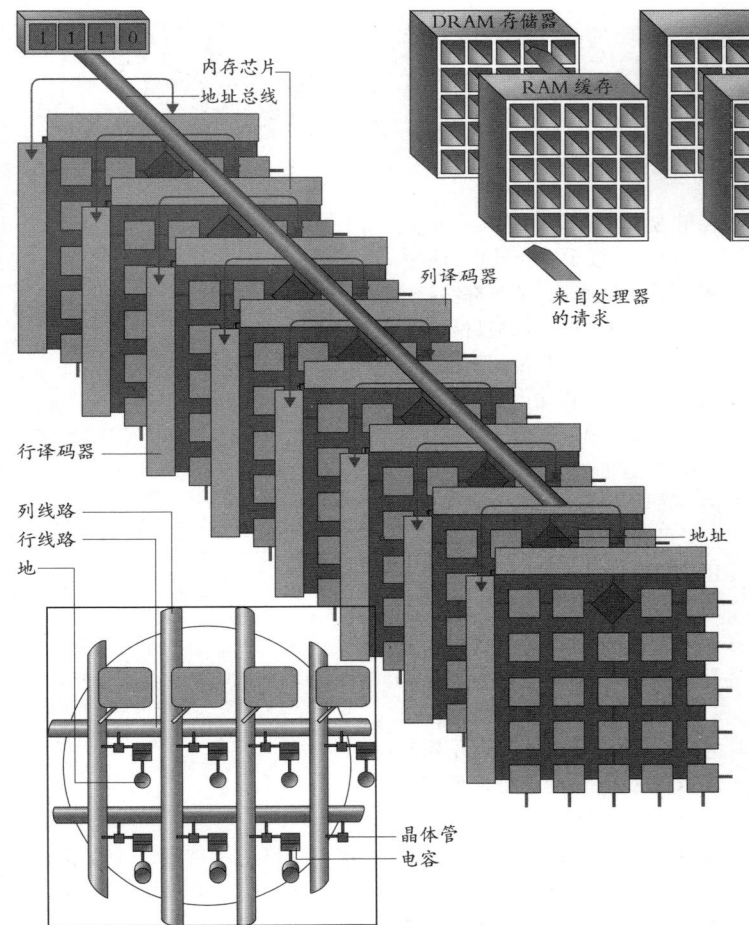

←↑内存芯片由一个存储单元阵列构成,每个单元都有一个唯一的地址(如左图)示。当一个地址通过地址总线到达芯片时,竖直和水平坐标分开,然后由行、列译码器选定单独一个单元。如果需要写入一个1,电荷就被存储到这个单元的电容中;当这个单元的内容被读取,电荷会重新传回到列线路上。只有当一个单元的列线路和行线路同时被激活时,这个单元才会受到影响。RAM芯片中的电荷被不断地被刷新,防止其流失。一个8位系统需要8个这样的芯片构成堆栈来存储字节:构成这个字节的每个数位在芯片上都有相同的地址。如上图所示,缓存中的快速静态RAM通常被用于加速DRAM。当处理器请求数据时,这个数据同时也被传递到缓存中。如果相同的数据被再次请求,查询信号首先传递给缓存,而对于DRAM的查询就不再必要。

↑每个DRAM存储器单元都由一个电容和一个晶体管组成,它们沿着一条竖直(列)和水平(行)的线路排列。电容本身包括两个导体,由一个绝缘体分隔。其中的一个接地。晶体管被用做开关:打开它就允许电容上的电荷流动到输出线路上。

间存储器(RAM)。相比于磁盘存储,访问内存进行读写是相当快速的。

内存速度对于一台计算机的功能化至关重要,因此内存芯片存储器尽可能安装在靠近中央处理器的地方。使用一块缓存同样可以提高速度。例如,如果处理器从一个特定的地址101读取了内容,它同时会把这个值记忆在自己的内部存储器中,这个内部的存储器就是缓存。如果需要再次用到相同的地址,处理器就可以从缓存中更快地找到这个值,而无需访问总线。当缓存充满的时候,其中较老的数据就会被丢弃,从而为新的数据让出空间。在执行一次特定操作的过程中,一个地址很少只被访问一次,更可能的是短时间内的若干次被访问,所以一块缓存可以在很大提高内存性能。

随着计算机变得日益强大,并且应用程序中加入了越来越多的复杂特征——尤其是采用了高质量的图片,就需要有更大容量的内存芯片。20世纪80年代早期,最初的个人电脑只有64KB的RAM,而今天常用的PC至少需要64MB的RAM(原来的1000倍之多)才能正常运行。然而,为了使老机器能够运行更新的软件,增加更多内存的方法通常是可行的。

只读存储器(ROM)不能由处理器执行写入操作,而且速度一般慢于RAM。在现代计算机中,ROM用于存储底层数据,例如启动代码;还可以用于存储那些禁止用户修改的程序或数据。

□学生科普百科

存储设备

↑这台个人电脑（PC）有一块硬盘，硬盘的右边是一个软盘驱动器，软驱下面是一个CD ROM驱动器。硬盘不能被移走，而且对于用户而言，也没有物理上接触硬盘的需要。PC中的硬盘容量已经从10MB或20MB上升到几十GB，前者在20世纪80年代中期十分常见，而后者在90年代晚期已经十分普通。软盘驱动器被安装在前端以方便装载，它可以接受3.5英寸的磁盘，这种磁盘在格式化之后通常可以存储1.4MB的数据。很多PC还有一种压缩磁盘驱动器，外观上类似于一个软盘驱动器；压缩磁盘可以存储100MB或250MB。这里的CD ROM驱动器不能用来将数据写入到磁盘中，但是它可以提供对大量的存储数据的访问。可重写CD（CD RW）现在已经广泛应用，它们通常可以储存650MB。

一旦切断电源，计算机内存中的数据就会丢失。为了保存信息，用户必须将信息转移到另一设备上，这个设备可以在断电情况下依然保留数据。我们可以通过磁化某种合适的介质来存储数据，而最常用的介质就是磁盘。

磁带曾经是用于存储数据的流行设备，但是每次为了到达指定点，磁带都必须从头开始转动。在一个磁盘上，数据被存储在一个平坦表面的一系列环上，这些环叫做磁道。当读写头经过磁道上方，以电脉冲的形式携带数据时，磁盘表面铁的氧化物微粒就会排列，改变极性来指示1和0。

一片软盘可以从计算机中移走，它由一片很薄的带有涂层的塑料构成，现代常见的软盘是装在一个硬塑料盒子里。大多数软盘可以存储1.4MB。压缩磁盘比标准软盘稍大一些，要求采用一种特殊的驱动器，容量为100或250MB。

硬盘被置于一台计算机的内部，不能被移走，读写部件和磁盘是不可分离的，都被封装在一个隔区里，隔离灰尘和其他污染物。这就使得相比于软盘，硬盘的磁头可以更加敏感，数据排列也可以更加紧密。一个硬盘可以由一个圆形盘，每一个盘面都有自己的读写头。因此，硬盘可以比软盘存储更多数据，通常具有几十GB的容量。

无论磁盘有多少容量，它都被设置（格式化）为一系列的圆形磁道，每个磁道又被分为若干扇区。一个扇区是可以读取的最小单元，而且可能包含有一些头部信息来鉴别的存储数据。从磁盘读取和向磁盘写入时，必须同时指定扇区和磁道。用户无需知道数据存储的物理位置，因为系统本身保留着一份磁盘空间清单，并组织扇区的选择。如果一份文档写入到磁盘，需要3个扇区的存储空间，计算机就会找到当前未被使用的扇区（不一定是一个紧接着另一个），将数据放在那里，并记录扇区位置用于日后参考。如果用户扩展了文档使得它需要4个扇区，那么系统就会找到一个额外的扇区进行存储。如果缩短了文档，一个扇区空间就被空出来。

对于用户而言，类似于文档这样的一个数据整体是一个文件。它被存储在文件系统中，而文件系统由操作系统进行管理。计算机维持着一个文件目录，用来记录当前的文件名以及磁盘上第一个扇区的位置。一个文件分配表记录着每个文件占用的扇区，指引读写头从一个扇区跳到下一个扇区，以完成整个文件。

一个压缩光盘只读存储器（CD ROM）采用了不同的存储技术。它能在一片直径12厘米的可移动盘上存储650MB的信息：通过在盘表面刻印来完成数据（以数位形式）存储，并利用激光束进行数据读取。数据被存储在单条螺旋轨道上，但是激光可以跳到任意点，快速访问。可重写CD（CD RW）现在已经得到广泛应用，而数字化视频磁盘随机访问内存（DVD RAM）驱动器也已经投入使用。

↓在早期的计算机中，磁带为大量数据提供了廉价的存储，但是磁带必须回退再向前以访问单个的数据块。磁带也用作硬盘的可移走备份或归档存储。

→操作系统将一个文件分割为单元，并将其存储到磁盘的特定磁道和扇区上。例如，在PC上使用的DOS操作系统在磁盘上的一个固定位置记录一个目录（称为根目录），并标注每个文件在磁盘上起始位置。磁盘上的空间以簇来分配。文件分配表（FAT，File Allocation Table）告诉系统，对于每个簇，哪一簇应该被下一个读取。当需要额外的空间时，FAT允许系统找到一个空闲的簇。构成一个文件的簇可能会变得零碎，或分散到整个磁盘上。然而，只有当一个给定文件的所有簇都顺次排列时，磁盘才能达到最快的工作速度——一块磁盘可以通过碎片整理来达到这一效果。

↓一个光盘，例如一片CD ROM，将数据存储为一串凹点，蚀刻在光盘表面上。这些凹点可以用一束激光来读取。CD ROM不能由计算机来写入，但是CD RW（可重写CD）可以存储那些可以被覆盖的数据。

↑大多数磁盘通过沿着磁盘半径极化磁盘表面来记录信息——尽管也有某些系统极化表面法线。磁头通过极化磁盘的两个相邻区域来写入一个数位。对于1，这两个区域有相反的极性，而对于0，它们有相同的极性。下一位的首部分的极性总是和前面区域的极性相反。为了读取磁盘，磁头在磁盘表面上方的移动会导致电流流过磁头，电流方向取决于表面的极性。一个硬盘的读写头"悬浮"在磁盘表面上方仅仅为毫米的十万分之六七的高度，而磁盘以3600转分的速度旋转；整个磁盘被密封起来，以隔离灰尘。

□ 学生科普百科

计算机外围设备

从用户那里得到数据或者对用户显示数据都需要有额外的设备。它们位于计算机的外部，所以称为外围设备。从20世纪80年代以来，几乎所有的计算机都已配备了键盘、打印机和显示屏幕，而更早期的计算机只能从打孔卡片接收数据，并且只能输出到打印机。所以这些计算机使用起来很不方便，并且需要专家来操作它们。

我们现在采用键盘、鼠标、扫描仪、数码相机和其他设备来完成大部分数据输入。计算机键盘和打字机键盘较为相似，但是除了基本字母键之外，计算机键盘还有一个光标键区，用于在屏幕上移动光标；有一个数字小键盘，几个控制键，以及一系列的功能键——可以为其分配特殊功能。

按下一个键就使一个电路完整，计算机中的处理器就会检测到一个按键事件；松开按键，计算机就会检测到一个按键松开事件。每次有此类事件发生的时候，计算机的中央处理器就中断当前工作，转而处理按键事件。如果计算机当前并没有在等待来自键盘的输入，它就会将按键细节保留到一个队列中，直到需要键盘输入的时候。

鼠标也是一种输入设备，它使得用户可以很容易地在屏幕上选定位置。它包含一个旋转圆球，圆球可以将自身的运动传递给计算机。作为响应这些输入，屏幕上会有一个可见光标对应地移动，并显示选定的当前位置。鼠标上还有几个按钮，可以通过按下（点击）这些按钮向计算机发送指令。光学鼠标与此类似，但是没有滚动球。在很多手提电脑上还使用了一种滚动球设备，这种设备可以在固定位置上进行转动。

用户通过观看一台监视器，或称视觉显示器（VDU）来观察计算机的工作。手提电脑的屏幕采用液晶单元来生成彩色显示，但是大多数的监视器都采用一块带有荧光涂层的玻璃屏幕，由一支电子枪对屏幕进行逐行扫描，使荧光粉发光或者维持暗淡。通过瞄准排列在屏幕背后的红色、绿色或蓝色的荧光粉，电子枪就能选定颜色。扫描过程如此之快，以至于人眼看到的就是一幅连续图像被显示出来。每秒都必须对荧光粉进行多次重新激发，否则它们的光亮就会减弱，显示就会变得暗淡。纯平屏幕也正在变得流行起来。

外围设备通过特殊的连接器连接到计算机上。在大型系统中，计算机可能在一段距离之外，那么监视器上就可能有一个控制器直接连到计算机上。但是在一个桌面系统上，例如一台个人电脑上，监视器是连接到计算机本身的一个视频适配器上，而视频适配器则连接到总线上。计算机的中央处理器可以向视频适配器中的一

↑一台监视器可以提供画面显示，但是显示质量依赖于视频适配器。在PC上应用最为广泛的一种视频适配器称为VGA。它可以在640×480的屏幕分辨率下提供16色的图形，而这已经足够让用户运行Windows了。VGA的扩展（称为超级VGA）具有更好的颜色和分辨率。24位色为每种原色分配一个八位强度代码。高分辨率再加上好的色彩需要大量的存储器，在视频适配器上，2MB或4MB的内存较为常见。

系列地址发送数据。最简单的设置为：这些地址点靠点地存储屏幕要求的内容，并且处理器可以简单地通过写入适当的内存位置来改变屏幕。

视频适配器以一种适当的格式保留一幅屏幕图像，通常是通过记录屏幕上颜色的每个连续点来实现，直到收到CPU的指令要求它改变这幅图像。适配器必须将它的屏幕映射图转化为信号，使屏幕以合适的速度被重绘，维持一幅连续的、无颤动的图像。

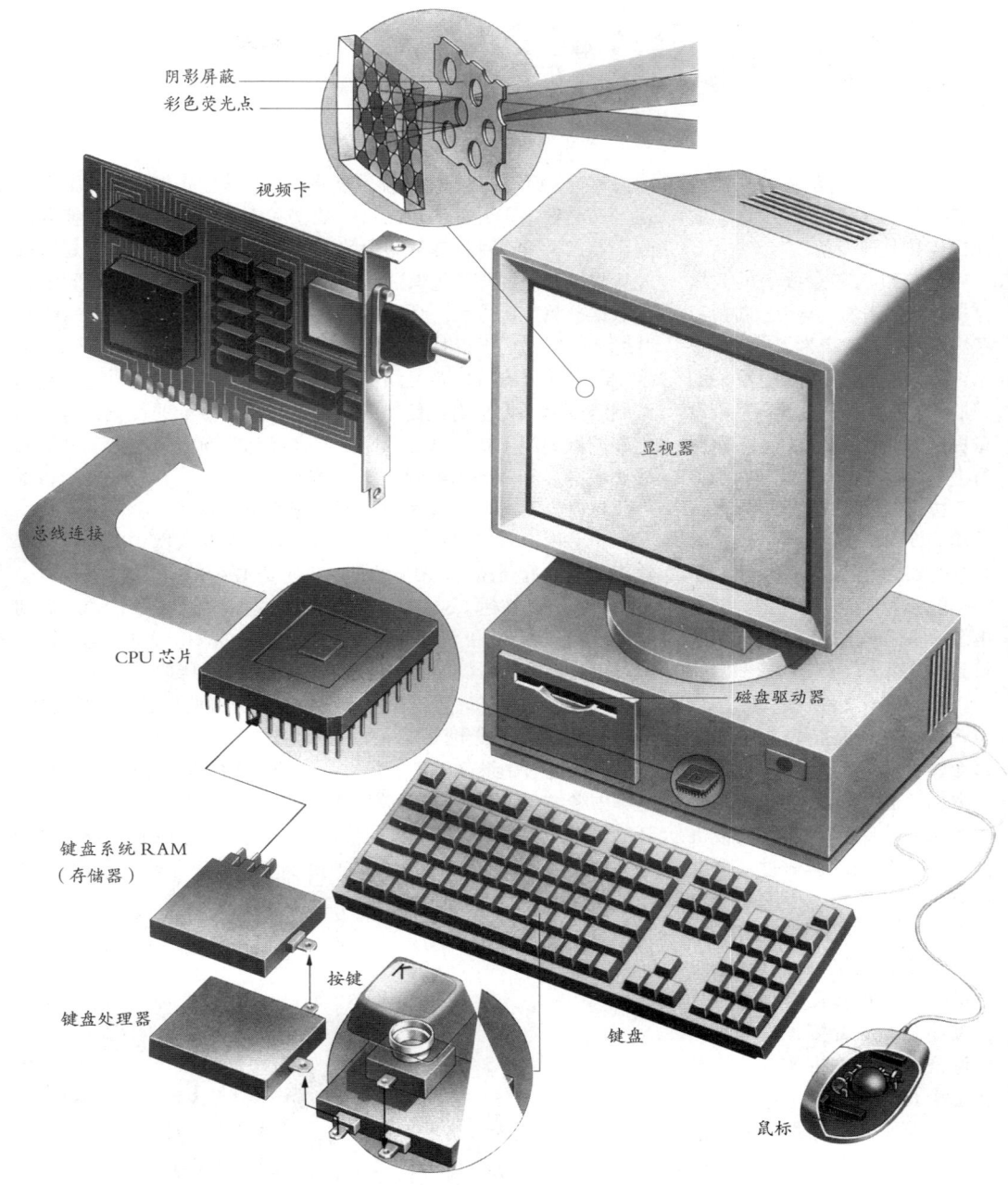

↑当用户按下或松开一个按键时，一个扫描代码会记录这个按键的位置。这个代码通过一个串行接口发送给 PC，然后一个中断就会告诉处理器，处理器就会停止当前工作并查看这个代码。存在一个表标识每个按键上的字符。处理器选择一个字符，并将其放到一个缓冲区中，程序可以从这个缓冲区中读取这个字符并将其显示在屏幕上。为了完成这一过程，程序会找到视频适配卡的总线地址，并发送显示以指令字符——确切格式依赖于卡的类型。将一个字符放到屏幕上需要这个字符的一幅图片：来自某种字体的一个字形。某些系统利用处理器来完成这一任务；在其他系统中，适配卡具有这种能力。结果就是，视频适配器 RAM 中的某些像素记录了屏幕上变化的色彩的每个像素的颜色。适配器 RAM 不断地生成信号来更新屏幕。字符在 RAM 中出现之后，更新就会使这个字符出现在屏幕上。

□学生科普百科

与他人通信

配备了存储器和监视器的计算机可以充分进行工作，而无需连接其他设备。

计算机内部总线上的数据是被并行传送的：每个数位由一条独立的数据线携带，所以任意字节的数位都会一起到达它们的目的地。一个并行连接与外围设备提供类似的通信方式。一路并行电缆需要8根数据线，再加上用于协议的额外线路。并行数据传输速度很快，但是所有数位必须同时到达目的地，这就限制了数据能够安全传送的距离。并行电缆最常见的用途是将打印机连接到计算机上。

在一条串行连接线上，数位一次一个进行传输。电缆在每个方向上都只需要一根线传输数据，运载协议的附加线路。一个被称为通用异步收发报机（UART）的处理器通过一个端口被置于总线上，而这个端口是串行电缆插入计算机的地方。通用异步收发报机可以将总线上的并行数据转化为合适的数位的序列，或者接收一个数位的序列并以正确格式将其放置在总线上。

远程连接需要更复杂的技术。电话线可以很方便地连接距离遥远的计算机，但是大多数现在的电话线携带模拟（振幅调制）信号而非数字信号。实现二进制数据和模拟信号之间的转换要用到调制解调器，调制解调器为数据的每个字节加上多余数位，因此接收端调制解调器就识别数据传送的速率，并对数据进行校验。当数据被数字化之后，必须再由一个数据包汇集—分发器（PAD）"贴上标签"，用于指明它来自何方，去向何处。

已经接入有线电视网络的家庭通常可以购买或租借一个电缆调制解调器。携带电视信号的电缆具有高得多的的带宽，电缆调制解调器利用了这一特点，因此比连接到普通电话线的调制解调器要快得多。一个电缆调制解调器能够以128～500Kbps的速率上传材料，以500～1000Kbps秒的速率下载材料。

商业用户可以租借一条专用的线路用于互联网访问。这种专线有多种，但是最为普遍的是T-1（或DS-1）和T-3（或DS-3）。T-1提供高达1.544Mbps/秒的传输速率，而T-3的速率达到45Mbps/秒。计算机就可以通过连接它们的单独电缆进行通信。由此产生的网络称为以太网，已经不再依赖于电话线。

无线网络允许计算机在没有任何电缆连接的情况下实现通信。信号被转化为无线电波脉冲在一个较小范围内进行广播，而这个范围可以通过中继站被扩展，每个中继站都包含一个转发发射机。这种中继站已经存在，并且被移动电话所利用。通信连接一旦建立，计算机之间就可以立即进行通信，在用户完成整个打字工作之前，早先输入的字符就已经到达远端的处理器。

→这台打印机每次从计算机接收一个字节的数据。来自总线的每个字节被提供给并行电缆的一条分离的线路。有必要将打印机放置在距离计算机几米之内的地方，因为连接两台机器的并行电缆并不适合于长连接。

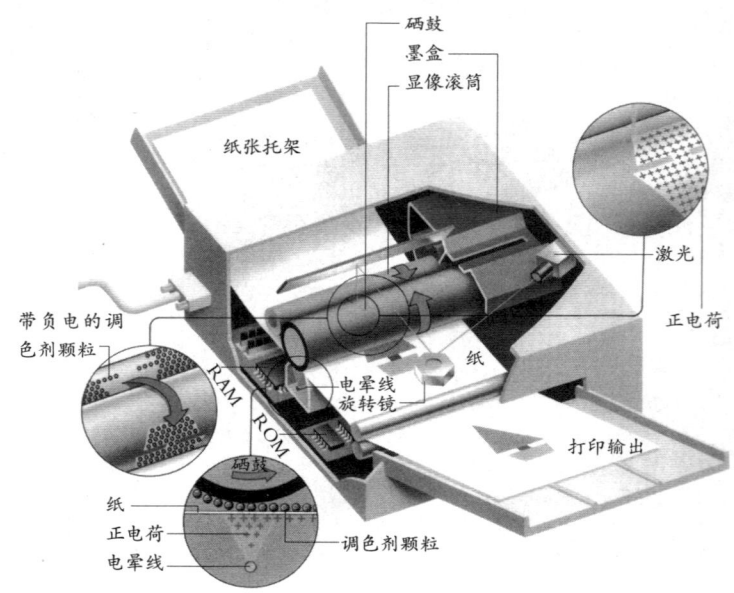

3 软件应用
SOFTWARE APPLICATIONS

一台计算机必须同时拥有软件和硬件，但是从用户的角度来说，应用程序是最重要的部分。它们使用户和程序交互——无需学习编程技术——并且能赋予计算机一个特定的任务。文字处理、图形、数据库和电子表格全部都是计算机应用。如果有人购买了某个主流的文字处理软件包，他就能得到一张可以自动安装的 CD。和程序一样，软件包也包括了一个帮助系统、针对那些原来使用不同的字处理系统的人们的建议，以及教学程序。还可能存在一个功能有限的绘图软件包以及一个图片库（"剪贴画"），信息索引以及语法检查器：当一个句子太长，或者一个主语和动词不匹配，或者在应该使用主动语态的地方使用了被动形式，语法检查器都会向用户发出警告。

大多数这种应用程序都可以进行扩展的量身定制。"向导"允许用户重新设计标准的书信格式。第三方软件供应商出售已编码的插件以及其他支持材料比如字体等。整个系统被结合进操作系统（主体软件）以及其他来自同一生产商的产品。

□学生科普百科

文字处理

一台打字机结合了一台打印机和一个键盘。在早期的打字机中，按键和打印符之间的连接是机械式的。一个文字处理器具有打字机的两个特征化设备：键盘和打印机；然而它还有一个由计算机提供的额外的特征：一个内存。打字员利用键盘向内存输入字符。将字符输出到屏幕以及将内存中的内容打印到纸上是两个分离的操作。

将键入操作和打印操作分离可以提供很多好处：文本可以在内存中进行编辑，从而在打印到纸上之前纠正错误或做出改动；文本可以随意地被重新组织或重写。所有的文字处理器都提供了，包括覆盖输入已经存在的拷贝，或者插入新的材料，移动、复制以及删除文字块的基本工具。内存用于存储和编辑当前的文本，文字处理器则将文档存储在磁盘上。一个大的文档例如一本书可能在输入时被分为很多章节，并在必要的时候进行经常性的编辑和重新组织，然后交付打印。文档都是以文件的形式进行存储。

早期的文字处理器都是特殊目标的机器，但是它们具备了一台计算机的绝大多数硬件部件如：处理器、内存、磁盘存储、显示、打印机和键盘的特征。随着个人电脑的普及，软件包得到不断发展，从而使得个人电脑可以作为文字处理器使用，而且文字处理成为世

←一名体育记者在膝上电脑上为比赛编写评论。他无需关心文本格式，只需要用单词和空格来输入文本即可。这个文本被存储到硬盘上一个文件里。

↓体育记者报道的文本利用一个调制解调器发送到报社办公室。可以在膝上电脑上安装无线网卡，这样就不需要为了传输数据而把计算机插到电话线插槽上。

界范围内的计算机上的最普遍的一项应用。

计算机上文本的一个文件由字符代码的一个序列构成，表示输入的单词和空格，这样的一个文件被称为一个 ASCII 文件。然而，对于一个文字处理器文件，还需要有其他代码，这些代码涉及到格式和页面布局有关的代码。这些代码可能是一条指令，例如，"转换为加粗字体"者"开始新的一页"，而且通常被嵌入到文档中适当位置。

←回到报社办公室，拷贝编辑首先对文本1作某些编辑修改，包括根据需要移动和删除文本块，以及检查拼写。下一步骤是调整文本格式，包括指定字体、大小、栏宽、连字符和字距（如图2），添加强调格式，例如黑体和斜体，并且可能为引言改变字体尺寸。在屏幕上见到的标题会和打印出来的效果一样，因为字体平滑软件可以确保基于矢量的字符看起来平滑——无论出现在屏幕上的字母有多大。然后，利用桌面排版（DTP）软件来组织（安排布局）页面：文本流入以及图片预留空间被定义（如图3）。通过扫描仪引入照片（如图4），它可以将照片转化为数字形式。最后，任何必须在页面上出现的特定元素添加进去。在实际打印之前，可以利用文字处理或DTP软件的打印功能来打印一份整个页面的激光校样副本。

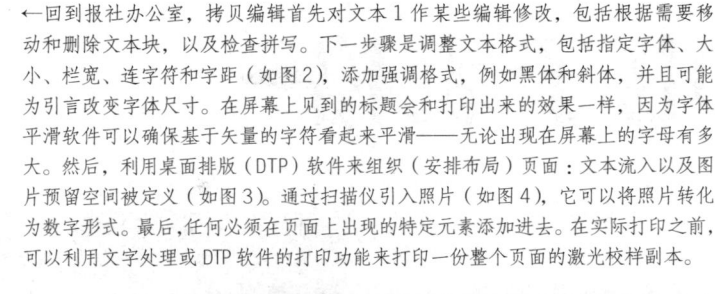

↑当最终的副本准备完毕，报纸并不是从计算机打印出来，计算机只是用于编辑；作为替代，打印图像被传输到高速打印设备，生成所需的数千份副本。

20世纪80年代早期，打印机已经比专用文字处理器的显示屏幕更加精密，也胜过那些运行文字处理程序的计算机。一个典型的屏幕可以显示25线，每线80字符宽，每个字符宽度相同——就像在一台打字机上一样。与此相反，即使是一台廉价的点阵打印机也能用几种不同的字体打印文本，并允许字符有不同宽度。用户可以输入格式指令：将一些文本渲染为粗体，或者设定为更大的字体；调整文本或者分栏打印。这些指令的结果并不是都能在屏幕上显示出来。

在上世纪80年代，一台典型的激光打印机的用户已经可以完成非常精细的打印。他可以控制文本尺寸和空白，匹配字体，以及加入插图和色彩。通过一台低质量的显示器来控制这样的打印机引发了许多问题。现代显示器使得文字处理器最终发展到"所见即所得"的形式，也就是屏幕上显示的文档和将打印到纸上的完全一致。一个现代文字处理器可以检验拼写和语法，生成内容的索引和表单，引用脚注、页眉和页脚，以及设置多栏和插入图表完成页面布局。利用计算机生成一份具有打印质量的文档叫做"桌面排版"（DTP）。"邮件合并"允许计算机为地址清单中的每个人个性化一封标准信件。它也可以合并文档，添加圆点和边框，并从电子表格和数据库中导入材料。文字处理软件还可以为万维网上的页面制作文本。

大多数文字处理器还配有过滤器，用于读取使用不同代码的其他文字处理器的输出。多样化文本格式（RTF）允许格式信息嵌入到文本中。这些文件可以作为文本进行读取，因为（不同于普通格式代码）它们不包含任何特殊的ASCII码字符。开发RTF就是为了在存储格式化输出的时候，为文字处理器提供一个公用格式。

□学生科普百科

电子表格

一部袖珍计算器上存在的所有功能都可以在一台计算机上实现。键盘上有对应于数字和常用运算符号（加、乘，等等），而且很多键盘都有一个额外的小键盘，与袖珍计算器上的按键非常相似。很多操作系统甚至还有一个计算器在屏幕上显示，类似一个袖珍计算器。

然而，将一台计算机作为一个计算器来使用是浪费了它的高级性能。使用计算机上的计算器，有步骤地输入一串复杂的加数，再求其总和，这样做是可能的；但是如果以后需要一个小的改动，整个加和不得不重新输入。如果有一个程序可以理解、记忆并显示求和步骤、输入的值和公式，并能计算最终结果，那么它将会比上面的计算器程序有用得多。这样的程序称为电子表格。

在发明电子表格之前，如果用户想要计算某个公式的值，那么他就不得不通过写一个程序来完成该工作。在20世纪70年代晚期，电子表格的发明——最初的程序叫做VisiCalc——作为一种商业管理工具被广泛应用。

电子表格是网格状的，由大量交叉栏线构成的小长方形组成。这些小长方形称为单元格，每个单元格记住一个表达式（可能是一个值或者一个公式）并计算它的值。一个电子表格单元格中的表达式可能会依赖于一个或多个其他单元格中的值，

例如，可能依赖于其他两个单元格的值的差别。整个页面看起来就像一页处理过的图表。

一份电子表格可以用于一个简单的计算，或者那些复杂得多的运算。例如，一个用户可以设计这样一份电子表格，它的列记录家庭支出的每个常见项目，它的行记录一年中的每个月的所有各项支出。通过在每一行的右边和每一列的底部分别放置合适的表达式，就能生成分类的月度支出总和与年度支出总和，以及一个动态收支平衡。

电子表格的中心特性是具有重算的能力。例如，假设某个月份中某个项目的值被改动了，电子表格可以自动重算依赖于那个值的各个表达式。同样的电子表格可以用来预测来年的收支平衡状况：可以复制

↑→如果有预算之外的花费（例如汽车在一次小的交通事故之后的修理费），新的总额就取代了计划总额。这一改动可以通过选定正确的单元格并编辑它来实现。电子表格的内建公式可以重新计算机依赖于这个数据的所有其他数据——用于汽车上每年的花费。电子表格可以记住单元格之间的相互依赖关系，只计算那些有可能改变的单元格。

↓数据可以通过制作图表很容易地回顾。例如，这里所示的饼图展示了这个家庭怎样分配它的年度支出：可以一目了然地看出哪个是主要支出项目。这种工具被建立到很多电子表格中。

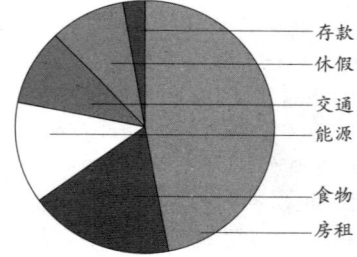

存款
休假
交通
能源
食物
房租

表达式，如有必要则改变值。由于在电子表格中可以容易地改变数字，所以类似于这样的问题："如果房租上涨20%，年底的收支平衡会变成怎样？"可以很轻易地得到答案。

许多模型更加复杂。对于一个成长模型，或者说用于计算复利的模型，电子表格的列分别对应于每个时期，每一列可以用固定的本利乘以前一列来构建。电子表格可以处理高级工程学、统计和金融公式，远远超出了最精密的袖珍计算器的功能。

电子表格软件包含有复杂的格式指令，允许数据以及结果以一种吸引人的风格进行打印，或者输出到其他文档中。将电子表格上的数据表示为图表的形式通常更容易被理解。大多数电子表格软件包允许用户选择特定的行或列，将它们的值表示为一种或多种图的形式，包括曲线图、饼图等等。

	A= 薪水	B= 房租	C= 食物	D= 能源	E= 休假	F= 交通	G= 现金流转	H= 平衡
1	1750	900	350	80		150	270	270
2	1750	900	350	80		150	270	540
3	1750	900	350	60		350	−410	130
4	1750	900	350	60	500	100	340	470
5	2000	900	350	40		150	560	1030
6	2000	900	350	40		350	360	1390
7	2000	900	350	20	2000	50	−1320	70
8	2000	900	350	20		150	580	650
9	2000	900	350	40		150	560	1210
10	2000	900	350	40		150	560	1770
11	2000	900	350	60		300	390	2160
12	2000	900	350	80	500	150	20	2180
	23000	10800						

←↓这个电子表格模型可以用来保存家庭支出的记录。用于输入数据的每个长方形被称为一个单元格。单元格排列在纵栏中，用一个字母来标识；也按水平行来排列，用一个数字来标识。输入了值以后，使用这些值的公式就会自动为其他单元格计算值。这里，第一列表明薪水，紧接着的5列指示了支出的重要方面。在这之后的一列表示月度现金流转（从薪水中除去这个月的支出），而最后一列是收支平衡，维持总现金流的流转。随着一年逐渐过去，预算数字可以由实际支出来代替。

	A	B	C	D	E	F	G	H
1	Value	Value	Value	Value	Value	Value	=A1−(B1..F1)	=G1
2	=A1	=B1	Value	Value	Value	Value	=A2−(B2..F2)	=H1+G2
3	=A1	=B1	Value	Value	Value	Value	=A3−(B3..F3)	=H2+G3
4	=A1	=B1	Value	Value	Value	Value	=A4−(B4..F4)	=H3+G4
5	Value	=B1	Value	Value	Value	Value	=A5−(B5..F5)	=H4+G5
6	=A5	=B1	Value	Value	Value	Value	=A6−(B6..F6)	=H5+G6
7	=A5	=B1	Value	Value	Value	Value	=A7−(B7..F7)	=H6+G7
8	=A5	=B1	Value	Value	Value	Value	=A8−(B8..F8)	=H7+G8
9	=A5	=B1	Value	Value	Value	Value	=A9−(B9..F9)	=H8+G9
10	=A5	=B1	Value	Value	Value	Value	=A10−(B10..F10)	=H9+G10
11	=A5	=B1	Value	Value	Value	Value	=A11−(B11..F11)	=H10+G11
12	=A5	=B1	Value	Value	Value	Value	=A12−(B12..F12)	=H11+G12
	=SUM(A1..A12)	=SUM(B1..B12)	=SUM(C1..C12)	=SUM(D1..D12)	=SUM(E1..E12)	=SUM(F1..F12)	=SUM(G1..G12)	=H12

↑通常，一个单元格中的公式只有在编辑单元格的时候才可见，但是这里我们将电子表格设置为显示它的所有公式。某些数字，例如假期花费，不遵循任何特殊规格，因此必须独立输入。其他数字，例如租金和薪水，在很长的时间保持不变，因此可以作为公式输入。底部的"总"行以及现金流和收支平衡栏利用一个函数（=SUM）来加、减或除其他已命名单元格的内容。某些单元格保存文本。

	A	B	C	D	E	F	G	H
1	1750	900	350	80		150	270	270
2	1750	900	350	80		150	270	540
3	1750	900	350	60	500	2000	−2060	−1520
4	1750	900	350	60		100	340	−1180
5	2000	900	350	40		150	560	−620
6	2000	900	350	40		350	360	−260
7	2000	900	350	20	2000	50	−1320	−1580
8	2000	900	350	20		150	580	−1000
9	2000	900	350	40		150	560	−440
10	2000	900	350	40		150	560	120
11	2000	900	350	60		300	390	510
12	2000	900	350	80	500	150	20	530
	23000	10800	4200	620	3000	3850		530

数据库

数据库是一个已存储信息的集合，可以通过不同路径容易地访问其中的单个项目。可以将它比作一个卡片索引，其中数据能被自动检选，并以许多方式呈现。许多数据库作为一致的卡片的一个序列被组织在一起，就像记录卡，包含属于某个项目的所有数据；在这样的记录上是许多字段，携带与该项目相关信息的每一片断。一个商店货物的一个数据库可能会有每种库存物品的一条记录，并包含多个字段分别记录价格、库存代码、库存中的项目数量以及库存中应当储备的最小数量等。

数据库使数据以多种形式呈现给用户。如果需要一份记录清单而不是单独的"卡片"，记录可以按行显示，而字段按列显示。可以选择显示某些字段，隐藏其他字段。

可以取出数据库中的信息以响应一次查询。在上面的例子中，所有的库存项目能以字母顺序列出，或以值的降序排列。也可能显示在一个给定列中有一个特定值的所有记录。假设苹果的库存代码为1046，那么如果请求调用库存代码等于1046的记录，就会使数据库取出关于苹果的数据来。

数据库的查询并不需要来自于计算机使用者，它们也可以被用在软件应用程序中以计算结果。商店里的电子结账系统可以读取产品上的条形码（条形码也就代表了库存代码），向数据库查询这一库存代码的记录，然后使用数据库中被指示的价格作为顾客总账单的一部分进行计算。更复杂的查询可能包含了表单中的几列，例如，对于仓库经理而言，将所有库存水平低于最小值的记录列出是很有用的。

很多数据库需要不止单独一个表单。为了存储每种货物的供应商的详细资料，可以向表单加入一列用于存储供应商的地址。但是，如果商店从一个相同的供应商那里购入很多商品，这种做法就显得费力，而且还可能导致错误。如果那个供应商改变了地址，就需要改动大量的记录。更好的做法是为每个供应商分配一个代码，记录每种库存商品的供应商代码，并建立一个单独的表单用于存

↓一个数据库中的每个表单都包含一定数量的行（记录），并且被划分为列（字段）。数据库中的每个项目都有一条对应的记录。这可以通过填充每一列来完成。如这里所示，记录也可以表示在表格上，字段被组织起来，以使数据易于输入。在图示的表单中，存在为每个客户准备的记录，字段包括姓名、电话号码和地址。一次查询指定了需要哪条记录，以及需要提取哪个字段。查询的结构是一份新的表单，记录了所找到的匹配指定标准的每条记录。一次查询也可能从多份不同的表单中提取数据。一份表单可以作为一份报告打印出来，它包含的记录按照字母排序。

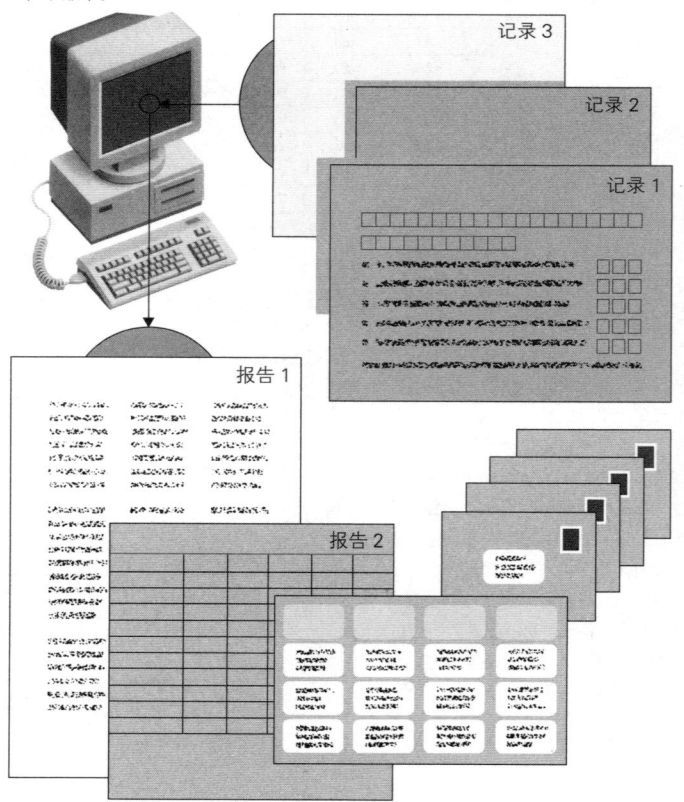

储每个供应商的所有细节。这种由多个表单构成的数据库称为关系数据库，而其中的表单就称为关系。

如果数据库中包含了多个表单，查询就会变得更加复杂。为了查询满足以下条件的货物——库存水平最小值以下，而且它的供应商距离商店 50 千米以内，就必须同时访问两个表单。存在多种方式来表达这样的查询，但是对于大多数关系数据库，存在一种标准的查询语言，称为"结构化查询语言"（SQL）。

某些数据并不能自然地转化为一个表单。例如，来自书籍的文本的一个数据库就没有自然的表单结构。然而这样的一种数据库还是非常有用的，只要它能对这样一种请求并按该顺序排列：找出所有包含短语"信念、希望和善良"的句子，这会比使用书籍的索引要高效得多。一个文本数据库通常叫做一个文本档案。文本档案要求有大量的存储空间。存储量达 6.5 亿个字符的 CD ROM 的发明，使文本档案广泛分布到即使是那些有最小计算机系统的用户。这样就使得大词典、百科全书以及其他藏书可以供人们随意搜索。

↑库存管理员可以访问库存货物数据库：所有货物都按照物品编号列出，这些编号对应结账点读取的条形码。当发生货物交付时，库存水平上升；当货物被放到货架上并且被买走，库存水平就下降。对于每种库存物品，存在一个最低水平，库存量不能跌落到这一水平之下；还存在一个数量，当库存过低时将被重新排序。这些数字在某些情况下需要进行调整，比如超市正在组织一次特殊的促销活动。库存控制数据库还可以记住每种物品被放在仓库的哪个位置。还可以将它连接到工厂或其他供应商的一台计算机上，这样就可以由低库存水平自动产生订单。

←↓收银员使用一个条形码读取器来辨识每种物品：一个数字和计算机（下图）上的索引数据库中的数字相匹配。该输入包括了一份表单，其中有产品号、描述和价格。计算机将产品描述和价格打印在帐单上，并将价格加到顾客的动态消费总和上。它还可以保留一份销售信息，显示哪些物品销售状况良好，哪种很差，并且可以向仓储部门通报库存量走低的状态。

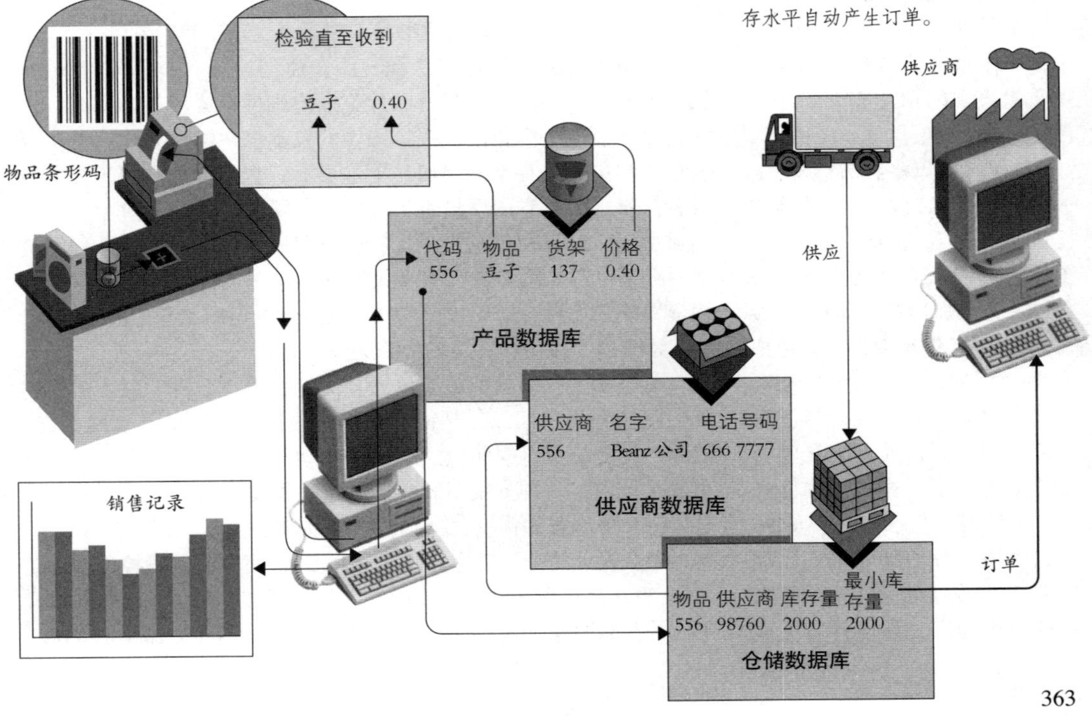

图 形

在一台计算机上,图片通常生成位图被表示出来,其中包含了它们的色调或颜色。一条简单的线插图被分为非常小的方块,每个方块都被赋一个值——依赖于方块的色调(1对应于白色,0对应于黑色)。方块的尺寸被称为一个像素(图片元素),经常被选择作为能被输出设备显示的最小单元。许多计算机屏幕拥有72点/英寸(dpi)的分辨率,而激光打印机可以达到600dpi。这就意味着对于一幅插图的位图,打印边长1英寸(2.5cm)的正方形占用36位。一个设备上的像素密度叫做该设备的分辨率。

对于彩色图像,每个像素可能被赋予一种颜色。这就需要用几个数位,而不是1位。在一个只可以显示16色的系统中,每个像素占4位;而需要高质量重现的图片需要每个彩色像素占24位。

图像可以以多种方式输入。一台扫描仪通过对一幅图像进行逐点采样来生成一幅位图。图像也可以从一个视频源或一台数字相机那里被"捕获"(数字化)。照片编辑软件允许用户修改一幅图像,可以改变颜色、添加或移除对象,或者将其移动到不同位置,并且背景将自动调整以补偿。这种编辑已经成为一种新的艺术形式。或者,可以利用一种绘画应用程序在屏幕上生成一个完整的图像,这种应用程序允许设计者逐点

↑"曼德勃罗"图像是一种复杂的数学图像,称为分形,它只有通过计算机图形应用才能被发现。

地建立一幅图片,或者创建形状、图案及纹理,然后着色。

矢量图片并不是记录一幅位图,而是记录一个几何指令集,用于绘制形状并着色。只有图片是输出到屏幕或者打印机时,这些指令才创建一个位图。一幅图像的矢量描述通常要比一个位图表达占用更少内存空间,而且更加灵活,例如,允许图片被旋转或者扩张。而且它的质量也不会依赖于输出设备的分辨率。矢量图通常用于计算机辅助设计(CAD)程序。如果一个设计程序希望对一幅位图化图像进行主要修改——将一个形状(例如一张脸)缓慢地改变为另一个形状——就必须通过确定原始图像的关键点,首先建立这个位图化图像的一个矢量解释。

在屏幕生成动画的最简单的方法就是从一个视频源中捕捉连续的图像并进行回放。然而这种操作使用了大量的计算机内存。因此,许多计算机视频应用程序将运动部分限定在该图像的一个小的区域内:一种方案不要让该图像占据整个屏幕;另一种方案是保持一个静态的背景,并且更新运动物体或称为"精灵"的图像。专为游戏设计的计算机拥有好几个处理器,可以分别操控许多"精灵"。现在已有用于动画制作的软件包。图形应用程序以多种格式生成并存储图像,这些格式包括JPEG、GIF、Quick Time和TIF。

4 日常使用的计算机
COMPUTERS IN DAILY USE

  计算机已不再局限于在屏幕后面进行"转动数字齿轮"的操作，成为我们生活和工作的一部分。在公共图书馆里，它们为每个人提供查询服务——包括阅览者和图书管理员；在教室里，它们帮助各个学习阶段的人——从年幼的儿童到医学院的学生。计算机被用于预测天气、控制生产线、驾驶飞机和火车（以及汽车）、帮助医生诊断疾病并预测康复的几率。在家庭中，计算机可以为孩子提供各种游戏和教育程序，并帮助家庭进行财政管理。它甚至可以允许一个成年人通过调制解调器进行远程工作。如果一个人有一台小的电脑，那么他甚至可以在家里工作。

  机器有时候崩溃，而使用它们的人也可能会犯错误。现实中的计算机辅助造成的灾难都是由许多人小的错误，而不是由惊人的大错误造成的。如果一个系统设计师没有考虑到这个系统的潜在的使用者，那么就会引发一个常见的错误。和蓄意的破坏行为相比，使用者缺乏正确使用软件的能力会对一个项目造成同样程度的损害。

□学生科普百科

生活中的计算机

当家用电脑第一次出现时，它们被认为主要是孩子们玩游戏的机器。然而有两样东西改变了这一概念，它们就是多媒体和互联网。受益于多媒体，很多家庭用户可以在 CD ROM 上得到参考。网络服务曾经只存在于在较大的办公室里，现在已经在互联网上提供给家庭用户。一台 PC 和激光打印机可以将居家转变为一个办公室。文字处理软件可以用来书写私人信件、学校作业，或者创作小说。一份电子表格可以用于个人账户、商业课程学习，或者对土地做生态分析。一个数据库可以用来作为一个顾客列表、个人电话簿或者某人最爱歌曲的记录清单。考虑到那些预算有限的用户，已经存在软件包集成了所有这些特征。

很多人在家里有一台计算机。除非买这台计算机是特意为了在电视屏幕上玩视频游戏，

↓在很多家庭中，最早的家用电脑用户最初都是孩子，他们用电脑玩街机风格的游戏。这种系统通常是一种连接到电视机屏幕上的设备，有一个简单的游戏手柄用于用于控制（输入）。现在仍然存在上百种面向 PC 的软件游戏，但是随着这些系统逐渐发展为对成人和专业用途有用的工具，新式的游戏机被设计出来，从而和家用电脑分离，成为一种手持设备，一个孩子可以将其带在身边。这些设备只有很少的 RAM 以及有限的输入和输出工具，但是结合了高质量的芯片和精细的图形。

在家里
账目
地址簿
冒险游戏
游乐中心风格的游戏
家庭作业
电子公告板
信件交流
日记管理
调制解调器 / 传真机
专业应用

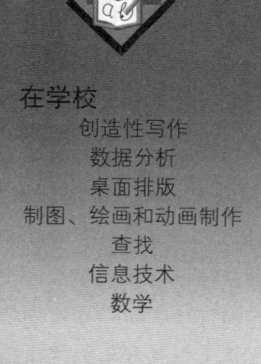

在学校
创造性写作
数据分析
桌面排版
制图、绘画和动画制作
查找
信息技术
数学

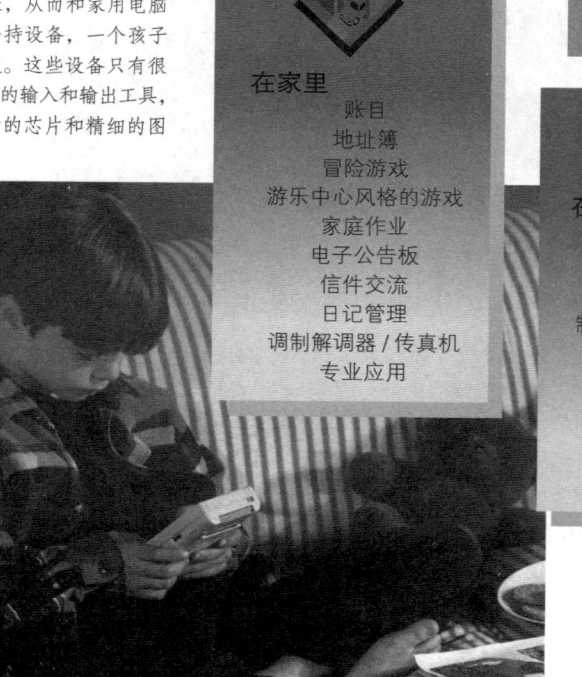

否则它很可能会是一台 PC 或苹果机。一个典型的家庭系统包括一台 PC，其配备了一个相对较小的硬盘、一台打印机，可能还有一个调制解调器和一个 CD ROM 驱动器。软件可能包括了商用程序以及小的公共领域（免费）程序和共享程序。提供共享程序是基于对用户的信任，相信用户会自觉付给开发者一定的费用——只要这个软件向用户证明了它是有用的。在流行的计算机杂志上会列出很多的共享软件。

家用电脑很少组建网络。然而，绝大多数都配备了一个调制解调器，通过一个称为互联网服务供应商（ISP）的组织，允许人们访问互联网和万维网页面。

很多家用电脑主要用于游戏娱乐。专用的游戏机通常可以输出比普通计算机更好的画面，而且速度更快，但是它们的用途仅限于玩游戏。有些游戏相当精巧并且困难，有些游戏可以在互联网上玩，所以游戏玩家在线玩——不管他们身处世界的哪个角落。PC 上的下棋系统现在可以打败顶尖的棋手。在模拟游戏中，玩家可以模拟驾驶飞行器，甚至重演人类历史，从而使得最新硬件的强大处理能力可以派上用场。

随着越来越多的学校连接到在线服务上，计算机已经成了将信息带入教室的一种工具。在很多国家，学习计算机科学与信息技术已经成了学校课程的重要部分，互联网又使学生能直接与世界上其他地方的人们交流。计算机辅助学习正变得日益重要。很多课本现在都附带一张 CD ROM，提供关于课本内容的详细解释，其中包括了动画。已有很多基于计算机的教育程序：孩子们可以学习阅读、计数，或者说一种外语。有些软件将游戏的乐趣和实际信息内容结合在一起，这样的软件已经变得普遍。

基于计算机的家用参考书也同样可以供人们使用：一整套百科全书可以被存储在一张或两张 CD ROM 上，而且这些内容通常提供了超文本链接，指向互联网上那些更近或更加详细的信息。电子书籍不仅可以更容易地搜索信息，而且可以在文章中使用声音和视频——这在一本纸质书籍中是不可能实现的。

↑在学校里，计算机的最佳用途之一就是教学生们使用它们。即使计算机没有更多的教育用途，但是由于它们如此广泛地在不同行业中使用，它们在课堂使用显然也是很有意义的。事实上，计算机也可以用于访问 CD ROM 上或者拨号服务上的参考文献。教授学术主题的程序已经取得了有限的成功，而计算机辅助学习的价值仍然处于争议之中。

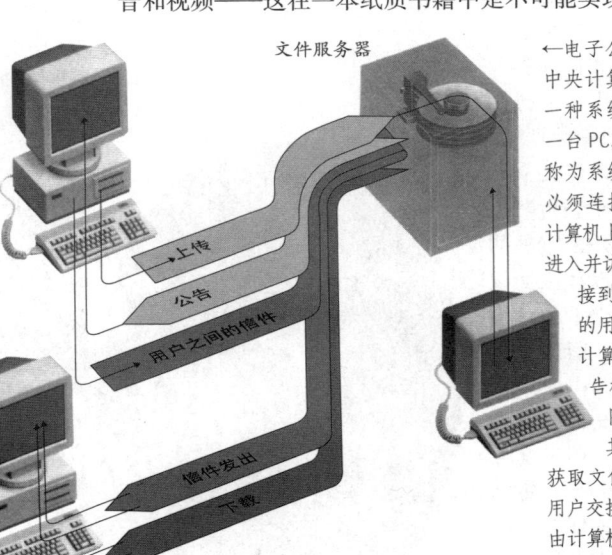

←电子公告板是用户可以通过中央计算机在其中交换数据的一种系统。中央计算机可以是一台 PC，而将它建立起来的人称为系统管理员。系统管理员必须连接至少一个调制解调器计算机上，这样用户就可以拨号进入并访问这台计算机。拨号连接到这台电子公告板计算机的用户并不能像使用自己的计算机那样使用它。电子公告板向他们提供了一些有限的功能：创建文件为其他用户使用（上传）、获取文件（下载），或者同其他用户交换信件。某些电子公告板由计算机公司运行，向他们自己的系统提供帮助。这里，大多数的下载都由系统管理员提供。

□ 学生科普百科

办公室里的计算机

一个小型办公室可能只需要一台单独的计算机而无需其他设备，来为它的计算需求服务，包括从文字处理和客户邮件，到账目、通信内容和记录的维护。然而，一个中型的办公室更可能包含一个连接几台PC的局域网。一个非常大的公司可能会运行一个广域网，将整个公司的计算需求集中到一台单独的主机上，而其他子公司的办公室则通过专用的电信链路连接到主机上。

除了允许一群人共享物理资源，网络还提供了对数据的公共访问权，还允许网络用户之间通过电子邮件进行沟通。一个用户群为同一个项目一起工作，称为一个工作组。例如，在图书馆办公室工作的一群人需要共享数据。图书馆有一个数据库，显示哪本书被借走以及被谁借走。这个数据库存储在一个文件服务器上，每个用户通过网络访问并更新数据库。

工作组软件还允许几个用户在一个生产任务上进行协作。例如，一个出版人办公室里的网络可能会允许编辑和版面设计师访问相同的文件；一旦编辑认可了这篇文章，版面设计师就排好一个页面，再由编辑取回设计好的页面文件，作最后的编辑审定。一个锁定文件或其中的元素的系统允许每个人完成自己的那部分任务，而不会干涉到其他人负责的那些部分。

↑在一个老式的办公室里（这是一个20世纪20年代的财务办公室），信息由一大群职员写在纸上，存储到书架上或柜子里的文件中。这个公司的账目需要纸张的持续流动，不仅仅围绕着这个办公室，而且还要来往于办公室和公司银行之间。

←膝上电脑使得办公室本身也变成便携式了。诸如文字处理和电子表格这样的应用程序可能被保留在硬盘中，可以在任何地方、任何时间调用。而一台调制解调器可以提供即时连接，连接到中央办公室的主机上。

在大型组织中,工作组的概念通常可以得到扩展。整个运作的大量细节、进度,以及参与的人员,都被存储在一系列类似于网页的文档中。在成员之间可以传送电子邮件信息,这些消息可以是单独的或者跨工作组;还可以举行电子化发布会。这是一个内部网。如果内部网连接到外部线路上,允许客户或普通公众访问它,它就成了一个外部网。

一旦工作组的所有成员都已访问同样的信息,就可以更加灵活地分担工作。员工们不需要被限制在一台单独的工作站上,他们可以使用网络上的任何终端。一个内部网确保每个人都知道整个组织发生的事情,而一个外部网用于告知客户。以这种方式组织的一个办公室几乎不需要纸张。办公室网络化的一些推动者主张实现理想中的"无纸"办公室,在这种办公室里,即使是进来的信件也在收到的时候经过扫描存储到数据库中。

较大的办公室可能使用较大的计算机,甚至共享一台主机。然而,普通的办公工作对于一台计算机的处理能力只有适中的要求。一台有单个的处理器的中等大小的机器就可以很容易地满足一个中等规模的公司的需要。运行 Unix 或 Linux 操作系统的机器可以采用能够处理大量的数据和复杂的统计以及其他数学任务的软件,但是,它们大大超出办公室的一般需求。

不仅最大的办公室需要一台全天候运行的主机计算机,而且对于那些需要访问同一个数据库的大量的办公室而言,这种机器也是有用的。例如,一个航空公司通过很多的办事处出售座位预定,因此在一台主机上有一个座位数据库,为每个用户提供经过一个终端的访问权。

办公室中的网络带来了安全上的问题:并不是所有用户都有访问某些特定数据的权利,比如员工记录或帐目管理,机密数据也是不可以泄漏给竞争对手的。商业网络包括了安全系统,要使用密码来访问整个系统或系统的某些部分。如果网络采用的是公共的通信链接,也可能需要用到加密手段,以确保任何非法侵入的人都无法破解数据的含义。

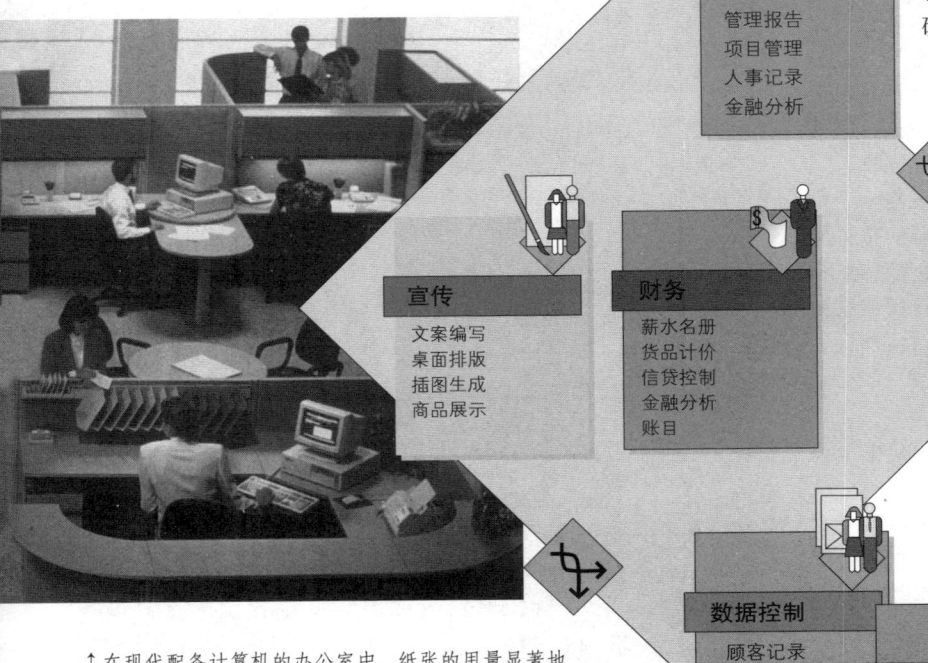

↑在现代配备计算机的办公室中,纸张的用量显著地减少,因为越来越多的信息是电子化存储。办公室的需求是计算机变得和汽车一样四处可见的重要原因。在办公室中,计算机的最早用途是代替档案柜作为档案仓库。网络提供了在公司内部进行信息交换的有效方式——尤其是在那些分散在世界各地的办公室之间。

□学生科普百科

在工厂

在办公室，如果计算机键盘前没有人，那么计算机可能什么都做不了。但是在工厂，计算机可能被作为自动化部件，并在没有人介入的情况下运行一个进程。这意味着计算机必须持续监控进程，并提供数据给系统管理者，或者直接响应数据并执行操作，以便自动调整程序。因此，这类计算机包含的输入和输出形式更适合与机器而不是与人交互。

诸如温度计、测速仪、计数器以及其他这类仪器监视进程，并且向计算机提供数据作为输入。有两种基本途径可以让计算机检测到这种输入。如果连接的仪器能强迫计算机注意并处理它收集的数据，它就被认为是一个中断驱动输入。控制交通灯的电缆就是一个中断驱动输入到处理器的常见例子：当汽车开过电缆（埋在地下）时，控制信号灯的处理器就被触发，增加一个计数，并且决定是否变灯或者等待，让更多的汽车通过。

如果计算机周期性地检查来自一个设备的输入水平，该数据就被认为是轮询数据。一个例子是在公路上使用的一种设备，当能见度很差时，这种设备会自动接通限速信号——处理器每隔一定的时间会自动检查仪器的光度表。

在自动化过程中，计算机的输出控制着其它机器。它们能控制设备开关，或者改变设

↓在纺织厂里，对于这台计算机控制的激光切割机而言，放置这个工具并没有控制织布的位置那么重要。这台切割机利用一束激光在完全正确的地方切割出一条线来。所需的形状经过数字化被输入到计算机中，同时可以迅速地对切割机重新编程来切割不同的图案。与此相反，改变一辆汽车的形状需要对自机器人完全重新编程。

日常使用的计算机

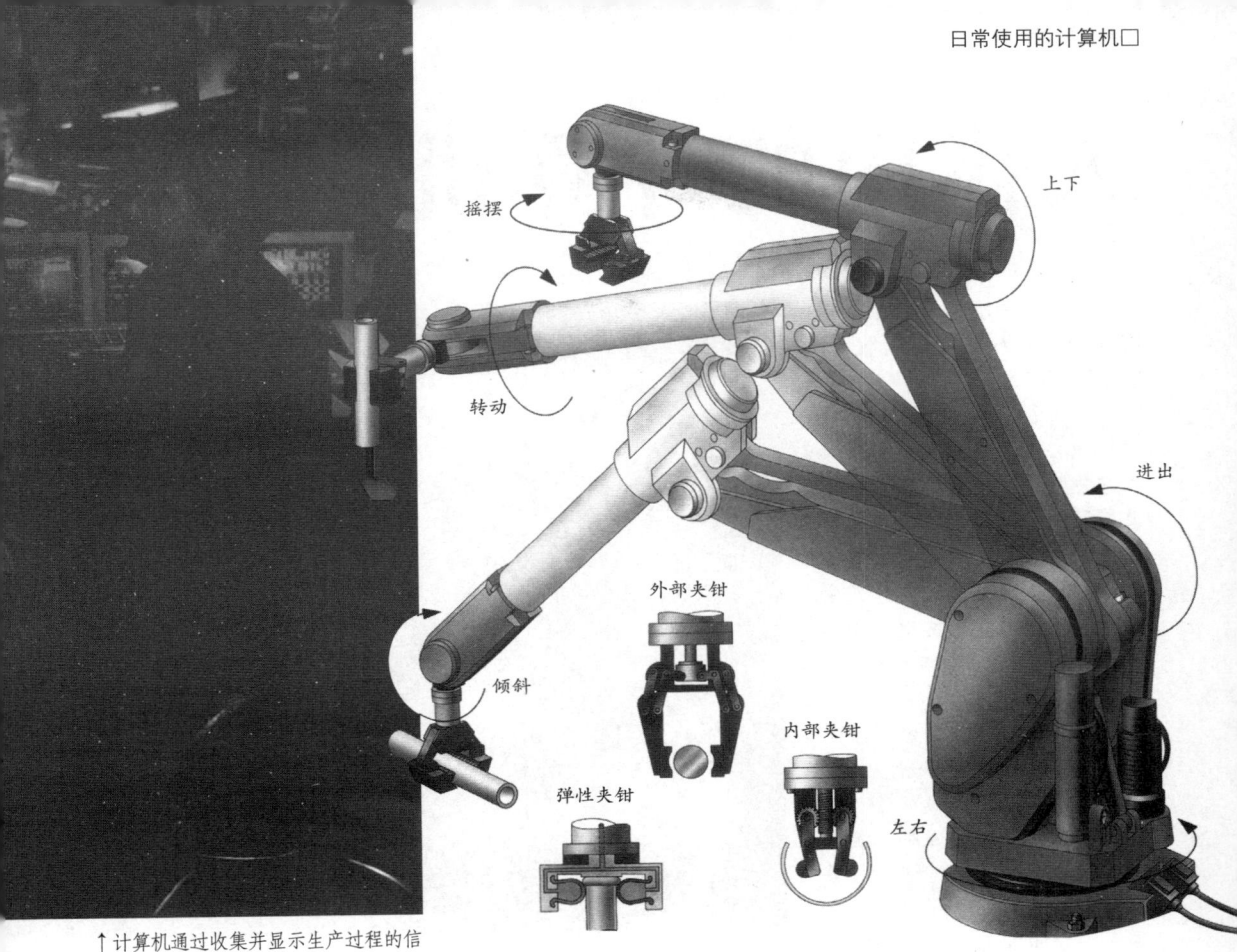

↑计算机通过收集并显示生产过程的信息来帮助操作员。传感器被安装在生产过程的关键点,很多难以直接接触。如果某个区域存在问题,就会被显示出来以引起操作员的注意,而计算机可以运行测试程序来确定是什么停止了工作。在很多工厂里,控制室已经变得和生产车间一样重要,而且工人越来越多地需要掌握正确操作这些设备的技术技能。

↑机器人是一种可编程机器,可以移动并执行机械任务。它们的臂必须有很多移动轴,从而使这些机械臂可以像人的手臂一样工作。一旦这只臂被移动到正确的位置,它就可以操作多种工具中的一种。这里,一只"手"用于抓住一个物体。这里还展示了一系列的抓取工具,每一种适合于特定类型的物体。机器人还必须能够监视它们正在执行的任务,解释采集到的数据,以相应地调整自己的动作。在现代工厂中,机器人使得生产率得到大幅度提高。

备的运行级别。操作机器的第一台计算机被称为实时系统,因为计算机和它所控制的进程同时运行。实时系统必须在固定的时间间隔内响应指令,否则系统将不再与其控制的机器同步,并且整个过程有可能失去控制。

早期,大多数计算机都是非交互地为用户执行任务(很多所谓的用户只是简单地将他们的数据提交给操作系统员,然后离开等待运行结果),每项任务完成后,才开始下一个。然而,假设一个控制程序用于核电站的危险检测,如果必须经历一个复杂耗时的计算任务才得出检测结果,那么就有可能导致灾难性的后果。后来,系统被设计成允许实时任务有极高的优先级,必要时可以中断其他任务。现代的系统是交互式的,用户直接控制在什么时间运行哪个任务,所以不再需要单独的实时功能。

许多生产控制系统需要人的介入。在某些系统中,如发电站控制,计算机提交运作过程,工作人员必须确保这些运作的安全性。在其他一些系统中,操作人员提出一项操作,由计算机评估这一操作的合理性。计算机同样能让制造商直接获得商品供应。电子商务网(B2B)提供了指向大量的货物和服务的链接。

人体内的计算机

人类的心脏是一个泵,它依赖于电脉冲使其肌肉收缩。这些脉冲起始于右心房(4个心腔中的一个),然后从那里传递到其他心腔。我们的生命依赖于这些脉冲的规则性律动。如果节奏被打乱,心肌收缩就会变得混乱。这种状况叫做心律不齐——通常是致命的。如果脉冲节奏变慢,心跳也会变得缓慢。这种状况叫做心搏徐缓。

心律不齐和某些类型的心搏徐缓可以通过一种可以监视心跳,并且当它监测到节奏不规则或者变慢,就会发送一个电脉冲的设备进行控制。这样可以恢复正常搏动。这种设备叫做心脏起搏器。它带有一个插入到心肌的电极。一条电线将电极连接到一个电子设备上,该设备由一个电池供电,监视心脏并在需要的时候产生脉冲。心脏起搏器被植入到皮肤下,胸腔壁内部,通常在左肩下面。

我们通常认为计算机是一种大的物体,被放在桌上或者像一个公文包一样提在手里,但起搏器是一个非常简单的计算机,而且极小。许多年前,起搏器由一个美国外科医生——克拉伦斯·沃尔顿·里列海发明,它的成功证明了植入电子设备可以在多大程度上帮助那些有严重病症的人。

其他的植入设备

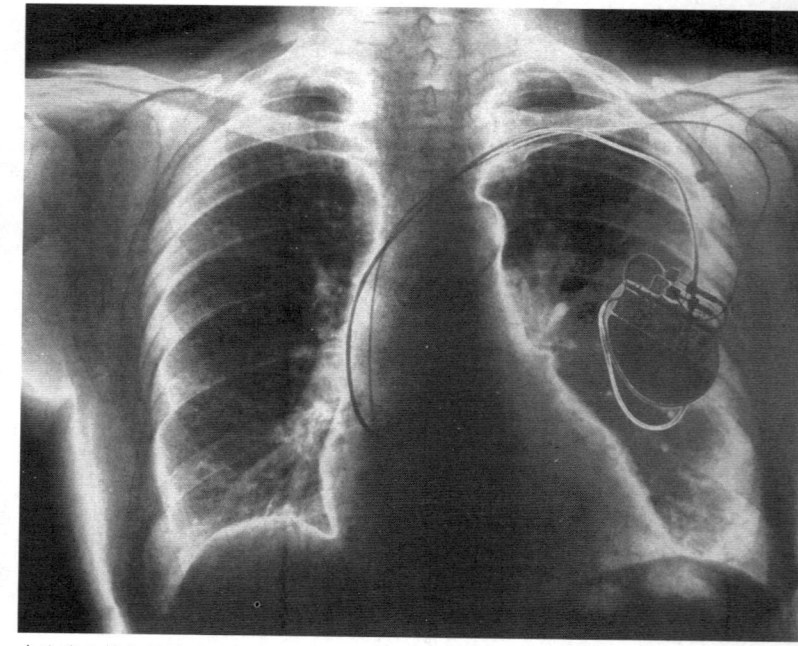

↑这张X射线图显示了一个心脏起搏器(右边的红色物体)。来自起搏器的导线携带电脉冲,电脉冲可以保持心跳规则。

↓一个实验用视网膜植入设备和人的指尖相比都显得微小。把这个设备安放在眼球后面,它就可以将进入的光转化为电信号,再沿着视觉神经传递给大脑。它可以生成一种光点图案,从而向那些完全失明的人提供一种视觉形式。

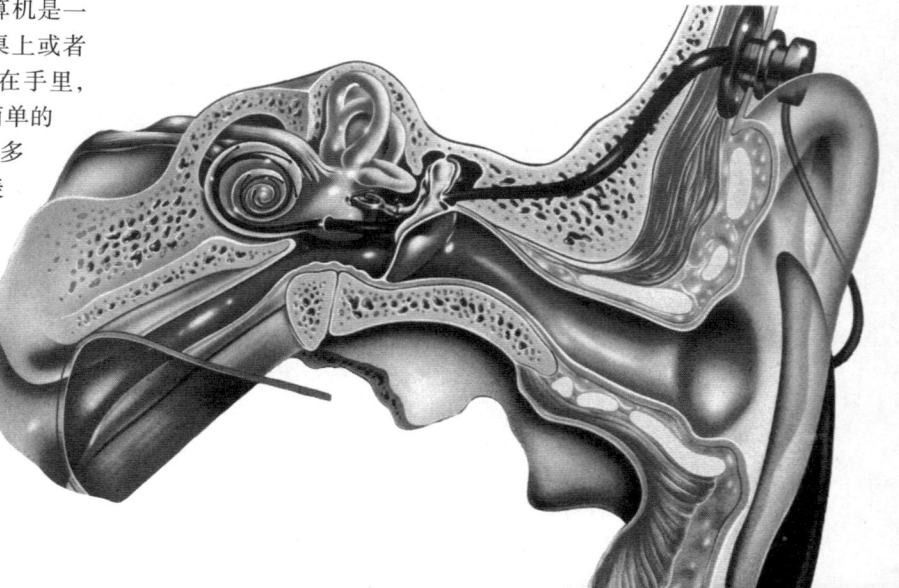

也随后产生。几乎完全丧失听力的人可以进行耳蜗植入。耳蜗是内耳的一部分,在那里,微小的茸毛细胞将声波转化为电脉冲,沿着听觉神经传递到大脑。那些丧失了部分或全部这些茸毛细胞的人听力就会受损。植入设备代替了这些细胞的角色。它从一个佩戴在体外的处理器那里接收声音信号,并将其转化为电子信号,沿着听觉神经进行传输。

类似的设备被植入到人体,以帮助进行膀胱控制等。而最引人注目的是,这类设备为失明人士提供了一定程度的视觉。现在已经可以为视网膜安装一个电子替代品,也就是一个视网膜植入设备,它可以通过刺激视觉神经对光做出反应。甚至有可能为人们植入一个完全的人造眼,这些人造眼还不够成熟,但是已经足够帮助佩戴者在陌生环境中安全行走。这个系统包括一个微型电视摄像机,安装在太阳镜的一块镜片上;一个超声波传感器,安装在另一块镜片上;一部便携计算机,连接到眼镜上并固定在肩部背带上;还有68个铂电极,从计算机引出,穿过颅骨,进入大脑。摄像机生成影像,而超声传感器测量人到物体的距离。佩戴者不会看到一个正常人所能看见的情景,而是由100个光点构成的物体边缘。

这种足够微小、能够以上述方式携带的计算机极大地扩展了计算机的用途。手机已经合并了个人功能,并提供了对互联网的有限访问。但是这些仅仅只是开始。计算机可以连接到人们身上佩戴的物品上,如眼镜或隐形眼镜,或者其本身可以安装到我们的衣服里。配备了无线电,一个智能软件代理——用于搜索和分类信息,一个眼镜上的显示器,可佩戴算机会使人们与周围世界交互的方式发生革命性的变化。

这种计算机可以提供一种有用的提醒功能。在超级市场的一个扫视可能导致一个标题信息出现,提醒佩戴者去购买那些家里用完的物品。一个电影院可能触发计算机显示佩戴者可能爱看的电影(由代理选定),这些电影可能在城里的其他电影院放映。几乎每座建筑、每个街道标志,都可以传达附加信息,但是佩戴者必须在任何时候都保持控制,只会看到其想看到的东西。

交流甚至可以变得更加亲密。当两个佩戴计算机的人之间进行电话通话时,他们的眼镜就会扫描他们的视网膜,向对方传送自己所见到的东西。研究人员正在努力发展这一技术,它有可能实现眼睛对所见事物的永久性记录。

一旦我们开始在皮肤下植入这样的设备,我们就变得接近于科幻小说中的"电子人"——人类与机器的紧密结合体。这一方向的第一个实验步骤已经完成,首先在猫和猴子身上进行尝试,然后是在人身上:凯文·沃里克——英格兰里丁大学的控制论教授。

2002年3月14日,一个微型电极阵列通过外科手术插入到沃里克教授手腕处的神经上。这个阵列包含100个电极,每个电极都和一根神经纤维接触。线路从阵列上引出,在皮肤下沿着手臂向上延伸12厘米,最后穿过一个皮肤小孔出来。这些线路被连接到一个无线电收发器上,该收发器可以和一台计算机通信。这样,中央神经被有效地连接到一台计算机上了。这台计算机可以记录神经信号,表达手和手指的动作以及诸如疼痛这样的感觉。最终,这一技术对于那些遭受脊髓损伤的人来说将大有裨益。它可以用于恢复瘫痪人士的某些手部动作,这个人就有可能握住一个杯子或拿住刀叉。

沃里克教授有继续探索的雄心。他希望有一天将一个超声传感器连接到他的身体上,这个传感器就像那些帮助机器人移动以及安装到电子眼上的传感器一样。在未来数年,计算机可能会完全消失,因为它们都被集成到我们的衣服和身体上了。

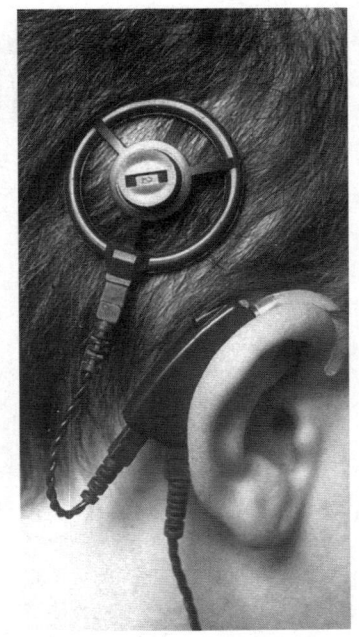

↑一名10岁女孩的头部照片——安装了一块耳蜗植入设备(见上面的插图)。围绕耳朵后面的一个麦克风被连接到耳朵上面的发报器上。皮肤下面的一个接收器通过电磁方式连接到发报器上。信号从接收器传递到耳蜗中,再从那里传入大脑。麦克风下面的导线连接到一个声音处理器盒。

□学生科普百科

趋势预测

很多对于未来的预测是在没有绝对的法则指出元素之间相互作用的领域做出的，这些领域包括经济和商业这样的重要领域。然而，在这些领域，我们也可以采用计算机辅助预测。

政府和国家银行会试图调节未来12个月或更加超前的经济状况，这就需要关于金融和经济活动的极精细的模型，这包括了诸如利率的变化带来的影响，或者兑换率的变化对整体经济的影响。在世界范围内的股票市场上，越来越多的交易由计算机来操作。众所周知，经济学是一门不精确的科学，而用于预测货币供应、通货膨胀和股价变动的程序并不会去寻求建立一个理论上互动的细节模型——这些程序预测趋势。

假设最近有一个研究试图去帮助生意人最大化他们产品的市场。这次研究将注意力集中到鞋子制造商身上，他们需要关于广告支出的建议。没有公认的方程组可以告诉我们，消费者会怎样花费他们的金钱。因此有必要依靠那些精心收集的关于以往趋势的统计数据。在以前的两年里，用于广告的支出较高，销售量也相对较高；而在接下来的一年里，几乎没有广告支出，销售量也较低。然而，在之前的两年中，天气很差，失业率也很低；而接下来的一年中天气较好，失业率也显著地升高了。那么，高销售量到底因为是广告支出的结果，还是因为坏天气或者高就业率呢？

为了回答上述问题，就要搜集过去几年中关于销售量、广告、失业率以及天气的数据。有了这些数据，统计技术中的回归分析就可以找到最好的规则，用于预测每个因素对于结果的影响。然后，制造商就可以预测鞋子的销售量可能会增加多少：假设给定了广告支出，而且天气和失业率没有发生变化。这一理论并不需要去深究广告促进人们购买鞋子的原因，只是假设未来会和过去相似。

↑在东京股票交易所，交易者和计算机协同工作。计算机通常被用来减少混乱，但是它们也有可能导致混乱。电子交易系统监视着市场的状况，并在看起来恰当的时候买卖股票。在正常交易下，它们是可靠的。如果市场开始滑动，价格下跌到特定界限，所有的计算机交易者都会在同一时间设法卖出。由于它们可以在不到1秒钟内卖出股票，结果价格暴跌，恐慌传播，市场崩溃变得更容易。

↓在德国联邦银行内部，计算机利用宏观经济模型来显示今后几个月或几年的国民生产总值、通货膨胀和就业率的趋势。银行分析家用它们来预测计划实施的经济政策变动所产生的影响。

日常使用的计算机

股票市场是一个大型的高速流通的市场，因而，运用回归分析的方法去建立预测股价的程序就必须小心谨慎。存在很多因素可能影响股票的行为，忽略了其中一个因素就有可能使整个模型完全崩溃。只要所有影响股价的因素都已经被包括进来，就不需要去分析股价升降的原因。一个附加的因素是，人们购买股票通常是为了再次卖出以获得利润，因此，其他商人关于股票的想法也必须作为一个因素考虑在内。

如果一个股票预测系统注意到其他所有人都在卖出，它也会选择卖出，除非它只关心长期价值。然而，如果其他卖出者也是计算机处理系统，它们就会观察到对方的卖出行为，从而更加坚决地选择卖出，而做出这一决策只需要不到1秒钟的时间。整个市场部门就可能在几分钟内受到毁灭性的打击。在20世纪80年代，这种计算机恐慌在很多股票市场危机中都扮演了重要角色，直到采用了新的规则，才使得在这种情况下可以立即停止股票交易。

回归分析

相关事件的趋势可以标注在一幅图形中的方法。这幅图利用时间作为它的一个坐标轴，但是它不能给出各种趋势之间的关系信息。为了预测未来，分析家通过研究过去的数据去看各种趋势如何关联。然后，他们希望自己可以预测改变一个趋势（例如广告支出）以及第二个趋势（例如销售量）所造成的影响。

为了建立这些关系，可以使用回归分析。将数据作为点的集合重新描绘，用两种趋势作为图形的坐标轴。可以利用一个公式（称为普通线性回归）来画出一条直线，提供对这些数据的最佳匹配。这条直线允许对两个坐标轴之间的关系进行数学定义。同样的过程被应用到每一组相关变量之间。

为了确定多于两个的相关趋势之间的关系，计算机可以在多维空间中绘制直线，使得任意一种趋势的变化对于所有其他趋势的影响都可以被预测出来。

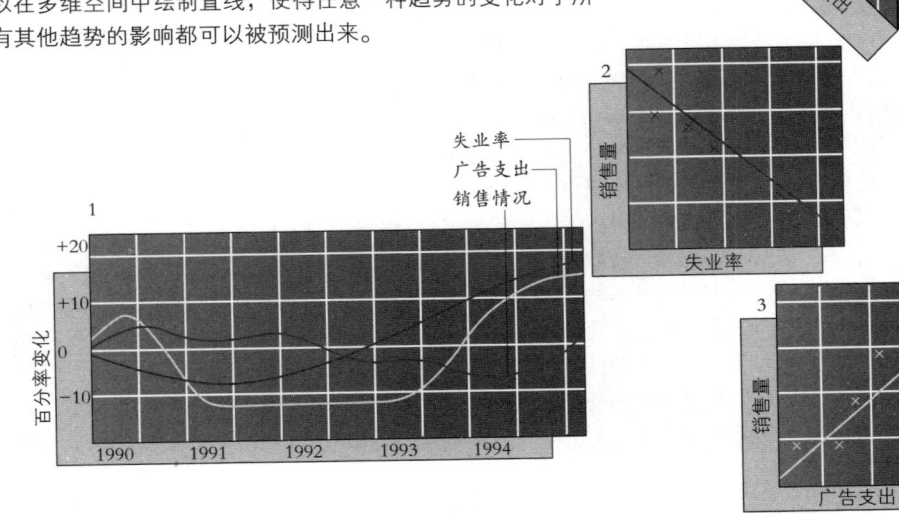

数据保护

数据可以从一台计算机上复制下来而不留下任何痕迹。一个侵入者可能会得到某人的信用卡号码或其他分类信息。这种行为称为窃取。数据在传输过程中可能被改变或者某人通过伪装为其他人（欺骗）或一个组织（欺诈）而获取信息。

用户通过用户名和密码向一个系统表明自己的身份，但是密码并不是非常可靠。很多人为了不致于忘记，而选择简单明显的密码，猜测几次就足以找出正确的单词。其他一些人则把密码写下来。

那些企图未经授权就访问计算机的人称为黑客。有些黑客试图访问机密信息；有些是编程高手，将破解安全系统视为挑战；还有一些则企图使计算机停止工作，从而造成危害。黑客们使用的工具称为病毒。

病毒防护软件现在已经普遍存在。这些软件被安装在硬盘上，并定期更新（可能每周一次），它包含已知的病毒库。当它发现一个病毒，就会隔离包含病毒的程序或软件，并对用户发出警报。

为了保护机密性信息，最古老的方法之一是加密——用一个代码去掩饰信息的本义。在加密领域中，数字已经被使用了很长时间，而且非常适合用于计算机数据的加密。密码的缺点是需要发送者和接收者之间预先约定——通常被写下来作为一个密钥。双方都必须持有密钥，这就意味着总是存在密钥失窃的危险。

在20世纪70年代晚期，密码学发生了一次革命，这就是公钥密码概念的出现。公钥密码使用两把密钥。一个被公开，而另一个继续保密。传输的数据首先用一个密码进行加密，将其转化为数字形式，通过一个数学过程编码，用到一个小的数字，这个数字根据某种特定的标准随机选择，并且用到一个非常大的数字，这个数是两个大（通常是100位）素数（只能被1和它本身整除的数）的积。这个小的数字和非常大的数字构成了公钥。解码消息则需要用到两个素数相乘得到公钥数字。这些组成了私钥并保密。这一方法是安全的，至少现在安全，因为即使是最快的计算机，也需要几个世纪的时间来完成公钥中那个大数的分解因数运算。采用这种方法，鲍勃可以向艾丽丝发送一条消息，用艾丽丝的公钥（公开的）进行编码。只有艾丽丝可以解码这条信息，因为只有她拥有私钥。艾丽丝可以做更多的事情。她可以确定是否真的是鲍勃发送了这条消息。连同这条消息，鲍勃还把他的"签名"发给了艾丽丝。这个"签名"也是一条信息，可以是他的名字，但是鲍勃已经用自己的私钥对原始信息进行了编码。艾丽丝可以使用鲍勃的公钥来解码这个"签名"，这样她就知道整条消息确实是由鲍勃发送的，因为只有鲍勃才有私钥来编码"签名"。

公钥加密非常安全，以至于政府安全部门担心罪犯或者政治危险分子可能用它通过电子邮件通信。有些政府试图要求个人和组织必须向当局申请私钥，用于他们的安全服务。

盗版（软件的非法复制行为）是另一个问题。软件供应商几乎没有办法来防止盗版行为。程序磁盘可能带有一个特殊的标志，这个标志不能被复制，而且必须要有这个标志才能运行程序。但是事实上，即使是这样的标志也能被复制。某些程序需要一个保护锁，它是一个小型的外围设备，接在串行端口上，并且运行程序时必须存在。但是保护锁对于用户而言很不方便，因此很多软件供应商都没有使用这一设备。

奇偶校验

防止数据物理性损坏的一种简单方法就是奇偶校验。系统为每个8位数据保留一个第9位。这个第位遵守一种奇偶规则：这里展示了一种偶数奇偶规则，所以，9位偶数会是1位。如果一个8位值有偶数个1位，奇偶位就被设置为0，但是如果这个数有奇数个，奇偶位就被设置为1。访问数据的时候，硬件会将所有位相加——包括奇偶位。结果应该为0（忽略所有进位）。如果数据中的一位毁坏，结果就是1，奇偶错误就被检测出来。如果两位毁坏，这一变化不能被检测出来，但是这种情况的可能性不大。

5 计算机科学的未来
THE FUTURE OF COMPUTING

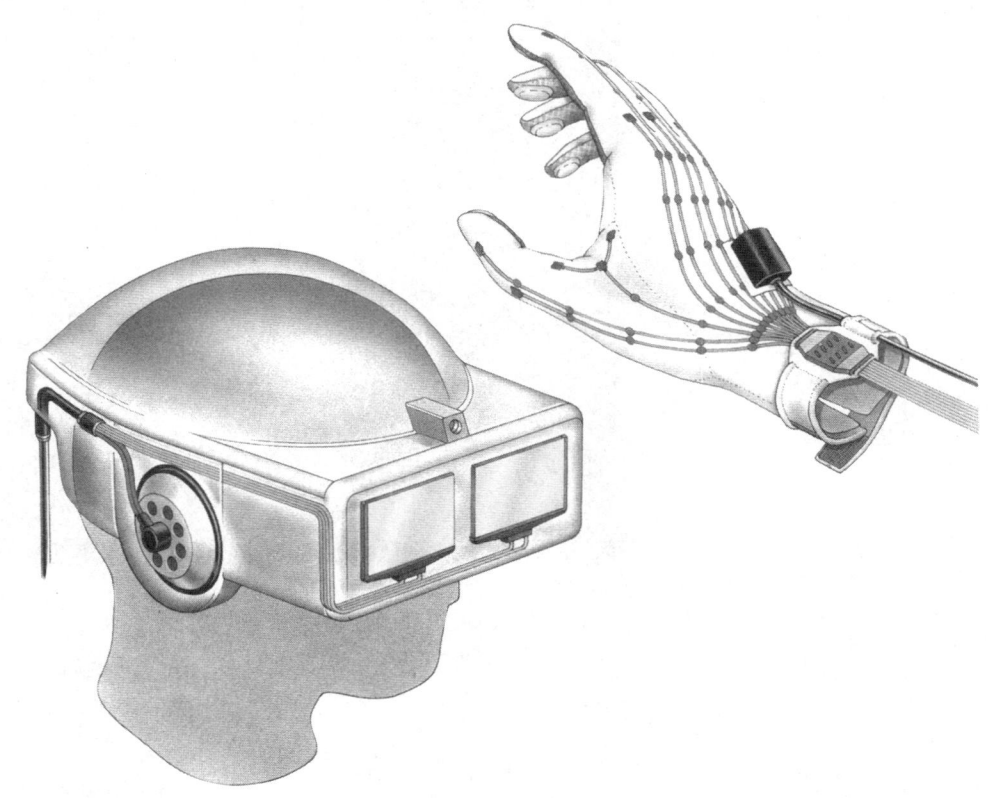

　　现在的计算机运算速度和1960年的计算机相比快了很多。这主要归功于时钟速度提高了很多——时钟速度决定了处理器发送的信号数目。内存运行有快有慢,但是内存芯片不能以设计速度的两倍运行,那样将会出现故障甚至炸毁。速度的提高来自于缩短了数据通路(所以数据到达更快)的新芯片的设计,这同时减少了热量的产生(一块高速运转的芯片会因过热而熔化)。

　　看起来,设计师已经接近能够将芯片设备制做得更小的极限了,因为金属的轨道不可能比一个分子还窄。进一步的改良将依靠处理器对时间更好地利用。这种多指令即刻被处理的过程叫做流水线操作。但是,由于一条指令使用的结果必须直到早先的指令被执行后才能执行,所以流水线操作不大可能将速度提高10倍以上。

　　另一种提高计算机速度的方法是使用多个处理器去处理同一个任务,这种方法被称为并行计算,它能由程序员或者系统操作软件来完成。

□学生科普百科

虚拟现实

多媒体技术带动了电视、视频和声音技术的一起进步，也带动了计算机技术的进步。虚拟现实则走得更远，并提供了一个不能没有计算机的媒体。它的目标是在计算机上通过模拟创造一种体验，而且这种体验尽可能地接近现实世界。比如，建筑师利用一个虚拟现实程序就可以让人们在一个并没有建造的建筑物中"走动"。

虚拟现实系统的首要需求是高质量的移动中图形。用户不再需要在屏幕上观看这些图形，而是戴上一个特殊的头盔，由头盔来提供图像的三维投影。这种头盔将使用者与他周围的事物隔离开来，因为那些事物会分散视觉并干扰虚拟图像的投影。

将虚拟现实从之前的系统中分离的第二个要求是，用户的行动要控制投影的图像。观看者能够环视四周、到处行走、

↓使用者"看见"一个物体并伸手去操作它。虚拟现实手套探测这种移动，并将移动信息传递给计算机，由计算机进行分析并调整这个物体。图上的黑盒子探测绝对位置以及手套的朝向。手指上的小衬垫可以提供触摸的幻觉。

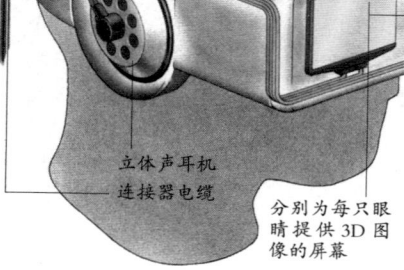

←这个头部装置可以在使用者的眼前投影出一幅图像，创造出能看见一个虚拟世界的幻觉。它还可以探测到用户头部的移动，并调整图像以适应其脸部的方向。因此，佩戴者可以向左转动，而左边的物体就会出现在视野中。如果需要，这种头部装置也可以提供声音。

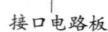

计算机科学的未来

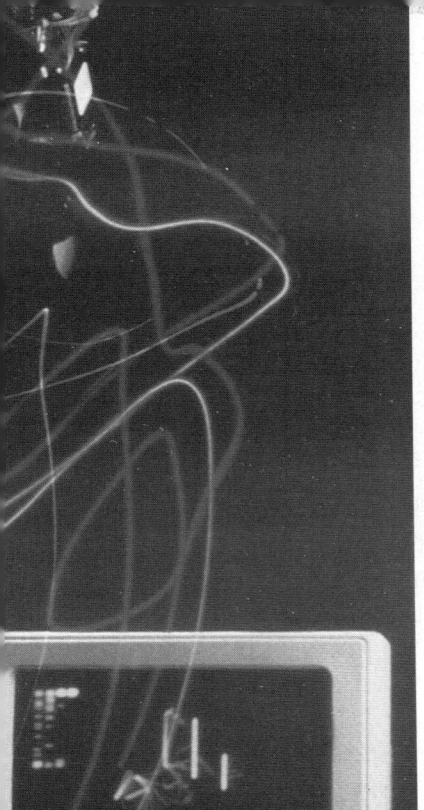

←这个"虚拟指挥家"戴上了一只特殊的手套来控制和混合音乐。他的手部移动被传递给附近的一台计算机,这台计算机上的特殊软件可以将移动解释为方向,并对乐器的声音做出相应的调整。有了这样的一只手套,就可以决定音乐演奏的速度,也许还有音量大小。一名有经验的指挥家和一支管弦乐队可以通过小的、简单的手部动作,交流大量的信息。如果没有虚拟现实系统,为了使计算机吸收同样多的数据,所需的键盘输入将会降低处理的速度,并因此降低了模拟"执行"的速度。虚拟现实下一步的发展将会更接近适应人类用手完成的复杂任务。虚拟现实手套在这一应用领域将会变得日益重要。

在路口转弯,甚至爬上楼梯。有多种机制可以用来发送观察者的运动:一个我们平时用来玩普通电脑游戏的游戏手柄,也适用于这一目的。

第三个要求是图像的计算机处理。在计算机的速度显著提高的同时,视频适配器技术也在不断改进,这使得虚拟现实成为可能。计算机使用传感器探测虚拟定位和视野方位,通过考量显示线条画在哪个位置的三维坐标系的一个数据库来构建正确的影像。由数据构成一个二维投影(一只眼睛可以看到一维图像)是直接的数学表达,但是需要极高的计算速度,这样观看者才不会觉察到图片的延迟。

移动和观看是必须考虑的两个互相关联的因素。比起静态的三维结构,虚拟现实游戏和一些应用程序更需要视野者能够移动穿行的三维建筑。动画技术可以提供这样一种印象,让你觉得游戏中的其他人物也正在行走和行动。计算机辅助制作的动画具有非常高的质量,所以它能从一系列的图片出成虚拟人物,这些图片可能来自于电影,但是虚拟人物并不是仅仅重复在电影中的动作,而是通过计算机生成合适的图像,执行一系列全新的操作。

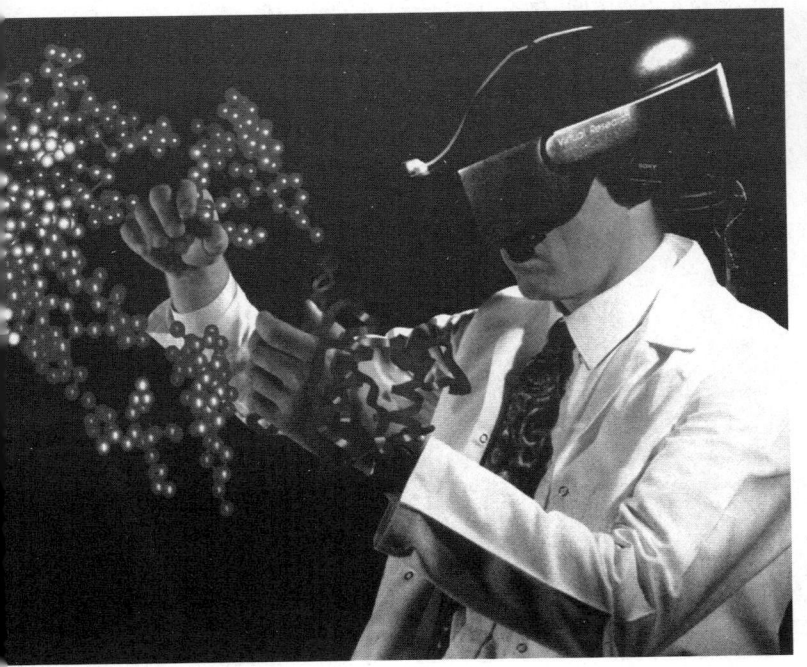

↑利用虚拟现实,只要按下一个按钮,建筑师的一个规划可以变成一个全景模型。这个头盔允许观看者全方位进行观察。如果观看者希望走进建筑获得内部视角,还需要附加的控制。

←一名化学家利用虚拟现实来操作一个蛋白质分子的计算机模型。这种模型之前是用小块的塑料来制作,而且对于这种早期模型,即使有最好的图形,也无法向化学家提供操作这种结构相同的能力。一个真实的三维模型需要数天时间才能完成。

远程呈现

1997年7月4号,"探路者号"探测器在火星上登陆,并释放出"旅居者号"火星车,使其在登陆点附近移动以便分析岩石。"旅居者号"由地球上的控制员基本操作,他们可以通过"探路者号"登陆器上的摄像机来观察地形,然后使"旅居者号"向任意方向移动并操作其上的科学仪器。

在"探路者号"探测器之前,科学家已经试验了这一类型的远程控制。美国在校学生已经被给予,控制NASA的实验用机器人行星探测器的机会——他们会感到自己就像坐在驾驶舱内一样。

这就是"远程呈现",运用这种技术可以使人们觉得自己在一个不同而且非常真实的地方,并允许他们在那里执行操作。那将是什么样的感觉呢?研究发现,人们最初的感觉是自己就处在这个模拟的或"虚拟"的环境中。这个环境看起来很真实,但是人们会感到自己是站在外面看它一样。当他们开始操作虚拟环境中的物体时,这种感觉就会改变。他们之后就能完全进入这个环境,不再有意识地注意屏幕以及其他处在他们自身和虚拟环境之间的技术设备。

远程呈现技术由三个要素构成。第一个要素是创建虚拟环境,如果这被用于训练目的或者娱乐(比如高级的电脑游戏),这个环境就由计算机图形构成,并且被存储在计算机的内存中。这种类型的虚拟环境的确可以非常真实。它被用在飞行模拟器中,训练飞行员处理不寻常的和危险的情况,让他们接近从未到过的机场,以及在他们从未见过的地形上空驾驶。宇航员也是在这种模拟器上训练的。当飞行器或宇宙飞船从某地上空飞过时,虚拟的地貌可以真实地改变;当飞行员从不同方向看时,所见到的景观也会随之改变。

这些虚拟的地貌是真实地貌的复制,所以感觉上它们非常真实,但是操作并不能"实时"地在它们内部行动。这就是说,操作员并不影响一个真实环境内部的任何事件——尽管他(或她)可以清晰地感觉到自己做了某事。如果模拟的飞行器坠毁了,没有人会因此而受伤。

另一方面,在"旅居者号"这个例子中,控制员正在实时地操作。"旅居者号"可以响应发送给它的命令。虚拟环境由摄像机(如果声音非常重要,那么还需要麦克风)创建,所以操作员可以看到此时此刻实际出现的事物。

第二个技术要素包括操作员使用的显示和控制。显示通常由一个或多个电视监视器构成,但是它也可以是一种安装在头部的显示器。操作员戴上一个设备,这种设备刚好位于眼睛前方,并包含两个屏幕,分别对应于两只眼睛。它可能还包含一个摄像头,来监视操作员眼睛的运动。

↓我们在这里看到的"旅居者号"正在经历到达火星后的第三索尔(火星日),靠近左边那块称作"巴纳克尔·比尔"的岩石。"旅居者号"带有一部高分辨率的摄像机以及其他仪器,用来研究岩石。它由一块很大的太阳能板供电,并由地球上观察它的操作员进行控制。

计算机科学的未来

↓一名排弹专家可以通过远程控制解除一颗炸弹。他指挥一个机器人向炸弹发射窄束、高压的水柱,进入炸弹的表面并破坏它的雷管。然后,炸药就可以在一次受控爆破中被安全地销毁。

↑一名外科医生利用微创手术治疗白内障。病人的眼睛带有不透明的晶状体,可以在计算机监视器上看到。外科医生将用一片人造的晶状体取代失效的晶状体,利用一台显微镜来指引微小的手术仪器。

操作员的控制适合于正在被操控的设备。一个飞行模拟器包含了包含了一整套飞行控制器。当操作员改变了虚拟飞行器的姿势,模拟器会做出相应的移动。一辆虚拟汽车可能由方向盘、换档器、离合器踏板、加速器以及刹车控制。这些都是比较粗略的例子。如果操作员正在虚拟环境中使用敏感的工具,他需要戴上安装了传感器的手套,以探测最微小的手部运动,然后处理真实的工具,所以,他就能正确控制它们的大小、形状以及重量。

最后,现实和虚拟的环境必须连接起来。这可以通过在计算机之间传输数据来实现。根据环境条件,数据可以利用计算机线缆、电话地线或者无线电传输。计算机线缆被用在两个环境非常靠近例如显微外科手术的条件下。这是一种微创的外科技术,极大地减少了对病人身体造成的损伤,减少了疼痛和忧虑,并且更快地康复。在需要的精度下,它还允许外科医生使用比真实人手所能操作的小得多的仪器,只需一个很小的切口,足够插入微型手术仪器和一个摄像头即可。外科医生通过远程控制操作仪器,用运动引导它们信号传递给计算机,从而引导这些仪器。这些信号由计算机软件进行处理,并经由线缆发送给病人体内的仪器。医生并不是看着病人,而是观察一台电视监视器或者安装在头部的显示器。在手术过程中,医生在虚拟环境中工作,造成几英尺之外的真实环境中的改变。

利用远程呈现的外科手术也可以在长距离上实现。为病人所作的准备包括安装摄像头、计算机和手术仪器,并将它们连接到电话或无线电链路上。当病人准备好之后,外科医生坐在几百甚至几千千米之外的办公室里开始工作。外科医生还有一条直接的声音链路连接到手术室,这样他(或她)就能听到那里的医生提出的意见,并能对说话。

假设世界上只有少数几个外科医生有能力完成手术,远程呈现就允许他们对任何地方的病人施行手术,避免了花费以及长途运送病人的风险。它还使得多个专家一起合作成为可能——即使这些专家之间也互相分隔。

利用远程呈现,外科医生也能在危险的环境中施行手术。他们可以治疗有高度传染性的病人或者在前线医院工作,帮助刚刚受伤的士兵。相比将伤员转移到远离前线的后方医院,这种方式可以更快地对病人施行专家级的手术,从而极大地提高了康复的机会。

并不是只有外科医生可以通过远程呈现进入不利的环境。类似于"旅居者号"这样的机器人可以由操作员指引去排除炸弹和地雷,或者在恶劣的环境中工作,比如锅炉或熔炉内部、充满有毒气体的空间,甚至核反应堆的反应室中。

纳米技术

2002年5月,在线科学杂志《纳米技术》发表了法国和德国的一个研究小组所写的一篇文章,描述了他们如何构建一辆能够四处推动的有轮手推车。他们的手推车有一块中心板,尾部有两条"腿",有两个前轮。制作这样的车子听起来并不是什么了不起的成就,直到告诉你这辆手推车的尺寸:它的尺寸为 1.6×1.5 纳米(nm)。1纳米是1米的十亿分之一。这意味着这辆手推车的尺寸大约是 0.0000006×0.0000005 英寸。你可以在一枚大头针的针头上立起4万个这样的手推车。你如何将这样的手推车到处推动?你可以使用一种电子显微镜上的探针的尖通过尾部的"腿"来推动这辆车子。

没有人会计划利用纳米尺寸的手推车来运送砖块,建造一间纳米尺寸的房子。这只是科学家们在这种尺度下制作的工具之一,目的是发展这种技术——纳米技术。其他的工具包括镊子、嵌齿轮和晶体管。微处理器是一种维度在微米级别的电子设备。而纳米技术是在比微米小1000倍的物体上操作。

纳米技术现在仍然处在非常初级的发展阶段,但是它已呈现宠大的前景。我们可以通过重新排列原子和分子来制造化学品和药物。以一种方式排列,碳原子可以形成石墨,而以另一种方式排列,它们可以形成金刚石。以一种方式排列,

碳、氢、氧以及一系列其他元素的原子构成了空气、水和土壤;以另外的方式排列,它们就是马铃薯,或者玉米,或者家畜,或者家禽——或者人。传统的制造业采用的是一次处理数不清的原子和分子。它们中的一些以正确的组织方式结束,而其他则不是,因此整个操作是粗糙的、昂贵的,而且是浪费的。纳米技术学者希望有一天用一种新的技术来取代整个这样的过程,这种新技术通过操作和结合单独的原子来构建所需的材料。美国的物理学家、诺贝尔奖获得者,理查德·费曼最早表达的这种想法或许是切实可行的,他说:"物理原理,据我目前所知,并没有排除按照原子来操作事物的可能性。"

纳米尺度的设备,例如开始所讲微型的手推车,是由一次汇聚一个原子的方式构建的,它们看起来是块状的,因为原子是球形的。汇聚这些原子的微小工具被称为"汇集器"。汇集器从储备中拣选原子和分子,运送它们到"工厂地板"上,再将它们放置到正在发育的结构中。当然,汇集器的一个小队并不会有什么用处。如果你一次一个原子地制作一个物体,那么在物体大到可以看见之前,你必须等待很长一段时间,任由汇集器小队挑选和使用这些原子。许多汇集器小队需要被连接到一起构成网络。计算机网络的设计向科学家们提供了怎样实现这种网络的思路。

↓埃里克·德雷克斯勒,美国的纳米技术学者和作家,坐在他设计的一个机器人模型旁边。这个机器人由金刚石化合物(一种强度很大、密度很小的碳氢化合物,结构类似于金刚石)构成,能够允许合成对分子相对旋转。在德雷克斯勒后面,一个计算机模拟向我们展示了这个机器人,构成它的每个原子都清晰可见。

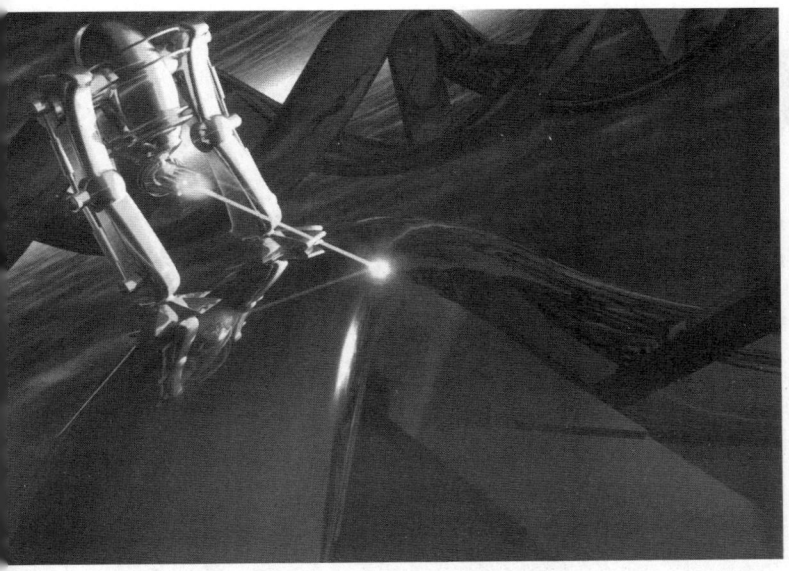

↑ 这幅计算机图形展示了一个纳米机器人怎样利用激光来修复一条破损的 DNA 链。这可以辅助人体本身的 DNA 修复机制,或许可以防止恶性肿瘤的发展。

纳米技术的可行性很大程度上是基于这样一个事实,那就是细胞也是以这种方式工作。在一个活细胞内部,DNA 被转录到多条 RNA 上,RNA 将次序信息通报给核糖体,这种次序也正是核糖体为了质汇聚氨基酸单元生成特定的蛋白的次序。核糖体就类似于汇集器,而且每个核糖体的尺径为 10 ~ 20 纳米。如果能用汇集器实现相同的功能,那么医学研究者将会看到纳米设备很多可能的应用。这些设备可以在人体内穿行,进入微小的空间,比如毛细血管、肺泡、肌肉纤维或者神经纤维,在那里它们能够探测并矫正异常情况,防止这些情况有时间发展成可以察觉的疾病。或许可以发送这些设备的编队去攻击和摧毁癌变组织,而不会伤害到邻近健康的组织。

现在,药物已经在分子级别上进行设计,所希望和可预测的方式和其他分子相互作用,但是它们是通过大量配料间传统的化学反应来制得的。纳米技术可能允许通过直接构建其望的分子更加高效地制造药物也因此更加廉价。

这种技术还具有环保应用。一种称为生物补救的技术现在被广泛使用。这需要用到细菌,有时是专门经过基因改变的细菌,将有毒或有害的物质分解为它们的无害组成成分。纳米技术也许能够更有效地完成相同的工作。或许可以将合适的设备装入到过滤器中,以清洁空气或水。通过只使用制造所需而不会产生任何废料的原子,纳米技术还有可能在源头上减少甚至消除工业污染。

如果能够制造将原子和分子结合到一起的汇集器,那么也就有可能制造"分解器",重新拆散这些原子和分子。对分析化学家来说,这将会是一种有价值的工具。分解可以揭示构成某种物质的原子和原子团,以及它们的空间结构。存在很多自然物质,包括酶、酸和自由基,都可以打破原子和分子间的结合键。因此,"分解器"的概念并不是没有可能。

只要原子的物理和化学属性允许,汇集器就可以以任何方式放置它们。这意味着它们能够建造几乎任何东西,包括更多的汇集器,提供在选定配置下允许原子变得稳定的仅有的自然法则。这样,就有可能制造完全不存在的材料。

甚至还有可能出现纳米计算机。将原子按照特定的方式进行排列就可以形成一部细菌大小的计算机,而且具有千兆(10 亿)字节的存储器。它的极小尺寸也能够使这样的计算机变得极其高速,因为同一块硅芯片相比,这种计算机内部的信息只需要传输其百万分之一的距离。它也许会比传统的计算机快几千倍。

纳米技术仍然处在它的早期阶段。它作为一种研究专题而存在,但是还没有任何工厂引入这种技术。然而,如果那些热心支持者是正确的,那么有一天这种新的制造工艺将会深刻地改变我们的社会,就像之前那些技术的扩展一样,包括生产的工业化、汽车、计算机以及抗生素,但是对于纳米技术而言,所有这些领域的改变都将同时发生。

↑ 如图所示,啮合的电动机齿轮被放大为 5.5 厘米(是它们实际尺寸的 200 倍)。这张照片是用一台彩色扫描电子显微镜拍摄的。

人工智能

类似于计算机，人类能根据指令完成用数字表示的任务。除了为执行任务所需的准确规则，其他情况下，我们就需要灵活可变的规则。我们甚至不需要知道如何推理就能做出决定。人工智能的目标就是使计算机能够更灵活地作出决定。

专家系统就是被设计成像人类专家的计算机程序。和计算机一样，医生依据检查病人获取输入信息，然后推理，然后发表观点。人们尝试建造能像医生那样工作的计算机，却发现推理过程不仅仅包含计算。医生不是简单地判断一个陈述的对错，他们能诊断出病人的病情——尽管不能详细地证明他们的结论。同时他们具有学习能力，随着经验的增加，他们能够灵活改变他们使用的规则。而且医生能够解释他们的

↓一个神经网络试图模仿动物的神经系统。输入（红色箭头）被参量接收（紫色圆圈），并且被传递到"神经元"（红色圆圈）用于数据处理。输出被传递到蓝色圆圈，并沿蓝色箭头出去。输入可以根据预先编程的常量进行调整。

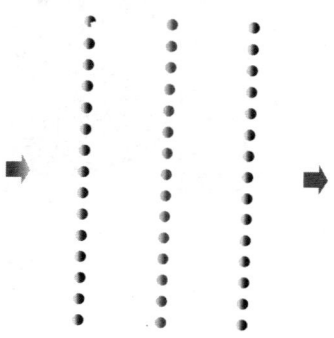

诊断，计算机仅仅给出一个答案。

专家系统尝试在传统计算机系统中克服这些缺陷。它们使用概率用于推理，而不是仅仅简单地决定"是"或"否"。它们能够通过一个叫做归纳的过程根据收集的数据学习新的规则。它们会记忆推论过程中的每一步骤，并阐释在这些步骤中它们所使用的规则。

许多软件系统包含专家系统技术成分。但是在很多领域，我们都是专家——虽然没人能够解释这些规则。大多数人能立即识别出一场进行中的篮球比赛，但是如果给计算机展示一张位图或者一系列位图，并为其提供一个试图探测人们正在玩篮球的程序，我们就能很清楚地看到，识别一场篮球比赛的能力主要基于人类大脑的下意识判断。

一些研究者已经尝试通过构造模型大脑来模仿下意识的推

计算机科学的未来

↑专家系统试图执行那些需要专家知识的任务。这里,一名研究人员正在一台专家系统上工作,这个系统可以识别被说出的单词(单词"baby"在终端上被分析)。同其他事物相比,最终的专家系统应该是这样的一个系统:它能够响应而且自身也能运用终极的人类专长——口头语言。

←这只机器人昆虫叫做根格斯,由美国的麻省理工学院制造。它可以利用红外线传感器和机械触须探测并追逐任何移动中的物体,还会从阳光下移动到阴影处。这个机器人还没有学习能力,仅仅是被编程以完成这些动作。

理。通过向人工大脑细胞展示正确或不正确的例子,然后重新设置它们,直到它们能够识别正确的图案,这样,人工大脑细胞就被训练出能辨认复杂图案的能力。这种系统叫做神经网,它在执行某些任务方面已经非常成功,比如说笔迹识别等专家系统对此无能为力的领域。

两种编程语言——Prolog 和符号化语言 LISP——就是特别为人工智能开发的。Prolog 是逻辑编程语言。程序员不需要编写解决一个问题的方法,只需要书写问题的逻辑说明书,然后让计算机决定如何解决这个问题。逻辑编程是一种新的技术,但是它提出的解决方案比不上程序员提供的方案。然而,它的拥护者希望未来有一天它能消除编写程序的需要。

英国数学家阿兰·图灵认为,即使机器再复杂,它的计算能力也是有限的;此外,能由功能最强大的计算设备计算的任何事物,就同样能由他设计的极其简单的机器来计算,这种机器就是图灵机。这种机器比现代的超级计算机慢很多,但是最终它也能得到答案。图灵提议了一项测试来确定计算机是否具有人类智能。这项测试需要两个人、一台计算机和两个有门的房间。在一个房间里,在一扇紧闭的门后面放了那台计算机;在另一个房间里,是一个人。另一个人是评判员,被允许与房间里的计算机和人进行交流,前提是所使用的交流方法不能泄漏房间里是人还是计算机(可以在计算机屏幕前打字)。这个评判员在短时间内分别与计算机和人进行交流,接着必须讲出哪个房间里面是计算机,哪个里面是人。如果评判员不确定或者判断错误,那么计算机就获胜了。

图灵认为能够经常在测试中获胜的计算机将在 2000 年被建造出来。不时地有人作出声明,声称有各种系统能够通过这项测试。到 1994 年,一个计算机程序在 5 分钟的比赛中,打败了五大世界顶尖的国际象棋棋手。

识别物体

心理学家还不能确定地知道为什么人类能够那么迅速地识别物体。例如,我们称为书的东西相差非常大,但是在我们看到某些物体的瞬间,就能毫不犹豫地将其归类为书。

传统的用于识别书的计算机程序可能会取一幅位图作为输入,然后数出有多少本书出现在图片上。但是这种程序在实际应用中性能效果很差。相反,一个神经网——人工脑细胞的一个电子网络——可以被编程,以识别物体。在"训练"阶段,它被告知什么时候它的答案是正确的,什么时候是错误的,然后它就相应地调整设置,直到获取最大可能的正确答案的数量。在训练阶段向神经网络提供书本的代表性样本,它就能非常成功地识别它们。右边的机器人正在被训练来挑选苹果。

非电子计算机

计算机是通过遵循一系列指令以解决问题的设备。我们今天所使用的计算机是电子式的。这意味着它们依赖电路中的电子运动,这些电路包含了诸如半导体、电容器和电阻器这样的部件。电子计算机快速又方便,但是它们并不是一开始就是这种样子。在电子计算机发明之前,其他解决问题的方法和其他形式的计算机已经存在了很长一段时间。

Abak 是一个古代腓尼基语的单词,是指一种用于书写的覆盖着沙子的表面。它可能是"算盘"(abacus)这个单词的由来,历史学家认为这种计算设备的前身是覆盖着沙或者蜡的子板。在罗马时代,这种形式的算盘仍在使用,但是那时我们熟悉的有成行的算珠的算盘已经非常普遍了。算珠算盘在中国、韩国和日本发展出来。在 17 世纪的英国和德国,人们仍然使用算盘;直到 19 世纪的后期,韩国人还在使用算盘;即使是现在,在世界的某些地方,店主仍旧使用它们。算盘可能是世界上最古老的计算机,在行家手里,它计算得非常快,而且准确,也不会有系统崩溃和信息堵塞。

在中世纪,天文学家需要知道特定恒的地平纬度,由此他们能够计算时间和纬度。他们使用星盘,这种机械设备可以测量恒星的高度,以得到纬度和一年中任意某天的时间。这种星盘也是计算机,可能是希腊人喜帕恰斯(公元前 150 年前后)或者是培尔革的阿波罗尼奥斯(公元前 240 年左右)发明的。14 世纪的英国诗人乔叟买了一个星盘给他儿子,并写了一套关于如何使用的说明书,这套说明书被保存了下来。欧洲的船员在 17 世纪仍旧使用星盘,而当时六分仪已经取代星盘,六分仪是另一种机械计算机。

计算尺由两把固定的尺以及在它们中间前后滑动的第三个尺组成。这种尺有 6 套刻度和一条细线,这条细线就是指针,可以在尺子的整个宽度范围内滑动,来指示一条刻度和另一条刻度之间的对齐。这种计算尺可以进行乘法、除法、对数运算和三角函数运算,它是一种机械式计算机,曾经被科学家和工程师普遍使用。

20 世纪 70 年代,飞机机组人员使用一种叫做"计算机"的仪器作为导航辅助设备。领航员或驾驶员只要标飞机在空中飞行的轨迹方向、飞行的空中速度,以及风速和风向,"计算机"就能显示出飞机应该飞行的方位和地速。

在 1630 年,一个名叫帕斯卡的那时候他还是个十几岁的少年,制做了一个能依靠木齿轮系统进行加减运算的计算机器。德国哲学家和数学家戈特弗雷德·莱布尼兹(1646 ~ 1716 年)在帕斯卡尔设计的基础上加以改进,使它可以进行乘除运算。这些就是收银机和之后的机械式加法机的前身。为纪念帕斯卡对计算机所做的贡献,所以人们将一种编程语言命名为 Pascal。

↑星盘是在中世纪发明的。将这种仪器同地平线对齐,它就可以测量任何恒星的高度和位置。如果精确地知道它在地球上的位置,那么时间也能被计算出来。图中的这个伊斯兰黄铜星盘在 1350　1450 年间被制造出来。

计算机科学的未来

↑这幅计算机生成的图像向显示了光晶体，这是一种可以采集和引导光子的材料。利用光子而不是电子的计算机将会比传统的电子计算机更小、更快。桔黄色的块、蓝色的小球、红色的路线和绿色的棒，都是不同类型的光晶体。

在十九世纪中期，英国数学家威廉·巴贝奇设计了"差分机"和"分析机"，使机械计算设备的发展到达顶峰。差分机执行乘法运算和二次方程运算。分析机能进行各种计算，存储它们的结果，遵循指令的一个被编程序列。这两种机器都依靠杠杆和齿轮运作。通过在卡片上打孔把程序记录下来，而种方法最初是用在提花织机上。

1801年，法国制毯商约瑟夫·玛丽亚·雅卡尔制作了第一台成功的编程织布机。它所要编织的图案被记录成卡片上打的一些小孔的排列。杆穿过小孔，但如果那里没有孔，杆就被挡在那里。这就决定了是否要将经线下拉，从而使梭子从上面穿过或从它们下面。卡尔的织机仍在被使用，最近被用于在缎带上编织文字和字母，直到电子计算机代替了穿孔卡片程序。穿孔卡片的使用使得第一台用于自动化信息处理的机器产生。这台机器是由美国统计学家赫尔曼·霍尔瑞斯发明的。他设计的机器被用于处理1890年美国人口普查结果；1981的澳大利亚、加拿大和挪威的人口普查，以及1911年英国的人口普查。穿孔卡片和穿孔纸带被用于存储一些其他机械计算机的程序。

1872年，英国物理学家洛德·开尔文发明了预报潮汐的机器，1885年，美国海岸和大地测量局安装了类似的机器，它是由美国大气环流学家费雷尔发明的。费雷尔的机器使用了滑轮和杠杆，有5个刻度盘用来显示高水位和低水位的高度和时间。它使用了

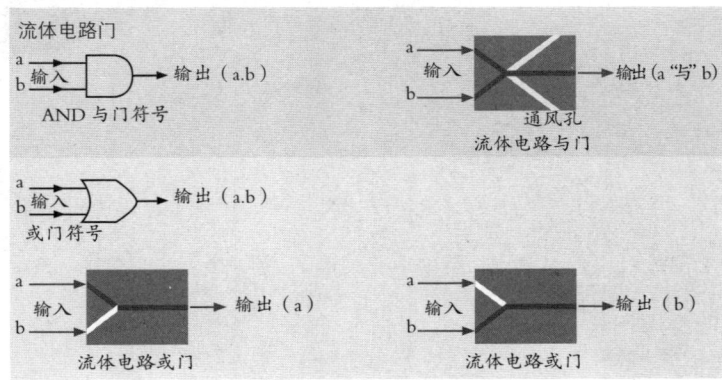

100多年，直到1991年电子计算机代表。

1955年，英国数学家道格拉斯雷纳尔·哈特里制做了一台叫做"差分析机"的机械式计算机——利用儿童建造工具制成。轴的旋转代表变量，齿轮提供乘法和除法运算，差分齿轮提供加法减法运算。有平滑边缘的轮子在圆形的旋转面上旋转，使计算机能执行积分运算（比如用于微积分学中计算面积）。在1916～1918年之间，哈特里在从事高射炮射击研究工作时，进一步发展他在计算机科学中的兴趣。持续工作的计算设备在大炮点火的控制上使重要。

尽管非电子机械式计算机已经基本上不再使用，但是曾经它们都非常高效。如果这样的机器在现在被制造出来，它们可能结合计算机科学理论所取得的进步。发明由气压或液压驱动的计算机也是可行的，这种计算机包含单路阀，能以逻辑门运作。然而，根据现在的标准，风力或者水力计算机会显得过于庞大、运行缓慢并且笨重。当目前的这一代计算机变得陈旧，它们又将被其他计算机所取代，如量子计算机（使用电荷"滴"）、利用DNA的生化计算机，或者使用单独原子的纳米级设备。机械式计算机时代将一去不复返。

←流体电路门是一种单路阀，可以在一台风力或水力计算机上作为逻辑门运作（尽管很慢）。这些符号是那些传统上用来标识"与"门和"或"门的符号。该流体版本展示了流体（蓝色）从门中穿过的路径，产生和它们对应的电子元件相同的效果。

第八篇 进化与遗传
EVOLUTION AND GENETICS

1 生命的结构
STRUCTURES OF LIFE

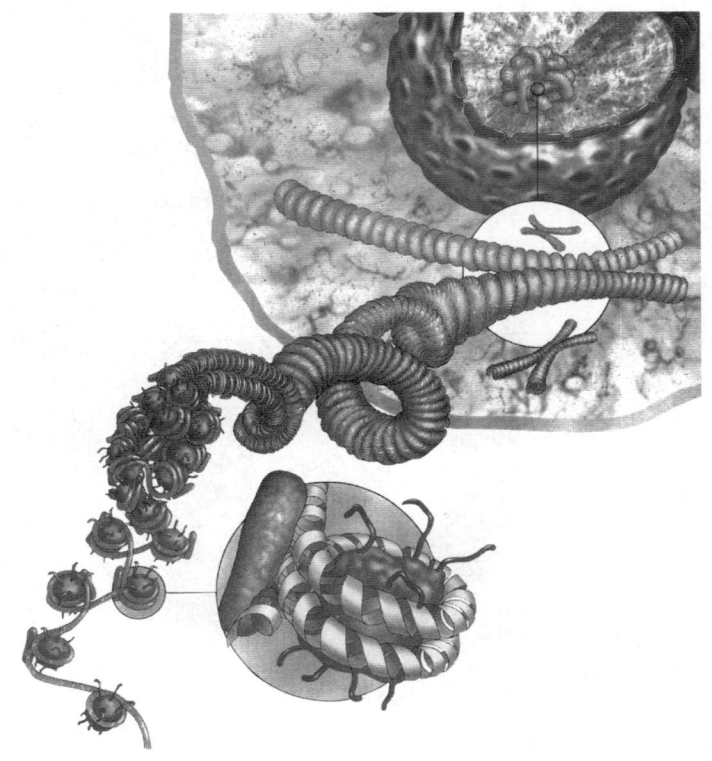

　　依靠什么能够断言某物是有生命的？识别动物的生命比较简单——它们清醒的时候几乎一直在活动。植物很少动，但它们经过一段时期会生长并产生种子——它们会繁殖。生命体为了活下去，对周遭环境也会做出响应。

　　生长、繁殖和对刺激的响应，都需要食物（原料）和能量（动物的从食物获得）。这种能量的产生需要生命有机体细胞内部的多种化学反应，其中最重要的是从食物中释放能量的反应。这些反应在所有活的生物体中都有显著的相似性。

　　生命的极大多样性证明了使用能量组织生命物质有很多不同途径。每个生物体有一套独特的分子指令，控制其构建身体的代谢反应途径，并指导其生活方式——定时生长、发育和繁殖，以及较高等的动物中诸如恐惧、愤怒等短时反应。它甚至可以指引老去和死亡；每个物种都有着有限的寿命。指令的精确复本必须传给下一代。遗传学致力于解释这些包含在基因中的指令是如何在生命的各个方面产生控制的。

活细胞

大部分生命体由一个或多个细胞构成。细胞能够自我维持和修复,并且往往也能繁殖。当今世界存在的每个细胞都由一个预先存在的细胞分裂而产生。

一个细胞就是由薄膜(质膜)包围的一团生命物质,由各种脂类和蛋白质构成。这层膜构成生命物质和其环境之间的屏障,使得很多生命反应的进行不被环境中其他化学物质干扰。物质能通过质膜进出细胞,但细胞可在各方向上控制让哪些物质通过。

质膜表面上的识别分子使得细胞互相识别,并感受其周遭环境。它们能区分常规的和外来的细胞及物质,并接收来自身体其他部位的化学信号(激素)以做出反应。

细胞的大小差别很大,但一般大小的细胞肉眼不可见。细胞往往用微米(千分之一毫米)来测量。大部分细胞直径在10到30微米之间。有一些,如新受精的鸟卵、青蛙卵、鱼卵和特定大型藻类细胞,能大到肉眼可见。大部分细胞的大小受限于物

↓→植物细胞(下图)的细胞壁赋予了其一个确定的形状。很多植物细胞包含被称为叶绿体的细胞器,光合作用就发生在其中。成熟的植物细胞有单个的大中心液泡(充满液体的膜囊)。液泡中液体的压力扩张细胞壁,直到其变得坚硬——小型植物中,这是唯一的支撑方法。右边是洋葱细胞的显微照片,显示出小的细胞核,以及细胞坚硬、有棱角的形状。

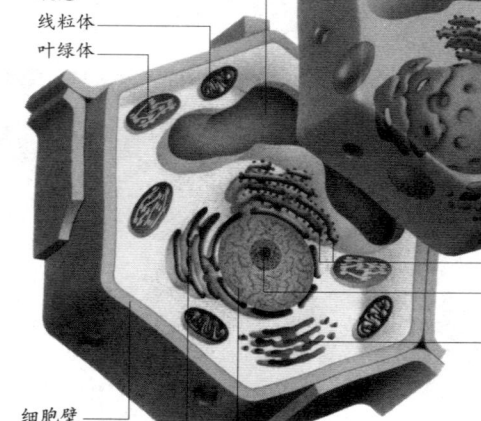

→细菌是一种典型的原核细胞。DNA被限制在细胞质内的特定区域——类核中。核糖体散布在细胞质中。细胞缺乏动物细胞中可见的细胞器。细胞壁赋予了细胞明确的形状。用于推进的鞭毛由相互连接的微丝的复杂排列构成。其他微小的丝(纤毛)用于识别并连接其他细胞。

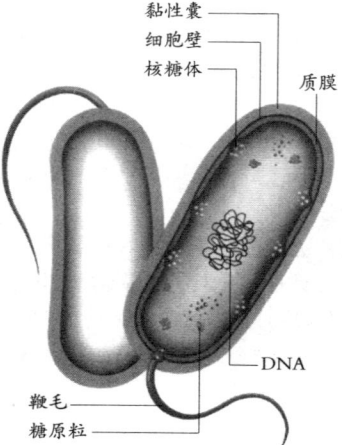

↓真菌有真核细胞,但和大部分植物一样,它们没有中心体。然而,很多真菌丝(菌丝体)由连续的细胞质构成,其中有多个细胞核。一些物种有临时的交叉壁。物质通过细胞质的流动被携带着围绕菌丝体。真菌细胞壁由纤维素和几丁质(一种无脊椎动物中常见的物质)混合构成。

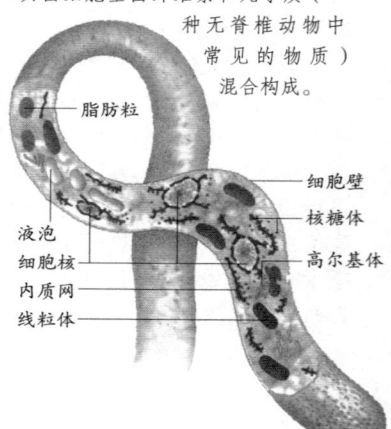

生命的结构

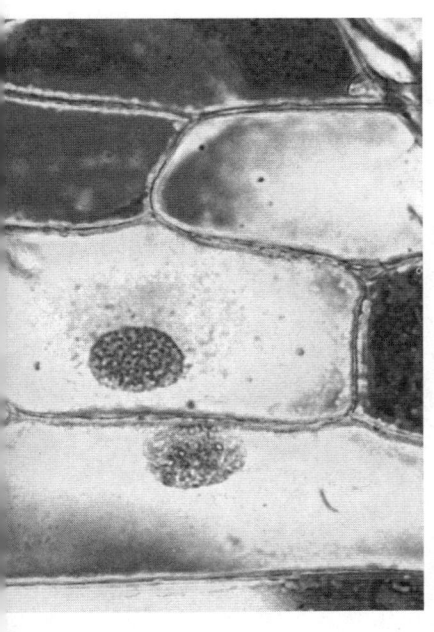

质跨细胞传输的需要。

细胞越大,扩散路径越长,传输效率越低。

尽管生命体之间差异巨大,构成它们的细胞却有着大量共性。细胞主要有两大类,简单的一类,如细菌和古生菌,有单层膜包覆的隔间——原核细胞。原核细胞细胞质中没有明显的结构或组分,胶体物质被包裹在质膜中。所有其他生物体有真核细胞,这些细胞包括大量特化的、覆有膜的组分,称为细胞器,其中之一——细胞核——包含遗传物质。细胞器创造出细胞中的一系列微环境,某些反应序列得以在其中以最大效率进行。

细胞器进一步增加了细胞中膜的面积。很多反应在膜上进行。连续的反应物可以按正确序列紧密排列在一起,加速了代谢反应。膜通过限制反应物进入细胞器或细胞的速率控制反应速率。潜在的有害废物能被膜包裹,和细胞其余部位隔离,并在需要的时候被摧毁。

膜是某种程度上的液体结构。内质网和高尔基体形成一个相互连接的膜系列、囊和囊泡,以及细胞器,为合成并包装很多细胞产物提供了一个受控制的环境。从系统中下来修剪的液泡将产物带到细胞的其他部位,或与质膜融合从而将内含物释放到细胞表面。

真核细胞还有一个骨架,即细胞骨架。细胞内外有很多细小的由蛋白质构成的微管和微丝,微丝由弹性肌动蛋白构成,使细胞能移动及变形,有时帮助保持细胞在组织聚在一起。微管由被称为微管蛋白的球蛋白组成。需要的时候,微管能分离并重聚。微管聚在新膜形成的地方,形成"架子",在细胞分裂中控制遗传物质的分配。微管也参与细胞中囊泡的运动。

大多数细胞中最显著的细胞器是细胞核。细胞核包含了细胞的遗传物质——DNA(脱氧核糖核酸)。即便是在原核细胞中,DNA也存在于细胞中的特定区域,即类核中。细胞核是细胞的控制中心,所包含的指令不仅用于相似细胞的形成,还有整个生物体的产生。当细胞需要某种物质时,DNA上相关部分的副本会产生,并传递到细胞质中,作为合成的模板。

↓动物细胞的一部分,这是一个典型的真核细胞。细胞包含了多种细胞器,如细胞核,容纳细胞的DNA(遗传指令)并控制细胞器的活动;线粒体,能量释放的场所;内质网,制和蛋白质和脂类的场所;高尔基体,产生复杂并将物质包入膜囊运输的场所;中心体,细胞分裂时帮助控制DNA的分布。缺少刚性细胞壁意味着细胞的形状取决于其周围环境的压力。

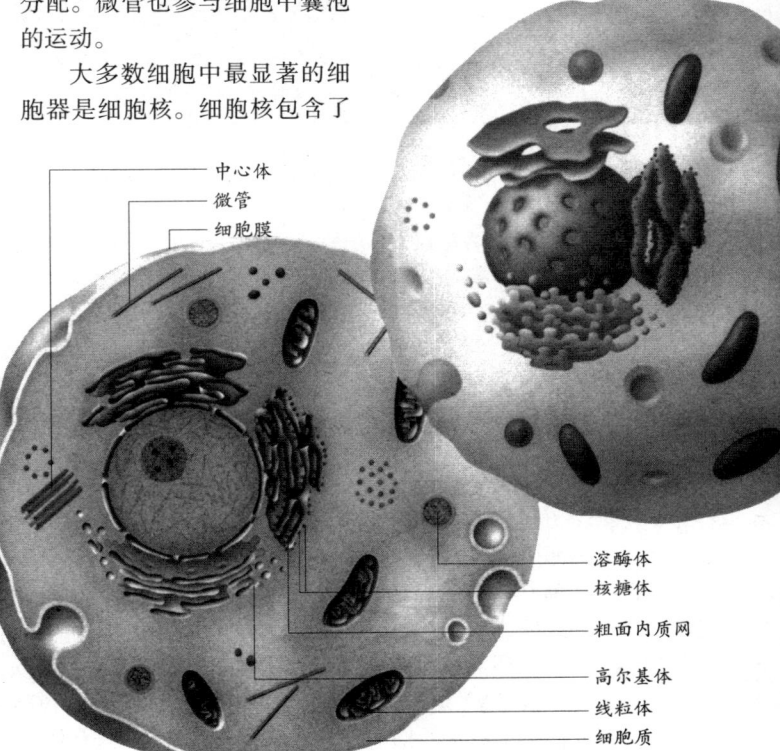

中心体
微管
细胞膜
溶酶体
核糖体
粗面内质网
高尔基体
线粒体
细胞质

细胞核内部

　　细胞核是动物细胞和植物细胞的控制中枢。所有细胞中细胞核的结合活动决定了一个生物体的总体形状、大小和行为。细胞核以DNA长分子的形式包含遗传蓝图。一段或多段称为基因的DNA短片段，包含产生眼睛、颜色等特定性状或特定激素的指令。每个细胞核都包含用于产生整个生物体的整套指令。然而，任何一个细胞中只有部分DNA有活性——产生该种细胞并控制其活动的那部分。除了DNA之外，细胞核还含有一些分子，参与读取DNA，以及将其指令带到细胞其他部分。

　　被称为核膜的双层膜在细胞质和DNA间形成屏障，膜上的小孔允许信使分子越过，但将DNA留在核中。

　　细胞分裂时，必须将其DNA的完整副本传给每个子细胞。全部遗传指令被携带在几段DNA上，每一段都组织形成叫做染色体的结构。各物种都有特定数目的染色体，人类有46条，马有64条，果蝇有8条。一些植物的细胞核有超过1000条。

　　人类细胞中，2米长的DNA被装在直径仅为0.01毫米的细胞核中，这是在叫做组蛋白的小型蛋白的帮助下实现的。一些组蛋白如同线轴，缠绕上一小段DNA。每一个称为核小体的线轴上，有两圈DNA螺旋，围绕一个有8个组蛋白分子的

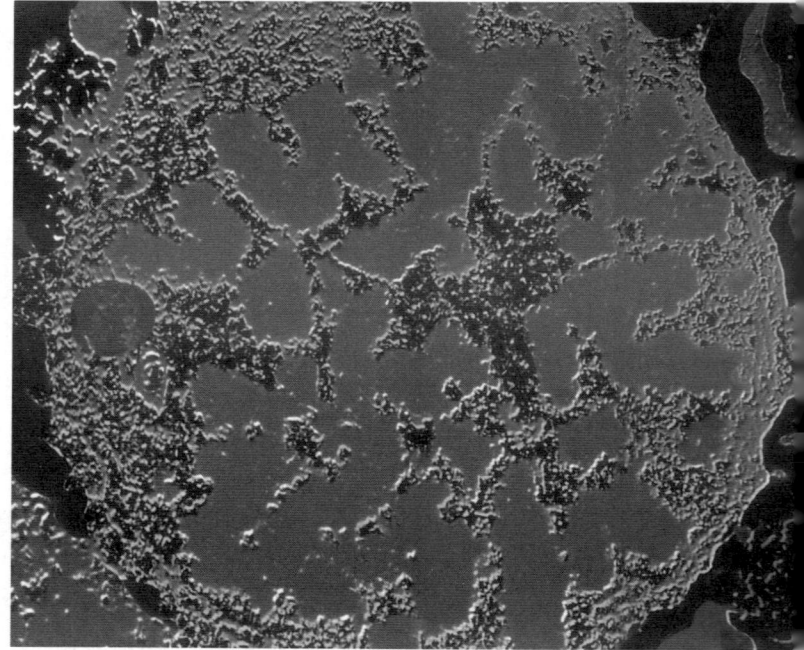

↑细胞核中含有遗传物质（DNA被包在组蛋白中），这张人类白细胞的细胞核在电子显微照片中被标上了红色。这张图片摄于细胞核刚刚分裂之前，当混乱缠卷的DNA线和蛋白质正在缩聚成紧密卷曲的时候，形成中的致密物体阻挡了显微镜的电子束，在图中形成暗区（标红处）。

核心。展开一段卷着核小体的DNA线，其在显微镜下呈现串珠状外观。然而，这些线往往卷曲成紧密的螺旋，螺旋又形成环并被其他蛋白"脚手架"稳定化。

　　大部分真核细胞包括两份遗传指令副本——其染色体成对出现。一对染色体中的成员称为同源染色体，含有相似的DNA分子。每对染色体都有特定长度。染色体对中的一条继承自生物体的母方，另一条来自父方。为了描述一个物种的染色体数量、大小和形态，即其染色体组型，细胞分裂中散布开的缩聚染色体被"摄影"。然后个体染色体图像被切出，按照长度递增成对排列。

　　这时可能会剩下两个不匹配染色体。它们包含了产生性别特征及控制性行为的指令。很多物种有两种性别染色体，大的称为X，小的称为Y。生物体的性别取决于继承了这些染色体中的哪一些。一个细胞可能含有两条X、一条X和一条Y，或者仅有一条X或Y。人类女性的细胞含有两个X染色体，男性的细胞含有一个X和一个Y。所有其他非性别染色体称为常染色体。

制造信息

DNA 不是特别复杂的分子，却拥有一个特定物种的全部遗传信息。这些信息的形式是细胞可"读取"的密码，用于产生组成细胞结构、控制其活动的化学物质。沿 DNA 分子排列的核苷酸碱基就作为密码。序列中的某个错误可能就会阻碍攸关细胞存亡的化学物质合成，因此，在细胞分裂时产生 DNA 的精确副本并传给每个子细胞十分关键。

部分 DNA 含有决定 DNA 何时开始复制的编码。DNA 复制通过一系列特定蛋白分子控制。其中一些是酶——作为生物催化剂的蛋白质，帮助加速反应。DNA 复制的钥匙藏在核苷酸碱基对中，碱基对通过弱氢键连结，如果氢键断裂，周围溶液中的匹配碱基就会被吸引来，与当前未成对的碱基配对。

细胞核中未连接的碱基形式为三磷酸盐——有三个磷酸基团连着的核苷酸碱基。当这些碱基和 DNA 链上的暴露碱基结合时，其中的一些磷酸在 DNA 聚合酶作用下被移除，释放能量以形成连接碱基的新键。剩下的磷酸加入 DNA 的糖-磷酸"骨干"。

复制过程当中，随着保持 DNA 紧致螺旋的组蛋白解体，DNA 碱基暴露出来，导致双链 DNA 螺旋展开，并顺着其长度裂开。碱基配对合成新链时，单链作为模板。DNA 聚合酶将新核苷酸碱基连接到在单链上暴露着的碱基上，形成新的双链分子。解旋的能量来自另一个带三磷酸基团的分子——三磷酸腺苷（ATP）。真核细胞中（其 DNA 包含在细胞核内），解旋开始沿 DNA 分子的数个点，向两个方向扩散，直到新合成段最终连接起来。该过程产生的子 DNA 分子，每个都包含初始的亲本链之一和一条新合成链。这被称为半保留复制。

细胞核在 DNA 复制中已经有自己的纠错机制。识别酶探测扰乱 DNA 螺旋形状的损坏或错误插入的碱基。其他酶将之除去，DNA 聚合酶再将其用正确的碱基取代。平均而言，加入到生长中的 DNA 链上的 10 亿个核苷酸只有 1 个能逃过错误纠正。

细菌有单个环状双链 DNA 分子。复制当中，解旋开始于 DNA 的单个位点，并持续到两个新环状链完成。

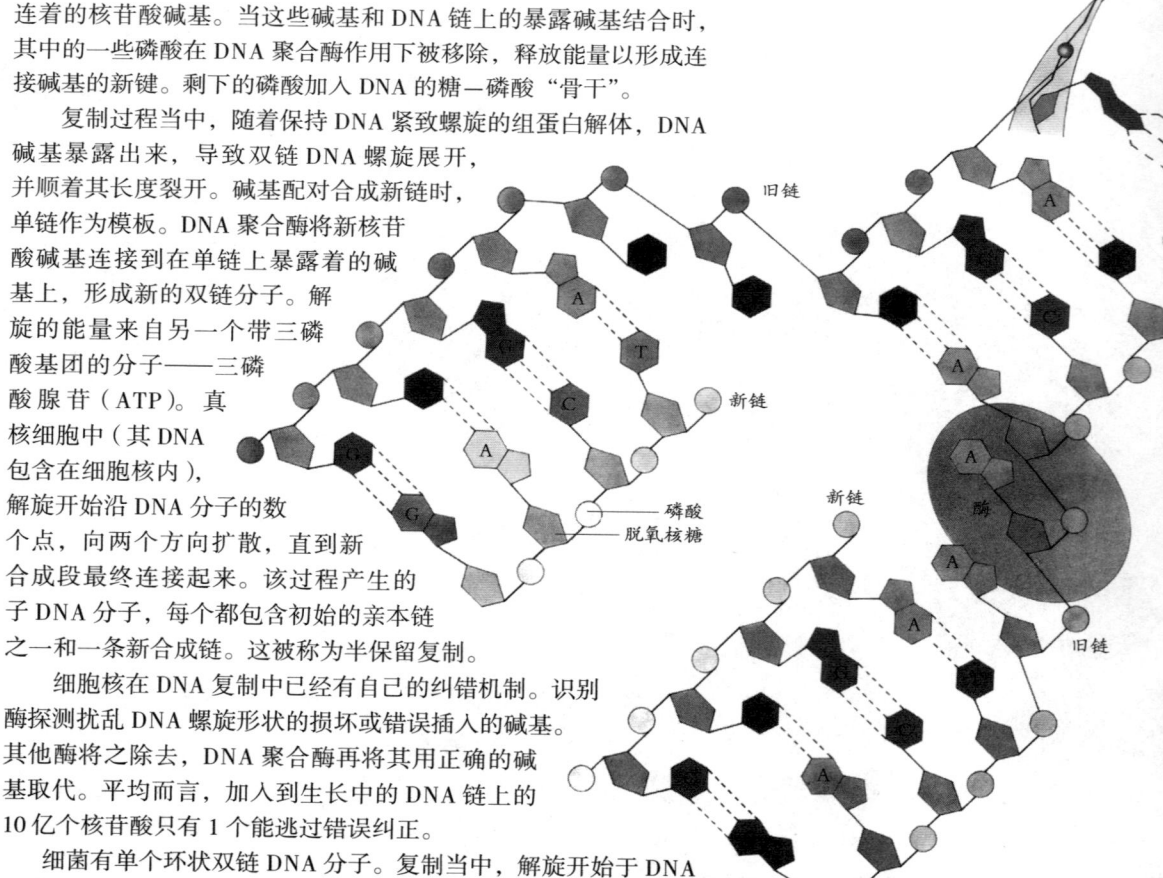

↓ DNA 的结构类似扭曲的楼梯——著名的"双螺旋"。楼梯的两条边由糖（脱氧核糖）和磷酸基团构成——因此称为脱氧核糖核酸（DNA）。DNA 楼梯的"横档"由碱基对构成。胸腺嘧啶和腺嘌呤通过两条氢键相连，胞嘧啶和鸟嘌呤通过三条氢键相连。DNA 中不会出现其他的或不同的核苷酸碱基配对法。

细胞中还有核糖核酸（RNA），它比DNA小，单链，含有核糖——取代骨干中的脱氧核糖，并且尿嘧啶取代了胸腺嘧啶。RNA有不同种类，包括：信使RNA（mRNA），在细胞核中，将来自DNA的信息携带到细胞其他部位，以指导蛋白质合成；转运RNA（tRNA），携带蛋白质的基础亚单元——氨基酸到蛋白质合成场所；核糖体RNA（rRNA），指导蛋白质合成，并且占核糖体质量的一半以上。

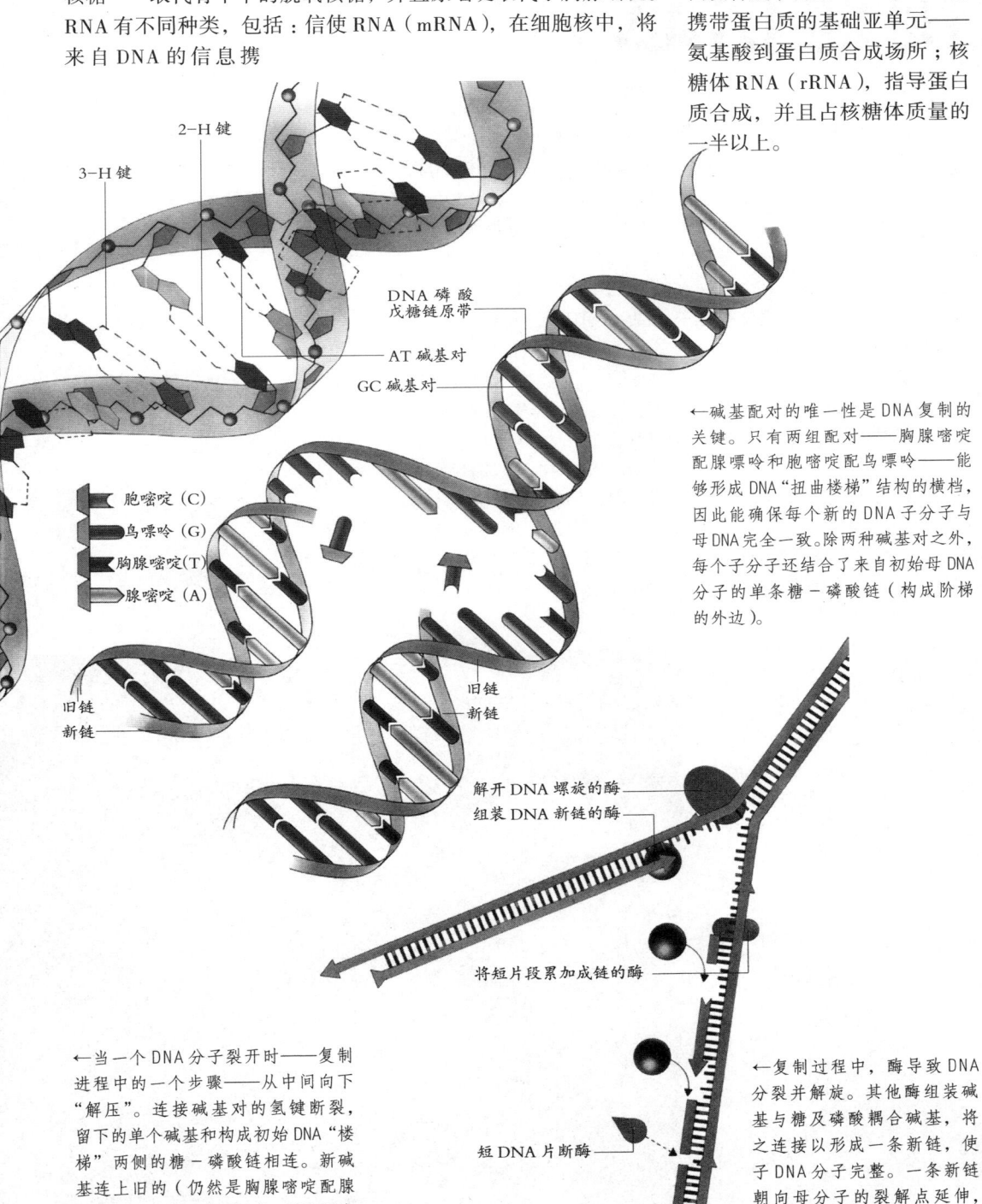

←碱基配对的唯一性是DNA复制的关键。只有两组配对——胸腺嘧啶配腺嘌呤和胞嘧啶配鸟嘌呤——能够形成DNA"扭曲楼梯"结构的横档，因此能确保每个新的DNA子分子与母DNA完全一致。除两种碱基对之外，每个子分子还结合了来自初始母DNA分子的单条糖-磷酸链（构成阶梯的外边）。

←当一个DNA分子裂开时——复制进程中的一个步骤——从中间向下"解压"。连接碱基对的氢键断裂，留下的单个碱基和构成初始DNA"楼梯"两侧的糖-磷酸链相连。新碱基连上旧的（仍然是胸腺嘧啶配腺嘌呤，胞嘧啶配鸟嘌呤），形成两个完整的新DNA分子，和初始分子一致。

←复制过程中，酶导致DNA分裂并解旋。其他酶组装碱基与糖及磷酸耦合碱基，将之连接以形成一条新链，使子DNA分子完整。一条新链朝向母分子的裂解点延伸，而另一条新链则由相反方向的短段构成。

传递信息

成人的身体有约 65 万亿个细胞，但每个人都是从单个受精卵细胞发展出来的。这个细胞及其后代的重复分裂产生了所有 65 万亿个细胞——某些速度达到了每秒钟 200 万个。身体的很多部分一生中都持续分裂——尽管有些类型的细胞分化（变为特化的细胞类型）之后就丧失了分裂的能力，这包括了人脑中的神经细胞以及大部分植物细胞。

遗传蓝图——DNA 能够十分精确地自我复制，但若要子细胞能存活，被复制的 DNA 分子必须分配到子细胞的细胞核中。每个子细胞最后都有相同的染色体数量和与母细胞正好相同的遗传信息。真核细胞——带有细胞核的细胞——通过有丝分裂来实现。有丝分裂不仅产生新细胞并修复旧细胞，在一些简单生物中，它也用于"无性"繁殖，以产生完全相同的后代。

细胞分裂之前，它合成新的细胞器，以分配给子细胞。大部分细胞器都是由来自核内 DNA 的指令生成的，但线粒体和叶绿体有其自己的 DNA，它们并不能完全独立活动——其复制时间由核 DNA 控制，其一些组分也是在细胞核的指令下合成的。大量 RNA 产生，为了把指令从 DNA 送往核糖体，以及为了控制核糖体对蛋白质的合成。核仁由参与指导核糖体亚单元合成的部分染色体组成，由于 DNA 解旋以使其信息可读，此时核仁变得很突出。

→有丝分裂的最后几个阶段是中期（染色单体连接在着丝点上）、后期（染色单体分离并移向相对的两极）和末期（两个新的子细胞形成）。

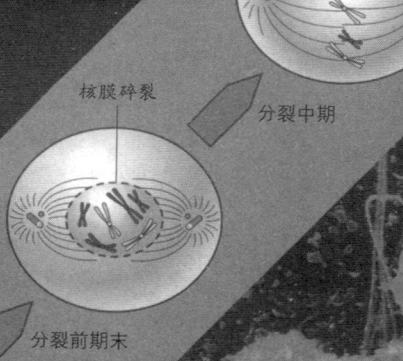

生命的结构

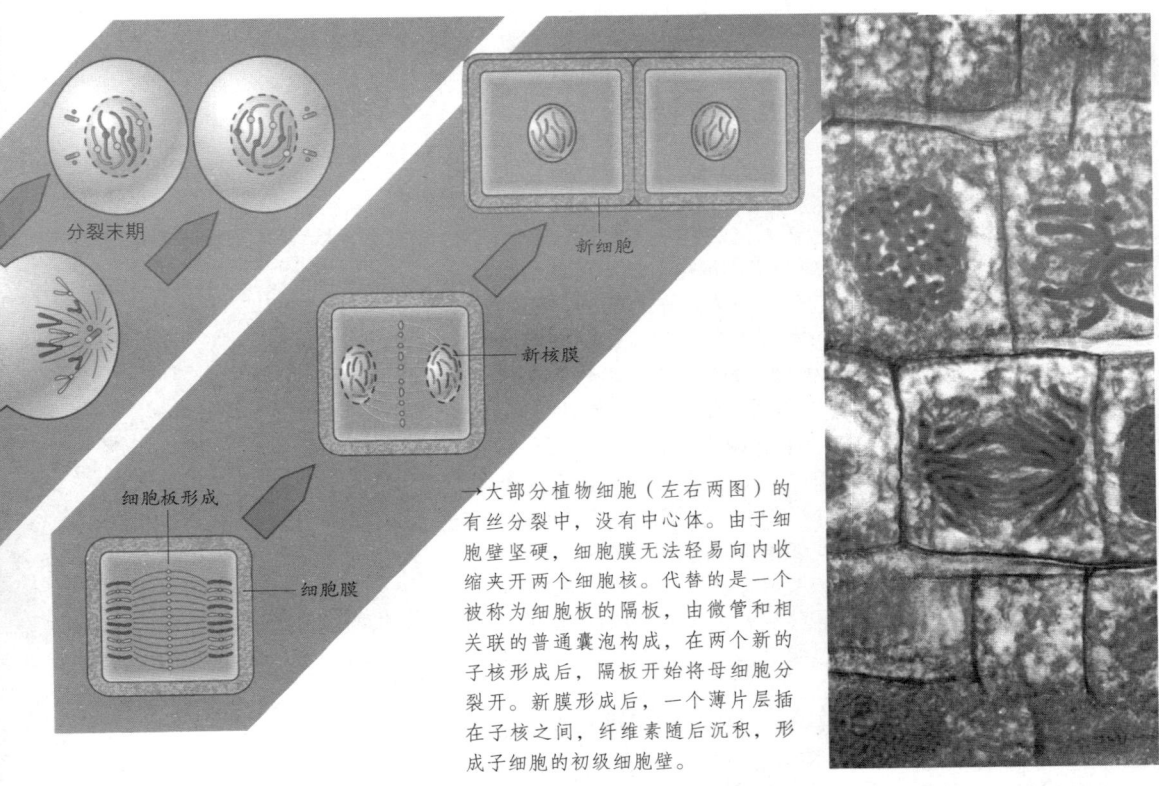

分裂末期

新细胞

新核膜

细胞板形成

细胞膜

→大部分植物细胞（左右两图）的有丝分裂中，没有中心体。由于细胞壁坚硬，细胞膜无法轻易向内收缩夹开两个细胞核。代替的是一个被称为细胞板的隔板，由微管和相关联的普通囊泡构成，在两个新的子核形成后，隔板开始将母细胞分裂开。新膜形成后，一个薄片层插在子核之间，纤维素随后沉积，形成子细胞的初级细胞壁。

←一张显示卵细胞有丝分裂的显微照片：一个细胞处于分裂后期；其他则处于分裂末期，正要裂开。动物细胞核分裂后，一个收缩性蛋白质微丝环限制住细胞，最终将子细胞分开。

←动物细胞的有丝分裂有数个阶段，它开始于分裂间期——常被错误地称为"休息期"。分裂间期包括了生长、体积增加、细胞器及其他新细胞组分的合成。核仁指导核糖体亚单元的合成。分裂间期后期，每个染色体的DNA及组蛋白都开始复制。下一个阶段——分裂前期中，染色体通过更致密的螺旋而变短（缩聚）为初始长度的4%。它们在显微时被预染色，但未被染色。中心体移向细胞两极，短的微管从其中辐射出来，形成星状体。核仁所连接的染色单体缩聚，从而核仁体积减小。分裂前期后期，核膜碎裂成小囊泡，纺锤体形成。

一个细胞生命周期的各阶段称为细胞周期。细胞核分裂（或有丝分裂）只占据细胞生命中的很小一段。一旦有丝分裂启动，在很多细胞中，它都进行得很快，之后跟着发生细胞质分裂、子细胞分离的过程，称为胞质分裂。

有丝分裂包括了已复制DNA的受控移动。复制之后，每个染色体由两条染色单体构成，每条染色单体都由已复制DNA和相关蛋白质组成。由核质中蛋白质微管装配成纺锤形的微管支撑架，导引染色体。

纺锤体的装配受控于被称为中心体的结构。中心体在分裂间期复制；分裂前期和中期，子中心体逐渐在细胞相对两侧上移开，形成纺锤体的两极。

连接染色单体对的中心体，含有被称为着丝点的特殊结构，其由蛋白质和一部分染色体DNA组成。着丝点则连接到纺锤体微管。有丝分裂过程中，着丝粒分裂，其着丝点中的"动力蛋白"开始将微管分解成亚单元，微管从而变短，新形成的染色体被拉往相反的两极。这保证了DNA在子核中平等地分配。最后，纺锤体分解，一层新核膜形成，包住集中在两极的染色体。细胞自身随后则分裂成两个。

动植物细胞的有丝分裂有所不同。例如，植物细胞没有中心体，而中心体曾被认为是对纺锤体的组织十分重要；但植物细胞也形成纺锤体。动物细胞含有中心体，但如果将中心体移除，它也能形成纺锤体。

细菌和病毒

一头牛的内脏里可能生活着数万亿的微小细菌——每个直径约数微米，而一捧泥土中能发现数百亿细菌。如此可观的数目，反映了细菌强大的增殖能力。它们的遗传系统比真核生物的要有弹性得多。基因可以通过多种方式在生命体之间传递，一些情况下甚至可以在不同物种的生物体之间传递。细菌细胞没有明确的细胞核，它们的遗传指令包含在单个环状 DNA 分子中。它们的 DNA 总量只有真核细胞的 1/5，只包含数千个基因。

细菌也可能有其他遗传信息——以小环状 DNA 的形式存在，称为质粒，包含从数个到数百个基因。一个细菌细胞可能含有多种质粒，每种多达 100 个副本。质粒可在主细菌 DNA 之外独立复制，并且有一些（被称为游离基因）能将自身插入细菌 DNA。质粒可在杂交时从一个细菌中转移到另一个中，有时候还能在不同种的细菌间转移。它们也通过病毒传递。因此，质粒是遗传工程技术中的重要工具。

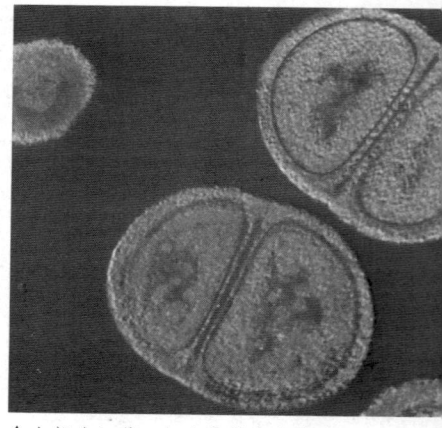

↑大部分细菌，如人类黏液和皮肤上常见的葡萄球菌，通过二分裂（裂开为两个相同的子细胞）繁殖。细菌能繁殖得很快：半天之内，单个细菌能产生十亿个以上的后代。除非 DNA 复制时发生错误，每个子细胞都是亲代的精确副本。

细菌没有染色体，但其环状 DNA 分子常被叫做细菌染色体。这个 DNA 复制时，会和内包的质膜连接。两个 DNA 的子分子完整时，分别和质膜连接，质膜伸展开，直到两个子分子远远分开。随后新的质膜和细胞壁在两者之间形成，确保每个细胞都接收一个细菌 DNA 副本。一些细菌中，分裂之后的子细胞仍保持互相粘连，形成链状群。两个细胞的简单分裂叫做二分裂。细菌偶然会进行有性生殖，从而交换遗传物质。它们能从环境溶液中取得 DNA，该过程称为转化。

病毒比细菌还要小（它们用纳米即百万分之一微米来测量）。它们组成简单：一分子单链或双链的 DNA 或 RNA，被一个称为衣壳的蛋白质或蛋白质–脂类外壳包围。在活细胞之外，它们没有复制或任何活动能力。然而，当病毒的遗传物质进入宿主细胞，就立刻使得宿主细胞产生新的病毒。

病毒是很多疾病的元凶，这些疾病，包括水痘、HIV、流感、疣和癌症，还有千种以上的农作物疾病。它们能在空气或水中传播，很多可通过叮咬或吮吸型昆虫从一个宿主传到另一个。

病毒有不同的形式。衣壳（外壳）往往由重复的蛋白亚单元构成，并且，和活细胞不同，它可以结晶化形成特定形状。一些被称为噬菌体的病毒只攻击细菌，它们对遗传工程也很重要。

尽管简单，病毒却被认为是从细胞进化而来——通过采取寄生的生存方式，掠夺细胞生物的一些关键功能。比病毒更简单的是类病毒，其只有裸露的单链 RNA 分子，没有蛋白质外壳。类病毒导致植物中的特定破坏性疾病产生。

↓病毒由蛋白质衣壳内的 DNA 或 RNA 构成。腺病毒中的 DNA 由微小的蛋白质单元包围。HIV，一种有着得自宿主的脂类壳的 RNA 病毒，其中有蛋白质，帮助其识别并与细胞相互作用。T4 噬菌体有尾纤维，能支撑其在宿主表面。它通过一根收纳在蛋白质鞘中的"钉子"注入 DNA。

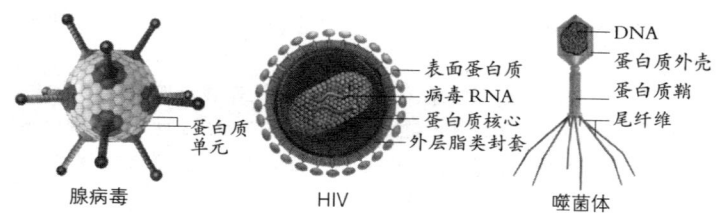

2 为生命编码
CODING FOR LIFE

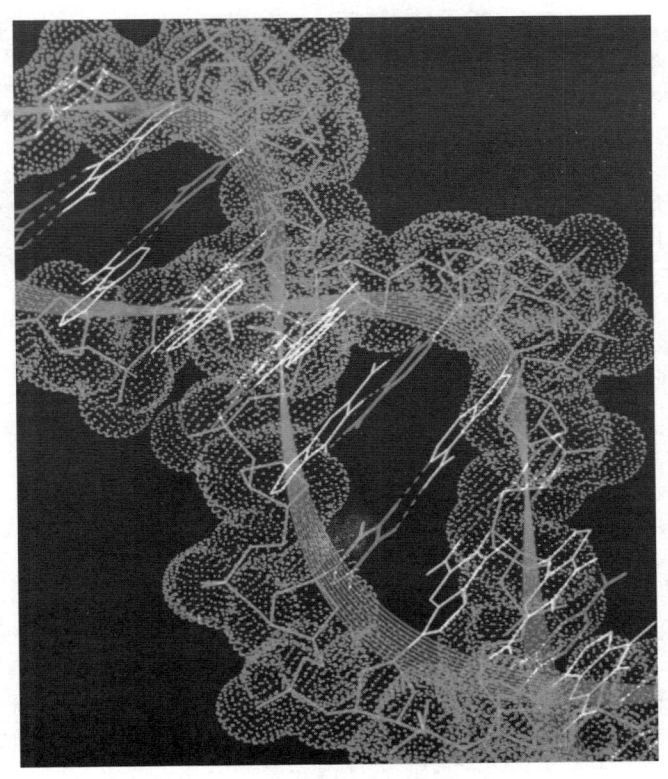

    一个生物体的遗传物质（为其细胞的 DNA 分子所携带）是产生该物种每种性状、组织其生长和繁殖的一套指令（"密码"）。DNA 由被称为基因的片段构成，包含了产生化学物质及控制其他基因活动的指令。很多基因编码特定蛋白质——由氨基酸亚单元长链组成的大有机分子。氨基酸能连接成长链，称为多肽。每个蛋白质分子由一个或多个多肽组成，每个多肽由不同基因编码。

    蛋白质有多种功能。结构蛋白参与细胞建构，如骨胶质，强化组织肌腱等，血细胞中的血红蛋白，是血液中的主要携氧物质；一些蛋白质，如胰岛素，起到化学信使的作用；几乎所有新陈代谢反应都依赖被称为酶的蛋白质，如果没有它们，反应的进程就会太慢而无法维持生命——它们的控制有高度专一性，每种酶只催化一种反应。蛋白质之外的化合物在细胞中的产生过程都需要酶的参与。因此，通过指导蛋白质合成，DNA 控制了身体中所有化学物质的产生。

蛋白质及核酸

人体内的大约1万种蛋白质有着特殊作用。除了控制代谢反应率（甚至这些反应是否会发生）之外，蛋白质也调控物质穿越细胞膜等过程，作为细胞交流的信使，将食物分解为可被身体吸收的可溶产物，收缩和放松肌肉，携氧，代谢反应中运送电子，形成头发、指甲和骨骼，加强肌腱和韧带，为卵中的胚胎提供食物，在伤口上形成血液凝结的基本网状结构，包裹病毒的核酸，构成蛇毒和细菌毒素的活性成分，为身体抵御致病生物和有毒化学物质。甚至更重要的，和染色体中DNA相关的蛋白质，能允许或阻止特定长度DNA的读取和执行。某些蛋白质和特定基因结合，阻止其指令被读取，或将其激活。这些蛋白质产生于所谓的调节基因。发育中的主要变化，如哺乳动物的青春期，或花的形成，都靠这些调节基因的活性来决定。

蛋白质由被称为多肽的氨基酸长链构成。氨基酸是一种小分子，由两个特定原子基团表征：一个氨基团——包括一个氮原子，连接着两个氢原子；一个羧酸基团——由一个碳原子连接一个氧原子和一个氢氧根组成。氨基酸分子的残余可能由碳原子链或环——连接着其他原子的多种侧链——组成。很多蛋白质含有100个以上的氨基酸。最大的蛋白质存在于病毒衣壳中，比如烟草花叶病毒的衣壳，2130条多肽

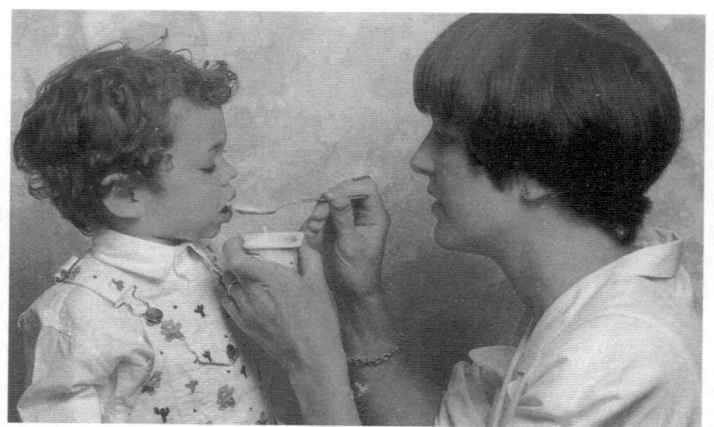

↑一位母亲正在给她的幼子喂食酸乳酪，为他补充蛋白质。蛋白质由20种氨基酸的各种组合构成，其中9种氨基酸无法由人体合成，必须从食物中的蛋白质获取。蛋白质真正意义上地建造起身体。因此，它们堪称"适者生存"的最关键因素，是自然选择进化的基础。

链中，有大约336 500个氨基酸。

多肽链中氨基酸的特定序列（蛋白质的初级结构）决定了蛋白质的结构。肽链能折叠成片状，或被扭曲成螺旋（蛋白质的二级结构）。这些又会再通过多种方式被折叠（三级结构），并且两个或更多的多肽能连接在一起（四级结构），还可能包裹其他原子，如铁或镁。多肽链的扭曲和折叠由多种化学键来稳定化。

蛋白质的形状对酶来说异常重要。酶是一种球状蛋白，有一个被称为活化位点的高度特定区域。每种酶催化一种特定化学反应。酶所作用的化学物质被称为它的底物。底物和酶的活性位点相配，并与之结合以加速反应或引起反应发生。例如，在一次分解反应中，酶可能和底物结合，稍微改变形状，从而拉伸破坏掉维系底物的化

→氨基酸通过肽键连接，肽键形成于聚合反应——一种除去水分子的反应。氨基酸的羧基带弱负电荷；氨基呈弱正价。羧酸的氢氧根（OH−）基团和来自氨基团的一个氢原子起反应，形成水分子，而氨基酸互相连接。细胞中，该反应由特定的酶催化。新形成的二肽分子也有一个氨基团和一个羧基团，因此能形成氨基酸链。

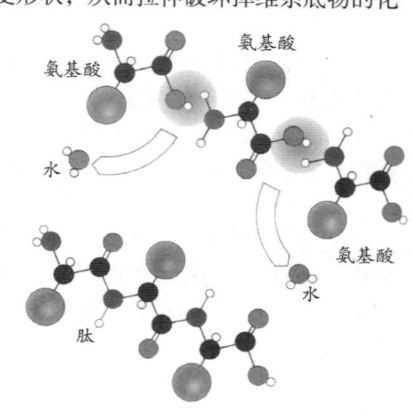

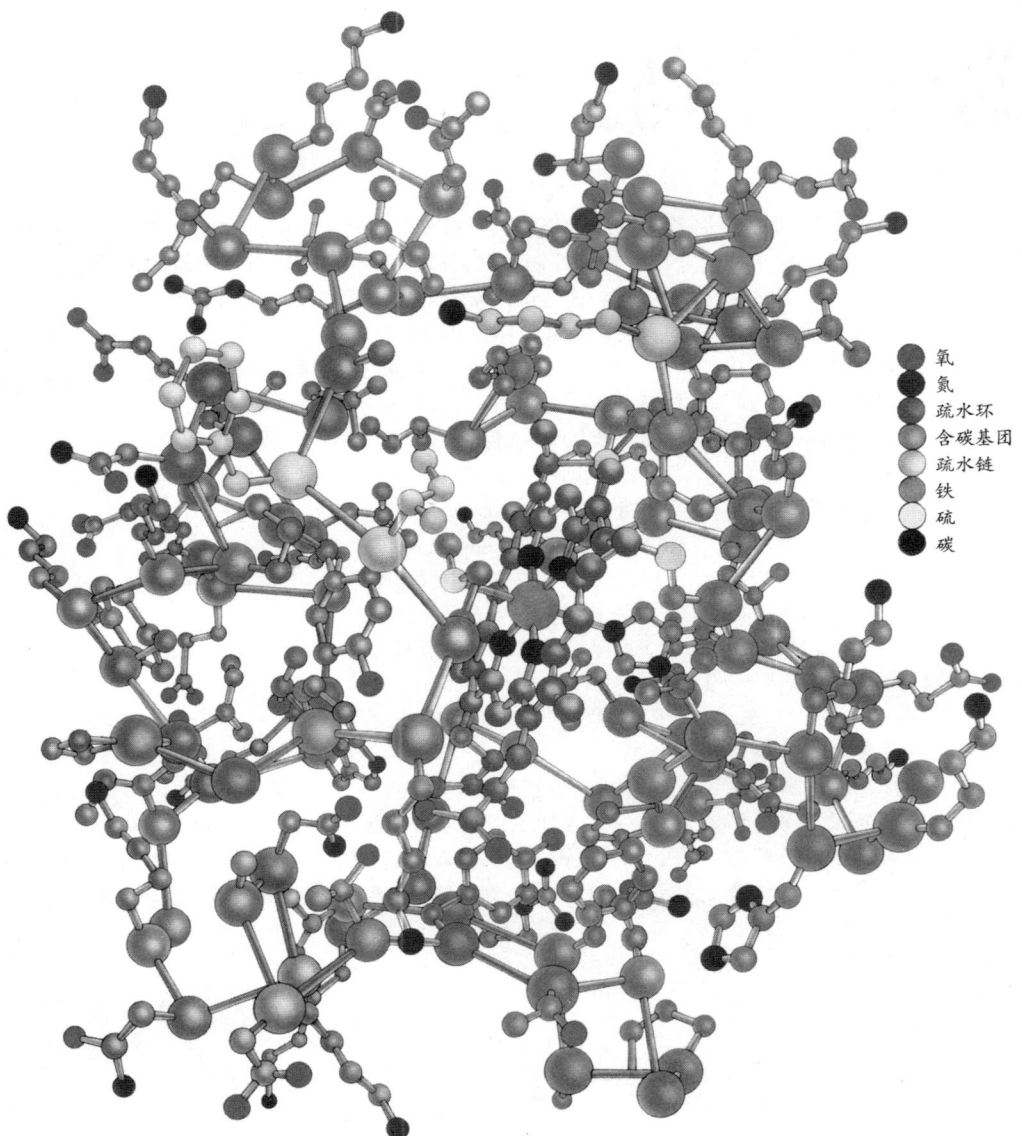

氧
氮
疏水环
含碳基团
疏水链
铁
硫
碳

↑细胞色素c是一种蛋白质（省略了三条氨基酸侧链），在呼吸作用时运送电子。中央的血红素基团（深红色）的铁原子从一个分子获得电子，并将之传递给另一个分子。它的活性由其分子环境加强。所有蛋白质都由氨基酸折叠、扭曲成特定三维形状的链组成。亲水的氨基酸侧链（蓝色和紫色）在分子外侧，和细胞的水溶液接触。疏水链（红色和桔色）存在于内部——尤其是血红素基团周围。

学键。

在一次合成反应中，所要连接的两种底物分子，可能都被活性位点强烈吸引，因此比起它们在溶液中偶遇能更快地被带到一起。底物和活性位点的匹配，就如同一把钥匙配一把锁，因此活性位点的大小、形状及其表面的电荷分布都至关重要。形成酶分子上该区域DNA指令的最微小改变都能导致酶失活。然而，酶分子上其他部位的改变未必能显著影响其功能。

DNA对蛋白质的编码主要通过其初级结构中氨基酸序列的特定化来完成。如果说DNA是遗传编码，氨基酸就是单词，而蛋白质就是信息。新学科——蛋白质组学，将蛋白质和其各自的基因相联系，以了解身体如何运作，并设计战胜疾病的药物。

遗传代码

遗传代码是解读基因语言的钥匙。DNA 和 RNA 分子上的单个碱基如同字母表中的字母，组成单词用作合成蛋白质的指令，决定着生物体的结构和功能。一个生物体遗传代码的全部信息，就是其基因组。

基因是 DNA 的一段，有核苷酸碱基对的特定线性序列。基因上的碱基序列指定氨基酸序列，氨基酸必须连接起来形成一种蛋白质，或蛋白质中的多肽链之一。事实上，代码由碱基三联体构成，称为密码子。每个密码子指定一种氨基酸。四种碱基提供了 64（4³）种可能的密码子，多于形成 20 种不同氨基酸的所需。代码是所谓"冗余的"，因为有些氨基酸由一个以上密码子指定。一些密码子有其他作用，例如"起始"和"终止"密码子标记多肽链的开始和结束。

真核细胞的细胞核中，只有一小部分 DNA 序列（1%～10%）提供合成蛋白质的信息。剩下的，往往被称为"垃圾"DNA，由在基因之间或基因内部看上去无意义的序列组成。基因中的一段段"垃圾"DNA 叫做内含子，编码序列段叫做外显子。

原核细胞通常缺乏内含子。一部分 DNA 代码参与控制基因——帮助决定其开闭。控制序列被称为启动区和加强子，一般存在于用于多肽链起始密码子的"上游"，加强子还可能距离起始位点有数百碱基之遥。一个基因如要"开启"，则其控制序列必须形成有多种调节蛋白质的复合体。这些蛋白质的产生受激素或其他化学信号的引发，通常和控制基因相关。

DNA 序列代码被译为蛋白质，第一步是转录：利用 DNA 为模板在细胞核内合成 RNA 互补链，然后内含子从 RNA 除去，依靠"剪接"过程中的酶，产生信使 RNA（mRNA）分子——能转到细胞质上并指导蛋白质合成。一般提到的遗传代码指的是 mRNA 分子上的。mRNA 有四种不同碱基：和 DNA 一样，它包含腺嘌呤（A）、胞嘧啶（C）和鸟嘌呤（G），而 DNA 中的胸腺嘧啶（T）被尿嘧啶（U）替代。

遗传代码没有重叠，这意味着每个碱基只属于一个密码子。例如，mRNA 序列 AGCCAACUG 会被"读作"AGC-CAA-CUG，编码丝氨酸-谷酰胺-亮氨酸，而不是 AGC-GCC-AAC 或任何其他组合。

几乎所有已知生物遗传代码都相同。如果将人类编码血红蛋白的 mRNA 加入来自细菌的细胞，血红蛋白将生产出来：细菌的蛋白质合成设备能够读取人类 DNA。也有例外，如某些单细胞真核生物以及线粒体等细胞器的 DNA，这些细胞器来源自真核细胞进化

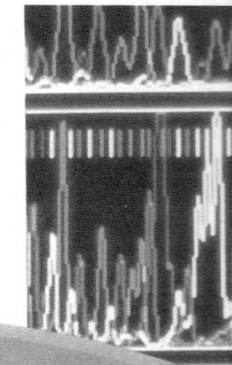

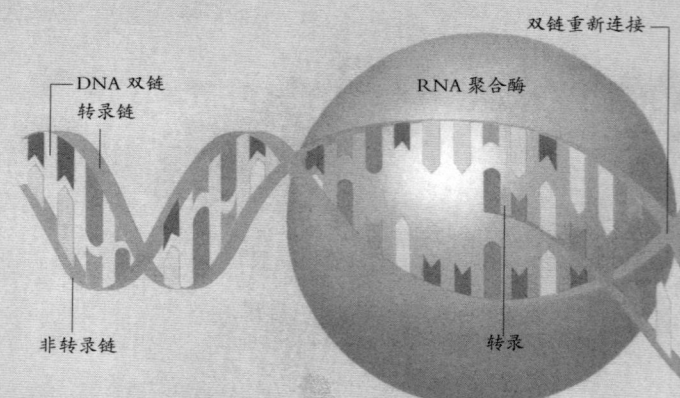

↑用于产生一种特定蛋白质或多肽的被编码指令，位于叫做基因的一个 DNA 段上。蛋白质合成的第一阶段称为转录：把基因的信息复制到一个信使 RNA（mRNA）分子上。在酶的协助下，DNA 解旋——从接近基因起点的一个特定点开始。单个 DNA 的链之一被用作合成 mRNA 的模板。激活的核苷酸碱基与 DNA 链上对应的碱基配对，但 mRNA 上的尿嘧啶碱基（取代胸腺嘧啶）跟腺嘌呤配对。这些碱基随后通过 RNA 聚合酶连接起来，形成 mRNA 的一条单链。

初期的共生单细胞。遗传代码十分随意，很多"单词汇"可以有相同的意思。代码偶然地包含了这些特定字母，在进化过程中获得了其现在的含义。

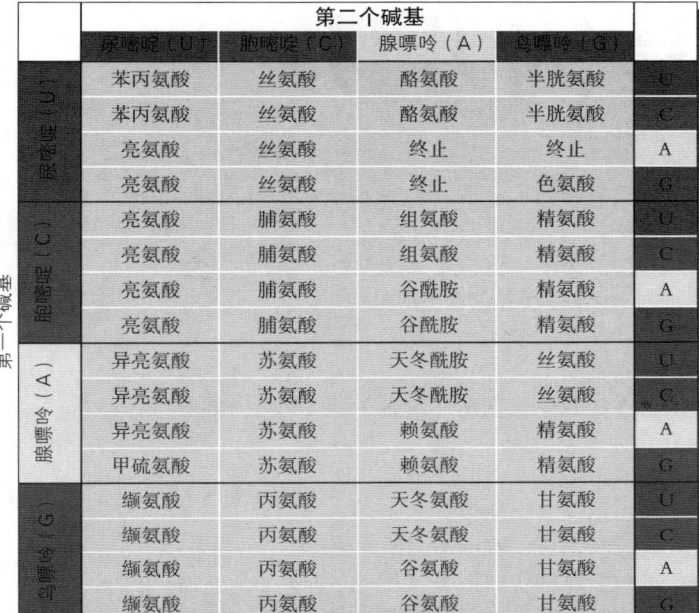

		第二个碱基				
		尿嘧啶（U）	胞嘧啶（C）	腺嘌呤（A）	鸟嘌呤（G）	
第一个碱基	尿嘧啶（U）	苯丙氨酸	丝氨酸	酪氨酸	半胱氨酸	U
		苯丙氨酸	丝氨酸	酪氨酸	半胱氨酸	C
		亮氨酸	丝氨酸	终止	终止	A
		亮氨酸	丝氨酸	终止	色氨酸	G
	胞嘧啶（C）	亮氨酸	脯氨酸	组氨酸	精氨酸	U
		亮氨酸	脯氨酸	组氨酸	精氨酸	C
		亮氨酸	脯氨酸	谷酰胺	精氨酸	A
		亮氨酸	脯氨酸	谷酰胺	精氨酸	G
	腺嘌呤（A）	异亮氨酸	苏氨酸	天冬酰胺	丝氨酸	U
		异亮氨酸	苏氨酸	天冬酰胺	丝氨酸	C
		异亮氨酸	苏氨酸	赖氨酸	精氨酸	A
		甲硫氨酸	苏氨酸	赖氨酸	精氨酸	G
	鸟嘌呤（G）	缬氨酸	丙氨酸	天冬氨酸	甘氨酸	U
		缬氨酸	丙氨酸	天冬氨酸	甘氨酸	C
		缬氨酸	丙氨酸	谷氨酸	甘氨酸	A
		缬氨酸	丙氨酸	谷氨酸	甘氨酸	G

←电脑显示一段 DNA 中的核苷酸碱基序列分析——这里是人类基因簇 HL-A，在免疫中有重要作用。碱基用字母和颜色表示：腺嘌呤（A，红色）、胸腺嘧啶（T，蓝色）、胞嘧啶（C，绿色）及鸟嘌呤（G，黄色）。轨迹显示的是典型的电脑分析，即从 DNA 测序仪的输出，该方法被用于人类基因组计划。

↑ mRNA 上编码特定氨基酸的核苷酸碱基三联体。有四种碱基：腺嘌呤（A）、胞嘧啶（C）、鸟嘌呤（G）和尿嘧啶（G）。核糖体一次读取 3 个碱基。碱基三联体（密码子）通常指定一种氨基酸，以被加到核糖体的多肽链上。一些氨基酸被一个以上的密码子编码。不是所有密码子都编码氨基酸——无意义密码子有其他的功能。UAA、UGA 和 UAG 是终止信号，使核糖体在这一点上终止生长中的多肽链。AUG 编码甲硫氨酸，并作为起始信号，确保核糖体"知晓"从何处开始计数。

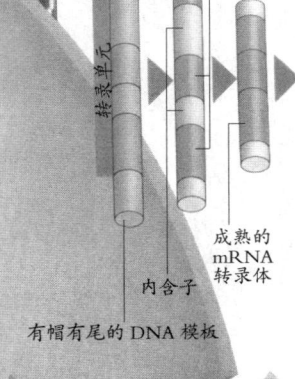

外显子
转录单元
内含子
成熟的 mRNA 转录体
有帽有尾的 DNA 模板

←一个基因中并非所有的 DNA 都编码蛋白质，还有很多看上去是无意义序列的"垃圾"片段，称为内含子——尤其是在真核细胞中。这些片段起初也复制到 mRNA 上；在离开细胞核前，内含子就通过所谓的剪接过程被编辑删除了，留下一个更小的"成熟"mRNA 分子。这一阶段中，mRNA 获得一个"帽子"，即由一个核苷酸在其起始端键合甲基和磷酸基团，这被看作是帮助其他参与多肽合成起始的分子识别 mRNA 分子。

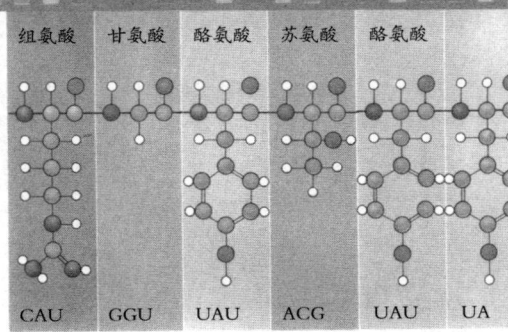

组氨酸　甘氨酸　酪氨酸　苏氨酸　酪氨酸

CAU　GGU　UAU　ACG　UAU　UA

→信使 RNA 通过核膜上的孔穿出细胞核，与核糖体连接。在这里，和 mRNA 上的三联体密码子对应的氨基酸被带到一起，在特定酶的影响下，其间形成肽键，产生一种成长中的多肽链。

mRNA 单链

□学生科普百科

基因开闭

当动植物到了繁殖的年龄时,一些自然界中最戏剧化的转化就要发生了。这些变化是由基因表达模式的巨大变化导致的,一些基因被关闭,另一些则变得活跃。正常的生长发育中也有类似变化发生,如细胞分化为不同功能而特异化。但在所有时候,基因的开闭取决于细胞的需要,使细胞适应变化的食物供应、防御细菌侵袭,或是修复损伤的需要。开闭可能由局部信号引起,如细胞内部化学物质的浓度变化;或是外部信号,如激素和神经传导。在体细胞内部及之间控制与协调基因表达,需要一个非常复杂的基因调控系统。

基因表达涉及到 DNA 指令的转录,这以 RNA 聚合酶为媒介,形成信使 RNA(前 mRNA)分子。前 mRNA 随后被"编辑",移除一些不必要的代码(内含子)。成熟的 mRNA 再穿出细胞核,进入细胞质的核糖体,在那儿代码被读取并被"翻译"为蛋白质;随后蛋白质又会进一步被修饰,在被利用前可能会被运往细胞的特定部位。这些过程得以进行之前,染色体中的 DNA 必须解旋,且去除一些相关蛋白质,以便 RNA 聚合酶能结合。基因表达中的每一个这些阶段都是可调控点。真核细胞中,最常见的调控点是转录。

基因是 DNA 上的一段,可能编码一个蛋白质或多肽,它

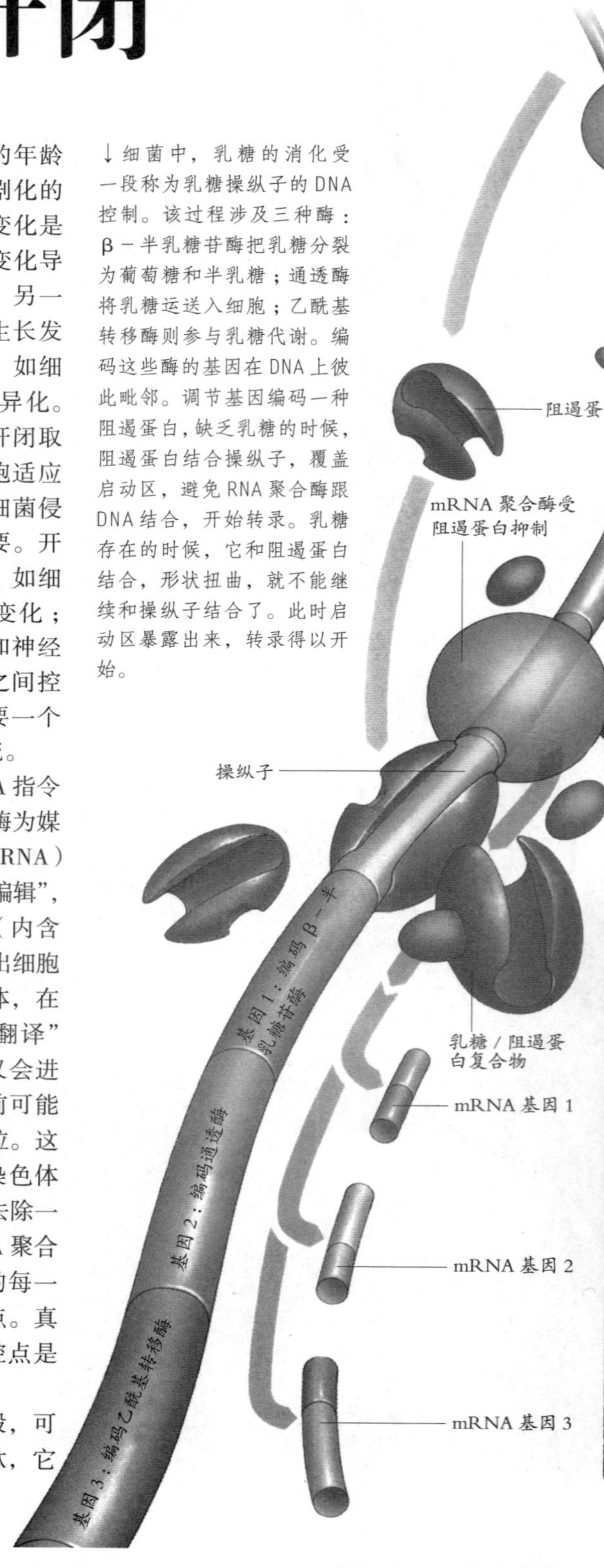

↓细菌中,乳糖的消化受一段称为乳糖操纵子的 DNA 控制。该过程涉及三种酶:β-半乳糖苷酶把乳糖分裂为葡萄糖和半乳糖;通透酶将乳糖运送入细胞;乙酰基转移酶则参与乳糖代谢。编码这些酶的基因在 DNA 上彼此毗邻。调节基因编码一种阻遏蛋白,缺乏乳糖的时候,阻遏蛋白结合操纵子,覆盖启动区,避免 RNA 聚合酶跟 DNA 结合,开始转录。乳糖存在的时候,它和阻遏蛋白结合,形状扭曲,就不能继续和操纵子结合了。此时启动区暴露出来,转录得以开始。

可能长达数百个核苷酸。为了启动转录，RNA 聚合酶必须结合一段被称为启动区的 DNA 序列，启动区位于基因的上游（和转录方向相反的方向上）。启动区不仅决定转录开始的位置，也决定 DNA 双螺旋中两条链的哪一条作为模板，这是调控转录的主要位点。

RNA 聚合酶自身能结合之前，一个被称为转录因子（TF）的蛋白质组合必须先结合到启动区上。所有启动区都含有一段 25 个核苷酸长度的 DNA 序列，称为 TATA 区（因为包含 TATA 的碱基序列）。

TF 之一需要在其他 TF 之前和 TATA 区结合。另一些 TF 识别并结合其它蛋白质，包括其他 TF 在内，或结合 RNA 聚合酶。只有当 TF 和 RNA 聚合酶都在 DNA 上一起装配起来，形成一个转录复合体，转录才终于得以开始。

要使转录按适当的速度进行，也需要叫做加强子的其他 DNA 片段的参与。加强子可能处于基因下游，可能在内含子（基因中的非编码 DNA 序列）中，甚或距离启动区数千个核苷酸之远。加强子结合更多 TF，称为活化子，将转录速度提升 200 倍。DNA 弯成一个环，使加强子和转录复合体相互接触。最后，转录完成。

体内众多基因的很多加强子、活化子和启动区都包含相同的 DNA 短序列（长约为 4 ~ 10 个核苷酸）：基因并没有自己独特的控制元件，但有自己特殊的控制元件联合。生物体处于不同发育阶段时，或响应环境变化时，需要同时开启所有具有相关功能的基因群。这些基因可能广泛分散在不同染色体上。如果它们共享同样的控制元件，就能在同时被全部激活。

正如存在转录活化子，也会有阻遏蛋白的存在，两者往往由不同基因产生。阻遏蛋白结合转录所需组分之一，阻止 RNA 聚合酶的结合。抑制物在原核细胞中更加必不可少，因为其基因调控系统更加简单。

当 mRNA 被作为产生蛋白质的模板时，处于翻译阶段时的基因活动可以得到控制。蛋白质翻译因子促进翻译的进行。调节蛋白可能和部分 mRNA 结合，阻止核糖体的连接；或给翻译因子加上磷酸基团，使其失活。很多调节蛋白质通过添加磷酸基团而被激活，去除磷酸基团则失活。

↑很多无脊椎动物——以及某些脊椎动物——成熟后改变其形式。自由游动的幼虫（上图）成长为活动缓慢的洋底栖息海星（下图）。基因活性的变化导致这种变态。变化的模式受自身其他基因控制，是对内部和外部信号的反应。

←环境信号和遗传编程相互作用，使同一物种在一年中的相同时节绽放花朵，这为交叉授粉提供了最好的机会。

407

生命的局限

不同生物体发育模式中主要变化发生的时间差别巨大。例如，昆虫在每一次蜕去坚硬的外骨骼或表皮后，柔软的内表皮可以自由扩展时，迎来生长的激增。在蝗虫等昆虫中，翅膀阶段性发育，每次蜕皮后变大一点。蝴蝶毛虫每次蜕皮后只简单地变大，却保持着相同的外形，但最后一步从毛虫羽化成蝶则十分显著，涉及组织的吸收和彻底重新排列。这种从幼体到成体，在身体上发生的明显变化，称为变态。变态也见于蟾蜍和青蛙。另一方面，哺乳动物成长和成熟则只在比例上发生简单变化：人类婴幼儿和成人相比，头部与身体其他部分的比例明显要大很多。

环境因素对基因的活动模式有明显影响，且因此影响生长的模式和时间。幼年时营养良好的人要比营养不良的个体长得更高，也往往更胖。基因简单地给这种生长设定了限制。此外，营养充足的人更早进入青春期（性成熟）。更重要的是疾病带来的影响，能够限制生长，并影响一个个体在之后的生命里承受生理压力的能力。生长在空旷地方的树木，往往扭曲并弯倒，以躲避盛行风向。

即便已经特异化，大多数动物细胞还是能重新分裂，以修复组织损伤或促进生长。例如，哺乳动物的肝脏有显著的修复能力：如果被移除2/3，只要3星期，肝脏就能再生为原来的大小和形状。血红细胞在发育中失去了细胞核，一旦死亡，就需要骨髓和脾脏产生新的细胞来补充。

相反地，植物的生长往往限制在芽尖和根尖，以及木本植物根茎中外层之下一个分生细胞带（形成层）组成的环中。植物长高时，形成层促进周长的增加。仍保有分裂能力的植物组织被称为分生组织。其他植物细胞，一旦为特定目的而分化，就不能再分裂。

或迟或早，不论植物还是动物，生长会减慢或停止；身体状况恶化，死亡随后到来。每一物种或一类生物，最大寿命看来都是遗传注定的。人类平均能活70到80岁，虽然个别能活到100岁以上；一年生植物活不到1年，往往只有两三个月。细胞能保持很多代的生命，但甚至在理想状况下，大多数细胞在培养了大约50代之后也就停止了分裂。被编程细胞死亡是自身生长发育过程的一部分。例如，人类胎儿出生前都还没有视力，随后连接眼睑的细胞死亡，眼睑分开。

衰老进程中，大部分身体组织中的细胞分裂慢了下来，组织从而渐渐衰退，随之带来身体机能效率的衰退：视力和听力变得失灵；反应时间延缓；消化效率降低；骨骼更易受损，以及诸如此类。有很多理论解释衰老如何发生且为何发生，一些科学家认为，细胞渐渐丧失修复DNA的能力，因此损害慢慢堆积，影响蛋白质合成，这又反过来扰乱新陈代谢，影响物质在体内的运送，导致激素水平的变化。例如，女性的衰老可通过服用特定激素而减缓。如果免疫系统的蛋白质受到影响，身体就变得难以击退疾病、应对压力。也有证据表明，代谢反应中被称为自由基的特定化学副产物在体内随时间累积，具有破坏性的影响。

盖住染色体末端的结构称为端粒，是一串串多达2000个的DNA代码TTAAGGG（植物中为TTTAAGGG）的重复。端粒被认为是在细胞分裂中保护DNA。它们渐渐被脱去，造成DNA每复制一次就变短一些。人在80岁时，端粒只有其在新生儿体内长度的不到2/3，因此衰老可能是端粒减少的结果。但衰老实际上比这要复杂得多——它可能受到多达7000种不同基因的影响，同时受生命过程中个体和环境的相互作用影响。

↑乌鸫幼鸟孵化时没有羽毛和视力。已编程细胞的死亡在它们的发育中起了重要作用：其眼睑上可见的虚线里的细胞最终死亡，使眼睑得以张开，幼鸟才第一次看到这个世界。

3 遗传模式
PATTERNS OF INHERITANCE

人的身高、体格、体重、皮肤颜色、毛发颜色、瞳孔颜色及其他特征都各不相同。驯养犬的差异甚至更加显著，然而，任何种类的狗都能和另一种交配——和人类一样，它们全都属于同一物种。同物种不同个体之间的差异取决于其基因的差别。

当男人和女人生下孩子，每个孩子（除非是同卵双胞胎）都不尽相同，也不会和父母中任一方完全一样。一个有着棕色头发和蓝色眼睛的男人，跟一个有着红色头发和棕色眼睛的女人结婚，可能生下一个棕色头发和棕色眼睛的孩子：父母的特征传给后代时混合在一起。这是因为人类（以及狗）通过有性生殖来繁殖。两个异性个体结合在一起，他们的生殖细胞（精子和卵）融合，然后分裂产生新个体，因此后代细胞含有父母双方的基因。

有时候孩子会出现未预期的特征：两个棕色眼睛的父母可能生出蓝色眼睛的孩子。并非我们拥有的所有基因版本（等位基因）都会表达。支配不同等位基因遗传和表达模式的法则给后代的多样性加诸限制。

□学生科普百科

有性生殖

有性生殖中，来自两个个体的性细胞（精子和卵子）融合，形成一个含有父母双方染色体的细胞——合子。这个细胞分裂，成长为一个新个体，具有源自父母双方的特征。如果精子和卵子产生于常规细胞分裂——有丝分裂——染色体数目就会每一代都翻倍。而这种情况并没发生。性细胞（配子）由减数分裂产生，其间染色体数目减半。

大多数动物和维管植物的正常体细胞有每种染色体的两个副本（同源对），它们被称为二倍体。每对中的一个来自母本，另一个来自父本。减数分裂中，子染色体以十分精确的方式分配到两个子细胞核中，从而每个子细胞核得到每个同源对中的一个染色体。

减数分裂涉及两次核分裂。第一次中，已分裂为由着丝粒连接的两个姐妹染色单体的同源染色体配对，并自行排列在纺锤体的赤道板上，每对中的双方以这种方式分列于赤道板相对的两侧——仿佛被中心粒排斥。不同于有丝分裂，这第一次分裂时，着丝粒并未分离。相反地，每个子核只得到了每个同源对中的一方，因此成为单倍体。同源对中哪一方传给哪一极很随机：每对同源染色体在配子中的分配独立于细胞中的其他对（独立分配）。所以配子最终有着父母双方染色体和基因的不同混合。

第二次分裂本质上类似有丝分裂，结果是产生4个单倍体子细胞，每个含有不同遗传物质。这种提高了的变异性来源于被称作互换的过程。第一次分裂中形成纺锤体的期间，染色体同源对在列队时互相靠得很近，该过

→减数分裂间期（和有丝分裂中同样），DNA复制，染色体翻倍，形成连接在着丝粒上的姐妹染色单体对。第一次有丝分裂前期，纺锤体开始形成。染色体缩聚，聚同源对形成二价体。互换发生：同源染色体互相排斥并不分离，但仍在相交点（交叉）连接，在相交点上发生断裂和重新连接。当染色单体分离时，它们有新的等位基因组合。中心体（如果存在）移往两极，核膜消失。第一次减数分裂中期，染色体随机排列在纺锤体赤道板上。它们的着丝粒互相排斥，因此一对中的双方分列于相对的两侧，被纺锤体纤维拉往相对的两极。

↓第一次减数分裂后期，着丝粒并不分开。纺锤体纤维将着丝粒和相联系的姐妹染色单体拉向两极：每个染色体和其同源体分离，移往相反两极，并入子细胞核。到了第一次减数分裂末期，染色体数目减少。每个染色体由两条姐妹染色单体组成，但由于互换，它们并不一致。纺锤体消失。在动物和一些植物中，核膜在这一阶段重新形成，且有一段间期（但没有DNA的复制）。新子细胞的分裂开始于第二次减数分裂前期；染色单体缩聚，核膜消失，纺锤体开始形成。

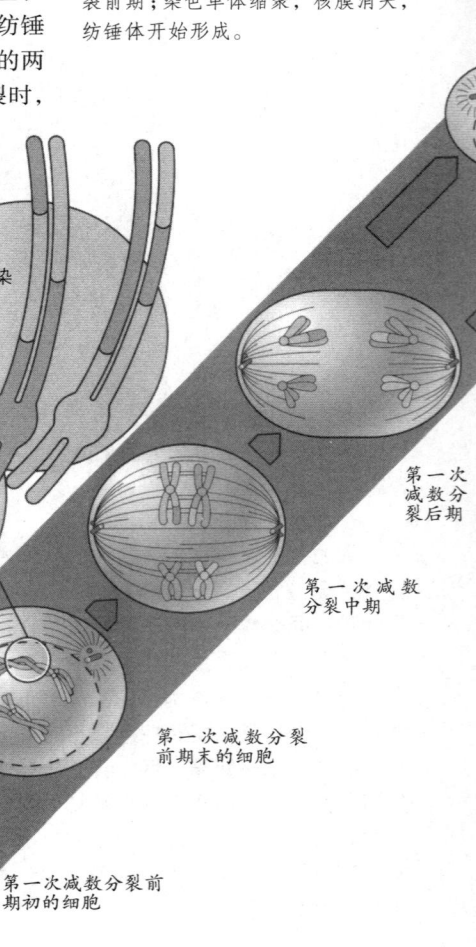

得到的染色体

交换

第一次减数分裂后期

第一次减数分裂中期

第一次减数分裂前期末的细胞

第一次减数分裂前期初的细胞

遗传模式

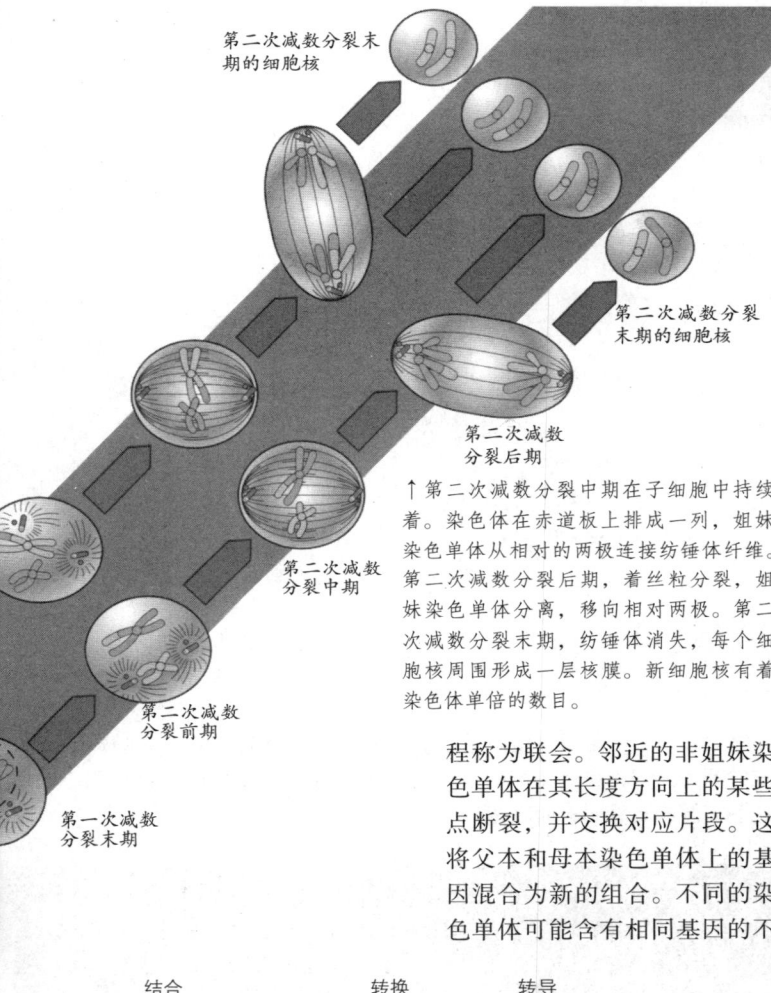

↑第二次减数分裂中期在子细胞中持续着。染色体在赤道板上排成一列，姐妹染色单体从相对的两极连接纺锤体纤维。第二次减数分裂后期，着丝粒分裂，姐妹染色单体分离，移向相对两极。第二次减数分裂末期，纺锤体消失，每个细胞核周围形成一层核膜。新细胞核有着染色体单倍的数目。

程称为联会。邻近的非姐妹染色单体在其长度方向上的某些点断裂，并交换对应片段。这将父本和母本染色单体上的基因混合为新的组合。不同的染色单体可能含有相同基因的不同版本（等位基因），由此增加了后代的变异。

减数分裂因此有两个功能：将染色体数目分半，以及为后代提供新的等位基因组合。合子不仅含有来自父母双方的染色体，这些染色体还含有来自祖父辈的等位基因的混合。有性生殖的功能则不那么明确。有性生殖导致变异，提高了物种适应环境及其中的变化的能力：性提高了进化速率。这对群体——种群或物种——有益，却令个体在传递自身基因上耗损良多。无性生殖中，如果100个雌性各产生两个后代，均为雌性，则当这200个雌性再繁殖，就会有400个后代，依此类推。但如果200个雌性有性生殖，各产生两个后代，平均只有1个是雌性，它们再繁殖也只能产生200个雌性后代——有50%耗损于有性生殖。

环境迅速变化时，性的进化优势最大。较小的生物往往寿命较短，寄生虫进化出对宿主防御的抗性，宿主必须有对付抗性的新策略——寄生虫和宿主之间存在协同进化。有性生殖也是为了保护不受有害突变的影响，因为不是所有后代都能遗传得到。

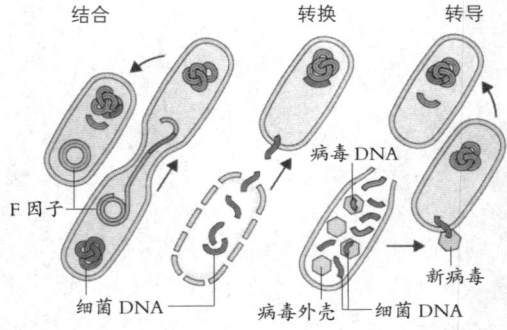

↑细菌通过三种方式交换遗传物质。在转化中，细菌从其环境中得到一小片DNA（可能由死亡的细菌释放）。在转导中，DNA通过噬菌体（病毒）从供体传递给受体。比较少见的是接合（右图）。细菌通过所谓的菌毛结构交换DNA。和主"染色体"一起，供体细胞中还有一个双链DNA的环，称为F（繁殖）因子，编码一种蛋白质，可使其宿主跟其他细菌接合。F因子的DNA解旋，一条链传入受体，使它也成为潜在的供体。

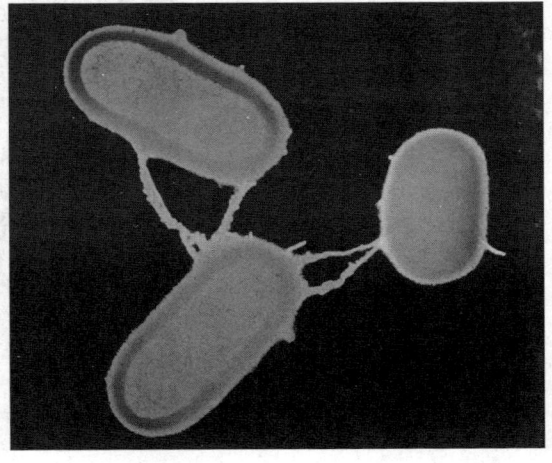

411

性别决定

对大多数动植物而言，有性生殖是变异的主要来源，施加于其上的自然选择能使进化产生。有性生殖不仅将已有的等位基因改组为新组合，还提供了一种测试新等位基因在不同遗传环境中影响的手段。有性生殖过程中，减数分裂期间，等位基因第一次在染色体中混合成新的组合，然后来自雌性和雄性两个不同个体的染色体随机汇聚在后代中。

有性生殖只发生于真核细胞中，其DNA排列在染色体上。细菌有多种交换DNA的方法，包括接合中个体的配对，但没有减数分裂或配子产生。

性的差异随进化的进行而趋向极端。很多非常简单的生物中，如变形虫、藻类和真菌，配子间的一些差异由几个等位基因编程决定，而生物体由不同的交配系来描述。更复杂些的生物中发生渐变，从不同大小的配子（其中较大的被认为是雌性配子）到不同形态的配子——一个含有食物储备的大型卵子，和一个小得多的游动精子。这保存了能量：卵子不用付出移动的能量；精子在移

↑ 大多数开花植物是雌雄同体——它们同时有雄性器官（雄蕊）和雌性器官（子房、柱头和花柱）。雄蕊发育得比雌性部分更远离中心，表明在这些花中，激素梯度控制性别表达。

动时有着更轻的重量。多细胞生物体中，这些差异也会扩展到亲体。雌雄器官为受精作用特定的方式而进化，两性的身体也为性吸引、竞争配偶或父母照料而改变。

→ 有性生殖是种群中遗传变异的主要来源：双亲的基因在后代身上混合。动物必须能够识别自身物种的成员，并分辨两性。哺乳动物中，这往往基于和性活动相关的激素所产生的气味。两性间也可能有大小上的不同，尤其是雄性要竞争雌性时。这种竞争在狮子中尤其显著，不仅可以通过大小识别雄狮，也通过其大量的鬃毛。

性别决定以遗传为基础,但其表达受内部和外部因素的控制。对于人类来说,一个明确的染色体对——性别染色体——携带影响个体性别的基因。人类性别染色体有两种——大的 X 染色体和较小的 Y 染色体。有两条 X 染色体的个体(XX)是女性;有一条 X 和一条 Y 染色体的(XY)是男性。人类默认为女性——Y 染色体上的性别决定基因 SPY 清除女性特征,以产生男性。SPY 基因是基础开关,影响散布在基因组中参与性别分化路径的很多基因。Y 染色体的存在与否才是重要的(非正常的 XXY 是男性,XO 是女性)。这种性别决定系统在动物界和植物界都一样,但有时候雌性是 XY 而雄性是 XX。然而,一些物种中,性别染色体跟所有其他染色体的比例才是关键因素。X 染色体含有很多并非和性征特定相关的基因。一个雌性哺乳动物有两条 X 染色体(每条分别来自双亲),可预期其产生这些基因编码的蛋白质会两倍于雄性哺乳动物。事实上,每个细胞中 2 条 X 染色体之一随机关闭:雌性的身体是表达不同等位基因的细胞的一个"嵌合体"。

一些物种中,性别决定于一个动物带有一套染色体(单倍体)还是两套(二倍体)。雄性蜜蜂由未受精卵发育而成,而雌性工蜂和蜂后由受精卵发育而成。

这种性别决定系统在很多无脊椎动物中都有发现。

决定性别的基因在各发育阶段开启。一些动物和植物物种中,生物体的营养状况或特定激素水平等因素能够影响发育为哪种性别。鳄鱼和海龟胚胎的性别取决于卵在孵化时的温度。开花植物特别易变,尤其是那些同一个芽尖上产生分离的雄花和雌花的——生长中的芽尖上的组织体模式是产生雄花还是雌花取决于日长。

一些动物物种在其生命周期中转变性别。一群蓝头隆头鱼中,除了雄性的首领鱼之外,其余全都是雌性。如果首领鱼死亡,领头的雌鱼在数小时内就变为雄性;如果其他雄性出现,它又变回为雌性——这确保了在缺少雄性的情况下,雌性的生殖潜力不会被浪费,且在雄性的产生上十分经济。很多开花植物规律性转变性别——同一朵花上既有柱头也有雄蕊,但(根据不同物种)其中之一先成熟,由此防止了自体受精。

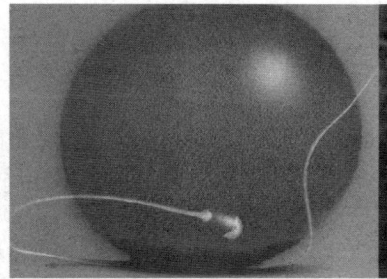

↑人类精子(左)一次就被释放数亿个,比它们所寻求授精的单个卵要小得多。海蛞蝓(右)雌雄同体:每一方都同时有雄性和雌性器官。交配期间,双方都交换精子和卵子。因此,任一个海蛞蝓都能和另一个交配,极少有得不到交配的。

→老鼠的性征受子宫中性激素浓度的影响。两侧都有雄性的雌性胚胎暴露在相对较高的睾丸酮激素水平中;当它们发育成熟,会有轻微的雄性解剖学征,对雄性吸引力较小,且行为具有攻击性。最有吸引力的雌性两侧都是雌性胚胎。一侧有雌性的雄性胚胎,生长中会发展出一些雌性特征。

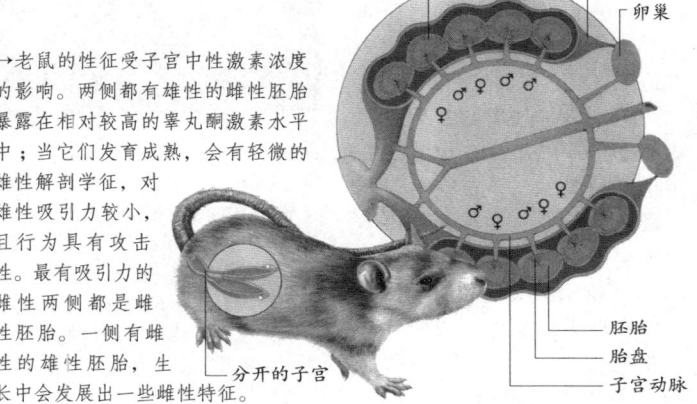

无性生殖

有性生殖提供了遗传变异，赋予种群中的适应性。然而，如果一个种群或个体已经适应良好，遗传构成如果还要通过有性生殖持续变化的话，就可能会丧失一些优势。只有无性生殖能得到和亲本在遗传上完全一致的后代。出于这个原因，很多植物和无脊椎动物物种既有性生殖又无性生殖。

草属于最成功的开花植物之一，它们通过在最低的节点产生新芽而无性生殖，最终旧芽和新芽间的连接分解，一个新的、遗传上完全相同的草本植物——一个克隆体——诞生了。一片草地是多个种类克隆体的混杂区。植物中有很多其他形式的无性生殖：子代球根和球茎的形成；碰到地面的拱状茎生根；地面上匍匐茎或地下根状茎（埋起来的茎）、块茎的形成，生出新芽之后分开；甚至，有些肉质植物，顺叶缘长出细小的幼苗。无性生殖对于多倍体等无法进行有性生殖的植物来说非常重要；北极的很多植物中也有无性生殖——此地几乎没有能够传粉的昆虫。

单细胞生物，如变形虫和很多藻类，能通过有丝分裂简单地一分为二，该过程称为二分裂。简单地分裂成新生命体也发生于很多多细胞藻类和简单无脊椎动物身上，如扁虫、海绵和珊瑚。扁虫裂成两半并再生它们的"另一半"，而一些海葵把自己挤压成8字形，然后分离成两个新动物。其他生物，如酵母、水螅和一些海葵，通过出芽生殖产生新个体。

所有这些生物，有些时候也会进行有性生殖，从而维持种群的变异。往往有一个规律性循环：适宜的季节中进行无性生殖使种群快速扩张，接着在冬天或旱季开始时进行有性生殖——此时无法进行快速繁殖了。这些物种的有性生殖通常产生一个裹在坚硬囊包中的合子（受精卵），能保持休眠，直到条件转好，甚至能飘散开，有助于物种的分散。水螅就是一例。

更复杂的无脊椎动物不能简单地一分为二，但它们表现出

↓无性生殖的能力意味着植物不需要依赖昆虫传粉。蒲公英是一种高度成功的草，通过产生无需受精的种子而迅速扩散；胚珠（植物子房中一种含有卵细胞的结构）内的一个二倍体细胞发育为胚，最终成为种子。这种过程称为无融合生殖。

→夏天，水蚤通过孤雌生殖迅速繁殖：孵化前，10~12个未受精卵都在雌性背上的特殊育仔囊中（如图所示）发育。幼水蚤（也是雌性）随后被释放到水中。雄性只有在过度拥挤或食物短缺的情况下才会产生；受精的雌性产下被保护在坚硬外壳中的卵，这些卵在水中和干燥环境中都能存活。

←某些海葵,如图中这些美国粉红海葵,能通过简单地一分为二进行无性生殖,该过程称为二分裂。二分裂在单细胞生物中最常见,但也能发生于海葵这样的简单多细胞生物身上。通过这种方式产生的两个后代(通常称为子代)和亲代在遗传学上完全相同。这种繁殖方式对生活在稳定环境中的生物很理想,因此不能受益于有性生殖带来的遗传变异的益处,甚至会受到其负面影响。

↓小茧蜂将孵产在这只毛虫体内。随着卵的发育,胚胎细胞中的早期物质产生了更多的胚胎。幼虫以毛虫身体组织为食,最终化蛹,穿过毛虫体壁出来。

↑这只来自美国的鞭尾蜥蜴是雌性——和它的所有亲属同样。这是少数通过产未受精卵而无性生殖(孤雌生殖)的脊椎动物之一。

一些十分奇特的无性生殖形式。蚜虫能像蒲公英一般迅速扩散,夏天大量孳生于园林植物和农作物上。这些蚜虫都是雌性,能生出雌性后代——不需要雄性。雌性蚜虫并非是产生单倍体卵以待受精,它的生卵细胞进行一种特殊的减数分裂,染色体发生不分离(所有染色体进入同一个子细胞),产生二倍卵,其在化学刺激下就能发育为雌性胚胎。

蚜虫中这种孤雌生殖发生得十分迅速,幼年蚜虫出生时已经怀孕,带有正在发育的胚胎。秋天,带翅膀的雄性和雌性就出现了。有性生殖产生的卵能够在冬天存活。

孤雌生殖也现于很多鲜有机会遇上雄性的无脊椎生物身上,但在脊椎动物中很罕见。这些孤雌生殖物种都是从有性生殖物种进化而来的。亚马孙帆鳍鲈是一种孤雌生殖的鱼,但仍需要精子的刺激才能产卵,因此雌性帆鳍鲈引诱亲缘物种的雄性进行伪交配,从而获得其精子。

孤雌生殖在很多社会性昆虫(如蚂蚁、胡蜂和蜜蜂)中扮演不一样的角色,以产生一个社会性群体或等级中的特定成员。蜜蜂蜂后产下的受精卵发育成雌性(蜂后和工蜂),未受精卵则发育成雄性(雄蜂),雄蜂通过有丝分裂产生精子。

一些微小的瘿蚊产生大的孤雌生殖卵,孵化成幼体,每个幼体从内部啃噬母体时,产生更多的卵。这些卵则啃噬其母体,产生更多孤雌生殖卵,依此类推,直到很多代之后最终达到一代胡蜂成体。这叫做幼期生殖。寄生蜂则更进一步:卵自身就在繁殖——通过一种叫做多胚现象的方法。无性生殖和生命本身一样古老。今天的一些动物是古老祖先的克隆体——"旧日之窗"。轮虫,显微镜下的"轮状微生物",生活在淡水里,是约1亿年的祖先的克隆体。细菌可能是地球上最成功的生物(当然也是数量最多的),主要通过克隆繁殖。

□学生科普百科

孟德尔的突破

早在染色体和DNA还远没有发现之前,一位奥地利修道士——格利高·孟德尔(1822~1884年),就在做植物的人工育种实验,研究个体性状的遗传了。他不是第一个研究该现象的人,但他有一个很大的优势:他懂数学。

孟德尔为研究所选取的是豌豆。豌豆和其他豌豆类植物一样,自体受精,花上同时有雌雄器官,因此可以采用任意亲本组合。孟德尔研究了相对的特征或性状,如不同的花色或茎长,或种子的光滑和皱缩。

孟德尔知道遗传性状在配子(花粉和卵)中传递。他将昆虫隔离于植物之外,而靠手工传粉,把选定植株的花粉刷到其他植株的柱头(雌性器官)上,后者被他去除雄蕊,故不能自体受精。他以杂交相反性状的纯种植物开始。内部繁育时,纯种植株经过很多代始终产生相同特征。因为它们是纯种的,孟德尔明白亲本赋予后代特定的性状。他的第一个实验中,亲本(P)是显示单一性状的纯种。孟德尔追踪其后两代的性状,即第一代(F_1)和第二代(F_2)。开白花植株和开紫花植株杂交,产生的F_1世代是100%的紫花。但当孟德尔让F_1植株自体受精时,后代(F_2世代)紫花和白花的比例为705:224,大约3:1。

孟德尔为了解释这种现

→孟德尔将纯种开紫花豌豆植株和纯种开白花豌豆植株杂交。所得到的种子——F_1世代——全部成长为开紫花植株。当它们自体受精时,它们的后代(F_2世代)产生的紫花和白花比例为3:1。控制花色的是单个基因,有两种形式(或称等位基因)——紫色(A)和白色(a)。A对于a是显性:只要紫色等位基因存在,这种颜色就将得到表达。开花植株的细胞一般含有每种基因的两个等位基因,但性细胞(或称配子,即卵和花粉)只含有每种基因的一个等位基因——在该例子中不是A就是a。每株亲本(P)都是纯合子——只含一种等位基因,因此是纯种的。图中显示了有性生殖时等位基因发生了什么。交叉受精中,配子随机结合:来自一株亲本的每个等位基因都有相等的机会结合另一亲本的任一等位基因。F_1世代的遗传组成(基因型)都是Aa;由于A是显性,所有的都开紫花(它们所显示的,或称表现型,都是A)。F_2世代中,只有aa个体开白花,因为其他都含有至少一个等位基因A。

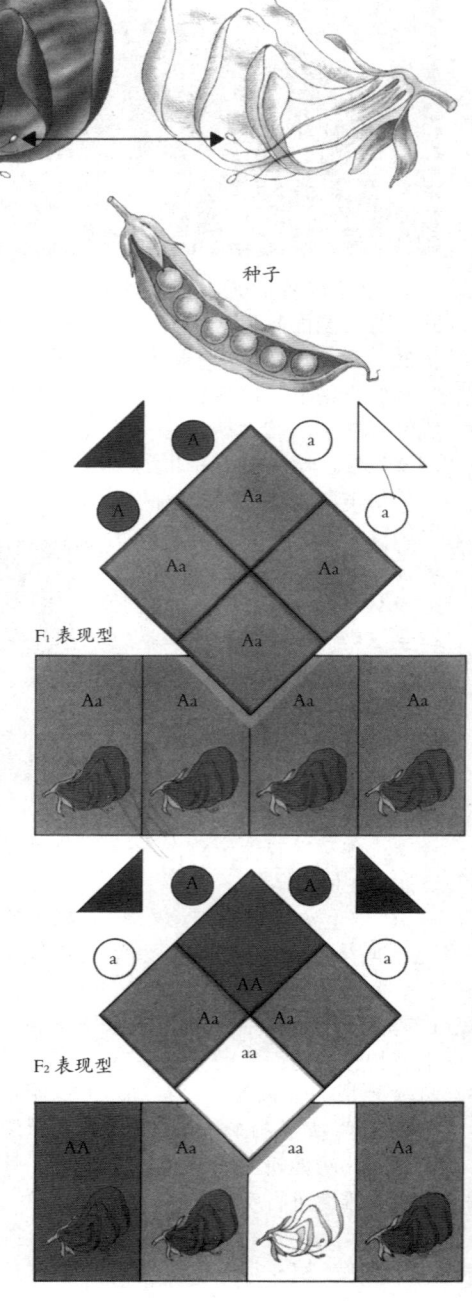

遗传模式

←↓金鱼草（左图）决定花色的基因有两个等位基因——红色（R）和白色（r）。但红色等位基因相对白色等位基因并非完全显性：杂合子（有每种等位基因的一个的个体）显示出粉红色的中间表现型。当纯种红花和纯种白花杂交，F_1世代全是粉红色，而F_2世代有红色、粉红色、白色，比例为1:2:1。显性等位基因编码红色素的产物或沉积物，而白色等位基因不编码，但只有一个显性等位基因存在时，产生的色素不足以构成大红色。

↗镰刀形细胞贫血症，发现于生活在疟疾肆虐的热带地区的人类，由必须遗传自父母双方才能致病的单个隐性基因决定。它造成了携氧色素血红蛋白的缺乏。血红细胞变成镰刀形，聚在一起，阻碍血液流动、氧气输送和组织里的气体交换，导致组织坏死，且往往致死。相同的等位基因提供对疟疾的抗性：在疫区，镰刀形细胞病的携带者（杂合体）更可能存活。

象，设定每个植株遗传到了两个决定花色的"因子"（现在已知为等位基因），保持它们世世代代的同一性。每株亲本只给每株后代传递一个因子。F_1世代中每株都遗传了一个紫色因子和一个白色因子。因为紫色掩盖了白色，故紫色因子肯定是该性状的显性形式：和显性因子相关的性状得以表达——即便隐性因子也存在。受精作用中,每个雄性细胞（精子或雄性配子）都有相等的机会和每个雌性细胞（卵）结合——受精作用是随机事件。

通过计算后代发生重组模式的概率，孟德尔确定：在足够大的数量杂交之下，也将得到上述结果。

这些杂交能通过遗传解释。开花植物是二倍体——每个细胞核都含有同源染色体对。个体性状就由这些染色体上特定位置的基因决定。每个基因可能有多种形式（等位基因），某些形式相对另一些为显性。因此，每个细胞核含有每种基因的两个副本（等位基因）。个体的遗传组成被称为其基因型，而实际表征被称为其表现型。显性等位基因用一个大写字母表示，非显性或隐性等位基因用一个小写字母表示。在孟德尔做的上述杂交实例中，紫色纯种显性亲本（AA）和白色隐性亲本（aa）杂交。减数分裂后，每个配子只含有每种同源染色体的其中之一，因此只含有一个表达该性状的等位基因。当雄性和雌性配子通过受精作用结合时，只有一种可能的组合——Aa；当Aa后代自体受精时，才有更多可能的组合。

这说明了孟德尔分离定律——特定基因的两个等位基因（位于一对同源染色体上）在减数分裂时互相分离，因此减数分裂后形成的每个配子有相等的机会得到这个或那个等位基因，却不能兼得。豌豆中，表达种皮类型的双隐性基因产生皱缩表皮；显性基因存在时表皮是光滑的。该基因是孤立的，且已经表明隐性等位基因不编码任何蛋白质，而显性等位基因编码一种蛋白质——参与到光滑表皮的产生。其他基因中，一个等位基因可能编码一种蛋白质，中断相同基因的另一个等位基因所产生蛋白质的活性。

等级模式

自代然界中，孟德尔遗传所产生的世代取决于个体的性状组合跟其环境之间适应得如何。那些存活下来育种并产生大量健康幼体的个体延续了它们的性状。实验室或牧场等人工环境中，人类建立了自己的环境，通过各种技术改变动植物繁育的结果，在后代中产生期望的性状组合。这种选择性培育在那些性成熟相对迅速的物种中最为成功，从而能得到很多连续世代。

例如，孟德尔给植物手工传粉，从而进行他所想要的杂交。经过很多很多代这种"人工选择"之后，能产生惊人的变化。各种各样的犬种就是一例。很多犬种无法在自然界中生存，例如斗牛犬拥有的扁平脸存在明显的呼吸隐患。植物育种者从甘蓝这一单一种培育出了西兰花、抱子甘蓝、大白菜、花椰菜、羽衣甘蓝和大头菜。查尔斯·达尔文对家鸽的诸多种类印象深刻，这些种类都来源自野生的原鸽，且仍然能与原鸽杂交——依然是同一物种。人工授精——将选定雄性动物的精子注入雌性的阴道——能用于家畜育种——这正在被试管受精（试管中的受精作用）所代替，之后是胚胎克隆。胚胎被植入不需要有同样特殊血统的代理母亲。

来自同一物种的两条不同进化线的个体杂交时，后代往往展现加强了的生育力或生命力。这种现象被称为杂种优势。然而，不同物种间的杂交没有这种优势：马和驴子可以交配繁育，但产出的后代不育。来自双亲的染色体不完全同源，所以就无法在减数分裂时适当配对。配子形成时，对染色体向子核分配过程的干扰，导致产生有缺陷的精子或卵。

植物中，新特征往往产生于自然与人工的多倍体——染色体数目的翻倍。这可通过施用了化学药剂秋水仙素的细胞培养而达成。秋水仙素阻止核分裂中纺锤体的形成，这就得到有普通染色体2倍数目的细胞核——四倍体细胞核。四倍体往往比其二倍体祖先更大也更有活力。四倍体可育，因为它们有两套完整的同源染色体，能在配子形成时配对。两个不同物种的杂交（种间杂交）形成的不育杂交种能通过这种方法得到育性，由此创造新种。然而，如果一个普通二倍体种和四倍体杂交，结果是不育的三倍体；染色体又一次无法在减数分裂中配对。

动植物育种者往往有两个目的：他们可能寻求两个不同繁殖系的结合，以得到具有新组合特征的后代；或者，他们可能希望保存已有的组合特征。有性生殖导致已有等位基因组合的混合。不是所有动植物都可以无性生殖，但通过杂交近亲个体，所需特征可能会相对纯粹地保留下来。这称为近亲繁殖。

通过某些育种技术，能一并避开有性生殖所产生的问题。果树的嫁接就是一例。将所需植株（可能是高产种）的嫩枝嫁接到另一棵树（可能是根系健壮生长的品种）上。有时候会作复嫁接，例如，根系来自对当地土壤适应良好的物种，树干往往很短且因此适合机械性收获，嫩枝来自所需果种。培育芽和叶以及进行切割，都是保存已有血统、避免种子产生过程中发生变异的途径。自然无性生殖的应用是又一种方法。块茎、鳞茎、球茎、根状茎等，能产生和亲本相同的新植株——克隆亲本。植物细胞也能在实验室培养中生长，并最终发育成整个植株。这是克隆植物的另一途径。动物和植物培养中，现代技术都能定向处理细胞，导入其他个体的细胞核，或者在发育中的胚胎内插入外来细胞。

↓获胜的公牛是为产生所希望的性状——大小（为了产生最大量的肉）和肉质——进行了很多代选择性育种的结果。其双亲要经过仔细的挑选，但它们可能从未见过面——利用人工授精。单只公牛能致孕的母牛数量惊人——数万只。

4 进化和变异
EVOLUTION AND VARIATION

　　1831年,一位年轻的英国博物学家出海环游世界,研究他在航行中发现的动植物。查尔斯·达尔文发现,在自然界中,繁殖大体上和疾病、事故及衰老引起的死亡相平衡。他注意到相同物种的成员间性状的大量变异,并观察到很多这些变异都能遗传。他指出,具有能赋予其存活直到繁殖更好机会的性状的个体,比适应性较差的个体能留下更多的后代,最终,成功的性状在下一代中更加广泛存在。这就是自然选择的观点。达尔文指出,很多代之后,一个种群的性状变化得足够充分,就会形成新物种。该变化过程称为进化。

　　另一位英国自然学家,阿尔弗雷德·拉塞尔·华莱士,研究南美、马来半岛和东印度群岛的动植物,得出了相同的观点。1858年,他给达尔文写了篇短文,促使达尔文将理论公之于众。达尔文和华莱士对基因和染色体一无所知,但他们解释了生命的多样性以及生命有机体之间的相似性。

生物进化

1858年,英国自然学家查尔斯·达尔文和阿尔弗雷德·拉塞尔·华莱士提出他们的基于自然选择的进化理论。该理论的基本原理至今仍被接受。该理论论点实际上很简单。动植物的后代往往在数目上超过亲代,但世界上的生命尚未泛滥成灾。很多种群的数量保持得相当稳定,因为不是所有后代都能存活并长大。这表明要在斗争中求生存。

每个物种的个体成员都稍有变化,且一些变异能够遗传。其变异不能使它们在生存斗争中胜出的个体,无法达到生殖年龄,因此它们的变异无法传给任何后代。那些具有的变异能更好地适应环境的个体,生存得更加长久,并产出更多后代,其中一些后代遗传了这种更适应的变异。很多代之后,有益的适应性渐渐在种群中累积。

达尔文称之为"适者生存",最适应的未必是最健康的,而是那些生育力最强的——用现代遗传学的话来说,就是那些最可能将基因传给后代的。

他提出,一定时间内,种群构成的变化会很大,使其成员无法和最初群体的其他成员交配——新物种可能已经形成。

进化的概念使当时的普通大众很震惊,因为当时许多人都相信每个物种都由上帝在几天内创造,且自那时起就没有变化过。进化理论并没有否定上帝造物的看法,但已意识到物种随时间变化。

19世纪早期的另一理论为拉马克主义。1809年,法国生物学家让·巴普蒂斯特·拉马克提出,器官因重复使用而变强,因不用而衰弱,器官的这种用进废退"通过遗传给新出现的个体而保留下来"。他这些"获得性状"的最著名例子是长颈鹿,他认为其

↓19世纪出现了两种对长颈鹿长脖子的不同解释。达尔文指出:长颈鹿的祖先是短脖子(图1)。一些偶然变异产生了长脖子的长颈鹿,能摆脱和其他动物(包括短脖子的长颈鹿)的竞争(图2)。它们获得了大量食物并生存繁衍。长脖子由它们的后代所继承,持续的选择压力导致超长脖子的个体更能存活(图3),从而数量增长。对食物的竞争导致了短脖长颈鹿的消亡——它们不足以活到产生后代的年龄。

↓拉马克也接受长颈鹿祖先是短脖子(图1)的观点,但不同的是,他认为一些长颈鹿持续拉伸脖子,脖子得更长(图2)。更长的脖子由其后代继承。短脖长颈鹿没有试图拉伸脖子,所以没能增加长度,便因竞争而死光(图3)。

1

2

3

进化和变异

↑英国椒粉蛾有着很好的伪装，和它们所栖息的覆盖着地衣的树皮相匹配。如果把它放在不匹配的背景下，就会有更大几率被鸟类捕食——作用于它的"自然选择"。有时种群中会自发产生深色的变种，这无法伪装，很快就被捕食殆尽。然而，工业革命期间，由于烟灰沉积，树变成了黑色，这时深色的类型就有了优势，种群中深色蝶的比例增加。随着空气质量的提高，树木回到本色，杂色蝶又成为了主导类型。

长脖子和长腿的获得来源于为了碰到更高的树而逐代形成。

我们现在知道，发生在普通体细胞中的变化——"获得性状"——通常不遗传，在生殖细胞——产生精子和卵的细胞——的基因中发生的改变，才产生可遗传变异。该定律最初由德国生物学家奥古斯特·魏斯曼于 1892 年提出。获得性状不遗传，因为信息无法从蛋白质传递给 DNA，只能从 DNA 到蛋白质。

从达尔文时代以来，很多发现都强调了他的观点，且得出进化发生的机制。染色体和 DNA 的详细结构解释了性状如何代代相传，而孟德尔提出的遗传定律提供了特定性状的不同变异（等位基因）在遗传时自然选择的作用。突变将原材料——变异——提供给自然选择所用。自然选择从而改变自然种群中不同基因或基因组成的频率。

进化的最强有力的证据来自对当前所发生选择的研究。这在细菌和病毒中体现得最明显，其短暂的生命周期能导致快速的进化速率。例如，一些细菌每 20 分钟繁殖一次——病毒甚至能更快地复制。HIV 是已知进化最快的生物：它的 DNA 每复制一次就至少得到一个突变（碱基变化）；每年 HIV 的基因组有 1% 的变化（或进化）。一个感染者带有大量的、快速进化的 HIV 种群，持续响应身体免疫系统和治疗药物的攻击所产生的选择压力。正如对抗生素有抗性的细菌的进化快于科学家发明与之对抗新药物的速率，因此 HIV 在全世界的人类宿主中进化并多样化。由于环球旅行的流行，本地宿主可能已产生抗性的细菌和病毒的变异体会继续感染新的、之前未接触过它们的宿主群——病原体（致病生物）上的选择压力减少了，疾病突然产生新的爆发。当今快速变化的世界是进化的温床，虽然总会产生新的选择压力并引起适应性改变，但未必总对我们有利。

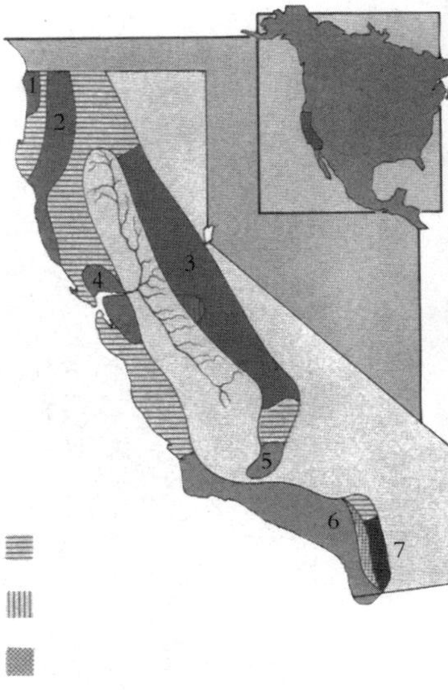

→"环形种"体现了来自共同祖先血统的不同种群互相隔离时，新物种的逐步进化。加利福尼亚的中央谷地，埃氏剑螈的种群形成了一个亚种的环。临近种依然能够杂交，除了南边大斑剑螈和蒙特利剑螈两种分布重叠却无法杂交的亚种。

1. 彩绘剑螈
2. 俄勒冈剑螈
3. 内达华山脉剑螈
4. 黄眼脉剑螈
5. 黄斑剑螈
6. 蒙特利剑螈
7. 大斑剑螈

遗传漂变

自然选择不是引起种群基因池变化的唯一原因。经过很长一段时期，偶然交配和死亡以及随机突变的影响，能造成可观的改变。等位基因频率随时间的这种随机波动，完全取决于机缘，被称为遗传漂变。

↓ 电脑生成的细胞色素 c 分子模型，表明了来自哺乳动物（马，上图）的和来自植物（水稻，下图）的 c 分子之间有显著相似性。该分子在很长一段地质时期中几乎未发生变化，而这段时期内却进化出了这些极其不同的生物体。由于其缓慢的突变速率，细胞色素 c 用作超长时期的分子钟十分理想。

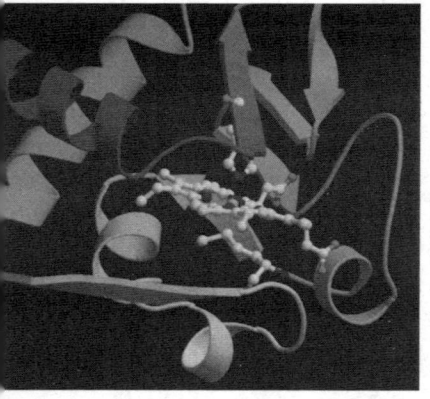

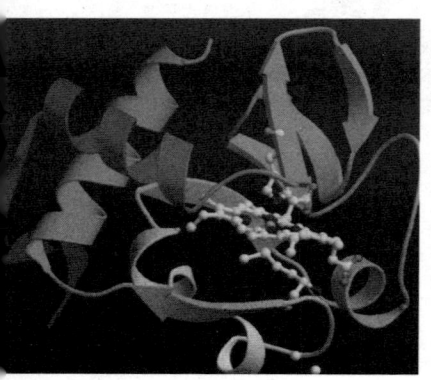

遗传漂变在小种群中最快，小种群中的每个个体携带的基因在总基因池中占有的比例比大种群中的更高。例如，在一个有 100 万个个体的种群中，如果一个等位基因只出现于总数的 1% 中，就意味着 1 万个个体，且其中一部分肯定能繁育并将基因传递下去。在只有 10 个个体的种群中，只有 1 个会带有该等位基因，如果这个不能繁殖，该等位基因就会从种群中消失。遗传漂变加大了不同种群间的变异。

一些科学家相信，尽管表现型水平上的进化受自然选择驱动，分子水平的进化则主要来自遗传漂变的随机过程。这就是中性学说，最初由日本遗传学家木村资生在 1968 年提出。这有时也被称为非达尔文进化。基础原理是，很多突变无利也无弊，它们是中性的，且因此不会被选择或排斥。自然种群中的很多变异可能来自中性突变的累积。因此 DNA 中的很多进化性的变化并无适应性。无用（非编码）DNA 的突变对生物体几乎没有影响。同义密码子（编码同一个氨基酸的不同密码子）最后一个字母的变化也不会产生影响，如 GCA 和 GCC，都编码丙氨酸，因此不会影响蛋白质产物的氨基酸序列。甚至在氨基酸序列受到影响的地方，也未必会影响蛋白质的功能区域，如酶的活性位点。蛋白质序列上的很多小

↓ 细胞色素 c 是一种蛋白质色素，可用作分子钟，因为改变其氨基酸的突变以相当稳定的速率（偶然）发生。通过对比不同生物群组的氨基酸序列，遗传学家能推出从这些群组互相分化至今的时间。

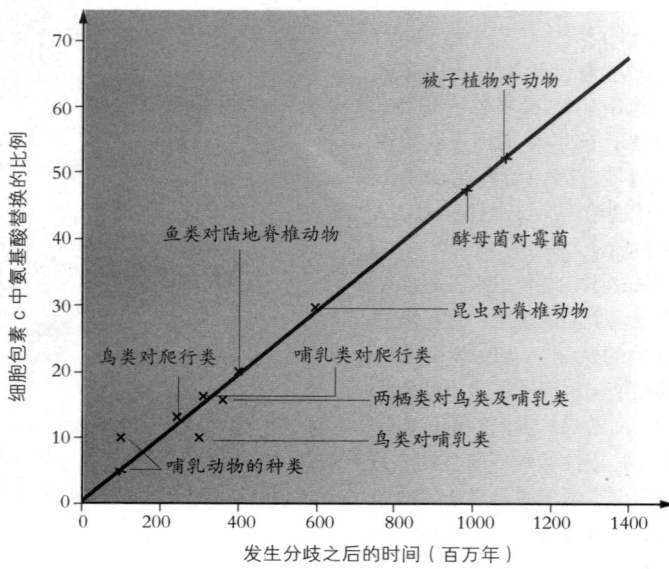

进化和变异

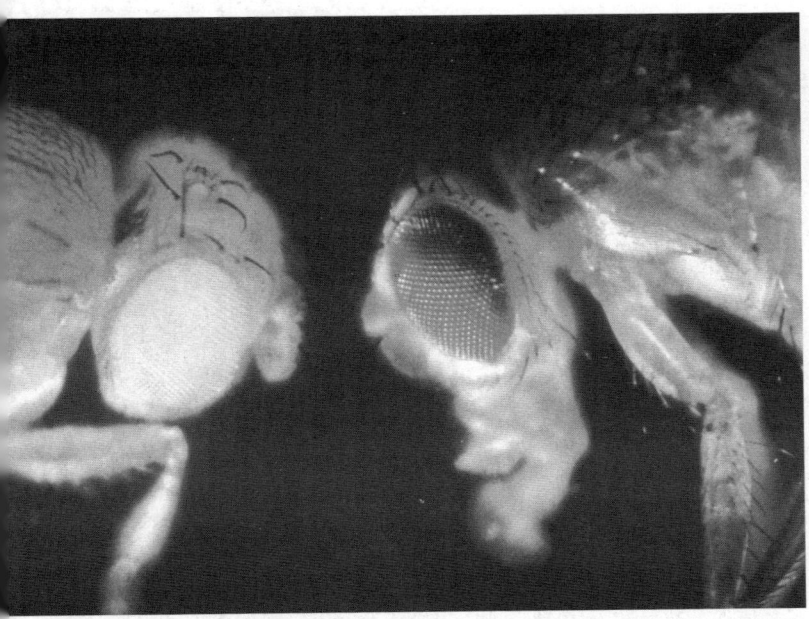

↑物种的变化主要通过遗传漂变或突变来实现。左边的突变果蝇长有白眼，而不是像普通果蝇的红眼。夏威夷岛上的果蝇种群——"图像翅"果蝇——外表上有明显不同，单靠遗传漂变而非自然选择形成了新的物种。

规模变异不会反映在表现型上，因此对自然选择无感。

　　有害的等位基因（基因的变异）很快从种群中消失，而带来优势的等位基因相对快速地在种群中固定下来。因此自然选择下的进化是段落式的——在一系列步骤中发生。相反地，中性突变的频率变化慢得多，因为其变化来自遗传漂变，而非自然选择。变化以或多或少恒定的速率发生——跟分子在细胞功能中的重要性相关。分子越不重要，其进化速率越快。例如，组蛋白控制复制和转录过程中染色体的行为，在结构上无法承受大的变化，进化得极其缓慢。而血纤维蛋白肽（结合纤维蛋白原形成凝血块）就进化得很快。

　　这种稳定的变化速率形成了分子钟的基础——大分子以恒定速率进化的观点，使科学家得以推算出进化事件的发生年代。这些变化可被追踪——通过分析DNA序列，或分析蛋白质产物的氨基酸序列，或分析RNA等其他分子。例如，通过比较有亲缘关系的生物——如人和黑猩猩之间——相同分子的DNA或氨基酸序列，遗传学家能算出这两个物种从其最近的共同祖先大致分化的时期。

　　为了追踪相对较短进化时期中的分子，如人类进化，需要转得快的分子钟。

　　线粒体DNA（mtDNA）迅速积累突变。染色体DNA结合一些酶，能修复突变导致的一些损伤；mtDNA缺少这些酶，因此变化得比染色体DNA快上5～10倍（即便如此，大约2000～3000年也只发生一次突变）。mtDNA还有其他优势：合子中的所有线粒体都来自卵细胞，因此受精作用时没有mtDNA等位基因的混合，使进化证据更易解释。为了研究更长时期的变化，需要更慢的钟，如核糖体RNA或细胞色素c——无法轻易承受变异，因此进化得十分缓慢。

↓该图显示了同一基因的两个不同等位基因在同一种群的数代之中的经历。每一代有任意一半的个体，未繁殖就死亡（灰色方块）。底部一行表示6代之后变化了的比例。这种差别并非由自然选择引发，而是纯粹的偶然——随机交配、随机个体交配前死亡——遗传漂变过程。

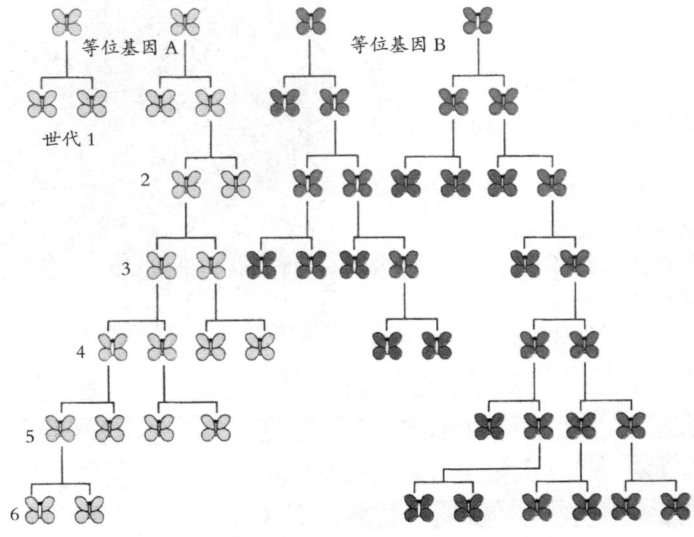

□学生科普百科

变异和生存

自然选择对个体的作用取决于其表现型的总质量——它们有多适应环境,以及它们有多大可能生存繁衍。随机的非随机存活改变着遗传的性状。这些变异来源自随机突变和基因频率的偶然变化(遗传漂变)。种群的遗传构成——它包含的所有个体的所有基因形式(等位基因)及其频率——构成了它的基因池。基因池中的变化发生于个体进入种群,或者两个种群融合之时。种群中已有等位基因的频率可能发生变化,等位基因可能消失,或新的等位基因进入;杂交也可能产生新的等位基因组合。

这种种群之间等位基因的移动称为基因流动。种群间很少或根本没有基因流动的时候,遗传漂变——以及更小程度上的自然选择——能引起一段时期后基因池的分化。两个种群间基因流动停止之后,发生在每一个基因座上的变化的量,能用来测量两个种群的遗传关联度——所谓的基因距离。这些距离用于制作出进化树。

当一小群个体拓殖到新的区域或和主要种群隔离,新种群产生,此时基因池发生剧烈的改变。如果个体数量很少,它们和其母种群的等位基因的平衡状态可能会不同,选择压力也很有可能不同。这种"创建者效应"在新火山岛被拓殖之时普遍发生。这也见于人类疾病卟啉症的发病率,这种病导致对巴比妥类药物的严重或致死反应。南非白人中,这种病的发病率异乎寻常地高,而所有的3万名携带者都可追溯到一对1685和1688年来自荷兰的侨民夫妇。

相似的事情发生在种群遭受疾病或大灾难时:幸存者的

←橡树种群的繁盛受鸟类的帮助,如欧洲松鸦,鸟类携带橡子并将它们埋起来以备后用。被遗忘的橡子就此和亲本分离,相距遥远。这促进了橡树种群的基因流动。如果橡子被留在亲本树木附近,当地种群的遗传可变性就会减少。

进化和变异

←一只孤独的猎豹在视察它的领土。想要通过圈养培育的方式提高数量的尝试鲜有成功。该种群几乎没有遗传变化性：大于1万年前，它似乎已接近灭绝，因此现在的种群繁衍自少数个体。近亲动物之间的繁殖很少成功，且低繁殖率威胁着该物种在今天的生存。

基因池有限，其频率可能和起初种群的完全不同。

基因池中大量变异的种群有很好的长期存活潜力。小基因池的问题尤其会影响小的存活种群的濒危物种，它们不仅缺乏应对诸如人类活动等所造成的环境变化所需的变异，近亲个体之间的交配也趋于进一步减少变异。隐性等位基因更频繁地出现在近亲个体的表现型上，而这些个体会被自然选择所淘汰，因此物种加速灭绝。近亲繁殖也趋于减少受精，其原因尚未完全可知。为拯救濒危物种，很多圈养培育计划被施行，包括优良种登记簿，记录了每个个体的遗传历史，目的是尽可能减少近亲繁殖的几率。

近亲繁殖的极端情况往往是毁灭，但这并非绝对：新西兰的查塔姆岛黑色知更鸟仅从4个个体成功恢复元气。

灭绝是进化中正常的一部分。曾经存在的所有物种中，99.9%以上的都已灭绝。地质记录中一个物种的平均存在时间为400万年。灭绝发生于环境变化快过个体能够适应该变化之时——直到适应了的存活者少到无法维持一个繁殖种群。例如，带着火器的人类到来，造成很多物种灭绝。北美候鸽和野牛就是戏剧性的范例：不到两个世纪，欧洲猎人使北美野牛的数量从约5000万只减少到了只有数百只。19世纪初，数十亿迁徙的候鸽遮蔽北美天空长达数天。它们成千上万地被射杀，成火车皮地运往市场——衰减急剧发生，最后一只候鸽于1814年死在辛辛那提动物园中。数百只候鸽聚居营巢，它们被认为需要聚居的刺激才能繁殖，由于数量锐减促进了它们的衰亡。灭绝在今天继续上演，现代人改变了世界的栖息地，导致全球性的灭绝。

↓南非斑驴在1883年被猎杀灭绝。对标本皮肤的DNA研究表明，南非斑驴可能是斑马的一个亚种，也许能跟斑马杂交。即便是死去多时的动物中极微小的DNA片段，也可通过聚合酶链式反应放大，提供分析样本。将不同物种之间某些DNA片段的碱基序列做比较时，相似性程度暗示了物种间亲缘关系的远近。从这些研究中，制作出了一模进化树，显示南非斑驴和山斑马源自一个共同祖先。它们是牛更远的远亲，甚至是人类更远的远亲。

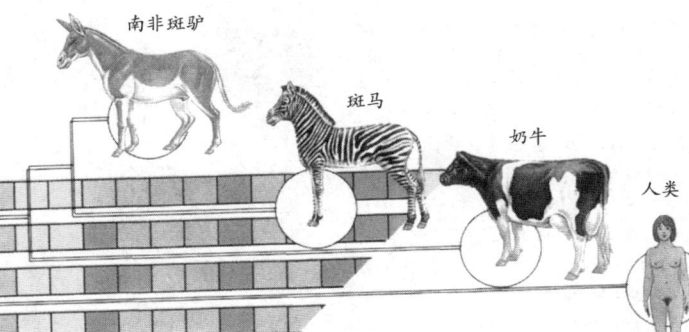

□学生科普百科

生存策略

物种的长期存活需要种群有充足的遗传变异,能够适应变化中的环境,因此无亲缘的个体间交配最好,这称为远缘杂交。后代的分散增加了无亲缘的个体之间见面和交配的机会,从而加强了变异。柳树等很多植物,将其种子分散到很大的区域,所产生的植物是异花授粉的。海底固着动物,如贝类、藤壶、螃蟹、海星和珊瑚,其幼虫为漂浮浮游生物。虽然邻近个体的配子之间会发生受精作用,但这些邻居来自很多不同的地方。相反地,蝴蝶等有翅昆虫在成年后分散。

来自非常不同的种群的动物会在特定的繁殖点聚集。很多远洋鱼类迁移到海岸浅水中产卵。海豹、海龟、企鹅和其他海鸟,聚集到某些海滩和峭壁,往往由它们的一般觅食区不远千里而来。不同群落的蚂蚁和白蚁常常在同一天产卵,增加不同群落中个体的见面机

会。很多哺乳动物群体里,年轻的雄性(或很少量情况下年轻的雌性),青春期就被驱逐出群体,加入无亲缘关系的群体。

植物有不同的策略来防止近亲繁殖。遗传决定的化学不相容性,防止了很多开花植物的自体受精和近亲繁殖。另一些植物通过在不同时期产生成熟的雄蕊和花柱,或是在分离植株上产生雄花和雌花,来防止自体受精。

在幼崽需要父母双亲照料的动物物种中,"一夫一妻"制通常是一种惯例,整个繁殖季节里两口子都会在一起,甚或

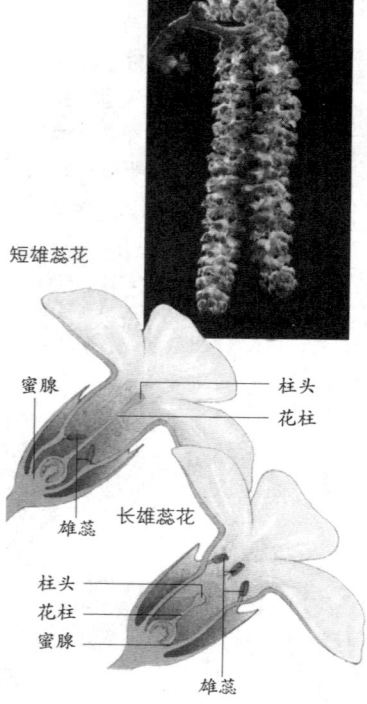

相守一生。如果母亲能独立抚养幼崽,一夫一妻就没必要了,尤其是能大量产仔或产生大量卵的情况下——为了双方利益,雌性和雄性都会和尽可能多的配偶交配。

产生的幼崽数量较少的情况下,雄性需要跟尽可能多的雌性交配,但雌性需要选择最合适的雄性——没理由只生一两个幼崽却占用好几个雄性。雄性会为了雌性的归属或领土而战,如鹿和海狗,因此一小群特别适合的雄性跟绝大多数雌性交配。而雌性则选择其伴侣。这些物种中,雄性往往进化出华丽的手段来打动雌性——从鸟类的饰羽到鱼类的"舞蹈"。

这种"性选择"涉及的一些性状(如鹿角),往往消耗动物资源,或使其引起掠食者的注意,危害到它们的生存机会。但只有最健康、最强壮的雄性能够发育出这些特征。只要它们达到繁殖年龄,雌性就能选择最健康的伴侣,种群的

→报春花(右下图)中,异花授粉靠花柱异长而得到促进。存在两种花:短雄蕊花的花柱长、雄蕊短,长雄蕊花的花柱短、雄蕊长。昆虫必须深入内部以接触花基部的蜜腺。昆虫造访一朵花的时候,花粉落在它身上;当它造访另一种类型的花时,花粉被蹭落在柱头上。右上图是分开的雄花(柔荑花序)和雌花(羽状红色柱头簇),位于同一棵榛子树上。榛子是风媒传粉,且产生大量花粉,只有极少的花粉能找到可接受的柱头。柔荑花序在晚冬形成——对虫媒传粉来说还太早。

426

进化和变异

←企鹅等很多海鸟大量聚居营巢，海豹和海狮等一些海洋哺乳动物也是如此。在一年的大部分时间中，这些动物可能广泛分布于不同的觅食区。如果它们不大量聚集以求偶、营巢和繁育的话，其后代基因变异的机会将大大减少，整个物种将受损害。

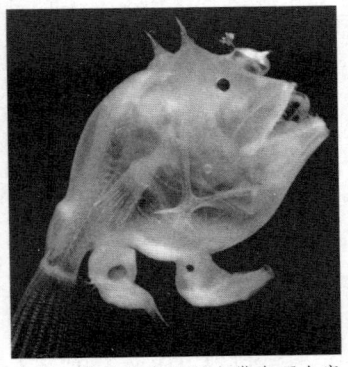

↑这只雌性深海琵琶鱼带有两个寄生的矮化雄性，并永久相连。深海中几乎没有交配的机会，当雄性找到一个雌性，就会附着其上。它们的血液供应相融合，雄性获得营养物质和氧气。雄性的身体萎缩，直到除了生殖器官外就不剩下什么，生殖器官可被雌性任何时候利用。

适应性就会整体提升。

有时候，进化的利己主义残忍地发生。有时年轻的狮子会武力夺取一群雌狮，驱逐上了年纪的原领主。如果狮群已有后代，它们会被新来者杀死。失去幼崽促使雌狮快速进入繁殖状况，新雄狮就能在折损对手之际，繁殖自己的幼崽。猎犬、猫鼬、狮子以及很多鸟类和灵长类，形成社会性群体，其中每个成员亲缘相近，大部分基因相同。成体共同照料幼崽，通过提供这种帮助，来传递自己的基因。这种行为称为亲缘选择。

↓只有最合适的雄性才能留下后代。袋鼠和很多其他哺乳动物中，雄性为了接近雌性而竞争。这些物种中，雄性常常比雌性大得多，这和它们的战斗能力有关。仪式性的战斗，如拳击，确保损伤很少致命，种群因此不致有损失良好基因的危险。

↑雌性松鸡能对伴侣作出选择。雄性黑松鸡在特殊领地中群体炫耀；在其内部，每个雄性都要保卫自己的一小块地盘。雄性首领占有中心地，参与最激烈的炫耀和争斗。雌性飞到中心选择最合适的雄性。

□学生科普百科

相关还是适应

外表具有欺骗性，看上去相同的动物可能有着完全不同的起源：美洲、欧洲和亚洲的鼹鼠是有胎盘哺乳动物，跟澳大利亚的鼹鼠长得很像，但后者是有袋动物（有袋哺乳动物）。这种看法也适用于身体结构：昆虫的翅为薄而硬的表皮，由被称为几丁质的物质构组成，由几丁质加固的翅脉支持。这些昆虫的翅膀跟鸟的翅膀有着相似的功能和形态，但鸟翅膀则是由脊椎动物前肢变化而来——骨骼被覆盖在皮肤和羽毛之下。将鱼的颚部连结在头骨上的骨头能从其他脊椎动物群组中追踪到——直到哺乳类，它们变成了小骨的形态——哺乳动物耳朵中细小的震动骨。这种拥有共同起源的结构称为同功。

有着相似生活方式的动物往往看上去很相似，即便它们住在不同的大陆，其上动物已孤立进化了数百万年。澳大利亚有袋动物是一个典型例子。澳大利亚和其他大陆分离于1.45亿年前。在世界的其他地方，胎盘哺乳动物——大部分在澳大利亚分离后才出现——占有最多数量。而很多胎盘哺乳动物都有生活在澳大利亚的对应有袋：有兔子，就有兔耳袋狸；有食虫刺猬，就有针鼹（带刺食蚁动物）；有鬣狗，就有灭绝了的塔斯马尼亚袋狼。在那里，整个动物群组在世界各地对应相同的生态位（在群落和栖息地中的角色）都经历了趋同进化，这种进化称为平行进化。

早期有袋动物分化，以占据不同生境并扮演不同角色的过程，称为适应辐射。适应辐射的最好例子发现于岛屿。岛屿可能通过两条途径被孤立出来：地球运动或侵蚀，从大陆分离；从海中升起，渐渐被越海而来的动植物拓殖。两种情况中，有限的物种数量构成了祖先种群。这避免了与其他物种的竞争，但随着其数量增长，面临自身物种成员间竞争的增长，它们于是进化，以探寻多样化的资源和生境。岛屿上的生境越分化，适应辐射越大。结果，岛屿上常有大量别处没有的物种，这些被称为地方性物种。马达加斯加岛上，90%的动物物种，包括30种狐猴，以及上万种植物物种中的80%都是地方

←南非的海角区域是一个生物多样性"热点"，物种数很多。这里有很多种山龙眼——图中的正在开花。大量山地提供了一个隔离的环境，新物种在其中进化。它们也扮演了气候变化时期的避难所，在更适宜的条件下，物种可以从这里迁移回平地，在那里杂交，并增加已有物种的变异性。山龙眼也有在澳大利亚发现，应该出现于澳大利亚和非洲构成一整个大陆的一部分之时。

性的。

英国自然学家查尔斯·达尔文对距南美海岸1000千米的加拉帕戈斯群岛上雀的多样性印象深刻。这些雀和南美大陆上的雀很像，但达尔文注意到加拉帕戈斯雀食用不同的食物，而不是种子。不同岛屿有着不同的雀种，很多局限于单个岛屿或岛群上——它们进化于这些岛屿的隔离状态中。他得出结论，这些雀全都是一小群从大陆来拓殖的雀的后代，很可能只有一个种类。它们已经进化得填满生态位——而大陆上这类生态位会被其他鸟类物种占据。自然选择的实例就来自于对某些加拉帕戈斯雀的喙年复一年的测量：如果干旱期延长，更多的小型鸟死亡，因为它们的喙更小，但小型种子短缺。异常湿润的天气之后，小型种子充足，从而更小的雀比较大的雀有着更高的繁殖成功率。

适应辐射也见于从相似生境割开的区域。比如被热带低地隔开的山脉，或被山脉阻挡而分开的低地。以色列和约旦的死海地区包含很多热带物种，保留了被沙漠割裂的古非洲动植物。

温暖的气候时期中，山脉是喜寒物种的避难所。气候转暖时，喜暖物种向山坡扩散。喜寒物种也进化出更耐暖的形式。另一些这样的多样性区域沿迁徙路线形成。这对识别和保留这些"热点"很重要，因为它们的失去会给全球生物多样性造成重大影响。

5 人类遗传学
HUMAN GENETICS

  人类基因组——每个人所携带的整套遗传信息——是动物界中规模最大的之一，包括约 30 亿个核苷酸。第一个 DNA 测序草图由人类基因组计划在 2000 年 6 月公布。它构成了正在增加的国际基因数据库的基础，是研究人类生理学和疾病，以及遗传工程的关键资源。

  很多人类疾病是由于继承了遗传缺陷，而重组 DNA 技术提供了改进的诊断方法。它们有助于确定哪些基因造成这些缺陷，并可能最终改正它们。遗传工程微生物和转基因动物已被用于产出有基因缺陷的人所缺乏的代谢蛋白，例如胰岛素、凝血因子和人类生长激素。单克隆抗体被用于将药物带到特定细胞，如癌症细胞。分析人类 DNA 片段给出"遗传指纹"，是一个强有力的法医学工具。其他的非医学应用包括选择孩子的性别、培养替代组织和器官的生长，甚至是人类胚胎的克隆，这种可能性激发了在伦理议题上世界范围的辩论。

□学生科普百科

基因中的疾病

大约60%的人可能在一生中遭受遗传疾病或部分遗传疾病。所有死产儿中几乎有一半是由于遗传缺陷。很多遗传异常继承自遭受或携带这种疾病的父母，但它们也可能由于减数分裂和配子形成期间的错误而自发产生，或在受精作用之后的细胞分裂期间产生。一些在生命后期中的普通细胞里出现——很多癌症如此发生。遗传基因可能导致某些遗传疾病的诱因，例如使女性易得乳腺癌的基因。只有当这些突变影响性细胞时，它们才能传递到下一代。

已知有多于5 000种疾病是来自单个基因上的改变——往往是在DNA上的单个碱基中。例如，镰刀形细胞贫血症是由于单个碱基的替换造成的，这导致血红蛋白分子上特定位点的谷氨酸被缬氨酸取代。镰刀形细胞贫血症由隐性突变等位基因引起——杂合子不显示症状，但作为疾病携带者。其他常见隐性突变导致白化病、半乳糖血症、苯丙酮尿症和囊肿性纤维化。在很多情况下，突变基因编码有缺陷的蛋白质，或根本不编码蛋白质。大约3 000个男孩中就有一个患有杜兴肌营养不良（DMD），导致肌肉消蚀。DMD基因编码一种关键蛋白质——抗肌萎缩蛋白——参与肌肉构建。囊肿性纤维化是由于细胞膜中缺少氯化物运输蛋白质造成的，导致肺中产生黏液。家族性

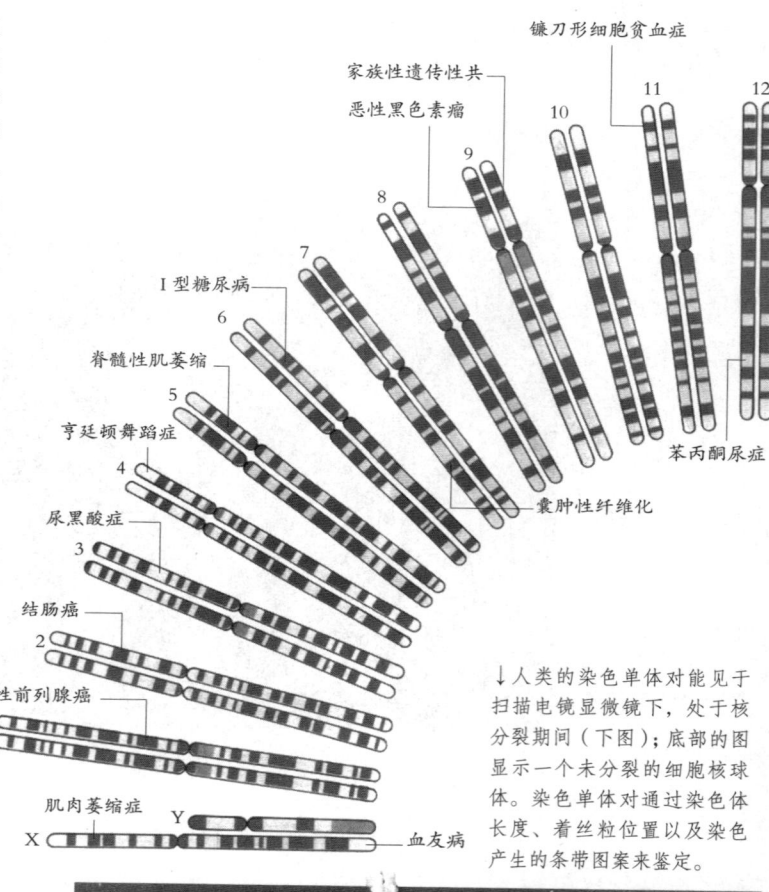

↓人类的染色单体对能见于扫描电镜显微镜下，处于核分裂期间（下图）；底部的图显示一个未分裂的细胞核球体。染色单体对通过染色体长度、着丝粒位置以及染色产生的条带图案来鉴定。

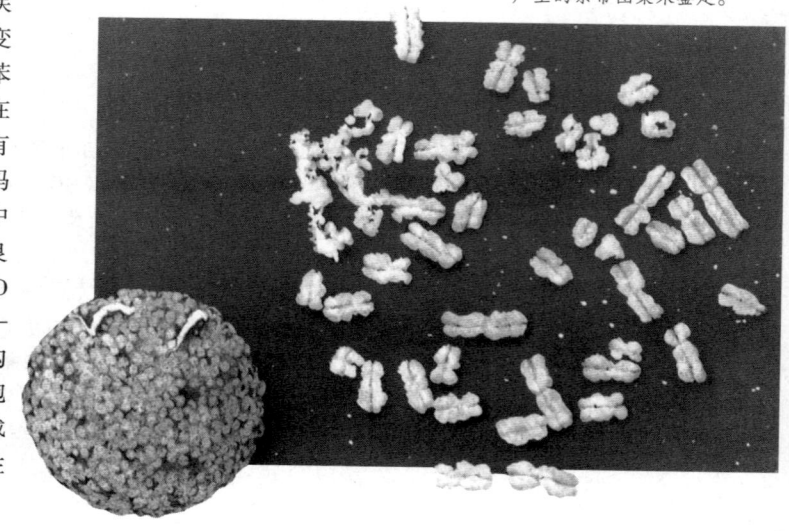

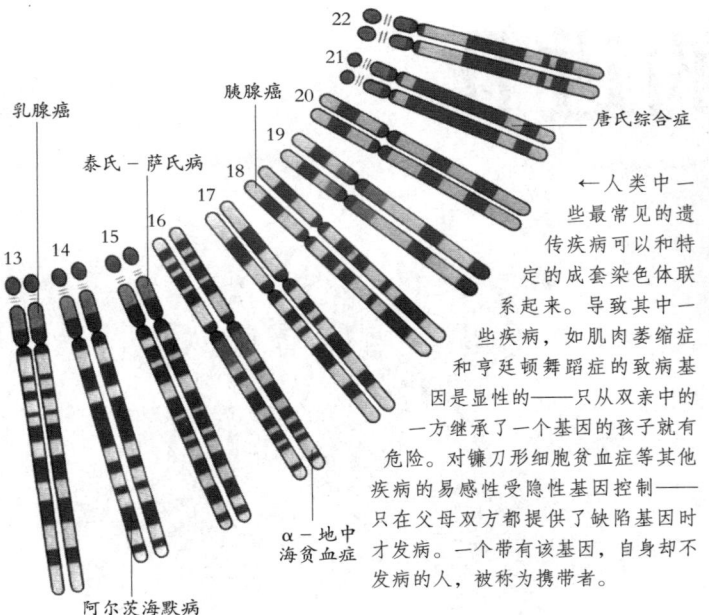

← 人类中一些最常见的遗传病可以和特定的成套染色体联系起来。导致其中一些疾病，如肌肉萎缩症和亨廷顿舞蹈症的致病基因是显性的——只从双亲中的一方继承了一个基因的孩子就有危险。对镰刀形细胞贫血症等其他疾病的易感性受隐性基因控制——只在父母双方都提供了缺陷基因时才发病。一个带有该基因，自身却不发病的人，被称为携带者。

↑ 唐氏综合症是减数分裂期间的一个错误引起的，导致细胞含有21号染色体的3个副本。胚胎常常会流产，但每1000个患有唐氏综合症的孩子中就有1个出生。这种情况最初由英国医生J.兰顿·唐（1928～1996）所描述。唐氏综合症是第一个被记述的人类常染色体遗传异常。

高胆固醇的病人缺少一种允许胆固醇进入细胞的膜受体，胆固醇就堆积在血液中。

当缺陷基因位于性别染色体上时，遗传模式就会不同。尚无已知的人类疾病和Y染色体有联系，但有很多，如血友病，跟X染色体相关。如果一个女性携带该基因，她的儿子平均有一半继承缺陷X染色体。这些儿子都受到疾患的困扰，因为没有第二个染色体来掩盖缺陷等位基因。

女性患者必须从父母双方都继承缺陷基因。遗传疾病也会由染色体自身的改变而导致。如果损害发生在基因内部而不是基因之间的话，重复、插入和移位都能改变基因。染色体上的部分缺失也往往是灾难性的。

重排也会将基因与控制它们的DNA序列分开，带来严重后果。核苷酸序列的复制或多次重复意味着多种疾病，包括亨廷顿舞蹈症、脆性X染色体综合症以及肌强直性营养不良。

亨廷顿舞蹈症影响神经系统，导致无意识的肌肉运动和精神衰退。这是由于4号染色体上三联体碱基CAG的重复引起的。只有当重复数目超过34个时，病人才显出症状，且在生命中越早发生，重复就越多。到患者显出症状的时候，他们可能已经有了孩子，所以早期的遗传检测很重要。亨廷顿舞蹈症这种疾病是由显性等位基因的突变引发的，因此平均两个孩子中就有一个继承。

还有疾病是由于染色体数目的改变造成的。这些发生于减数分裂期间，染色体没能恰当分离；或当新核膜形成时，一个染色体被留了下来的状况下。唐氏综合症，由额外的染色体导致，在母亲超过35岁时几率大增。如果孕妇暴露在离子辐射等会伤害DNA的条件下，胎儿也会发生突变。严重的染色体异常往往导致自发流产。

有些改变影响X染色体和Y染色体之间的数目平衡。特纳氏综合症，病状包括不育和生命缩短，是由于缺乏第二个性别染色体造成的：这种病人是XO的。克莱恩费尔特综合症（全是男性）的患者是XXY，甚至XXXY或XXXXY，他们在青春期发育出一些女性特征，他们不育，还可能有智力迟缓。XYY个体则多少正常些。

一些疾病——很多癌症、糖尿病、癫痫症、风湿性关节炎以及多发性硬化——都源于很多不同缺陷的基因，且可能涉及到环境因素。因此，这些疾病的影响包括了从较轻的到严重的。

对于有些疾病，病源被认为是蛋白质，而非基因，如家畜中的疯牛病（BSE）和人类中的克—雅氏病。朊病毒是正常脑蛋白的错误折叠版本。当朊病毒遇上正常蛋白质，它会诱导正常蛋白质以异常方式折叠，产生更多的朊病毒攻击更多的脑蛋白，导致脑部恶化。

新疾病的进化

抗生素时代结束了吗？是微生物战胜了科学家，还是科学家们处于由萌芽中的学科——蛋白质组学催生的药物设计新时代的开端？伴随快速的无性生殖，细菌能迅速进化，对抗药物和其他选择压力，这往往就发生在单个宿主内。甚至在低突变速率下，伴随大量的细胞分裂，它们仍然能变化得相当快。

除了快速的繁殖，细菌还能在细胞间传递 DNA——可以通过转化或接合直接传递，或者依靠噬菌体传递（感染细菌的病毒）——一种被称为转导的过程。这种细菌细胞之间的基因交换叫做水平进化，涉及遗传突变的传承。例如，在人类肠道中，通过传递相关基因，细菌的一个抗药种可以赋予其他物种抗药性。这种适应性也意味着一般只感染如猪或黑猩猩等特定物种的致病细菌（及病毒），能改变为感染其他物种，如人类；HIV（人类免疫缺陷病毒）就是这种疾病的一个例子。1998 年在香港出现的致死型流感，就是一种跨越了物种的禽流感。它不能由人传给人，但如果没有被迅速抑制，它很可能已经进化出这种能力。约有 75% 的新的人类疾病被认为是源自其他动物。这也是对从猪或其他哺乳动物移植器官给人类（该技术被称为异种移植）的最大担心之一。

无一例外，威胁人类最甚的

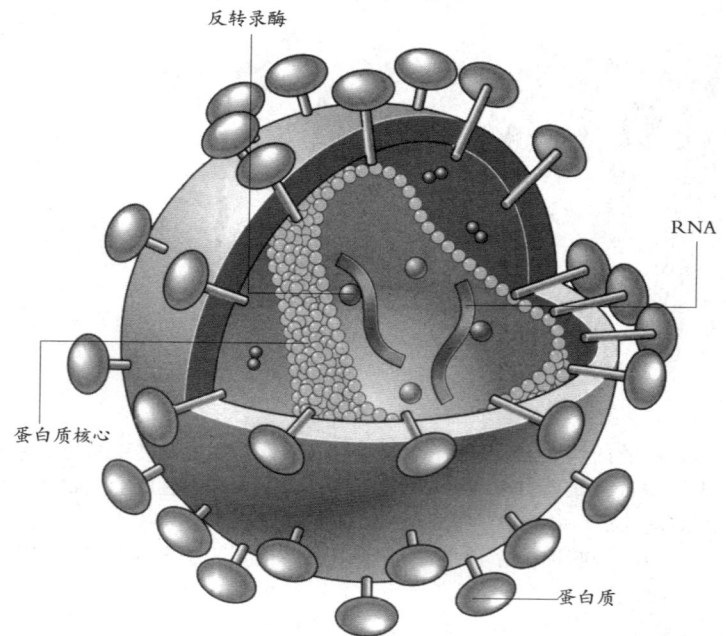

↑ 1 个 HIV 病毒的 RNA 两分子，与反转录酶联系起来，都包含在病毒粒子内的一个蛋白质"衣壳"中。蛋白质"突起"覆盖在粒子的外表面。

疾病，如 HIV、埃博拉及汉他病毒，都是由病毒引起的。病毒有已知的最快进化速率，使它们极端难以战胜。这些例子都是 RNA 病毒，或称反转录病毒：遗传物质是 RNA，且用反转录酶产生互补 DNA，整合入宿主基因组。HIV 是已知的进化最快的生物，它能在其 DNA 每次复制中得到至少 1 次突变（碱基改变）。因此，每年有 1% 的 HIV 基因组发生改变（或者得到进化）。

相比较而言，细菌等细胞微生物中，酶对复制的控制有显著的精确性，错误相对少见。复制最快的细菌每 20 分钟左右复制一次，但它的人类宿主体内如果有 HIV 病毒，能每天产生数十亿的新病毒。事实上，如果不损害其自身的完整和存活的话，很难说 HIV 会不会

人类遗传学

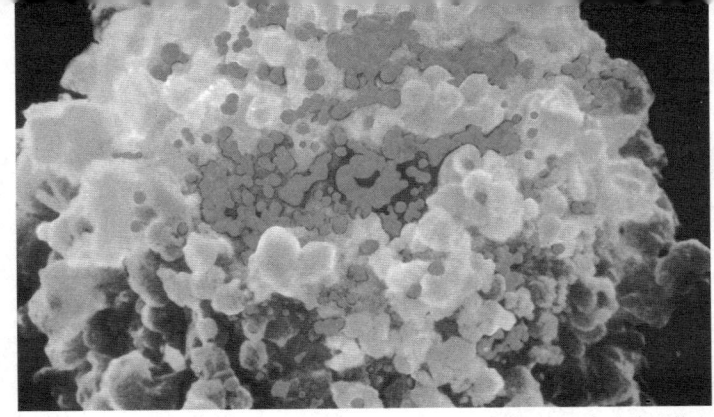

↑这种T淋巴血细胞（绿色）已经被HIV（AIDs）病毒（红色）感染。较小的球形结构是从表面新出芽脱离的HIV粒子——通过图示的机制。

有更高的突变速率。感染后的数天内，人类宿主就包含了HIV的诸多不同变种。已感染的宿主体内，反转录病毒的种群表现得如同单个生物单元，响应来自环境的威胁而改变其遗传构成。

HIV是一种特殊的破坏性病毒，因为它攻击免疫系统的细胞——身体抵御感染的主要防御。它感染巨噬细胞和T细胞，中断免疫系统有效运作所需的错综复杂的通讯模式，并将关键组分转变为"病毒工厂"。以现在的检测手段，人类对HIV感染的免疫响应需数月之久才能大到足以探测，并且疾病发展为完全成熟的AIDS并显出症状之前，HIV可达12年之久。这段期间内病毒已经增殖为"豪华阵容"，并且有已经传给其他宿主的高度危险，这可通过性接触、共用针头、吸毒或输血传染。抗病毒药物的联合治疗是最有效的——很少有变种能发展出同时对数种药物的抗性。

基因组测序（被称为基因组学）的现代技术，利用超级电脑分析数据，已提供了HIV及其他微生物的进化线索。HIV有两种主要类型：HIV-1（最普遍且最致命的）和HIV-2（主要发现于西非）。HIV和西非黑猩猩的猿（猴）免疫缺陷病毒（SIV）亲缘相近，这可能是从其他灵长类向人类传染第一次发生的地方，可能是在人类杀死并吃掉已感染SIV的猴子时发生。通过对此数据的推断，一些科学家提出，这可能早在1800年就发生了。另一些科学家提出，

这发生于1930年代，此时疾病已开始地理扩散，比最早已知的HIV-1阳性血样还要早上约30年。HIV-2，西非主要的AIDS致病类型，被认为是起源于30～40年前，通过相似的猴子到人类的传播。森林的破坏和其他环境扰乱，将人类带入和野生动物更近的接触。现代环球旅行起来越频繁，限制在某些地理区域内鲜为人知的疾病正日益变得常见。

识别变化模式和地理扩散对设计切断这类疾病未来蔓延的方法而言很重要。科学家试图预言未来的进化改变，如微生物对新发明抗生素产生抗性的可能途径，他们能由此在当前药物失效时设计使用新药。流感的流行是由于病毒已经变得和数年前的大大不同，人类对它们几乎没有免疫力。遗传学辅助药物学年复一年地决定要预防哪一系流感。蛋白质组学给出了病毒蛋白质结构的数据，不仅对药物设计有贡献，也对疫苗的发明——少量无感染性的病毒蛋白片段产品，能刺激免疫中枢抵抗病毒有贡献。

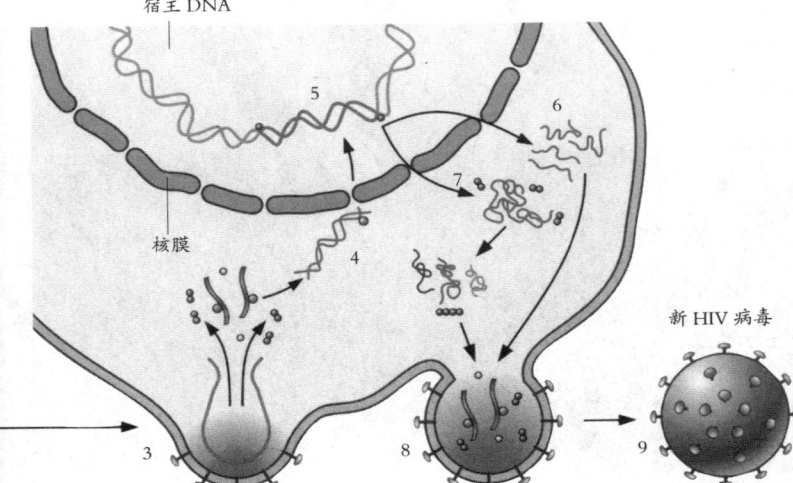

←HIV侵染人类巨噬细胞的事件次序。1.特定衣壳蛋白，连接到嵌在宿主细胞膜内的HIV受体上。2.病毒膜和细胞膜融合，病毒的内容物进入细胞。3.衣壳分解，释放出病毒RNA和酶。4.HIV反转录酶将病毒RNA复制为DNA，进入细胞核。5.HIV整合酶将病毒DNA剪接入宿主细胞的DNA。6.利用病毒DNA片段，细胞产生更多HIV的RNA，进入细胞质。7.细胞质中，HIV的RNA编码病毒蛋白（在核糖体中制造）。8.病毒基因指导新病毒的组装，从细胞膜上出芽脱落。9.新病毒离开，感染更多的细胞。

临床及法医遗传学

人类基因组可能拥有有的变化,大大超过现在活着的人数。聚合酶链式反应使放大微量DNA以产生足够的量供遗传分析成为可能。单个细胞的DNA能被增殖产生1微克——足够遗传分析了——仅仅在数小时内。血液、精液、头发和其他组织的微小痕迹就已足够。DNA检测已经广泛用于鉴别和预见遗传疾病,亲子鉴定,以及提供犯罪调查中清白与否的证据。

为了比较不同个体的DNA序列,用上了RFLP(限制性片段长度多态性)分析:用限制性内切酶在特定碱基序列上切割DNA。产生的片段用电泳分离,并用DNA探针(连接了荧光染料等标记的匹配DNA片段)鉴定。甚至是微小的遗传差异也能产生不同大小的片段,电泳后产生条带图案(见右下图)。限制性酶切割发生在缺陷基因内部或附近,有着特殊片段长度分布的个体,可能携带了这种基因。

人类基因组中的一些部分高度变化,有很多短的、遗传的、重复的DNA序列挨着处在染色体中——短串联重复序列(STR)。重复的次数在不同个体之间差异巨大,产生不同长度的RFLP,使遗传学家得以追踪家族关系并鉴定个体。除了同卵双胞胎之外,两个人有完全相同序列的几率在十万分之一到十亿分之一之间。

遗传指纹能将罪犯绳之以法,尤其是强奸犯;它更常用于还清白,包括很多已经被判死刑的案例。它也被用于确立家族关系,如生父鉴定。自然资源保护者用它确保控制性交配(例如加利福利亚秃鹫)发生在无亲缘关系的个体之间。

遗传疾病往往由基因中一个或两个等位基因(基因的变种)有缺陷导致。显性遗传缺陷在后代中的表现多于隐性缺陷,因为这种等位基因只要存在,就常会表达。隐性等位基因带来的疾病如要表达,只有从父母双方都继承了缺陷等位基因的时候才可以。只有一个缺陷等位基因的个体可能不显示症状,但可能将该等位基因传给他的孩子。通过建立家族树(家谱),能够预言一个危险个体,他就能得到对遗传缺陷的检测。这对亨廷顿舞蹈病等疾病尤其重要,因为这类疾病的可见症状出现在患者达到生育年龄之后。

遗传疾病也可能来自大规模的染色体异常,如大块基因的缺失、添加或移位,甚至是染色体的多余或缺失。如果染色体用特殊染料处理形成特征条带图带的话,这种异常能在显微镜下被观察到,但更多的需要DNA分析。

↓遗传指纹技术寻找特定碱基系列的重复序列,这是一种非功能性DNA。毛发、皮肤、血液或其他体液的微小样本都能被使用。DNA被限制性酶切成片段,片段通过电泳分离。然后采用放射性DNA探针,探针只结合那一些碱基序列。超出的未连接探针被洗去,X射线胶片放在柱后。这就产生了深色条带的图案,放射性探针被集中在其中——这就是DNA唯一的轮廓图。

→人类DNA的一些序列极为不同,以至于两个人(同卵双胞胎除外)有相同模式的几率在数百万分之一。遗传或分子"指纹"提供了几乎是万无一失的鉴定证据,并被用作失踪人员、强奸、谋杀和生父鉴定等案例的证据。

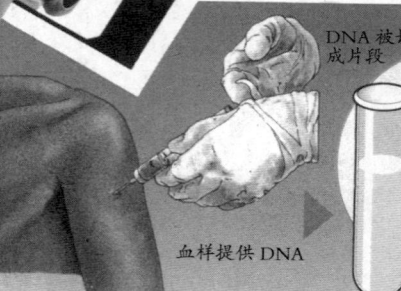

DNA被切成片段

血样提供DNA

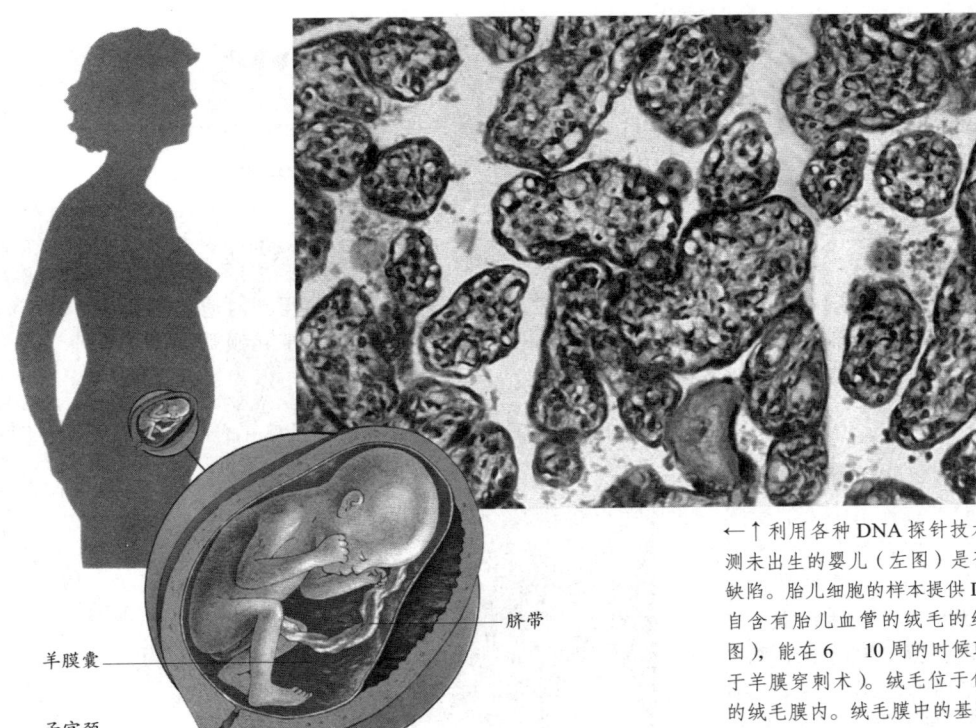

←↑利用各种DNA探针技术，能检测未出生的婴儿（左图）是否有遗传缺陷。胎儿细胞的样本提供DNA。来自含有胎儿血管的绒毛的细胞（上图），能在6 10周的时候取样（早于羊膜穿刺术）。绒毛位于包裹胎儿的绒毛膜内。绒毛膜中的基因来自胎儿，其程序和羊膜穿刺术相似。

很多检测手段能用于检查发育中的胎儿是否有遗传疾患。较无害的超声波扫描能探测出严重畸形，有时候早在怀孕10周时就可检测得出。子宫内包围胎儿的液体（羊膜穿刺术）、胎盘（绒毛膜绒毛取样）或流过胎盘的胎儿血（子宫内脐带穿刺术）都是可用于遗传诊断的胎儿细胞或胎儿蛋白资源，但这些取样确实会引起危险。安全的检测技术，从进入母体自身血液中的胎儿细胞取样。严重的遗传病的风险较高时，会采用试管受精，胚胎移植到女性子宫之前先经过彻底检测。

DNA分析也能在血液或组织样本中探测出微量的感染物，如人类免疫缺陷病毒（HIV）。利用聚合酶链式反应，与病原体（致病有机体）匹配的一股DNA被加入样本中。如果病原体存在，它的DNA会作为引物，将这种DNA放大。

↓DNA提供过去的线索，远远超过早期历史学家和考古学家的预想。本图中，伯克利的加利福利亚大学的一个研究人员正在取样DNA，该样品来自2000年前的埃及木乃伊足部。它将被和取自现代埃及人以及该地区内其他人的DNA相比对，以了解该地区基因池发生了怎样的变化。

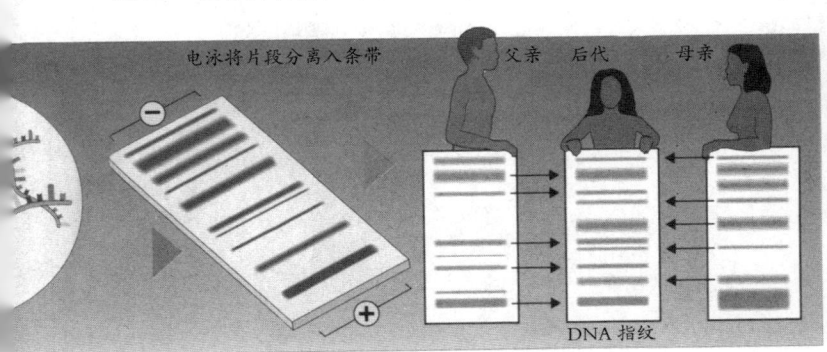

免疫系统

人类免疫系统是遗传多样性和适应性的杰作。它基于一系列特化的白血细胞（淋巴细胞），响应外来生物体和外来物质（抗原）的存在。该反应涉及不同种类的淋巴细胞。T细胞带有识别特定抗原的受体，并摧毁携带它们的任何细胞，包括表面带有外来抗原的受感染细胞——如表面带有侵入染病毒所丢弃的蛋白质衣壳。另一种T细胞——T抑制细胞——协助调控响应；协助细胞刺激其他T细胞来攻击。要使T细胞识别一种抗原，该抗原必须由主要组织相容性复合体（MHC）"呈现"，这种蛋白质识别"自我"和"非我"。这些蛋白质参与器官移植后，组织排斥导致的反应。

另一系列的淋巴细胞——B细胞，探测外来抗原并产生抗体（被称为免疫球蛋白的蛋白质），每种特定地针对某个抗原，和抗原结合并标记之，使巨噬细胞（吞噬病原体的大型白细胞）和补体（一系列蛋白质，通过蛋白质消化酶反应摧毁抗体）可以识别它。

抗原有数百万种，需要数百万种不同的抗体和T细胞受体；人类只有3000万个基因，因此无法给每个都配一个基因。抗体、T细胞受体和MHC蛋白分别由一个基因大家族编码。抗体和T细胞的多样性进一步增加，这通过一种被称为体细胞重组的DNA重排过程，发生

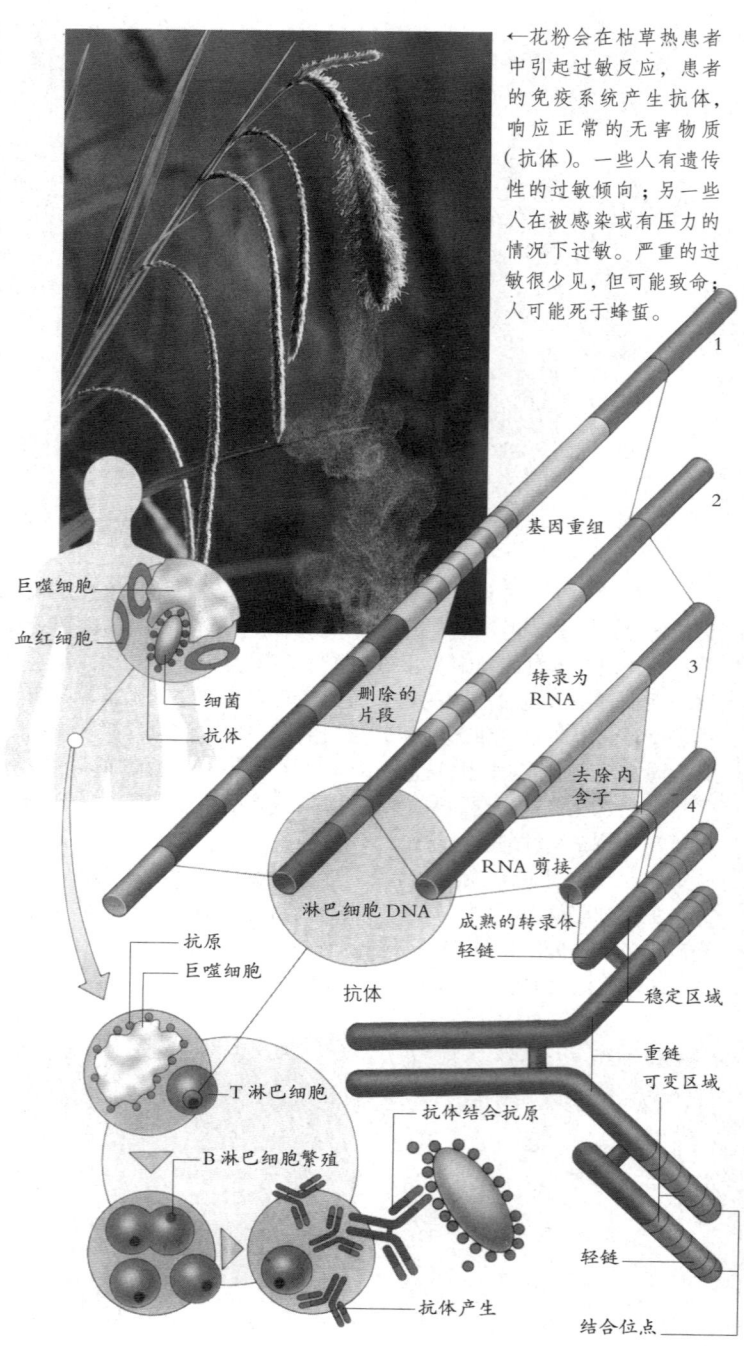

←花粉会在枯草热患者中引起过敏反应，患者的免疫系统产生抗体，响应正常的无害物质（抗体）。一些人有遗传性的过敏倾向；另一些人在被感染或有压力的情况下过敏。严重的过敏很少见，但可能致命；人可能死于蜂蜇。

于淋巴细胞成熟时。结果产生大量不同的淋巴细胞（10⁶～10⁸种未成熟细胞及10¹²种成熟细胞）；每个B细胞只产生一种抗体，只能识别一种抗原，并且每个T细胞只产生一种特定T细胞受体。

当B细胞或T细胞遇上其抗体或受体能识别的抗原并连接上去，淋巴细胞就会扩大并重复分裂，产生抗体或受体的克隆体。这是初次免疫反应。感染被处理掉之后，一些这种特定B细胞和T细胞保持在半成熟状态。这些长期存活的细胞仍然时刻准备着，如果身体遇上相同抗原，就产生更快的反应——二次免疫反应。

←一个人类抗体由多肽重链和多肽轻链组成，这些链包括恒定区域和可变区域（位于末端，以结合抗原）。抗体由血液中的B细胞产生，响应外来物质的入侵。每个B细胞只产生一种抗体，结合一种抗原，如伤口感染的细菌表面的化学物质。随着B细胞的成熟，编码抗体的基因片段重排——虽然并没有染色体的配对。重组酶识别并切割特定核苷酸序列，剪掉基因片段并重新将其插入其他位置。有三个能改组的片段"池"。更多的"编辑"发生于起初的信使RNA上——在它离开细胞核之前。DNA片段的数百万组合编码每一条抗体链，产生数百万种不同的抗体位点类型。

→人类免疫缺陷病毒（HIV）是一种反转录病毒，通过侵入T细胞和B细胞攻击免疫系统，将自身RNA转化为DNA并整合入宿主DNA。当T细胞响应一种感染时，它转录部分自身DNA——包括了HIV。这就产生了病毒RNA的副本，其产生新的病毒出芽离T细胞；每次新感染，T细胞就被摧毁得更多。HIV非比寻常的高突变速率，使得它的疫苗难以发明。

身体能够产生10⁶～10⁸种不同的抗体。抗体是一种Y型的分子，由4条相连的多肽链组成。有两条一致的约具有200个氨基酸的轻（L）链，以及两条一致的长为300～400氨基酸的重（H）链。两种链都含有可变（V）区域和恒定（C）区域。抗原的受体存在于可变区域。不同的DNA片段编码免疫球蛋白分子的特定区域。V片段编码V区域，C片段编码C区域。重链有第三种可变片段——D（多样性）片段；它们甚至比轻链更加可变。要产生一条链，V片段连接上C（以及D）片段，这2条（3条）基因片段形成一个"活性"基因，编码一条肽链。单为重链，这就能产生1万种以上可能的DNA排列。免疫球蛋白产生细胞中的基因的突变速率也大大高于普通细胞。

抗体在生物技术中有很多用途。体外培养的普通B细胞要么死亡，要么立刻停止产生抗体。但如果B细胞和某些癌细胞融合形成杂合细胞，癌细胞就使新细胞在发酵槽中长期增殖和生长，而B细胞使它产生抗体。这些抗体和初始B细胞产生的完全相同，被称为单克隆抗体。来自感染了某种疾病的人或动物血液中的抗体能被克隆生产疫苗。

单克隆抗体被用于从遗传工程生物的培养物中提取特殊蛋白质产物，如干扰素。它们也能被用于诊断测试，并被遗传改造带上放射性、荧光性或其他标记。抗体结合致病生物表面上的抗原上。这种物质能在显微镜下查验标记。某些疾患会向血液或尿液中释放特殊蛋白质，这能被适当的单克隆抗体识别。金属化合物或放射性化合物标记的抗体注射给病人，能"瞄准"特殊抗原（如癌症细胞中的），因此医生能用X光探测并测量肿瘤。单克隆抗体也被用于引导毒性过强而不能释放入血液的药物。抗体也会结合其他抗体。对HIV的检测中，使用抗体探测HIV抗体或病毒产生的蛋白质。

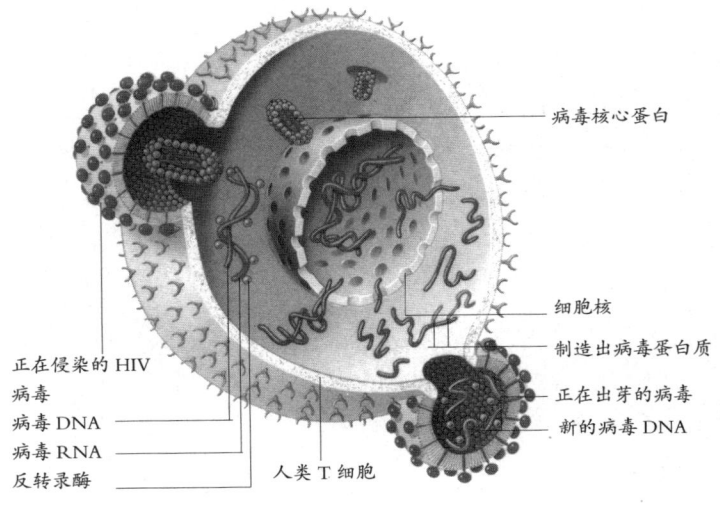

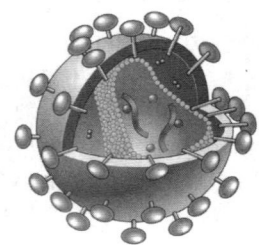